Gaby Schuster • Sissi

OMNIBUS

© Foto Ecker

**DIE
AUTORIN**

Gaby Schuster, in Unterhingau im All-
gäu geboren, arbeitete einige Jahre
lang bei verschiedenen Tageszeitungen als Redakteurin. Dann zog sie
nach München und war dort für mehrere Jugendzeitschriften tätig,
zuletzt als Chefredakteurin der Zeitschrift »Mädchen«. Seit der Geburt
ihres Sohnes 1981 ist sie freie Autorin. Heute lebt Gaby Schuster mit
ihrer Familie in der Nähe von München.

Gaby Schuster

Sissi

Eine Prinzessin
für den Kaiser

 Band 20908

Der OMNIBUS
Taschenbuchverlag
gehört zu den Kinder- &
Jugendbuch-Verlagen
in der Verlagsgruppe
Random House
München Berlin
Frankfurt Wien Zürich

Umwelthinweis:
Dieses Buch wurde auf chlorfrei gebleichtem
Papier gedruckt.

Erstmals als OMNIBUS Taschenbuch Januar 2002
Gesetzt nach den Regeln der Rechtschreibreform
© 1998 Loewe Verlag GmbH, Bindlach
Alle Rechte dieser Ausgabe vorbehalten durch
OMNIBUS Taschenbuch/
C. Bertelsmann Jugendbuch Verlag, München
in der Verlagsgruppe Random House GmbH
Umschlagbild: Ulrike Heyne
Umschlagkonzeption: Klaus Renner
Ht · Herstellung: Peter Papenbrok
Satz: Uhl + Massopust, Aalen
Druck: Clausen & Bosse, Leck
ISBN 3-570-20908-3
Printed in Germany

www.omnibus-verlag.de   10 9 8 7 6 5 4 3 2 1

Inhalt

Das Sonntagskind

Gegen Mittag hatte es zu schneien begonnen. Feine, zarte Flocken, die erst im Laufe der folgenden Stunden auf Dächern, Simsen und Straßen liegen blieben. Jetzt, in der Dunkelheit des Heiligen Abends 1837, hüllte der Schnee die Stadt München in ein festliches, weißes Kleid. Er dämpfte die Geräusche der wenigen Kutschen, die in dieser Nacht unterwegs waren, zu leisem Rattern und bestäubte das blanke Kupferdach des neuen Palastes an der Ludwigstraße mit glitzernden Kristallen.

Goldene Lichtbahnen fielen seit Stunden aus den Fenstern des großen Hauses auf die verschneite Straße. Sie verrieten, dass sich dort Bedeutsameres ereignete als nur eine harmlose, gewöhnliche Familienweihnachtsfeier.

Das prächtige Haus gehörte Herzog Maximilian Joseph in Bayern, dem Cousin des regierenden Königs Ludwig. Herzog Max war mit Louise, der Schwester des Wittelsbacher Herrschers, verheiratet und somit gleich doppelt mit dem bayerischen Königshaus verwandt.

Es war nicht gerade die Ehe, welche sich die beiden jungen Leute vor ein paar Jahren erträumt hatten, aber in den hochherrschaftlichen Kreisen zählte es nicht, ob man sich gern hatte. Die schöne, junge Louise, die von allen nur Ludovika genannt wurde, hatte ihren Vetter heiraten müssen, weil es der Vater aus politischen Gründen so wollte. Neun Töchter aus erster und zweiter Ehe des bayerischen Königs mussten vermählt werden,

7

da konnten nicht alle einen Königsthron oder einen wichtigen Fürstentitel »erheiraten«.

Die Hochzeit lag nun neun Jahre zurück und an diesem Abend stand der Herzogin bereits die dritte Geburt bevor. Mit dem jungen Vater warteten auch die Damen und Herren des bayerischen Hofes darauf, dass sich endlich die Türen zum weißen Boudoir der Herzogin auftun würden.

Egal ob Weihnachten oder nicht, wenn ein Mitglied des Königshauses ein Kind bekam, hatten sie anwesend zu sein, um das bedeutsame Ereignis zu bezeugen. Sie mussten lange warten an diesem Abend. Erst kurz vor elf Uhr erklang der erste Schrei des herzoglichen Babys. Seine Mutter sank erschöpft in die bestickten Kissen.

»Was ist's?«, murmelte sie. »Ein Bub oder ein Mädel?«

»Ein Mädchen, Königliche Hoheit!«, strahlte die Hebamme und nahm das krebsrote, quäkende Bündel an sich, damit sie es waschen und anziehen konnte. »Ein wunderschönes, gesundes kleines Mädel!«

Da die Herzogin vor sechs Jahren als Erstes einem Jungen das Leben geschenkt hatte, war niemand von der Geburt einer zweiten Tochter enttäuscht. Die Weichselbaumerin, Ludovikas Hebamme seit der ersten Geburt der hohen Dame, wusste sich vor Begeisterung über den hübschen Säugling gar nicht recht zu fassen.

»Sie hat schon einen Zahn, Königliche Hoheit, ich kann's kaum glauben! Das ist nicht nur ein Sonntagskind, das ist ein richtiges Glückskind! Nein so ein Segen! Und ausgerechnet am Weihnachtsabend!«

Die junge Herzogin bekam jedoch erst später Gelegenheit, ihr Glückskind in die Arme zu nehmen. Erst musste es, unter genauer Einhaltung des höfischen Zeremoniells, den wartenden Damen und Herren präsentiert werden. Sie unterzeichneten auf der Geburtsurkunde, dass die Niederkunft der Königlichen Hoheit, Prinzessin Louise von Bayern, stattgefunden habe und dass es eine neue kleine Prinzessin gab, die auf den Namen Elisabeth Amalie Eugenie getauft werden sollte.

Es dauerte geraume Zeit, bis das winzige Mädchen seinen ersten öffentlichen Auftritt hinter sich gebracht hatte. Längst war sie dabei eingeschlafen. Die junge Mutter genoss den Frieden, der endlich eingekehrt war. In jener Stimmung, erschöpft und gleichzeitig überwach von den Ereignissen, machten sich ihre Gedanken selbstständig.

Drei Kinder hatte sie nun. Die rebellische junge Prinzessin, die ihren Vater angefleht hatte, sie nicht zu dieser unerwünschten Heirat zu zwingen, gehörte längst der Vergangenheit an. Manchmal dachte sie noch an Prinz Miguel von Braganza. Sie war schrecklich verliebt gewesen in den gut aussehenden Portugiesen mit den nachtschwarzen Augen, und er hatte diese Liebe erwidert. Doch dann stand die Politik ihrer Romanze im Wege.

Bis heute konnte Ludovika die angeblichen staatlichen Gründe nicht begreifen, die ihren Vater veranlasst hatten, die Heirat mit Miguel strikt zu verbieten. Er hatte sich auch nicht die Mühe gemacht, diese zu erklären. Prinzessinnen waren politisches Kapital und wurden dementsprechend verheiratet, das musste Ludovika damals erfahren. Liebeskummer interessierte niemand. Sie musste Miguel vergessen oder zumindest so tun, als hätte sie ihn vergessen.

Wenig später wurde angeordnet, sie habe ihren Vetter Max zu heiraten. Ausgerechnet Max, den sie überhaupt nicht leiden konnte, der nicht einmal aus der regierenden Linie des Hauses Wittelsbach kam, sondern nur ein unbedeutender Herzog *in* Bayern war. Ein Mann, der unter gewöhnlichen Umständen aufgewachsen war und sogar mit nicht adeligen Kindern eine Schule besucht hatte.

Ihre Schwestern hatten da ganz andere Partien gemacht. Elise war Königin in Preußen, Maries Mann regierte in Sachsen und die älteste Schwester Sophie war sogar mit dem österreichischen Thronfolger Franz Karl verheiratet. Sie würde einmal Kaiserin von Österreich werden, wenn Kaiser Ferdinand starb.

Max ging mindestens ebenso widerwillig in diese Ehe wie seine Kusine. Er hatte eine bürgerliche Geliebte, die er aus Standesgründen nicht heiraten konnte. Lediglich die Angst vor seinem energischen Großvater trieb ihn vor den Traualtar. Er hasste Schwierigkeiten, und wenn er ihnen aus dem Weg gehen konnte, indem er heiratete, dann tat er es eben zähneknirschend.

Und so war Ludovika Herzogin in Bayern geworden. Sie war die Gattin eines Mannes, der weder in der Politik noch im öffentlichen Leben eine Rolle spielen mochte. Max besaß ein ansehnliches Vermögen, das es ihm erlaubte, Reisen zu machen und ganz nach seinen persönlichen Vorlieben zu leben. Wenn es ihm gefiel, tauchte er ab und zu in Ludovikas Schlafzimmer auf und erinnerte sie daran, dass sie miteinander verheiratet waren. Das Ergebnis dieser höchst unerfreulichen Besuche konnte sie dann neun Monate später im Arm halten.

Das kleine Mädchen wimmerte leise und riss seine Mutter aus ihren traurigen Gedanken. Sie strich sanft die weichen, hellen Haarsträhnchen aus seiner Stirn und küsste den zappelnden Säugling. Die Atemzüge des Kindes beruhigten sich und der winzige, hübsch geschwungene Mund entspannte sich zufrieden. Ludovika konnte zwar ihren Mann nicht ausstehen, aber ihre Kinder liebte sie zärtlich. Das Baby schien es zu spüren.

Neben dem fürstlichen Bett brannte nur noch ein letztes Nachtlicht und zauberte goldene Reflexe über die Haut ihrer kleinen Tochter. Ein ungewöhnlich schönes Neugeborenes, befand die Herzogin mit leichtem Mutterstolz. Viel zierlicher als es ihr Ältester, Ludwig, gewesen war und auch hübscher als die inzwischen dreijährige, ernsthafte Karoline Therese Helene, zu der alle der Einfachheit halber nur Nené sagten. Ob die Kleine auch so ausgeglichen und ruhig wie Nené werden würde? In der Schwangerschaft hatte sie Ludovika keine Probleme bereitet.

»Was das Leben wohl für dich bereithält, mein süßer Schatz?«, murmelte sie nachdenklich. »Hoffentlich keinen Kummer und jede Menge Glück. Aber wer kann das schon im Voraus sagen …«

In dieser stillen Stunde des heraufdämmernden Weihnachtstages besaßen die feinen Züge der kleinen Elisabeth eine so zerbrechliche, feenhafte Schönheit, dass ihre Mutter einen ängstlichen Schauer nicht unterdrücken konnte. Es war, als habe sie eine Ahnung davon gestreift, welch herausragendes Schicksal ihrer Tochter einmal bestimmt sein würde.

War sie wirklich ein Glückskind? Man sagte, auch Napoleon habe bei seiner Geburt bereits einen Zahn gehabt. Seine Bestimmung hatte ihn auf die Höhen des Ruhms geführt, aber auch in die Tiefen der Verzweiflung. Einem so kleinen Menschenkind derartigen Ruhm zu wünschen, kam Herzogin Ludovika geradezu frevelhaft vor. Unwillkürlich schloss sie ihre Tochter beschützend in die Arme. Gütiger Himmel, sie war müde, schrecklich müde. Sie gähnte und merkte nicht einmal mehr, dass die Hebamme ihr das Baby aus den Armen nahm und es in seine Wiege legte. Elisabeth schlief friedlich in ihren ersten Lebenstag hinein.

Draußen hatte es endlich aufgehört zu schneien. Frostklar und eisig standen die Sterne über der bayerischen Landeshauptstadt. So strahlend wie die Diamanten, die einige

Jahre später die schönste Frau Europas schmücken würden. Denn das würde sie einmal werden, die kleine Prinzessin aus Bayern. Wie gut, dass es in diesem Moment noch niemand wusste.

Eine überraschende Reise

»Sissi?! Gütiger Himmel, wo steckt das Kind denn schon wieder! Nené, wo ist deine Schwester? Hat sie nicht jetzt ihre Klavierstunde?«

Die Herzogin sah auf die kleine Uhr, die sie an einer goldenen Kette über dem Kleid trug. Es war schon eine Viertelstunde über die Zeit. Nicht dass sie Wert darauf gelegt hätte, das unmelodische Geklimper zu hören, aber es ging nicht an, dass Sissi ihren Unterricht schwänzte, wann immer sie die Gelegenheit dazu fand.

»Die Baronin sucht sie schon, Mama!« Wie üblich fiel der Knicks, den die 13-jährige Helene vor ihrer Mutter machte, sehr korrekt aus. In ihrer Antwort schwang bereits derselbe energische Ton mit, in dem die Herzogin sprach, wenn sie versuchte, ihre inzwischen auf sechs Köpfe angewachsene Kinderschar zu bändigen. Nené nahm sich ihre Mutter in allem zum Vorbild. Sie war ihr bereits eine echte Hilfe.

»Dann wollen wir hoffen, dass sie Sissi auch findet«, seufzte Ludovika, die Sissis Fähigkeit, sich in Luft aufzulösen, kannte.

»Ich such sie auch, Mama!«, bot Nené an und lief davon, bevor die Herzogin sie aufhalten konnte.

In ihrem Übereifer versuchte sie oft, vor ihren Geschwistern die Älteste herauszukehren. Sie war dabei strenger als die Herzogin, denn diese gewährte ihrem geliebten Nachwuchs ein hohes Maß an Freiheiten. Ihre seltenen, leicht schuldbewussten Ansätze, sie trotzdem Disziplin, höfische Lebensart und feine Manieren zu lehren, wurden seit neuestem von einer Gouvernante unterstützt.

Luise, Baronin Wulffen, die dieses wichtige Amt versah, eilte währenddessen, so schnell es ihre üppigen, steifen Röcke zuließen, durch die hohen Räume des Palastes an der Ludwigstraße. Seit Seine Königliche Hoheit, der Herzog, wieder von einer seiner zahllosen Reisen heimgekehrt war, brachte er den ganzen Haushalt mit seinen Ideen und Unternehmungen durcheinander.

Besonders Elisabeth, die von allen nur Sissi gerufen wurde, hatte sich wie eine kleine Klette an die Fersen ihres Vaters geheftet. Sie liebte ihn abgöttisch. Wenn er von seinen vielen Reisen durch die Welt erzählte, saß sie mucksmäuschenstill zu seinen Füßen und ließ kein Auge von ihm. Wenn er auf seiner Zither spielte und dazu sang, vergaß sie die Welt um sich herum. Am liebsten jedoch schaute sie ihm zu, wenn er auf der Reitbahn seine Kunststücke vorführte. Seit es die Reitbahn gab, fand sie den Winter in der Stadt erträglicher. Aber im Grunde lebte sie für den Moment, in dem die Familie endlich wieder die Kisten und Koffer packte, um in die Sommerresidenz nach Possenhofen am Starnberger See überzusiedeln.

Die Baronin lenkte ihre Schritte zielbewusst in Richtung Pferdestall, und es überraschte sie keineswegs, Vater und Tochter gemeinsam bei einem mächtigen kohlrabenschwarzen Hengst zu finden. Sie bemühte sich aus Respekt vor dem Rang des Hausherrn, ihre strenge Nase nicht allzu deutlich zu rümpfen.

»Sissi, du weißt genau, dass man dich sucht. Du solltest im Musikzimmer sein und deine Etüden üben«, sagte sie tadelnd.

»Die Klavierstunde, Papa! Muss ich da hin?«, seufzte das elfjährige, zierliche Mädchen mit den langen hellblonden Locken.

Es hatte den Kopf in den Nacken gelegt und sah den Vater flehend an.

»Freilich musst du das, Sissi! Lauf und lass die Baronin nicht länger warten!«

Herzog Max, normalerweise alles andere als strikt in Sachen Kindererziehung, legte großen Wert darauf, dass seine Lieblingstochter ein Instrument spielte. Er glaubte immer noch, dass Sissis bescheidene Fortschritte am Klavier eher auf einen Mangel an Übung als auf fehlende Musikalität zurückzuführen waren. Er begriff sehr gut, dass sie nicht gerne lange still saß.

Sissi hasste freilich weniger die erzwungene Reglosigkeit als das Instrument selbst. Es hörte sich einfach nicht wie Musik an, was von ihren schmalen, langen Fingern da produziert wurde. Wenn der Papa Musik machte, klang das ganz anders. Irgendwann würde sie ihn schon noch davon überzeugen können, dass er ihr diese Plackerei ersparen musste! Es war doch schade um die Zeit.

Aber heute schien er kein Ohr dafür zu haben. Er stand bereits an der nächsten Pferdebox und sprach mit dem Stallmeister. Außerdem hatte die Baronin jenen strengen Zug um den Mund, der es ratsam erscheinen ließ, zu tun, was sie sagte.

Dabei verstand Sissi sich normalerweise ganz gut mit ihr. Sie hatte sogar dafür gesorgt, dass Nené nicht mehr pausenlos auf ihr herumhackte und sie drangsalierte. Dummerweise aber hatte sie etwas dagegen, dass man im Hauskleid die Pferdeställe besuchte.

»Es schickt sich nicht für eine Prinzessin, wie ein Stallbursche bei den Pferden herumzustehen!«, schimpfte die Baronin jetzt leise, aber sehr nachdrücklich. »Wie oft muss ich dir das sagen?«

»Aber es gefällt mir dort«, entgegnete Sissi mit jener sanften

Hartnäckigkeit, die so typisch für sie war. »Und der Papa ist auch da!«

»Der Papa ist ein Mann!«, antwortete die Baronin, als würde allein diese Tatsache genügen, um jede Art von unpassenden Verrücktheiten zu rechtfertigen.

Sissi verzog den Mund. Sie war eine Spezialistin im Widersprechen. Sie machte sich zu allem ihre eigenen, meist recht außergewöhnlichen Gedanken. Für einen Moment sah es so aus, als wolle sie auch diesmal widersprechen. Aber dann ließ sie es bleiben. Die Baronin hatte ein fest umrissenes Bild von allen Dingen, die sich schickten oder nicht schickten. Es war sinnlos, dagegen zu protestieren.

So sinnlos wie gegen die Regentropfen zu rebellieren, die an diesem Märztag an den Fensterscheiben hinunterliefen. Traurig konnte man werden, wenn man dabei zusah, wie alles hinter grauen Schleiern versank und nicht das kleinste bisschen Sonne schien.

Wann wurde es endlich wieder Frühling, damit die Familie nach Possenhofen fahren konnte und die Stadt hinter sich ließ? Sissi sehnte sich nach ihren Spaziergängen, nach den Wäldern, den Bergen. Der Englische Garten war nur ein unvollkommener Ersatz für den alten Park mit seinen Rosenbeeten und Bäumen. Die langweiligen Ausfahrten in der Kutsche waren keine Entschädigung für das berauschende Gefühl, barfuß über eine Wiese zu laufen.

Ihr Vater verstand solche Wünsche, aber die Baronin? Sie war das Sprachrohr der Mutter, die einen stets daran erinnerte, dass man eine Prinzessin von Bayern war und dass man deswegen auf alle Dinge verzichten musste, die ein wenig Spaß machten. Eine Prinzessin durfte sich nicht einmal langweilen, wie sie wollte, sie musste es mit Anstand und Grazie tun! Am besten so, dass niemand ihr anmerkte, wie öde sie das Leben fand.

»Du sollst nicht so rennen, Sissi!«, tönte wie zur Bestätigung in diesem Moment die nächste Ermahnung. »Eine Dame muss so gehen, dass der Rock die Knöchel verdeckt. Es ist höchst unfein, mit wirbelnden Säumen davonzustürmen.«

Sissi mäßigte ergeben ihr forsches Tempo, das sie sich angewöhnt hatte, um mit ihrem Vater Schritt halten zu können. Dem Herzog war ein gesunder Gang wichtig und der Anblick eines Knöchels brachte ihn nicht aus der Ruhe. Da würde schon eher die Baronin aus dem Konzept geraten, wenn sie den Vater in seinen kurzen Lederhosen sah! Sissi unterdrückte ein Kichern und malte sich den entsetzten Aufschrei ihrer Erzieherin aus.

»So ist's besser«, lobte die Baronin jetzt.

Sie war immer wieder erstaunt darüber, wie wenig man ausgerechnet dieses Kind bisher dazu angehalten hatte, aus seinen Anlagen und Talenten etwas zu machen. Sie hatte die kleine, empfindsame Elisabeth vom ersten Augenblick an in ihr Herz geschlossen. Sie war ein scheues und liebevolles Kind, oft war sie in Träume versunken oder lief hinter irgendwelchen Tieren her.

Sobald es einem jedoch gelang, ihr Interesse zu wecken, verblüffte sie mit einer schlagfertigen Intelligenz und spitzbübischem Schalk. Sie war die Ungewöhnlichste der Schwestern. Ein pfiffiger Kobold, der nichts so sehr liebte wie seine persönliche Freiheit.

Jede Art von Zwang oder Disziplin führte sie zu offener Rebellion. Regelmäßige Schulstunden, Kleidervorschriften, Benimmregeln, all das war für Sissi nur dazu da, ihm soweit wie möglich aus dem Wege zu gehen. Wie lange es wohl dauern würde, bis sie endlich begriff, dass ein Mädchen ihrer Herkunft nicht als scheuer Wildfang aufwachsen konnte? Die Baronin unterdrückte einen Seufzer und riet sich selbst zu mehr Geduld. Bei Sissi erreichte man nur mit Liebe und Geduld etwas.

Sissi hingegen fragte sich, wie lange es wohl dauern mochte, bis die Baronin ebendiese Geduld mit ihr verlor. Sie schenkte ihr ein schelmisches Lächeln und schwor sich heimlich, vor der nächsten Stunde wieder zu entwischen. In Possenhofen wäre das leichter zu bewerkstelligen gewesen als in München, wo doch eine strenge Ordnung herrschte. Man befand sich ja immerhin in einer Familie, die mit dem regierenden Königshaus verwandt war.

Im Musikzimmer prasselte der Regen an die Scheiben, und obwohl überall die Ofen eingeschürt waren, fröstelte die kleine Prinzessin. Die Baronin, zufrieden damit, dass Sissi ihre Röcke über die Klavierbank ausbreitete, konnte nicht überhören, dass ihr Schützling seit dem letzten Mal keinerlei musikalische Fortschritte gemacht hatte. Sie zuckte schon bei den ersten Klängen schmerzlich zusammen.

»Du musst dich besser konzentrieren, Kind! Schau auf die Noten und nicht zum Fenster hinaus!«, mahnte sie unerbittlich. »Wo bist du nur mit deinen Gedanken? Musst du denn immer träumen?«

An manchen Tagen fühlte sich die Baronin von der komplizierten Kinderschar des Herzogpaares ein wenig überfordert. Jedes dieser Kinder, vom ältesten Ludwig bis hin zur kleinen Mathilde, die allgemein nur Spatz genannt wurde, war eine eigenwillige und komplizierte Persönlichkeit. Lachen und Weinen lag bei ihnen eng zusammen, und ein stürmisches Temperament wechselte mit Phasen höchster Verschlossenheit und mit wütendem Trotz. Sie reagierten scheu, wenn man sie von ihrer besten Seite präsentieren wollte, und verwandelten sich in eine Bande von ausgelassenen Wilden, sobald sie wieder unter sich waren.

Nur Nené entsprach den Vorstellungen ihrer Erzieherin. Ihre Geschwister dagegen lehnten alle Versuche, sie zu feiner, höfischer Lebensart zu erziehen, ab. Sie besaßen jene Art von Ausstrahlung, die es einem vernünftigen Menschen unmöglich machte, ihnen lange böse zu sein, und sie hielten im Notfall besser zusammen als jeder Kleister.

Sissi war die Fee unter diesen ungewöhnlichen Kindern. Von zierlicher, fast magerer Gestalt war sie apart, aber im Augenblick noch weit davon entfernt, einmal so hübsch wie Nené zu werden. Ihr rundes Gesicht schien nur aus den großen goldbraunen Augen zu bestehen, und die Arme und Beine waren viel zu lang und zu ungelenk für den kleinen, kindlich schmalen Körper.

Trotzdem blieb sie der unbestrittene Liebling ihres Vaters, sofern dieser Zeit fand, sich um seine Kinder zu kümmern. Dies geschah äußerst selten. Seine Reisen, seine Freunde und nicht zuletzt seine Geliebten waren ihm wichtiger. Wenn er jedoch zu Hause wohnte, dann nahm er Sissi zu Unternehmungen mit, die wahrhaftig nicht für eine Prinzessin geeignet waren. Die Baronin hatte von Bergwanderungen gehört und vom Schwimmen im See. Das gehörte wahrhaftig nicht zur Erziehung einer jungen Aristokratin.

Es würde ihre Aufgabe sein, diesen Unternehmungen im Sommer einen Riegel vorzuschieben. Es ging nicht an, dass Sissi von ihrem Vater darin bestärkt wurde, alle Regeln der Etikette zu brechen.

Die Baronin hätte nichts dagegen gehabt, wenn sich Herzog Max schnellstens wieder auf die Spuren der alten Griechen begeben oder ein anderes, möglichst weit entferntes Reiseziel gewählt hätte. Aber vermutlich würde er das erst tun, wenn die Herzogin wieder schwanger war und er das Gefühl haben konnte, dass er seine Pflicht als Ehemann nach besten Kräften getan hatte.

Die Erzieherin wusste besser als die Kinder des Herzogs,

dass ihre Eltern eine äußerst lieblose Ehe führten, unter der Ludovika mehr litt als ihr Mann. Aus der attraktiven Prinzessin war eine biedere Mutter vieler Kinder geworden. Sosehr sie sich auch bemühte, ihre Unzufriedenheit zu verbergen, ihre zahllosen Migräne-Anfälle und kleinen Leiden sprachen für sich. Während ihr Gatte in umfangreichen Aufsätzen und Büchern von seinen Reisen in alle Welt berichtete und Diskussionen mit Künstlern, Literaten und Wissenschaftlern führte, verlor er jegliches Interesse an seiner Frau und vergaß auch seine Kinder, aber das hatte Sissi noch nicht durchschaut. Ludovika hatte es inzwischen aufgegeben, ihren Mann zu politischen Stellungnahmen zu drängen. Er wollte weder eine Rolle in der Regierung spielen noch die Öffentlichkeit auf seine Person aufmerksam machen. Jedes Aufsehen, das nicht mit seinen Aufsätzen oder Büchern zusammenhing, verabscheute er.

Die Baronin lenkte ihre Gedanken zurück in die Wirklichkeit, die von Sissis eigenwilligem Klavierspiel widerhallte. Sie hatte nicht den Herzog, sondern seine Töchter zu erziehen!

»Fang noch einmal von vorne an!«, mahnte sie gereizt. »Du musst dich besser konzentrieren. Spiel das, was auf dem Blatt steht, und nicht das, was deine Finger zufällig treffen!«

Sissi verdrehte die Augen, was die Baronin glücklicherweise nicht sehen konnte, und ließ ihre schönen, schlanken Finger über die schwarz-weißen Tasten gleiten. Sie hörte leidenschaftlich gerne zu, wenn ihr Vater musizierte und sang, aber sie hatte nicht den geringsten Ehrgeiz, selbst Musik zu machen.

Für sie lag Musik im Zwitschern der Vögel, im Plätschern eines Baches oder im leisen Raunen der Blätter im Wind. In Possi, wenn sie morgens aufstand, ehe alle anderen wach wurden, und an den See hinunterlief oder durch den Park spazieren ging, dann hörte sie Musik. Dann fühlte sie sich als Teil einer einzigen wunderbaren Sinfonie von Klängen aus Natur und Schönheit.

Aber wie hätte sie der Baronin das erklären können? Nicht einmal Gackel, ihr Lieblingsbruder Carl Theodor, hatte es richtig verstanden, als sie es ihm zu erklären versuchte. Da, ein neuerlicher Patzer. Die Baronin zuckte schmerzlich zusammen. Sissi ließ die Hände sinken und sah sie flehend an.

»Ich kann's nicht! Wirklich nicht! Ich würd's ja gern, aber es hat einfach keinen Sinn.«

Nach dieser missglückten Kostprobe war die Erzieherin nun durchaus geneigt, ihr zuzustimmen, und der folgende Monat brachte zwei wichtige Ereignisse in Sissis Leben. Die lästigen Klavierstunden wurden vom Unterrichtsplan gestrichen und die Familie übersiedelte endlich wieder an den Starnberger See.

Das gedrungene, rechteckige Gebäude mit den vier Ecktürmen war Sissis wahre Heimat. Das ländliche Schloss, das der Architekt Ludwig von Klenze für den Herzog umgebaut hatte, lag in einem weitläufigen Park, dessen Rosengärten bis zum Seeufer reichten. Es wies nicht den kühlen Prunk der Stadtresidenz auf, sondern war eine gemütliche, zwanglose Sommerresidenz für eine große Familie.

Von ihrem Zimmer aus konnte Sissi über den See hinweg bis zum Wetterstein-Gebirge sehen. Sie stürzte auch dieses Mal als Erstes zum Fenster, riss die beiden Flügel auf und genoss in vollen Zügen den vertrauten Anblick. Es war wie immer und es war einfach wunderbar! Die Sonne verwandelte den See in eine Fläche aus spiegelndem Glanz. In den Baumwipfeln schwirrten zwitschernd die Vögel.

»Wie herrlich!«, rief sie begeistert und hätte am liebsten die ganze Welt umarmt. »Ich muss gleich nachschauen, ob es schon junge Hasen im Stall unten gibt!«

»Die Baronin hat gesagt, wir sollen erst die Sachen auspacken!«, widersprach die pflichtbewusste Nené, die hinter ihr ins Zimmer kam.

»Du kannst ja der Baronin folgen«, schlug Sissi vergnügt vor. »Dann muss sie sich wenigstens nur über mich ärgern, die Arme.«

»Du bleibst hier!«

Sissi zog eine Grimasse und nutzte die nächste Gelegenheit, in den Park und in die Ställe zu entwischen.

Sie begrüßte die Stallburschen und Bauern und machte sich auf die Suche nach der Hauskatze, die angeblich ihre Jungen irgendwo im Heustadel versteckt haben sollte. Danach musste sie unbedingt noch zum See hinunter und nach den jungen Lämmern auf der Weide sehen.

Überglücklich, mit strahlenden Augen und Rocksäumen, die vor Schmutz starrten, tauchte sie erst am Abend wieder im Familienkreis auf. Den strengen Tadel von Mutter und Erzieherin überhörte sie einfach. Doch das Glück währte nicht sehr lange.

Im folgenden Monat zitierte ihre Mutter die beiden ältesten Töchter und den kleinen Karl Theodor nach dem Frühstück zu sich, um eine große Neuigkeit zu eröffnen.

»Wir fahren nach Innsbruck und besuchen dort Tante Sophie!«, verkündete sie.

Ludovika hatte beschlossen, ihre älteste Schwester, die Erzherzogin von Österreich, zu besuchen, die gerade in Innsbruck weilte. Dass die politischen Wirren in Wien die kaiserliche Familie dazu veranlasst hatten, sich nach Innsbruck in Sicherheit zu bringen, verschwieg Ludovika den Kindern. Das mit der Politik verstanden sie ja ohnehin noch nicht.

»Ich hab Tante Sophie schon ewig nicht mehr gesehen«, erzählte sie stattdessen. »Und wenn sie in Innsbruck schon fast vor unserer Haustür den Sommer verbringt, dann wär's ja wirklich schad, wenn wir die Gelegenheit nicht nutzen würden.«

»Eine Reise?« Sissi strahlte über das ganze Gesicht.

»Ich bin noch nie verreist! Wie herrlich, wir werden verreisen! So wie's der Papa immer tut! Ist das weit bis Innsbruck?«

Sie sah nicht, dass ihre Mutter kurz die Lippen zusammenpresste. Die Reisen des Herzogs waren kein Thema für seine Frau. Sie zwang sich zu einem Lächeln, in dem eine Mahnung mitschwang.

»Weit genug, Sissi, und das eine sag ich euch, benehmt's euch ja anständig! Ich möcht nicht, dass meine Schwester denkt, ich hätt eine ungezogene Bande von Wilden zur Welt gebracht. Sie wird einmal die Kaiserin von Österreich sein und verdient euren Respekt, merkt's euch das!«

»Ist sie nett, die Tante Sophie?«, wollte Sissi wissen.

»Sehr nett, sie ist schließlich meine große Schwester!«

»Aha«, Sissi nickte.

Eine große Schwester hatte sie auch. Also war die Tante Sophie so etwas wie eine erwachsene Nené. Jemand, der einem ständig sagte, was man zu tun hatte, und andauernd an einem herumnörgelte. Na ja, man würde ihr aus dem Weg gehen müssen, der Tante Sophie!

Den Spaß an der Reise würde sie sich auf keinen Fall verderben lassen, das stand fest.

Der erste Verehrer

»Wie gefällt er dir?«

Nené stupste ihre kleine Schwester an und deutete mit einer unmerklichen Bewegung des Kopfes in die gegenüberliegende Ecke des prächtigen Empfangssalons. Zwei junge Männer standen dort, und es konnte keinen Zweifel daran geben, dass Nené den Größeren von beiden meinte. Es war ihr Cousin Franz Joseph, der älteste Sohn von Tante Sophie, ein schneidiger Achtzehnjähriger in Uniform, der es ihr auf den ersten Blick angetan hatte. Er war schon ein Mann und kein Junge mehr.

»Ich weiß nicht'', wisperte Sissi scheu und starrte auf das Parkett zu ihren Füßen. Für ihren Geschmack waren zu viele fremde Menschen in diesem Zimmer. Außerdem fühlte sie sich von dem hoch gewachsenen Offizier eher eingeschüchtert. Das kleine Oberlippenbärtchen mit den keck geschwungenen Spitzen verlieh ihm etwas Verwegenes. Die Haare schimmerten rötlich blond, und die blauen Augen schauten ein wenig gelangweilt über den Besuch aus Bayern hinweg. Er war hier, weil es sich so gehörte, und nicht, weil er daran Gefallen fand, das hatte Sissi gleich im Gefühl.

Dabei hatte er wirklich schöne Augen. Ein bisschen abwesend kamen sie Sissi vor. So als blickten sie in eine andere Welt, die nichts mit diesem Familientreffen zu tun hatte, bei dem alle durcheinander redeten und die Kinder ohnehin nichts zu sagen hatten.

Die Reise nach Innsbruck hatte Sissi gut gefallen, aber dieser »séjour«, wie Mama den Aufenthalt in höfisch feinem Französisch nannte, begann sie schon nach zwei Tagen zu langweilen. Nicht eine Wanderung hatte sie bisher machen dürfen, dabei gab es Berge fast direkt vor der Haustür!

»Sie sagen, Franz Joseph sei ungeheuer nett«, flüsterte Nené aufgeregt weiter. »Seiner Mama sehr ergeben. Stell dir vor, er wird nach seinem Papa der Kaiser sein! Der Kaiser von Österreich!«

»Er schaut so eingebildet aus, als wär er es jetzt schon!«, murmelte Sissi respektlos. »Was regst dich so über ihn auf? Ich finde seinen Bruder netter.«

Karl Ludwig, der neben Franz Joseph stand, sah im gleichen Moment zu seinen Kusinen hinüber. Er war drei Jahre jünger und bis zum Auftauchen der bayerischen Verwandtschaft hatte er sich in Innsbruck oft gelangweilt. Jetzt konnte er kaum den Blick von diesem schmalen, feenhaften Mädchen in dem duftigen Batistkleid lösen, das neben seiner älteren Schwester stand und ihn anlächelte.

Halb verlegen, halb geschmeichelt fand Sissi ihr Lächeln erwidert. Nené bemerkte es nicht. Sie hatte ihre volle Aufmerksamkeit auf Franz Joseph gerichtet. Er gefiel ihr, fesch und aufrecht, hübsch und so ganz ein junger Offizier, wie man ihn sich erträumte.

Beide Mädchen konnten nicht ahnen, dass auch sie an diesem Abend Gesprächsthema zwischen den beiden Brüdern waren.

»Sissi gefällt mir besser«, bemerkte Karl Ludwig im Gespräch. »Auch wenn Nené wie eine Prinzessin aussieht! Mir ist sie zu ernst, zu stolz und ganz schön eingebildet!«

Die schlanke, große Helene mit ihrem klassisch geschnittenen, schönen Gesicht hatte Eindruck auf die beiden Männer gemacht. Aber Karl Ludwig ließ sich nicht von ihrer perfekten Erscheinung blenden. Er hatte in Sissi eine Wärme und Aufgeschlossenheit entdeckt, die der schöneren Schwester einfach fehlte. Franz Joseph amüsierte sich über seine Vergleiche.

»Man könnt meinen, du suchst dir schon eine Frau unter deinen bayerischen Kusinen aus«, zog er den Kleineren auf. »Meinst nicht, dass du ein bissel früh dran bist mit deiner Wahl?«

»Kann ich was dafür, dass sie mir jetzt schon gefällt?«, grinste Karl Ludwig vergnügt. »Ich glaub, der Unterschied liegt in den Augen. Hast du es gesehen? Die von Helene sind grau und kühl, viel zu ernst. Sicher ist sie fromm und genierlich!«

Franz Joseph zwirbelte seinen blonden Schnurrbart und hob spöttisch die Brauen. »Du hast ja ganz schön Erfahrung für deine fünfzehn Jahre. Aber vielleicht wär die Helene trotzdem die passendere Gemahlin für dich, mein Kleiner!«, zog er den Jüngeren auf. »Die andere besteht ja nur aus langen Armen und großen Augen, an der ist doch nix dran! Jeder Windstoß kann sie umblasen.«

»Bah!«, winkte Karl Ludwig entschieden ab. »Was du denkst. Ich bleib dabei, die Sissi ist viel netter. Wenn die einen anschaut, dann ist's, als ob ein Sonnenstrahl mitten ins Herz trifft! Ich hab noch nie ein Mädchen wie sie kennen gelernt!«

In den nächsten Tagen blieb es auch den Erwachsenen nicht verborgen, dass sich Karl Ludwig unsterblich verliebt hatte. Er folgte seiner Kusine Sissi, wo immer er sie zu sehen bekam. Sie fand Blumensträuße vor ihrer Tür, erhielt kleine Körbe voller Früchte oder Süßigkeiten und fühlte sich zum ersten Mal in der ungewohnten Rolle einer umschwärmten Schönheit.

Halb verblüfft, halb vergnügt spielte sie die kleine Romanze mit. Es machte ihr Spaß, wie eine Märchenprinzessin verwöhnt zu werden. Umso mehr fand sie daran Gefallen, als Nené empfindlich darauf reagierte. Sie war die Ältere, und eigentlich hätte es ihr zugestanden, den ersten Verehrer zu haben.

»Bilde dir bloß nix darauf ein«, fauchte sie missgünstig und lehnte es ab, von den Erdbeeren zu naschen, die Karl Ludwig vorbeigebracht hatte. »Ich verstehe nicht, warum Tante Sophie ihm nicht sagt, wie lächerlich dieses Theater ist, das er wegen dir aufführt. Du bist doch noch das reinste Baby!«

»Und du bist neidisch!«, sagte ihr Sissi auf die Nasenspitze zu und vernaschte genüsslich die letzte Erdbeere. »Du bist nur enttäuscht, weil Franz Joseph dich nicht anschaut! Wenn er dir Erdbeeren schicken würde, hättest du sicher nichts dagegen!«

»Du bist blöd!«, fauchte Nené und verlor ihre normalerweise so unerschütterliche Gelassenheit. Es kam selten vor, dass sie sich nicht wie eine kleine Dame benahm.

»Aber ich habe einen Liebhaber!«, triumphierte Sissi mit offensichtlicher Schadenfreude.

»Liebhaber? Du spinnst! Du weißt ja gar nicht, wovon du redest!«

Das wusste Sissi wirklich nicht, aber es schmeichelte ihr ungeheuer, dass Karl Ludwig sich um sie bemühte. Am schönsten an der Sache war jedoch Nenés Eifersucht. Es kam so selten vor, dass sie etwas besaß, das die Ältere gerne gehabt hätte. Normalerweise war es immer umgekehrt. Wie schade, dass die Abreise schon wieder vor der Tür stand, sie wäre gerne länger geblieben.

»Du bist nix anderes als eine dumme, kindische Gans!«, rief Nené nun entrüstet und stürmte aus dem Schlafzimmer, das sie mit Sissi teilte.

Helene liebte ihre Geschwister, aber im Gegensatz zu Sissi hatte sie weder den Charme noch den Humor ihres Vaters geerbt. Sie besaß die Selbstbeherrschung, den Stolz und den Ehrgeiz ihrer Mutter. So kam sie zu dem Schluss, dass es keinen Sinn hatte, sich in einen Cousin zu verlieben, auch wenn er noch so attraktiv war.

In ihren Kreisen wurden Ehen von den Eltern vereinbart und nicht aus Liebe geschlossen. Sehr reif für ihre vierzehn Jahre begann sie sich bereits zu fragen, welcher junge Mann aus welchem adeligen Hause für sie in Frage kommen würde. Franz Joseph vermutlich nicht. Ein künftiger Kaiser würde sich seine Gemahlin in den höchsten Häusern Europas suchen und nicht bei der »armen« Verwandtschaft im benachbarten Bayern.

Sissi hingegen sonnte sich weiterhin vergnügt in der Bewunderung, die ihr Karl Ludwig entgegenbrachte. Sie behandelte den jungen Erzherzog mit der Selbstverständlichkeit eines Mädchens, das ältere und jüngere Brüder besitzt. Sie konnte sich stundenlang mit ihm über Pferde unterhalten, und die Art, wie sie auf ihren gemeinsamen Wanderungen drauflosmarschierte, überzeugte Karl Ludwig endgültig davon, dass er in seiner kleinen Kusine ein ganz besonderes und ungewöhnliches Mädchen gefunden hatte.

Die beiden Schwestern Sophie und Ludovika duldeten die aufkommende Freundschaft ihrer Kinder mit einem nachsichtigen Lächeln. Möglicherweise setzte sich bei ihnen in diesem Sommer sogar der Gedanke fest, dass die Familienbande durch eine Heirat noch enger werden könnten. Aber bis ein solcher Plan spruchreif wäre, würde noch viel Wasser den Inn hinunterfließen.

Sissi hatte keine Ahnung davon, was in den Köpfen der Erwachsenen vorging. Ihr gefielen die unbeschwerten Tage und sie verstand sich bestens mit Karl Ludwig. Er gab ihr auf ganz besondere Art das Gefühl, schon ein bisschen erwachsen zu sein. In seiner Gegenwart wünschte sie sich auch nie, dass sie als Junge auf die Welt gekommen wäre. Bei ihm machte es richtig Spaß, ein Mädchen zu sein.

Der unvermeidliche Abschied traf sie beide hart. Sie hatten gewusst, dass die Ferien begrenzt waren, aber sie hatten es nach besten Kräften verdrängt. Sissi drehte den letzten Blumenstrauß, den ihr Karl Ludwig geschenkt hatte, hin und her, und in ihren großen Augen standen Tränen.

»Ich schreib dir! Ich versprech's!«, schwor der österreichische Cousin und legte die Hand auf sein Herz, um den Schwur zu bestätigen.

»Und ich werde dir auch ganz bestimmt antworten!«, versprach Sissi. Sie winkte ihm aus der großen Reisekutsche nach, solange sie ihn sehen konnte. Eigentlich war er der Netteste aus dieser ganzen Habsburger-Verwandtschaft, die ihr ein wenig zu steif und zu bedeutsam vorkam, um sich in ihrem Kreis richtig wohl fühlen zu können.

»Schade, dass Karl Ludwig in Wien und nicht in München wohnt«, seufzte sie traurig. »Wien ist schrecklich weit weg!«

»Aber Wien ist wenigstens eine Stadt und nicht so ein Nest wie München«, mischte sich Nené ein wenig sehnsüchtig ein.

»Also Nené«, die Herzogin schüttelte missbilligend den Kopf. »Was sagst du dann erst zu Possenhofen?«

»Possi ist kein Ort, Possi ist unser Zuhause!«, antwortete Sissi, ehe Nené überhaupt den Mund aufgemacht hatte.

Niemand hatte etwas zu entgegnen. Es stimmte schließlich, was sie gesagt hatte.

Kaum waren sie in Possenhofen eingetroffen, erhielt Sissi auch schon den ersten Brief aus Innsbruck. Sie blickte auf ein bedeutsames Papier mit steifem Siegel, begleitet von einem kleinen, geheimnisvollen Päckchen.

»Ein Geschenk! Mach auf, ich will sehen, was drin ist!«

Sissis siebenjährige Schwester Marie hüpfte aufgeregt von einem Bein auf das andere. Nené tat höchst erwachsen, aber man sah ihr die Neugierde ebenfalls an der Nasenspitze an. Die halbe Familie lauerte gespannt darauf, was Sissi aus Wien geschickt bekommen hatte.

Sissi benahm sich seltsam ungeschickt, von so vielen Augen beobachtet. Aber dann hatte sie die Verpackung entfernt und öffnete das kleine Kästchen. Ein Ring lag da auf hübscher weißer Seide! Ein schmaler, kleiner goldener Ring mit einem Edelstein.

»Ein Diamant ist das nicht«, fand Nené als Erste die Sprache zurück.

»Natürlich nicht«, wies die Herzogin sie zurecht. »Es würde sich nicht gehören, dass Karl Ludwig einem Kind wie Sissi Diamanten schickt. Aber es ist eine schöne Freundschaftsgeste von ihm. Ich werde sehen, ob ich einen Ring unter meinem Schmuck finde, den du ihm zurückschicken kannst, Sissi!«

Sissi sagte gar nichts. Sie bewunderte den Ring und schob ihn von einem Finger auf den anderen. Es war das erste Mal, dass ihr ein Mann Schmuck schenkte, mit Ausnahme ihres Papas natürlich. Sie kam sich sehr bedeutend vor.

Stolz wedelte sie damit vor Nenés Nase herum und Marie kicherte über die eisige Miene der Älteren.

»Es gehört sich nicht, dass man so angibt!«, wies Nené ihre Schwester zurecht.

»Ich geb nicht an, ich freu mich!«, widersprach Sissi und setzte sich gleich an ihren Schreibtisch, um Karl Ludwig einen Dankesbrief zu schreiben. Immer wenn sie ins Tintenfass eintauchte, leuchtete der Ring an ihrer rechten Hand auf. Ob sich Karl Ludwig über ihr Geschenk ebenso freuen würde?

Karl Ludwig schrieb überschwänglich und seitenlang zurück. Er berichtete, dass er den Ring immer tragen würde, dass er immer an Sissi dachte und dass die Tage in Innsbruck wunderbar gewesen waren. Sissi überflog den Brief halb zufrieden, halb ungeduldig und war mit ihren Gedanken schon wieder draußen in der Sonne. Sie hatte jetzt im Sommer keine Zeit für lange Antworten, und Regentage gab es glücklicherweise selten.

Die Baronin versuchte vergeblich, aus dem Wildfang mit den braunen Beinen und den unfeinen Sommersprossen auf der Nase eine junge Dame zu machen.

Eher konnte man ein Dutzend Schmetterlinge einfangen als dieses Mädchen. Sie tollte wie eine Wilde mit den Hunden durch den Park, kletterte auf jeden Baum, und wenn die Baronin morgens in ihr Zimmer kam, um sie zu wecken, fand sie nur allzu oft ein leeres Bett vor.

Sissi liebte Sonnenaufgänge. Es machte ihr nichts aus, dafür in aller Frühe aufzustehen. Wenn sie mit bloßen Füßen zum See hinunterlief und die Vögel ihr Morgenkonzert anstimmten, dann gab es in ganz Possenhofen keinen Menschen, der glücklicher war. Licht, Luft und Sonne waren wichtiger als Essen und Trinken für sie.

Schon aus diesem Grund fielen die Briefe, die Karl Ludwig als Antwort auf seine langen Schreiben erhielt, ein wenig kurz aus. Sissi bedankte sich brav für die zahllosen kleinen Geschenke und Aufmerksamkeiten, die sie erhalten hatte, dann plauderte sie kurz über ihre Tiere oder das Wetter und kam anschließend zu einem schnellen Ende, denn draußen warteten ja längst ihre Freunde auf sie.

Karl Ludwig war ihr nicht böse. Ihm gefielen die kleinen Briefchen in Sissis ordentlicher Mädchenschrift, die manchmal sogar eine kleine, lustige Zeichnung enthielten. Es machte ihm Freude, Geschenke für sie auszusuchen und nach Possenhofen zu schicken, wie zuletzt eine entzückende kleine Uhr, die man an einer Kette um den Hals tragen konnte. Sissi war begeistert darüber, denn ihre Mutter besaß eine solche Uhr und sie hatte sich heimlich genauso eine gewünscht.

Es war eine äußerst gemischte Kindergesellschaft, mit der die jungenhafte Prinzessin in den Sommermonaten am Ufer des Starnberger Sees herumtobte. Kinder aus gutem Hause wie David Paumgartten und seine Schwester Irene gehörten ebenso dazu wie einfache Bauernbuben und Mädchen.

Zum Entsetzen der Baronin von Wulffen war die Umgangssprache dieser Bande ein bodenständiges Bayerisch. Sissi hörte sich gar nicht wie eine artige junge Dame an. Im Gegensatz zu Nené gab sie sich auch nicht die geringste Mühe, korrekt und schicklich zu sprechen. Wozu denn? Ihre Freunde verstanden sie auch so.

»Ich weiß«, seufzte die Herzogin, wenn die Erzieherin über Sissi klagte. »Ich bin ganz Ihrer Meinung. Ich werde mit ihr reden!«

Aber wenn sich Sissi vertrauensvoll an sie schmiegte und sie aus ihren treuherzigen braunen Augen ansah, konnte sie ihr doch nicht mehr böse sein. Keines ihrer Kinder war so liebebedürftig und arglos wie Sissi. Das mochte auch der Grund dafür gewesen sein, dass ausgerechnet sie von ihrem freiheitsliebenden und unkonventionellen Vater so geschätzt wurde. Aber vielleicht lag es auch daran, dass man sie einfach gern haben musste.

Und so verging ein weiterer herrlicher Sommer für Sissi, in dem niemand ihre Freiheit beschränkte. Man würde sicher noch genügend Zeit haben, ihre Erziehung zu verbessern und zu verfeinern. Warum sollte man einen Sonnenschein wie sie schon in jungen Jahren in Fesseln legen?

Heimliche Liebe

Wie jedes Jahr war Sissi höchst betrübt, als die schönen Tage am See ihr Ende fanden und die Familie wieder nach München übersiedeln musste. Possenhofen im Herbst, wenn sich die mächtigen alten Bäume bunt färbten und die letzten Rosen wie Seidenblüten an den Büschen hingen, gefiel ihr fast noch besser als im Frühling. Wie immer brach sie in Tränen aus, als die Kutsche den vier mächtigen Türmen den Rücken kehrte und den See hinter sich ließ.

»Ich bitt dich, Sissi«, rief die Herzogin gereizt. »Man könnte meinen, wir bringen dich ins Gefängnis. Musst du dich denn derart echauffieren, Kind?«

»Warum ist es denn so wichtig, dass wir in der Stadt wohnen?«, stellte Sissi unfein schniefend ihre alljährliche Lieblingsfrage.

»Weil es sich so gehört!«, entgegnete ihre Mutter, der ewigen Diskussion müde. Im Grunde sah sie den Wechsel selbst nicht ganz ein. Ihr hätte es nichts ausgemacht, das Jahr in Possenhofen zu verbringen und die ohnehin wenigen Repräsentationspflichten, die sie hatte, einfach zu vernachlässigen. »Und wenn du ein wenig älter bist, wirst du schon noch merken, dass die Stadt auch ihre Vorteile hat!«

Erstaunlicherweise musste Sissi ihrer Mutter bereits nach kurzer Zeit Recht geben. Der Winter kam ihr dieses Jahr nicht so endlos und langweilig wie sonst vor. Es gab eine Menge Abwechslung. So hatte ihr Vater im Palast an der Ludwigstraße einen waschechten Zirkus bauen lassen. Der Innenhof war die Manege, und die Zuschauer saßen in Logen oder auf Sperrsitzen, wie bei einem richtigen Spektakel.

Die Münchner Gesellschaft kam in Scharen zu den Vorstellungen, und der Herzog trat zur Begeisterung seiner Kinder und zum Entsetzen seiner Frau als Kunstreiter auf. Es gab Clowns, Pantomimen und Ratespiele und immer wieder Pferde. Sissi bewunderte ihren unkonventionellen Vater ohnehin, aber als Artist fand sie ihn zum Anbeten!

Die Erzieherinnen, die Lehrer und Kindermädchen des Hauses hatten mehr denn je ihre liebe Not mit dem Nachwuchs des Herzogs. Wenn der Vater sich als Zirkusartist amüsierte, war es natürlich problematisch, seinen Kindern das Stillsitzen und die vornehme Lebensart zu vermitteln.

Das Stillsitzen gelang Sissi nur in den Zeichenstunden. Seit es die Baronin Wulffen durchgesetzt hatte, dass der Klavierunterricht durch eine Unterweisung in Zeichnen und Malen ersetzt wurde, war Sissi in diesem Fach zu einer eifrigen und begeisterten Schülerin geworden. In diesem Fall trafen sich Talent und Wunsch.

Plötzlich konnte sie ruhig auf ihrem Stuhl verharren und mit konzentriert gerunzelter Stirn Pinsel oder Stift führen. Während ihre übrigen Lehrer über das quirlige Temperament und das fehlende Interesse ihrer Schülerin klagten, hatte der Zeichenlehrer nie Probleme mit ihrer Aufmerksamkeit.

Es gefiel dem jungen Mädchen, Figuren, Landschaften und Tiere auf dem Papier zum Leben zu erwecken. Die Zeichnung gehörte nur ihr. Etwas, das sie mit niemand teilen musste, dem sie aus eigener Kraft Gestalt und Umriss verlieh.

Der Unterricht führte dazu, dass sie auch die zahllosen

Bilder, Statuen und Kunstwerke, mit denen der Herzog seine Schlösser geschmückt hatte, mit anderen Augen sah.

Schon im folgenden Sommer, in Possi, betrachtete sie die spärlich bekleideten marmornen Götter und Göttinnen auf Brunnen und an Gartenwegen mit neu erwachtem Interesse. Sie vertiefte sich in die klassischen Sagen des alten Griechenlands und die Marmorfiguren wurden zu vertrauten Gestalten ihrer Phantasie.

Als der Herbst die neuerliche Rückkehr in das Palais an der Ludwigstraße brachte, schlenderte sie stundenlang durch Galerien und Säle. Die Wandgemälde und bilderreichen Friese erzählten Geschichten von Leidenschaft und Liebe, von Verrat und Tod. Der Herzog hatte von Malern ersten Ranges Szenen aus der griechischen Sagen- und Mythenwelt festhalten lassen. Es waren Illustrationen zu Dramen, die Sissi gelesen hatte und nun wieder erkannte.

Merkwürdigerweise kam von den Erwachsenen keiner auf die Idee, dass eines der Mädchen so kühn sein könnte, diese freizügigen Szenen in allen Einzelheiten zu betrachten. Es handelte sich um Kunst, um den Schmuck des Hauses, und nicht um Wirklichkeit.

Sissis rege Phantasie hingegen machte keinen Unterschied zwischen einem Kunstwerk und der Realität. Die Personen des 44 Meter langen, fröhlichen Bildfrieses, das der Maler Schwanthaler für den Tanzsaal des Palais gemalt hatte, waren für sie wie ein verbotenes Lexikon. Sie hätte gerne Fragen gestellt, aber das verbot sich von selbst. Baronin Wulffen wäre vermutlich auf der Stelle in Ohnmacht gefallen, hätte man sie gefragt, ob das nun die Liebe war, von der Sissi in Gedichten und Sagen las. Auch Nené fühlte sich ihrer kleinen Schwester so überlegen, dass Sissi befürchtete, von ihr ausgelacht zu werden. Also schwieg sie und verlor sich noch mehr als zuvor in ihren Träumen.

Langsam konnte man eine Veränderung ihres Wesens bemerken, die ihrer Familie zunächst nicht auffiel. Aus dem übermütigen Wildfang, der über Zäune kletterte und mit Bauernburschen um die Wette lief, wurde in den folgenden Jahren ein sensibles, sehr romantisches, außergewöhnliches junges Mädchen. Sie lebte in ihrer eigenen Traumwelt, worüber sich ihre Mutter ein wenig Sorgen machte. Man würde sich um das Mädchen kümmern müssen, wenn Nené, um deren Erziehung und Bildung man sich im Augenblick vorrangig sorgte, erst einmal unter der Haube war.

Sissi schrieb in diesen Jahren heimlich sehnsüchtige, versponnene Gedichte in ihr Tagebuch. Sie wachte auf, wenn sie mit Nené gemeinsam ihre Reitstunden nahm. Eigentlich war es nicht geplant gewesen, dass auch Sissi bereits das Reiten lernte. Aber kaum hatte sie von Nenés ersten Versuchen gehört, belagerte sie ihren Vater so lange, bis er seine Zustimmung gab. Er konnte seiner Lieblingstochter weniger denn je einen Wunsch abschlagen, und schon gar nicht einen, den er billigte. Jetzt erhielten sie beide Reitunterricht und das Ergebnis dieser Bemühungen hätte nicht unterschiedlicher sein können.

Während Nené eher steif und höchst unbehaglich im Damensattel Haltung zu wahren versuchte, war Sissi von Anfang an mit ihrem Pferd wie verwachsen. Im Gegensatz zur Schwester hatte sie weder Angst vor der luftigen Höhe des Sattels noch vor dem Tier, das ihn trug. Sie stach Nené auf diesem Gebiet so mühelos aus, dass die Ältere die Lust am Reiten verlor.

Dafür hatte Nené in den Schulstunden, die bis zwei Uhr nachmittags abgehalten wurden, die Nase vorn. Während Sissi vor sich hin träumte und nur das Allernötigste tat, paukte Nené brav Englisch und Französisch, übte sich in Konversation und tat alles, um eine perfekte Dame zu werden, so wie es ihre Mutter gerne wollte.

Sissi hingegen sah nicht ein, weshalb sie sich mit so langweiligen Dingen wie französischer Grammatik plagen sollte. Von Etikette hielt sie ohnehin nichts, denn über die machte sich ihr Vater auch ständig lustig. Weit gereist und sehr belesen, verabscheute er jede Art von Dünkel und hielt Intelligenz für viel wichtiger als gutes Benehmen. Also saß Sissi ihre Stunden brav ab, während sie mit ihren Gedanken auf Reisen war. Eine unsichtbare Wand hatte sich zwischen sie und die Wirklichkeit geschoben.

Nené wurde mit der Zeit immer eleganter. Sie besuchte inzwischen mit ihrer Mutter zusammen regelmäßig die Hofbälle in der königlichen Residenz, damit sie gesellschaftlichen »Schliff« bekam. Als Sissi das erste Mal zu einem solchen Ball mitgehen durfte, war sie vierzehn.

Das prächtige Ereignis in den hohen Sälen des königlichen Schlosses überwältigte die kleine Prinzessin im ersten Moment. In einem schlichten weißen Musselinkleid mit einer hellblauen Schärpe um die zierliche Taille stand sie schüchtern hinter der Herzogin. Graziös machte sie vor der bedeutenden königlichen Verwandtschaft einen Knicks und sah Nené nach, die sich zum Tanze führen ließ, als habe sie nie etwas anderes getan.

Ihre Schwester Nené in ihrem rosafarbenen Ballkleid und mit den strahlend blau-grauen Augen sah wie eine Prinzessin aus und nicht wie die gute, alte Nené. Sie schwebte so stolz und königlich durch den Saal und alle Blicke folgten ihr.

»Ich würd in den Boden versinken, wenn mich alle so anstarren würden!«, wisperte Sissi, als ihre Mutter sich zu ihr umwandte.

»Red keinen Unsinn«, mahnte Ludovika und rückte eine Locke an der Frisur ihrer Tochter zurecht. »Nur gewöhnliche Leute auf der Straße starren. Hier bewundert man die Nené höchstens, und das hat sie sich ja auch verdient, so schön wie sie tanzt.« Ihr sonst eher strenges Gesicht wirkte trotz der Rüge ungewohnt weich, und Sissi fragte sich, was die Mutter wohl gerade dachte. Vermutlich war sie stolz auf ihre älteste Tochter, die ihr an diesem Abend auch wirklich alle Ehre machte.

Sie konnte nicht ahnen, dass Ludovika sich alarmiert fragte, weshalb ihr um Himmels willen entgangen war, wie reizvoll Sissi unversehens geworden war. Sie war anders als die Älteste, aber deswegen nicht weniger attraktiv. Die goldbraunen lockigen Haare umgaben ein ebenmäßig ovales Gesicht mit vollendeten Zügen und samtbraunen, verträumten Augen. Da war nichts auszusetzen an diesem Mädchen. Weder an der schmalen, geraden Nase noch an den gewölbten Brauen und dem fein gezeichneten, schönen Mund. Es fiel schwer, sich dem selbstvergessenen Blick der dunklen Augen zu entziehen und der eigenartigen Faszination, die sie besaßen. Wieso fiel ihr das erst in diesem festlichen Rahmen auf?

»Ich könnte auf die Bewunderung verzichten!«, sagte Sissi jetzt und rückte noch ein Stückchen weiter hinter die voluminösen Röcke der Mutter.

»Eine Prinzessin bewahrt in jeder Situation Haltung!«, verkündete ihre Mutter streng. »Hör auf, dich hinter mir zu verstecken!«

Sissi trat gehorsam wieder einen Schritt nach vorn und verbot sich die Frage, wie lange denn dieser Ball noch dauern würde. Sie versuchte, die nervöse Unruhe zu verbergen, die immer stärker in ihr kribbelte. Es gab zwar eine Menge ungewöhnlicher Leckereien, wie dieses köstliche Sorbett und die wunderbaren Zuckertörtchen, aber das änderte nichts daran, dass sie lieber ohne Sorbett und Törtchen zu Hause gewesen wäre. Die vielen Menschen machten ihr Angst. Sie kannte nicht einmal die Hälfte von ihnen!

»Ein wunderbarer Ball!«, strahlte Nené, die von ihrem Tanzpartner, einem eleganten Offizier, zur Herzogin geleitet wurde. »Nun, wie gefällt es dir, Sissi? Freust du dich, dass du mitkommen durftest?«

Sissi warf einen schrägen Blick zur Mutter, die gerade mit einer Freundin plauderte, und wagte es, die Wahrheit zu sagen: »Mir sind zu viele Leute hier! Ich mag's nicht, wenn sich alles so drängelt.«

»Ach, du bist närrisch!«, lachte ihre große Schwester. »Ein richtiges Kind noch. Ich hab's der Mama gleich gesagt, dass du zu klein dafür bist.«

»Gefällt's dir, wenn dich alle so anschauen?«, platzte die Jüngere heraus.

»Das nimmt man doch gar nicht zur Kenntnis«, erklärte Nené und drückte die stolzen, schmalen Schultern nach hinten. »Nur gewöhnliche Leute starren, und die sind ohnehin nicht wichtig. Die übersieht man einfach. Das lernst du schon noch!«

Warum hatte sie gefragt? Es war doch klar, dass Nené das Gleiche sagen würde wie Mama.

»Ich will's nicht lernen«, entfuhr es Sissi in einem Anflug von Trotz. »Der Papa sagt, dass alle Menschen gleich sind und dass es nur Zufall ist, ob man als Herzog oder als Stallbursche geboren wird.«

»Sei still!«, zischte Nené entsetzt. »Wenn die Mama das hört, bekommt sie wieder Migräne!«

Sissi presste die Lippen aufeinander. Sie wollte der Mama nicht wehtun, aber wenn es um so grundsätzliche Fragen ging, hielt sie sich lieber an die Meinung ihres Vaters. Jetzt wusste sie auch, weshalb er sich nach Möglichkeit darum drückte, auf solche Bälle zu gehen.

Sie schwor sich, das nächste Mal ebenfalls Migräne vorzugeben, wenn Mama wieder auf einen Hofball gehen wollte. Ihre Mutter bekam immer Kopfschmerzen, wenn sie nicht gestört werden wollte. Ihr Vater klagte ebenfalls über Kopfschmerzen, wenn er etwas tun sollte, was ihm gegen den Strich ging. Migräne war sicher ein unfehlbares Mittel gegen Hofbälle.

Aber Herzogin Ludovika kannte kein Einsehen mit ihrer Tochter. Auch Sissi musste nun lernen, wie sich ein Mitglied der königlichen Familie in der Gesellschaft zu benehmen hatte. Wenn es um ihre Herkunft und ihre Stellung ging, verstand ihre Mutter keinen Spaß. Die Tatsache, dass sie die unbedeutendste Ehe aller neun königlichen Schwestern geschlossen hatte, nagte noch immer an ihrem Stolz.

Ihre Töchter sollten es einmal besser haben, besonders weil sie alle bildhübsche Mädchen waren. Nach Nené und Sissi folgte die schlanke, aparte Marie, danach die temperamentvolle Mathilde und schließlich Sophie, die mit ihren strahlend blauen Augen schon in den Windeln alle bezaubert hatte. Ludovika würde nicht zulassen, dass eine von ihnen eine so unglückliche und bedeutungslose Ehefrau wie sie selbst werden würde.

In Sissis Traumwelt war kein Platz für die ehrgeizigen Pläne ihrer Mutter. Kurz vor ihrem fünfzehnten Geburtstag passierte etwas Unglaubliches! Sie entdeckte im Hofstaat ihres Vaters ein neues Gesicht. Es gehörte einem jungen Offizier, der schöner als alle Marmorgötter und gemalten Helden war.

Er hieß Richard und war dem Herzog in Bayern erst vor wenigen Wochen zugeteilt worden. Vom ersten Tag an, als Sissi ihn sah, seine Stimme hörte und in seine Augen blickte, befand sie sich in einem Ausnahmezustand. Wie eine Schlafwandlerin lief sie durch das Palais und hatte ständig sein Bild vor Augen. Sie träumte von ihm, schrieb seitenweise rührende Liebesgedichte in ihr Tagebuch und versuchte herauszufinden, wann er Hofdienst hatte, damit sie ihn wenigstens von Ferne sehen konnte. Bisher hatte es noch nicht den kleinsten Anlass gegeben, bei dem ein junger Offizier mit einer Tochter des Herzogs auch nur ein Wort hätte wechseln können! Sissi war so verliebt, dass sie jeglichen Stolz vergaß. Sie war sich nicht zu schade, im Garten der Residenz hinter Hecken auf ihren Schwarm zu warten. Sie betete, dass er in ihre Richtung schauen möge, dass er ihre Gefühle irgendwann bemerken und erwidern würde. Und weil sie unbedingt jemand brauchte, dem sie ihr Herz ausschütten konnte, weihte sie ihre Lieblingsschwester Marie ein. Bei ihr konnte sie sicher sein, dass sie keine Zurechtweisung bekam, sondern Hilfe und Unterstützung.

»Du musst ihn kennen lernen«, schlug die Jüngere denn auch unverzüglich und praktisch vor. »Ich könnte ihm ja eine Nachricht von dir bringen und ihn zu einem Stelldichein bitten …«

Sissi schluckte aufgeregt, gehörte sich das denn? Marie kannte keine solchen Bedenken. Sie war hell begeistert von der heimlichen Romanze. Schon ein paar Tage später war ein Briefchen unterwegs, und bald darauf konnte Sissi mit ihrem Schwarm ein paar schüchterne Worte wechseln.

Aus der Nähe fand sie ihn noch viel attraktiver. Seine dunkelbraunen Augen, die sie bereits in einem heimlichen Gedicht verewigt hatte, sahen von nahem ein bisschen goldgesprenkelt aus. Er benahm sich vollendet höflich und antwortete mit melodiöser Stimme auf ihre leisen Fragen.

Marie blieb in Sichtweite, wie es sich gehörte. Es fiel kein einziges Wort von Liebe in diesem ersten Gespräch, es war kaum mehr als ein kurzes, zaghaftes Kennenlernen. Der junge Offizier war bezaubert von der kleinen Prinzessin, aber auch sehr höflich und vorsichtig. Sissi schwebte auf einer rosaroten Wolke aus purem Glück in das elterliche Haus zurück.

Dieser Zustand blieb ihrer Mutter nicht verborgen. Herzogin Ludovika stellte ein paar geschickte Fragen und besprach sich lange mit Sissis Erzieherin. Danach begab sie sich – was selten genug vorkam – in die Gemächer ihres Mannes. Außergewöhnliche Vorfälle erforderten eben außergewöhnliche Maßnahmen.

Sissi erhielt die offizielle Aufforderung, bei ihrer Mutter zu erscheinen. Zu solchen Mitteln griff die Herzogin eigentlich nur, wenn es Ärger gab. Normalerweise frühstückten die Kinder im engsten Familienkreis zusammen mit ihrer Mutter. Dabei wurden alle Wichtigkeiten des Tages besprochen. Wenn man offiziell zum Gespräch gebeten wurde, bedeutete das Ärger. Sissi warf einen ängstlichen Blick in das Gesicht der Herzogin, ehe sie einen förmlichen Knicks vor ihr machte. Die Miene ihrer Mutter hielt sie von einem Lächeln oder einer zärtlichen Umarmung ab.

»Es geht nicht an, dass eine Prinzessin von Bayern einem einfachen Offizier nachläuft, mein Fräulein!« Ludovika kam bereits mit dem ersten Satz unmissverständlich zur Sache. »Ein heimliches Stelldichein im Park, verstohlene Briefe, was ist nur in dich gefahren? Ich dachte wirklich, wir hätten dich mehr Haltung und Standesbewusstsein gelehrt, Elisabeth!«

Sissi zuckte zusammen. Sie hatte mit einer Predigt über geschwänzte Schulstunden gerechnet, aber keinesfalls damit, dass ihre Schwärmerei entdeckt worden war. Wer hatte ihrer Mutter von Richard erzählt? Egal, Mama war höchst aufgebracht. Das bewies schon die Anrede. Elisabeth oder Elise wurde sie nur genannt, wenn es ernst wurde. Der nächste Satz bestätigte Sissis Einschätzung der Situation.

»Ich bin wirklich sehr enttäuscht von dir!«

Sissi vernahm die energische Ansprache ihrer empörten Mutter bruchstückhaft wie aus weiter Ferne. Von einer indiskutablen Verbindung war da die Rede. Von ärgerlicher Pflichtvergessenheit und kindischer Dummheit, von törichter Ungezogenheit und vielem mehr. Sie konnte sich nicht daran erinnern, dass ihre Mutter jemals so böse mit ihr gewesen war.

»Es versteht sich von selbst, dass der junge Mann aus dem Hofdienst entfernt wird. Und von dir erwarte ich, dass du dich künftig deinem Rang und deinem Namen gemäß benimmst. Keine weiteren Eskapaden, mein Fräulein!«

Sissi war so entsetzt, dass sie wie gelähmt vor ihrer Mutter stand. Sie brachte keine Silbe über die Lippen. In ihren großen, verträumten Augen stand fassungsloses Entsetzen. Das konnten sie ihr nicht antun! Ihr nicht und Richard nicht!

Es war das erste Mal in Sissis behütetem Leben, dass sie mit purer Willkür konfrontiert wurde. Bisher hatte sie stets mit ihrem Lächeln, ihrem Schalk und ihrem Charme alle Wogen geglättet. Die Geschwister schickten nicht umsonst Sissi als Botschafterin zur Mutter, wenn es darum ging, etwas durchzusetzen oder um etwas zu bitten. Die ersten fünfzehn Jahre ihres Lebens hatte sie nichts als reine Zuneigung und überschwängliche Liebe kennen gelernt. Es war ihr ganz selbstverständlich erschienen, dass Karl Ludwig sie liebte, alle liebten sie schließlich. Sogar Richard liebte sie, auch wenn er das natürlich nicht in Worte gefasst hatte, sondern sie lediglich mit seinen wundervollen Augen angesehen hatte.

Kurzum, sie war nicht darauf vorbereitet, ernsthaft gescholten zu werden. Noch weniger hatte sie damit gerechnet, dass ihre Mutter über ihren Kopf hinweg auch Richard schaden würde. Die Karriere des jungen Mannes im Hofdienst war damit beendet, ehe sie richtig begonnen hatte. Nur weil sich eine kleine, verträumte Prinzessin in seine schönen Augen verliebt hatte!

»Ihr … Ihr habt alles kaputtgemacht …!«, stammelte sie schließlich verstört.

»Im Gegenteil«, widersprach die Herzogin betont kühl. »Ich habe dich vor einer unsäglichen Dummheit bewahrt. Ich erwarte, dass du dir diese Lehre zu Herzen nimmst. Du bist fünfzehn, kein dummes Mädel mehr! Du bist das Mitglied einer königlichen Familie!«

Sissi wusste zwar, wie viel ihrer Mutter dieser Rang bedeutete, aber sie selbst hatte ihn nie sonderlich ernst genommen. Weder in Possi noch in München hatte sie je das Gefühl gehabt, etwas Besonderes zu sein, in einer Familie zu leben, die sich vom Durchschnitt unterschied. In ihren Augen war Richard der »Besondere« gewesen. Ein junger Gott, der einem Mädchen zugelächelt hatte, das bis über beide Ohren verliebt in ihn war. Ein Lächeln, das ihm Unglück gebracht hatte! Sie hatte ihm Unglück gebracht!

Sissi schlich in ihr Zimmer zurück und vergrub den Kopf schluchzend in ihren Kissen. Alles war vorbei! Sie hatte nicht nur Liebeskummer, sie fühlte sich zum ersten Mal in ihrem Leben unverstanden und allein.

Geheimnisvolle Vorbereitungen

»Wo ist Nené? Kommt sie nicht mit?«

Sissi sah ihrer Schwester Marie entgegen, die mit gerafften Röcken den Gartenweg entlangstürmte und heftig atmend vor ihr stehen blieb. Aus den dicken, dunklen Zöpfen hatten sich ein paar Haarsträhnen gelöst, und die Schmutzflecken am Rocksaum des hellen Musselinkleides bewiesen, dass sie quer durch die Gärten von Possi gelaufen sein musste, statt auf dem Kiesweg zu bleiben, wie es die Erzieherinnen von ihr forderten.

»Die Schneiderin ist da«, prustete Marie, als sie wieder Luft bekam. »Du glaubst nicht, was bei der Mama los ist! Überall Stoffmuster und Bänder, Federn und Spitzen. Sie gackern alle miteinander, als wäre jedes Kleid für Nené ein goldenes Ei, über das man in höchste Aufregung verfallen muss!«

Sissi grinste spitzbübisch. Marie hatte eine Art, etwas zu schildern, dass man alle Einzelheiten so deutlich vor sich sah, als wäre man selbst dabei gewesen. Außerdem war sie von Geburt an neugierig und immer die Erste im Haus, die irgendwelche Geheimnisse entdeckte oder Neuigkeiten in Erfahrung brachte.

Schon seit ein paar Wochen amüsierten sie sich gemeinsam über das »Trara«, das die Baronin und ihre Mutter plötzlich um die 19-jährige Nené machten. Von einem Tag auf den anderen hatte Nené für ihre Geschwister keine Zeit mehr gehabt. Wegen eines Briefes? Eines Besuches? So ganz waren die beiden jüngeren Mädchen noch nicht dahinter gekommen, aber eine Verlobung lag in der Luft, darauf hätten sie Wetten abgeschlossen.

Höchste Zeit wurde es ohnehin. Nené war erwachsen, eine bewunderte Schönheit und eine sehr gebildete und wohlerzogene junge Dame. Obwohl sie bereits mehrere Sprachen beherrschte, ausgezeichnet tanzte, sang und auch gescheit zu plaudern verstand, gaben sich immer weitere Lehrer die Türklinke in die Hand.

Nach den Schulstunden folgten Ausfahrten, Besuche und Gesellschaften. Nicht zu vergessen waren die regelmäßigen Kirchgänge, denn im Gegensatz zu ihren eher toleranten Eltern war Nené sehr fromm. Sie hatte eine Art von Perfektion erreicht, die Sissi und Marie zwischen Bewunderung und Abscheu schwanken ließ. Bewunderung, weil sie dieses damenhafte Prachtexemplar zur Schwester hatten. Abscheu, weil sie beide nicht die geringste Lust verspürten, ihr nachzueifern. Musste man all dies beherrschen, ehe man einen Mann bekam?

Dann schon lieber nie heiraten. Sissi spielte mit diesem Gedanken. Die lieblose Ehe ihrer Eltern verlockte nicht gerade dazu, von einer glücklichen Partnerschaft zu träumen. Auch wenn sie an den unglücklichen Richard dachte, hielt sie es für besser, künftig einen Bogen um die Männer zu machen. Er hatte ihre Schwärmerei teuer bezahlen müssen. Obwohl man ihn nach einer kurzen »Verbannung« wieder bei Hofe zugelassen hatte, war er nur ein paar Wochen später an einer tödlichen Krankheit verstorben.

In Sissis Phantasie sah es so aus, als habe Richard den Tod gesucht. Hätte er nicht so leiden müssen, hätte er vielleicht mehr Widerstandskräfte gegen diese Krankheit gehabt. Ihre Liebe hatte ihm den Tod gebracht! In den dramatischen Sagen um Liebe und Trennung, die Sissi so gern las, war das eine völlig normale Sache. Man litt an der Liebe bis in den Tod! Ob Richard tatsächlich deswegen gestorben war?

»Nené bekommt einen Trousseau!« Marie riss sie glücklicherweise aus ihren melancholischen Gedanken. »Die Ausstattung, die man benötigt, wenn man heiratet. Jetzt wird es ernst, ich schwör's dir!«

»Die Arme«, murmelte Sissi. »Ich möchte nicht heiraten, das sag ich dir!«

»Und wenn's einer wie Richard wäre …«

»Ich habe Richard getötet!«

»Wieso? Ich denke, er war krank und ist deswegen gestorben?«, erinnerte sich Marie.

»Aber doch nur, weil er sich so schrecklich nach mir gesehnt hat!«, verriet Sissi ihre traurigen Gedanken.

»Daran stirbt man nicht«, verkündete Marie mit vollkommener Überzeugung, die auf Sissi großen Eindruck machte.

»Meinst du?«, fragte sie vorsichtig.

»Absolut!«, bestätigte Marie.

Sissi schwankte zwischen Erleichterung und Unwillen. Sie hatte Richards Tod nicht gerne auf dem Gewissen, aber es war auch ein unerhört romantischer Gedanke, dass er sie so verzweifelt geliebt haben sollte. Maries Version der Ereignisse machte etwas Normales daraus. Immerhin etwas, bei dem sie sich nicht schuldig fühlen musste. Sissi strich mit den Fingerspitzen über die halb offene Blüte einer gelben Rose und beschloss, Marie Recht zu geben. Der Tag war einfach zu schön, um traurig zu sein.

»Und weißt du, was das Höchste ist?«, platzte Marie jetzt heraus, machte ein geheimnisvolles Gesicht und hing sich an Sissis Arm ein. »Ich glaub, ich weiß jetzt, wen die Nené heiraten soll!«

»Sag bloß! Wen?«

Mit einem Schlag kehrte Sissi endgültig in die Wirklichkeit zurück. Bisher war es ihnen beiden nämlich nicht gelungen, Näheres über den geheimnisvollen Bräutigam zu erfahren, der angeblich ein Auge auf Prinzessin Helene von Bayern geworfen hatte.

Von Adel würde er sein, logisch, aber sicher nicht so adelig, wie ihre Mutter sich das gerne vorstellte. Das Herzogshaus in Bayern war schließlich nur eine Nebenlinie des Königshauses und hatte keinerlei offizielle Funktion. Der Titel Prinzessin, den sie alle führten, sagte nicht viel aus.

»Red schon!« Sissi stupste die Jüngere ungeduldig an. »Wer ist es? Kenn ich ihn?«

»Und ob du das tust!«

Marie genoss ihr Wissen und zog das Frage- und Antwortspiel künstlich in die Länge. Sie machte sich von der Älteren los und drehte sich übermütig einmal um die eigene Achse. Es gefiel ihr, dass Sissi vor Neugier ganz kribbelig wurde.

»Du kennst ihn sogar sehr gut. Und seinen Bruder vielleicht noch ein bisschen besser. Wenn ich da an eine gewisse Uhr denk, mit der du fürchterlich angegeben hast. Und an ein Armband, das im letzten November zu deinem Namenstag gekommen ist …«

Sissi war vielleicht nicht so umfassend gebildet wie Nené, aber sie besaß eine schnelle Auffassungsgabe und wache Intelligenz. Mit großen Augen starrte sie ihre grinsende Schwester an.

»Sprichst du vom österreichischen Kaiser? Bist du ganz sicher? Nené soll Kaiserin werden? Ich kann es nicht glauben, du musst dich täuschen!«

Marie nickte bestätigend und beugte sich näher an Sissis Ohr. Dieses Geheimnis war zu wichtig, als dass man es in die Welt hinausposaunen konnte. »Die Mama hat vorhin zur

Baronin gesagt, dass Tante Sophie ausdrücklich darauf besteht, dass Nené sich auch noch mit ungarischer Geschichte beschäftigt«, tuschelte sie ihr zu. »Sie findet, dass sie über alle Völker Bescheid wissen sollte, die ihr künftiger Gatte regiert. Was schließt du also aus dieser Bemerkung? Dass sie einen Rittmeister aus Papas Hofstaat zum Mann nimmt?«

Sissi klappte den halb geöffneten Mund wieder zu. Marie hatte Recht. Es konnte keinen Zweifel geben. Sie hatten nur eine Tante Sophie in der Verwandtschaft, und die war mit Erzherzog Franz Karl verheiratet. Dieser war im Dezember 1848 österreichischer Kaiser geworden, weil sein Onkel Kaiser Ferdinand abgedankt hatte.

Kaiser Franz Karl hatte zu Gunsten seines ältesten Sohnes auf die Kaiserkrone verzichtet und so wurde Franz Joseph zum Kaiser. Sissis Vater war der Meinung, dass Kaiser Franz Karl das Zepter abgab, weil er ohnehin nie das menschliche und geistige Format besessen hätte, Kaiser von Österreich zu sein.

»Seine Frau Sophie hat das von Anfang an durchschaut«, hatte Sissis Vater damals im Familienkreis die Ereignisse erläutert. »Sie weiß, dass ihr Mann ebenso wenig ein vernünftiger Kaiser ist wie sein abgedankter und ein wenig närrischer Bruder. Sie hat ihren Franz Joseph von Kindesbeinen an für die Krone erzogen. Im Grunde wird Sophie regieren, bis der Bub alt genug ist, um seinen eigenen Kopf zu haben.«

»Also der Franz Joseph«, murmelte Sissi und erinnerte sich an den jungen Offizier, den Nené in Innsbruck so vergeblich angeschwärmt hatte. »Deswegen trägt sie die Nase so hoch in der Luft.«

»Würdest du doch auch, wenn du Kaiserin werden würdest«, nickte Marie.

»Ich möchte gern wissen, ob sie sich auch in ihn verliebt

hätte, wenn er bloß ein einfacher Rittmeister gewesen wäre«, überlegte Sissi, die ihre ehrgeizige ältere Schwester ganz gut kannte.

»Frag sie doch!«, schlug Marie grinsend vor und nutzte die quadratischen Steinfliesen einer Gartenlaube zum Gitterhüpfen.

»Bin ich verrückt?«, schüttelte Sissi den Kopf und nahm den Wettkampf gegen die kleinere Schwester auf. »Ein Wort und sie hält mir wieder einen ihrer Vorträge über Kindesgehorsam und Pflichterfüllung.«

»Vielleicht wird auch nichts aus der Ehe. Sie sind ja Geschwisterkinder«, fiel Marie ein Hinderungsgrund ein.

»Na und?« Sissi zuckte mit den Achseln. »Die Mama und der Papa sind auch miteinander verwandt. Das ist so üblich in den großen Familien.«

»Ich weiß nicht«, seufzte Marie. »Wenn ich heirate, dann möcht ich keinen Vetter zum Mann, den ich eh schon kenne. Lieber einen Unbekannten, einen wahnsinnig tapferen, edlen, schönen ...«

»Klar, eine Mischung aus Siegfried, dem Drachentöter, und Erzengel Michael!«, zog Sissi ihre Schwester auf, die sich manchmal von ihren romantischen Träumen anstecken ließ. »Ich glaube, dass Nené sehr glücklich sein wird. Sie war schon beim ersten Mal ganz hingerissen von Franz Joseph. Du weißt, wie gern sie Offiziere und Uniformen hat. Sie liebt ihn, ganz sicher! Wie wundervoll, einen Mann heiraten zu können, den man liebt!«

Und damit waren Sissis Gedanken schon wieder bei der Liebe gelandet. Sie brach mitten im Gitterhüpfen ab und sank auf eine Steinbank. Das Thema Liebe faszinierte sie. Sie ertappte sich dabei, dass sie alle jungen Männer in ihrer Umgebung mit neuen, kritischen Augen betrachtete. Der Gackel zum

Beispiel, ihr Bruder, der würde einmal ein fescher Edelmann werden, und der junge Graf, den sie neulich sonntags beim Kirchgang gesehen hatte … Der hatte auf jeden Fall die unglaublichsten blauen Augen, die sie kannte. Blau wie der wolkenlose Sommerhimmel über dem Starnberger See. So blau, dass sie fast ein Gedicht darüber schreiben musste. Vielleicht schrieb sie auch eins über Nené und den Franz Joseph. Dass ausgerechnet die kühle, stolze Nené die Heldin einer so bedeutenden Liebesgeschichte werden sollte, spornte Sissis lebhafte Phantasie zu Höchstleistungen an.

»Ich find es wundervoll, dass Nené so viele neue, schöne Kleider bekommt«, entgegnete Marie praktisch und ließ sich neben Sissi nieder. »Denk nur mal, was da alles angefertigt wird. So viel Seide und Samt hab ich mein Lebtag noch nicht gesehen. Und diese Hüte! Die Mama hat sogar gesagt, dass eine Haarkünstlerin kommen soll, damit Nenés Haare besser zur Geltung gebracht werden. Als ob sie nicht ohnehin schon eingebildet genug wär!«

»Eine Kaiserin muss schön sein«, kommentierte Sissi.

»Noch ist sie es nicht«, widersprach Marie.

»Schön oder Kaiserin?«

»Vielleicht beides. Beim Ersten kommt's auf den Geschmack an und beim Zweiten auf den Franz Joseph«, fasste Marie trocken zusammen.

»Wenn Mama und Tante Sophie beide Interesse daran haben, dass sie Kaiserin wird, dann ist sie doch so gut wie verheiratet«, entgegnete Sissi, die genau wusste, wie sehr Ludovika ihre älteste Schwester bewunderte.

»Und wenn, dann kann sie die Österreicher regieren und nicht mehr uns! Es wird ihr Spaß machen, alle herumzudirigieren, meinst du nicht auch?«

Sissi konnte Marie nicht widersprechen. Nenés Versuche,

ihre Geschwister zu kommandieren, gingen ihnen beiden auf die Nerven. Obwohl sie ein wenig darüber traurig war, sich von ihr trennen zu müssen, hatte der Gedanke, dass sich die dominante Schwester nicht mehr in alles einmischen würde, seinen unbestreitbaren Reiz.

»Hoffentlich heiraten sie bald!«, seufzte sie bei diesen Gedanken.

»Ich möchte wetten, die Sache ist bereits am Laufen«, gab Marie ihren letzten Trumpf bekannt. »Mama hat vorhin befohlen, dass die Reisekisten vom Speicher geholt werden sollen.«

»Eine Reise? Wieso hast du das denn nicht gleich gesagt?«

Sissi bekam strahlende Augen. Sie liebte das Verreisen und fühlte sich in schaukelnden Kutschen mindestens so wohl wie ihr reiselustiger Vater.

»Wer darf mitfahren?«

»Keine Ahnung.« Marie zuckte ergeben mit den Achseln. »Ludwig sicherlich und du vielleicht oder der Gackel. Du weißt doch, dass die Mama immer Angst hat, dass wir Kleinen sie blamieren. Tante Sophie soll sicher denken, dass wir alle so sind wie Nené.«

Keine der Schwestern kam auf die Idee, dass die Herzogin ausnahmsweise mit ihrem Mann verreisen wollte. Ihre Eltern waren schließlich bis auf wenige Ausnahmen immer getrennte Wege gegangen. Max weigerte sich auch dieses Mal strikt, den Familienausflug mitzumachen. Ischl, wo die kaiserliche Familie seit Jahren ihre Sommermonate verbrachte, reizte ihn wirklich nicht.

»Was hab ich da zu suchen?«, polterte er unwirsch, ohne sich um Nenés leisen Aufschrei zu kümmern.

Seine älteste Tochter saß mit Sissi bei der Mutter, und der Herzog war klug genug, um den kleinen Manipulationsversuch zu durchschauen. Sissis große Rehaugen sollten ihn besänftigen und bewegen, das zu tun, was die Damen wollten.

»Du bist eingeladen!«, erklärte seine Frau jetzt und hielt ihm Sophies eng beschriebenen Brief vor Augen. »Eine solche Einladung lehnt man nicht ab.«

Der kaiserliche Kurier hatte das offizielle Schreiben erst am Vormittag gebracht. Drei Personen wurden in Ischl zum inoffiziellen Familientreffen erwartet: die Herzogin, der Herzog und die älteste Tochter, die als Braut wieder nach Hause fahren sollte.

»Ich denk nicht daran, mich von deiner Schwester herumkommandieren zu lassen!«, brüllte der Herzog so laut, dass das silberne Teeservice in Ludovikas Vitrine vibrierte. »Ich fahr da nicht hin!«

»Begreifst du denn nicht, was für eine Ehre das ist?«, versuchte die Herzogin ihn mit Vernunft zu überzeugen. »Deine Tochter soll Kaiserin von Österreich werden. Eine bessere Partie kann kein Mädchen in ganz Europa machen! Du musst uns begleiten, Max! Es gehört sich, dass du dabei bist. Franz Joseph muss dich schließlich um Nenés Hand bitten.«

»Als ob das von Bedeutung ist, wenn die Sophie und du euch einig seid!«, polterte der Herzog.

»Es gehört sich auch aus Gründen des guten Stils«, fügte Ludovika ungeduldig hinzu.

»Es reicht, wenn ich bei der Hochzeit dabei bin!«, schnaubte der künftige Brautvater.

Beim Versuch, seiner empörten Gemahlin nicht in die Augen zu schauen, fiel sein Blick auf Sissi, die neben einer bleichen, erschrockten Nené saß und ihrer Schwester die Hand hielt. Er sah ihr an der Nasenspitze an, dass sie eine solche Reise nie abgelehnt hätte.

»Nimm Sissi mit, das Mädel ist eh zu blass!«, sagte er spontan. »Ein wenig Abwechslung kann ihr nicht schaden und Ischl ist gut für die Gesundheit.«

»Die Sissi?«, wiederholte die Herzogin völlig irritiert und schaute ihre Tochter an, als habe sie eben erst entdeckt, dass sie sich im Zimmer befand.

»Oh ja, bitte, Mama!«, setzte sich Nené überraschend für die Jüngere ein.

Auch wenn sie ihre Schwester herumdirigierte und kritisierte, war sie ihr doch sehr zugetan. Sie fuhr viel lieber mit Sissi zu diesem aufregenden Treffen als mit ihrem Vater! Papa würde sich schon in der ersten halben Stunde mit Tante Sophie in die Haare bekommen und die ganze Verwandtschaft mit seinem ungenierten Benehmen brüskieren. Genau das konnten sie bei diesem wichtigen Besuch doch überhaupt nicht brauchen.

Sissi hingegen freute sich bestimmt darauf, Karl Ludwig wieder zu sehen. Vielleicht wurde ja sogar mehr aus dieser kleinen Romanze und Sissi würde irgendwann ebenfalls in Wien leben. Dann hätte sie eine Schwester ganz nah bei sich! Ein wunderbarer Gedanke. Nené versuchte, ihre Mutter mit stummen Blicken zu überzeugen.

Sie ahnte nicht, dass die Herzogin in eine ähnliche Richtung dachte. Es war lange her, dass Karl Ludwig Sissi gesehen hatte. Sie hatte sich ja wirklich unglaublich zu ihrem Vorteil verändert. Es konnte nicht schaden, noch eine hübsche, wenn auch sehr mädchenhafte Tochter dabeizuhaben. Sie nickte Sissi, die gespannt auf ihre Antwort wartete, zustimmend zu.

»Alsdann, wenn du möchtest, dann nehmen wir dich statt deines Vaters mit nach Ischl!«

Damit waren die Würfel gefallen. Nené umarmte Sissi überglücklich. Wie hätte sie in diesem Augenblick auch ahnen können, dass sie eben ihre eigene Rivalin nach Ischl eingeladen hatte.

Sommerkleider und Drohungen

»Ich beneide dich!«

Marie sah Sissi dabei zu, wie sie die letzten Knöpfe des schwarzen Capes schloss, das sie über einem praktischen Reisekleid trug. Auch das Reisekleid war tiefschwarz, denn die Herzogin und ihre Töchter trugen Trauer um eine Tante, die vor wenigen Tagen gestorben war. Nené war in Tränen ausgebrochen. Nicht, weil sie den Tod der Tante so bedauerte, sondern wegen der Umstände, die dieser Tod für alle mit sich brachte.

»Schwarz steht mir nicht!«, hatte sie dramatisch ausgerufen. »Ich sehe grauenvoll aus, wenn ich schwarz tragen muss!«

Wie üblich hatte ihre Mutter eine diplomatische Lösung für das unerwartete Dilemma gefunden. Es war auch in ihrem Sinne, dass sich ihre Älteste von der hübschesten Seite zeigte.

»Du trägst nur bei uns und auf der Reise die Trauerkleider. Was du in Ischl anziehst, wird in München nie jemand erfahren!«

Daher waren auch für Sissi die Koffer und Kisten mit hellen, duftigen Sommerkleidern gepackt worden, die für einen Hochsommeraufenthalt in Ischl passend sein würden. Der junge Kaiser feierte am 19. August seinen 23. Geburtstag, und zu diesem Ereignis reisten die Herzogin und ihre Töchter – nach offizieller Version – an.

Bisher wussten ja nur die beiden Schwestern und die dazugehörigen Familien über die Heiratspläne Franz Josephs Bescheid. Die Politiker in Wien würden nicht darüber begeistert sein, dass der Kaiser eine Ehe nach Sophies Wünschen schloss.

Anlässlich des Geburtstags waren jedoch Feste und Bälle geplant, Ausflüge, Picknicks und Unterhaltungen. Es würde sich für Nené reichlich Gelegenheit ergeben, ihre neue Garderobe spazieren zu tragen. Sissis Gepäck war deutlich sparsamer ausgefallen. Eine Fünfzehnjährige trug schließlich noch keine aufwändig verzierten Staatstoiletten. Für sie gehörten sich duftiger Musselin und Batist mit aufgestickten Blumenranken, mit Bändern geschmückte Strohhüte anstatt teurer Federn.

»Es ist fürchterlich gemein, dass man alle interessanten Sachen erst machen darf, wenn man uralt ist«, fügte Marie den nächsten Stoßseufzer hinzu, weil Sissi auf den ersten nicht geantwortet hatte.

»Was glaubst du, wie …«, begann Sissi und wurde von einem erbosten Aufschrei unterbrochen.

»Sissiiii! Wo bleibst du denn?«

Man hörte der mütterlichen Stimme an, dass Ludovika vor dieser Reise mindestens so aufgeregt wie Nené war. Der Rest der Familie war mit Sicherheit heilfroh, wenn die Reisekutsche endlich durch das Tor rollte und die Anspannung sich legte.

Sissi und Marie umarmten sich zum Abschied hastig. Sissis Haubenschleife saß danach ein wenig schief, aber das kümmerte sie wie üblich nicht im Geringsten. Nené nahm auf Haubenschleifen, korrekt geschlossene Knöpfe und passende Handschuhe genug Rücksicht, das reichte an Vollkommenheit für alle Schwestern zusammen.

»Pass mir auf die Hunde auf! Und auf die dicke Helene!«, fielen Sissi noch ein paar letzte Aufträge ein. »Ich glaub, sie bekommt Junge! Ich hoffe doch, wir sind wieder da, wenn es soweit ist!«

Marie versprach, ein Auge auf die Hunde und die Küchenkatze zu werfen, und schob ihre Schwester zur Tür hinaus. Man hätte fast den Eindruck bekommen können, dass Sissi im letzten Moment gar nicht gehen wollte. Sie sah sich in ihrem Zimmer um, als gelte es plötzlich, Abschied für immer zu nehmen.

»Mach dir keine Sorgen um deine Menagerie«, winkte Marie ab, darüber hatten sie schließlich mindestens zehnmal gesprochen. »Halt lieber du die Augen auf! Ich will genau wissen, wie alles war in Ischl, wenn du nach Haus kommst! Nicht die offizielle Version von der Mama, sondern das, was wirklich passiert ist.«

»Großes Ehrenwort!«, leistete Sissi den alten, vertrauten Kinderschwur.

Dann eilte sie endlich die breite Treppe hinunter in die Halle und auf den Hof hinaus. Eine behäbige Reisekutsche wartete dort mit offenem Schlag auf die letzte fehlende Insassin.

»Immer bist du zu spät!«, schalt ihre Mutter gereizt. »Nie kannst du pünktlich sein!«

Sissis Erzieherin Roedi, die die Baronin abgelöst hatte, zog gemeinsam mit ihrem Schützling den Kopf ein. Sie fühlte sich mitverantwortlich, wenn es der Prinzessin an Manieren mangelte. Sissi aber lächelte die Herzogin strahlend an und ließ sich neben Nené auf die Polsterbank fallen, dass das Gefährt schaukelte.

»Wegen der paar Minuten! Die holt der Kutscher doch leicht wieder auf!«, verteidigte sie sich unbeschwert.

»Du weißt, dass ich das Gehetze nicht leiden kann«, behielt die Herzogin das letzte Wort, aber ihre Stimme klang schon weniger streng. Sie gab das Zeichen zur Abfahrt und die Karosse ruckte an. Danach folgte eine zweite, einfachere Kutsche mit dem Gepäck und den Dienstboten, welche die Herzogin für unerlässlich auf dieser Reise hielt. Sissi lehnte sich zurück und verschränkte erwartungsvoll die Hände im Schoß, während der herzogliche Kutscher das Gespann unter aufforderndem »Hü« und »Hott« auf den Weg brachte.

Es gefiel ihr, wie sich hinter jeder Kurve der Blick veränderte. Sobald sie durch unbekannte Dörfer und Städte fuhren, klebte sie förmlich am Kutschenfenster. So aus der Entfernung kamen ihr auch die neugierigen Blicke der Menschen, die ihnen nachsahen, nicht so schlimm vor. Sie fuhren ja weiter, von ihnen fort.

Bei der Herzogin und Nené hingegen brach gemeinsames, banges Schweigen aus. Nach der hektischen Betriebsamkeit der Abreise, den zahllosen ein- und wieder ausgepackten Truhen konnte nun nichts mehr vorbereitet und bedacht werden. Die schicksalhafte Reise hatte ihren Lauf genommen, wie ein winziger Schneeball, der den Berg hinunterkollerte, ehe er zur Lawine wurde. Nené zupfte an ihrem weiten Rock herum. Schwarz. Wie sie diese dumme, dunkle und schreckliche Farbe hasste! Hoffentlich konnte sie das Kleid bald ausziehen. Freiwillig würde sie nie wieder schwarz tragen!

»Ich glaube, dass ich wieder Migräne bekomme«, seufzte ihre Mutter in diesem Moment ergeben. »Es ist auch viel zu heiß zum Reisen …«

Sissi hatte schon längst das kleine Cape abgelegt und die ersten beiden Knöpfe ihres hochgeschlossenen Kleides geöffnet. Nené war natürlich zu wohlerzogen dafür. Sie schwitzte lieber und bewegte sich lediglich, wenn ihre Mutter wahlweise ein parfümiertes Taschentuch oder die Kopfschmerzmedizin verlangte.

Als der Blick aus dem Kutschenfenster vorübergehend langweilig wurde, beobachtete Sissi unter halb gesenkten Wimpern ihre Schwester. Nené kam ihr fremd und in sich gekehrt vor. Sie wirkte so erwachsen, als sei sie sich der Bedeutung ihrer Person und der kommenden Ereignisse sehr bewusst.

»Du siehst nicht so aus, als ob du dich auf den Franz Joseph freust«, platzte Sissi unbekümmert mit ihren Gedanken heraus.

Nené zuckte zusammen, errötete und sah stumm aus dem Fenster. Sissis Erzieherin bekam ebenfalls einen roten Kopf und nutzte die Gelegenheit zu einer Lektion in Sachen Benehmen. Die Herzogin sollte ruhig merken, dass es nicht an ihr lag, wenn Sissi derart unverblümte Dinge sagte.

»Wie soll jemals eine wohlerzogene junge Dame aus dir werden, Sissi? Es gehört sich nicht, jemanden so ungeniert auszufragen. Auch nicht die eigene Schwester. Man kann nur hoffen, dass du deine Schwester in Ischl nicht blamierst!«

»Wieso ich?«, wehrte sich Sissi. Sie konnte es nicht leiden, wenn sie vor anderen gerügt wurde. »Die Nené macht die Leichenbittermiene und nicht ich!«

»Keinen Streit bitte!«, stöhnte die Herzogin und rieb sich die schmerzenden Schläfen. »Ich hab mir gleich gedacht, dass es ein Fehler ist, wenn ich dich mitnehme. Es fehlt dir noch sehr an Reife!«

Sissi wusste, dass es keinen Sinn hatte, gegen diesen mütterlichen Ausruf etwas einzuwenden. Sie schwieg, aber an ihrem Mund war ein rebellischer Zug zu sehen. Sie war schließlich kein grüner Apfel, den man zum Nachreifen in die Sonne legen musste.

Auch wenn sie sich nicht so geziert und kultiviert geben konnte wie Nené, ein Kind war sie deswegen lang nicht mehr. Sie wusste vielleicht sogar mehr von der Liebe als Nené. Sie musste nur an Richard denken. Armer Richard …

Der erste Pferdewechsel kam genau im richtigen Moment, damit Sissi nicht in traurigen Erinnerungen versank. Der plötzliche Wirbel riss die Reisegesellschaft aus ihrer Untätigkeit. Während Ludovika, die Erzieherin und Nené in der Kutsche sitzen blieben, konnte Sissi der Versuchung nicht widerstehen, sich die Beine zu vertreten.

»Mach um Himmels willen das Kleid zu, Kind!«

Die Kutschentür klappte zu und schnitt den Rest der mütterlichen Ermahnung ab. Fasziniert vom Betrieb in der Poststation sah Sissi sich um, während sie die zwei Knöpfe schloss. Dann schlenderte sie zur Tränke hinüber, wo ein stämmiger Rossknecht die Wasserpumpe bediente. Ihr ungeschminktes Bayerisch verschaffte ihr das Vertrauen des Mannes, der sie anfangs kaum beachtet hatte.

»Wennst magst, kannst die Pferde zum Saufen führ'n!«, bot er ihr an.

Sissi nickte begeistert. Seit sie die erste Reitstunde gehabt hatte, mochte sie Pferde noch lieber als Hunde. Es kümmerte sie nicht im Geringsten, dass ihre Hände anschließend nach Pferd rochen und ihre Rocksäume patschnass über den Staub wischten. Sie amüsierte sich prächtig. Bei ihrer Rückkehr in die Kutsche brachte sie einen kräftigen Schwall Pferdeduft und jede Menge Schmutz mit. Die Herzogin rümpfte angewidert die Nase und Nené beschwerte sich sofort: »Du stinkst wie ein ganzer Pferdestall, Sissi!«

»Es ist immer dasselbe mit dir«, klagte Ludovika und betupfte sich die Schläfen mit ungarischem Wasser. »Warum kannst du nicht in der Kutsche bleiben, wie es sich für eine Prinzessin gehört? Du bist doch keine Stallmagd, die sich mit den Dienstboten herumtreibt!«

»Entschuldige, Mama«, murmelte die zerknirschte Prinzessin. Sissi hatte keinen Moment darüber nachgedacht, ob es sich schickte, was sie tat. Sie handelte immer spontan. Aber sie war auch warmherzig genug, um zu merken, dass sie ihre Mutter gekränkt hatte.»Es soll nicht wieder vorkommen!«, versprach sie treuherzig.

»Das eine sag ich dir«, drohte die Herzogin und richtete sich zu ihrer ganzen, imponierenden Größe auf. »Wenn das noch einmal passiert, schick ich dich auf der Stelle mit dem nächsten Fahrzeug nach München zurück. Soll dein Vater ruhig sehen, was er von dem närrischen Einfall hat, ein Kind auf diese wichtige Reise mitzuschicken! Er hätte uns begleiten sollen, das wär vernünftiger gewesen.«

Diese Drohung in Verbindung mit der heftigen Kritik an ihrem Vater schüchterte Sissi ein. Weder wollte sie nach Hause geschickt werden noch wollte sie Herzog Max Ärger machen. Und wieder einmal versprach sie hoch und heilig, sich zu bessern. Sie versuchte nach besten Kräften, bis zur nächsten Reisestation Tugend und Anstand zu zeigen, so wie man es von ihr erwartete.

Es fiel ihr schrecklich schwer. Es gab so viel, das ihr begeisterte Ausrufe entlockt hätte. Wieso interessierte sich von den anderen niemand für die Schafherde am Berghang, für den komischen, runden Zwiebelturm des nächsten Dorfes oder für das klapprige Fuhrwerk, das die Reisekutsche in einer Wolke von Staub überholte? Es hatte schon lange nicht mehr geregnet, und das zweite Fahrzeug des herzoglichen Hauses hielt respektvoll Abstand, damit der Staub nicht zwischen die Ritzen der Reisekisten und Truhen drang, die auf dem Dach festgeschnallt waren.

Nené, die nachdenklich in ihrer Ecke lehnte, schien nicht die geringsten Schwierigkeiten mit dem Stillsitzen zu haben. Auf ihrem Rock war kein Staubfleck, keine ihrer Locken rutschte aus den Haarnadeln und alle Knöpfe waren geschlossen. Sissi suchte vergeblich nach einem Zeichen von Aufregung oder Panik. Wie würde sie sich fühlen, wenn ihre Verlobung bevorstand? Sissi vermochte es nicht zu sagen. Das hing schließlich auch davon ab, ob es sich um eine Verlobung aus Liebe oder um eine auf elterlichen Befehl handelte. Liebte Nené Franz Joseph? Auch das wusste Sissi nicht so genau.

Nené liebte ihre Geschwister, aber sie war trotzdem kein gefühlvolles Mädchen. Sie war Mama sehr ähnlich, gelassen, über den Dingen stehend, vielleicht genau die Richtige für eine künftige Kaiserin. So tief in Gedanken vergaß Sissi sogar das Zappeln. Erst als sie am riesigen Chiemsee vorbeifuhren, kam sie wieder zu sich. Sie passierten ein Dorf nach dem anderen und erreichten schließlich wie geplant vor Sonnenuntergang die erste Übernachtungsstation in Traunstein.

Obwohl sie in den besten Zimmern des Gasthofes schliefen und ein jeder sich bemühte, der Herzogin und ihrem Gefolge zu Diensten zu sein, schliefen die Damen mit Ausnahme von Sissi eher schlecht. Am zweiten Reisetag klagte auch Nené über Kopfschmerzen und Sissis Erzieherin Roedi war ebenfalls ziemlich blass. Umgeben von drei leidenden Reisenden hatte Sissi noch mehr Mühe, ihr überschäumendes Temperament zu zügeln. Sie war so gerne unterwegs, dass sie einfach nicht verstehen konnte, weshalb die gute Roedi, ihre Mutter und auch Nené in einem fort über die Unbequemlichkeiten des Reisens jammerten. Sie fand die rumpelnde Kutsche eher gemütlich. Ein rollendes Haus, das sie beschützte und durch die Welt fuhr. Was konnte man sich mehr wünschen?

Auch das Wetter gab keinen Grund zur Klage. Wen kümmerte es schon, dass man Ischl nicht zur vereinbarten Stunde erreichte? Weshalb regte sich Mama nur so schrecklich darüber auf? Man hätte meinen können, die Welt ginge unter, wenn man einmal ein bisschen später kam.

Sissi lugte neugierig aus dem Fenster, um den Ort zu betrachten, wo die kaiserliche Familie und jene Adeligen und Reichen, die es sich leisten konnten, seit Jahren ihren Sommerurlaub verbrachten. Die nahen Berge und die behäbigen Häuser gefielen ihr, obwohl sie einen Anflug von Enttäuschung unterdrücken musste.

Es sah eigentlich fast so wie zu Hause in Bayern aus. Wie weit musste man wohl fahren, um eine ganz andere Welt zu sehen, wie etwa die Türkei oder gar Ägypten, das Papa schon bereist hatte? Sie musste ihn unbedingt fragen, wenn sie wieder zu Hause waren. Wenigstens wusste sie jetzt, weshalb ihn Mama nicht auf solchen Reisen begleitete. Sie war schon von der kurzen Fahrt nach Ischl erschöpft.

»Wir sind eineinhalb Stunden zu spät«, seufzte Ludovika zum x-ten Mal völlig aufgelöst. »Das ist nicht gut. Sophie wartet sicher schon auf uns. Sie hasst es, wenn man unpünktlich ist.«

Sissi biss sich auf die Unterlippe, damit sie nicht respektlos »Na und?« sagte. Wenn Tante Sophie nichts Schlimmeres passierte als eine Verspätung, dann ging es ihr doch fabelhaft – oder?

»Ich hoffe nur, dass der zweite Wagen mit dem Gepäck schon vor uns da ist«, sorgte sich Nené. »Ich muss mich gleich umziehen.«

Sie waren zwar am Morgen gemeinsam losgefahren, hatten ihre Begleiter jedoch auf einer der vielen Straßen rund um Salzburg verloren. Nené hatte große Angst, dass irgendjemand sie in ihrem Trauerkleid zu Gesicht bekam.

»Wo wohnt eigentlich der Kaiser?«, erkundigte sich Sissi neugierig, als sie an den hübschen Villen und dem großen Kurhaus vorbeifuhren.

»Sophie mietet seit Jahren ein Anwesen«, antwortete die Herzogin. »Ein schönes Haus mit einem großen Garten, der bis an die Traun hinunterreicht. Es gehört einem Herrn von Eltz, soweit ich weiß.«

»Der Kaiser hat kein eigenes Haus in Ischl?«, staunte Sissi.

Sie konnte es nicht fassen. Sogar ihr Vater besaß das Schloss, in dem die Familie den Sommer über lebte. Dass ein so mächtiger Mann wie Franz Joseph mit seinen Eltern zur Miete wohnte, fand sie komisch. Tante Sophie legte doch so viel Wert auf gutes Benehmen. Gehörte sich das für einen Kaiser?

»Sophie war schon immer eine sparsame Frau«, verteidigte Ludovika ihre Schwester. »Wegen fünf oder sechs Wochen, die man im Sommer hier lebt, muss man doch kein Haus kaufen.«

Sissi war da anderer Meinung, aber der Blick, den ihr Nené zuwarf, hielt sie davon ab, mehr darüber zu sagen. Arme Nené, jetzt sah man ihr an, dass sie aufgeregt war. Sissi schenkte ihr das Koboldlächeln, das normalerweise alle Herzen eroberte. Nené nahm es nicht einmal zur Kenntnis. Sie kam ihrer Schwester wie eine zu straff gespannte Bogensehne vor.

In diesem Moment hielt der Reisewagen vor dem breiten Eingang des Hotels »Talachini«, in dem Sophie für ihre Schwester und deren Familie geeignete Räume bestellt hatte. Bedienstete und Pferdeknechte eilten eifrig herbei, aber lediglich Sissi machte sich zum Aussteigen bereit.

»Was ist?«, fragte sie ungeduldig. »Wollt's ihr anwachsen? Wir sind da!«

»Wir sind da!«, wiederholte Nené mit schmalen Lippen und hob den Kopf, als wolle sie sich für einen bevorstehenden Kampf wappnen.

Die Herzogin steckte das Riechfläschchen fort und prüfte den Sitz ihrer Haube.

Der Séjour in Ischl begann.

Alles geht schief

»Ich hab's ja gleich gesagt!« Nené rang die Hände und hatte rote Flecken auf den blassen Wangen. »Der Wagen ist nicht da. Wir brauchen doch die Reisekisten mit den Kleidern!«

Die zweite Kutsche aus Possenhofen war tatsächlich zu allem Unglück noch nicht in Ischl eingetroffen. Sogar die sonst so gelassene Herzogin hatte ihre Fassung verloren.

»Was soll ich nur anziehen? So kann ich unmöglich unter Menschen gehen!«

Sissi stand am Fenster und hielt sich aus dem Gezeter heraus. Sie musste an ihren Vater denken. Was für ein Glück, dass er zu Hause geblieben war. Jetzt hätte er vermutlich kräftig geschimpft und die aufgelöste Nené und ihre ratlose Mutter vollends verrückt gemacht. Das übernahm jedoch ein knicksendes Zimmermädchen. Es kündigte den Besuch der Erzherzogin an, die unmittelbar darauf in den Salon rauschte, in dem Ludovika und ihre Töchter standen. Alle drei versanken in einen respektvollen Knicks vor der mächtigen Verwandten.

Nur Sissi war unbefangen genug, die Dame unter halb gesenkten Wimpern neugierig zu mustern, die sie vor fünf Jahren zum letzten Mal gesehen hatte.

Inzwischen war Sophie von Habsburg 48 Jahre alt und eine höchst eindrucksvolle und einschüchternde Persönlichkeit. Auch im Sommerkleid verströmte sie Autorität und Würde. Die gerüschte Spitzenhaube, die ihre dunklen Haare bedeckte, war mit einer preußisch akkuraten Schleife unter dem Kinn gebunden. Sie mochte Ludovikas Schwester sein, aber Sissi fühlte sich nicht an die Mutter erinnert bei ihrem Anblick. Eher schon an eine strenge Lehrerin.

»Louise, wie schön, dass ihr endlich angekommen seid! Ich hab eigentlich viel früher mit euch gerechnet!«, wandte sie sich an Ludovika und umarmte sie trotzdem so herzlich, dass Sissi überrascht stutzte. Vielleicht hatte die Lehrerin trotz allem ein paar menschliche Züge an sich.

Danach war die Vorstellung der Töchter an der Reihe. Sissi versuchte, Nené mit Sophies Augen zu sehen. Ob sie die rötlichen Spuren im Gesicht entdeckte? Offensichtlich nicht, denn sie nickte Nené mit einem sehr freundlichen Lächeln zu.

»Und du bist die Sissi« – nun war sie selbst an der Reihe. »Aus dem Kind von damals ist eine richtige junge Dame geworden. Reizend schaust aus, wie der junge Frühling!«

Mit Komplimenten hatte Sissi nicht gerechnet, sie murmelte einen scheuen Dank und machte anschließend ihren Knicks vor Erzherzog Franz Karl, der wie üblich völlig im Schatten seiner dominierenden Frau verschwand. Er war ein freundlicher, leiser, ruhiger Mann, der im Kielwasser seiner Gemahlin segelte und das tat, was sie ihm sagte.

Sissi tat er ein wenig Leid, und deswegen lächelte sie ihn besonders herzlich an. Sophie achtete schon nicht mehr darauf. Sie verströmte so viel überschäumende Energie, dass sie den kleinen Salon förmlich beherrschte.

»Wie schade, dass ihr so spät seid«, hörte Sissi sie halb tadelnd, halb zuckersüß feststellen. »Das wirft natürlich alle meine Pläne für heute über den Haufen. Aber das macht nichts, dann kommt ihr eben ganz en famille gleich mit in die Villa. Es reicht, wenn ihr euch ein bissl frisch macht.«

Nur frisch machen? Sissi schaute zu Nené. Man würde doch

die Arme nicht wirklich in diesem grässlichen, dunklen Gewand zum Kaiser führen? Es schluckte alle ihre Farben und ließ sie blass, streng und farblos wirken. Was war denn so wichtig, dass sie nicht einmal auf ihr Gepäck warten konnten?

»Das ist unmöglich!«, versuchte auch Ludovika einen zaghaften Widerspruch. »Der zweite Wagen mit den Reisekisten, der Kammerfrau und der Friseuse ist noch nicht eingetroffen. Nené trägt ein Trauerkleid, sie muss sich umziehen!«

»Dafür ist keine Zeit mehr!« Sophies Ton duldete keine Einwände. Sissi sah, dass sich ihre Mutter ein wenig duckte, und konnte es kaum glauben. Vor fünf Jahren war sie zu jung gewesen, um sich Gedanken über das Verhältnis der beiden Schwestern zu machen, aber dieses Mal konnte sie nicht übersehen, dass die Rollen genau verteilt waren. Sophie befahl, Ludovika gehorchte. Sissi erinnerte das an Nené.

»Herrisch« hatte Papa sie genannt und das Wort passte einfach perfekt. Es gehörte eine Menge Mut dazu, sich ihr zu widersetzen. Ludovika hatte diesen Mut ebenso wenig wie der Erzherzog.

»Das ist alles kein Drama!«, verkündete die tatkräftige Erzherzogin nach einem weiteren Blick in Nenés verzweifeltes Gesicht. »Ich werde euch sofort meine eigene Kammerfrau herüberschicken, die euch beim Herrichten behilflich sein wird. Es ist alles durcheinander geraten, weil der Kaiser bereits eingetroffen ist. Ich hab ihn erst für morgen erwartet. Jetzt ist er natürlich ganz gespannt darauf, dich zu sehen, Helene! Er hat die Strecke Wien – Ischl, die man sonst in 30 Stunden bewältigt, in 19 Stunden zurückgelegt!«

Sissi konnte verstehen, dass die Hände ihrer Schwester nach dieser Ankündigung zitterten. Allerdings passte das Bild vom ungeduldigen Franz Joseph nicht zu ihrer Erinnerung an Karl Ludwigs Bruder. Damals, bei ihrem ersten Besuch, hatte er sehr ruhig und gelassen gewirkt. Ein bisschen überheblich hatte er auf die kleinen Kusinen aus Bayern herabgeschaut. Man würde sehen, wie er sich diesmal benahm. Hoffentlich kränkte er Nené nicht!

Es blieb keine Zeit mehr, viel an Nenés düsterer Erscheinung auszubessern. Die Kammerfrau steckte ihr die Haare hoch, während die Herzogin sich persönlich darum bemühte, den Staub aus dem Reisekleid zu bürsten. Es war aus feinster Seide, und es hätte an einer Frau mit blonden Haaren wunderbar ausgesehen, an Ludovikas ältester Tochter indes richtete es nur Schaden an.

Es machte sie über Jahre älter und ließ die grau-blauen Augen in ihrem Gesicht kühl und abweisend wirken. Sissi entdeckte außerdem jenen strengen Zug in Nenés Mundwinkeln, den sie und ihre Geschwister fürchteten. Er war ein Zeichen dafür, dass sie sich etwas in den Kopf gesetzt hatte, das sie um jeden Preis durchsetzen wollte. Sie war keine liebliche, sondern eine sehr einschüchternde Braut.

Konnte man sich in eine solche Braut verlieben? Sissi bezweifelte es, aber die Tante schien zufrieden mit ihr zu sein. Sie lächelte wohlwollend, und Sissi fand, dass die beiden in diesem Moment mehr wie Mutter und Tochter aussahen als Ludovika und Nené.

Sie selbst hatte ihre Haare schnell gebürstet und wieder zu den dicken, glänzenden Kinderzöpfen geflochten, die sie normalerweise trug. Die staubigen Rocksäume schüttelte sie nachlässig aus und nach dem Händewaschen war ihr »Frischmachen« beendet. Bei ihr kam es ja auch nicht darauf an, dass sie wie ein Mädchen aussah, das man vom Fleck weg heiraten wollte. Sie war ja nur die kleine Schwester. Übermütig zeigte sie ihrem Spiegelbild eine kleine Grimasse und war bereit für den Rest des Tages.

Sie bemerkte nicht, dass die Erzherzogin sehr wohl auch die jüngere Schwester sorgfältig beobachtete. Was sie sehen konnte, gefiel ihr ausnehmend gut. Noch war Sissi unbefangen und ein wenig kindlich verspielt, aber Karl Ludwig war auch noch nicht so weit, an eine Heirat zu denken. Das Mädchen hatte alle Anlagen zu einer ungewöhnlichen Schönheit. Reizend war sie bereits jetzt.

Sissi übte sich in Geduld, während alle anderen sich ausschließlich um Nené bemühten. Doch warum lächelte die große Schwester nicht? Warum gab sie sich nicht das kleinste bisschen Mühe, ein wenig fröhlicher dreinzuschauen? Sissi hätte sie am liebsten angestupst und ihr das alles gesagt. Aber weder die Kammerfrau noch die Herzogin oder die strenge Tante Sophie selbst, die alle an ihr herumzupften, hätten eine derartige Einmischung erlaubt. So blieb Sissi viel Zeit für ihre eigenen Gedanken.

Die drei Damen flatterten um die künftige Braut herum und Sissi fühlte sich an Maries respektlosen Vergleich vom aufgescheuchten Hühnerhof erinnert. Tante Sophie war der Hahn, auf dessen Krähen alle hörten. Ludovika erinnerte an eine behäbige Henne, die ihr kleines Küken begluckte. Die Kammerfrau war das Huhn, das die größten Eier legte und deswegen seine Wichtigkeit mit jeder Geste betonte.

Und Nené? Nein, sie war kein Huhn. Sie war ein schwarzer Schwan, der sich versehentlich in dieses Revier verirrt hatte! Ein stolzes Geschöpf, das, den Kopf nach oben gereckt, keinen Blick auf den Hühnerhof verschwendete.

Sissi lächelte verschmitzt und begegnete dem erstaunten Blick ihrer Tante, die plötzlich von Nené abließ. Sissi wurde knallrot. Es kam ihr so vor, als könne die Tante ihre respektlosen Gedanken lesen. Im nächsten Moment würde sich ein Donnerwetter über ihrem Haupt entladen und Mama würde sie nach Hause schicken. Sie hatte es ja angedroht. Beim kleinsten Ungehorsam!

Erstaunlicherweise blieb das Donnerwetter aus.

Sissi konnte nicht wissen, dass die Erzherzogin sich selten die Mühe machte, über die Gedanken von anderen Menschen nachzugrübeln. Sie war zu sehr von sich selbst und ihrer Stellung als Mutter des Kaisers überzeugt. Gott stand auf Seiten des Kaisers und damit auch auf der Seite der Frau, die diesen Mann zur Welt gebracht hatte. Was sie beide taten, konnte nur gut und richtig sein. Alle übrigen Menschen hatten sich danach zu richten.

Es war allein Sissis Lächeln gewesen, das die hohe Dame für einen Moment von Nené abgelenkt hatte. Ein so persönliches, anmutiges und typisches Lächeln, wie sie es noch bei keiner Frau gesehen hatte. Es lag wie ein Schimmern über der ganzen Person des jungen Mädchens. Die Tante musste einfach zurücklächeln, obwohl sie normalerweise nicht zu einem sorglosen Lächeln neigte.

Wie eigenartig, dass aus der recht lieblosen Verbindung von Herzog Max und der armen Louise ein solches Zauberwesen hervorgegangen war. Wen wunderte es, dass Karl Ludwig das Mädchen in all der Zeit nicht vergessen hatte und immer wieder von ihr sprach. Vermutlich ging er jetzt gerade mit seiner Ungeduld wieder allen auf die Nerven.

»Ja, ich glaube, mehr können wir nicht tun«, murmelte Ludovika in diesem Moment und drückte ihrer Ältesten aufmunternd die Hand.

»Dann wollen wir gehen«, gab die Erzherzogin das Signal zum Aufbruch. »Der Tee wird in der Villa serviert. Dort können sich die Kinder ganz zwanglos begegnen, nur im allerallerengsten Familienkreis. Wir wollen ja schließlich auf offizielle Zeremonien verzichten …«

Das Hotel lag ganz in der Nähe der Villa, in der sich die kaiserliche Familie zur Sommerfrische aufhielt, aber man legte den Weg trotzdem stilvoll im Wagen zurück. Sissi wäre lieber zu Fuß gegangen. Nené hingegen sah aus, als würden ihre Beine sie nicht einmal zehn Schritte weit tragen.

Die Akrobaten in Papas Münchner Zirkus hatten Sissi von einem Gefühl namens »Lampenfieber« erzählt, unter dem sie vor ihren Auftritten litten. Ob Nené die gleiche Angst verspürte wie ein Kunstreiter vor dem Salto? Sie würde es nie erfahren, denn sie waren bereits angekommen, und ein Diener riss den Schlag auf.

Sissi und ihre Erzieherin stellten sich hinter die Schwester und die beiden Mütter. Sie besah sich interessiert die Villa, die in Wirklichkeit die Ausmaße eines kleinen Schlosses besaß.

Im Salon gab es formelle Begrüßungen, Knickse und viele freundliche Küsse. Sissi entdeckte einen hoch gewachsenen jungen Mann, der eigentlich wenig Ähnlichkeit mit dem Karl Ludwig hatte, an den sie sich erinnerte. Sie lächelte ihm zu, aber erst musste sie ihre Patin begrüßen, Königin Elise von Preußen, deren Namen sie trug.

»Die kleine Sissi!«, rief jene überrascht aus. »Was bist du nur für eine ausnehmend entzückende junge Dame geworden! Meinen Glückwunsch, Ludovika, du hast ja nur bildhübsche Töchter!«

Sissi hörte nicht, was ihre Mutter antwortete, weil die mahnende Hand ihrer Erzieherin sie aus dem Kreise der Erwachsenen zog. Sie war nicht zu dieser offiziellen Teestunde geladen. Sie durfte ihren Knicks machen, die Verwandtschaft begrüßen, und dann wurde sie fürs Erste entlassen. Böse war sie nicht darum, der Park und der Fluss interessierten sie mehr als Tee und Törtchen.

Trotz der allgemeinen Fröhlichkeit blieb Nené verkrampft

zwischen den voluminösen Röcken von Mutter und Tanten stehen. Sie war erleichtert darüber, dass Franz Joseph noch nicht da war, und fürchtete den Augenblick, in dem er kommen würde. Sie kannte ihn ja gar nicht. In ihrem Kopf war nur das verschwommene Bild eines schneidigen Achtzehnjährigen in Uniform. Jetzt war er 23 und ein Mann!

Einen Herzschlag lang beneidete sie Sissi glühend um die Freiheit, dem Salon den Rücken kehren zu dürfen. Sie wollte am liebsten mit ihr hinaus in den Park. Aber da …

Bewegung an der Tür, ein Raunen. Endlich! Der Kaiser kam!

Liebe auf den ersten Blick

Auch Franz Joseph hatte nur eine undeutliche Erinnerung an die bayerische Kusine, die er, nach dem Wunsch seiner Mutter, zur Frau nehmen sollte. Seit 1848, als er sie zum letzten Mal gesehen hatte, war schließlich eine Menge passiert. Aus dem draufgängerischen jungen Offizier war der Kaiser von Österreich geworden. Ein mächtiger Mann, ein gefährdeter Mann und ein von allen Wiener Damen umschwärmter Mann.

Sein offizieller Titel füllte Zeilen um Zeilen. Er war Franz Joseph I. von Gottes Gnaden Kaiser von Österreich, König von Ungarn und Böhmen, König der Lombardei und von Venedig, von Dalmatien, Kroatien, Slowenien, Galizien, Lodomerien und Illyrien, König von Jerusalem, Erzherzog von Österreich. Danach folgte noch eine stattliche Reihe von weiteren ellenlangen Herzog-, Grafen- und Fürstentiteln.

In seinem Riesenreich lebten Millionen von Menschen und nicht alle liebten den jungen Kaiser. Von seiner Mutter beraten, regierte er mit eiserner Hand und erstickte jede Art von Rebellion im Ansatz. Drastische Todes- und Gefängnisstrafen wurden vollstreckt. Franz Joseph hatte bereits schmerzlich erfahren müssen, dass er sich damit Feinde schuf. Er war vor einigen Monaten von einem ungarischen Attentäter in Wien mit dem Messer verletzt worden. Die Wunde am Hals war nicht lebensgefährlich gewesen, aber er litt manchmal noch unter ihren Folgen.

Die Wiener Aristokratie allerdings lag dem energischen jungen Kaiser zu Füßen. Speziell die weiblichen Mitglieder dieser Familien beteten ihn an. Ein Kotillon mit dem Kaiser war der Traum einer jeden hübschen Komtess, und bei vielen von ihnen war es nicht bloß beim Tanzen geblieben. Der lebenslustige Kaiser hatte im Gegensatz zu seiner Braut sehr wohl seine Erfahrungen mit dem anderen Geschlecht gemacht. Seine energische Mutter hatte dafür gesorgt, dass er im entsprechenden Alter von einer kenntnisreichen jungen Dame aufgeklärt und in die Liebe eingeführt wurde. Sie bestimmte über das Leben ihrer vier Söhne bis in das Schlafzimmer hinein. Sie hielt es für ihr mütterliches Recht, das zu tun.

Nené ahnte nichts von all diesen Dingen. Schrecklich verlegen und eingeschüchtert stand sie plötzlich vor einer hoch gewachsenen, attraktiven Gestalt in einer tadellos geschneiderten rot-weißen Generaluniform. Der Kaiser! Gütiger Himmel, was sollte sie sagen? Sie erinnerte sich an einen netten Jüngling und stand plötzlich vor einem bedeutenden Mann, der sie prüfend ansah. Die kurze Röte, die ihren Wangen eben noch Farbe verliehen hatte, wich tiefer Blässe und der spröde, strenge Zug um ihre vollen Lippen vertiefte sich.

Franz Josef fand sie auf den ersten Blick zwar schön, aber auch sehr kühl, sehr distanziert und ein wenig zu streng für eine Braut. Eine Frau, die ihn im Unterbewusstsein vage an seine Mutter erinnerte. Er konnte sich mühelos vorstellen, wie Nené in zwanzig Jahren aussehen würde. Eine Vorstellung, die sein Lächeln gefrieren ließ, ohne dass er selbst es merkte.

Er zwang sich zu einer jener eleganten Reverenzen, welche die Wiener Komtessen so schätzten, und führte die junge Dame zum Teetisch. Dank der Erzherzogin kam wenigstens eine steife und nichts sagende Unterhaltung in Gang, während Nené an ihrem Tee nippte. Sie gab wohlerzogene Antworten, wenn sie gefragt wurde, aber die Art, wie Franz Joseph sie musterte, war ihr äußerst unangenehm. Sie hatte immerhin mit genügend jungen Männern getanzt und harmlos geflirtet, um zu begreifen, dass seinem Blick die Bewunderung fehlte. Irgendwie hatte sie trotz allem gehofft, ihn zu beeindrucken, wenigstens den Schimmer eines Gefühls in seinen blauen Augen zu entdecken. Es verunsicherte sie, so gar nicht zu wissen, was er dachte. Unsicherheit war ein Gefühl, das sie hasste. Es machte sie noch steifer und verkrampfter.

Je länger die Teestunde dauerte, umso befangener fühlte sich auch Franz Joseph. Er hatte seiner Mutter versprochen, die vorgeschlagene Braut anzuschauen, und er wusste sehr gut, was »anschauen« in ihren Kreisen bedeutete. Er wusste auch, dass die Erzherzogin eine »deutsche« Heirat favorisierte. Schließlich hatte sie seiner leidenschaftlichen Liebesromanze mit einer hübschen ungarischen Aristokratin ein energisches Ende gemacht. Sie wollte eine Kaiserin deutscher Abstammung.

Er konnte sich nicht überwinden, das zu tun, was sie von ihm erwartete. Wie sollte er mit einer Marmorstatue flirten? Es lockte ihn nicht einmal, mehr von ihr zu erfahren. Das Gespräch bestand aus unbehaglichen Pausen und er spürte die mahnenden Blicke seiner Mutter.

Bisher hatte er ihr immer gehorcht. Er musste es wohl auch dieses Mal tun. Es ging nicht an, dass er seine Kusine einfach wieder nach Hause schickte, auch wenn sie überhaupt nicht die Frau war, die er heiraten wollte. Man erwartete von ihm, dass er ihr einen Antrag machen würde, und so wie es aussah, blieb ihm nichts anderes übrig.

In dem Moment, als er sich zu diesem resignierten Entschluss durchgerungen hatte, öffnete sich die Tür des kleinen Salons. Sissi platzte formlos herein. Mitten in eine Teestunde, die länger und unerfreulicher gewesen war, als alle gedacht hatten. Sie kam offensichtlich aus dem Park, denn sie hielt einen wunderschönen Sommerstrauß aus bunten Feldblumen in der Hand. Ein paar Locken hatten sich aus ihren Zöpfen gelöst, und auf ihrem Gesicht und in ihren Augen leuchtete die Sonne, die sie noch zu umgeben schien.

Sissi. Karl Ludwigs Sissi, das Mädchen mit dem Sonnenstrahllächeln. Franz Joseph erkannte sie auf den ersten Blick. Sie war kein kleines Mädchen mehr. Aber sie war auch noch keine Frau. Irgendwo dazwischen, ein Mittelding zwischen Fee und Wunschtraum.

»Oh, Entschuldigung!«, knickste Sissi unbekümmert, immerhin hatte sie die ganze Teegesellschaft vorhin schon begrüßt. »Ich hab gedacht, der Tee wäre vorbei!«

»Mach deine Reverenz vor dem Kaiser!«, zischte die Erzieherin leise in ihr Ohr und versank selbst in einen offiziellen Hofknicks. Jetzt erst bemerkte Sissi die schlanke, uniformierte Gestalt, die sich bei ihrem Eintritt höflich erhoben hatte. Franz Joseph, der Kaiser! Gar nicht überheblich, sondern richtig sympathisch. Nené konnte sich freuen über einen solchen Verlobten!

»Majestät!«

Sissis Begrüßung war nicht sehr geschliffen, aber ihre Verneigung war dafür ein Wunder an Grazie und Harmonie. Eine fließende, tänzerische Bewegung, die nichts Steifes oder Formelles hatte. Sie dachte auch gar nicht daran, die Augen vor dem Kaiser niederzuschlagen. Unbefangen und unübersehbar neugierig begegnete sie seinem Blick und schenkte ihm ihr ganz persönliches Lächeln. In ihren samtigen dunkelbraunen Augen stand so viel Heiterkeit und ungebändigte Lebensfreude, dass Franz Joseph unwillkürlich zurücklächelte.

»Sissi!«, sagte er mit einer Wärme, die Karl Ludwig zusammenzucken ließ. »Wie schön, dass du zu uns kommst! Setz dich doch!«

Sissi sah zu ihrer Mutter und zu Tante Sophie, die beide ein höchst merkwürdiges Gesicht machten. Sie hatte nicht erwartet, die Gesellschaft noch beim Tee anzutreffen. Man hatte ihr eingeschärft, eine Stunde im Park zu bleiben, und die Stunde war längst vorbei. Wieso saßen sie alle noch da, und weshalb wirkte Nené so schrecklich steif und unglücklich?

»Wenn's erlaubt ist«, sagte sie wohlerzogen und ließ sich auf dem Stuhl nieder, den Franz Joseph für sie zurechtrückte.

Mit Ausnahme von Sissi merkten alle, mit welcher Faszination der Kaiser seine kleine Kusine anstarrte. Sie bediente sich dankbar mit winzigen Kuchenstücken, die zum Tee gereicht worden waren, und plauderte in völliger Unbeschwertheit mit ihrer Tante Elise. Der bunte, unordentliche Blumenstrauß lag auf dem schwarzen Schoß ihres Trauerkleides und betonte mit seinen Sommerfarben ihre Anmut nur noch.

Franz Joseph konnte seine Augen nicht von ihr nehmen. Auch wenn er sich skandalös benahm, er musste sie einfach beobachten. Er begriff selbst nicht, was in diesem Augenblick mit ihm passierte, aber es war bereits zu spät, um es zu verhindern. Was für unendlich lange Wimpern dieses Mädchen hatte. Feine Fächer, die zarte Schatten auf die durchsichtige, helle Haut ihrer Wangen warfen. Die dunkelblonden, ein wenig goldgesträhnten Haare waren fast zu viel für das feine Gesicht. Die überschlanke und doch schon unverkennbar weibliche Figur kam auch in dem formlosen Trauerkleid bestens zur Wirkung. Und dann diese liebenswürdige, ungekünstelte Stimme, dieses ungezwungene Benehmen! Der Kaiser war einfach hingerissen!

Sissi verbarg ihre Neugier auf Franz Joseph ein wenig geschickter. Auch sie war beeindruckt von Nenés künftigem Verlobten. Ihre kleinen Schwärmereien und romantischen Liebesträume hatten stets Männer wie ihn zum Inhalt gehabt. Hoch gewachsene, elegante Offiziere, die in ihren körperbetonten Uniformen ein Mädchenherz schon ins Schleudern bringen konnten.

Franz Joseph übertraf sogar ihren letzten heimlichen Schwarm. Seine Augen waren blauer, seine Haare blonder und die Art, wie er sie immer wieder ansah, zauberte eine verlegene Röte auf ihre ohnehin schon rosigen Wangen. Es konnte nicht sein, dass er sie bewunderte – oder doch?

Sie schaute schnell weg und fing dabei Karl Ludwigs Blick ein. Auch er hatte sich gewaltig verändert. In den letzten fünf Jahren hatte sich der schlaksige Freund, an den sie sich erinnerte, in einen Mann verwandelt. Er trug bereits einen Schnauzer, aber das Lächeln, mit dem er sie bedachte, erkannte sie wieder. In der letzten Zeit hatte sie seine Briefe nicht mehr ausführlich beantwortet, aber sie bekam nach wie vor manchmal ein kleines Geschenk von ihm. Er vergaß weder ihren Namenstag noch ihren Geburtstag – und die Art, wie er sie anblickte … Sissis Wangen glühten.

»Oh, was ist das?«

Nicht nur Sissi hatte die Musik gehört, die im Garten einsetzte. Die Erzherzogin begrüßte die Unterbrechung erleichtert. Vielleicht war es ganz gut, wenn die allzu steife Teerunde sich auflöste. Welch ein Segen, dass sie diese Kapelle bestellt hatte!

»Die Musiker spielen die neuesten Melodien aus Wien«, erklärte Karl Ludwig seiner Kusine. Er schlenderte ganz »zufällig« an ihre Seite, als sie auf die Terrasse gingen, und nutzte die Chance, ihre Aufmerksamkeit zu fesseln. »Hast du schon von Operetten gehört? In Wien spielt man sie jetzt viel öfter als die traurigen Opern und alle Welt singt die Refrains der Lieder!«

Sissi amüsierte sich prächtig, als er ihr zur Musikbegleitung ein paar Kostproben vorsang. Ihr fröhliches Lachen belebte das allgemeine Gespräch, das sich plötzlich viel lockerer um die verschiedensten Themen drehte. Sogar Franz Joseph konnte endlich mit Nené ein bisschen ungezwungener plaudern, obwohl er immer wieder zu Sissi hinübersah. Sie stand mit Karl Ludwig in der Terrassentür und applaudierte den Musikern, die für die hohen Herrschaften aufspielten.

»Ich freu mich so, dass du mitgekommen bist und nicht der Onkel Max!«, raunte Karl Ludwig so leise, dass niemand es hören konnte.

Sissi errötete und knickste schelmisch. »Du meinst, weil sich die Tante Sophie über mich nicht so aufregt wie über den Papa?«

Karl Ludwig lachte laut auf und der Kaiser sah erneut ein wenig gereizt zur Tür. Die zwei schienen sich ja blendend zu amüsieren.

Nené folgte seinem Blick. Wie Sissi es nur anstellte, so hübsch zu wirken? Das Kleid, das sie trug, war wirklich kein Prachtstück, und doch sah es aus, als ziehe sie das Licht im Raum auf sich. Kein Wunder, dass Franz Joseph ständig zu ihr sah. »Sissi freut sich, den Karl Ludwig wieder zu treffen«, versuchte sie das Gespräch fortzusetzen, das der Kaiser unterbrochen hatte. »Persönlich redet sich's leichter als in Briefen.«

»Es gehört sich nicht, dass er sie so in Beschlag nimmt«, murrte der Kaiser.

Nené hätte gerne gefragt weshalb. Aber dann ließ sie es lieber bleiben. Die Erklärung, die ihr Verstand lieferte, passte nicht in die eigenen Pläne. Ein eifersüchtiger Franz Joseph? Nein, wirklich nicht!

»Das ist ja kein offizieller Empfang«, verteidigte sie ihre Schwester unwillkürlich. »Da braucht man's mit der Etikette nicht so genau nehmen.«

Franz Joseph murmelte eine vage Antwort, die Nené wieder

zum Schweigen brachte. Wie sollte man charmant mit jemandem plaudern, der immer nur kürzeste Sätze von sich gab oder
brummte? Das alles war viel schwieriger und unangenehmer,
als sie es sich vorgestellt hatte.

»Wirst du auf dem Geburtstagsball des Kaisers mit mir tanzen?«, fragte Karl Ludwig indessen.

»Ich weiß nicht, ob ich schon darf«, gestand Sissi. »Ich hab
erst mit dem Unterricht begonnen und bisher hab ich nur mit
dem Tanzmeister getanzt. Ich werd meine Mutter fragen, was
sie dazu sagt.«

»Ich bring dir den Walzer bei!«, versprach Karl Ludwig. »Du
wirst sehen, das ist ein herrlicher Tanz! Man möcht gar nicht
mehr aufhören, wenn man damit begonnen hat. Hör, das ist
auch ein Walzer …«

Sissi vernahm zwar die Melodie, aber ihre Gedanken waren
nicht bei der Musik. Unwillkürlich blickte sie zum Kaiser und
zu Nené hinüber. Sie war zu beneiden. Wieso hatte sie Franz
Joseph vor fünf Jahren eigentlich langweilig gefunden? Schön
war er, viel fescher als der arme Richard, und der Graf aus Possenhofen konnte ihm erst recht nicht das Wasser reichen. So
einen Mann würde sie sich auch einmal wünschen …

Franz Joseph bemerkte ihre Aufmerksamkeit und schaute
zurück. Es war ein Blick, den Karl Ludwig nur einmal andeu-
tungsweise bei ihm gesehen hatte. Damals, als Franz Joseph
sich in Elisabeth von Este verliebt hatte, die 22-jährige Witwe
eines habsburgischen Erzherzogs aus der ungarischen Linie.
Seine Zuneigung für diese Elisabeth war sogar so weit gegangen, dass er in ungarischer Uniform zu einem Ball erschien und
keinen Einspruch erhob, als der Csárdás gespielt wurde. Jener
ungarische Tanz, der lange Zeit als Zeichen von Rebellion und
Aufruhr gegolten hatte und bei königlichen Bällen verboten
gewesen war. Immerhin hatte ein Ungar das verhängnisvolle

Attentat auf den jungen Kaiser verübt! Für die Erzherzogin war Ungarn ein rotes Tuch!

Karl Ludwig hatte keinen Beweis dafür, dass seine Mutter dieser Liebesgeschichte ein abruptes Ende bereitet hatte, aber im Grunde zweifelte er nicht daran. Sophie hasste die Ungarn, und sie hätte es nie zugelassen, dass eine von ihnen ihren Lieblingssohn zum Mann bekam. Ja, dass eine Ungarin die Krone des Kaiserreiches trug.

Franz Joseph hatte sich damals offensichtlich widerspruchslos dem mütterlichen Befehl gebeugt. Aber dieses Mal? Karl Ludwig hatte seine Zweifel. Im Vergleich zu Sissi war die schöne Elisabeth von Este nur eine durchschnittliche Person. In seiner Eifersucht scheute Karl Ludwig sich nicht, der Erzherzogin unter vier Augen einen deutlichen Hinweis auf die drohende Gefahr zu geben.

»Sissi hat dem Franzi viel besser gefallen als die Nené! Wirst sehen, er wird sich vielleicht für sie entscheiden! Hast du sein Gesicht gesehen, als er sie angeschaut hat?«

»Red keinen Unsinn, Bub!«

Die Erzherzogin schüttelte unwillig den Kopf. Dieser nette kleine Fratz, wo dachte Karl Ludwig da bloß hin? Sissi musste ja erst einmal erwachsen werden! In so ein Mädel verguckte sich kein Kaiser! Nené war die Frau, die sie für ihn ausgewählt hatte. Auch wenn sie vielleicht im Moment ein bissel spröde wirkte, sie würde die ideale Gattin für ihren Sohn sein. Eine Schwiegertochter ganz nach ihrem Herzen. Wie tadellos sie sich benahm und wie sie dem kleinsten Wink ihrer Mutter gehorchte.

Doch auch die unerschütterliche Herzogin bekam einen gelinden Schreck, als sie am selben Abend entdeckte, dass Sissi auf ausdrücklichen Wunsch des Kaisers am abendlichen Diner teilnahm. Eine Fünfzehnjährige an einem Tisch mit dem Kaiser, mit Königen, mit Prinzen, hohen Offizieren und der Creme des österreichischen Adels. Wo sollte das noch hinführen?

Sissi saß zwar ziemlich am Ende der Tafel und blieb brav an der Seite ihrer Gouvernante, aber es war nicht zu übersehen, dass die Augen des Kaisers immer wieder in ihre Richtung wanderten.

Prinzessin Helenes Garderobe war endlich eingetroffen und die tadellos sitzende helle Seidenrobe betonte ihre stolze Schönheit auf das Vorteilhafteste. In ihren dunklen Haaren funkelten juwelenbesetzte Kämme und in ihrem Ausschnitt blitzte ein Edelstein an einer feinen Goldkette. Sie versuchte ihr Bestes, um den leicht zerstreuten jungen Monarchen charmant zu unterhalten.

Dummerweise galt Franz Josephs Aufmerksamkeit ausschließlich dem Ende der Tafel, wo Sissi appetitlos in ihrem Essen herumstocherte. Eingeschüchtert von der kaiserlichen Pracht, die an diesem Abend entfaltet wurde, verging ihr der Appetit. Vor lauter Tafelschmuck, Kristall, Silber und Gold sah man ohnehin kaum das Essen auf den Tellern, und die Teestunde, als sie reichlich Törtchen gegessen hatte, lag noch nicht lange zurück.

In diesem Moment blickte sie auf und begegnete den bewundernden blauen Augen des Kaisers. Wie er sie anschaute! Von solchen Blicken bekam man ja Herzklopfen!

Sissi fühlte, wie ihr das Blut in den Kopf stieg. Für einen Moment hatte sie das schreckliche Gefühl, dass auch alle anderen zu ihr hersahen. Es konnte doch nicht verborgen bleiben, wenn der Kaiser sie so betrachtete! Er durfte das nicht tun! Er sollte besser mit Nené plaudern.

Die sah keineswegs besonders glücklich aus. Elegant, bildschön und hoheitsvoll, aber nicht fröhlich.

Sissi schwankte zwischen Mitleid und schlechtem Gewissen.

Sie durfte Nené die Aufmerksamkeit des Kaisers nicht streitig machen. Freilich, was sollte sie tun? Sie hatte Franz Joseph nicht um seine Blicke gebeten, auch wenn er ihr noch so gut gefiel.

Sie wollte ihrer Schwester wirklich nicht alles verderben, aber die Tatsache, dass ein so bedeutender und attraktiver Mann ihr mehr Aufmerksamkeit schenkte als der eleganten Nené, schmeichelte ihr sehr. Ein versonnenes Lächeln stand um ihre Lippen und Franz Joseph wurde der steife Uniformkragen zu eng.

Die fröhliche, unbeschwerte Sissi hatte ihn schon bezaubert, aber die verträumte, versonnene Märchenprinzessin, die sich von keinem Glanz blenden ließ, war fast noch entzückender. Es gab keine Ausrede mehr. Er hatte sich verliebt. Närrisch, rettungslos und für immer – aber leider in die falsche Prinzessin.

Was konnte er tun? Wie sollte er das seiner Mutter beichten? Wie sie davon überzeugen, dass es Sissi war, der sein Herz gehörte, und nicht Nené?

Verwirrung in Ischl

Sissi schlief unruhig in dieser ersten Nacht in Ischl. Zu viel war auf sie eingestürmt und ihr armer, wirrer Kopf war einfach nicht zur Ruhe gekommen Erst gegen Morgen sank sie in einen leichten Schlummer.

Zu dieser Zeit brachte der Kaiser, der ein ausgesprochener Frühaufsteher war, bereits seinen Kammerdiener zur Verzweiflung. Es passte gar nicht zu dem jungen Herrscher, dass er sich nicht entscheiden konnte, welche seiner Uniformen er tragen wollte. Normalerweise schätzte er zwar eine tadellose Erscheinung, aber nur, weil es sich so gehörte, und nicht, weil er besonderen Wert auf Eleganz legte.

Heute jedoch wollte er sich von seiner besten Seite präsentieren und konnte es kaum erwarten, seiner Mutter die morgendliche Aufwartung zu machen. Er brannte darauf, ihr von seinen neu erwachten Gefühlen zu berichten. Bei aller Erfahrung in der Liebe hatte er noch nie ein so ausschließliches, bedingungsloses Gefühl kennen gelernt, wie er es jetzt erfuhr.

Die Erzherzogin wollte ihren Ohren nicht trauen, als sie von ihrem Sohn eine Lobeshymne auf Sissi und nicht auf Nené zu hören bekam. Er lobte ihr Aussehen, ihre Gesten, ihre Stimme, ihre Anmut in den höchsten Tönen. Kein Wort fiel über die Braut, die darauf wartete, dass er sich endlich erklärte.

»Sissi ist einfach entzückend!«, begann er und endete damit, dass er ihre Lippen poetisch mit frischen Erdbeeren verglich und in ihrer schlichten Frisur die reinste Haarkrone entdeckte.

»Sicher, sie ist reizend«, versuchte seine Mutter ein wenig Ordnung in seine stürmische Begeisterung zu bringen. »Aber sie ist noch ein richtiges Kind. Wenn du dagegen Nené anschaust …«

»Ein Kind? Ich bitt dich, sie ist fünfzehn! Zu Weihnachten wird sie sechzehn, von einem Kind kann wohl keine Rede mehr sein!«, fiel ihr der sonst so gehorsame Sohn mitten in den Satz.

»Aber Helene ist eine reizende, kluge Frau«, beharrte die Erzherzogin auf ihrer Wunschbraut. »Du musst ihr mehr Zeit geben, ein bissel warm zu werden. Gestern hat sie noch unter den Folgen der Reise gelitten. Was ist, wolltest du heute nicht zur Jagd gehen?«

Die Jagd war Franz Josephs größte und einzige Leidenschaft. Normalerweise ließ er für die Pirsch alles stehen und liegen, wenn er sich in Ischl befand. Dass er heute den Kopf schüttelte, alarmierte seine Mutter noch mehr als seine hingerissene Verzückung.

»Ich bleib lieber hier. Was hast du denn für heute geplant?«

»Willst du wirklich auf die Jagd verzichten?«, fragte sie noch einmal nach.

»Aber natürlich«, nickte der Kaiser. »Wir wollen doch unseren Besuch nicht allein lassen! Du kannst mit mir rechnen!«

Besuch! Die Erzherzogin knirschte heimlich mit den Zähnen. Das galt ja wohl ausschließlich diesem anmutigen, dünnen Kobold, der drauf und dran war, seine vernünftige große Schwester auszustechen! Sie musste sofort mit Ludovika sprechen. Vielleicht gab es eine Möglichkeit, dass Sissi nicht überall dabei war. Vielleicht konnte sie Migräne bekommen oder sich mit einem anderen weiblichen Übel entschuldigen.

Aber das war zu viel verlangt von Sissi. In einer Mischung

aus Unschuld und Vergnügen strahlte sie ihre Tante an und versicherte ihr, dass sie die Strapazen der Reise und des gestrigen Abends bestens überstanden habe. Es ginge ihr hervorragend.

»Nené hat manchmal Migräne wie die Mama«, erzählte sie harmlos. »Aber ich bin meistens pumperlgsund! Ich könnt ohne weiteres auf den nächsten Berg dort marschieren!«

Vor die Wahl gestellt, entweder die ungeschminkte Wahrheit zu sagen oder höflich zu bleiben, entschied sich Sissis Tante für die Höflichkeit. Vielleicht gelang es Nené ja heute, den verwirrten Kaiser auf den richtigen Weg zurückzubringen. Sie musste sich eben anstrengen, ein wenig lebhafter zu wirken.

Franz Joseph bewältigte das Programm des Tages mit jener untadeligen Haltung, die ihm die strenge Erziehung der Erzherzogin verschafft hatte. Er war höflich zu Nené, verbindlich zur Herzogin, reizend zu Sissi und charmant zum Rest der Verwandtschaft. Es gab nichts an seinem Benehmen auszusetzen, aber bis zum Abend war auch dem letzten Stallknecht der kaiserlichen Villa klar, dass er bis über beide Ohren in Sissi verliebt war.

Die Einzige, die nichts bemerkt hatte, war die Hauptperson: Sissi. Natürlich erkannte sie, dass Franz Joseph sie bei jeder Gelegenheit ins Gespräch zog, dass er sich um sie kümmerte, mit ihr scherzte und ihr persönlich in die offene Kutsche half. Aber sie hielt es für pure Höflichkeit. Sie bekämpfte ihr Herzklopfen in seiner Gegenwart und genoss die Tatsache, dass sie für ihn offensichtlich nicht das fünfte Rad am Wagen war.

Heimlich beneidete sie Nené und fand es reichlich komisch von ihr, dass sie kaum einmal lächelte. Sie thronte an Franz Josephs Seite, als sei sie bereits die Kaiserin und könne es sich leisten, schlechte Laune zur Schau zu tragen. Am Nachmittag hielt Sissi es nicht mehr aus. Sie fasste Nenés Arm und hielt sie im Garten auf, ehe sie sich zur Erzherzogin und ihrer Mutter begeben konnte.

»Was ist los mit dir, Nené?«, flüsterte sie empört. »Man könnt meinen, der Franz Joseph hätt dich geärgert! Warum bist du nicht freundlicher zu ihm, er ist doch wirklich ein Netter!«

Nené schnappte nach Luft und starrte in Sissis offenes, besorgtes Gesicht. Ahnte sie wirklich nichts? Es sah ganz danach aus. Es passte auch nicht zu ihr, sich auf Kosten der Schwester in den Vordergrund zu spielen. Sissi spielte nicht die Arglose, sie war tatsächlich ahnungslos.

»Das verstehst du nicht«, antwortete sie deswegen nach der ersten Schrecksekunde vorsichtig.

»Ich versteh's wirklich nicht«, gab Sissi zu. »Du sollst ihn heiraten, und ich wüsst nicht, dass es irgendwo einen Menschen gibt, den man lieber heiraten würd. Warum freust du dich nicht?«

»Das verstehst du nicht«, sagte Nené tonlos ein zweites Mal und befreite sich sacht aus dem Griff ihrer Schwester.

»Und wie soll's dann weitergehen mit euch?«, rief ihr Sissi empört nach, als Nené einfach weiterlief.

Nené drehte sich noch einmal um und sah Sissi an. In ihrem hübsch bestickten, luftigen Batistkleid mit dem kleinen Strohhut, der mit rosaroten Bändern verziert war, sah sie einfach reizend aus. Kein Wunder, dass Franz Joseph sie bewunderte. Das Schlimmste war, dass sie ihm nicht einmal böse sein konnte deswegen.

»Das wüsst ich selber am allerliebsten«, antwortete Nené traurig.

Das festliche Abendessen dieses Tages war eine Wiederholung vom Abend zuvor. Nené machte angestrengt gute Miene zum bösen Spiel, und der Kaiser musste sich zwingen, wenigstens höflich zu sein. Zwischen ihnen knisterte eine Art von Spannung, die nichts mit Zuneigung zu tun hatte. Bei Nené war es verletzter Stolz, bei Franz Joseph bereits die Angst davor, sie vor den Kopf stoßen zu müssen.

Sissi nahm kaum einen Bissen zu sich. Immer wieder musste sie das Paar anschauen, das ganz oben an der Tafel saß. Der Prinz von Hessen, der neben der Mutter des Kaisers saß, begann sich bereits Sorgen um die junge Prinzessin zu machen. Er vermutete, dass Sissi sich einen Fasttag verordnet habe, und fand das reichlich übertrieben von ihr, bei der hübschen Figur. Sie war eher zu mager als zu dick.

Die Erzherzogin presste die Lippen aufeinander und richtete ihren Blick auf Sissi. Ein liebes Kind, sie konnte Franz Joseph verstehen, aber sie würde seine Vorstellungen trotzdem nicht dulden. Sissi war allenfalls eine passende Frau für Karl Ludwig, irgendwann, wenn sie ein bisschen erwachsener geworden war. Aber Karl Ludwig trug dieselbe mühsam kaschierte mürrische Miene zur Schau wie die elegante Nené. Beide fürchteten um etwas, das sie in ihren Träumen bereits für Wirklichkeit gehalten hatten.

In der kaiserlichen Kutsche, welche die bayerischen Damen nach der Abendunterhaltung ins Hotel »Talachini« zurückbrachte, herrschte angespanntes Schweigen zwischen den vier Insassen. Sissi gähnte herzhaft im Dunkeln und hoffte, dass ihre Erzieherin von dem undamenhaften Benehmen nichts mitbekam. Sie war unendlich müde und gleichzeitig ein wenig überdreht.

Die Art, wie ihr der Kaiser zum Abschied die Hand geküsst hatte, war äußerst aufregend gewesen. Sein Schnurrbart hatte ihren Handrücken gekitzelt und sie hatte ganz deutlich seine Lippen gespürt. Nené hatte er auch die Hand geküsst, aber flüchtiger, oder bildete sie sich das nur ein?

Ein Rascheln von gegenüber verriet, dass die Mama nach ihrem Riechfläschchen suchte und wieder ihre lästige Migräne bekam. Von Nené hörte man lediglich einen unterdrückten Seufzer, der schon viel Ähnlichkeit mit einem Schluchzen hatte. Sie war in der festen Überzeugung nach Ischl gekommen, die künftige Kaiserin von Österreich zu sein. Diese Einladung war eine Einladung zur Verlobung gewesen! Weshalb machte sich Franz Joseph nicht endlich die Mühe, offiziell um ihre Hand anzuhalten? Weil ihn Sissis hübsches Gesicht betört hatte? Aber sie war doch noch ein Kind! Wegen Sissi konnte nicht alles scheitern! Oder doch?

»Geduld!«, murmelte in diesem Moment Herzogin Ludovika und beugte sich zu ihrer ältesten Tochter hinüber. »Alles wird seine Ordnung bekommen.«

Sie begriff sehr gut, was in der selbstbewussten und ehrgeizigen Helene vorging. Sie fand das Echo dieser gekränkten Gefühle tief unten in ihrem eigenen Herzen. Vor vielen Jahren hatte sie ganz Ähnliches gefühlt. Sie hatte davon geträumt, an der Seite des Mannes, den sie liebte, Königin von Portugal zu werden. Und sie war aufgewacht als Herzogin in Bayern an der Seite eines ungeliebten Sonderlings.

Niemand antwortete auf ihre optimistische Behauptung. Nené, weil sie die deutliche Vermutung hatte, dass das nur ein frommer Wunsch war. Sissi, weil sie annahm, dass die Mama schon Recht haben würde. Ihre Erzieherin, weil sie wusste, dass man ohnehin auf ihre Meinung verzichten würde. Das Schweigen war höchst ungemütlich.

Sissi verlor sich wieder in ihre Träume. Seit gestern drehten sie sich in erster Linie um den jungen Kaiser. Es kam ihr vor, als wäre einer ihrer idealisierten Helden lebendig geworden. Ein edler Ritter, höflich gegenüber den Damen, mutig im Kampf und treu bis zur Selbstaufopferung in der Liebe. Sie würde nicht die passenden Worte finden, um Marie dieses Traumbild von einem Mann beschreiben zu können. Ob sie ein Gedicht über ihn machen sollte?

»Sissi, ich bitt dich, wir sind da! Willst du nicht aussteigen? Wo bist du nur wieder mit deinen Gedanken? Jetzt ist wirklich nicht die Zeit, um zu trödeln ...«

Die ungeduldige Stimme der Mutter riss das junge Mädchen aus seinen Phantasien. Sissi kletterte aus der Kutsche und mied Nenés Blick. Sie fürchtete, dass sie ihr ansehen würde, auf welch verbotenen Wegen ihre Gedanken sich bewegten. Es gehörte sich nicht, mit dem Verlobten der Schwester zu flirten, und sei es auch nur in einem Luftschloss.

Aber noch waren sie ja nicht verlobt – oder? Noch war alles erlaubt! Und sie hatte sich absolut nichts zu Schulden kommen lassen. Nicht einmal die Mama hatte sie bisher gemahnt. Sie konnte ja nichts dafür, dass der Kaiser sie so oft anschaute, obwohl Nené heute Abend unzweifelhaft wie eine Kaiserin ausgesehen hatte. Wie aufregend diese Reise verlief!

»Und dass du mir ja sofort schläfst«, hörte sie mit einem halben Ohr die Ermahnungen der Herzogin für ihre Älteste. »Morgen Abend ist der große Ball, mit dem der bevorstehende Geburtstag des Kaisers gefeiert werden soll. Du musst gut aussehen, Kind!«

Ihr selbst gab niemand solche Ermahnungen. Sie hatte trotzdem ein merkwürdiges Gefühl, als sie an diesem Abend zu Bett ging. So als ob sie in einer Schaukel sitzen würde, die sie höher und höher trug. Irgendwann würde sie sich überschlagen, aber noch war nichts davon zu merken. Noch sah sie nur den blauen Himmel. Ein Firmament so blau wie Franz Josephs Augen, wenn er sie anlächelte. Kein Wunder, dass sie in dieser Nacht von ihm träumte.

Es war ein reichlich wirrer Traum, der sich mit den Bildern

mischte, die sie zu Hause gesehen hatte. Aber der Ritter, der sie auf sein Pferd hob und mit ihr in die Welt hinausgaloppierte, trug einwandfrei das Gesicht des jungen Kaisers. Als sie erwachte, raste ihr Herz wie verrückt und sie fühlte einen merkwürdigen, unbekannten Druck auf ihrer Brust.

Heute war der Tag des Balles. Heute würde Nené sich endlich offiziell verloben. Sissi verbrachte die Stunden bis zum frühen Abend wie in Trance. Glücklicherweise hatten weder ihre Mutter noch die Erzieherin Zeit, sich um die jüngere Schwester zu kümmern. Alles drehte sich um Nené, sie musste schön sein heute Abend. Attraktiv, charmant, unwiderstehlich.

Es war keine einfache Friseurin, die Nenés Haare für den wichtigen Abend kämmte, aufsteckte und schmückte, sondern eine so genannte »Haarkünstlerin«! Mit Kämmen, Bürsten und Nadeln rückte sie an, eine blendend weiße Schürze mit verspielten Rüschen über dem Kleid und den Manieren einer Frau, die weiß, was sie kann.

Gebannt schaute Sissi dabei zu, wie Nenés tiefbraune Haare, die mehrere Nuancen dunkler waren als ihre eigenen, festlich auf dem stolzen Kopf aufgetürmt wurden. Grüne, frische Efeuzweige wurden hineingeflochten und ragten bis in ihre Stirn. Wenn Franz Joseph in Sissis Phantasie den strahlenden Göttern auf den Bildern ihres Elternhauses glich, dann war ihre Schwester die passende Göttin an seiner Seite, das musste sie neidlos zugeben.

Die bestickte, erlesene Ballrobe aus schwerer Atlasseide betonte Nenés schlanke, königliche Figur. Weiße Seidenhandschuhe bedeckten die Hände und Arme und die ausladenden Röcke schwangen bei jedem ihrer Schritte leise raschelnd mit. Ein Geräusch, so luxuriös und hauchfein wie das dezente Plätschern eines leisen Springbrunnens in einer versteckten Laube.

»Sissi? Träumst du schon wieder? Lieber Himmel, du bist ja noch nicht einmal gekämmt!«, regte sich ihre Erzieherin in diesem Moment auf.

Sissi lächelte sie an und hob unbeschwert die schmalen Schultern. »Das ist schnell passiert, bei mir braucht's nicht so viel Aufwand!«

Tatsächlich war sie rechtzeitig zur Abfahrt der Damen fertig. Ludovika hatte ihr für diesen Abend ein bescheidenes, leichtes rosa-weißes Gewand aus feinem Musselin bereitlegen lassen. Mit einer altrosa Schleife um die zierliche Taille und den winzigen Puffärmelchen, die ebenfalls mit zarten Bändern gerüscht waren, betonte es die mädchenhafte Erscheinung ihrer jüngsten Tochter, ohne dass sie in Konkurrenz zur prächtigen Ältesten trat.

Als Sissi jedoch die Hoteltreppe hinuntereilte, kamen ihr leichte Zweifel an der eigenen Entscheidung. Das war keine kleine Schwester, die jeder als Kind übersah. Das duftige Kleid wehte wie ein Frühlingswind um Sissis Gestalt. Sie war zwar noch nicht so groß wie Nené, aber ihre zierliche Figur wirkte weniger klein als zerbrechlich. Aus dem verschmitzten Kobold war über Nacht eine zauberhafte Prinzessin geworden.

Helene hingegen glich einer schönen, Aufsehen erregenden Königin, als sie in tadelloser Haltung mit hoch erhobenem Kopf in den Ballsaal schwebte. Eine imposante, einschüchternde Edeldame, die Franz Joseph endgültig davon überzeugte, dass ein solches makelloses Wesen unmöglich zur Ehefrau geschaffen sein konnte. Wenigstens nicht zu seiner Ehefrau. Wie sollte ein Mann neben so einem Geschöpf bestehen?

Wie viel liebenswürdiger und anmutiger Sissi neben dieser marmornen Göttin doch wirkte. Wie mädchenhaft und reizend! Die Vergleiche drängten sich ihm ganz von selbst auf und fielen nicht zu Nenés Gunsten aus. Was interessierten ihn ihre kunstvoll geschlungenen Locken, wenn Sissi ihre kastanienfarbenen Haare offen trug, lediglich von einer hübschen, diamantbesetzten Spange in Pfeilform gebändigt? Ein Wasserfall aus goldblonden Haaren, in dem die Sterne glitzerten! Wie konnte er die bestechende Eleganz von Nenés Bewegungen würdigen, wenn Sissi unbefangen und frisch von der Tanzstunde weg mit einem seiner Flügeladjutanten Polka tanzte? Mit diesem konzentrierten Gesicht, als zähle sie ganz heimlich noch die Schritte mit. Mit dieser überschwänglichen Freude, als sie den Tanz ohne Fehler gemeistert hatte und einen schelmischen Knicks vor dem begeisterten Herrn von Weckbecker machte.

Franz Joseph konnte nicht wissen, dass ebendieser Hugo von Weckbecker seinem besten Freund noch am selben Abend im Geheimen anvertraute: »Ich glaube, ich hab heut mit der künftigen Kaiserin getanzt!«

Auch Nené konnte nicht länger so tun, als sei sie blind, taub und dumm. Sie hatte das große Spiel verloren. Ihr tapferer Versuch, wenigstens Haltung zu bewahren, wurde mit jeder Minute des Balles vergeblicher. Es war kein großer Ball. Knapp einhundert Gäste. Lediglich die Familien der Habsburger und Wittelsbacher, Franz Josephs Hofstaat und die wichtigsten Vertrauten der Erzherzogin. Und doch, dass sie alle ganz öffentlich ihrer Demütigung zusahen, tat weh! Jeder neugierige Blick war ein Nadelstich, jedes mitfühlende Wort wie Salz in der offenen Wunde. Machten sie sich bereits heimlich lustig über sie? Über die Possenhofenerin, die von der lieblichen kleinen Schwester ausgestochen worden war? Nenés Züge unter dem prächtigen Efeukranz versteinerten immer mehr.

Am liebsten hätte sie fluchtartig diesen Ball verlassen, aber das ging natürlich nicht. Dass ihr nach Tränen zu Mute war, interessierte niemand. Eine Prinzessin gestand nicht ein, dass man sie erniedrigte und kränkte. Eine Prinzessin stand über den Dingen. Sie lächelte und tat so, als wäre nichts. Wie oft hatte sie das von ihrer Mutter in den letzten Tagen zu hören bekommen.

Sie wagte nicht einmal, zu ihrer Mutter hinüberzusehen. Sie hatte Angst vor dem, was sie in ihren Augen lesen würde. Egal, ob sie nun mit ihr litt oder auf Sissis Erfolg stolz war, beides wollte sie nicht wissen. Es änderte nichts an ihrer Enttäuschung.

Auch die Herzogin mied den Blick ihrer ältesten Tochter. Von dem Moment an, als Sissi den Ballsaal betreten hatte und sie das Aufleuchten in Franz Josephs Augen entdeckte, hatte sie gewusst, dass alle Bemühungen für Nené umsonst gewesen waren. Fast ein halbes Menschenleben lag es zurück, dass sie von einem Mann so angesehen worden war. Mit diesem Ausdruck, der schlicht und einfach besagte: »Ich will dich haben!«

Wer stellte sich schon einem Kaiser in den Weg, der sich etwas so leidenschaftlich in den Kopf gesetzt hatte? Nicht einmal eine Mutter, die zwischen Mitleid und stolzem Unglauben schwankte. Was um Himmels willen hatte Sissi an sich, dass sie einen Mann wie Franz Joseph derart um den Verstand brachte?

Sissi, um die sich alle Gedanken drehten, begegnete dem verliebten Kaiser jedoch mit jener unwiderstehlichen Mischung aus Schalk und Natürlichkeit. Sie glaubte immer noch, dass er ihre Schwester heiraten würde. Es bekümmerte sie, aber Liebeskummer war sie mittlerweile gewöhnt.

Sie würde später melancholisch sein, wenn alles vorbei war. An diesem Abend war sie viel zu glücklich, um über traurige Dinge nachzudenken. Franz Joseph überließ sie keinem anderen Tänzer mehr. Er wirbelte sie durch den Saal und ließ sie das Mitzählen der Schritte einfach vergessen. Mit ihm war es leicht, sich der Musik anzuvertrauen und den neuen Walzer zu lernen, von dem Karl Ludwig bereits so geschwärmt hatte.

Sissi war sich nicht bewusst, dass sie beide an diesem Abend nicht nur Tanzschritte, sondern auch einen waschechten Skandal auf das Parkett legten. Die Etikettestunden waren ohnehin nicht ihre liebsten Schulstunden gewesen und das meiste war zum einen Ohr hinein- und zum anderen wieder hinausgeschlüpft. Papa machte sich lustig über feine Manieren, also hielt sich Sissi auch nicht daran

Daher war ihr auch nicht klar, dass sich Franz Joseph über ein elementares Gesetz der Höflichkeit hinwegsetzte. Normalerweise tanzte ein Herr nur ein einziges Mal mit einer Dame. Schon der zweite Tanz sagte allen anderen, dass er sie für sich beanspruchte, um sie warb. Franz Joseph, der Sissi von einem Tanz zum anderen führte, hätte seine Absichten ebenso gut in der Zeitung veröffentlichen können. Alle wussten Bescheid! Nur Sissi nicht. Sie forderte ihn sogar in aller Unschuld auf, doch auch einmal mit der wartenden Schwester zu tanzen.

»Ich tanz lieber mit dir!«, antwortete der Kaiser und Sissi errötete verlegen.

Gehörte sich das denn? Mit einem Schlag kehrte sie in die Wirklichkeit zurück. Sie registrierte plötzlich die seltsame Spannung, die in diesem Ballsaal herrschte. Sie wusste nicht weshalb und wieso, aber da war ein komisches Raunen, das ihr zu Beginn nicht aufgefallen war. Und dann all diese Blicke! Mussten sie eigentlich den Kaiser so anstarren? Wie grässlich diese Neugier doch war.

»Ich mag's gar nicht gern, wenn alle so herschauen«, flüsterte sie und starrte verlegen auf die Goldknöpfe seiner Galauniform, die wie kleine polierte Sonnen glänzten.

»Dann lass uns eine Pause machen und etwas trinken«, schlug der Kaiser sofort vor. »Oder magst du lieber ein Eis?«

Das letzte Eis hatte ihr Karl Ludwig gebracht. Unwillkürlich sah sich Sissi nach ihm um. Mit ihm hatte sie noch nicht ein einziges Mal getanzt. Wie komisch, dass er sich so zurückhielt. Eigentlich hatte er sich seit dem ersten Nachmittag nicht mehr richtig um sie gekümmert. Erst jetzt fiel es ihr auf.

Schuldbewusst gab sie die Suche nach ihm auf. Das Gedränge war sowieso viel zu groß, um ihn finden zu können, und eigentlich hatte sie ihn überhaupt nicht vermisst. Dabei waren sie doch Freunde. Wie hatte es passieren können, dass sie ihn einfach vergaß?

Ein Streit nach Mitternacht

»Lieber Himmel, sogar Max wäre besser gewesen als dieses Feenkind!«, murmelte Erzherzogin Sophie und beobachtete das schöne Paar aus schmalen Augen, das von der Tanzfläche ging und sich dem Büfett zuwandte.

Die Einzige, die diesen spontanen Ausruf gehört hatte, war ihre Schwester. Ludovika verzichtete darauf, ihr beizupflichten. Sie versuchte, die peinigenden Kopfschmerzen zu vergessen, die hinter ihren Schläfen tobten, und wartete ergeben darauf, dass aus der knappen Bemerkung ein Tadel wurde, aber es kam nichts nach.

Stumm standen sie beide nebeneinander, von der restlichen Verwandtschaft mit neuem Respekt beobachtet. Dass ausgerechnet Louise, auf die ihre Schwestern fast ein wenig mitleidig herabsahen, solche Töchter zur Welt gebracht hatte, schien unglaublich. Die verblühte Prinzessin, die auf ihrem Landschloss vergessen worden war, hatte der ehrgeizigsten und klügsten aller neun Schwestern die Pläne durchkreuzt.

»Du kannst sicher sein, dass ich mein Möglichstes tun werde, diesen Bub noch zur Vernunft zu bringen«, fügte sie an Ludovika gewandt hinzu.

»Du meinst …«, die Jüngere brach ab.

»Es wär jedenfalls das erste Mal, dass er mir nicht gehorcht!«

Schon Sophies Ton besagte, dass Franz Joseph besser beraten wäre, wenn er auch dieses Mal gehorchen würde. Ludovika sah zu ihm und Sissi hinüber. Wenn sich Sophie da nur nicht täuschte.

Um Mitternacht schließlich spielte die Kapelle zum großen Kotillon auf. Der von einem Tanzmeister angeführte Gemeinschaftstanz war krönender Höhepunkt eines jeden offiziellen Balles. Bis vor wenigen Tagen waren alle ganz selbstverständlich davon ausgegangen, dass der Kaiser Helene von Bayern zu diesem Tanz auffordern würde. Sozusagen als ersten Hinweis auf die Verlobung, die dann beim folgenden Geburtstagsball verkündet werden würde.

Aber nun mussten Sophie und Ludovika entsetzt mit ansehen, wie Franz Joseph die zögernde Sissi zu diesem Tanz führte. Er überreichte ihr das traditionelle Blumenbukett mit einem innigen Handkuss.

»Edelweiß?!«, staunte Sissi und drückte das Sträußchen verlegen an ihre Brust. »Woher hast du Edelweiß? Die wachsen schließlich nicht im Park!«

»Ich hab sie ganz in der Frühe selbst vom Berg geholt!«, entgegnete der Kaiser stolz. »Ich wollt etwas ganz Besonderes für dich. Etwas, das dir zeigt, wie lieb du mir bist!«

Sissi wusste nicht, was sie antworten sollte. Sie senkte das Gesicht über die samtigen, hellen Blütensterne und schwieg. Jedes Augenpaar im Saal folgte ihrer Bewegung neugierig.

Seine Worte verstörten sie ebenso wie die Aufmerksamkeit der anderen Ballbesucher. Sie stand nicht gerne im Mittelpunkt, und niemand hatte sich zuvor die Mühe gemacht, ihr zu erklären, was diese Geste des Kaisers in Wirklichkeit bedeutete. Er hatte sie erwählt! SIE und nicht Nené!

Ein Raunen hing in der Luft und Helene reckte das stolze Kinn noch ein bisschen höher. Niemand hatte den Mut gehabt, sie zum Kotillon aufzufordern, und jetzt war es zu spät dafür. Sie war so etwas wie das prächtigste Mauerblümchen aller

Bälle. Eine verschmähte Prinzessin. Eine Braut, die keiner haben wollte.

Sissi, ausgerechnet die kleine Sissi, hatte sie ausgestochen. Sissi, die nur ihre Tiere, ihre Träume und ihre Poesie im Kopf hatte. Sissi, die über jede Amsel, die aus dem Nest fiel, Tränen vergoss und keine Ahnung von ungarischer Geschichte hatte oder davon, wie man gelangweilte Hofdamen beim Cercle unterhielt, für die das spanische Hofzeremoniell des Wiener Hofes ein Buch mit sieben Siegeln war und die zu jeder Mahlzeit zu spät kam!

Sissi dagegen fühlte sich bloß »geniert«. Am liebsten wäre sie aus dem Saal geflohen, um irgendwo im stillen, nächtlichen Park darüber nachzudenken, was das alles zu bedeuten hatte. Aber das war natürlich unmöglich. Der Tanzmeister pochte mit seinem bändergeschmückten Stab auf das Parkett und sie musste sich mit Franz Joseph hinter ihm einreihen. An erster Stelle – wie peinlich!

»Ich werd meine Füße verwechseln, wenn alle auf mich schauen«, raunte sie dem Kaiser zu.

»Das merkt doch eh niemand unter diesen vielen Röcken«, gab er tröstend zurück.

Sissi sah nach unten, wo sich der Stoff ihres Kleides in vier kleidsamen Volants bauschte. Er hatte Recht. Erleichtert lächelte sie ihn an.

»Das ist das erste Mal, dass ich den vielen Stoff nützlich finde ...«

Ihr gemeinsames Gelächter wurde von der einsetzenden Musik übertönt und die Erzherzogin presste unwillig die Lippen aufeinander. Wie gut, dass Karl Ludwig früher gegangen war. Der Bub war ohnehin ganz durcheinander vor Eifersucht. Was dieses kleine Mädel aus Possenhofen nur angerichtet hatte!

Wie lange dauerte das denn noch mit diesem Ball? Sie musste mit dem Franzi reden, je eher, umso besser. Es fiel ihr schwer zu warten, bis alle gegangen waren, aber dann rauschte sie wie ein aufziehendes Gewitter zu ihrem erwachsenen Sohn. Franz Joseph, der eben den steifen Kragen seiner Uniformjacke lockerte, zuckte bei ihrem Anblick schlagartig zusammen.

»Ich muss schon sagen, das war ein starkes Stück, wie du dich heute auf dem Ball verhalten hast«, kam sie ohne Umschweife zur Sache. »Was hast du dir dabei nur gedacht?«

»Dass ich mich in die Sissi verliebt hab!«, entgegnete ihr Sohn gelassen.

»Ich bitt dich, was soll das? Du hast Nené vor allen Leuten beleidigt. Sie hat erwartet, dass du sie zum Kotillon führst. So war's auch ausgemacht! Und was tust du, du brüskierst das arme Ding!«

Die schneidende, mütterliche Stimme verfehlte dieses Mal ihre drohende Wirkung auf den Kaiser. Er lächelte sogar, ehe er antwortete.

»Das war ausgemacht, bevor ich Sissi gesehen habe! Darf ich dich daran erinnern, dass ich außerdem in Wien lediglich versprochen habe, Nené kennen zu lernen. Ich hab sie kennen gelernt, aber die Sissi gefällt mir besser!«

Geradezu sprachlos starrte die Erzherzogin den jungen Kaiser an. Dass er auch noch verträumt lächelte, schlug dem Fass den Boden aus.

»Du bist doch kein leichtfertiger Grünschnabel, du bist der Kaiser, Franzi! Du hast Pflichten gegenüber deinem Volk, gegenüber dem Haus Habsburg und gegenüber Gott! Und du kannst nicht einfach das nächstbeste hübsche Mädel heiraten. Deine Frau ist die Mutter des zukünftigen Kaisers von Österreich!«

»Sissi ist nicht das nächstbeste Mädel«, entgegnete Franz

Joseph unwillig. »Sie ist Nenés Schwester, und wenn die in deinen Augen die richtige Frau für mich war, dann trifft das auch auf Sissi zu.«

Dagegen war schwer etwas zu sagen, deswegen versuchte es Sophie mit anderen Argumenten. »Aber Sissi ist ein Kind, ein kleiner, süßer Fratz. Sie muss erst noch erwachsen werden, eh man sie heiraten kann. Wenn du sie mit ihrer Schwester vergleichst, dann muss dir das doch auffallen!«

»Und ob es mir auffällt«, gab Franz Joseph zu. »Sissi ist warm und herzlich, ihre Schwester kalt und stolz. Sissi kann lachen und fröhlich sein, und bei Nené hat man den Eindruck, sie bringt die Zähne nicht auseinander. Genauso gut könnt ich ein Marmorstandbild heiraten. Das kann man auch bloß anschauen und nicht mit ihm reden oder mit ihm lachen!«

Alle mütterlichen Vorwürfe, alle Bitten, Beschwörungen und Warnungen halfen nichts mehr. Franz Joseph war verliebt, und das gab ihm die Kraft, gegen seine übermächtige Mutter zu rebellieren. Sophie war so verblüfft und entrüstet, dass sie nicht davor zurückschreckte, Sissi nach besten Kräften schlecht zu machen.

»Das Kind lacht, weil es die Leichtfertigkeit des Vaters geerbt hat, Franz! Du kennst doch Max, nur Flausen im Kopf und keine Verantwortung übernehmen. Er hat Freunde aus den untersten Schichten, und Ludovika hat ihre liebe Not, dass er ihr das Haus nicht auch noch mit seinen Bastarden füllt.«

»Auch Nené ist seine Tochter«, beharrte ihr Sohn hartnäckig auf den Tatsachen, die sich nicht wegdiskutieren ließen.

»Aber sie geht nach der Mutter!«, triumphierte Sophie, denn das war offensichtlich. »Sie ist ruhig, gewissenhaft und fromm!«

Das waren nicht gerade die Eigenschaften, die Franz Joseph für eine Braut als wichtig erachtet hätte. Es interessierte ihn auch nicht im Geringsten, dass Sissi in den Augen seiner Mutter keine passende Kaiserin für ihn war. Er wusste nur eines mit unverrückbarer Sicherheit: »Ich will Sissi haben. Ich hab sie so lieb, dass ich an nichts anderes mehr denken kann!«

»Franzi, du musst verrückt sein«, rutschte es der Erzherzogin heraus. »Das geht nicht! Schlag dir das Mädel aus dem Kopf!«

Es passierte Sophie äußerst selten, dass sie derart die Beherrschung verlor. Sie ärgerte sich darüber. Aber in ihrem Zorn kreidete sie das nicht ihrem eigensinnigen, verliebten Sohn an, sondern diesem jungen Mädchen, das der Anlass für solche unerwarteten Verrücktheiten war.

Dass Sissis jugendlicher Charme über den Respekt siegte, den ihr Franz Joseph seit zweiundzwanzig Jahren entgegenbrachte, würde sie ihr nie verzeihen! Im Grunde war nur sie daran schuld, dass ihr Sohn sich so eigensinnig und närrisch benahm.

»Sie ist nicht die Richtige für dich«, machte sie einen letzten, verzweifelten Versuch. »Glaub es mir, Bub! Zugegeben, sie ist eine angenehme Erscheinung, aber ihre Zähne sind zu gelb. Sie spricht zu leise und viel zu sehr im Dialekt. Eine Kaiserin, die man nicht versteht! Von Tirol bis Ungarn wird man den Kopf über dich schütteln und deinen Verstand anzweifeln. Wie willst du geachtet werden, wenn man dich nicht ernst nimmt?«

»Gut, dann heirate ich eben überhaupt nicht. Entweder Sissi oder keine!«

Das Schweigen, das plötzlich in dem hübsch möblierten Biedermeiersalon hing, hatte etwas höchst Beunruhigendes. Der Kaiser wusste, dass er unverzeihlich stur war und seiner Mutter wehtat. Aber er konnte nicht anders. Sissi musste es sein und keine andere.

Sophie war nicht nur eine empörte Mutter, sie war auch eine

gewiefte Politikerin. Eine Frau, die von ihren Feinden resignierend als der »einzige Mann« in der Wiener Hofburg bezeichnet wurde. Machtgierig, intelligent und sehr fromm respektierte sie nur eine weltliche Macht: die Kaiserwürde.

Wenn sich also Franz Joseph tatsächlich gegen jede Vernunft die scheue, kindliche Bayernprinzessin als Kaiserin in den Kopf gesetzt hatte, dann konnte sie nichts dagegen tun. Dann musste sie dafür sorgen, dass aus der jungen Frau genau die Art von Kaiserin wurde, die Österreich und ihr Sohn benötigten. Sie musste eben das Beste aus der unvermeidlichen Niederlage machen. Einer Schlappe, die ihr ein fünfzehnjähriges Mädchen beschert hatte. Sophie verlor nicht gerne eine Schlacht, und wenn es geschah, dann waren es ebenbürtige Rivalen.

Sissi war aber alles andere als gleichrangig in ihren Augen. Sie war ein hübsches, kleines Nichts, das sich formen, biegen und einschüchtern ließ. Erst Jahre später sollte Sophie von Habsburg erkennen, dass sie sich an diesem verhängnisvollen Abend auch in dieser Annahme getäuscht hatte. Dass Sissi unter all ihrer Liebenswürdigkeit einen harten Kern besaß, würde sie viel zu spät erkennen.

»Ich will nicht, dass du unglücklich bist, Franzi«, sagte sie mit einem schweren Seufzer. »Aber es wär mir weiß Gott lieber, wenn du dich in Nené verliebt hättest, das darfst du mir glauben.«

Franz Joseph überhörte den Seufzer. Er nahm lediglich erfreut zur Kenntnis, dass seine Mutter tatsächlich kapituliert hatte. Ein Sieg, der auf Sissis Konto ging, und ihn nur noch mehr glauben machte, dass sie die einzig richtige Frau für ihn sein würde.

»Du wirst sehen, du wirst die Sissi ebenfalls lieb gewinnen«, erklärte er gut gelaunt. »Man muss sie einfach mögen, so reizend und bescheiden wie sie ist. Hast du jemals eine solche Anmut gesehen? So viel Grazie beim Tanz? So viel Natürlichkeit?«

»Ich bitt dich, Franzi! Lass dir Zeit! Überstürz die Dinge nicht ...«

Aber der Kaiser hörte gar nicht mehr richtig hin. Er war in Gedanken schon wieder bei Sissi.

Auch Sissi dachte an ihn. Sie hatte das kleine bedeutungsvolle Edelweißsträußchen in eine Vase auf das Tischchen neben ihrem Bett gestellt. Niemand hatte ein Wort darüber verloren, weder Nené noch Mama.

Vermutlich hatten beide wieder ihre Migräne. Sie waren so schnell in Nenés Zimmer verschwunden, dass Sissis Gutenachtgruß schon an die geschlossene Tür hallte. Aber sie hatte ohnehin keine Lust zum Reden gehabt. Sie war schrecklich müde gewesen und gleich zu Bett gegangen. Im Dunkeln wurde sie eigenartigerweise wieder hellwach.

Durch einen Spalt im nachlässig geschlossenen Vorhang fiel Mondlicht auf die Blüten und ließ sie geheimnisvoll aufleuchten. Dass Franz Joseph eigens in die Berge gegangen war, um diese seltenen Blumen für sie zu suchen und zu pflücken, beeindruckte sie mehr als jedes noch so kostbare Geschenk. Er hatte ihr seine Zeit geopfert, und was das bei einem Kaiser bedeutete, wusste sogar Sissi.

Nené hatte bei ihrer Ankunft im Hotel ein riesiges Rosenbukett vorgefunden. Prächtige rosa Blüten mit weißen Lilien und feinen grünen Farnblättern gebunden und mit einer Seidenschleife verziert. Sissi hätte ihre zarten Blüten nicht für alles Gold der Welt dagegen eingetauscht. Vorsichtig streckte sie die Hand aus und berührte die samtigen Sterne.

Sie konnte nicht einschlafen, obwohl es schon schrecklich spät war. In ihren Ohren klang noch die Musik, und sie kam sich vor, als schwebe sie im Walzertakt durch den Ballsaal.

Tanzen konnte einfach herrlich sein, wenn der Partner ein so wundervoller, junger Mann wie der Kaiser von Österreich war. Am liebsten würde sie ihr ganzes Leben lang nur mit ihm tanzen!

Ob er sich morgen endlich mit Nené verloben würde? Sie wollte nicht daran denken …

Überraschende Wendungen

Obwohl sie so erschöpft gewesen war, schlüpfte Sissi am nächsten Morgen als Erste aus den Federn. Sie benötigte nie viel Schlaf und der frühe Morgen war ihr die liebste Zeit. Wie schade, dass es ausgerechnet heute aus dicken grauen Wolken regnete. Sie hätte so gerne einen Spaziergang unternommen, obwohl die Roedi vermutlich wieder Einspruch dagegen erhoben hätte.

»Du bist nicht zu Hause in Possenhofen, Kind!«, hatte sie ihr am ersten Tag streng erklärt. »Es gehört sich nicht für eine Prinzessin von Bayern, alleine durch Ischl zu laufen!«

Sissi hätte es trotzdem getan, wäre da nicht das Wetter gewesen, das ihr einen Strich durch die Rechnung machte. So konnte sie nur in den nassen Garten des Hotels hinunterstarren und über die Ereignisse des vergangenen Abends nachdenken. Normalerweise wäre sie zu Nené hinübergelaufen, um mit ihr über den Ball zu sprechen: über Tante Sophie, die beim Tanzen mit ihren gewaltigen Röcken und der Haube so aussah wie ein Segelschiff in voller Fahrt. Über Franz Josephs jüngsten Bruder, der zu viel Eiscreme gegessen hatte und sich um ein Haar über die Seidenröcke von Tante Elise übergeben hätte. Heute jedoch sagte ihr eine innere Stimme, dass Nené an diesem Morgen keine Lust auf Familienklatsch hatte.

Sie hatte am Abend zuvor so getan, als sei alles in bester Ordnung. Trotzdem hatte sie sich bereits in der Kutsche so missmutig die Efeuzweige aus den Haaren gezogen, dass sie mit zerstörter Frisur im Hotel ankam. Sissi glaubte zu verstehen, was in ihr vorging. Es war sicher höchst unangenehm, darauf zu warten, dass Franz Joseph endlich seinen Antrag machte.

Sissi seufzte und wusste nicht so recht, ob dieser traurige Laut ihr selbst oder Nené galt. In ihrem Kopf ging alles wirr durcheinander. Sie liebte die Schwester, auch wenn sie manchmal herrisch war und alle herumdirigieren wollte. Nené sollte glücklich werden und nicht mehr länger auf die Brautwerbung warten müssen.

Auf der anderen Seite bedeutete das natürlich, dass Franz Joseph dann keine Zeit mehr für sie selbst haben würde. Keine Scherze mehr, keine Tänze, keine Ausfahrten, bei denen er ihr die Gegend erklärte. Ein noch schwererer Seufzer folgte dem ersten.

»Besser du hörst jetzt auf nachzudenken!«, riet sie sich selbst. »Er wird Nené heiraten. Wenn Tante Sophie und Mama das beschlossen haben, gibt's nichts daran zu deuteln!«

Sie durfte darüber nicht traurig sein. Schließlich sah sie an den eigenen Eltern, dass eine Ehe nicht unbedingt aus Zuneigung und Liebe geschlossen wurde. Und schon gar nicht eine Ehe in königlichen Familien. Niemanden würde es interessieren, ob der schlanke, liebenswürdige Kaiser auch der jüngeren Schwester gefiel. Es schien ihr Schicksal zu sein, dass sie sich immer in Männer verliebte, die gar nicht für sie bestimmt waren. Sie musste nur an den armen Richard denken oder den Grafen, der ihrer Person nicht die kleinste Aufmerksamkeit gewidmet hatte.

Sissi blinzelte bekümmert gegen ein paar drohende Tränen an, als sie die Stimme ihrer Erzieherin herumfahren ließ.

»Du bist schon auf? Ich hätte gewettet, dass du bis in den Vormittag hinein schläfst, so viel wie du gestern getanzt hast. Du musst doch noch todmüde sein, es war schrecklich spät.«

»Guten Morgen«, entgegnete Sissi höflich und überhörte geflissentlich die versteckte Aufforderung, ein wenig über den Ball von gestern Abend zu plaudern. Mit Marie hätte sie über das sprechen können, was geschehen war. Auch mit ihrer Freundin Irene, aber garantiert nicht mit ihrer Gouvernante. Die Roedi war zwar lieb, aber Sissi wusste nicht, wie viel von dem, was sie ihr gestand, sofort an ihre Mutter weitergegeben wurde.

»Ist Mama schon aufgestanden?«, erkundigte sie sich stattdessen.

Die Herzogin erwartete, dass ihre Kinder sie jeden Morgen um Punkt acht Uhr aufsuchten, um mit ihr gemeinsam zu frühstücken. Davon ging sie nach Möglichkeit auch auf Reisen nicht ab. Es war die Familienstunde, in der Sissi und ihre Geschwister von guten bis hin zu schlechten Nachrichten alles Wichtige erfuhren.

»Deine Mutter und deine Schwester sind noch im Bett«, erklärte die Ältere in besonders neutralem Ton. »Sie leiden beide unter Migräne. Ich fürchte, wir zwei werden heute alleine frühstücken müssen.«

»Hoffentlich geht es Nené bis zum Mittagessen wieder besser«, entgegnete Sissi unschuldig. »Es wird Tante Sophie nicht gefallen, wenn sie an der Tafel fehlt. Grad heute, am Geburtstag des Kaisers, muss sie doch an seiner Seite sein.«

Die andere hüstelte, als habe sie etwas in den Hals bekommen, aber Sissi achtete nicht weiter darauf. Später würde sie sich fragen, wie es eigentlich möglich gewesen war, dass sie die Lage immer noch nicht erfasste. Aber es war in der Tat so, dass dieser Samstag, der 18. August 1853, für sie nichts anderes war als der Tag nach einem Ball, der ihr besonders gut gefallen hatte.

Natürlich wagte Helene es nicht, dem Geburtstags-Mittagessen fernzubleiben. Noch hatte niemand ein offizielles Wort gesagt. Noch war sie das Mädchen, das als Braut nach Hause fahren sollte. Sie hatte gemeinsam mit ihrer nervösen Mutter beschlossen, dass sie das Gesicht wahren musste. Keine leichte Aufgabe! Denn als man sich an die Tafel setzte, wurde klar, dass sie nicht mehr auf demselben Stuhl saß wie gestern.

Die Tischordnung hatte sie mit einem Schlag an das andere Ende der Tafel verbannt. Dort, wo gestern noch Sissi gesessen hatte, war nun ihr neuer Platz. Dafür thronte ihre kleine Schwester direkt neben dem Kaiser.

Helene schluckte angestrengt und ließ sich mit energisch gestrafften Schultern nieder. Erst nach der Suppe wagte sie es, zu Sissi zu sehen. Sie trug eines jener duftigen Sommerkleider, die ihre zarte Schönheit so vorteilhaft unterstrichen. Eine breite veilchenblaue Satinschleife umspannte die winzige Taille und die Haare wurden mit silbernen Spangen aus dem Gesicht gehalten.

Aus der aufgezwungenen Entfernung begriff Nené plötzlich, weshalb Franz Joseph ihre kleine Schwester mit diesem hingerissenen Ausdruck auf dem Gesicht betrachtete. Sie unterschied sich so grundlegend von allen Mädchen und Frauen an diesem Tisch, dass sie sich unwillkürlich fragte, ob sie tatsächlich mit ihr verwandt war.

Hier, im halb offiziellen Familienkreis, wo man intrigierte und konkurrierte, kam ihre Unschuld und Naivität wie etwas besonders Kostbares zur Wirkung. Sie schien nicht einmal zu bemerken, wie begeistert der Kaiser jede ihrer Gesten beobachtete. Sie plauderte mit ihm, als sei er einer ihrer Brüder, und Franz Joseph fand es charmant.

An die gezierten Manieren der Wiener Damen gewöhnt, die in absolutes Entzücken ausbrachen, wenn der Kaiser ihnen nur einen Blick schenkte, war Sissi ein Erlebnis für ihn. Sie gab ihm das Gefühl, ein Mensch zu sein. Ein Gefühl, auf das er nie wieder verzichten wollte, deswegen musste sie an seiner Seite bleiben.

Sissi gehörte zu den wenigen, die bereits satt waren, als der Kaiser die Tafel aufhob. Sie aß nie besonders viel, und deswegen machte ihr das Tempo nichts aus, in dem Franz Joseph seine Mahlzeiten unbeirrt in sich hineinschaufelte. Er hielt Essen für eine reine Notwendigkeit und nicht für ein Vergnügen, deswegen brachte er es so schnell wie möglich hinter sich. Die übrige Familie hatte in seiner Gegenwart stets Probleme, nicht hungrig vom Tisch aufzustehen. Das Hofzeremoniell schrieb vor, dass niemand länger als der Kaiser essen durfte. Wenn er das Besteck sinken ließ, wurden die Teller sofort abgetragen. Wer dann noch Appetit hatte, dem konnte nicht mehr geholfen werden.

Für den Nachmittag war ein Ausflug zum Wolfgangsee geplant, denn die Erzherzogin hatte sich entschlossen, das Programm wie geplant durchzuführen. Zum einen, weil der Regen endlich aufgehört hatte und die Sonne die Pfützen bereits trocknete. Sophie hegte immer noch die winzige Hoffnung, dass Franz Joseph seine Meinung vielleicht doch noch ändern würde.

Aber als der Kaiser, der normalerweise nichts so hasste wie geschlossene Kutschen, zu den beiden bayerischen Prinzessinnen in die Kalesche stieg, wusste sie, dass sie sich keine Illusionen machen durfte.

Obwohl Sissi sich auf die Spazierfahrt gefreut hatte, wurde es keine besonders geglückte Exkursion. Ausgerechnet Nené, die wohlerzogene, perfekte Schwester, sorgte dafür, das Sissi und Franz Joseph während der ganzen Fahrt wie auf glühenden Kohlen saßen. Die ältere Schwester spielte ihnen wild entschlossen die Fröhliche vor. Sie strahlte, plauderte, lachte und versprühte plötzlich einen Charme, der umso seltsamer wirkte, als er ja ein paar Tage zu spät kam. Der Kaiser fühlte sich gestört, aber er musste in eiserner Höflichkeit die nichts sagende Unterhaltung erdulden. Sissi schwieg ohnehin. Sie sah Nené lediglich aus großen, fragenden Augen an.

Nur die Erzherzogin würdigte Helenes tapfere Versuche, ihren Stolz zu retten. Ihre Bewunderung für Ludovikas Älteste stieg noch weiter, aber Franz Joseph sah aus, als habe er Zahnschmerzen.

Sissi hingegen begann sich Sorgen zu machen. So aufgedreht und verkrampft kannte sie ihre große Schwester überhaupt nicht. Ob sie krank war? Merkte sie gar nicht, wie falsch und unnatürlich das alles klang? Von ihrem Lachen bekam man richtig Gänsehaut!

Sissi schaute zu Franz Joseph hinüber und begegnete erneut diesem offen bewundernden Blick, der ihr Herz aus dem Takt brachte und dazu führte, dass sie sich ganz seltsam fühlte. So als habe sie zu viel von dem Champagner getrunken, den Mama nur zu besonderen Anlässen und nur in winzigen Schlucken erlaubte.

Sie hörte Nenés Stimme, ohne ihre Worte zu verstehen, und begann nervös mit der Seidenschleife ihres Kleides zu spielen. Die Kutsche kam ihr plötzlich zu eng für vier Leute vor. Besonders von Tante Sophie ging irgendetwas Fremdartiges und Bedrohliches aus, das Sissi tief verunsicherte. Sie wäre viel lieber mit Franz Joseph allein gewesen! Die Ungehörigkeit dieses Wunsches machte sie noch verlegener, sie wurde rot. Hoffentlich sah das niemand in dieser Kutsche.

Der Kaiser sah es natürlich, denn er ließ Sissi keinen Wimpernschlag aus den Augen. Für ihn war jede weitere Verzögerung nur vertane Zeit. Er wollte nicht länger warten. Er wollte, dass alle Welt wusste, dass er eine wunderbare Braut gefunden hatte!

Die Erzherzogin starrte ihn wie ein Gespenst an, als er nach diesem Ausflug in ihren Salon trat und ihr seinen Entschluss unumwunden mitteilte.

»Du willst dich mit Sissi verloben?«, wiederholte sie fassungslos. »Sofort? Gleich? Auf der Stelle? Wie soll das gehen?«

»Ich bitt dich, geh zur Tante Ludovika und frag sie, ob Sissi meine Werbung annehmen wird. Sie soll mit ihr reden!«

So verliebt Franz Joseph auch war, er achtete auf seine Würde als Kaiser. Es ging nicht an, dass Sissi ihm eine Abfuhr erteilte, wenn er sie bat, seine Frau zu werden. Das musste schon vorher geklärt sein.

Freilich wusste er auch, dass er seiner geliebten Sissi keine einfache Zukunft anbot, und deswegen fügte er vorsichtig hinzu: »Aber sie soll nicht den geringsten Zwang auf die Sissi ausüben! Meine Stellung ist so schwer, dass es weiß Gott keine Freude ist, sie mit mir zu teilen!«

Trotzdem nahm er natürlich keinen Moment lang an, dass Sissi sich weigern würde, seine Frau zu werden. Er war der Kaiser von Österreich, einem solchen Mann gab man keinen Korb!

Ganz davon abgesehen, hatten ihm zahllose Komtessen und Hofdamen bereits nachdrücklich versichert, dass er unwiderstehlich war. Er hatte es noch nie nötig gehabt, um eine Frau zu werben! Normalerweise sanken die Damen in seine Arme, sobald er ihnen ein Lächeln schenkte! Sissi tat das sicher auch.

An diesem Nachmittag rauschte die Erzherzogin nach der Teestunde ins Hotel »Talachini« und bat Ludovika um ein Gespräch unter vier Augen. Ludovikas Erleichterung wandelte sich jedoch bald in bodenloses Erstaunen, als ihr klar wurde, für welche ihrer Töchter Sophie »vorfühlte«.

»Franz Joseph will Sissi …«, wiederholte sie ungläubig und brachte den Satz nicht zu Ende, weil ihr die Worte fehlten.

So richtig hatte sie trotz allem nicht daran glauben können, dass einer ihrer Töchter diese große Ehre widerfahren würde. Eine so glänzende, unerwartete Heirat! Eine Traumpartie, die jede Mutter ihrer Tochter nur wünschen konnte. Und ganz besonders eine Mutter, die ein Leben lang darunter gelitten hatte, dass ihr selbst eine so glanzvolle Ehe versagt geblieben war.

»Es ist nun einmal so, dass der Franzi sich unsterblich in die Sissi verliebt hat«, machte sich Sophie vor ihrer Schwester plötzlich zur Befürworterin des Paares.

»Aber wieso denn Sissi? Sie ist doch erst fünfzehn …«, murmelte die perplexe Herzogin und versuchte, ihre flatternden Nerven unter Kontrolle zu behalten. »Sissi ist doch viel zu jung, um schon eine Ehe einzugehen.«

»Oder jung genug, damit sie all die Dinge lernen kann, die sie können muss, wenn sie einmal Kaiserin sein will«, tröstete Sophie ihre aufgelöste Schwester. »Ich werd ihr eine zweite Mutter sein, das versprech ich dir!«

»Ich weiß gar nicht, wie ich dir danken kann«, schluchzte Ludovika und begann eine hektische Suche nach einem Taschentuch. »Eine solche Ehre für das Kind, es ist unvorstellbar!«

Ihre gefühlvolle Begeisterung war der reinste Balsam für Sophies Selbstwertgefühl. Langsam begann sie sich mit dem Gedanken, Sissi zur Schwiegertochter zu bekommen, anzufreunden. Im Grunde hatte sich ja nur der Name der Braut geändert. Das politische Kalkül hinter der Heirat blieb. Eine deutsche Prinzessin würde Kaiserin von Österreich werden. Keine Ungarin, keine Italienerin und erst recht keine Wienerin.

Auch Sophie hatte ihre Narben davongetragen. Sie hatte nie vergessen, wie arrogant der österreichische Hof auf die bayerische Prinzessin herabgeschaut hatte, die Erzherzog Franz Karl geheiratet hatte. Es war ihre heimliche Rache, dass nun eine weitere Prinzessin aus dem Hause Wittelsbach die Krone trug. Vielleicht konnte sie dieser Heirat doch noch gute Seiten abgewinnen.

»Also, du wirst mit dem Kind sprechen?« Sie erhob sich mit raschelnden Röcken und legte ihre Handschuhe wieder an. »Am besten ist, Sissi schickt dem Franz Joseph ein kleines Billett, ehe er persönlich zu ihr kommt!«

»Ich werd mich darum kümmern, du kannst dich auf mich verlassen«, versprach Ludovika. »Aber ich muss ja erst einmal mit ihr reden. Sie hat ja keine Ahnung, sie denkt noch, dass der Franz Joseph die Nené …«

»Das glaub ich nicht«, unterbrach Sophie, die ungern an fehlgeschlagene Pläne erinnert wurde. »So wie sie heute Mittag gestrahlt hat, weiß sie bestimmt längst, dass der Franzi sie gern hat.«

»Aber sie wird doch nie annehmen …«, stammelte die Herzogin in Bayern kopflos. »Ich mein… nicht einmal ich hab daran gedacht… Was wird nur Max dazu sagen, Sissi ist sein Liebling!«

»Du wirst das schon machen!«, schnitt ihr die Ältere das Wort ab und beendete die konfuse Konversation, indem sie das Zimmer verließ.

Auf dem Flur lief der Erzherzogin Sissis Erzieherin über den Weg. Die Gouvernante versank in einen respektvollen Knicks, wie es sich gehörte, und der hohe Besuch hielt inne. Sophie lächelte gnädig.

»Ihr habt Eure Sache gut gemacht, meine Liebe«, fügte sie dem Gruß hinzu. »Ihr habt die künftige Kaiserin von Österreich erzogen!«

Sie war schon längst die Treppe hinunter, als die Gouvernante begriff, was diese eher beiläufige Bemerkung bedeutete. Sissi würde Kaiserin von Österreich werden! Sissi und nicht Nené!

Gütiger Himmel, warum hatte das Mädchen kein Wort davon gesagt?

Ein Brief für den Kaiser

»Das ist nicht wahr!«, wisperte Sissi und starrte ihre Erzieherin aus riesigen Augen an. »Sicher hat Tante Sophie die Nené gemeint. Nené wird Kaiserin von Österreich!«

Die Gouvernante schüttelte langsam den Kopf und nahm Sissis Hand, deren Finger sich eiskalt anfühlten und spürbar zitterten.

»Deine Schwester habe ich nicht erzogen, Sissi! Die Erzherzogin hätte keinen Grund, so etwas zu mir zu sagen. Hast du denn nicht längst gemerkt, dass der Kaiser dich gern hat?«

Sissi schluckte und wurde eine Nuance blasser. Sie riss ihre Finger wieder an sich und versteckte die Hände zwischen den Rockfalten.

»Doch schon … aber …«, unterbrach sie sich und versuchte, ein wenig Ordnung in ihre Gedanken zu bringen. »Tante Sophie muss wohl bei der Mama gewesen sein …«

»Natürlich«, nickte ihre Erzieherin. »Sie wollte bestimmt erfahren, ob du die Werbung des Kaisers annehmen wirst! Begreif doch, er ist in dich verliebt! Er möchte um deine Hand anhalten, und das kann er natürlich nur tun, wenn er vorher weiß, was du antworten wirst. Es gehört sich nicht, dass er dir einen Antrag macht, wenn du ihn vielleicht gar nicht heiraten willst. Das muss schon alles nach der rechten Form geschehen.«

»Und Nené?«

Seit Wochen war in Possi von nichts anderem geredet worden.

All die Aufregung, die Vorbereitungen, die Kleider, die Lehrer, die Tanzstunden. Nené war auf diese Ehe vorbereitet worden und nicht sie. Hilflos und stumm sah sie ihre vertraute Roedi an.

»So wie's aussieht, will der Kaiser eben lieber dich heiraten als deine Schwester«, wiederholte Roedi ihre unglaubliche Ankündigung von vorhin.

»Mich?« Sissi legte die Handflächen auf ihre glühenden Wangen. »Mich will er? Lieber Himmel, warum gerade mich und nicht Nené?«

In ihrem Kopf und in ihrem Herzen herrschte mit einem Schlage ein wirres Durcheinander. Den Kaiser zum Mann nehmen? Eine Heirat mit Franz Joseph? Sie war doch erst fünfzehn! Nené mit ihren neunzehn Jahren war im richtigen Alter für eine Hochzeit, nicht sie! Sie war doch nur mitgekommen, weil Papa sich nicht mit Tante Sophie verstand! Das musste alles ein Irrtum sein.

»Das geht nicht«, platzte sie ratlos heraus.

»Ja hast du denn den Kaiser nicht lieb?«, erkundigte sich ihre Erzieherin sanft.

Sissis Schwärmereien der letzten Monate hatten schließlich bewiesen, dass sie sich sehr wohl mit dem Thema Liebe beschäftigte. Dass sie auf dem besten Weg war, eine junge Frau zu werden und wie eine Frau zu fühlen. Da war schon Flirten im Spiel gewesen, wie sie mit dem Kaiser getanzt und gelacht hatte. Zwar ohne Absicht, aber garantiert nicht mehr kindlich.

»Natürlich hab ich ihn lieb, den Franz Joseph«, antwortete Sissi bekümmert. »Wenn er bloß nicht der Kaiser wär ...«

Es könnte ein Rittmeister sein, ein Graf oder ein gewöhnlicher junger Mann, mit seinem Gesicht, seiner schneidigen Figur und seinem wunderschönen Lächeln, der ihr Herz zum Klopfen brachte. Unwillkürlich faltete sie die Hände und suchte den Blick der älteren Frau.

»Was soll ich denn jetzt tun?«

»Das wird dir deine Mutter schon sagen«, zog sich die Gouvernante aus der Affäre. Ihr war plötzlich klar geworden, dass sie in ihrer grenzenlosen Überraschung der Herzogin vorgegriffen hatte. Es war vielleicht gar nicht so gut, dass Sissi längst Bescheid wusste, wenn ihre Mutter kam.

Aber es war schon zu spät, den Fehler zu korrigieren. Herzogin Ludovika fand eine Sissi vor, die zwischen Tränen und Hysterie schwankte und sich völlig aufgelöst in die Arme ihrer Mutter warf. Sie schluchzte, als ob ihr das Ende der Welt bevorstände und nicht die glanzvollste Hochzeit Europas.

»So beruhig dich doch«, tröstete die Herzogin ihre Tochter und strich ihr über die glänzenden Haare. »Du hast keinen Grund zum Weinen.«

»Aber ich weiß nicht, ob ich Franz Joseph heiraten kann«, klagte Sissi, die plötzlich vor lauter Problemen nicht mehr ein noch aus wusste. »Ich bin doch noch viel zu jung und eigentlich wollte ich gar nicht heiraten. Ich kann auch nicht Kaiserin werden. Nené hat all die Stunden gehabt und für sie sind die vielen Kleider gemacht worden, ich …«

»Schscht!«, unterbrach die Herzogin den Wasserfall aus Worten und Tränen. Sie wiegte Sissi sanft ein wenig hin und her, damit sie sich beruhigte. »Wichtig ist nur, ob du ihn lieb hast und ob du immer bei ihm sein möchtest. Alles andere wird sich finden.«

So einfach gefragt, konnte Sissi die Sache glücklicherweise mit anderen Augen sehen. Franz Joseph war der erste Mann in ihrem Leben, der ihre schwärmerische Zuneigung erwiderte und der in ihr kein unmündiges Kind, sondern eine passende Frau sah.

»Natürlich hab ich ihn lieb. Aber Nené wird traurig sein«, entgegnete sie schon mit wesentlich trockeneren Augen.

»Wir werden einen anderen Mann für Nené finden. Einen, den sie genauso lieb haben kann, wie du den Franz Joseph lieb hast«, erklärte die Herzogin sichtlich erleichtert. »So, und jetzt schreibst du dem Kaiser, dass du überglücklich bist, wenn er dir seinen Antrag macht. Ich werd dafür sorgen, dass der Brief gleich in die Villa gebracht wird.«

Diese Mischung aus Ratschlag und Befehl entwaffnete Sissi. Ihre Mutter vermittelte ihr den Eindruck, als sei alles in bester Ordnung. Sie musste nur tun, was man ihr befal, und sich nicht länger den Kopf zerbrechen.

Gehorsam setzte sie sich an den Schreibtisch, um die geforderte Nachricht zu Papier zu bringen. Das Ergebnis sah sehr kindlich aus. Ein paar Tränen hatten die Tinte verschmiert, aber die Herzogin erhob keinen Einspruch dagegen. Was an dem kleinen Brief wichtig war, konnte man lesen, und nur das zählte.

An diesem Abend blieb der Besuch aus Bayern im Hotel. Es schien Sissi, als würde ganz Ischl auf seltsame Weise die Luft anhalten. Bildete sie sich das nur ein oder warfen ihr die Bediensteten des Hotels bereits neugierige Blicke zu? Ein Segen, dass Mama nicht darauf bestand, mit allen anderen Gästen im öffentlichen Speisesaal zu essen. Die vier Wände ihres Zimmers sicherten Sissi die Ungestörtheit, die sie im Augenblick dringend brauchte.

Sie saß über ihrem Tagebuch, aber schrieb doch nichts hinein. Sie konnte nicht in Worte fassen, was da so plötzlich in Bewegung geraten war. Sie hatte sich auf die Reise gefreut, vielleicht sogar auf ein Wiedersehen mit Karl Ludwig, auf unbeschwerte Ferientage. Aber vom ersten Moment an schien alles durcheinander geraten zu sein.

Sissis Blick fiel auf das Sträußchen neben ihrem Bett. Die sorgsam gehüteten Edelweiß waren der greifbare Beweis dafür, dass sie nicht träumte. Blumen von Franz Joseph. Wenn sie an ihn dachte, sah sie seine bewundernden Augen vor sich. Sie hörte seine melodiöse, männliche Stimme mit diesem weichen Wiener Klang und glaubte, beim Tanz in seinen Armen zu liegen.

Sie würde ihn heiraten. Sie würde mit ihm nach Wien gehen und dort leben. Ganz probeweise dachte sie diese beiden Sätze und wartete, was sie dabei fühlte. In erster Linie war es Unglauben. Sie konnte sich das alles nicht vorstellen. Possi verlassen? München verlassen? Die Geschwister? Die Eltern? Das ging doch gar nicht! In der Wiener Hofburg leben, mit Franz Joseph, mit seinen Brüdern, mit Onkel Franz Karl und Tante Sophie? Ebenfalls unmöglich!

Beim Gedanken an die gestrenge Tante zog Sissi die Schultern unwillkürlich ein wenig höher. Aber eigentlich musste sie ja keine Angst vor ihr haben. Wenn sie in Wien wohnte, würde sie die Kaiserin sein. Niemand durfte ihr dann Vorschriften machen. Ein Umstand, der ihr im Moment weder verlockend noch abschreckend vorkam, viel eher seltsam. Sie sollte Kaiserin werden?

Was würde Papa nur sagen, wenn er das Telegramm in den Händen hielt, das die Herzogin noch an diesem Abend nach München geschickt hatte? Vermutlich hatte er ebenso wenig mit dieser Entwicklung gerechnet wie alle anderen. Er würde doch wohl seine Zustimmung zu dieser Heirat geben? Er musste seine Zustimmung geben, auch wenn er in seinem Herzen ein Republikaner war.

Und was würde Marie sagen, die treue Gefährtin ihrer kindlichen Träume? Marie, die von Richard, von dem Grafen und all den weltfremden Phantasien wusste, die Sissi bisher für das richtige Leben gehalten hatte? Ihre Schwester eine Kaiserin?

So richtig konnte Sissi selbst nicht daran glauben. Vielleicht würde sie morgen früh aufwachen und das Ganze nur geträumt haben! Vielleicht war morgen doch Nené die Braut!

Aber der kühle Luftzug, der von dem halb offenen Fenster durch das Zimmer strich, war Wirklichkeit. Die Nacht war nicht so lau wie sonst, und Sissi zog den Schal, den sie über ihrem Kleid trug, ein wenig fester um die schmalen Schultern. Sie fröstelte. Eigentlich sollte sie glücklich sein, aber sie vermochte die eigenen Empfindungen an diesem Abend nicht zu begreifen.

Es waren so viele verschiedene Gefühle auf einmal, die sie wahrnahm. Ein bisschen Glück, ein bisschen Angst, ein bisschen Stolz, ein bisschen Trauer. Nicht zuletzt auch Panik. Und dann war da noch Mitleid mit Nené. Wann würde Franz Joseph selbst erscheinen? Sie ahnte, dass ab morgen alles anders sein würde.

»Ist Sissi schon auf?«

Die Uhr hatte gerade erst acht geschlagen, als der junge Kaiser an diesem Sonntagmorgen bereits in das Hotel der bayerischen Gäste stürmte. Er sah weder die Bediensteten, die ehrfürchtig vor ihm zurückwichen, noch die viel sagenden Blicke, die seinem frühen Auftauchen galten.

»Die Prinzessin ist noch beim Ankleiden«, teilte ihm die hastig herbeigeholte Gouvernante mit, sobald sie wieder aus ihrem Hofknicks aufgetaucht war.

Der Kaiser belohnte sie mit dem Lächeln, das seiner Verlobten so sehr an ihm gefiel. Er konnte unerhört charmant sein, wenn er einen anderen Menschen für sich einnehmen wollte, und heute hätte er ohnehin am liebsten die ganze Welt umarmt!

»Dann möchte ich mit Ihrer Gnaden, der Herzogin, sprechen«, verkündete er, als sei es selbstverständlich, dass die hohe Dame um diese Morgenstunde bereits in voller Toilette Besucher empfange.

Glücklicherweise hatte Sissis Mutter eine fast ebenso schlaflose Nacht wie ihre Töchter verbracht. Während Sissi verwirrt über ihre Zukunft nachsann und Nené ihre Enttäuschung ins Kopfkissen weinte, hatte Sissis stürmische Liebesaffäre die vergrabenen Erinnerungen an Ludovikas eigene, längst vergangene Jugend heraufbeschworen.

Sie verstand Franz Joseph nur zu gut. Sie hatte Miguel von Braganza, der inzwischen längst König von Portugal war, mit derselben Leidenschaft geliebt wie Franz Joseph seine Sissi. Sie hatte Miguel heiraten wollen und nicht den ruhelosen, unkonventionellen Max, mit dem sie auch schon gar keine Gemeinsamkeiten hatte, mit Ausnahme von acht Kindern natürlich. Wie schade, dass Miguel sich nicht ebenso hatte durchsetzen können wie Franz Joseph. Dann wäre Sissi vielleicht eine Prinzessin von Portugal ...

Wie dumm, dass sie in einem solchen Moment so närrische Gedanken hatte, schalt Ludovika sich selbst. Sie lenkte sich ab, indem sie eine Liste der Dinge anfertigte, die für Sissi getan werden mussten. Sie wusste am besten von allen Beteiligten, wie weit ihre kleine Tochter davon entfernt war, eine perfekte Braut für den Kaiser zu sein.

Sissi hatte das freie Leben eines verwöhnten Kindes geführt. Einer Prinzessin, von der ihre Mutter annahm, dass ihr noch genügend Zeit bleiben würde, sie mit dem Ernst des Lebens bekannt zu machen, wenn erst einmal die älteste Tochter versorgt war. Wie hätte sie damit rechnen können, dass Sissis mädchenhafte Schönheit genau das war, was der Kaiser liebte? Sophie hätte es wissen müssen, aber sogar sie war von den Ereignissen überrascht worden.

Die Herzogin stand grübelnd am Fenster, als ihr künftiger

Schwiegersohn hereinplatzte und in aller Form um Sissis Hand anhielt.

»Sie ist noch so jung …«, wagte sie trotz aller Freude über die unerwartete Ehre einzuwenden.

»Aber das ist ja grad das Bezaubernde an ihr!«, schwärmte der verliebte Kaiser von seiner zukünftigen Braut. »Sie ist so frisch, so reizend, so unverbildet, dass man gar nicht anders kann, als sie ins Herz zu schließen!«

Was sollte eine geschmeichelte Mutter dazu schon sagen? Sissi war ihre Tochter, und ein wenig von dieser Bewunderung fiel ja auch auf die Mutter zurück.

Die Herzogin gab gerührt ihre Zustimmung, die ohnehin nur noch Formsache war. Dann erhob sie sich.

»Ich nehm an, dass Kaiserliche Hoheit gleich mit Sissi sprechen wollen«, vermutete sie.

»Wenn's möglich ist?«, gab sich die Kaiserliche Hoheit bei aller Ungeduld ganz bescheiden.

»Sie steht immer früh auf«, erklärte die Herzogin und ging zur Tür voraus. »In Possi ist sie stets die Erste der Familie!«

»Wir werden bestimmt wunderbar harmonieren«, freute sich Franz Joseph, und seine künftige Schwiegermutter konnte nur hoffen, dass er damit auch wirklich Recht hatte.

Die Kammerfrau hatte eben die letzte Nadel in Sissis hochgesteckte Zöpfe versenkt, als die Tür aufging und Ludovika mit dem Kaiser eintrat. Sissi fuhr aufgeregt von ihrem Stuhl hoch. Verlegene Röte stieg in ihre Wangen, ehe sie sich besann und in einen tiefen Knicks versank.

Ein helles, primelfarbenes Sommerkleid umwehte ihre zierliche, schlanke Gestalt. Für einen Moment war der junge Mann so gebannt von ihrer Schönheit, dass sie beide völlig reglos und sprachlos voreinander standen, verliebt, aber ohne die richtigen Worte füreinander zu finden.

Ein Moment, den die Herzogin dazu benutzte, die Bediensteten hinauszuwinken. Dann zog sie sich selbst ebenfalls zurück, um das verzückte Paar allein zu lassen. Sie warf einen prüfenden Blick auf ihre Tochter. Sissi war sehr blass, und in ihren großen braunen Augen stand so viel Verwirrung, dass ihre Mutter einen Seufzer der Rührung unterdrücken musste. Hoffentlich begann Sissi nicht ausgerechnet jetzt wieder zu weinen! Am liebsten hätte sie an der Tür gelauscht oder durch das Schlüsselloch geschaut. Wie schade, dass es Dinge gab, die weder eine Dame noch eine Herzogin tat! Dabei hätte sie so gerne gewusst, wie ihre kleine Tochter den Heiratsantrag des Kaisers von Österreich annahm.

Glückwünsche und Feuerwerk

»Sissi!«

Befangen sah Sissi auf den blonden Kopf hinab, der sich über ihre Hand beugte und sie küsste. Franz Josephs Schnurrbart kitzelte vertraut auf ihrer Haut. Sie spürte seine Lippen ganz deutlich. Es gefiel ihr, aber sie hätte am liebsten ihre Hand aus diesem allzu intimen Griff gerissen. Sie wusste nicht, was sie antworten sollte, also schwieg sie.

»Sissi, ich bitt dich, willst du meine Frau werden? Meine Kaiserin? Ich hab dich so lieb, dass es mir fast das Herz abdrückt! Sag, willst du?«

Sissi konnte den Worten ebenso wenig widerstehen wie dem sanften wienerischen Tonfall, der ihnen so besonderen Charme verlieh. In diesem Moment fühlte sie nur eines, dass es Franz Joseph wirklich ernst meinte. Dass er nicht nur von Liebe sprach, weil es sich so gehörte, wenn man heiratete, sondern dass ihn seine Gefühle ebenso bewegten wie sie die ihren.

»Freilich will ich«, flüsterte sie leise.

Sie atmete verblüfft aus, als Franz Joseph sie in seine Arme nahm und sie so fest an sich drückte, dass sie die steifen Goldtressen und geprägten Knöpfe seiner Uniform durch das dünne Sommerkleid spüren konnte.

»Ich werd dich immer lieben, Sissi! Ich schwör's dir!«, raunte Franz Joseph.

Es war ein Schwur, den er bis zu Sissis Tod treu halten würde.

Aber das konnte die schüchterne junge Braut in diesem Moment nicht wissen. Ein wenig verwirrt und unsicher fühlte sie dem ersten, zarten Kuss nach. Es kitzelte ein wenig und die glatten Lippen fühlten sich weich und fremd an.

Franz Joseph nahm es ihr nicht übel, dass sie diesen Kuss nicht erwiderte. Es genügte, das schüchterne Lächeln zu sehen, das ihm Sissi schenkte, und der vertrauensvolle Druck ihrer winzigen Hand. So zart und zerbrechlich, wie sie in seinen Armen lag, nahm er ganz von selbst Rücksicht auf ihre Unerfahrenheit. Sie war eben keine der lebenslustigen Wiener Komtessen, bei denen sich der attraktive Kaiser schon ein paar Freiheiten herausnehmen konnte. Er vermochte sehr wohl zwischen einer Braut und einem »G'spusi« zu unterscheiden, wie es die Wiener nannten. Aber die nächsten, stürmischer werdenden Küsse brachten schon ein wenig Leben in Sissi und sie erwiderte zaghaft seine Zärtlichkeiten.

»Ich könnt die ganze Welt umarmen!«, strahlte der junge Kaiser überglücklich. »Komm, wir sagen es den anderen. Meine Mutter hat die ganze Familie zum Frühstück in die Villa eingeladen, und ich freu mich schon darauf, ihre Gesichter zu sehen, wenn sie erfahren, dass du meinen Antrag angenommen hast.«

»Müssen wir denn gleich …«, begann Sissi vorsichtig und wurde sofort unterbrochen.

»Ob jetzt oder später ist doch egal! Hauptsache ist doch, dass du mich haben willst und eingewilligt hast! Das können ruhig alle Leut wissen!«

Halb überzeugt, halb eingeschüchtert, wagte Sissi keinen weiteren Widerspruch. Auf geheimnisvolle Weise hatte sich ihr Verhältnis zu Franz Joseph durch diesen Heiratsantrag verändert. Ihre Unbefangenheit war fort. Jetzt konnte sie nicht mehr so tun, als wäre er einfach ein liebenswerter großer Bruder.

Als sie Arm in Arm in die Hotelhalle traten, hatte sich die Neuigkeit bereits wie ein Lauffeuer herumgesprochen. So wie Franz Joseph strahlte und Sissi im Arm hielt, wäre es auch schwer gewesen, das Geheimnis zu wahren. Die Herzogin tupfte sich gerührt mit dem Taschentuch die feuchten Augenwinkel und vergaß für einen Augenblick, dass Helene neben ihr stand. Stolz und mit einem Lächeln um die Lippen, das kühl wie das Eis auf den Gletschern wirkte. Sie umarmte ihre kleine Schwester und küsste sie auf beide Wangen, um ihr zu gratulieren. Sie versank in einen respektvollen Knicks vor Franz Joseph, der längst vergessen hatte, dass eigentlich sie die Braut hätte sein sollen.

Niemand erfuhr je, was in diesen Tagen wirklich hinter Nenés blasser Stirn vor sich ging. Sie vertraute sich weder ihrer Mutter noch ihrer Schwester an. Sie bewies lediglich, dass sie die Haltung und die Selbstbeherrschung besaß, die für eine Kaiserin erforderlich gewesen wären.

Aber außer Erzherzogin Sophie schien niemand diese Qualitäten zu schätzen. Alle waren vom mädchenhaften Charme und dem süßen Lächeln der anderen, der unerwarteten Kaiserbraut völlig hingerissen. Sie vergaßen Nené, die sich nun in der Rolle der unwichtigen großen Schwester fand. Fast schon eine alte Jungfer, weil die Jüngere vor ihr zur Braut geworden war.

Die versammelte Familie überschlug sich vor lauter Begeisterung über diese romantische Liebesgeschichte. Königin Elise von Preußen gönnte ihrem Patenkind den Aufstieg, und sogar die Mutter des Kaisers hatte sich nach einer langen Nacht der Überlegung dazu durchgerungen, Sissi mit offenen Armen zu empfangen. Möglicherweise war es ja gut, dass sie so jung und unverbildet unter ihre »Herrschaft« kam.

»Sie geht von einer Mutterhand in die andere über«, gestand sie ihrer Schwester Elise unter vier Augen. »Sicher, sie ist noch schrecklich jung. Aber ich denke, ich werd sie erziehen können, dass sie dem Franzi genau die Frau ist, die er in seiner schweren Stellung braucht. Sie ist noch in einem Alter, in dem der Mensch sich biegen lässt, und sie ist wirklich entzückend.«

Glücklicherweise ahnte Sissi nichts von den Plänen ihrer künftigen Schwiegermutter, als sie an diesem strahlend schönen Augusttag in der kaiserlichen Villa einen Knicks vor ihr machte. In diesem Moment war sie geradezu überwältigt von der Freude, die ihr überall entgegenschlug. Ohne Hintergedanken, wie sie war, glaubte sie in diesem Moment, dass es immer so sein würde. Offene Arme und offene Herzen, die sich ihr zuwandten. Freundlichkeit, die sie nur erwidern musste.

Wie zarte Schmetterlingsflügel bauschten sich ihre duftigen Röcke bei jeder Reverenz um ihre Gestalt, und der feine Kopf mit den hochgesteckten Locken neigte sich anmutig vor der künftigen Schwiegermutter und dem Schwiegervater. Der Erzherzog küsste ihr die Hand, aber sogar Sissi wusste, dass die Tante Sophie sie in der Familie willkommen hieß und nicht der arme Franz Karl, der ohnehin selten den Mund aufmachte.

Nur der junge Erzherzog Karl Ludwig hielt sich im allgemeinen Trubel der Glückwünsche betont zurück. Seine bösen Ahnungen hatten ihn also nicht getäuscht! Franz Joseph hatte ihm Sissi vor der Nase weggeschnappt. Wie konnte er? Er hatte ihm doch gesagt, dass er Sissi einmal heiraten wollte!

Warum muss es ausgerechnet sie sein?, dachte er voller Wut. Eine jede hätte er haben können in Wien. Und angeblich war er doch so verliebt in Elisabeth von Este! Es kann nicht weit her sein mit seiner Liebe, wenn er jetzt plötzlich nur noch Sissi sieht!

Aber niemand kümmerte sich in diesem fröhlichen Moment um einen 20-jährigen Jungen, der seine erste große Liebe verlor. Nicht einmal seine eigene Mutter. Sie hatte Wichtigeres zu tun.

Sophie präsidierte am großen Frühstückstisch und wirkte so glücklich und zufrieden, dass Franz Joseph auf der Stelle die bösen Worte vergaß, die sie noch vor zwei Tagen über seine mögliche Ehe mit Sissi verloren hatte. Sie hatte es nicht so gemeint. Ganz sicher.

»Iss, Kind!«, vernahm Sissi die liebenswürdig mahnende Stimme der Erzherzogin. »Von einem kleinen Kipferl kannst du doch unmöglich satt sein! Es dauert noch lang bis zum Mittagessen!«

Das war vermutlich nicht der richtige Moment, um zu erwähnen, dass sie normalerweise kaum ein solches Kipferl zum Frühstück aß, erkannte Sissi. Sie erwiderte das Lächeln und griff gehorsam ein zweites Mal zu. Die Erzherzogin nickte befriedigt. Na bitte, sie hatte es geahnt, die Kleine würde Wachs in ihren Händen sein.

Nené sah unter halb gesenkten Wimpern vom Ende der Tafel zu ihrer kleinen Schwester hinüber. Sie wusste, dass Sissi sich unter all der Aufmerksamkeit nicht wohl fühlte. Er hatte sie überrumpelt, der Franz Joseph. Nené kannte ihre kleine Schwester genau. Ihre Mutter, Tante Sophie und der Kaiser selbst, sie alle hatten das weiche Herz für ihre Zwecke manipuliert. Wie lange es wohl dauern würde, bis Sissi das durchschaute?

Die winzigen, ein wenig scharfen Linien in Nenés Mundwinkeln vertieften sich. Sie verlor auch in späteren Jahren nie ein Wort über ihre Enttäuschung und ihre Gefühle. Nur diese beiden Linien, die ihre Mundwinkel so unvorteilhaft nach unten bogen, blieben und wurden immer tiefer.

Der Kirchgang der kaiserlichen und herzoglichen Familie fand natürlich auch an diesem wichtigen Sonntag nach dem Frühstück um elf Uhr statt, wie es sich gehörte. Auf unergründliche Weise schien sich die Nachricht von der kaiserlichen Verlobung bereits im ganzen Ort herumgesprochen zu haben. Der Pfarrer von Ischl fand ein brechend volles Gotteshaus vor, das vor Neugier förmlich vibrierte. Die Dorfbewohner drängten sich aneinander und verdrehten neugierig die Köpfe zum Eingang. Wann erschien die Kaiserfamilie und wer würde alles dabei sein?

Stets hatte Franz Joseph seine Eltern in die Kirche begleitet und seiner Mutter beim Eintreten in das Gotteshaus den Vortritt gelassen, wie es sich für einen gehorsamen Sohn gehörte. Heute jedoch trat die Erzherzogin in ihrem ganzen würdevollen Sonntagsstaat vor dem Kirchenportal zur Seite. Sie machte eine Aufsehen erregende, ein wenig steife Reverenz vor dem zierlichen jungen Mädchen und überließ Sissi und Franz Joseph offiziell den Vortritt in das Gotteshaus.

Das Summen in der sonntäglichen Pfarrkirche von Ischl wurde zum Raunen, weil diejenigen, die die Geste nicht gesehen hatten, es den anderen in den vorderen Bänken weitersagten. Die Erzherzogin hatte der Prinzessin aus Bayern den Vortritt gelassen. Das konnte nur eines bedeuten: Elisabeth war die Braut des jungen Kaisers!

Sissi selbst brachte diese Aufsehen erregende Geste eher in Verlegenheit. Die vielen Köpfe, die sich nach ihr umdrehten, das Geflüster und Getuschel! Es fehlte nur noch, dass alle mit den Fingern auf sie zeigten. Warum konnte sie nicht ohne jeden Aufruhr mit Franz Joseph in die Kirche gehen und um Gottes Segen für diese Ehe bitten, die sie miteinander eingehen wollten?

Sie senkte befangen die seidig langen Wimpern, während die Orgel eine brausende Hymne anstimmte und der Geistliche jede Menge Weihwasser versprühte. Beim Hochamt wagte Sissi kaum die Augen von den gefalteten Händen zu nehmen. Die Neugierigen stellten fest, dass die Braut des Kaisers in tadelloser Frömmigkeit betete. Sie konnten nicht wissen, dass Sissi längst nicht so fromm wie ihre große Schwester war. Obwohl katholisch und gläubig, war sie doch die Tochter eines höchst toleranten und freidenkenden Vaters. Herzog Max dachte sich nichts dabei, die Kirche und Seine Heiligkeit, den Papst, zu kritisieren, wenn sie beide es verdienten. Sissi hingegen fand es leichter, in der Natur zu beten und Einkehr zu halten. Für so viel Schönheit musste sie dem lieben Gott oft danken.

In dieser angespannten Situation des 19. August des Jahres 1853 fiel es ihr sehr schwer, sich auf die Liturgie der heiligen Messe zu besinnen. In ihrem Kopf und ihrem Herzen war eine einzige schreckliche Wirrnis.

Nach dem Gottesdienst zog Franz Joseph sie an der Hand aus der Bank vor den Altar. Ehe sie sich fragen konnte, was er vorhatte, hörte sie ihn wie durch eine dichte Wattewand zum Pfarrer von Ischl sagen: »Bitte segnen Sie uns, Hochwürden. Das ist meine Braut!«

Ein weiterer Wirbel aus Glückwünschen folgte und Sissi drängte sich unwillkürlich enger an Franz Joseph. Von allen Seiten umgaben sie Menschen. Fremde Hände reckten sich ihr entgegen, und sie konnte die vielen Segenswünsche gar nicht beantworten, die sie erhielt.

Graf Grünne, der Generaladjutant des Kaisers, ließ das junge Paar hochleben. Sissi hörte die Worte, ohne sie im Gedächtnis zu behalten. Sie ahnte nicht, dass hier der anerkannteste Frauenkenner Wiens ihre Schönheit und ihren Reiz würdigte. Für ihre Ohren sagten sie alle das Gleiche. Ein Chor aus Glückwünschen, aus fremden Menschen und ein Gedränge, das einem einfach den Atem abdrückte. Hilfe suchend griff sie nach Franz Josephs Arm. Alles drehte sich vor ihren Augen.

»Ich glaub, mir wird schlecht!«, flüsterte sie, und die Blässe auf ihren Zügen zeigte Franz Joseph, wie es seiner Zukünftigen ging.

»Kein Wunder bei dem Wirbel«, sagte er fürsorglich und gab seiner Begleitung einen Wink, dass er aufbrechen wollte. »Draußen an der frischen Luft wird's dir gleich besser gehen!«

Besorgt führte er seine zitternde Braut aus der Kirche. Doch die frische Luft hallte wider vom Lärm der begeisterten Ischler Bürger. Alle hatten sie sich vor dem Gotteshaus eingefunden, um das schöne Brautpaar zu sehen und zu bejubeln. Eilig aufgezogene Fahnen und laute Hochrufe brachten die verschüchterte kleine Prinzessin vollends durcheinander. Eine hastig versammelte Musikkapelle spielte mehr laut als melodiös einen zackigen Marsch. Der Lärm, die Hochrufe und die riesige Menschenansammlung stülpten sich wie ein erstickendes Tuch über Sissi. Sie bekam kaum Luft und wollte so schnell wie möglich fort. Schon an diesem Tag war sie in die Fänge der Politik geraten.

Die Ischler schätzten den Kaiser und seine Familie als Feriengäste, aber was sie von seiner Art zu regieren hielten, stand auf einem anderen Blatt. Es war allgemein bekannt, dass er, von seiner willensstarken Mutter beeinflusst, ausschließlich konservative und fortschrittsfeindliche Entscheidungen traf.

Die Erzherzogin hatte in den vergangenen Jahren dafür gesorgt, dass er mit eiserner Hand Widerspruch erstickte. Kritische Köpfe saßen hinter Gittern und in Ungarn hatte es unzählige Hinrichtungen von Rebellen gegeben. Dass nun der Kaiser ausgerechnet eine Braut aus der Familie seiner Mutter gewählt hatte, machte die Leute misstrauisch. Sophie war nicht beliebt. Wenn noch eine von diesen energischen bayerischen Prinzessinnen in die Wiener Hofburg einzog, die über die Köpfe ihrer Männer hinweg regierten, konnten sie das keineswegs gut finden. Ohnehin gehörte es sich nicht, dass sich die Frauen in

Männerentscheidungen einmischten. Frauen hatten sich auf den Haushalt und die Kinder zu beschränken. Man schrieb das Jahr 1853, und die vereinzelten Emanzipationsbestrebungen, die es vor dem Revolutionsjahr 1848 gegeben hatte, waren vergessen oder wurden als Unsinn abgetan.

Doch die neugierigen Ischler, die als Erste diese bayerische Prinzessin zu Gesicht bekamen, änderten im Nu ihre Meinung über die Braut. Die scheue Märchenfee neben dem gut aussehenden Kaiser war sicher keine ehrgeizige Generalin wie ihre Schwiegermutter. In die Hochstimmung, die Sissis Erscheinung verursachte, mischte sich auch Hoffnung darauf, dass sich ein verheirateter Kaiser vielleicht aus dem Einfluss seiner mächtigen Mutter befreien konnte. Hoffnung darauf, dass die Hochzeit für das Kaiserreich einen Aufbruch in neue, freiere Zeiten bedeuten könnte.

All das schwang in den Vivatrufen der Menschen mit, und die bebende Prinzessin, die sich Schutz suchend an ihren Bräutigam drängte, passte gut in das Bild.

Sissis Mutter machte sich in diesem ganzen Trubel ebenfalls ihre Gedanken. Sie ahnte, welche Probleme auf das junge Mädchen zukommen würden. Der Wechsel aus der Kinderstube auf den Kaiserthron würde zum Kraftakt für ihre Kleine werden. In Wien erwarteten sie eine kritische, hochnäsige und etikettebewusste Aristokratie und missgünstige Schönheiten, die sich selbst lange Zeit Hoffnungen auf einen Platz an der Seite des Kaisers gemacht hatten.

»Man könnte Angst um Sissi bekommen«, gestand sie einem der kaiserlichen Flügeladjutanten ganz ungewohnt ehrlich.

»Sie hat den mächtigsten Mann Europas zum Beschützer«, erhielt sie zur Antwort.

Wie zum Beweis dafür sorgte sich Franz Joseph zärtlich um das Wohlergehen seiner Braut. Er brachte Sissi vor den Menschenmassen in Sicherheit. Während des Mittagessens, das die kaiserliche Familie in Hallstadt einnahm, fasste sich die verstörte Braut wieder ein wenig. Solange Franz Joseph so wie heute an ihrer Seite blieb, würde bestimmt alles gut werden!

»Ich kann gar nicht sagen, wie glücklich ich bin!«, gestand Franz Joseph jedem, der es hören wollte.

Es fiel ihm schon schwer, Sissis Hand loszulassen, selbst wenn es um so selbstverständliche Dinge wie das Essen ging. Sissi gefiel das. Sie fand, dass er sich benahm wie die Helden in den Liebesgeschichten, die sie heimlich verschlungen hatte.

Offiziell war diese Lektüre für diese Prinzessinnen des bayerischen Hauses Wittelsbach streng verboten. Es gab da ein Verbot vom König persönlich! Geschreibsel dieser Art setzte den hochgeborenen Mädchen nur unnötige Flausen in den Kopf, denn eine Liebesheirat kam für keine von ihnen in Frage. Was Sissi erlebte, war einfach ein Wunder. Ein unerwartetes, phantastisches Wunder!

Sie lächelte ihren Bräutigam so strahlend und offen an, dass er nur verliebt zurückstrahlen konnte. Wenngleich ihm bei der Gelegenheit die spitze Bemerkung seiner Mutter in den Sinn kam, dass Sissi zwar ganz hübsch sei, aber ihre Zähne doch ein wenig zu gelb geraten seien.

Ob sie es ihm übel nahm, wenn er sie darauf ansprach? Er hätte gern gehabt, dass sie in den Augen der Erzherzogin ebenso perfekt war wie in den seinen. Irgendwann würde er es ihr sagen müssen, aber nicht heute! Heute wollte er nur glücklich sein.

»Ich bin auch fürchterlich glücklich«, gestand Sissi scheu.

Hier, im Kreise der Familie und der gewohnten Menschen, war sie es auch. Sie hatte ihre Ruhe wiedergefunden, und es war nicht zu übersehen, dass sie Franz Josephs Gefühle erwiderte. Sogar ihre Taufpatin war entzückt von ihrem gewinnenden Wesen.

»Es ist so schön, ein so junges Glück in einer so schönen Landschaft zu sehen«, schrieb sie an ihre Wittelsbacher Schwester, an Königin Marie von Sachsen.

Jene hatte nicht an diesem Familientreffen teilnehmen können und erhielt nun einen genauen Bericht. Elise war wie alle anderen über die Fürsorglichkeit des Kaisers gerührt. Bei der nachmittäglichen Ausfahrt hatte er seine fröstelnde Braut in seinen eigenen Militärmantel gehüllt, weil es ihr im offenen Landauer ein wenig kalt geworden war.

Sissi hätte nicht zu sagen gewusst, warum sie mitten im August fröstelte. Die Sonne schien schließlich von einem wolkenlosen Himmel. Niemand in ihrer Umgebung machte sich auch die geringste Mühe, darüber nachzudenken, welche seelische Erschütterung die Ereignisse dieses Tages für ein fünfzehnjähriges Mädchen bedeuteten.

Man hielt sie für empfindsam und Franz Joseph fand diese Eigenschaft anbetungswürdig. Er benahm sich wie ein Romeo. Und alle Welt war beeindruckt von seiner Leidenschaft. Ein Kaiser, der sich darum sorgte, dass seine Braut sich nicht erkältete! Ein Kaiser, der Gefühle besaß, welch eine Hoffnung für die Zukunft!

Ausgelassenheit über die Verlobung hatte das sonst so idyllische Ischl gepackt. Als das Brautpaar von seiner Ausfahrt zurückkam, war der ganze Ort mit österreichischen und bayerischen Fahnen geschmückt. Am Abend leuchteten unzählige Kerzen und Laternen. Die Ischler hatten die junge, bildschöne Braut auf Anhieb in ihr Herz geschlossen und des Kaisers politische Fehler für den Moment vergessen.

Gegenüber der festlich beleuchteten Kaiservilla zeichneten die begeisterten Untertanen mit bunten Lichtern die Anfangsbuchstaben des Brautpaares in den dunklen Himmel. Die Kaiserkrone, E und FJ umgeben von einem stilisierten Brautkranz und einem klassischen Liebestempelchen als Symbol für die Verlobung. Sissi hatte vor Ergriffenheit Tränen in den Augen.

»Wie reizend sie doch ist, wenn sie weint«, gab sogar ihre kritische Schwiegermutter zu.

Franz Joseph hatte ihr ja schließlich doch gehorcht, auch wenn er am Ende die falsche Schwester zur Frau nahm. Es war wenigstens eine Wittelsbacherin und keine Ungarin. Und auch keine von diesen österreichischen Komtessen, deren Mütter so unverzeihlich hochnäsig auf die junge Sophie herabgesehen hatten, als sie den Erzherzog geheiratet hatte.

Das Ergebnis ihrer Bemühungen war nicht ganz das, was sie erwartet hatte, aber an diesem Abend verspürte sie doch eine gewisse Zufriedenheit. Sie sah in Sissis Tränen den Beweis dafür, dass sie eine liebe und gehorsame Schwiegertochter bekommen würde.

In allgemeiner Hochstimmung ging der Tag zu Ende, und als sich Franz Joseph von seiner Braut mit einem hingebungsvollen Kuss verabschiedete, erwiderte sie die Zärtlichkeit liebevoll. Man konnte sich ganz schnell an solche Küsse gewöhnen.

Nené wollte nicht hinschauen. Sie zupfte ihre Mutter am Ärmel. »Wann reisen wir nach Hause, Mama? Ich möchte endlich nach Hause!«

»Ich weiß, Kind!«, seufzte Herzogin Ludovika und strich ihr sacht über den Arm. »Ich weiß. Aber so wie's ausschaut, werden wir noch ein Weilchen bleiben müssen. Wir können nicht einfach abreisen.«

»Kann ich denn nicht schon vorher fahren?«, flehte Helene.

»Wie würd das denn ausschauen?«, schüttelte die Herzogin den Kopf. »Grad so, als würdest du Sissi ihr Glück nicht gönnen.«

Nené senkte die Lider und zupfte an ihrem Kleid, das viel prächtiger als jenes von Sissi war und das ihr doch kein Glück gebracht hatte. Sissi Glück wünschen? Vielleicht würde sie es irgendwann fertig bringen. Heute Abend hatte sie nicht die Kraft dazu.

Die beiden Töchter der Herzogin in Bayern weinten sich in dieser Nacht in den Schlaf. Sissi, weil sie sich restlos überfordert fühlte. Nené, weil sie noch nie in ihrem Leben so unglücklich gewesen war.

Abschied in Salzburg

»Ist das hübsch! Was für eine entzückende Idee!«

Herzogin Ludovika beugte sich gemeinsam mit Sissi über die kostbare, mit Samt ausgelegte Schatulle, die Franz Joseph ihr an diesem Tag überreicht hatte. Nur ein kleines Geschenk, hatte er gesagt. Wie sahen dann erst die großen Geschenke aus, die er Sissi machen wollte?

Auf weißem Samt lag ein wunderschöner goldener Zweig, der mit prachtvollen Diamanten und Smaragden geschmückt war. Es war eine Haarspange, die Sissi in ihre Locken flechten konnte, die neuerdings von einer Kammerzofe sorgsam drapiert, gekämmt und hochgesteckt wurden. Die Zeit der wilden, fliegenden Mähne gehörte der Vergangenheit an. Aber dafür hatte sie auch noch nie ein so selten schönes Schmuckstück besessen! Die Edelsteine schimmerten wie Sonnenlicht, wenn Sissi den Zweig an ihre Haare hielt.

»Hast du's schon gelesen! Es steht in der Wiener Zeitung!«

Nené hielt ihrer Schwester das Blatt hin, das eben ein Bote aus der Kaiservilla vorbeigebracht hatte. Gemeinsam beugten sich die drei unterschiedlichen Köpfe über das Zeitungsblatt. Jener der Herzogin an den Schläfen schon etwas grau. Der Nenés in tiefdunklem, sattem Braun und jener Sissis mit dieser eigenartigen Kastanienfarbe, die je nach Lichteinfall golden oder rötlich schimmern konnte und in den vergangenen Jahren leicht nachgedunkelt war.

Sie lasen die offizielle Verlautbarung, die in geschraubtem Kanzleideutsch verkündete, was sich vor wenigen Tagen in Ischl ereignet hatte:

»Seine k. k. Apostolische Majestät, unser allergnädigster Herr und Kaiser Franz Joseph I. haben während Allerhöchst Ihres Aufenthaltes zu Ischl Ihre Hand der durchlauchtigsten Prinzessin Elisabeth Amalie Eugenie, Herzogin in Bayern, Tochter Ihrer Königlichen Hoheiten des Herzogs Maximilian Josef und der Herzogin Ludovika, geborenen königlichen Prinzessin von Bayern, nach eingeholter Zustimmung Seiner Majestät des Königs Maximilian II. von Bayern sowie der durchlauchtigsten Eltern der Prinzessin-Braut anverlobt. Der Segen des Allmächtigen möge auf diesem für das allerhöchste Kaiserhaus und das Kaiserreich beglückenden, freudenvollen Ereignisse ruhen.«

Sissi konnte gar nicht glauben, dass in diesen kunstvoll formulierten Sätzen von ihrer eigenen Zukunft gesprochen wurde. Noch weniger konnte sie ahnen, welchen Aufstand diese Nachricht in den Kreisen der österreichischen Aristokratie auslöste.

Es war immer wieder gerätselt worden, welche der Prinzessinnen, Herzoginnen oder anderen Fürstinnen am Ende den schneidigen, gut aussehenden Kaiser bekommen würde. Aber nicht einmal in den kühnsten Spekulationen war Sissis Name aufgetaucht. Wer war dieses Mädchen überhaupt? Der Klatsch trieb bereits die abenteuerlichsten Blüten. Man hatte im Adelsverzeichnis nachgesehen und herausgefunden, dass es sich bei den Herzögen in Bayern um eine recht unbedeutende Nebenlinie handelte, die in keiner Weise den Ansprüchen einer noblen Ahnenlinie genügten. Eine Prinzessin ohne Einfluss und ohne bedeutende Familientradition wollte nun in der Wiener Hofburg den Ton angeben! In den eifersüchtigen Augen dieser Leute war Sissi, noch ehe sie überhaupt in Wien angekommen war, bereits eine höchst unpassende Partie. Eine arme Verwandte, über die man die Nase rümpfen konnte. Irgendjemand brachte sogar die Bezeichnung »Bettelwirtschaft« auf, aus der die junge Kaiserin stammen sollte.

Glücklicherweise hatte die kritisierte Braut in Ischl davon keine Ahnung. Seltsam ruhig überließ sie Mutter und Schwester die Zeitung und trat nachdenklich ans Fenster. Sie mochte den Blick über die Berge und am liebsten hätte sie feste Schuhe angezogen und wäre mit Franz Joseph drauflosgewandert. Sie hatte entdeckt, dass sie beide gut zu Fuß waren und dass es auch den Kaiser in die Berge zog, wenngleich er nur zu gerne die Flinte mitnahm und auf die Jagd ging. In Sissis Gesellschaft hatte er jedoch bisher darauf verzichtet, seinem Lieblingshobby nachzugehen.

Heute würde indes nichts aus der Wanderung werden, denn sie musste in die Kaiservilla, wo an diesem Tag die Maler auf sie warteten. Zu einer Zeit, in der die Fotografie noch in den Kinderschuhen steckte, war alle Welt neugierig auf das erste Bild der hohen Braut. Also mussten die Zeichner und Maler schnellstens liefern, was gefordert wurde.

Es fiel Sissi nicht leicht, still zu sitzen und zu lächeln, während drei Künstler gleichzeitig versuchten, ihre zarten Züge auf Papier und Leinwand zu bannen. Franz Joseph leistete ihr dabei geduldig Gesellschaft. Er liebte es, sie anzusehen und die Arbeit der Maler mit dem Original zu vergleichen. Er konnte gar nicht genug davon bekommen.

Stunde um Stunde beobachtete er sie, während er ihr von Wien erzählte. Er heiterte sie mit Geschichten auf, die er auf so unnachahmlich trockene Art erzählte, dass Sissi immer wieder lachen musste. So nüchtern, wie er manche Dinge schilderte, konnte doch einfach niemand sein, das machte er sicher nur, um sie zum Lachen zu bringen.

Sissi, die anfangs eher geschmeichelt und verwirrt von Franz

Josephs stürmischer Werbung gewesen war, verliebte sich von Tag zu Tag mehr in ihren aufmerksamen Bräutigam. Von einem Mann bewundert zu werden, den alle anderen respektierten, das gefiel ihr schon sehr. Es war ein kleiner Geschmack von Macht und etwas völlig Neues und Unbekanntes für sie.

Als Sissi an diesem Nachmittag von ihrer Sitzung mit den Malern ins Hotel zurückkam, war ein längst erwarteter Gast eingetroffen. Ihr Vater! Herzog Max hatte das Telegramm seiner Gemahlin erhalten und sich unverzüglich auf den Weg nach Ischl gemacht. »Wir sind alle glückselig!«, hatte in dieser so eilig übermittelten Nachricht gestanden, und davon wollte er sich in eigener Person überzeugen.

Auch wenn der bayerische König und alle anderen Wichtigkeiten längst ihren Segen zu dieser Hochzeit gegeben hatten, es gehörte sich, dass auch der Vater der Braut dazu befragt wurde. Sosehr sich der Herzog für seine kleine Sissi freute, ein wenig böse war er dem Kaiser schon, dass er Nené diese üblen Stunden bereitet hatte.

Obwohl er sich wenig um seine Kinder gekümmert und ihre Erziehung weitgehend seiner Gemahlin überlassen hatte, fand er es nicht in Ordnung, wie die arme Nené in dieser Angelegenheit behandelt worden war. Dabei wusste er sehr wohl, dass er im Grunde keine Wahl mehr hatte. Er musste sein lediglich formelles Einverständnis zu der Verbindung geben, die längst über seinen Kopf hinweg beschlossen worden war.

Er tat es ein wenig brummig, aber nicht ungern. Im Grunde seines Herzens gefiel ihm, dass die blutjunge, unverdorbene Sissi mit ihrem Charme die ganzen raffinierten Pläne Sophies und Ludovikas über den Haufen geschmissen hatte. Das geschah den beiden nur recht! Er gab den Verlobten seinen Segen und Sissi dankte ihrem Vater herzlich dafür. Dass der Herzog bei seiner Abreise Nené mit nach Hause nahm, erleichterte ihr das Herz zusätzlich. Jetzt konnte sie all die Ereignisse wenigstens genießen, ohne beim Anblick ihrer Schwester ein schlechtes Gewissen zu haben.

Der große Hofball stand bevor, der die wunderbare Zeit der Ausflüge, Landpartien, Feste, Picknicks, Jausen und anderen Vergnügungen wie ein Sahnehäubchen auf der Torte krönte. Diesmal trat Sissi nicht in einem bescheidenen Musselinkleidchen auf. In aller Eile hatte man ihr eine festliche Robe angemessen, deren zartes, frühlingshaftes Grün wunderbar mit ihrem Haar kontrastierte. Sie hatte einen eleganten, höfischen Ausschnitt, und sie kam sich fast ein wenig verrucht vor, weil man plötzlich sehen konnte, dass sie einen Busen besaß.

»Muss man das nicht ein bissel höher ziehen?«, hatte sie beim Ankleiden gefragt, aber ihre Mutter hatte energisch den Kopf geschüttelt.

»Du kannst jetzt keine Kinderkleider mehr tragen, Sissi! Du bist die Braut des Kaisers!«

Und so sah sie am Ende auch aus. In den hochgesteckten Locken schimmerte der Zweig aus Diamanten und Smaragden mit der Halskette aus Perlen und Diamanten um die Wette. Die Kette und ein passendes Armband waren ein Geschenk der Erzherzogin Sophie für das neue Familienmitglied. Der Blick in den Spiegel warf das Bild einer Märchenprinzessin zurück. Sissi hatte nicht geahnt, dass sie so aussehen konnte. Für einen kleinen Augenblick wünschte sie sich, Richard hätte sie so sehen können oder der Graf, aber dann schämte sie sich für diese kindischen Gedanken. Sie musste aufhören, an die Vergangenheit zu denken. Die Zukunft war jetzt wichtig. Und als Erstes der Hofball.

Franz Joseph bekam große Augen, als er sie sah, und er sagte einmal mehr: »Du kannst dir nicht vorstellen, wie glücklich ich bin!«

»Ich wollt, es würd immer so sein!«, wisperte Sissi und reichte ihm ihre seidenbehandschuhte Hand.

»Es wird immer so sein!«, raunte Franz Joseph zurück und beugte sich über die Hand. »Ich darf gar nicht dran denken, wie es sein wird, wenn ich wieder an meinem Schreibtisch sitz und die ganze Zeit an dich denken muss, ohne dass ich dich bei mir hab!«

»Du hast ja das Bild«, erinnerte Sissi ihn daran, dass er am Nachmittag mit sicherer Hand das hübscheste aller Gemälde für sich bestimmt hatte.

»Damit ich ein Andenken an dich hab!«, hatte er gesagt und Sissi war aus Verlegenheit errötet. Noch nie hatte jemand ein Andenken an sie haben wollen!

»Aber was ist ein Bild, wenn ich dich im Arm halten möcht!«, raunte Franz Joseph in diesem Moment und zog Sissi so eng an sich, dass sie kaum genügend Luft zum Tanzen bekam.

Sie fühlte sich atemlos und ziemlich verwirrt, wenn er sie so ansah. Wenn er dieses komische Leuchten im Blick hatte, das ihr vorkam, als wolle er sie im nächsten Moment mit Haut und Haaren verspeisen. Es gehörte sich nicht, dass man einen anderen Menschen so ansah, auch wenn man der Kaiser war! Sie war zu jung, um etwas von Männern zu verstehen, und ihr Vater war bereits wieder abgereist. Ihn konnte sie nicht fragen. Sie war auf ihr eigenes, unverdorbenes Gefühl angewiesen, und das sträubte sich gegen diesen Blick und diese totale Nähe.

Erleichtert fühlte sie sich, als die Musiker zu spielen aufhörten. Sie hatte keine Ahnung davon, das ihr Verlobter ein höchst gesunder junger Mann war, der seine schöne Braut auch körperlich begehrte. Sie wusste lediglich, dass es so etwas gab, aber im Grunde ihres Herzens verspürte sie Angst davor.

Was die Angelegenheiten des Schlafzimmers anbetraf, da wussten vom Ältesten bis zum Jüngsten in Possenhofen alle, dass die Herzogin Migräne bekam, sobald der Herzog erschien, und wenn er wieder fort war, dann litt sie erst recht! Ganz besonders, wenn sie anschließend wieder schwanger war. Es konnte nichts Erfreuliches sein, was sich dort hinter verschlossenen Türen tat, so viel stand für Sissi fest. Aber vielleicht blieb es ihr ja auch erspart. Sie mochte nicht daran denken und schob es weit von sich. Nur wenn Franz Joseph sie so ansah wie eben, dann wurde es ihr mulmig.

Doch es blieb ihr glücklicherweise keine Zeit mehr, darüber nachzudenken. Bis der Kaiser wie üblich den großen Kotillon zum Abschluss des Balles mit ihr tanzte, wanderte sie von einem Arm in den anderen. Auch Karl Ludwig befand sich unter ihren Tänzern.

»Bist du glücklich mit dem Franzi?«, wagte er zu fragen, während er seine künftige Schwägerin zu einer Polka führte.

»Aber natürlich«, strahlte Sissi. »Er ist wunderbar, findest du nicht auch?«

»Ich weiß nicht, ich will ihn ja nicht heiraten«, versuchte Karl Ludwig zu scherzen.

Sissi lachte hellauf, sodass sich mehrere Köpfe nach ihnen umdrehten. Auch der des Kaisers.

»Ich hab nicht gewusst, dass es dir so pressiert mit dem Heiraten«, murmelte Karl Ludwig und ignorierte das Aufsehen, das Sissi erregte. Er wusste, dass es vielleicht seine letzte Möglichkeit war, ungestört mit ihr zu sprechen. »Ich dachte, du wartest auf mich! Ich hab mich fest drauf verlassen, dass du das tust!«

Sissi errötete bis unter die Haarwurzeln. So etwas durfte er doch nicht sagen!

»Was redest du?«, murmelte sie tödlich verlegen und wich seinem Blick aus.

»Wir sind schon viel länger befreundet«, beharrte Karl Ludwig auf seinem Widerspruch. »Und ich hab dich mindestens so lieb wie …«

»Sag's nicht!«

Sissi hob die Augen wieder und sah Karl Ludwig beschwörend an.

»Wir waren Freunde, bitte lass uns auch Freunde bleiben«, flehte sie. »Ich kenn ja kaum jemand in Wien außer dir und Tante Sophie! Ich werd dich und deine Freundschaft bestimmt brauchen!«

Es war ihr Blick, der den Bruder des Kaisers entwaffnete. Wer konnte Sissi schon ernsthaft widerstehen, wenn sie einen in dieser Weise ansah?

»Wenn du mich brauchst, werd ich immer für dich da sein«, versprach er traurig. »Aber ich wette, dass du mich nicht mehr brauchst. Du hast ja jetzt den Franz Joseph! Der schaut schon auf dich.«

Sissi hörte den aggressiven Unterton, und während sie noch nach den richtigen Worten suchte, um Karl Ludwig zu antworten, ging die Polka zu Ende. Sie verneigten sich voreinander, wie sich's gehörte, und dann brachte er sie zu Franz Joseph zurück. Die Brüder tauschten einen seltsamen Blick, der Sissi berührte, ohne dass sie einen Grund dafür nennen konnte.

Danach verließ der junge Erzherzog den Ball. Er blieb nicht mehr bis zum Kotillon. Es gab nichts mehr, was ihn in dem festlichen Saal hielt, und das Zuschauen tat einfach zu weh! Er musste Sissi vergessen, auch wenn es ihm schwer fallen würde.

Überall war Abschied angesagt. Franz Joseph musste zurück nach Wien, die Tage in Ischl gingen dem Ende zu. Die letzten Stunden mit dem Kaiser waren für Sissi umso kostbarer, als er der einzige Halt im Wirbel der Ereignisse gewesen zu sein schien. Er hatte für alles Verständnis gehabt. Für ihre Scheu vor fremden Gesichtern, für ihre grenzenlose Tierliebe, ihre romantischen Träume und ihre Angst vor der Zukunft.

Von ihrer Tante Sophie indes, die künftig ihre zweite Mutter sein würde, nahm sie mit heimlicher Erleichterung Abschied. Das gnädige Gespräch unter vier Augen, das ihr die Dame zum Abschied gegönnt hatte, lag Sissi schwer im Magen.

Anfangs war ja alles sehr herzlich gewesen. Gute Ratschläge und liebevolle Aufmerksamkeit. Dann hatte sie plötzlich einen Unterton von Kritik in ihren Worten gehört, der sie kränkte.

»Es ist ja völlig natürlich, dass du eine gewisse Scheu vor Menschen hast, aber du wirst dir derlei Empfindlichkeiten abgewöhnen müssen, wenn du dem Franzi eine gute Gemahlin sein willst«, hatte Sophie von Habsburg mit jener bedingungslosen Strenge gesagt, die ihre ganze Haltung widerspiegelte. »Ein wenig mehr Ernsthaftigkeit wäre auch angebracht!«

Sissi hatte die Frage unterdrückt, was sie unter Ernsthaftigkeit verstand, und sie mit jenem vorgetäuschten Gehorsam angesehen, mit dem sie ihre Erzieherinnen beruhigte und ihre Mutter in Sicherheit wiegte. Dass sie durchaus eigene und manchmal ziemlich rebellische Gedanken hatte, sah man ihr in solchen Fällen nicht an.

Deswegen nickte die Erzherzogin auch befriedigt und fuhr kritisch fort: »Und dass ich's nicht vergesse: Das Zähneputzen solltest du gewissenhafter betreiben, mein Kind. Es geht nicht an, dass eine Kaiserin gelbe Zähne hat, weil sie nachlässig bei der Mundhygiene ist.«

Seltsamerweise kränkte die Kritik ihrer Zähne Sissi am meisten. Gelbe Zähne, wer sagte denn so etwas? Seit wann hatte sie gelbe Zähne? Am Abend hatte sie ihre Zähne mit einer Hingabe geputzt wie schon lange nicht mehr. Sie konnte keinen Makel an ihnen entdecken, aber Tante Sophie war ja auch besonders kritisch. Vermutlich sollte man sich für sie die Zähne weiß anmalen!

Immerhin wagte sie Franz Joseph zum Abschied nicht mehr so strahlend anzulächeln, wie sie es bisher immer getan hatte. Vielleicht gefielen ihm ihre Zähne ja auch nicht? Vielleicht wagte er nur keine Kritik, weil er nicht so gradheraus war wie seine Mutter? Sissi übte das Lächeln mit geschlossenen Lippen. Für alle Fälle, denn sie wollte nichts mehr, als Franz Joseph gefallen.

»Alles wird gut werden, Sissi!«, schwor er ihr beim Abschied in Salzburg, weil er ihr verhaltenes Lächeln für Kummer hielt.

Er hatte es sich nicht nehmen lassen, seine Verlobte und seine künftige Schwiegermutter bis dorthin auf den Weg zu bringen. In der festlich geschmückten Stadt trennten sich ihre Wege endgültig und die Salzburger ließen die Kaiserbraut ein letztes Mal hochleben.

Sissi fuhr nach »Possi« zurück, der Kaiser in die Hofburg nach Wien. In das »Joch«, wie Sissi es halb scherzhaft, halb im Ernst nannte, denn vom Alltag eines Kaisers hatte sie, genau genommen, keine Ahnung. Regieren? Ob das wohl viel Arbeit war?

»Ich werde dir schreiben, ich schwör's dir! Vergiss nicht, dass ich dich liebe!«

Der Abschied fiel Sissi mindestens so schwer wie Franz Joseph. Am liebsten wäre sie mit ihm in den nächsten Wagen gestiegen und davongefahren. Irgendwohin, wo sie alleine sein konnten, wo sie niemand beobachtete, wo er nicht Kaiser sein musste! Wo sie nur füreinander und ihre Liebe da sein konnten. Wo niemand daran herumkrittelte, dass sie keine fremden Menschen mochte.

»Leb wohl, mein Herz! Ich werd dich besuchen, sobald es meine Zeit erlaubt!«

Und dann war das ganze Getümmel mit einem Schlag vorbei. Der behäbige Reisewagen der Herzogin ruckelte den Weg zurück, den er vor zwei Wochen gekommen war, und Sissi hatte das absurde Gefühl, dass sie alles nur geträumt hatte. Freilich, Nené fehlte. Was mochte sie wohl tun in Possenhofen? Hoffentlich machten die anderen Geschwister keine dummen Bemerkungen.

Sissi starrte aus dem Kutschenfenster und beobachtete gedankenverloren die Menschen. Ob das die Gleichen waren wie bei der Hinfahrt? Es kam ihr so vor. Sogar den stämmigen Pferdeknecht in Rosenheim erkannte sie wieder. Was er wohl sagen würde, wenn er von den Ereignissen erfuhr? Ob er sie auf den Bildern erkannte, die in den Zeitungen gedruckt wurden?

Dieses Mal stieg sie nicht aus, um mit ihm zu plaudern. Niemand musste sie ermahnen. Es schien in einem anderen Leben gewesen zu sein, als sie unbeschwert an Poststationen mit einfachen Leuten geplaudert hatte. Das gehörte sich jetzt nicht mehr, sie konnte Tante Sophies Stimme förmlich hören. Es gehörte sich ebenso wenig wie gelbe Zähne und bayerischer Dialekt für die Braut des Kaisers von Österreich.

Sissi saß bewegungslos in ihrer Ecke. Gelähmt von dem, was sich ereignet hatte. Es konnte doch nicht wahr sein, dass sie verlobt war, dass sie Ehefrau und Kaiserin werden sollte! Kaiserin eines riesigen Reiches mit vielen verschiedenen Völkern, die sich weiß Gott nicht alle einig waren. Wie sollte das gehen? Sie hatte bisher weder gelernt, was von einer Ehefrau erwartet wurde, noch, wie sich eine Kaiserin benehmen sollte.

Lehrzeit für eine Kaiserin

»Sissi, du kannst nicht ausreiten, die Schneiderin braucht dich!«

»Sissi, hör auf zu träumen, die Französischstunde fängt gleich an!«

»Sissi, der Tanzlehrer ist angekommen und wartet im Salon auf dich!«

»Wo steckt das Kind denn schon wieder? Es ist wirklich zum Verrücktwerden!«

Manchmal hätte sich Sissi am liebsten die Ohren zugehalten, wenn sie alle zugleich auf sie einredeten. Sie verplanten ihre Zeit und taten so, als habe der Tag plötzlich doppelt so viele Stunden bekommen.

Dass ihre Ausbildung bisher sehr vernachlässigt worden war, fand sie ganz und gar nicht. Und weshalb sie ihre Liebe zu Franz Joseph in endlosen Schulstunden beweisen sollte, begriff sie erst recht nicht. Sie entwischte, sobald sich auch nur die kleinste Gelegenheit dafür bot, bis die Herzogin sie eines Morgens zur Seite nahm. Ihre übrigen Geschwister waren längst auf und davon, hinaus in den wunderschönen Septembertag gestürmt. Sissi beneidete sie aus ganzem Herzen.

Ludovika musste ein ernstes Wort mit ihrer Tochter sprechen, nachdem sich so gut wie alle Lehrer, Schneiderinnen und Ausbilder darüber beschwert hatten, dass man eher einen Schmetterling fangen konnte, als die verliebte Prinzessin zu einer Schulstunde, einer Anprobe oder einer Lektion zu erwischen.

»Ich weiß, dass es dir nicht besonders leicht fällt zu lernen«, gab die besorgte Mutter zu. »Allen meinen Kindern fällt das Lernen nicht leicht, aber das ändert nichts an der Tatsache, dass es trotzdem erforderlich ist. Man erwartet nun einmal von dir, dass du Französisch und Italienisch sprichst, Sissi!«

»Aber in Wien leben weder Franzosen noch Italiener«, wagte Sissi trotzig zu widersprechen.

»Sei froh, dass du nicht auch noch Ungarisch und Böhmisch lernen musst«, rief sie die Herzogin energisch zur Ordnung. »Dein künftiger Gemahl gebietet auch über Kroaten und Slowenen, über Banater und Serben. Auch sie könnten verlangen, dass ihre künftige Herrscherin mit ihnen sprechen kann.«

Sissi wurde blass vor Schreck. Sie hatte schon ihre Probleme mit dem verhassten Französisch, und das Italienisch wollte ihr ebenfalls nicht in den Kopf. Banatisch oder Serbisch würde sie vermutlich auf der Stelle in den Wahnsinn treiben!

»Es geht nicht an, dass du die Schulstunden schwänzt, um auszureiten oder durch den Park zu laufen!«, fuhr ihre Mutter mit der Gardinenpredigt fort. »Und was die Geschichte Österreichs betrifft, du weißt selbst, dass man von einer Kaiserin sehr wohl erwarten kann, dass sie die Historie ihres eigenen Landes kennt!«

Sissi seufzte tief auf und senkte schuldbewusst den Kopf. Die Kaiserin, die alle in einer Mischung aus Drohung und Beschwörung an die Wand malten, schien jemand völlig anderer zu sein als die Sissi aus Possi. Sie hatte keine Lust, sich in diese einschüchternde Person zu verwandeln. Weshalb sollte sie langweilige Dinge über Etikette lernen? Weshalb wissen, wie man in einem Cercle mit wildfremden Damen plauderte, wie man Botschafter empfing und verknöcherte Diplomaten unterhielt? Weshalb Professoren anhören, über Landkarten und Büchern grübeln und einen öden Vortrag nach dem anderen in sich aufnehmen? Sie vergaß doch ohnehin die Hälfte!

In Ischl war nur von Liebe die Rede gewesen, nicht von Schulstunden und Etikette! Von Beisammensein und Miteinanderlachen, nicht von Cercle, fremden Abgesandten und Ländern mit unaussprechlichen Namen! Sie hatte sich das Verlobtsein anders vorgestellt. Unterhaltsamer, kurzweiliger. Alle redeten immer davon, dass sie jetzt erwachsen war, aber man behandelte sie wie eine dumme, kleine Schülerin.

»Versprich mir, dass du deinen Lehrern in Zukunft keinen Kummer mehr machst!«, beschwor ihre Mutter sie in diesem Moment. »Und mir auch nicht. Ich möchte Tante Sophie von deinen Fortschritten berichten können und nicht davon, dass du ständig deine Lektionen schwänzt.«

Schon wieder Tante Sophie! Wie ein Gespenst hing sie über allem, was Sissi tun sollte.

Wer hat Angst vor der Erzherzogin?, schoss es Sissi respektlos durch den Kopf. Die Mama sicher und ich auch. Der Papa nicht, aber der ist in München und diskutiert mit seinen Freunden. In Possi ist ihm plötzlich zu viel Wirbel. Ich kann's ihm nicht verdenken.

Der »schwarze Mann« aus dem Kinderspiel, das sie mit den Kindern so gern im Park spielte, hatte plötzlich eine Gestalt und ein Gesicht bekommen. Er war kein Mann, sondern eine Frau. Die imponierende, gestrenge Übermutter in Wien, die briefliche Befehle erteilte und umgehend lesen wollte, dass man sie auch sofort befolgte.

Sissi hatte ihr die gelben Zähne immer noch nicht verziehen. Obwohl sie sich morgens und abends nun die Zähne schrubbte, bis sie das Gefühl hatte, dass gar keine mehr da waren. Ob der Franz Joseph eine Braut mit abgeschabten Zahnstummeln haben mochte?

»Sissiiii!«

Sie zuckte zusammen. Es passierte ihr immer wieder, dass sich ihre Gedanken selbstständig machten und sie nicht hörte, was man zu ihr sagte. Noch so ein Fehler, den plötzlich alle viel mehr kritisierten als je zuvor. Vermutlich weil Tante Sophie es so haben wollte.

»Ich versprech's, Mama!«, murmelte sie, ohne genau zu wissen, was sie da eigentlich versprach.

Das erleichterte Aufatmen der Herzogin bewies immerhin, dass es diese Antwort gewesen war, auf die sie gewartet hatte. Wie zur Bestätigung ihrer guten Absichten eilte Sissi sofort auf ihr Zimmer, um Tante Sophie endlich den Brief zu schreiben, den sie seit mehreren Tagen aufschob.

Franz Josephs Mutter hatte ihr ein paar freundliche Zeilen geschickt und Zeichnungen beigelegt, die sie an den Aufenthalt in Ischl erinnern sollten. Eigentlich eine liebenswürdige Geste, und Sissi hatte plötzlich ein schlechtes Gewissen, dass sie so lange mit ihrer Antwort gezögert hatte.

Deswegen fiel der Brief auch besonders freundlich aus. Sie bedankte sich für die geschickten Zeichnungen, berichtete in aller Unschuld von ihrer Sehnsucht nach Franz Joseph und davon, wie sehr sie sich darauf freute, ihn bald wieder zu sehen. In Anbetracht der mütterlichen Ermahnungen von eben fügte sie auch noch Dank für all die Güte und Freundlichkeit hinzu, die sie in Ischl von ihrer Tante empfangen hatte. Sie zählte ihre Schulstunden auf und beendete die Epistel mit einem respektvollen: »Deine dankbare, ergebene Nichte Sissi!«

Erleichtert legte sie die Feder zur Seite. Das sollte doch genügen als freiwillige Buße für den Kummer, den sie der Mama gemacht hatte. Sie wollte niemand wehtun. Sie wehrte sich lediglich gegen die rigorose Beschränkung ihrer persönlichen Freiheit.

Im Zuge ihrer guten Vorsätze drückte sie sich auch nicht länger davor, den Professor zu empfangen, den ihr Vater empfohlen hatte und dem sie bisher so sorgsam aus dem Wege gegangen war. Geschichte war in ihren Augen endlos langweilig, sobald sie sich aus dem Bereich von Sagen und Mythen entfernte und sich mit Politik beschäftigte.

Graf Johann Majlath war ein bedeutender Historiker seiner Zeit und sein Buch »Die Geschichte des österreichischen Kaiserstaates« sollte als Grundlage für Sissis Geschichtsunterricht gelten. Der alte Herr, der die siebzig bereits überschritten hatte, entpuppte sich zu Sissis großer Verblüffung als sehr viel unterhaltsamer und charmanter wie alle anderen Lehrer. Sie fand ihn auf Anhieb sympathisch. Seine poesievolle Art, trockene Daten mit Geschichten zu verdeutlichen, und sein ungarischer Charme entwaffneten sie. Bei ihm gerieten sogar langweilige Schlachten und politische Einzelheiten zu höchst spannenden Vorträgen.

Schon bald freute sie sich auf seine Stunden und der Kreis seiner Zuhörer in Possenhofen vergrößerte sich von Tag zu Tag. Erst fand sich Nené ein, dann folgte Gackel, schließlich sogar die Herzogin und ein paar von den anderen Lehrern. Ein interessierter und höchst lebhafter Kreis erfuhr von Professor Majlath eine leicht ungarisch gefärbte Version der österreichischen Geschichte und diskutierte relativ neutral und unbeeinflusst darüber. Nicht, dass der Graf Sissi etwas Falsches lehrte, aber er weckte doch ihr besonderes Verständnis für die ungarische Historie und die Rolle, welche die Ungarn im Kaiserreich spielten. Dass er auch über ungarische Sagen sprach, die Poesie seiner Landsleute vorstellte und seiner faszinierten Schülerin ungarische Literatur näher brachte, formte Sissis Bild von einem faszinierenden Volk. Der Professor scheute sich nicht einmal, dem jungen Mädchen, das an die oberste Spitze der

Monarchie rücken sollte, in ungeschminkten Worten die Vorteile und Möglichkeiten einer Republik zu erklären.

Sissi entwickelte zum ersten Mal Interesse an Politik. Der ungarische Graf weigerte sich strikt, für seine Lektionen eine Bezahlung anzunehmen. Er hielt sie ausschließlich für die »schönen Augen von Sissi«, wie er in höfischem Französisch von sich gab.

Sissi kicherte wie ein Schulmädchen über seine Komplimente und freute sich auf jede seiner Stunden. Manchmal erinnerte sie der weißhaarige ungarische Graf sogar ein wenig an Franz Joseph. Der hatte auch alles, was sie sagte, für etwas Besonderes gehalten. Bei ihm fühlte sie sich erwachsen und klug, schön und auf eine höchst angenehme Weise auch frei.

Aber es gab auch Instruktionen, die ihr weniger Vergnügen bereiteten, die ihre Angst vor dem künftigen Leben in der Wiener Hofburg schürten. Alles, was sie über die Wichtigkeit ihrer Stellung erfuhr, der ganze Aufwand, der um ihre Person getrieben wurde, begann sie zu erschrecken. So weit entfernt von Franz Joseph, von seinem liebevollen Lächeln, seiner tröstenden Stimme schien alles fürchterlich kompliziert und anstrengend zu werden.

Umso mehr als Sissi einen zwar liebevollen, aber kritischen Brief ihres Verlobten empfing, der sich in erster Linie mit jenem ergebenen Dankschreiben befasste, das sie der Erzherzogin für die hübschen Zeichnungen aus Ischl geschickt hatte.

Er wies sie darauf hin, dass es sich beileibe nicht gehörte, seine Mutter in Briefen mit jenem vertrauensvollen »Du« anzusprechen, das Sissi verwendet hatte. Sogar er selbst, der Kaiser, verweigere der Erzherzogin nicht das schriftliche, respektvolle »Sie«, das ihre Würde und ihre Person als Mutter des Kaisers erfordere.

Sissi las den Brief zweimal, ohne ihn zu begreifen. In einem

Hause aufgewachsen, in dem niemand Wert auf Förmlichkeit legte, war ihr gar nicht die Idee gekommen, einen Fehler zu machen. Nicht einmal Herzog Max, der den Anspruch auf den Titel »Königliche Hoheit« hatte, machte im täglichen Leben davon Gebrauch. In Possenhofen wie in dem Palais an der Ludwigstraße in München ging es frei und ohne jeden höfischen Zwang zu.

Sissi hatte bei der lockeren Familienzusammenkunft in Ischl gedacht, dass dies in Österreich auch so sei, und nun erfuhr sie unangenehm, dass sie sich getäuscht hatte. Erst jetzt fiel ihr auf, dass ihre Unterhaltungen mit Tante Sophie, von ihrer Seite aus, nur aus »Ja« und »Nein« bestanden hatten. Sie hatte niemals gewagt, sie von sich aus anzusprechen, und deswegen war die Frage der offiziellen Anrede auch nie geklärt worden.

Verunsichert starrte sie auf den Brief. Weshalb hatte Franz Joseph sie nicht darauf hingewiesen? Wie sollte sie überhaupt jemals all die vielen Dinge lernen, die plötzlich so wichtig waren?

Der kaiserliche Bote, der kurz darauf ein diamantgeschmücktes Armband überbrachte, in dem sich eine Miniatur des Bräutigams befand, kam genau im richtigen Augenblick. Sissi erkannte das Bild, das zusammen mit dem ihren in Ischl gemalt worden war, und schaute beglückt in das lächelnde Antlitz ihres Verlobten. Er musste gefühlt haben, wie verwirrt und verunsichert sie war. Wie schrecklich sie sich nach ihm sehnte.

Dabei hatte sie im Grunde nicht einmal Zeit für Sehnsucht. Sie steckte bis über beide Ohren in Stoffen und Spitzen. Es war den Schneiderinnen gelungen, sie zu einer neuerlichen Anprobe zu überreden. Stocksteif duldete sie die vielen Hände an sich.

Sie verabscheute es, von Fremden angefasst zu werden. Sie

wollte nicht einmal die Hilfe einer Kammerfrau zum An- und Ausziehen. Allein, die umfangreiche neue Garderobe, die notwendig war, konnte nicht ohne ihre Person angefertigt werden.

Obwohl sie es liebte, hübsche Kleider zu tragen, hatte sie sich bisher nie intensiv mit modischen Fragen beschäftigt. Die Herzogin sorgte dafür, dass ihre Töchter standesgemäß gekleidet waren, und erst jetzt stellte sich plötzlich heraus, dass Sissis Garderobe in beklagenswerter Weise vernachlässigt worden war.

Der »Hühnerhof«, über den sich Marie und Sissi im Frühling noch lustig gemacht hatten, fand nun plötzlich von neuem statt. Nur dass nicht Nené stundenlang von Nadeln gepiekst und wie eine Schneiderpuppe herumgedreht wurde, sondern Sissi selbst.

Der »Trousseau«, wie man die Ausstattung der kaiserlichen Braut vornehm nannte, musste in aller Eile und vom Feinsten angefertigt werden. Ludovika wollte sich in Wien schließlich nicht blamieren. Sie wusste, wie genau man jedes Stück betrachten würde. Das hatte zur Folge, dass sich in Possenhofen ein wahres Schneideratelier einnistete. Da stichelten die Weißnäherinnen an der kaiserlichen Unterwäsche, die Putzmacherinnen fertigten Hüte, Hauben und Fächer. Die Schuhmacher lieferten Satin- und Seidenschuhe, Stiefel und Stiefeletten. Die Täschner die passenden Pompadoure und Täschchen, die Stickerinnen und Spitzennäherinnen produzierten Borten, Verzierungen und Volants.

Das alles musste ständig anprobiert, abgesteckt, geändert oder zum letzten Mal geprüft werden. Sissi wusste nicht mehr, wie oft sie an- und ausgezogen wurde und wer noch an ihr herumzupfte und zog. Die Schneiderinnen ließen auch nicht zu, dass sie die Augen schloss und sich in irgendwelche Träume flüchtete. Ständig musste sie ihre Meinung abgeben.

Sie lernte, dass es einen wichtigen Unterschied zwischen Putzkleidern und Montantkleidern gab, dass Ballkleider etwas anderes als große Hoftoiletten waren und dass neben Sommerkleidern, Schlafröcken, Mänteln, Mantillen und schlichten Umhängen auch Blumenkränzchen und zwei Dutzend Nachthalstücher sowie zwölf gestickte Nachthäubchen für eine Kaiserin absolut erforderlich waren.

Im Grund hätte Sissi nichts gegen den hübschen Überfluss in ihren Schränken einzuwenden gehabt. Da jedoch jedes einzelne Stück davon exakt auf ihre Maße geschneidert wurde, artete die Anschaffung in eine völlig unbekannte Art von Beschwerlichkeit aus. Weshalb um Himmels willen benötigte sie 168 Hemden? Hemden aus Batist und mit Spitzen besetzt und wieder andere aus wärmerem Material für den Winter? Weshalb unglaubliche vierzehn Dutzend Strümpfe, 72 Unterröcke und 60 Beinkleider? Die zwanzig Dutzend Handschuhe in allen Farben und Materialien nahm sie schon ebenso wenig zur Kenntnis wie die sechs Paar Stiefel und Schuhe einer jeglichen Sorte, die ihr angemessen wurden. Allein 113 Paar der feineren Art befanden sich darunter, die aus Seide, Samt oder Atlas gefertigt waren und zu den eleganten Roben und Putzkleidern getragen werden sollten.

Am abscheulichsten fand Sissi die Mieder. Ihre winzige Taille hatte es wahrhaftig nicht nötig, fischbeinverstärkt und eingeengt zu werden. Es gehörte sich aber, dass sie wenigstens ein paar davon besaß. Ebenso wie die neumodischen, mit Pferdehaar und Fischbeinstäben verstärkten Unterröcke, die dafür sorgten, dass sich ihre Röcke wie eine Glocke von der Taille abwärts bauschten.

»Bitte umdrehen!«, kommandierte die Schneiderin und Sissi wandte sich gehorsam zur Seite.

Franz Joseph konnte unmöglich wissen, was es für eine

junge Frau bedeutete, Kaiserin zu werden. Und wenn sie es gewusst hätte …

Sissi seufzte tief, aber niemand beachtete es.

Letzter Herbst in Possi

»Sissiiii …«

Die Stimme hallte hinter der zuschlagenden Tür, aber Sissi hatte gelernt, so zu tun, als habe sie nichts gehört. Sie raffte ihre Röcke und lief die breite Treppe des Schlosses in die Halle hinunter. Wenn es ihr gelang, in den Park und zum Seeufer hinunterzukommen, dann hatte sie einen freien Vormittag gewonnen.

Sie stieß die Tür auf und blieb wie vom Blitz getroffen stehen. Eine Reisekutsche stand da mit dampfenden Pferden und einem Postillon, der gar nicht schnell genug die Stufen aufklappen konnte, um dem ungeduldigen Reisenden das Aussteigen zu erleichtern.

»Franzi!«

Sissi konnte es nicht fassen. Sie musste träumen. Sie fuhr sich mit der Hand über die Augen, aber das Bild blieb. Er war gekommen! Er hatte sein Versprechen wahr gemacht und war gekommen! Viel früher, als es sein Brief angekündigt hatte, und deswegen war niemand im Haus auf seine Ankunft gefasst. Sie flog mit einem erstickten Aufschrei in seine ausgebreiteten Arme.

»Wo kommst du denn her? Du solltest doch erst viel später …«

»Ich konnte es nicht mehr erwarten!«, strahlte Franz Joseph und schwang seine Braut im Kreis herum, ehe er sie küsste.

»Weißt du, dass ich nur einunddreißig Stunden nach München gebraucht hab? Ein Rekord würd ich sagen! Das macht mir so schnell keiner nach! Ich hab solche Sehnsucht nach dir gehabt!«

»Du warst in München? Aber wieso …«

Sissi blieb schon wieder die Luft weg vor diesem stürmischen jungen Mann, der sie in bester Schraubstockmanier an seinen Körper presste. Sie konnte nur in die strahlenden blauen Augen sehen und sich mit ihm freuen.

»Ich hab dem König meine Verehrung erklärt«, lachte der Kaiser. »Es gehört sich so, wenn ich in Bayern bin, auch wenn das kein Staatsbesuch ist. Politik, mein Schatz, aber das muss dich nicht bekümmern. Jetzt ist alles in Ordnung und ich bleib bei dir! Willst du mir dein schönes Possi nicht endlich zeigen?«

Es fiel Franz Joseph nicht auf, dass er eine blasse, überanstrengte Sissi im Arm hielt, die am liebsten in seinen Wagen gestiegen und mit ihm ganz weit fort gefahren wäre. Weg von Schneiderinnen und Lehrern, von Lektionen und Stecknadeln. Er sah nur die freudig leuchtenden Augen und fand, dass das Bild, das er von seiner Braut in der Phantasie bewahrt hatte, von der Wirklichkeit himmelweit übertroffen wurde.

Sissi hingegen entdeckte zu ihrem Entzücken nicht den gestrengen Kaiser, den alle ihre Lehrstunden heraufbeschworen, sondern den charmanten Franzi, in den sie sich verliebt hatte. Einen höchst attraktiven jungen Mann, der Politik und Macht vergaß, nur um einer Fünfzehnjährigen zu sagen, wie sehr er sie liebte!

Dass er Rang und Macht in Wien zurückgelassen hatte, überzeugte sie davon, dass sie sich völlig umsonst Sorgen gemacht hatte. Wie herrlich, dass er gekommen war! In seiner Gegenwart würde man sie bestimmt nicht länger mit Anproben und Schulstunden piesacken!

Sie wusste glücklicherweise nicht, dass der Kaiser eine Reihe von Aufträgen im Gepäck hatte, die ihm seine Mutter mit auf den Weg gegeben hatte. Sie wollte über den Sohn Einfluss auf Sissi ausüben. Sophie nahm an, dass er kein Problem damit haben würde, aber sie unterschätzte ihre junge Schwiegertochter gehörig.

In Sissis bezaubernder Gegenwart verloren die mütterlichen Ermahnungen auf seltsame Weise an Dringlichkeit. An ihrer Seite wurde er jünger, unbeschwerter. Er bekam Geschmack an einer Freiheit, die ihm unter der strengen Hand seiner eigenen Mutter nie vergönnt gewesen war. Aus dem Kaiser wurde ein Junge, der mit Sissis Geschwistern durch das Haus tollte und sich für kaum ein albernes Spiel zu schade war. Kein Wunder, dass er schon nach kurzer Zeit die Dinge, die seine würdige Mutter für so wichtig erachtete, für völlig nebensächlich hielt.

Wenn Sissi mit wehender Mähne und dem schneidigen Sitz einer geborenen Reiterin vor ihm über die Wiesen galoppierte, dann entzückte dieses Bild ganz einfach sein Herz. Dann dachte er nicht mehr daran, dass die Erzherzogin ihm aufgetragen hatte, Sissis Reitleidenschaft einzudämmen. Sie hatte besorgt davon vernommen, dass Sissi an der Seite ihres Vaters stundenlang im Sattel blieb.

»Sie ist zu zart, Franzi!«, hatte sie ihm ihre Bedenken erklärt. »Es tut nicht gut, wenn ein so junges Mädchen so viel reitet. Man muss auch an später denken, schließlich soll sie einmal den Erben des Throns zur Welt bringen! Es geht nicht an, dass sie ihrer Gesundheit schadet, du musst es ihr sagen! Sie soll unbedingt das Reiten einschränken, hörst du?«

Aber der Kaiser dachte lieber an das Jetzt. Er sah die dunkelblonden Locken im Herbstwind wehen. Etwas, das so schön war, konnte nicht falsch sein. In Sissis Augen leuchtete die pure Freude. Sie hatte entdeckt, dass Franz Joseph ein noch tollkühnerer Reiter als ihr Vater war. Er blieb nicht zurück, wenn sie über die Hecken setzte und in vollem Galopp am Seeufer entlangstürmte.

»Nur mein Vater kann so gut reiten wie du!«, lobte sie ihn. »Aber mit dir ist es schöner!«

»Ich hab noch nie eine Frau kennen gelernt, die so beherzt reitet«, gab Franz Joseph das Lob zurück. »Meine Generale wären froh, wenn alle Husaren so draufgängerisch im Sattel sitzen würden wie du. Ich muss unbedingt ein Bild von dir malen lassen, auf dem du hoch zu Pferd sitzt!«

»Noch ein Bild?«, scherzte Sissi. »So viele Wände gibt's doch in der ganzen Hofburg nicht, wie du bereits Bilder von mir hast. Wo willst du's denn hinhängen?«

»Du wirst schon sehen, die Hofburg ist groß genug für ein ganzes Museum von dir«, entgegnete der Kaiser schlagfertig. »Aber noch lieber ist's mir, wenn ich dich endlich in Person bei mir hab!«

Es kam ihm gar nicht in den Sinn, dass Sissi tatsächlich keine Ahnung von den imponierenden Ausmaßen seines Zuhauses hatte. Sie kannte das elterliche Haus in München, die stattliche Residenz der bayerischen Könige und die Paläste der führenden Familien von Bayern. Doch all dies konnte man mit der Hofburg oder mit Schloss Schönbrunn nicht vergleichen.

Ihre Mutter grübelte indes gemeinsam mit Herzog Max über den richtigen Hochzeitstermin nach. Gerne hätte sie die Hochzeit, die für April des nächsten Jahres angesetzt war, mindestens bis Juni verschoben. Sie versuchte ihrer Schwester die Sache schmackhaft zu machen. Schließlich war Sophie selbst einmal als jugendliche Prinzessin zu einer Hochzeit nach Wien gereist. Sie würde doch Verständnis für den Vorschlag haben.

Zu Beginn des Sommers, im Juni, wäre der größte Teil des österreichischen Adels längst in die Sommerfrische aufgebrochen. Die Hochzeitsfeierlichkeiten würden somit automatisch in einem kleineren Rahmen stattfinden. Ludovika wusste, wie wenig Sissi auf die Menschenmassen vorbereitet war, die sie in Wien erwarteten. Konnte man ihr nicht ein wenig entgegenkommen? Und musste es ausgerechnet das große, fremde Wien sein?

Die Erzherzogin schickte einen energischen Brief zurück, der Ludovikas Vorschlag förmlich in der Luft zerfetzte. Für sie stand es außer Frage, dass die Hochzeit in Wien stattfinden musste, dass es beim Monat April blieb und dass der gesamte europäische Hochadel und die österreichische Öffentlichkeit daran teilnehmen würden.

Es ging schließlich darum, die Macht und den Ruhm der Monarchie zu präsentieren! Was die kleine Braut dabei fühlte, interessierte die mächtige Frau in diesem Moment herzlich wenig. Im Gegensatz zu Ludovikas Vermutungen ließ sie sich den klaren Blick für Notwendigkeiten nicht von sentimentalen Erinnerungen trüben. Sissi hatte als Kaiserin ihre Verpflichtungen zu übernehmen, basta!

Je eher das Volk die jugendliche, anmutige Kaiserin zu sehen bekam, umso früher würde die freudige Hochzeitsstimmung auch auf den allgemeinen politischen Unmut abfärben. Eine prächtige Hochzeit, das war genau das, was die Monarchie Sophies Meinung nach benötigte, um ihren leicht verblassten Glanz aufzupolieren.

Sissis Eltern fügten sich in das Unvermeidliche und in Possenhofen zog mit dem Herbst auch die Abschiedsstimmung ein. Die Rückkehr ins Stadthaus nach München wurde für den 15. Oktober angesetzt und Franz Joseph wollte die Familie noch für ein paar Tage begleiten. Umso mehr wunderte sich Marie, dass sie ihre Schwester in Tränen aufgelöst fand, als sie in ihr Zimmer stürmte.

»Was ist los, hast du dich mit dem Franz Joseph gestritten?«, fragte sie unumwunden.

»Nein, natürlich nicht«, schniefte Sissi und griff nach einem Taschentuch, um sich die Nase zu putzen. »Ich bin nur traurig.«

»Traurig?« Marie kippte die Stimme, manchmal verstand sie die Ältere wirklich nicht. »Du bekommst mehr Kleider, als je ein Mensch gesehen hat, du hast den nettesten Bräutigam auf der Welt und du wirst Kaiserin von Österreich. Wie kann ein Mensch da traurig sein?«

Sissi zupfte am Spitzenbesatz des Taschentuchs und sah aus ihrem Fenster. Der See und die Berge verschwammen vor ihren Augen, denn die Tränen ließen sich einfach nicht zurückhalten.

»Ich bin traurig, weil ich weiß, dass ich im nächsten Frühling nicht wieder nach Possi kommen werd«, wisperte sie leise. »Ich werd den See vermissen und meine Tiere, mein Zimmer …«

Marie hatte bereits Ansprüche auf dieses Zimmer angemeldet. Sie wusste, was Sissi der Blick aus dem Fenster bedeutete, und sie hatte die Schwester seit ewigen Zeiten um diesen besonderen Ausblick beneidet.

»Das versteh ich«, nickte sie und begriff tatsächlich ein wenig von Sissis Abschiedsschmerz. »Nirgendwo ist es so schön wie in Possi!«

»Siehst du! Und ich soll fort!«, rief Sissi in einem jähen Anfall von Verzweiflung und brach endgültig in Tränen aus. »Wieso muss ich nur fort?«

»Aber geh, du wirst doch dafür Kaiserin!«, erinnerte ihre kleine Schwester sie. »Freust du dich denn gar nicht darauf? Ich hätt nie gedacht, dass ich einmal eine richtige Kaiserin zur Schwester haben werde!«

»Ich will nicht Kaiserin werden!«, gestand Sissi ziemlich undeutlich, denn sie sprach in das feucht zerknautschte Spitzentaschentuch.

»Ich denk, du hast den Franz Joseph lieb?«, wunderte sich Marie und schaute sie neugierig an. »Den ganzen Tag steckt ihr zusammen und strahlt euch an und da sagst du, du möchtest ihn nicht heiraten?«

»Das verstehst du nicht.« Sissi wischte sich mit dem Handrücken über die Augen. »Ich möcht den Franzi schon heiraten, aber ich möcht nicht Kaiserin sein. Warum kann er nicht leben wie der Papa? Dem Papa geht's doch auch gut. Niemand macht ihm Vorschriften und niemand verlangt von ihm, dass er irgendwelche Völker regiert. Sollen das doch die anderen machen!«

»Möchtest du eine Ehe führen wie Mama?«, fragte Marie, die trotz ihrer Jugend bereits die Lieblosigkeit dieser Verbindung erkannt hatte. »Also ich nicht. Dann schon lieber Kaiserin werden. Oder Königin ... weil so viele Kaiser gibt's ja nicht, die man heiraten kann! Meinst du, ob's noch irgendwo einen hübschen König für mich gibt? Ich möcht schon eine Krone tragen. Kronen machen sich so hübsch auf hochgesteckten Haaren.«

»Was du so daherredest«, entgegnete Sissi unwirsch. »Ich mein doch nur, dass ich's lieber hätt, wenn der Franzi ein Geringerer wär. Als Rittmeister oder Jäger wär er mir viel lieber!«

»Hätte, wäre, sollte!« Marie stemmte die Arme in die Hüften und verdrehte gereizt die Augen zum Himmel. »Was du so daherredest, wenn du ins Träumen gerätst! Sei froh, dass die Mama das nicht gehört hat! Wach auf! Du heiratest den Franzi und wirst Kaiserin und ich bekomm dein Zimmer, da beißt die Maus keinen Faden ab!«

Dass sie damit völlig Recht hatte, tröstete Sissi kein bisschen. Sie liebte so viele Dinge, Personen, Plätze und Tiere, dass ihr das Übermaß an Gefühlen den Atem abdrückte. Nicht nur Franz Joseph hatte in ihrem Herzen einen festen Platz, sondern auch ihre Geschwister, ihre Eltern, Possenhofen, sogar das große Haus in München, der See, ihre Tiere, ihre Pferde …

Warum musste sie all ihre Lieben zurücklassen, um wegen einer einzigen Liebe nach Wien zu gehen? War das gerecht?

»Wieso muss unbedingt *ich* alles verlassen?«, fasste sie das ganze Elend in einer einzigen Frage zusammen. »Ich würd lieber hier bleiben!«

»Weil's halt nun einmal so ist, dass die Frau dem Mann folgt«, beantwortete Herzogin Ludovika diese Frage. Sie hatte glücklicherweise nur den letzten Rest des Gesprächs gehört und kam nun in das Zimmer, in dem schon die Koffer und Kisten für München bereitstanden. Sie zögerte, als sie Marie sah, aber dann sprach sie doch weiter. Der Fall Sissi hatte bewiesen, dass ihre Töchter erwachsener waren, als sie dachte. Sollte Marie ruhig hören, was sie Sissi zu sagen hatte.

»Das ist das Schicksal aller Frauen, Kind. Du musst aufhören, an das zu denken, was du verlierst. Überleg dir lieber, was du bekommen wirst. Einen Mann, der dich liebt, eine Familie, Kinder …«

Sissi hob unbehaglich die Schultern. Das Zukunftsbild trug wenig dazu bei, dass sie sich beruhigte. Sie war doch selbst fast noch ein Kind. Jetzt schon an eigene Kinder zu denken, kam ihr noch viel seltsamer vor als alles andere. Die Kinder sollten warten. Erst waren die eigenen Pläne an der Reihe …

»Eigentlich hab ich erst reisen wollen, wie der Papa«, gestand sie verlegen. »Viele fremde Länder sehen, andere Städte, Menschen, Landschaften. Der Papa hat mir so viel erzählt, von Ägypten und der Türkei, von Griechenland … Ich wollte das alles einmal selbst sehen!«

»Natürlich, erzählen, das kann er«, fiel ihr die Herzogin aufgebracht ins Wort. »Seinen Kindern Flausen in den Kopf setzen, darin ist er groß. Ich bitt dich, Sissi! Du bist doch kein Mann!

166

Und nicht einmal alle Männer tun das, was der Max tut. Er ist eben eine Ausnahme. Wenn *du* auf Reisen gehst, dann mit dem Franz Joseph!«

Sissi schluckte, es kam selten vor, dass ihre Mutter ein kritisches Wort über Papa verlor. Man sah ihr jetzt auch an, dass sie es bereute. Sie war stets darum bemüht, dass keines der Kinder etwas von den Schattenseiten ihrer Ehe erfuhr.

Aber sosehr Sissi Franz Joseph auch liebte, die Art von Reisen, die sie sich vorstellte, konnte man vermutlich nicht mit einem Kaiser machen. So viel hatte sie bereits bei ihren Etikettestunden gelernt. Trotzdem verfolgte sie der Mutter zuliebe das Thema nicht weiter. Sie steckte das Taschentuch weg und hob tapfer das kleine Kinn. Die letzten Tränen verliehen ihren riesigen Augen noch mehr Glanz und Tiefe.

»So ist's recht«, lobte die Herzogin zufrieden. »Schluss mit dem Geschluchze, man könnt ja sonst meinen, du bist unglücklich!«

»Ich bin ja nicht wegen dem Franzi traurig«, verteidigte Sissi ihre Tränen. »Es ist nur ... Ich muss aber immer daran denken, dass ich im nächsten Sommer nicht mehr in Possi sein werde!«

Das Elend dieser Erkenntnis ließ sie von neuem aufschluchzen. Sie warf sich mit überlaufenden Augen in die Arme ihrer Mutter und weinte das frisch gestärkte Schultertuch der Herzogin nass. Dieses Mal erhob Ludovika keinen Einspruch dagegen. Sie ließ Sissi weinen. Sie fand kein Argument, das sie davon abhalten würde.

Sie strich sanft über den bebenden schmalen Rücken. Sie machte sich Sorgen um Sissi, aber das durfte sie auf keinen Fall sagen. Wenn Sissi bemerkte, dass auch ihre Mutter Bedenken hatte, würde in diesem Haus nur noch geschluchzt werden. Es genügte schon, dass ihr Marie diesen seltsamen erwachsenen

Blick zuwarf. Ein Blick, der deutlich sagte, dass sogar sie begriff, wie schwer es die sensible, verletzbare Sissi im fernen Wien haben würde. Alles hing an Franz Joseph, hoffentlich ließ er ihre Kleine nicht im Stich!

Weiße Rosen und ein Papagei

Der Wohnungswechsel nach München bewies Sissi, dass sich ihr Leben tatsächlich von Grund auf geändert hatte. Franz Joseph hatte aus der kleinen, unbeachteten Prinzessin eine bedeutsame Person gemacht. Im Palais an der Ludwigstraße häuften sich die Einladungen und die Besucher gaben sich die Klinke in die Hand. Der Kaiser von Österreich mochte zwar »privat« in München sein, aber das änderte nichts an der Ehre dieses Besuchs.

Die Feierlichkeiten zum Geburtstag der bayerischen Königin wurden somit auch Feiern für das junge Brautpaar. Sissi und Franz Joseph traten bei dieser Gelegenheit zum ersten Mal seit Ischl wieder gemeinsam als Verlobte in der Öffentlichkeit auf. Sissi mochte diese Auftritte nicht. Sie stürzten sie in große Verlegenheit, auch wenn sie versuchte, Haltung zu bewahren. Bei dem festlichen Opernbesuch zum Beispiel, der damit begann, dass alle Besucher der königlichen Oper bei ihrem Anblick in Jubel ausbrachen, hätte sie am liebsten auf dem Absatz kehrtgemacht.

Wie lange war es her, dass sie bei solchen Gelegenheiten im Schutz der Balustrade friedlich zu den Füßen ihrer Mutter mit der mitgebrachten Puppe gespielt hatte? Erwachsen werden war eigentlich längst nicht so schön, wie sie sich das als kleines Mädchen immer vorgestellt hatte.

Nur Franz Josephs Arm gab ihr die Kraft, der Menge zuzulächeln und sich für den Beifall mit einer anmutigen Reverenz zu bedanken. Die Bayern waren aus tiefstem Herzen stolz auf ihre schöne Prinzessin, die das Wohlgefallen des Kaisers erregt hatte. Wie herzlich sie doch war, wie entzückend natürlich, weshalb hatte man sie früher eigentlich nie beachtet? Immer war nur von ihrer großen, schönen Schwester die Rede gewesen.

Franz Joseph, der zu Hause mit politischen Problemen und Widrigkeiten zu kämpfen hatte, genoss seinen Besuch in Bayern von Anfang bis Ende. Bei seinem eigenen Volk nicht besonders beliebt, gefiel ihm der unverhohlene Freudentaumel der Münchner. Zudem entdeckte er voll Erstaunen, welch eigenartige Macht der Anblick seiner schönen Braut auf die Menschen hatte.

Sissi hingegen erinnerte sich an die lästigen Ermahnungen ihrer künftigen Schwiegermutter und lächelte nur noch mit geschlossenen Lippen. Beim Sprechen achtete sie ebenfalls sorgfältig darauf, dass sie den Mund nicht allzu weit aufmachte. Sie wollte kein zweites Mal hören, dass sie gelbe Zähne hatte. Wenn die Menschen nichts Besseres zu tun hatten, als sich um ihre Zähne zu kümmern, dann würde sie künftig den Mund zulassen.

Die entzückten Münchner hielten ihre leise Sprechweise für mädchenhafte Bescheidenheit und lobten sie dafür. Ihre Art zu lächeln erregte Begeisterung, und alle Welt gab den Zeitungsschreibern Recht, die Sissi die »Rose aus dem Bayernland« getauft hatten. So viel Schönheit gab's eben nur in Bayern!

Die festliche Oper langweilte Sissi übrigens zu Tode. Es handelte sich um ein Werk des bayerischen Generalmusikdirektors, in dem für ihren Geschmack zu viel und zu schrill gesungen wurde. Dass die Geschichte außerdem mit einem gebrochenen Verlöbnis begann und mit einem dahinsiechenden Kaiser endete, fand sie höchst unpassend. Hätte man nicht etwas Lustigeres finden können, um einen königlichen Geburtstag zu feiern?

Franz Joseph war glücklich. Er schrieb seiner Mutter die reinsten Hymnen über Sissi nach Wien und vergaß nicht zu erwähnen, dass sie jetzt wunderschöne weiße Zähne hatte und dass ihr das viele Reiten überhaupt nicht schadete. Im Gegenteil, er fand sie lebhafter und gesünder als in Ischl. Sein Schreiben war gespickt mit Worten wie »allerliebst« und »reizend« und »charmant«. Es bestätigte der Mutter, dass er verliebter denn je nach Hause kommen würde.

Sissi versuchte die Hofbälle mit Haltung über sich ergehen zu lassen. Aber weshalb sie plötzlich jeden einzelnen verknöcherten Diplomaten am bayerischen Hof begrüßen und mit ihm gestelzte Bemerkungen wechseln sollte, das begriff sie nicht. Sie tat es dem Kaiser zuliebe, und weil ihr von allen Seiten so viel Begeisterung entgegenschlug. Man hatte fast den Eindruck, dass es der bayerische Hof ebenso bedauerte, Prinzessin Elisabeth zu verlieren, wie sie selbst es bedauerte, im Frühling ihre Heimat verlassen zu müssen.

Bei der Abreise des Kaisers am 21. Oktober ging trotzdem ein leises, heimliches Aufatmen durch die gesamte Familie des Herzogs in Bayern. Nicht nur Sissi, auch ihre Eltern waren es nicht gewöhnt, im Mittelpunkt der Aufmerksamkeit zu stehen. Sissis Verlobung hatte aus der unbeachteten, ein wenig vergessenen Nebenlinie der Herzöge in Bayern über Nacht eine bedeutende Familie gemacht. Freilich musste dafür auch ein Preis bezahlt werden. Sie wurden beobachtet. Neugierig, neidisch, misstrauisch und rund um die Uhr.

Plötzlich musste jedes Wort auf die Goldwaage gelegt und jede Geste genau geprüft werden. Sogar die Neuigkeit von dem verrückten Fest, mit dem der Herzog und seine Freunde die

Silberhochzeit von Max und Ludovika und Sissis Verlobung zugleich gefeiert hatten, drang bis nach Wien. Die Münchner hatten gelacht und die Knüttelverse zitiert, die an der Tafel gesungen worden waren, aber in Wien rümpfte man die Nase über die »gewöhnlichen Bayern«.

Die Erzherzogin rügte ihre Schwester postwendend in einem seitenlangen Schreiben, und Ludovika lernte, Sophies Briefe immer mehr zu fürchten. Ihre Migräne-Anfälle begannen sich zu häufen. Auch Sissi schränkte aus verständlichen Gründen den schriftlichen Kontakt mit der Erzherzogin auf das Notwendigste ein.

Die formvollendeten kleinen Schreiben, in denen sie sich höflich für Aufmerksamkeiten bedankte oder Fragen beantwortete, waren jetzt alle ganz korrekt geschrieben und sprachen die hohe Frau respektvoll mit »Sie« an. Freilich fehlte ihnen auch die unbeschwerte Herzlichkeit des ersten Briefes, aber das war für Sophie nicht wichtig. Ihr ging es darum, dass die Form gewahrt wurde, der Inhalt kam erst an zweiter Stelle.

Der Herbst machte langsam dem Winter Platz, aber Sissi nahm es kaum wahr. Ihr Tag blieb voll gestopft mit Stunden für die Schneiderinnen, Terminen für die offiziellen Porträts, den Lektionen und den Stunden, die für Graf Majlath reserviert waren. Dass es schon November war, ging Sissi erst richtig auf, als Franz Josephs kaiserlicher Bote ein Namenstagsgeschenk aus Wien brachte.

Natürlich hatte der Kaiser den 19. November nicht vergessen! Gleichzeitig mit dem Päckchen kam auch ein Brief, der seinen neuerlichen Besuch in München zum Weihnachtsfest ankündigte.

»Wie wunderbar!«, freute sich Sissi, und Marie wunderte sich einmal mehr über das Verhalten ihrer rätselhaften Schwester.

»Ich versteh dich nicht. Man könnt grad meinen, du freust dich über den dummen Brief mehr als über die wundervolle Brosche, die er dir geschenkt hat. Sie muss ein ganzes Vermögen gekostet haben!«

Sissi hatte das Schmuckstück, ein in Diamanten gefasstes Rosensträußchen, achtlos beiseite gelegt. Marie hielt sich die glitzernde Kostbarkeit an ihr Schultertuch und freute sich über das Leuchten der Edelsteine.

»Wenn ich groß bin, möcht ich auch einen wunderschönen, reichen Bräutigam, der mir solche Sachen schenkt!«, verkündete sie entschieden und drehte sich einmal um die eigene Achse, dass ihre weiten Röcke flogen und die Juwelen im Licht aufblitzten.

»Ich wüsst nicht, wer ein Mädchen heiraten wollte, das nur nach Juwelen und Gold verlangt und seine Schulstunden in so beklagenswerter Weise vernachlässigt hat, wie du das tust!«, mischte sich Nené trocken ein und deutete viel sagend auf Maries Gouvernante, die einmal mehr ihren verschwundenen Schützling suchte.

Marie legte die glitzernde Brosche seufzend in ihr Samtbett zurück und zog eine Grimasse, die glücklicherweise nur Sissi sah. Seit Nené aus Ischl nach Hause gekommen war, spielte sie eine Art Obererzieherin für ihre kleinen Geschwister. Sie lachte selten, betete viel und achtete genau darauf, dass niemand seine Pflichten vernachlässigte.

»Vielleicht will ich ja auch gar nicht heiraten«, widersprach Marie, um das letzte Wort zu behalten. »Vielleicht geh ich nach Wien, wenn ich groß bin, und werd Hofdame bei der Sissi! Ätsch!«

Der ungezogene Ausruf ließ Nené entrüstet auffahren, aber die Kleine war schon außer Reichweite und lief zu ihrer Gouvernante. Sissi sah, dass ihre Schwester tief Atem holte, und legte ihr schnell die Hand auf den Arm, ehe sie etwas sagen konnte.

»Lass sie, Nené! Sie ist ein naseweises kleines Ding, aber du weißt, dass sie niemanden absichtlich kränkt. Sie meint es nicht so.«

»Ich wüsste auch nicht, weshalb mich diese Bemerkung kränken sollte«, entgegnete Nené frostig.

»Dann ist's ja gut«, lächelte Sissi vorsichtig und klappte das kaiserliche Schmucketui zu.

Nené bemerkte die Geste und begriff, weshalb Sissi ihr Namenstagsgeschenk vor ihr verbarg. Sie wollte nicht mit Franz Josephs Aufmerksamkeiten vor ihr paradieren. Die Ältere war gerührt über diese Feinfühligkeit, aber sie wusste nicht, wie sie es in Worte fassen sollte. Sie erwiderte lediglich gezwungen das Lächeln und verließ den Raum.

Sissi sah ihr bedrückt nach, aber dann fiel ihr ein, dass der Kurier wartete. Wenn sie wollte, dass er ihren Dankesbrief gleich mit nach Wien nahm, musste sie schnell schreiben. Welch ein Glück, dass ihr die Briefe an Franz Joseph nicht solche Mühe bereiteten wie jene an seine Mutter!

»Sissi? Sissi, wach auf!«

Im ersten Moment wusste Sissi überhaupt nicht, was ihr geschah. Aber Marie rüttelte so lange an ihrer Schulter, bis sie endlich wach war und sich die Augen rieb. Das Nachtlicht brannte und die Schwester saß wie ein kleines weißes Gespenst an ihrem Bett.

»Der Kaiser will dich sehen!«, wiederholte Marie eindringlich.

»Bist narrisch?«, murmelte die halb schlafende Sissi. »Deswegen weckst du mich nach Mitternacht?«

Ein Blick auf die kleine Uhr auf dem Kaminsims hatte ihr die

Zeit verraten. Vermutlich lag auch Franz Joseph in Wien längst im Bett und schlief.

»Aber *er* ist da!«, bestand Marie auf ihrer bedeutsamen Botschaft.

»Er ist da?«, wiederholte Sissi fassungslos und strich sich die Haare aus der Stirn.

»Er hat alle aufgeweckt. Niemand hat damit gerechnet, dass er mitten in der Nacht daherkommt«, kicherte Marie aufgekratzt. »Die Mama ist völlig außer sich und der Papa hat ihn im Schlafrock empfangen müssen. Jetzt läuft er unten die Teppiche durch und wartet drauf, dass du kommst. Er will dich unbedingt sehen, obwohl ihn der Papa davon abbringen wollte. Er hat ihm gesagt, dass wir alle schon im Bett sind, aber er wollt nix davon hören.«

»Gütiger Himmel!«

Endlich begriff Sissi, dass Marie keine Märchen erzählte. Franz Joseph war wirklich da und er war erneut viel zu früh gekommen. Wenn der Papa als Einziger bei ihm war, musste sie so schnell wie möglich hinunter.

Das Verhältnis zwischen Herzog Max und seinem künftigen Schwiegersohn, dem Kaiser, war nicht ganz unproblematisch. Dass man in Wien über seine Tafelrunde und seine Feste zu spotten gewagt hatte, empörte den ebenso bodenständigen wie intelligenten Bayernfürsten. Er hatte es nicht gerne, wenn man sich in sein Leben mischte.

Die Sophie sollte gefälligst ihre spitze Nase aus seinen Angelegenheiten nehmen, sonst würde er ungemütlich werden, hatte er mehr als einmal gedroht! Wenn er jetzt eine Bemerkung dieser Art zum Franz Joseph machte, oh Gott! Nicht auszudenken!

»Ich muss sofort zu ihnen!« Sissi sprang beunruhigt aus dem Bett. »Wo ist mein Hausmantel? Du musst mir die Haare bürsten, Marie, so kann ich unmöglich gehen! Oh Gott, um diese Zeit!«

»Du kannst ihn nicht im Hausmantel empfangen, Mama bekommt sonst einen Anfall! Warte, ich helfe dir beim Anziehen, komm!«

Marie entpuppte sich als geschickte Kammerzofe, und Sissi, die im kleinen Salon ihrem Verlobten in die Arme flog, war wie üblich noch ein bisschen schöner, als er sie in Erinnerung hatte. Die seidige Wolke ihrer offenen, frisch gebürsteten Haare schwang wie ein Mantel über einem züchtig hochgeschlossenen Hauskleid und die braunen Augen strahlten vor Freude.

Sogar Herzog Max, der innerlich gegen das jugendliche Ungestüm des Bräutigams gewettert hatte, war gerührt über das Wiedersehen der beiden. Es tat gut, so eine junge Liebe zu sehen, auch wenn sie einen zu unchristlicher Zeit aus dem Bett holte.

»Bitte entschuldige, aber ich musste dich einfach sehen«, murmelte Franz Joseph glücklich. »Ich bin Tag und Nacht durchgefahren, damit ich keine Zeit verlier! Es kommt mir wie eine Ewigkeit vor, seit ich dich im Arm gehalten hab!«

Sissi erwiderte zart die stürmischen Küsse. Sie tauchte ein wenig zerzaust und verwirrt aus der leidenschaftlichen Umarmung wieder auf.

Der Herzog räusperte sich betont, damit der Kaiser merkte, dass er Sissi nicht vor lauter Glück zerdrücken konnte. Viel mehr als Sissi begriff Max, wie sehr der verliebte junge Franz Joseph seine Braut begehrte. Als ein Mann von Erfahrung wusste er auch, dass es besser war, die beiden jetzt zu trennen.

»Ihr könnt euch alles Weitere ja morgen erzählen«, brummte er ein wenig unwirsch und erhob sich aus seinem Sessel. »Jetzt ist's wohl Zeit, dass wir alle miteinander wieder zu Bett gehen!«

Der Kaiser verstand die Aufforderung und gab Sissi schweren Herzens wieder frei. Noch gehörten sie eben nicht zusammen, so wie er sich das ersehnte. Aber bald!

»Schlaf gut, mein Liebes! Bis morgen!«

»Gute Nacht!«, flüsterte Sissi und eilte mitsamt ihrer Verlegenheit, ihrem hochroten Kopf und den brennenden Lippen in ihr Zimmer.

Marie hatte natürlich auf die Schwester gewartet. Sie war unter Sissis Bettdecke geschlüpft und wollte nun alles ganz genau berichtet haben. Was hatte der Kaiser gesagt, wie hatten sich seine Küsse angefühlt und was empfand Sissi, wenn er sie küsste?

»Ich beneide dich«, seufzte sie am Ende der Erzählung verträumt. »Ich bin ja so neugierig, was er dir zu Weihnachten schenken wird. Wieder Juwelen? Wenn er so weitermacht, wirst du noch mehr Schmuck besitzen als die Königin persönlich!«

»Was du denkst!«, gähnte Sissi, die plötzlich unendlich müde war. »Das schönste Geschenk ist für mich, dass er selbst da ist!« Sie hoffte jedoch inständig, dass es nicht wieder diese endlosen Empfänge und steifen Diplomatenrunden geben würde.

»Versteh ich ja«, tuschelte Marie und machte keine Anstalten, das gemütliche Nest zu verlassen. »Aber es interessiert mich schon arg, was ein leibhaftiger Kaiser so zu Weihnachten schenkt.«

»Wart's ab!« Sissi schubste ihre Schwester nachdrücklich an. »Du hast ein eigenes Bett, wie wäre es, wenn du das jetzt aufsuchst? Ich bin schrecklich müde, ich kann kaum noch die Augen aufhalten.«

»Das ist das Alter!«, spöttelte Marie frech und schlüpfte nach draußen, ehe ihr Sissi ein Kopfkissen nachwerfen konnte.

Es wurde ein beschauliches Weihnachtsfest im Kreise der engsten Familie. Franz Joseph erfüllte nur zu gerne Sissis Wunsch, keine offiziellen Termine wahrzunehmen. Die politische Lage in Wien war in den letzten Monaten ohnehin derart angespannt gewesen, dass er die Ferien genoss. Sissi, die das Weihnachtsfest und ihren sechzehnten Geburtstag feierte, wurde von ihm reichlich beschenkt.

Die Juwelen, die Marie erwartet hatte, waren natürlich auch darunter. Aber viel mehr freute sich die junge Braut über den farbenprächtigen Papagei, der aus der Menagerie von Schönbrunn kam. Allgemeine Bewunderung erregte auch eine spektakuläre Aufmerksamkeit der Erzherzogin, die der Braut ihres Sohnes mitten im Winter ein riesiges Bukett aus taufrischen schneeweißen Rosen schickte.

Im Wiener Palmenhaus hatten die Gärtner den Winter zum Sommer gemacht. Die Blumen, die ein Expresskurier am Weihnachtstag nach München brachte, wurden dort von allen wie ein echtes Wunder bestaunt. Sissi wagte kaum, die zarten Blüten zu berühren. Rosen im Winter. Ein Beweis für die Kunst der kaiserlichen Gärtner, aber auch für die grenzenlose Macht der Erzherzogin. Sissi fröstelte bei dem Gedanken. Konnte Tante Sophie sogar der Natur befehlen?

Ein silbernes Frühstücksservice für die Reise, ein frommer Rosenkranz von der Erzherzogin und vieles mehr lag auf Sissis Gabentisch. Gelächter gab es jedoch, als sich die beiden Verlobten ihre persönlichen Geschenke überreichten.

Ein jeder von ihnen hatte die Stunden auf dem Pferderücken in Possi in ganz besonders guter Erinnerung behalten. Jeder schenkte dem anderen ein Bild von sich selbst hoch zu Pferd!

Die ungezwungene Fröhlichkeit von Sissis Familie begeisterte den Kaiser wieder einmal. Wenn er mit Sissi und ihren Geschwistern über Gesellschaftsspielen saß oder ihre Hand hielt, während jemand etwas vorlas, dann schienen ihm die Schwierigkeiten in Wien ganz weit entfernt und unwichtig zu sein. Doch der kaiserliche Kurier, der zu Sissis höchstem Missfallen jeden Tag die neuesten Depeschen aus Wien brachte, sorgte dafür, dass der Weihnachtsfrieden immer wieder gestört wurde.

»Musst du denn sogar hier arbeiten?«, beschwerte sie sich, als Franz Joseph wieder einmal nicht zu einem versprochenen Spaziergang auftauchte. Sie fand ihn im Salon mit seinem Generaladjutanten Graf Grünne über einem Berg von Papieren. Ein gewisser Zug um seinen Mund sagte ihr, dass sie offensichtlich störte. Sie sah auch den Blick, den der Kaiser mit dem doppelt so alten Graf Grünne tauschte. Sie war schließlich nicht blind.

Sissi mochte Grünne nicht besonders gut leiden. Irgendwie hatte er etwas Gönnerhaftes. Wenn er sie ansah, kam sie sich immer unreif und klein vor, und das Lächeln, das jetzt in seinen Mundwinkeln stand, gefiel ihr noch weniger. Überheblich war noch das Beste, was man davon sagen konnte. Einen aufgeblasenen Wichtigmacher hatte Marie ihn respektlos, hinter vorgehaltener Hand, genannt. Sissi stimmte ihr aus ganzem Herzen zu.

»Das verstehst du nicht, Sissi!«, beschwichtigte der Kaiser jetzt seine aufgebrachte Braut. »Ich muss mich darum kümmern, wenn die Depeschen kommen. Ich kann jetzt nicht mit dir promenieren.«

»Aber du hast es versprochen!«, erinnerte Sissi hartnäckig.

»Meine Arbeit ist wichtiger, das musst du einsehen! Der Kaiser kann nicht nach Lust und Laune seine Zeit einteilen.«

»Gut!«

Sissi hob angriffslustig das kleine Kinn. Graf Grünne lächelte noch immer. Was hatte der eigentlich ständig zu grinsen? Es war weniger der Kaiser als sein Begleiter, der Sissi so wütend machte, dass sie ihre übliche Zurückhaltung völlig vergaß.

»Dann geh ich eben allein! Brauchst gar nicht nachzukommen!«

Die Tür knallte nachdrücklich zu und reichlich fassungslos schaute Franz Joseph seiner empörten Braut hinterher. Von dieser Seite kannte er Sissi nicht. Bisher hatte er sie nur schüchtern, lieb, fröhlich oder übermütig erlebt. Wütend war eine echte Premiere. Er wusste nicht ganz, was er dazu sagen sollte, und im Grunde erwartete er, dass sie sich spätestens am Abend bei ihm entschuldigen würde. Das tat sie aber nicht. Sissi schmollte, und ihr staunender Verlobter entdeckte, dass hinter ihrer makellosen Stirn ein eiserner Wille steckte. Ein persönlicher, empfindlicher Stolz, der umso verblüffender war, als sie ihm bisher so anschmiegsam und zärtlich erschienen war.

Seine Versuche, den kleinen Dickkopf zu versöhnen, trafen auf mehr Widerstand, als er gedacht hatte. Erst bei einem gemeinsamen Ausritt am nächsten Tag fand Sissi wieder zu ihrem Lächeln zurück.

»Musst du so viel arbeiten?«, erkundigte sie sich treuherzig, während sie Seite an Seite durch den Englischen Garten galoppierten. »Du bist doch schließlich der Kaiser! Lass doch die anderen arbeiten!«

»Der Kaiser ist der erste Diener seines Volkes«, verkündete Franz Joseph bedeutungsvoll. »Ich hab nicht nur den Titel, ich trag auch die Verantwortung vor Gott und den Menschen dafür, dass es allen Leuten gut geht, die in meinem Reich wohnen.«

Sissi blinzelte unbehaglich. Sie wusste nicht, was sie von der leidenschaftlichen Inbrunst halten sollte, mit der ihr Verlobter seine Würde als Kaiser verteidigte.

»Ist das nicht ein bissel viel verlangt von einem einzigen

Menschen, dass er das alles auf seinen Rücken laden soll?«, erkundigte sie sich vorsichtig.

Franz Joseph hielt es für Spaß. »Ich schaff das schon!«, lächelte er sie an. »Ich hab ja dich an meiner Seite, damit du mir dabei hilfst!«

Hatte Sissi es noch gehört? Sie hatte ihr Pferd angetrieben und stob die Allee unter den Bäumen entlang, dass der Schnee unter den Hufen davonflog. Sie bot ein so bezauberndes Bild, dass Franz Joseph alles andere vergaß. Auch die Tatsache, dass sich so garantiert keine Kaiserin benahm!

Letzte Hochzeitsvorbereitungen

»So viele Anwälte«, wunderte sich Marie und schüttelte den Kopf, dass ihre braunen Zöpfe nur so flogen. »Man könnt meinen, es handelt sich nicht um eine Hochzeit, sondern um einen Prozess!«

»Red keinen Unsinn!«, wies sie die Herzogin zurecht und schickte noch einen strengen Blick hinterher. »Hier geht's schließlich um den Kaiser, da muss alles seine Ordnung haben.«

Genau genommen ging es um den Ehekontrakt, der ausgearbeitet und vom Kaiser unterzeichnet worden war. Auch der bayerische König und der Brautvater hatten das Dokument unterschrieben. Die Advokaten hatten unter anderem in vierzehn einzelnen Punkten die Frage des Vermögens der künftigen Kaiserin geregelt. Sissi kam aus keinem armen Haus, aber es war natürlich mit den österreichischen Habsburgern nicht zu vergleichen. Die fünfzigtausend Gulden, die sie als Mitgift von ihren Eltern erhielt, mochten für einen normalen Haushalt des Jahres 1854 ein Vermögen sein. Ein gewöhnlicher Handwerker verdiente rund dreihundert Gulden im Jahr und ernährte damit Frau und Kinder, aber für eine Kaiserin musste es schon ein wenig mehr sein.

Deswegen hatte Franz Joseph Sissis »Privatvermögen« aus seiner eigenen Schatulle um weitere hunderttausend Gulden erhöht. Außerdem würde noch die so genannte »Morgengabe« dazukommen. Ein hoher Geldbetrag, mit dem jeder Bräutigam seine junge Frau der Sitte gemäß für den Verlust ihrer Jungfräulichkeit entschädigte. Weiter erhielt Sissi eine bestimmte Summe für den Fall zugesagt, dass sie irgendwann Witwe wurde.

Der Kaiser erklärte sich zusätzlich bereit, für alle Unkosten der Haushaltsführung der Kaiserin aufzukommen, soweit sie Tafel, Wäsche, Pferde, Dienerschaft und Unterhalt des Hauses betrafen. Für ihren persönlichen Bedarf, also für Putz, Kleider, Almosen und andere »Kleinigkeiten«, erhielt die künftige Kaiserin jedes Jahr die märchenhafte Summe von hunderttausend Gulden zugesagt, die in monatlichen Raten ausbezahlt werden sollte.

Marie kamen diese Abmachungen geradezu berauschend großzügig vor. Sie interessierte sich weit mehr als Sissi für die finanziellen Aspekte ihres Lebens als Kaiserin in der Wiener Hofburg.

»Wenn ich mir vorstell, dass du im Jahr einhunderttausend Gulden nur für Kleider und Hüte ausgeben darfst«, staunte sie verblüfft. »Wo du eh schon mehr Sachen mitnimmst, als du jemals im Leben anziehen kannst.«

»Jetzt ist aber Schluss mit dem Gerede um Geld und Putz«, verbot ihr die Herzogin das Wort. Manchmal besorgte sie Maries betont materielle Einstellung zum Leben. »Es gehört sich nicht, über derlei zu reden.« Sie hatte auch den deutlichen Eindruck, dass Sissi dieses Gespräch unangenehm war. Sie sah wieder so traurig und niedergeschlagen aus. Aber vielleicht vermisste sie einfach Franz Joseph, der zu Beginn des Monats das letzte Mal vor der Hochzeit in München gewesen war.

Er hatte ihre Tochter erneut mit fabelhaften Juwelen überschüttet. Ein Diadem mit passendem Kollier und Ohrringen aus Diamanten und Opalen, das seine Mutter an ihrem Hochzeitstag getragen hatte und das nun in Sissis Besitz überging.

Sissi hatte es angeschaut und zur Seite gelegt. Wenn Marie zu sehr auf Gewinn bedacht war, dann war es Sissi zu wenig.

Wie immer hatte Sissi einen tränenreichen Abschied von ihrem Bräutigam genommen und jetzt blieben kaum noch vier Wochen bis zu ihrer Abreise und Hochzeit in Wien. Die Herzogin mochte gar nicht daran denken, wie schnell auch diese Zeit vorübergehen würde.

»Wenn ihm nur Sissi in allem genügt!«, schoss es ihr immer wieder durch den Kopf. Im Gegensatz zu dem verliebten Kaiser sah sie sehr wohl, dass es dem jungen Mädchen an vielen Eigenschaften fehlte, die für eine Kaiserin notwendig gewesen wären. Alle hastig nachgeholte Bildung und aller gesellschaftliche Schliff hatten nichts an ihrer mädchenhaften Schüchternheit ändern können, an ihren romantischen Flausen und der Neigung, ein wenig zu schnell in Tränen auszubrechen, wenn sie etwas ganz besonders bewegte.

Aus den Briefen ihrer Schwester wusste Ludovika, dass Sophie in aller Sorgfalt die persönliche Wohnung des jungen Paares in der Hofburg einrichtete, aber nicht einmal daran nahm Sissi besonderen Anteil. Es interessierte sie wenig, dass sie über Vorzimmer, Speisesaal, Spiegelsaal, Salon, Kabinett und Schlafzimmer verfügen würde und dass all dies mit den teuersten und besten Möbeln eingerichtet worden war, die man in Wien auftreiben konnte.

Sophie schrieb von Bildern, von chinesischem Porzellan und von kostbaren Uhren. Von goldenen Toilettengarnituren, von Statuen aus feinstem Marmor und edelsten Teppichen, aber Sissi sprach von Possenhofen. Sie grämte sich um jeden einzelnen Stein, den sie dort zurücklassen musste.

»Wir müssen unbedingt noch einmal hinausfahren«, seufzte sie melancholisch. »Ich kann mir gar nicht vorstellen, dass ich nie mehr dort wohnen darf …«

»Es wird sich schon Zeit dafür finden«, beruhigte sie die Herzogin. »Vielleicht nächste Woche, wenn wir zeitig genug zurück sind. Dann kannst du dich bis zur Renunziation wieder ein wenig ausruhen …«

»Was ist das überhaupt?«, piepste die unverbesserliche Marie dazwischen.

»Ihr seid alle Mitglieder des bayerischen Königshauses«, erklärte Ludovika geduldig und nahm dem fünfjährigen Mapperl, ihrem jüngsten Sohn, die Trommelschlägel aus der Hand, die er an ihren Stuhlbeinen ausprobierte. »Wenn Sissi Kaiserin von Österreich wird, muss sie erst auf alle Rechte verzichten, die sie auf den bayerischen Königsthron hat. Das muss sie beschwören und unterschreiben, damit sie Österreicherin werden kann.«

»Ich will kein Österreicher werden!«, krähte Mapperl, den der Verlust seiner Trommelstöcke so wütend machte, dass er mit dem Fuß aufstampfte.

»Ich auch nicht!«, hätte Sissi gern geantwortet, aber sie wollte ihrer Mutter keinen zusätzlichen Kummer bereiten. Sie fühlte sich ohnehin ständig von ihr beobachtet.

»Wir würden doch sowieso nie auf den Thron kommen«, wandte Marie ein. »Wir sind Mädchen! Es könnt doch höchstens den Ludwig, den Gackel oder den Mapperl betreffen und nicht die Sissi!«

»Aber es gehört sich eben so, auch wenn's nur eine Formalität ist«, erwiderte die Herzogin ein wenig schärfer. »Du bist wie Sissi ein Mitglied des königlichen Hauses und ein wenig mehr Sinn für Tradition und Zeremonien solltest du schon haben.«

»Aber doch nicht, wenn's völlig für die Katz ist!«, trotzte Marie, die nicht gerne kritisiert wurde.

»Das reicht jetzt aber!«, sprach die Herzogin ein Machtwort. Sie schickte noch einen rügenden Blick in Richtung Marie hinterher. Manchmal konnte sie einem schon ein wenig auf die Nerven gehen mit ihrer Besserwisserei.

Ein paar Tage später, als Sissi im festlich geschmückten Thronsaal der Münchner Residenz den Renunziationsakt unterschrieb, musste Sissi unwillkürlich an den kleinen Max Emanuel und seine Reaktion denken. Wieso musste sie ihre Heimat, ihr Vaterland aufgeben, um zu heiraten? Warum hatte ausgerechnet sie sich in einen Mann verlieben müssen, den man nur unter solchen Schwierigkeiten heiraten konnte?

Die stille Schwermut, die bei dieser feierlichen Zeremonie über der schönen Prinzessin lag, fiel allgemein auf. Viele der Diplomaten, die den wichtigen Höfen Europas davon berichteten, erwähnten, dass der Braut bei aller jugendlichen Anmut der Abschied von ihrer Heimat schwer zu fallen schien. Glücklicherweise wussten sie nicht auch noch von den heißen Tränen, die Sissi geweint hatte, als sie in Possenhofen ihr Mädchenzimmer für immer verließ.

Die Abreise nahte mit solcher Geschwindigkeit, dass es Sissi vorkam, als hätten die Tage plötzlich viel weniger als vierundzwanzig Stunden. Sogar der hastig zusammengestellte »Trousseau«, ihr persönliches Heiratsgut, war, in fünfundzwanzig große Koffer verpackt, einigermaßen rechtzeitig fertig geworden. Alle hatten das bezweifelt und die Herzogin hatte vor lauter Panik kaum noch geschlafen.

Auch das Brautkleid steckte in diesen Koffern. Es war aus schwerem cremeweißem, mit Gold und Silberfäden besticktem Seidenmoire. Über und über mit allerfeinster Brüsseler Spitze besetzt, auf Sissis atemberaubende 50-Zentimeter-Taille geschneidert und mit einer schweren, endlos langen Schleppe verziert. Nach der Hochzeit würde es der Sitte gemäß an die Wiener Geistlichkeit gegeben, die aus diesem Traumkleid Messgewänder anfertigen würde.

Das kostbarste Stück ihrer Garderobe war jedoch ein weiteres Geschenk des Kaisers. Ein zobelgefütterter, prächtiger Mantel, den er Sissi aus Wien geschickt hatte, weil sie an Weihnachten über die bittere Kälte geklagt hatte. Noch einmal fünfzigtausend Gulden waren all diese Herrlichkeiten wert, aber Sissi brachte es nicht fertig, sich richtig darüber zu freuen.

Im letzten Moment hätte sie am liebsten auf alles verzichtet und wäre zu Hause geblieben. In Possi, am See, bei ihren Tieren. Aber die Lawine war längst ins Rollen gekommen. Sissi wurde von ihr fortgerissen, ohne dass sie noch etwas daran ändern konnte.

Der Morgen des 20. April 1854, an dem Sissi endgültig ihre Heimat verlassen sollte, brach in jenem glasklaren Frühlingswetter an, das so typisch für die bayerische Landschaft ist. Ein hellblauer Seidenhimmel spannte sich über den Dächern und Türmen von München. Die Konturen wurden von der Sonne vergoldet und zeichneten sich scharf gegen das Firmament ab.

Sissi brachte es nicht fertig, für diesen traurigen Anlass eines jener hellen, prächtigen Gewänder zu tragen, die für sie angefertigt worden waren. Sie wählte ein bescheidenes, dunkles Reisekleid, das eng auf ihre hübsche Figur geschnitten war. Dazu trug sie ein rüschenbesetztes, schmales Schutenhütchen auf den dunkelblonden Locken, das ihr blasses Gesicht knapp umschloss.

Die ersten Tränen waren schon beim Gottesdienst in der Hauskapelle geflossen, beim letzten Frühstück mit allen Geschwistern und dem Abschied von der vertrauten Dienerschaft. Sissi hatte jedem ein Geschenk überreicht und gerührte Glückwünsche dafür erhalten. Die Eltern, ihr ältester Bruder Ludwig und Nené sollten die Braut nach Wien begleiten. Von den anderen Brüdern und Schwestern nahm Sissi gefühlvoll Abschied.

Ganz München hatte sich eingefunden, um der schönen Prinzessin nachzuwinken, die Kaiserin werden sollte. Die königliche Familie, die Honoratioren der Stadt, alle wollten sie das zauberhafte Mädchen noch einmal sehen, auf das man in Wien so gespannt wartete.

Sissi winkte ihnen mit einem Spitzentaschentuch zu. Die Fahnen, die Blumen, die Menschen und der Trubel vermischten sich vor ihren Augen zu einem verschwimmenden Kaleidoskop aus Farben und Bewegungen. Sie begriff im Grunde gar nicht so richtig, dass die ganze überströmende Begeisterung ihrer Person galt. Warum auch, sie hatte doch nichts Bedeutendes getan?

Aber als die sechsspännige Kutsche die Landeshauptstadt verlassen hatte, war der Wirbel noch längst nicht zu Ende. In jedem noch so kleinen Dorf, das Sissi auf dem Weg zur Donau nach Straubing durchquerte, dröhnten die Böllerschüsse, jubelten die Menschen und spielte eine hastig zusammengerufene Kapelle mehr oder weniger melodiöse Musik. Es gab Ansprachen, holprig gereimte Hymnen und immer wieder Jubel.

Sissi, Herzog Max und ihr Bruder Ludwig, die alle miteinander keinen Aufwand liebten, krochen immer tiefer zwischen die Polster des Wagens. Die Herzogin und Nené bewahrten untadelig Haltung und lächelten gnädig. Sie genossen diese Fahrt. Die »Rose aus dem Bayernland«, die in mehr oder weniger gelungenen Reimen bei jedem Aufenthalt gerühmt wurde, hatte Kopfschmerzen. Das Winken fiel ihr immer schwerer, aber in ihrer Begeisterung merkten es die Zaungäste ihrer Abreise glücklicherweise nicht. Sie waren stolz auf ihre reizvolle Prinzessin, und dass sie unverkennbar traurig wirkte und selten lächelte, fanden sie nur zu verständlich. Wer nahm schon gerne von Bayern Abschied?

Sissi hasste es, im offenen Wagen vor allen Leuten zur Schau gestellt zu werden. Noch dazu in einer Situation, in der sie sich am liebsten versteckt und geweint hätte.

Was sie wohl in Wien erwartete? Das strenge, altmodische spanische Hofzeremoniell, das dort Sitte war, bereitete ihr schon jetzt Bauchschmerzen. Sie hatte kaum eine Vorstellung davon. Alles, was sie mit Sicherheit wusste, war, dass es völlig anders sein würde als jene lässige Freiheit, die das bayerische Königshaus auch bei offiziellen Anlässen bevorzugte.

Wo kam es schon vor, dass ein König abdankte, weil er sich in eine reizende spanische Tänzerin verliebt hatte, wie es ihr Onkel Ludwig getan hatte? Jetzt regierte König Max II., aber auch Onkel Ludwig war zu ihrem Abschied erschienen und hatte sie freundlich in seine Arme geschlossen. Vielleicht weil er als »Frauenfachmann« der Familie die ganz besondere Schönheit Sissis auch am besten zu würdigen verstand.

Ein Raddampfer mit dem Namen »Stadt Regensburg« erwartete die Braut an der Anlegestelle der Donau im bayerischen Straubing. Er sollte sie das letzte Wegstück nach Passau bringen und von dort nach Österreich. Für kurze Zeit konnte Sissi an Bord des geschmückten Schiffes ungestört aufatmen, während das Ufer vorüberglitt. Das Dampfschiff keuchte gemächlich den Fluss hinab, und für einen Moment vermochte Sissi sich einzubilden, dass dies eine ganz normale, x-beliebige Reise war, die sie da machte. Nur ein Ausflug und kein Scheiden für immer.

Viel zu früh für ihren Geschmack trafen sie in der Dreiflüssestadt Passau ein, wo Sissi von zwei weiteren, festlich geschmückten Dampfern erwartet wurde, die ihre Reise nach Linz begleiten sollten. Die bayerische Grenze war mit einem blumengeschmückten Triumphbogen verziert und eine erste österreichische Abordnung empfing ihre junge, künftige Kaiserin.

Sissi versuchte sich an all die Unterrichtsstunden und Ermahnungen zu erinnern. Sie gab sich tapfer Mühe, ihre angeborene Schüchternheit zu überwinden. Sie nahm die zahllosen Blumensträuße von weiß gekleideten Mädchen in Empfang, gab sie weiter, bedankte sich für die Glückwünsche und winkte den begeisterten Schaulustigen zu, die in ihrem besten Sonntagsstaat das Ufer säumten.

> Rose vom Baierland,
> Just im Erblüh'n.
> Sollst nun am Donaustrand
> Duften und glüh'n!

Der österreichische Poet Johann Nepomuk Vogl hatte dieses Gedicht für sie gereimt. Sissi fühlte sich geschmeichelt, aber der gesunde Menschenverstand sagte ihr auch, dass man so viel Überschwänglichkeit am besten nicht ernst nahm.

»Wenn die wüssten, was unsere Rose für Stacheln hat, wenn man sie ärgert«, spottete Sissis Bruder Ludwig leise an ihrem Ohr. »Soll ich denen erzählen, wie du hinter dem Mapperl her warst, nur weil der die Küchenkatze am Schwanz durch die Halle von Possi gezogen hat?«

Sissi lächelte abgelenkt und sah die Szene des vergangenen Sommers vor sich. Wie schön, dass Nené und Ludwig bei ihr waren, und Mama und Papa. Ohne ihre tröstliche Gegenwart wäre sie sich schon sehr einsam vorgekommen. Sie brauchte ihre Unterstützung, denn die Begeisterung, die bisher ihren Weg gesäumt hatte, war nichts gegen die Aufregung, die ihre Ankunft gegen sechs Uhr abends in Linz verursachte.

Ein Begrüßungskuss in Linz

Die ehrwürdige Hauptstadt Oberösterreichs war ganz aus dem Häuschen, als die »Stadt Regensburg« im Hafen von Linz ankam. Alle Glocken läuteten, Fahnen wehten im Wind. Ein Bataillon prächtig uniformierter Militärs war angetreten und ein Empfangskomitee höchst wichtig aussehender Damen und Herren erwartete die verschüchterte junge Braut. Ganz zu schweigen von den Schulkindern, der Geistlichkeit, den Abordnungen der Handwerker und den Musikern mit ihren Trompeten und Fanfaren.

Ein Meer aus bunten Farben, prächtigen Federn, Blumen und Menschen breitete sich vor Sissis Augen aus. Sie stand an der Reling des Dampfers und beobachtete das komplizierte Manöver, mit dem er festgemacht wurde. Dort hinunter sollte sie? Unter all die vielen tausend Menschen? Unmöglich! Man würde sie zerdrücken! Unwillkürlich wich sie voller Panik zurück. Noch war ein Spalt Wasser zwischen ihr und all diesen Leuten, noch befand sie sich in Sicherheit!

In diesem Moment drängte sich eine hoch gewachsene, ungeduldige Gestalt durch die zurückweichenden Menschen. Sie überwand den Graben zwischen Land und Schiff mit einem einzigen eleganten Sprung, ohne sich um die Hände zu kümmern, die ihr helfen wollten.

Bis Sissi begriff, dass sie nicht träumte, stand Franz Joseph bereits vor ihr. Er riss sie mit so viel Leidenschaft in seine Arme, dass sie kein Wort herausbrachte, und gab ihr einen zärtlichen Begrüßungskuss.

Die Zuschauer dieser Szene indes, die ihren jungen Kaiser bisher für einen eher nüchternen, gefühllosen Mann gehalten hatten, brachen in begeisterten Jubel aus. Das war keine Marionette der Erzherzogin, das war ein Mann aus Fleisch und Blut. Einer, der seine Braut liebte und sich freute, dass er sie endlich bekam!

»Es lebe der Kaiser! Ein Hoch der Kaiserin! Lang lebe Elisabeth!«

Rufe, die man bisher in Österreich selten gehört hatte. Die Linzer waren begeistert von dem bis über beide Ohren verliebten jungen Offizier, der seine errötende Braut mit so viel Hingabe in die Arme schloss. Der sich nicht darum scherte, dass halb Oberösterreich bei diesem ersten, heißblütigen Kuss zusah und Beifall klatschte.

Niemand hatte davon gewusst, dass der Kaiser in Wien alles stehen und liegen ließ, um seine Sissi selbst auf österreichischem Boden willkommen zu heißen. Er brachte das Protokoll mindestens ebenso durcheinander wie die Braut, aber es war ihm egal.

»Ich konnt nicht anders!«, gestand er Sissi atemlos. »Ich bin so glücklich, dass du kommst! Es hätt mich umgebracht, noch einen Tag in Wien auf dich zu warten! Wie schön du ausschaust!«

Sissi hatte das triste Reisekleid des ersten Tages mit einem Sommerkleid vertauscht, das sich über einer neumodischen Krinoline bauschte und über und über mit kleinen Veilchen und Blattranken bestickt war. Es betonte ihre mädchenhafte Zerbrechlichkeit und Franz Joseph konnte die Augen nicht von ihr nehmen.

Nervös, den Tränen nahe und sichtlich überrascht von seinem stürmischen Empfang, versuchte Sissi, ihre Beherrschung zurückzufinden. Sie zerknitterte ein paar Rockfalten zwischen den Fingern und zuckte bei jedem Böllerschlag aufs Neue zusammen. Ihre Mutter legte ihr beruhigend die Hand auf den Arm und spürte, wie ängstlich sie zitterte. Aber noch gab es keine Möglichkeit, sich zurückzuziehen. Die Begrüßungsreden der Linzer warteten.

Das Festprogramm ließ dem Brautpaar auch danach keine Zeit für ein privates Wort. Im Triumphzug wurde Sissi mit ihrer Begleitung in das vorbereitete Nachtquartier geführt, danach gab es ein Bankett und eine bombastische Theatervorstellung. Ein höchst patriotisches Stück, das extra für diesen Anlass einstudiert worden war: »Die Rosen der Elisabeth«.

Sissi konnte sich schon am nächsten Tag an keine einzige Szene mehr erinnern. Aber das lag auch ein wenig daran, dass sie ohnehin keinen großen Gefallen an Theaterstücken fand, die sich mit ihrer eigenen Person beschäftigten. Wenn schon Theater, dann hätte sie lieber den »Sommernachtstraum« gesehen oder ein anderes Stück von William Shakespeare. Freilich, nach ihren Wünschen hatte ja niemand gefragt.

Sie konnte kaum schlafen. Als sie am Morgen des 22. April müde die Augen aufschlug, war der Kaiser bereits wieder fort, im Eiltempo nach Nußdorf bei Wien, wo sie selbst an diesem Nachmittag in allen Ehren empfangen werden sollte.

Dafür genügte auch die hübsche »Stadt Regensburg« nicht mehr. Sissi musste von Linz aus mit dem großen Raddampfer »Franz Joseph« reisen. Wieder ein Abschied. Diesmal von der »Stadt Regensburg«, die das letzte Restchen bayerischer Boden für sie gewesen war.

Die »Franz Joseph« war auf persönlichen Befehl des Kaisers auf das Prächtigste für Sissi geschmückt worden. Die Kabine der Braut hatte man mit kaiserlich dunkelrotem Samt ausgeschlagen. An Deck wartete eine eigene Rosenlaube auf sie, deren Wände und Säulen mit allen Blüten der kaiserlichen Gärten von Schönbrunn umwunden worden waren.

Und überall wehten Fahnen und Fähnchen. Sie flatterten, knatterten und kreiselten im Wind. Weiß-blaue für das Königreich Bayern, rot-weiße für Österreich und schwarz-goldene mit den Farben des Hauses Habsburg, dem Sissi künftig angehören würde.

Schon um acht Uhr morgens war die Abfahrt anberaumt. Immer zahlreicher wurden die Menschen, die das Ufer säumten, um einen ersten Blick auf die Braut zu werfen. Die Zeitungen hatten von ihrer Schönheit berichtet, und nun wollte man sehen, ob es der Wirklichkeit entsprach oder ob es sich um die übliche Schönfärberei der Hofberichte gehandelt hatte.

Nené mit ihrem sicheren Gespür für Eleganz hatte das Kleid ausgesucht, das Sissi an diesem Tag trug. Ihre Wahl war auf ein zartes hellrosa Gewand aus feinster Seide gefallen. Ein duftiges Schultertuch aus Spitzen lag um den schmalen Ausschnitt, und der kleine, weiße Hut, der dazugehörte, war mit halb erblühten Rosenknospen verziert. Sissi sah aus wie einem Märchenbuch entsprungen.

Sie hätte nicht zu sagen gewusst, wann Nené ihren Kummer überwunden hatte. Fest stand nur, dass sie wie durch ein Wunder wieder die verlässliche, große Schwester geworden war, die sie im Augenblick so dringend benötigte. Eine bedächtige junge Frau, die sich nicht von all dem Wirbel durcheinander bringen ließ und immer da war, wenn man sie brauchte.

Sie wäre eine viel bessere Kaiserin gewesen, fand Sissi ehrlich. Nur wenn sie an Franz Joseph dachte, verflüchtigte sich der Gedanke. Sie liebte ihn, und nur für ihn straffte sie die Schultern und wappnete sich für die Ankunft im Donauhafen von Wien.

Dieses Mal hielt sich der ungeduldige Kaiser an das Protokoll. Sehr männlich sah er aus in der gut sitzenden Uniform eines Feldmarschalls und mit dem bayerischen Hubertus-Orden geschmückt, den er Sissi zu Ehren trug. Doch auch bei diesem Wiedersehen schloss er die rosa-weiße Fee glücklich in seine Arme und küsste sie unter dem begeisterten Jubel der Zuschauer.

Unmittelbar hinter ihm stand die höchst einschüchternde künftige Schwiegermutter und Tante. Die Erzherzogin, prächtig gekleidet und geschmückt, überragte ihre Schwiegertochter wie ein Turm aus Seide und Rüschen. Zumindest erschien es Sissi so, die in einen respektvollen Knicks versank und der hohen Dame die Hand küsste, wie es das Zeremoniell vorschrieb.

Am Ufer hatte man einen weiteren Pavillon errichtet. Mit Blumen und Spiegelwänden, mit Draperien und Fahnen geschmückt wartete ein entzückender Tempel auf die junge Braut. Kaum hatte Sissi ihn betreten, begann ein endloses Vorstellen der wichtigsten Onkel, Tanten, Kusinen und Vettern, bis Sissi der Kopf vor Namen, Titeln und Gesichtern nur so schwirrte.

Dabei war das nur der »innere Kreis« der Familie, erfuhr sie zu ihrer Verblüffung. Alle anderen sollte sie später in Schönbrunn und in der Hofburg kennen lernen. Unmöglich sich zu merken, welcher Name zu welchem Gesicht gehörte, in einem jedoch glichen sie sich alle. Sie hatten kritische, sehr neugierige Augen, in denen immer die gleiche taktlose Frage stand: »Was ist das für eine Person, die uns der Franzi da vor die Nase setzt?«

Aber damit war es noch nicht genug der Vorstellungen und Titel. Der Fürsterzbischof von Wien hielt eine langatmige, bombastische Begrüßungsrede und präsentierte der nervösen Braut den Hofstaat des Kaisers und seine umfangreiche Begleitung. Wieder Namen und Titel, Gesichter, kaum verborgenes gespanntes Interesse. Sissi begannen die Mundwinkel zu schmerzen. Hatte das nicht bald ein Ende? Wollte man ihr ganz Wien präsentieren?

Endlich war der Aufmarsch vorbei. Sissi atmete auf. Von hier aus sollte sie mit Franz Joseph nach Schönbrunn fahren. In diesem Moment wäre sie schon dankbar dafür gewesen, in einem Wagen mit ihm sitzen zu können und einen vertrauten Menschen neben sich zu haben.

Sie hatte sich umsonst gefreut. Die Wagenkolonne, die den Kaiser und seine Braut von Nußdorf ins Schloss Schönbrunn brachte, kam nur im Schritttempo durch die verstopften Straßen. Sissi sah sehnsüchtig nach vorne in den ersten Wagen, wo ihr Vater neben Franz Joseph saß. Hinter ihr fuhr die offene Kutsche mit ihrer Mutter und mit dem Vater des Kaisers.

Sie selbst musste sich den Wagen mit Tante Sophie teilen, die jede ihrer Gesten mit Argusaugen betrachtete. Sie hatte sicher kein Verständnis dafür, dass sie nicht mehr winken und lächeln wollte. Langsam verlor sie auch das Gefühl für Zeit und Raum. Noch nie in ihrem Leben war sie so erschöpft gewesen.

Als sie das Schloss von Schönbrunn erreichten, ging bereits die Sonne unter, und auch hier drängten sich im Park Menschen über Menschen. Der Kaiser hatte den Befehl gegeben, die Gärten für die Wiener zu öffnen, denn er war sich bewusst, dass Sissi sie begeistern würde. Er hatte sich nicht getäuscht. Als das Paar nach weiteren Begrüßungen und Vorstellungen auf dem Balkon erschien, schlug der neuerliche Jubel wie eine erstickende Wolke über Sissi zusammen.

»Hoch, Elisabeth!«

Meinten die Menschen sie damit? Sie kannten sie doch überhaupt nicht! Im Gegensatz zu Franz Joseph, der diesen Freudensturm genoss, fröstelte Sissi. Die Menge erinnerte sie an eine Meute, an ein gefährliches Tier, das unberechenbar in seiner Gunst und seinem Hass war. Sie mochte keine Menschenansammlungen, und das hier war die größte, die sie bisher zu Gesicht bekommen hatte.

Sie klammerte sich schüchtern an Franz Josephs Arm, bis er sie wieder in den großen Salon führte, der von allen 1400 Zimmern dieses gewaltigen Schlosses eines der schönsten war. Hier hatte sich der engere Familienkreis versammelt, um dabei zu sein, wenn der Kaiser seiner Braut die Hochzeitsgeschenke überreichte.

Sissi betrachtete verlegen die überaus prächtige Diamantenkrone, zu der eine ebenfalls diamantgeschmückte, spitz zulaufende Corsage gehörte, die man auf dem Vorderteil eines Staatskleides befestigen konnte. Ein wahrer Panzer aus unermesslich wertvollen Edelsteinen, prächtig und kalt. Die Smaragde und Diamanten funkelten im Kerzenlicht und die Goldstege schimmerten frisch poliert.

Man munkelte, dass es sich der Kaiser hunderttausend Gulden hatte kosten lassen, diese Familienerbstücke auf Sissis Maße umändern zu lassen. Er liebte es, seine Braut zu beschenken, zu schmücken und zu bewundern.

Die Braut vermochte sich trotzdem nicht recht darüber zu freuen. Sissi hatte kein Verhältnis zu Juwelen. Sie dachte an Marie, die hätte sicher Stilaugen bekommen. Auch die übrigen Familienmitglieder schenkten Juwelen. So erhielt sie ein Diadem von Exkaiser Ferdinand und weitere Diamanten von anderen Tanten. Es war schlicht zu viel, um einzeln gewürdigt werden zu können.

Ebenso überforderte sie der persönliche Hofstaat, der ihr anschließend präsentiert wurde. Fassungslos schaute Sissi auf die Ansammlung der vielen Menschen, die ihr künftig dienen sollten. Erst schreckte sie ihre Anzahl, dann ihr Aussehen. Sie wirkten wie eine Versammlung von Furcht einflößenden Schulmeisterinnen und Lehrern.

Gräfin Sophie Esterházy, die Fürstin von Lichtenstein, sollte ihre Obersthofmeisterin sein. Mit 56 Jahren war sie älter als die Herzogin Ludovika und erinnerte Sissi an eine sittenstrenge, altbackene Großmutter. Hager, scharf und zerknittert bestand sie nur aus abweisenden Kanten. Da gefiel ihr die junge Gräfin Paula Bellegarde, ihre erste Ehrendame, schon ein wenig besser. Die sah aus, als ob sie ein wenig Spaß verstehen würde. Aber dafür hätte Fürst Lobkowitz, ihr Obersthofmeister, der Bruder der gebieterischen Gräfin Esterházy sein können.

Sissi fragte sich eingeschüchtert, was um Himmels willen sie mit diesen alten, verwelkten Frauen und Männern eigentlich anfangen sollte. Was hatten sie nur alle zu tun? Und erst recht noch diese Kammerfrauen, Kammerdienerinnen, Türhüter, Lakaien und Sekretäre, die sich plötzlich in ihren Diensten befanden?

Sie würde fragen müssen. Nur wen? Alle schauten sie so an, als erwarteten sie, dass Sissi längst Bescheid wisse, dass sie sich in dieses zeremonielle Muster fügen und ihren Hofstaat beschäftigen könne.

Nach dem späten Festbankett im hell erleuchteten, festlichen Speisesaal von Schönbrunn war Sissi vollends am Ende ihrer Kräfte. Todmüde und gleichzeitig überreizt von all den Aufregungen fand sie kaum die Kraft, sich bis zum Schlafengehen auf den Beinen zu halten. Bis sie allen »Gute Nacht« gewünscht hatte, die ein Recht darauf besaßen und ein Wort der künftigen Kaiserin »verdienten«, schwankte sie vor lähmender Erschöpfung. Sie sehnte sich nur nach ihrem Bett. Nach absoluter Stille und Ruhe.

Aber das Bett war fremd, kalt und groß und die Geräusche des riesigen Schlosses bedrängten sie trotz der Stille. Ihr sensibles Gemüt, das so fein auf die Strömungen und Schwingungen von anderen reagierte, verriet ihr, dass trotz der vermeintlichen Begeisterung nicht alle Österreicher uneingeschränkt glücklich über die Hochzeit ihres Kaisers waren. Sie hatte da Blicke gesehen, Bemerkungen aufgeschnappt, die an Deutlichkeit nichts zu wünschen übrig ließen.

All das, zusammen mit dem steifen Gehabe ihrer nagelneuen Obersthofmeisterin, jagte ihr fürchterliche Angst ein. Wann ging diese Dame endlich? Wie sollte sich ein Mensch wohl fühlen, wenn er pausenlos von diesen Eidechsenblicken verfolgt wurde? Warum durften nicht Nené oder Mama bei ihr sein? Sie wusste nicht einmal, wo man ihre Familie untergebracht hatte!

»Und wenn Sie das bitte unbedingt noch lesen, es ist wichtig, Königliche Hoheit!«, erklärte die Eidechse gerade und reichte ihr mit steifen Fingern zwei umfangreiche, bedeutend aussehende Dokumente.

»Was ist das?«, fragte Sissi beklommen, während ihr eine Kammerfrau aus dem Kleid half und eine andere die Nadeln aus ihrer Frisur zog. Nicht eine ihrer Gouvernanten, die sie oder Nené in den vergangenen Jahren besessen hatten, war so abweisend und ledern gewesen wie die Fürstin Esterházy! Diese Frau musste schon vor einem Jahrhundert das Lächeln verlernt haben, wenn sie es überhaupt je gekonnt hatte!

»Das sind Informationen über den Verlauf des morgigen Tages für Königliche Hoheit«, erklärte die Obersthofmeisterin entschieden und machte eine steife Reverenz. »Ich darf mich dann zurückziehen, Königliche Hoheit. Gesegnete Nachtruhe, Königliche Hoheit.«

Königliche Hoheit. Im ersten Moment wusste Sissi nicht, wen die Esterházy damit gemeint hatte, bis ihr einfiel, dass nur sie selbst es sein konnte. Königliche Hoheit hatte bisher noch nie ein Mensch zu ihr gesagt.

»Danke, gute Nacht«, murmelte sie bestürzt und las die verschnörkelten Aufschriften der beiden Schriftstücke in ihren Händen.

»Zeremoniell bei dem öffentlichen Einzug Ihrer Königlichen Hoheit der durchlauchtigsten Prinzessin Elisabeth, Herzogin in Bayern«, stand auf dem einen und auf dem anderen »Zeremoniell für die Vermählung Seiner Kaiserlichen und Königlichen Apostolischen Majestät«. Jedes war nahezu zwanzig Seiten stark und ebenso langweilig wie umständlich formuliert.

Die vergangenen Stunden hatten Sissi bereits einen ernüchternden Vorgeschmack auf das spanische Hofzeremoniell verschafft, dem man in Wien gehorchte. Steif war es, pompös und fürchterlich umständlich.

Wenn man aus München kam und derlei als »Zirkus« bezeichnete, wie es der Papa heimlich tat, hätte man sich sogar darüber amüsieren können. Sissi jedoch musste wohl oder übel der Tatsache ins Auge sehen, dass dieser »Zirkus« künftig ihr Leben in Wien bestimmen würde. Das Lachen verging ihr.

»Danke, das andere mach ich schon allein, Sie können sich auch zurückziehen«, schickte sie die letzten Dienstboten fort.

Sie schlüpfte selbst aus ihrer Unterwäsche und legte das Nachthemd an. Dann nahm sie die beiden Blätterstapel als Nachtlektüre mit ins Bett. Doch nachdem sie die ersten Zeilen überflogen hatte, fielen ihr einfach die Augen zu. Was für ein grässlich langweiliges Zeug.

Aber morgen würde sie Franzi wieder sehen. Morgen würde sowieso alles gut werden!

Der gläserne Käfig

Der Tag vor dem großen Ereignis begann in aller Frühe, denn allein das Ankleiden nahm so viel Zeit in Anspruch wie noch nie. Sissi, die kurz nach dem Aufstehen mit schlechtem Gewissen flüchtig die Vorschriften für das anstehende Zeremoniell überflogen hatte, fühlte sich davon so eingeschüchtert, dass sie sich wie eine gehorsame Puppe von den fremden Händen schmücken ließ.

Sie selbst hatte nichts mit dieser Hülle zu tun, die da in silberbestickten, rosafarbenen Atlas gehüllt wurde. Der Rock bauschte sich über einer monumentalen Krinoline, die Sissis Taille vorteilhaft betonte. Unter den kunstvoll hochgesteckten und geschmückten Haaren wirkte das zarte Mädchengesicht blass. Die übergroßen braunen Augen sahen ängstlich auf den entfalteten Prunk.

Franz Joseph versuchte seine Braut zu beruhigen, als sie ihm gestand, dass sie Angst vor den vielen Blicken hatte. »Du wirst dich dran gewöhnen«, versicherte er ihr zwar besorgt, aber nüchtern. »Es gehört zu unserem Beruf, dass wir uns zeigen müssen. Das Volk will uns sehen, und die Wiener werden von deiner Schönheit begeistert sein, du wirst schon sehen.«

»Ich hätt mir nicht vorgestellt, dass es so ist…«, wisperte Sissi, aber Franz Joseph hatte es entweder nicht gehört oder er glaubte, dass sie keine Antwort darauf erwartete.

Wie auch immer, es war längst zu spät, um etwas an den Tatsachen zu ändern. Die Kaiserbraut würde nach Wien einziehen, wie es seit Jahrhunderten der Brauch war. Dieser Weg nahm beim alten Kaiserschloss, dem so genannten Theresianum, seinen Anfang. Die Sitte sah vor, dass die junge Frau, die der Kaiser sich erwählt hatte, von dort abgeholt und zur Hofburg begleitet wurde. Sissi war das letzte Glied in einer altehrwürdigen Tradition.

Die herrschaftliche Kutsche, die, von den schönsten sechs Lipizzanern aus den kaiserlichen Ställen gezogen, für sie bereitstand, jagte Sissi einen gehörigen Schrecken ein. Von prachtvoll vergoldeten, geschnitzten Streben gehalten und mit riesigen, ebenfalls vergoldeten Rädern versehen, bestand sie zum größten Teil aus Glas. Gläserne Wände auf allen vier Seiten stellten die Insassen für jeden neugierigen Blick zur Schau.

Sissis Mundwinkel zogen sich nach unten, und Herzogin Ludovika, die mit ihr in dieser Kutsche fahren sollte, erkannte, was der gehetzte Ausdruck auf ihren blassen Zügen bedeutete. Sissi schwankte zwischen Tränen und wildem Protest. Sie wollte nicht in dieses Gefährt einsteigen. Sie stand kurz davor, auf dem Absatz kehrtzumachen.

»Du wirst doch nicht grad jetzt weinen, Kind!«, mahnte sie sanft. »Was sollen denn die Wiener von dir denken? Sie müssen ja meinen, dass du den Kaiser nicht liebst, wenn du weinst.«

»Aber ... aber in diesem Glaskasten ...«, flüsterte Sissi bestürzt.

»Das ist auch nicht viel anders, als in einer offenen Kutsche durch München zu fahren«, behauptete die Herzogin betont praktisch. »Nur, dass du nicht nass wirst, wenn es regnen sollte. Wäre doch auch schade um dein wunderschönes Kleid. Ich finde das Gefährt für einen launischen Apriltag grad richtig.«

Sissi biss sich beschämt auf die Unterlippe. Mit den sachlichen Augen ihrer Mutter betrachtet, kam ihr der eigene Protest ein wenig albern vor. Sie hob den schönen Kopf wieder etwas mutiger. Sie würde es versuchen. Wenn die Wiener ihre künftige Kaiserin wie eine Sensation in einer Tierschau anstarren wollten, dann musste sie sich eben damit abfinden. Wer um Himmels willen war nur auf die Idee gekommen, eine gläserne Kutsche zu bauen? Nicht eine Sekunde konnte man sich in diesem schrecklichen Ding entspannen. Nicht einmal den Kopf an die Samtpolster legen oder sich an einer Stelle kratzen, wo es einen gerade juckte. Ein Albtraum auf vergoldeten Rädern.

Sosehr sie Pferde liebte, in diesem Moment hatte Sissi keine Augen für die glänzend gestriegelten schneeweißen Schimmel. Sie trugen rotgoldene Quasten in ihren geflochtenen Mähnen, ihr Zaumzeug war mit Gold geschmückt und die hohen weißen Federbüsche auf den stolzen Köpfen wippten im Takt ihrer Hufe. Der Wagen fuhr im Schritt, denn neben jedem Pferd gingen zwei Leiblakaien des Kaisers in vollem Ornat und mit weißen Perücken. Je nach Status und Hofrang folgten hinter der gläsernen Galakutsche die sechsspännig kutschierten Fahrzeuge der Damen und Herren des Hofes. Sie wurden ihrerseits von Grenadieren und Kürassieren in farbenprächtigen Uniformen geleitet. Der endlose Zug wand sich wie ein glänzender Fluss durch die Wiener Straßen. Das Kaiserhaus entfaltete seinen vollen Glanz und die Wiener Bevölkerung tat es ihm nach. Frühlingsblumen und immergrüne Girlanden schmückten die Häuser und Laternen. Aus allen Fenstern hingen Tücher und Fahnen in den Landesfarben, und jede verfügbare Glocke der Stadt läutete, was die Stränge hergaben.

Die neue Brücke über die Donau, die der Braut zu Ehren den Namen Elisabeth-Brücke erhalten hatte, war mit echtem grünem Rasen belegt und mit halb erblühten Rosenknospen bestreut. Danach ging es wieder weiter durch blumenübersäte Gassen, vorbei an kunstvollen Dekorationen und eigens für diesen Zweck errichteten Statuen und Portalen.

Die Hauptperson dieses gigantischen Spektakels hatte am wenigsten von all dieser Pracht. Sissi war zu nervös, um den Aufwand und die Mühen zu registrieren, die sich alle Welt für ihre Hochzeit gegeben hatte. Es gelang ihr mit Mühe, wenigstens nach außen hin Haltung zu bewahren. Aber es war gerade dieser schüchterne, tapfere Stolz, der ihr die Herzen der Menschen zufliegen ließ, die an den Straßenrändern standen.

Die wunderhübsche Prinzessin, die einer Fee gleich in Rosa und Silber neben ihrer Mutter saß, war ja tatsächlich so reizvoll, wie es die Zeitungen behauptet hatten. Die Grazie ihrer Erscheinung, das wunderschöne Haar, die riesigen Augen, all das hatten nicht wohlwollende Zeichenkünstler erfunden, um dem Kaiser zu schmeicheln, es existierte in Wirklichkeit! Eine Mischung aus Jubel und Bewunderung brandete der jungen Braut entgegen. Österreich bekam die schönste Kaiserin Europas!

Vor der Hofburg, einem dunklen Gebäude, das Sissi nach dem sonnig gelben Schönbrunn bedrückend und düster vorkam, wurde sie vom Kaiser und seiner Familie erwartet. Alle Erzherzöge und Erzherzoginnen standen Spalier für die neue Hausherrin. Eine formelle, einschüchternde Gruppe, die majestätisch, der eigenen Bedeutung voll bewusst, vor Orden und Juwelen nur so blitzte.

»Du musst jetzt aussteigen, Sissi!«, mahnte Herzogin Ludovika leise, als die Kutsche anhielt und ihre Tochter keine Bewegung machte.

Sissi schrak zusammen. Sie zwang sich, den Blick von den beunruhigenden Mauern und Menschen zu nehmen und Franz Joseph anzuschauen, der bereits auf die Kalesche zuging. Ein uniformierter Lakai mit weißer Perücke öffnete die Tür von außen. Sissi versuchte ein wenig zu hastig, das unbequeme Gefährt zu verlassen. Sie achtete nicht auf den niedrigen Türholm und stieß mit dem diamantgeschmückten Diadem, das in ihren Haaren glitzerte, gegen die obere Kante. Die Herzogin schrie leise auf. Sissi schwankte überrascht und schien jeden Moment zu stürzen. Wie gelähmt starrten alle auf das drohende, nahezu unvermeidbare Unglück.

Welch ein schreckliches Omen! Eine kaiserliche Braut, die aus der Kutsche fiel! Pures Entsetzen bannte die Zuschauer auf ihren Plätzen.

Im selben Moment fing sich Sissi mit der geschmeidigen Körperbeherrschung und selbstverständlichen Grazie einer sportlichen Reiterin. Mit einer ungeniert natürlichen Geste rückte sie die Diamanten wieder an Ort und Stelle und reichte ihrem künftigen Gemahl die Hand. All das ging so automatisch und schnell, dass sogar die kritische Schwiegermutter später zugeben musste, dass sich Sissi ausgesprochen »ravissante« benahm. »Hinreißend«, wie sie den bedrohlichen Augenblick gemeistert hatte!

Danach folgte eine weitere »Gratulationscour«, wie es im vielseitigen Zeremoniell stand, das Sissi studiert hatte. Dieses Mal kamen die Generalität und das Militär zu ihrem Recht, gefolgt vom Hofstaat. Der kurze, lebendige Augenblick, der Sissi vorhin beim Aussteigen aus der Galakutsche so souverän hatte wirken lassen, verflog unter der neuerlichen Anstrengung, sich Gesichter und Namen einzuprägen. Schon vom einfachen Versuch bekam sie Kopfschmerzen.

Freilich blieb es ihr auch nach diesem strapaziösen Tag nicht erspart, eine Neuauflage der höfischen Schriftstücke auf ihrem Nachttisch vorzufinden, weitere Details zum Vermählungszeremoniell. Eine Liste, in der es vor unverständlichen Bezeichnungen nur so wimmelte. Sissi wusste weder, was der Unterschied zwischen höchsten und allerhöchsten Frauen war, noch, was eine »appartementmäßige« Dame sein sollte.

Die strenge Gräfin Esterházy bemühte sich, die beklagenswerten Wissenslücken zu füllen. Sissi erfuhr von ihr, dass es genauen Regeln unterworfen war, wer zu welchen Stunden die kaiserlichen Appartements mit oder ohne ausdrückliche Ansage betreten durfte. Auch was es mit Schleppenträgern und aufwartenden Generälen auf sich hatte, wurde ihr erklärt. Konnten sich erwachsene Menschen den lieben langen Tag lang mit derlei Unsinn beschäftigen? Sissi vermochte es einfach nicht zu glauben.

Die diktatorische Gräfin verlangte, dass sie wenigstens das andere Schriftstück auswendig lernen sollte. Die »Alleruntertänigste Erinnerung« erklärte ihr in höchst komplizierten Sätzen, wie sie am nächsten Tag bei ihrer bevorstehenden Eheschließung das Hofzeremoniell einzuhalten hatte. Sissi vermisste die Strafandrohung, falls sie einen Fehler machte, aber vermutlich wurde das mit sofortigem Enthaupten geahndet.

»Es war uns ja bekannt, dass Königliche Hoheit bisher nicht mit solchem Zeremoniell in Berührung gekommen sind«, sagte die Fürstin steif.

Sissi hörte sehr wohl die unverblümte Kritik an ihrer Erziehung heraus. Wie sie diese Vogelscheuche künftig alle Tage ertragen sollte, wusste sie wirklich nicht. Sie atmete erleichtert auf, als die Dame endlich das Zimmer verließ. Dann nahm sie sich mit einem abgrundtiefen Seufzer die Aufzeichnungen vor.

Sie kam nicht bis zum Ende. Die Augen fielen ihr zu, und kurz vor dem Einschlafen streifte sie noch ein letzter befremdlicher Gedanke. Morgen würde sie heiraten! Wirklich, oder hatte sie alles nur geträumt?

Sissis Hochzeitstag brach mit einem makellosen Sonnenaufgang über der Kaiserstadt Wien an. Der Himmel hatte ein Einsehen mit dem jungen Paar. Es war kühl, aber strahlend schön. Die Braut, die wie üblich vor allen anderen wach war, tappte auf bloßen Sohlen zum Fenster und öffnete es.

Deswegen hatte sie sich schon am Vortag in Schönbrunn eine Rüge ihrer Obersthofmeisterin eingehandelt. Anscheinend gehörte es sich nicht für eine künftige Kaiserin, dass sie selbst ein Fenster öffnete. Kaiserinnen sollten eher in schlechter Luft ersticken, als die Hand an einen Fensterriegel legen. Sissi verzog spöttisch den Mund und beugte sich noch ein wenig weiter hinaus.

Während sie sinnend über die Bäume des Parks sah und den Vögeln zuhörte, die ihr Morgenlied zwitscherten, ahnte sie nicht, dass sich an diesem Morgen in Wien mehr als fünfundsiebzigtausend Menschen darauf vorbereiteten, an ihrer Hochzeit teilzunehmen. Aus allen Teilen der großen Donaumonarchie waren die Gäste angereist. Alle europäischen Königshäuser würden anwesend sein, alle Diplomaten, Regierungsvertreter und Militärs. Und nicht zuletzt auch siebzig Bischöfe und hundert Geistliche. Auch der Vatikan hatte einen Vertreter geschickt, denn immerhin war ein offizieller Dispens des Papstes notwendig gewesen, damit sich Cousin und Kusine heute heiraten durften. Ihre Heiligkeit hatte ihnen schriftlich bestätigt, dass die katholische Kirche nichts gegen eine solche Ehe einzuwenden hatte.

Die medizinische Forschung, die in späteren Jahren vor solchen Ehen warnte, weil die enge Verwandtschaft sich schädlich auf die geistige und körperliche Gesundheit der Kinder auswirken konnte, steckte im Jahre 1854 in Bezug auf diese Dinge noch in den Kinderschuhen. Niemand ahnte, welches Risiko Sissis Eltern eingegangen waren und welches Risiko die junge

Braut für ihre eigenen Kinder einging. An diesem Morgen dachte alle Welt nur an die bevorstehende, glanzvolle Feier.

Unzählige Abgesandte von Städten und Gemeinden, von Vereinen und Verbänden waren neben dem Adel und der Geistlichkeit nach Wien geströmt. Die Wiener hatten seit dem großen Kongress keinen solchen Wirbel mehr in ihrer Stadt erlebt. Allenthalben summte es vor unterdrückter Erregung und Erwartung. Man hatte die besten Kleider aufgebügelt, die Fräcke ausgebürstet und die Uniformen neu angemessen. Wien war bereit für das große Fest!

Es war gut für Sissis Nerven, dass man sie nicht mit solchen Einzelheiten belästigte. Sie war auch ohne dieses Wissen aufgeregt genug. Dabei würde es noch bis zum Abend dauern, bis es endlich soweit war. Erst um sieben Uhr abends würden sie und Franz Joseph in der Augustinerkirche getraut werden.

Wenn Sissi sich beim Aufstehen noch gefragt hatte, wie die Zeit bis dahin vergehen sollte, wurde sie bald eines Besseren belehrt. Kaum hatte sie ein paar Züge an der frischen Luft getan, als auch schon die allgegenwärtige Obersthofmeisterin hereinrauschte und ihre spitze Nase über das Mädchen aus Bayern rümpfte, das barfuß im Nachthemd am sperrangelweit geöffneten Fenster stand.

»Königliche Hoheit!«, sagte sie und es hörte sich an, als hätte sie »Dummes Ding!« gemeint.

Gräfin Esterházy unterdrückte einen gequälten Seufzer. Ihrer Meinung nach würde es noch ein gutes Stück Arbeit bedeuten, bis sie aus diesem Mädchen eine richtige Dame gemacht hatte. Mit Ausnahme eines schönen Gesichtes und einer makellosen Figur gestand sie ihr so gut wie keine Qualitäten zu. Kein Wunder, dass sich die Erzherzogin Sorgen machte und ihr die junge Kaiserin anvertraut hatte. Bei ihr wusste sie, dass Sissi ganz in ihrem Sinne »erzogen« werden würde. Diese Art von »Erziehung« schien sie auch dringend nötig zu haben.

Bis Sissi endlich in ihrem Brautkleid dastand, verging eine entnervende, stundenlange Ankleidezeremonie. Sie, die es so sehr hasste, von fremden Händen berührt zu werden, musste dulden, dass alle an ihr herumzupften, dort etwas feststeckten und da etwas zurechtzogen. Dabei war die schwere, kostbare Seide mit den durchlaufenden Gold- und Silberfäden schon in Possenhofen perfekt auf ihre zierliche Figur angepasst worden.

Duftige Spitzenvolants umspannten wie ein Wasserfall aus Sahne die schmalen Schultern und ein winziges Sträußchen aus Rosen schmückte den höfisch eleganten Ausschnitt. Ein Schleier aus spinnwebfeinen Brüsseler Spitzen wurde von einer Diamantagraffe auf Sissis Kopf gehalten und über allem schwebte ein funkelndes Diamantkrönchen von unschätzbarem Wert.

Das Juwel war die Brautgabe der Erzherzogin, die dieses Diadem bei ihrer eigenen Hochzeit getragen hatte. Sissi fand es unerwartet schwer. Ihr hätte der zarte Kranz aus duftenden Orangenblüten und frischer Myrte völlig genügt, den sie um die Diamanten herum in den dunkelgoldenen Haaren trug. Aber niemand war auf die Idee gekommen, die Braut nach ihren Wünschen zu fragen. Sie wurde geschmückt, wie es den anderen gefiel. Sissi kam sich beim Blick in den mannsgroßen Spiegel ein wenig wie das goldene Kalb vor, um das alle herumtanzten.

Glücklicherweise behielt sie ihre ketzerischen Gedanken für sich. Die Gräfin Esterházy wäre vermutlich vor Entsetzen in Ohnmacht gefallen, hätte sie ein einziges Wort davon geäußert. Und dann war es plötzlich soweit, als sie es schon längst aufgegeben hatte, nach der Uhrzeit zu fragen.

»Der Brautwagen wartet!«

209

Das Band der Liebe

Sehr blass, aber in untadeliger Haltung nahm die fürstliche Braut in dem prächtigen Fahrzeug Platz, das die gläserne Kutsche des Vortages an Luxus noch übertraf. Goldverziertes Zaumzeug für acht blendend weiße Lipizzaner, rotgoldene Uniformen und Perücken für Vorreiter und Lakaien, Leibgardisten in Dunkelgrün, Dreispitze und wehende Federn vervollständigten das Bild.

Obwohl die Augustinerkirche nur einen Steinwurf weit von der Hofburg entfernt lag, benötigte der feierliche Brautzug über eine Stunde, um das Gotteshaus zu erreichen. Zeit genug für die Wiener und ihre Gäste, die Braut in allen Einzelheiten zu bewundern.

Hinreißend sah sie aus in dem bestickten Kleid, das anmutige Gesicht in blassem, stolzem Ernst. Das anfängliche Lächeln war ihr längst vergangen. In ihrer prunkvollen Karosse, die sie wie eine fremdartige Göttin an allen Schaulustigen vorbeitrug, kam sie ihnen einzigartig und fromm entrückt vor.

Dann hielt die Kutsche, der Schlag wurde geöffnet und die Braut stieg aus. Ein bewunderndes Raunen folgte ihr, bis sie in der Kirche verschwand. Wie beneidenswert die tausend Gäste doch waren, die in der Kirche dabei sein durften.

Fünfzehntausend Kerzen verwandelten das Gotteshaus in ein Meer aus Licht. Der europäische Hochadel drängte sich in seinen Staatskleidern eng zusammen, und nur der Mittelgang war frei geblieben, wo sich nun in schwebendem Schritt die Braut auf den Altar zubewegte. Der Erzbischof und alle anderen Geistlichen erwarteten Sissi und ihre Begleitung vor dem Altar.

Als Erster kam der Bräutigam in der stramm sitzenden Uniform eines kaiserlichen Feldmarschalls. Ordengeschmückt, den schmalen Schnauzbart und die blonden Haare glänzend und schwungvoll gebürstet. Die goldenen Litzen an seinen Hosen blitzten mit den Kerzen um die Wette. Manche hübsche Komtess, die vor Jahresfrist noch mit ihm getanzt und vielleicht sogar mehr erlebt hatte, musste bei seinem Anblick einen sehnsüchtigen Seufzer unterdrücken.

Bei Sissis Anblick kam das neidische Wispern eher von den Herrn. Egal wie mächtig, wie alt oder wie attraktiv sie alle waren, keiner von ihnen konnte sich dem Anblick des zauberhaften, gerade sechzehnjährigen Mädchens entziehen, das wie die Verkörperung von Anmut und Reiz durch die aufwändig geschmückte Kirche schwebte. Neben ihr verblassten die kostbaren Gobelins und Damaste aus der Hofburg zu purer Dekoration. Das reine Weiß ihres Hochzeitskleides ließ die Roben der Damen billig aussehen und stempelte die bunten Uniformen der Militärs zu männlicher Angabe.

Da Erzherzogin Sophie mit der Brautmutter Ludovika hinter dem Paar ging, konnte Sissi glücklicherweise das sparsame Lächeln nicht sehen, das die Lippen der hohen Dame kräuselte. Das Lächeln einer Frau, die sich sicher war, alles unter Kontrolle zu haben. Die wusste, dass sie alle Fäden des Triumphes in der Hand hielt.

Niemand zweifelte in diesem Augenblick daran, dass die wahre Kaiserin der Hofburg auch künftig Sophie von Habsburg heißen würde. Wie sollte dieses entzückende Kind, das dort vorne eben auf dem Betstuhl niederkniete, auch gegen sie bestehen können? Sie war Sophies Geschöpf und der Augapfel des Kaisers, das bewies sein Gesicht. Aber mehr war sie nicht.

Sissi versuchte, an die »Alleruntertänigsten Erinnerungen« zu denken, aber in ihrem Kopf ging alles durcheinander. Franz Joseph stupste sie mahnend an, damit sie rechtzeitig an seiner Seite vor den Altar trat, wo die Ringe gewechselt werden sollten.

Der Erzbischof von Wien, Kardinal Rauscher, wandte sich mit seiner volltönenden Stimme so laut an Sissi, dass sie fast vor ihm zurückgezuckt wäre.

Ihr leises »Ja!« war kaum zu vernehmen, während der Kaiser sein Jawort so laut schmetterte, dass es wie ein Ruf durch das Kirchenschiff hallte.

Die Ehrensalven der Infanterie, die auf dem Josephsplatz in Parade standen, verkündeten gleichzeitig auch dem letzten Wiener Blumenmädchen das freudige Ereignis. Österreich hatte wieder eine Kaiserin!

Sissi fühlte den goldenen Ring an ihrem Finger, und sie war dankbar dafür, dass Franz Joseph ihre Hand hielt und sie nicht mehr losließ. Es kam ihr wie die einzige Verbindung zur Wirklichkeit vor, während der Kardinal in einer langatmigen, geschraubten Traurede demonstrierte, warum ihn die respektlosen Wiener hinter vorgehaltener Hand »Kardinal Plauscher« nannten.

Er zählte zu den engen Vertrauten der Erzherzogin, hatte lange Jahre die Erziehung des Kaisers überwacht und seine endlose Ansprache, die vor gestelzten Formulierungen nur so wimmelte, wollte kein Ende nehmen. Er mahnte Sissi, ihrem Gatten in Liebe verbunden zu sein, sprach von lächelnden Rosen und anmutigen Veilchen und vom Band der Liebe, das nun geknüpft worden war.

Gerade als Sissis Gedanken wandern wollten, zitierte er Augustinus, der vor Frauen warnte, die ihre Männer um des Geldes willen geheiratet hatten. Meinte er etwa sie damit? Wegen der Unsummen, die ihr Franz Joseph in diesem steifen Heiratsvertrag versprochen hatte? Lieber Himmel, damit hatte sie doch nichts zu tun. Sie wäre ja froh, wenn Franz Joseph kein Kaiser und nicht reich wäre. Wusste das dieser schreckliche Mann etwa nicht?

Aber er sprach schon weiter und rühmte den Kaiser in schwülstigen Phrasen. Ein Retter Österreichs sollte er sein, ein Erneuerer der gesetzgebenden Weisheit und vieles mehr. Sissi konnte sich gut vorstellen, was ihr kritischer Vater zu derlei Lobhudeleien sagen würde. Im besten Falle lachen! Hoffentlich tat er es nicht in der Kirche, sondern heimlich.

Es dauerte, bis Sissi am Arm ihres Mannes endlich die Kirche verlassen konnte, die sie als Prinzessin von Bayern betreten hatte. Jetzt war sie Kaiserin Elisabeth von Österreich. Landesmutter von Millionen Menschen, die im Bereich der Donaumonarchie lebten.

Fanfarenstöße und Trommelwirbel verkündeten das Ende der kirchlichen Feiern, aber längst nicht das Ende der Hochzeitsfeiern. Sie würden sogar noch über diesen Tag hinausgehen. Ganz Wien wollte in Bällen, Konzerten, Theateraufführungen und anderen Spektakeln teilhaben an einem Fest, das Sissi irrtümlich für eine reine Familiensache gehalten hatte.

Eine Stunde später stand die junge Kaiserin neben ihrem Gemahl im Thronsaal der Hofburg und musste wieder endlose Gratulationen über sich ergehen lassen. Nur die bedeutendsten und wichtigsten Damen und Herren des Kaiserreiches, hatte es zuvor geheißen. Für Sissi schienen es jedoch unübersehbare Mengen zu sein, die diesen hohen Rang einnahmen.

Die Damen waren zum Handkuss zugelassen, und nach zwei Stunden war Sissi am Ende ihrer Nerven und ihrer körperlichen Kräfte. Jeden Moment würde sie in Tränen ausbrechen. Es war bereits nach zehn Uhr abends. Sie hatte seit undenklichen Zeiten nichts zu essen und zu trinken bekommen und die Füße in den hohen Seidenpumps taten ihr weh.

Aber das war noch nicht einmal das Schlimmste! Was um Himmels willen sollte sie mit all diesen unbekannten Frauen reden? Das Protokoll schrieb vor, dass die Kaiserin das Gespräch eröffnete. Zuvor durfte keine der juwelengeschmückten Damen im Festkleid auch nur eine einzige Silbe sagen. Aber die Kaiserin schwieg! Eingeschüchtert und stumm stand sie neben ihrem nagelneuen Gatten und sah aus großen, bangen Kinderaugen um sich.

Die Gräfin Esterházy machte ihrem Rang als kaiserliche Obersthof-»Gouvernante« erste Ehren, indem sie den drohenden Skandal vermied. Sie bat die wartenden Damen, doch selbst ein paar passende Worte an die junge Kaiserin zu richten. Sie taten es, aber Sissis empfindlicher Stolz hörte die leise Verachtung heraus, die in den meisten »passenden Worten« mitschwang. Man rümpfte die hochwohlgeborene Nase über die Prinzessin aus Bayern, die nicht einmal wusste, wie sich eine Kaiserin benahm. Sie versuchte es zu ignorieren, aber irgendwann bäumte sich alles in ihr auf. Sie konnte nicht länger wie eine Marionette herumstehen und so tun, als sei sie nicht nur stumm, sondern auch noch dumm. Ohne sich um das Getuschel zu kümmern, das sie damit entfachte, raffte sie ihre Röcke und floh in eines der Nebenzimmer.

Warum ließ man sie nicht in Ruhe? Was gingen sie all diese Leute an? Was war das für eine Hochzeitsfeier, bei der sie nicht ein unbelauschtes Wort mit Franz Joseph sprechen konnte? Bei der nur Fremde auf sie einredeten, Fremde und noch einmal Fremde!

Die eilig herbeigeholte Mutter der Kaiserin fand ihre Tochter in Tränen aufgelöst. »Ich bitt dich, Sissi! Was hast du denn?«, versuchte sie die schluchzende Braut zu beruhigen.

»Sie sollen fortgehen, alle«, schniefte Sissi wie ein trotziges Kind. »Ich will nicht mit ihnen reden. Ich will sie nicht sehen. Ich kenn sie ja alle gar nicht, weshalb sind sie gekommen?«

»Geh, du redest Unsinn!«, schüttelte die Herzogin sanft tadelnd den Kopf. »Das weißt du selbst. Du bist die Kaiserin, du musst den Cercle machen! Sie sind gekommen, um dir zu deiner Hochzeit zu gratulieren.«

»Den Cercle«, schniefte Sissi. »Wenn das bedeutet, dass ich mit Gott und der Welt Dummheiten austauschen muss, dann werd ich das nie können.«

»Doch, du wirst es lernen!«, versicherte Ludovika und versuchte, die eigenen, bangen Ahnungen zum Schweigen zu bringen. »Du bist nur ein bissel aufgeregt und nervös. Ist ja auch kein Wunder, man heiratet nicht alle Tage. Jetzt komm, putz dir die Nase!«

Die fürsorglichen Ermahnungen, so banal und vertraut sie waren, dämpften Sissis überspannte Gefühle. Die Tränen versiegten und sie begann ruhiger zu atmen. Ihre Mutter wusste leider zu gut, wie ungeheuer empfindsam und freiheitsliebend ihre schöne Tochter war. Sie bäumte sich gegen jede Art von Zwang und Einengung auf. Niemand hatte es in den vergangenen Jahren für nötig gehalten, ihr das Pflichtbewusstsein und die Disziplin nahe zu bringen, die für eine Kaiserin erforderlich waren. Keiner hatte schließlich damit gerechnet, dass ausgerechnet sie eine solche Ehe eingehen würde.

Was sollte sie auch von Arbeit und Pflichten wissen? Ihr eigener Vater lebte schließlich unbeschwert und ohne sonderliche Verpflichtungen in den Tag hinein. Er besaß kein Hofamt, repräsentierte nichts, und eine Uniform trug er höchstens, wenn es ihm einmal danach zu Mute war. Er lebte völlig ungestört nach seinen eigenen Interessen. Etwas anderes hatte Sissi nie kennen gelernt.

»Reiß dich zusammen, Kind!«, fügte die Herzogin ein wenig energischer hinzu. »Trockne dir die Augen und komm wieder mit hinaus. Eben hast du vor unserem Herrgott geschworen, dass du bei deinem Mann bleiben wirst in guten und in schlechten Zeiten. Einen solchen Schwur muss man halten.«

Das Argument zog. Sissi versuchte, den Schaden an ihrem Aussehen zu beheben, aber man sah ihr doch an, dass sie geweint hatte, als sie mit ihrer Mutter in den Thronsaal zurückkam. Der Kaiser kam ihr besorgt entgegen und reichte ihr den Arm. »Bald ist's vorbei, Sissi!«, raunte er ihr aufmunternd zu. »Nur noch ein bissel, dann können wir uns zurückziehen.«

Aber zuvor stand noch die »Beleuchtung der Haupt- und Residenzstadt« auf dem Programm und das Kaiserpaar durfte sich dieses Schauspiel nicht entgehen lassen. Im offenen Wagen präsentierten sich Sissi und Franz Joseph zwischen Kohlmarkt und Michaelerplatz ein letztes Mal für diesen Tag den Wienern und ihren Gästen. Danach folgte endlich, schon fast gegen Mitternacht, das festliche Hochzeitsmahl in der Hofburg.

Die erlesenen Speisen, die auf massiv goldenen Tellern und in goldenen Schüsseln serviert wurden, waren das Unwichtigste bei diesem Brautsouper, bei dem noch einmal habsburgische Herrlichkeit entfaltet wurde. Sissi war viel zu müde, um auch nur zu schmecken, was sie da aß, und doch hätte sie die Mahlzeit am liebsten endlos hinausgezogen. Vor dem, was danach kommen sollte, hatte sie erst recht Angst.

Allerdings ließ sich auch das nicht vermeiden. Zwölf schlanke Pagen mit festlichen Fackeln führten die Braut gemessenen Schrittes ins kaiserliche Schlafzimmer. Die unvermeidliche Fürstin Esterházy war natürlich ebenfalls mit dabei sowie vier Zofen und glücklicherweise Herzogin Ludovika, die Sissi besorgt von der Seite ansah.

Aufgabe von Erzherzogin Sophie blieb es, ihren Sohn nach angemessener Zeit ebenfalls ins Schlafgemach zu begleiten. Sissi lag bis dahin bereits im Bett, die Decke bis zur Nasenspitze hochgezogen und mit krampfhaft geschlossenen Lidern. Sie wollte nichts sehen und nichts hören. Sie erinnerte die stolze Kaisermutter an einen»erschreckten Vogel, der sich im Nest versteckt«, so schrieb sie es später ihrer Schwester nach Sachsen, als sie jener von der Hochzeit berichtete.

In diesem sehr persönlichen Moment verspürte sogar Sophie Mitgefühl für ein ahnungsloses, junges Mädchen vor seiner Hochzeitsnacht. Schließlich lebten sie beide in einer Zeit, in der eine anständige Frau ihre »Pflicht« tat und es sich nicht gehörte, dass sie dabei auch noch Vergnügen empfand. Alle mütterlichen Ratschläge für Sissi hatten sich nur darauf konzentriert, dass sie still erdulden solle, was ihr bevorstand, egal ob es nun Schmerzen bereitete oder nicht. Franz Joseph hatte das Recht, mit seiner Frau zu tun, was er wollte.

Es war das Recht eines jeden Ehemannes in dieser Epoche, denn die Frau war rechtlich unmündiger als ein Kind. Bei der Heirat verlor sie ihren Status als »gesetzliche« Person. Ab sofort vertrat sie der Mann bei Rechtsgeschäften, sie durfte ohne seine Erlaubnis nicht arbeiten, und mit der Heirat bekam ihr Gatte die ausschließliche Kontrolle über ihr Vermögen und ihre Einkünfte. Sie besaß weder ein Einspruchsrecht bei der Wahl des Wohnortes noch bei Entscheidungen über das Wohl der Kinder. Erst viel später sollte Sissi erfahren, was all das bedeutete.

An diesem ersten Abend zogen sich jedoch die beiden Mütter und alle übrigen Damen dezent zurück und ließen Sissi und Franz Joseph endlich ganz allein. Die Tür fiel hinter ihnen zu.

Sissi hatte krampfhaft die Augen geschlossen, aber sie spürte an der Bewegung der Matratze, dass sie nicht mehr allein in diesem riesigen Bett lag, das ihr nun gehören sollte.

»Geh, du musst doch keine Angst haben«, hörte sie Franz Josephs Stimme. Aber sie machte sich trotzdem steif, als er sie in seine Arme ziehen wollte.

»Ich versprech dir, dass ich dir nicht wehtu. Ich liebe dich doch!«

Es klang so ehrlich, dass Sissi es wagte, wenigstens ein wenig zu blinzeln. Es war ungewohnt, Franz Joseph ohne Uniform zu sehen. Das weiße Hemd, das er trug, zeigte seinen kräftigen Hals und im Halbdunkel des Raumes blitzten seine Zähne.

»Tust du mir wirklich nicht weh?«, flüsterte sie.

Der Kaiser lächelte sie an. »Du bist müd und fürchterlich durcheinander. Am besten, du ruhst dich erst einmal aus. Wir haben Zeit, wir gehören doch jetzt zusammen!«

Sissi schöpfte ein klein wenig Hoffnung. Vielleicht hatten sie sich ja alle getäuscht, Mama und Nené. Franz Joseph war schließlich anders. Lieber als der Papa und freundlicher als alle anderen Männer auf der Welt.

Klatsch und böse Gerüchte

»Und das ist sicher?«

»Ganz sicher! Denkst du, die Kaiserin macht ihr Bett selbst? Dafür gibt's die Dienerschaft und die weiß immer ganz genau Bescheid!«

»Na, das wird der Erzherzogin aber gar nicht gefallen!«

Die beiden Hofdamen, die vor den kaiserlichen Gemächern die wohlfrisierten Köpfe zusammensteckten, waren nicht die Einzigen, die tratschten. Die ganze Hofburg war ein einziges, gnadenloses Getuschel.

Die Kaiserin und der Kaiser hatten die erste Nacht zwar zusammen in einem Bett verbracht, aber es war nichts passiert. Die Ehe war nicht vollzogen worden! Wie war denn das möglich? Vom Kaiser wusste man schließlich sehr genau, dass er eine hübsche Frau erobern konnte. Was war passiert in dieser Hochzeitsnacht?

Das Paar, um das sich all diese Gerüchte drehten, saß indessen friedlich im Schreibkabinett bei einem ersten gemeinsamen Frühstück. Sissi war glücklich. Die Zärtlichkeit und Zurückhaltung, mit der Franz Joseph sie nach diesem anstrengenden und verwirrenden Tag behandelt hatte, rechnete sie ihm hoch an. An diesem Morgen fühlte sie sich zum ersten Male seit langer Zeit wieder glücklich. Alles würde gut werden, bestimmt!

Doch schon die nächste Minute ließ sie wieder daran zweifeln. Die Erzherzogin rauschte herein, im Gefolge Herzogin Ludovika. Beide Mütter auf einmal! Das Zimmer, das ihr eben noch sehr gemütlich erschienen war, wirkte plötzlich zu klein.

Franz Joseph, gut erzogen und höflich, ließ nicht zu, dass sich die beiden Damen wieder zurückzogen, und forderte sie auf, Platz zu nehmen. Umständliches Stühlerücken, gewaltiges Röckerascheln und dann ein paar Herzschläge lang ungemütliches Schweigen. Sissi errötete unter den fragenden Blicken ihrer Mutter.

»Geht es dir gut, mein Kind? Fühlst du dich denn wohl, Herzerl?«

»Natürlich, Mama!«

»Ist alles in Ordnung? War der Franz Joseph lieb zu dir?«

Sissis Blick wanderte zu Franz Joseph hinüber, der mit höflich geneigtem Kopf seiner Mutter zuhörte, die ebenfalls mit sorgsam gedämpfter Stimme ohne Punkt und Komma auf ihn einredete. Sie begriff mit einem Schlag, was all diese besorgten Fragen sollten, und errötete beschämt. Sie zögerte zu antworten. Gab es denn nicht den Hauch eines privaten Geheimnisses in ihrer Ehe mit dem Kaiser? Musste auch noch darüber geredet werden?

Tödlich verlegen und mit glühenden Wangen gab sie zögernd zu, dass da nichts gewesen war zwischen Franz Joseph und ihr. Eine tröstliche Umarmung, ein paar Küsse und endlich der Schlaf, nach dem sie sich so sehr gesehnt hatte. Warum wollte die Mutter das wissen?

»Ach Kind, du bist jetzt die Kaiserin. Es ist von höchster Bedeutung, ob deine Ehe auch körperlich vollzogen wurde oder nicht«, versuchte die Mutter das Dilemma zu erklären. »Erst dann seid ihr beiden doch richtig verheiratet, siehst du das nicht ein?«

Ihre Erziehung erlaubte es ihr nicht, deutlicher zu werden. Schließlich hatte auch sie die Schlafzimmerseite einer Ehe als höchst unerfreulich kennen gelernt. Sie konnte ihrer Tochter nur verständnisvolles Mitleid entgegenbringen, Hilfe konnte sie ihr nicht bieten. Frauen mussten gewisse Dinge eben ertragen.

Sissi fiel unsanft aus ihren rosa roten Wolken, als sie in der dritten Nacht ihrer Ehe mit diesen »gewissen« Tatsachen bekannt gemacht wurde. Franz Joseph, ohnehin verrückt verliebt in Sissi, wollte das Zaubergeschöpf, das er geheiratet hatte, endlich ganz besitzen. Er hatte sich lange genug zurückgehalten, mehr konnte man von keinem Mann verlangen!

Sissi empfand alles andere als Vergnügen bei diesem Ereignis, auf das die ganze Hofburg gelauert hatte. Zart, zurückhaltend und absolut ahnungslos begriff sie nur eines: Das war nicht die Liebe, die sie sich in ihren romantischen Träumen vorgestellt hatte! Sie hatte sich umsonst Hoffnungen gemacht.

Sie fühlte sich verletzt, gedemütigt, ja sogar beschmutzt. Sie schämte sich schrecklich. Dass ihr nicht einmal mehr der eigene Körper gehörte, davon hatte ihr niemand etwas gesagt! Sie verstand keineswegs, weshalb Franz Joseph den nächsten Morgen so gut gelaunt begann. Er war überglücklich, und in seinem ungebrochenen Selbstbewusstsein nahm er an, dass Sissi es ebenfalls war. Musste sie doch, wenn es ihm so wohl erging!

Sissi hingegen weigerte sich, ihn zum Frühstück zu seinen Eltern zu begleiten. Sie hatte schon am Vortag erfahren müssen, dass es »Sitte« war, bei der Erzherzogin zu frühstücken. Wie Ludovika versammelte auch Sophie am Morgen gerne ihre ganze Familie um sich.

Aber was Sissi daheim für normal gehalten hatte, konnte sie in Wien nicht ertragen. Und erst recht nicht nach dieser Nacht. Sie wollte kein neuerliches Verhör, keine verlegenen Fragen und untauglichen Ratschläge. Sie wollte allein sein und sich erst einmal fassen.

»Ich will allein frühstücken. Hier bei uns!«, forderte sie und blieb trotzig im Bett. Sie wollte keinesfalls von allen begafft werden, schon gar nicht nach dem, was in der vergangenen Nacht passiert war. Vielleicht sah man es ihr an der Nasenspitze an. Sie wusste es nicht. Zur Sicherheit blieb sie lieber im Schutz ihres Bettes.

Franz Joseph, nach dieser Nacht verliebter denn je in seine schöne junge Frau, ging allein zum Frühstück. Sissis Empfindlichkeit war ihm zwar ein Rätsel, aber er war bereit, Rücksicht darauf zu nehmen.

Die Erzherzogin sah das anders. Sie hielt es für ihr Recht, über das Leben ihrer Kinder zu bestimmen. Ebenso wie sie ganz nüchtern dafür gesorgt hatte, dass ihr Franzi im entsprechenden Alter von einer »passenden Dame« in die Liebe eingeführt wurde, wollte sie auch jetzt dafür sorgen, dass in seiner Ehe alles nach Wunsch lief. Dafür musste man Sissi diese empfindlichen Flausen gleich austreiben, ehe sie sich daran gewöhnte.

Dass sie damit die sensible junge Frau tief kränkte, kam ihr nicht einmal in den Sinn. Sissi hatte in der vergangenen Nacht ihre »Pflicht« getan und das sollte sie gefälligst auch bei Tag tun.

»Derlei kindische Launen darfst du Sissi nicht durchgehen lassen«, erklärte die Erzherzogin ihrem Ältesten unumwunden. »Sie hat mit uns zu frühstücken, das gehört sich so.«

»Meine Mutter besteht darauf, dass du kommst«, holte der gehorsame Sohn Sissi aus ihrem selbst gewählten Exil. »Es gehört sich halt.«

Nur Franz Joseph zuliebe kleidete Sissi sich an und machte sich an seiner Seite auf den endlosen Weg in die Appartements der Erzherzogin. Die Gänge und Treppen der Hofburg glichen einem Labyrinth. Endlose Fluchten von Gemächern, aber nicht einmal ein Badezimmer oder eine Toilette. Sissi hatte zu ihrem Erstaunen entdeckt, dass man in Wien Leibstühle und Nachttöpfe benützte. So rückständig war man ja nicht einmal mehr in Possi!

Die Erzherzogin ging mit keiner Silbe auf Sissis Verspätung am Frühstückstisch ein. Sissi murmelte einen kaum hörbaren Gruß und sank verlegen auf ihren Platz. Es kam ihr so vor, als könnten ihr alle die Tränen ansehen, die sie in der Nacht geweint hatte. Sie wagte nicht, die Augen vom Teller zu nehmen, und ihre Kehle war wie zugeschnürt.

Sie machte Franz Joseph keine Vorwürfe, dass er ihr wehgetan hatte. Das musste wohl so sein, Mama hatte es ja oft genug angekündigt. Aber dass er das Gegenteil behauptet hatte, das konnte sie nicht verstehen. Sie war zu unerfahren, um etwas über die Vereinigung von Mann und Frau zu wissen. Sie durchschaute nicht, dass sie in gewisser Weise ein Opfer von Sophies mütterlicher Voraussicht geworden war. Franz Joseph hatte keine Ahnung davon, wie man mit unerfahrenen Frauen umging.

Er war an gefällige Damen gewöhnt, die es als Ehre betrachteten, dass er sie zur Kenntnis nahm. Sie hatten ihm wieder und wieder versichert, dass er ein phantastischer Liebhaber war. Irgendwann hatte er angefangen, es zu glauben. Wenn so viele verschiedene und bildhübsche Damen es ständig wiederholten, dann musste es einfach so sein.

Sissi konnte demnach froh sein, einen so erfahrenen und fabelhaften Mann zu bekommen. Die paar Tränen, die sie geweint hatte, würden bald vergessen sein. Er würde sie immer wieder lieben, bis ihr die Sache irgendwann auch gefiel, daran zweifelte er an diesem Morgen nicht im Geringsten.

Der junge Kaiser kam gar nicht auf die Idee, dass Sissi die Dinge anders empfinden könnte. Ebenso wenig wie er auf die

Idee kam, seiner Mutter zu widersprechen. Er folgte seit Jahren ihrem Rat, sie hatte ihm die Kaiserkrone verschafft. Sie hatte einfach immer Recht.

»Er ist so gewohnt, ihr zu folgen, dass es ihm so selbstverständlich wie Essen und Trinken ist«, gestand Sissi Nené enttäuscht.

Ihre Freundschaft, kurz durch die Ereignisse von Ischl getrübt, wurde wieder inniger. Nur Nené konnte Sissi ihr Leid klagen, ohne dass es die Ohren der Erzherzogin erreichte. In diesem Schloss hatte die Tante den Posten eines kommandierenden Generals inne. Es geschah nichts, von dem sie keine Kenntnis bekam, und nichts, in das sie sich nicht einmischte, wenn es ihr wichtig erschien.

»Du darfst es dir nicht gefallen lassen«, riet die Ältere vorsichtig. »Immerhin bist du die Kaiserin! Du stehst über ihr!«

Nené begriff viel eher als Sissi, dass in diesen Tagen ein verdeckter Machtkampf stattfand, den die ahnungslose Sissi verlieren würde, wenn sie nicht sofort Gegenmaßnahmen ergriff. Aber Sissi war viel zu verwirrt, um sofort eine Schlacht zu eröffnen.

»Das sagst du so leicht«, seufzte ihre Schwester nervös. »Man kann ihr nicht widersprechen. Sie ist wie ein Fels. Es wär besser, sie wär die Kaiserin.«

Sissi konnte schon jetzt keinen Vorteil mehr darin entdecken, Kaiserin zu sein. Ganz im Gegenteil. Die Kaiserin war so etwas wie öffentlicher Besitz. Eine gehorsame Schülerin der spitzzüngigen Gräfin Esterházy. Jeden Morgen legte sie ihr das »Generalprotokoll des Hofes« für den jeweiligen Tag vor. Danach sparte sie nicht mit respektvollen, aber mahnenden Hinweisen, wie sich die dumme Kaiserin zu benehmen hatte.

Ihren Franz Joseph sah Sissi während des Tages fast nur in Begleitung anderer. Die ganze Woche blieb mit Festlichkeiten ausgefüllt, die aus Anlass der kaiserlichen Hochzeit organisiert wurden. So musste sie in einem endlosen Zeremoniell die zahllosen Deputationen von Nieder- und Oberösterreich empfangen. Danach jene aus der Steiermark und Kärnten, aus der Krain und der Bukowina und nicht zuletzt die stolzen Ungarn in ihren farbenprächtigen Kostümen, von denen ihr Graf Majlath so viel erzählt hatte.

Bei all diesen Ereignissen stand sie stundenlang zwischen der Erzherzogin und dem Kaiser, musste lächeln, die Hand zum Kuss reichen und so tun, als würde sie das alles interessieren. Sobald auch nur der kleinste Anschein von Langeweile oder Ungeduld auf ihren Zügen erschien, beugte sich die Tante zu ihr und zischte ihr Ermahnungen ins Ohr.

»Halt dich gerade! Lächle herzlicher! Antworte lauter, gähne nicht! Sieh die Leute an, mit denen du sprichst! Sie sind alle gekommen, um dich zu sehen, also schau sie auch an!«, und vieles mehr.

Sissi musste schnell feststellen, dass jede der vierundzwanzig Stunden eines Tages am kaiserlichen Hof von Äußerlichkeiten bestimmt wurde. Von Kleidung, Schmuck, Rang und Zeremoniell. Ob jemand ein kluger Kopf war oder nicht, hatte nichts zu bedeuten. Wichtiger war, aus welcher Familie er stammte und welchen Titel er trug.

Als Tochter eines höchst liberalen, scharfsinnigen Fürsten, der Intelligenz mehr schätzte als Adel, blieb Sissi der hohle Pomp nicht lange verborgen. Sissi hatte vielleicht ihre Schulstunden ein wenig zu oft geschwänzt, aber sie war doch zu klug, um sich zur willenlosen Sklavin eines einengenden Protokolls zu machen. Merkte Franz Joseph eigentlich nicht, wie viel unsinnige Zeit er dabei vertat? Zeit, die man besser verbringen konnte.

Eine andere Frau hätte vielleicht ihre Bestätigung in den vermeintlichen Ehren gefunden, die der jungen Kaiserin entgegengebracht wurden. Sissi indes war zu sensibel, zu eigensinnig, um sich zu fügen. Sie sah keinen Sinn darin, viermal am Tag das Kleid zu wechseln und juwelenbehängte Damen mit nichts sagenden Floskeln zu unterhalten.

Der große »Vermählungs-Festball« der Stadt Wien, der zum Ausklang der Hochzeitsfeierlichkeiten in der Winterreitschule stattfand, beendete endlich den großen Trubel. Statt der pompösen Hoftoiletten waren wieder normale Kleider angesagt.

Sissi fühlte sich schlagartig ein bisschen hilflos vor dem plötzlich eingetretenen Alltag, von dem sie erst recht nicht wusste, was sie mit ihm anfangen sollte. Franz Joseph hatte zu tun. Pflichtbewusst, fleißig und diszipliniert war er zu seinen Akten und Audienzen zurückgekehrt. Die Politik nahm keine Rücksicht darauf, dass der verliebte Kaiser mehr Zeit mit seiner Frau verbringen wollte. Zwar rühmten alle Botschafter, wie heiter und glücklich der junge Ehemann sich gab, aber Sissi bekam recht wenig von dieser guten Laune mit. Als schließlich auch noch ihre Mutter und die Geschwister die Heimreise nach München antraten, blieb sie bedrückt allein zurück.

Nicht eine einzige Freundin hatte sie an diesem fremden Hof. Ihre Begleitung und Dienerschaft war handverlesen, von der Erzherzogin persönlich zusammengestellt worden. Sophie ging es darum, eine vollendete Kaiserin zu erziehen, und nicht, einem jungen Mädchen die Angst vor seinem neuen Leben zu nehmen.

Sissi wanderte einsam durch die prächtigen Gemächer, die, von der Kaisermutter eingerichtet, so gar nicht ihrem Geschmack entsprachen. Sie schätzte luftige, heitere Räume, große Fenster und frische Luft. Die leicht muffige Museumsatmosphäre der Hofburg schlug ihr aufs Gemüt und machte sie noch melancholischer, als sie es ohnehin schon war. Sie fühlte sich nicht wohl, litt unter rätselhaften Hustenanfällen und brach bei jeder Kleinigkeit in Tränen aus.

Obwohl Franz Joseph von der höchst sensiblen Seite seiner Frau keine Ahnung hatte, begriff er doch, dass sie sich nach der fröhlichen, unbeschwerten Familie sehnte, die er in Possenhofen selbst kennen gelernt hatte. Als er Sissi riet, ihren Lieblingsbruder Carl Theodor, den »Gackel«, für ein paar Tage einzuladen, weinte sie vor lauter Freude über dieses Geschenk. Wenigstens ein Lichtblick im goldenen Gefängnis der Hofburg, zu dem Tante Sophie den Schlüssel besaß und nicht mehr herausgab. Über jede Minute des Tages wollte sie Rechenschaft von ihr haben.

Sissi gewöhnte sich nur schwer an diese Kontrolle. Sie verabscheute die Gräfin Esterházy, die wie ein Sprachrohr der Erzherzogin tönte und wie eine schwarze Krähe um sie herumflatterte. Auch wenn keine großen Feste stattfanden, schrieb das höfische Zeremoniell vor, dass sie sich mehrmals am Tag umzog. Eine Kaiserin, die den ganzen Tag dasselbe Kleid trug? Unmöglich! Eine Schande!

Schon diese simple Vorschrift führte zu Problemen. Sissi mochte es nicht, von Zofen angekleidet zu werden. Weshalb konnte sich eine Kaiserin nicht wie ein normaler Mensch selbst anziehen? Und warum dieser ständige Wechsel? In Possi oder in München hatte sie an normalen Tagen doch auch nur ein Kleid getragen.

Kaum hatte sie sich seufzend in den unsinnigen Kleiderterror gefügt, gab es eine Neuauflage in Sachen Schuhen. Sissi starrte ihre Kammerfrau verblüfft an, die ihr soeben mitgeteilt hatte, dass die hellgrünen Satinschuhe, die zu ihrem weiß-grün gestreiften Seidenkleid sicher hübsch aussehen würden, nicht mehr da seien.

»Was heißt nicht mehr da?«, erkundigte sie sich.

»Kaiserliche Hoheit, sie sind fort. Weggegeben an die Kammerzofen, wie es Sitte ist«, erklärte die Dienerin mit jenem leichten Ton von Ungeduld, den sich alle der jungen Kaiserin gegenüber angewöhnt hatten.

Sissi runzelte die Stirn. Man gab ihre Schuhe an die Kammerzofen? Die Schuhe, die in Possenhofen mit so viel Aufwand und Mühe gefertigt worden waren? Wer hatte so etwas angeordnet.

»Ich habe das nicht erlaubt!«

»Aber es ist so Sitte«, erklärte jetzt die Gräfin Esterházy und gab der Kammerfrau mit einer Geste zu verstehen, dass sie es der Kaiserin erklären würde. »Es gehört sich nicht, dass die Kaiserin von Österreich ihre Schuhe länger als einen Tag trägt. Zudem ist es das Privileg der Kammermädchen und Frauen, diese Schuhe zu erhalten. Bringen Sie der Kaiserin jetzt ein anderes Paar, das zu diesem Gewand passt!«

Sissi schnappte nach Luft. Ihre fassungslosen Blicke wanderten zwischen der Gräfin und der Kammerfrau hin und her. Was um Himmels willen sollte diese verschwenderische und höchst absurde Tradition bedeuten? Jeden Morgen ein neues Paar Schuhe! Sie wusste nicht, ob sie lachen oder weinen sollte.

365 Paar Schuhe im Jahr, eine solche Verschwendung ging gegen jeden gesunden Menschenverstand. Wollte man in der Hofburg das Handwerk der Schuhmacher reich und unabhängig machen? Oder welche andere dumme Idee steckte hinter diesem absurden Brauch?

»Es kommt nicht in Frage, dass ich diesen kostspieligen Unsinn mitmache!«, verkündete sie so energisch, dass jetzt der Gräfin Esterházy die Sprache fortblieb. »Ab sofort wünsche ich zu entscheiden, wann meine Schuhe fortgegeben werden!«

»Sehr wohl, Majestät«, verkündete die Kammerfrau mit

schmalen Lippen und tauschte einen viel sagenden Blick mit der Gräfin.

Sissi hielt die Sache damit für abgeschlossen, aber sie ahnte nicht, dass sie sich den tiefen Groll ihrer Dienerschaft zugezogen hatte. Die kaiserlichen Schuhe hatten das Salär der Frauen und Mädchen erheblich aufgebessert. Wieso sollten sie plötzlich darauf verzichten, nur weil die Kaiserin aus dem »armen« Bayern kam und keine Ahnung hatte, was sich in Wien gehörte? Geiz war noch das Geringste, was man ihr vorwarf.

Die Erzherzogin wurde natürlich von der Gräfin und allen anderen Spitzeln, die Sissi umgaben, über jedes Wort und jede Geste der jungen Kaiserin genauestens unterrichtet. Sie zögerte auch nie, Sissi ihren Kommentar zu den Ereignissen mitzuteilen. Meist endeten diese unerfreulichen Unterhaltungen damit, dass sie ihre Schwiegertochter wie ein eigensinniges Pensionatsfräulein zur Ordnung rief.

Sie verlangte bedingungslosen Gehorsam und absolute Berücksichtigung der Etikette. Von ihrem Ehemann und den vier Söhnen daran gewöhnt, als erste Autorität respektiert zu werden, kam es ihr überhaupt nicht in den Sinn, dass Sissi ihren eigenen Kopf haben könnte.

Sie hatte doch alles, was sich eine junge Dame aus bestem Hause wünschen konnte. Sie trug die Krone, auf die Sophie ihrem Sohn zuliebe verzichtet hatte. Dafür konnte man jedes Opfer der Welt verlangen!

Ein Sommer voll Tränen

»Wie schön!«

Sissi mochte das kaiserliche Lustschloss Laxenburg vom ersten Augenblick an, als sie es sah. Nur fünfundzwanzig Kilometer von Wien entfernt, glich es mit seinen romantischen Türmen und Türmchen, mit den Bächen, Brücken und künstlichen Ruinen ein wenig einer Theaterkulisse. Mitten in einer waldreichen Gegend gelegen, verfügte das Schloss über einen riesigen, im englischen Stil angelegten Park, der das junge Mädchen an den »Englischen Garten« in München erinnerte.

»Es ist viel schöner als die Hofburg!«, fügte sie hinzu, und auf ihrem schmalen Gesicht tauchte endlich wieder das Lächeln auf, das Franz Joseph in der letzten Zeit vermisst hatte.

»Wir werden den Sommer hier verbringen!«, versprach er ihr.

»Du bleibst mit mir allein hier draußen?« Sissi konnte es nicht fassen. Erst in diesem Moment wurde ihr klar, wie ausweglos sie die Mauern der Hofburg bedrückten. Wie wenig sie sich in der fremden Stadt Wien heimisch fühlte und wie sehr sie den Blick auf unverbaute Natur vermisst hatte.

»Ein bissel arbeiten muss ich schon«, schränkte der Kaiser die gute Nachricht wieder ein. »Aber wenn's nötig ist, kann ich ja tagsüber nach Wien fahren und am Abend wieder bei dir sein!«

»Und deine Mutter?«

Sissi hatte bereits gelernt, die ganz persönliche Schlange in ihrem Paradies mit zu bedenken. Auch Laxenburg verlor an Attraktivität, wenn dieser Umzug ihre Schwiegermutter mit einschloss.

»Mama ist im Sommer immer in Schönbrunn«, erklärte Franz Joseph und bemerkte das erleichterte Aufatmen seiner jungen Frau nicht einmal. »Sie fühlt sich dort wohler.«

Sissi war beruhigt. Eine erste Besichtigung bestätigte den guten Eindruck, den sie von Laxenburg gewonnen hatte. Ihr persönlicher Hofstaat und damit die grässliche Gräfin Esterházy würde zwar ebenfalls im Schloss wohnen, aber hier fand sie vermutlich eher eine Möglichkeit, der Schulmeisterin zu entkommen, als in der Hofburg. Sie hatte derlei in München und Possi schließlich ein Leben lang geübt.

In den großen Stallungen entdeckte sie zu ihrer Freude die schönsten Pferde, und hier konnte sie auch endlich wieder ihre Hunde und den Papagei begrüßen, für die man in der riesigen Hofburg angeblich keinen Platz hatte. Eine Kaiserin hatte in Wien keine Tiere zu halten!

Die ersten Tage in Laxenburg empfand Sissi wie Ferien. Endlich Flitterwochen, Licht und Helligkeit statt des düsteren Prunks der Hofburg. Aber wenn die junge Kaiserin heimlich gehofft hatte, dass sie mit dem Umzug nach Laxenburg ihrer allgegenwärtigen Tante und Schwiegermutter entfliehen konnte, so sah sie sich innerhalb kürzester Zeit getäuscht.

Die Erzherzogin residierte mit ihrem Gatten zwar in Schönbrunn, aber sie ließ es sich nicht nehmen, immer wieder in Laxenburg aufzutauchen, um Sissi »Gesellschaft« zu leisten. Dass ihre Schwiegertochter lieber zum Reiten gegangen oder mit den Hunden durch den Park getollt wäre, interessierte sie nicht. Sissi hatte neben der stocksteifen Kaisermutter zu sitzen und sich einmal mehr ihre unerbittlichen Verhaltensmaßregeln anzuhören. Sie solle nicht zu viel reiten, sich besser mit den Vorschriften der Etikette befassen und ihrem Mann nicht damit in den Ohren liegen, dass er zu viel arbeitete und zu wenig Zeit für sie hätte.

»Er ist der Kaiser, das ist eine ehrenvolle Verantwortung vor Gott und den Menschen!«

In jeder ihrer Ansprachen kam dieser Satz vor. Sissi begann ihn aus tiefstem Herzen zu hassen. Wenn der Kaiser so gottgleich über allem thronte, warum hatte man ihn dann ein ganz normales menschliches Wesen heiraten lassen?, fragte sie sich rebellisch, aber sie wagte es nicht, diese ketzerische Frage auch laut zu stellen.

Wenn die Erzherzogin es aus irgendwelchen Gründen einmal versäumte, täglich in Laxenburg aufzutauchen, sprang die Frau Obersthofmeisterin ein. Sissi gewöhnte sich an, so schnell wie möglich um die nächste Ecke zu verschwinden, wenn sie nur den Schatten ihrer pedantischen Lehrmeisterin irgendwo entdeckte.

Von dem»herzerquickenden Glück der lieben Kinder«, wie es Sophie an ihre Schwester nach Bayern schrieb, merkte Sissi recht wenig. Franz Joseph stand nach kurzer Zeit regelmäßig in der Frühe auf, um nach Wien zu seinen Ministern und Generälen zu fahren. Wenn er endlich abends wiederkam, speiste das junge Paar gemeinsam. Aber es war beileibe keine gemütliche Mahlzeit wie in Possi!

Die steife Obersthofmeisterin belauerte jede Geste Sissis, um sofort mahnend eingreifen zu können. Außerdem saß der kaiserliche Flügeladjutant Hugo von Weckbecker mit am Tisch, damit Sissi an ihm »üben« konnte, jene Art von nichts sagendem Geplauder zu führen, das eine Kaiserin offenbar perfekt beherrschen musste.

Sissi verging sowohl der Appetit als auch die Lust zum

Reden. Wenn sie wenigstens über ein halbwegs vernünftiges Thema hätte sprechen dürfen. Über die vielen Bücher zum Beispiel, die sie tagsüber las, um der drückenden Langeweile zu entgehen.

Die Bibliothek von Laxenburg war gut bestückt, und Sissi las alles, was ihr zwischen die Finger geriet. Sie füllte ihre Lücken in Bezug auf Theater, Literatur und Musik. Sie vertiefte sich in unbekannte Romane und Reiseberichte. Sie entdeckte eine ganze Welt des Wissens, in die sie jederzeit flüchten konnte, wenn ihr die Wirklichkeit zu langweilig erschien. Sie fiel allerdings aus allen Wolken, als ihr klar wurde, dass Franz Joseph absolut nichts von dieser Zerstreuung hielt. Er runzelte die Stirn, wenn er sie mit einem Buch in der Hand vorfand.

»Das ist pure Zeitverschwendung«, sagte er.

»Aber ich hab Zeit, jede Menge sogar«, wagte Sissi zu widersprechen. »Schau, das sind Gedichte von …«

»Leg's fort«, kommandierte der Kaiser ungewohnt barsch. »Erzähl mir lieber, was du den ganzen Tag gemacht hast. War Mama zu Besuch?«

Sissi gehorchte schweren Herzens. Sie entdeckte zu ihrem großen Erstaunen, dass Franz Joseph auf seine Art mindestens genauso dickköpfig sein konnte wie sie. Er war so beharrlich davon überzeugt, dass er ein guter Kaiser, ein hervorragender Ehemann und charmanter Gesellschafter war, dass ihn keine Kritik erreichte.

Man hatte ihm dreiundzwanzig Jahre lang eingeredet, dass er einzigartig war, und nun hielt er sich voller Selbstverständlichkeit für das Maß aller Dinge. Er war von »Gottes Gnaden« Kaiser von Österreich und aus diesem Grunde fehlerfrei. Seine Mutter hatte ihn in diesem Sinne erzogen, und Sissi fand heraus, dass sie kaum noch etwas daran ändern konnte. Dazu gehörte auch, dass er Bücher für eine unsinnige Zeitverschwendung hielt. Auch Musik oder Theater interessierten ihn nur sehr wenig, und Sissis Versuche, mit ihm wenigstens über Poesie zu reden, ermüdeten ihn. In solchen Fällen winkte er gereizt ab.

»Du solltest deinen schönen Kopf nicht mit derlei Zeug voll stopfen!«, riet er ihr. »Das macht dich nur ganz konfus und wirr!«

Sissi schwieg enttäuscht. Sie wagte nicht, sich Franz Joseph offen zu widersetzen. Zum einen, weil sie ihn trotz vieler Enttäuschungen liebte, und zum anderen auch, weil er ihr einziger Halt in dieser feindlichen, fremden Welt von Wien war. Künftig las sie heimlich und versteckte ihre Lektüre, ehe der Kaiser nach Hause kam.

Mit den Hofdamen, die eigentlich dazu da waren, der Kaiserin Gesellschaft zu leisten, konnte sie nicht warm werden. Wesentlich älter als die Kaiserin schienen sie alle nur darauf bedacht, der Etikette zu dienen und nicht der jungen Monarchin. So verbot das höfische Zeremoniell zum Beispiel, dass eine von ihnen von sich aus die Kaiserin ansprach, eine Idee ins Gespräch warf oder einfach nur plauderte. Hofdamen hatten zu schweigen, bis Ihre Kaiserliche Majestät ein Thema anschnitt, und dann durften sie antworten.

Sissi sah in die strengen, verkniffenen Gesichter, und ihr fiel nicht ein Thema ein, über das sie mit diesen Damen hätte sprechen wollen. Zwischen ihr und ihnen lagen nicht nur Jahre, sondern ganze Welten! Sie kannte die Personen nicht, über die sie klatschten, und sie hatte das untrügliche Gefühl, dass sie alle miteinander am liebsten hinter ihrem Rücken über sie redeten.

Die Tage in Laxenburg, auf die sie sich zu Beginn des Sommers so gefreut hatte, wurden lang und länger. Irgendwann konnte sie es einfach nicht mehr aushalten und flehte Franz

Joseph an: »Nimm mich einmal mit nach Wien! Lass uns einfach einen ganzen Tag zusammen verbringen. Ich will mich auch ganz still in eine Ecke setzen, wenn du arbeiten musst. Ich möcht einfach nur bei dir sein!«

Der Kaiser war mehr denn je verliebt in seine bezaubernde junge Frau und der Wunsch schmeichelte ihm. Wie schön, dass sich Sissi so nach ihm sehnte. »Freilich«, versprach er großzügig. »Morgen nehm ich dich mit!«

Sie brachen gleich nach dem Frühstück in Franz Josephs Wagen auf. Bis Sissis entgeisterte Hofdamen begriffen, dass sich die Kaiserin nicht von ihrem Gatten verabschieden wollte, sondern mitfuhr, war es schon zu spät.

Die Obersthofmeisterin wankte vor Entsetzen. Wie sollte sie der Mutter des Kaisers beibringen, dass ihr die junge Ehefrau schlicht und einfach ausgerissen war?

Sissi hingegen freute sich diebisch über den Streich, den sie der Gräfin Esterházy gespielt hatte. Sie atmete auf! An diesem Morgen störte sie nicht einmal Franz Josephs allgegenwärtiger Adjutant. Wie kompliziert es doch war, mit dem Kaiser wirklich allein zu sein. Im Grunde war es ein Wunder, dass nicht auch noch einer dieser schneidigen, stramm stehenden Männer Wache in ihrer Schlafzimmertür hielt und der Erzherzogin jede Einzelheit meldete.

Ein Tag ohne Tante Sophie! Ein Tag ohne die Obersthofmeisterin und ihr dummes Zeremoniell! Sissi hatte gar nicht geahnt, wie sehr sie sich danach gesehnt hatte, diesen beiden diktatorischen Gespenstern für ein paar Stunden zu entkommen.

In was sich die Erzherzogin alles einmischte, war schlicht unerträglich. Vor ein paar Tagen hatte sie ihr sogar verboten, mit den Menschen zu sprechen, die sie im Laxenburger Schlosspark traf. Auch wenn die Gärten für jedermann zugänglich waren, die Kaiserin hatte so zu tun, als wäre sie allein auf der Welt. Sie sollte andere Menschen nicht zur Kenntnis nehmen. Welch ein Aberwitz!

»Das mag ja vielleicht bei euch in Possenhofen Usus sein, dass man mit Kreti und Pleti spricht«, hatte Franz Josephs Mutter eisig erklärt und auf sie herabgeschaut, als wäre sie ein hoffnungslos verblödetes Geschöpf. »Aber du bist jetzt in Österreich und du bist die Kaiserin. Da gehört es sich nicht, dass du mit einfachen Leuten plauderst. Das passt nicht zu deiner hohen Stellung!«

Es war der letzte Tropfen gewesen, der das Fass zum Überlaufen gebracht hatte. Vielleicht gelang es ihr ja heute, in aller Ruhe ein vertrautes Wort mit Franz Joseph zu wechseln. Er musste seiner Mutter sagen, dass es so nicht weitergehen konnte. Dass Sissi verrückt werden würde, wenn man ihr nicht endlich ein wenig eigene Entscheidungsfreiheit zugestand.

Aber dann fand sie die gestohlene Zeit einfach zu schön, um sie mit unliebsamen Gesprächen zu trüben. Ganz besonders, als es ihnen auch noch gelang, die Begleitung des Adjutanten abzuschütteln. Franz Joseph kutschierte seine Sissi ganz allein durch den Wiener Prater. Niemand nahm Notiz von dem jungen Paar, denn kein Mensch kam auf die Idee, dass der Kaiser so etwas tun würde. Sissi, deren Bilder bereits überall hingen, hatte einen breitkrempigen Strohhut aufgesetzt, der ihr Gesicht gut verbarg. Franz Joseph trug ausnahmsweise einmal nicht Uniform, sondern einen schlichten Anzug. Wenn sie auffielen, dann höchstens durch die verliebten Blicke und ihr fröhliches Lachen.

»Wie wunderbar das ist!«, freute sich Sissi und schenkte Franz Joseph ein Lächeln, für das er alles getan hätte. »Ich könnt immer und ewig so dahinfahren mit dir!«

Ungemein vergnügt und verliebter denn je trafen sie am

Abend wieder in Laxenburg ein. Doch der Friede war nicht von langer Dauer. Bereits kurze Zeit darauf rauschte die Erzherzogin ins Speisezimmer und baute sich vor dem verblüfften Paar auf wie das jüngste Gericht in Person. Offensichtlich hatte sie auf ihr Eintreffen gewartet und ihre Rede vorbereitet.

»Was hab ich da zu hören bekommen, Sissi?«, wandte sie sich ausschließlich an die Kaiserin. »Du bist dem Franz Joseph nach Wien nachgelaufen wie ein einfaches Wäschermädel einem hübschen Fähnrich? Ich kann's beim besten Willen nicht glauben.«

»Ich bin gefahren«, stammelte Sissi eingeschüchtert.

»Papperlapapp!«, fuhr ihr Sophie über den Mund, als sei sie ein bockbeiniges Schulmädchen, das seine Aufgaben nicht gemacht hatte. »Da geb ich mir nun alle Mühe der Welt, eine Kaiserin aus dir zu machen, und kaum dreh ich dir den Rücken, ist alles in den Wind geredet!«

»Aber …«

Sissi brach beschämt ab und warf einen Hilfe suchenden Blick zu Franz Joseph. Wieso sagte er denn nichts? Wieso wies er seine Mutter nicht darauf hin, dass sie sich im Ton vergriff? Sie war doch die Kaiserin, der man mit Respekt begegnen musste, und nicht Sophie!

Der Herrscher über Millionen von Menschen starrte in höchster Verlegenheit auf die Reste seines Abendessens. Sissi konnte kaum glauben, was sie da sah. Hatte Franz Joseph Angst vor seiner Mutter? Es machte geradewegs den Anschein. Die Röte stieg ihr in die Stirn, aber die Erzherzogin war noch längst nicht fertig mit ihrer Predigt.

»Ich werde nicht zulassen, dass du, kindisch wie du bist, dem Ansehen des Kaisers schadest!«, fauchte sie wie eine Furie. »Es ist in höchstem Maße unschicklich, wie du dich benimmst. Ich werd die Esterházy anweisen, dass du nur noch mit ihrer Genehmigung Laxenburg verlassen darfst, hast du mich verstanden?«

Sissi ballte im Schutz der weiten Rockfalten die kleinen Fäuste. So hatte noch nie ein Mensch mit ihr gesprochen! Niemand! So *durfte* auch niemand mit ihr reden! Sie war immerhin die Kaiserin! Ihr ohnehin empfindlicher Stolz bäumte sich unter den wütenden Blicken ihrer Schwiegermutter auf, am liebsten hätte sie ihr frech geantwortet. In diesem Moment fiel ihr Blick auf Franz Joseph. Einen beschämten, unglücklichen Franz Joseph. Sie begriff in schrecklicher Klarheit, dass er kein Wort zu ihrer Verteidigung sagen würde. Er hielt sich heraus! Er ließ sie im Stich! Er wagte nicht, sich auf die Seite seiner Frau zu schlagen und seine Mutter in ihre Grenzen zu verweisen! So sah die Wahrheit aus! Das steckte hinter seiner Ritterlichkeit, seinen verliebten Schwüren und den überschwänglichen Versprechungen. Nichts! Die Furcht vor dieser Frau lähmte ihn.

Tief verletzt presste Sissi die schönen Lippen aufeinander und sagte keine Silbe mehr. Sie verstummte und gab auch kein Wort des Abschieds von sich, als ihre Schwiegermutter endlich schwieg. Noch nie in ihrem ganzen Leben hatte ein Mensch sie so gekränkt!

»Du musst sie verstehen«, versuchte Franz Joseph später unter vier Augen den Schaden wieder gutzumachen. »Du bist eben noch sehr jung. Sie meint es gut mir dir. Sie will dir helfen!«

»Helfen?« Sissi lachte bitter auf. »Davon kann keine Rede sein, sie möchte mich brechen! Ich soll auf dem Boden kriechen vor ihr, so wie du das machst … Sie will uns alle in der Hand haben! Sie reißt an den Zügeln wie ein Reiter, der den Willen des Pferdes zerstört!«

»Du übertreibst maßlos«, ärgerte sich Franz Joseph. Er

mochte es nicht, wenn Sissi solche Sachen sagte. »Eine Mutter muss ihre Kinder eben von Zeit zu Zeit ermahnen.«

»Eine Mutter muss ihre Kinder lieben«, fauchte Sissi böse. »Tante Sophie hat keine Ahnung von diesem Gefühl. Sie verwechselt Gehorsam mit Liebe!«

»Ich bitt dich ...«

»Lieber nicht«, fiel ihm Sissi böse ins Wort. »Es könnt sein, dass deine Mutter nicht damit einverstanden ist!«

Franz Joseph runzelte die Stirn. Es passte nicht zu Sissis lieber Art, solche Dinge zu sagen. Es passte vor allen Dingen nicht zu dem fest umrissenen Bild, das er sich von seiner Frau gemacht hatte. Das Bild einer gefälligen, sanften Person, die alle Welt liebte und die von aller Welt wiedergeliebt wurde.

»Du solltest glücklich sein, dass sie dir eine Mutter sein will. Du brauchst eine erfahrene Hand, die dir zeigt, wie das Leben bei Hof verläuft.«

»Glücklich!« Sissis Augen schwammen in Tränen. »Wie soll ich denn glücklich sein, wenn nicht einmal du mich verstehst ...«

»Beruhig dich, komm ins Bett!«, beendete der Kaiser die nutzlose Diskussion.

In seiner männlichen Eitelkeit nahm er an, dass er Sissi im Bett noch am ehesten davon überzeugen konnte, dass er sie liebte.

Die 16-jährige Kaiserin wusste jedoch immer noch wenig mit dem stürmischen jungen Mann anzufangen, der sie da Nacht für Nacht in den Armen hielt. Sie hatte sich die Liebe ganz anders vorgestellt. Zärtlicher, sanfter, romantischer, hingebungsvoller. Die Fülle ihrer Gefühle und Ängste lähmte sie, und die Tatsache, dass Franz Joseph sie so ungestüm und direkt mit seinem Verlangen konfrontierte, führte am Ende dazu, dass sie die Nächte zu fürchten begann. Manchmal nahm Franz Joseph

Rücksicht auf ihre Gefühle, aber an diesem Abend dachte er nicht daran. Wenn Sissi erst merkte, wie sehr er sie liebte, würde sie sich von alleine wieder beruhigen.

Aber sein Plan ging nicht auf. Als er endlich einschlief, lag Sissi mit tränennassen Augen wach. Verzweifelt und verraten. Was sollte sie nur tun? Warum konnte sie nicht wenigstens im Bett allein bleiben? Gehörte sie nur noch den anderen und niemals sich selbst?

Am nächsten Morgen ging Franz Joseph ganz selbstverständlich davon aus, dass das »kleine Missverständnis« vom Abend zuvor nach dieser Nacht wieder vergessen war. Er küsste Sissi zärtlich und verschwand mit seinem Adjutanten in die Hofburg. Sissi musste sich regelrecht dazu zwingen aufzustehen. Wie seltsam, in Possenhofen war sie immer die Erste gewesen, die aus dem Haus lief.

Wenn sie die Augen schloss, konnte sie das taufeuchte Gras unter ihren bloßen Füßen spüren und den kühlen Hauch des Wassers vom See riechen. An einem Tag wie diesem hätte sie sich lachend mit ihren Geschwistern um die ersten Himbeeren gestritten und versucht, die Französischstunden zu schwänzen, um mit den anderen an den See hinunter zum Schwimmen gehen zu können. Es schien in einem anderen, fröhlicheren Leben gewesen zu sein, dass sie sich so unbeschwert und grenzenlos frei gefühlt hatte. Eine Kaiserin pflückte unter Garantie keine Himbeeren und Schwimmen stand ebenfalls auf ihrer Verbotsliste.

»Wenn Kaiserliche Gnaden bitte hier Platz nehmen, damit ich die Haare aufstecken kann«, riss sie die Kammerfrau aus ihren Grübeleien.

Sissi sank auf den gepolsterten Hocker und ließ sich den Frisierumhang überlegen. Die Gräfin Bellegarde beaufsichtigte zwei Kammermädchen, die vorsichtig das duftige Sommerkleid aufschüttelten, das die Kaiserin heute tragen sollte. Zumindest zum Frühstück. Danach war ein Spaziergang im Park geplant und dafür musste sie sich erneut umziehen. Im Hauskleid in den Park, unmöglich!

Das pausenlose An- und Umkleiden konnte einem jeden Spaß an den vielen neuen Kleidern verderben! Egal, ob es sich um einfaches Luftschnappen im Park, um eine Audienz, einen Besuch oder eine simple Lesestunde handelte, alles musste genau nach den jahrhundertealten Regeln getan werden. Und genau im richtigen Kleid, sonst ging wahrscheinlich das Kaiserreich unter.

»Wenn Kaiserliche Hoheit bitte den Kopf senken würden …«

Die Kaiserliche Hoheit senkte, weil ihr ohnehin mutlos und traurig ums Herz war.

Triumph in Böhmen

Sissi war kurz davor, in eine echte Depression zu fallen, als Franz Joseph die sensationelle Neuigkeit an der abendlichen Tafel verkündete.

»Wir werden nach Mähren und Böhmen reisen!«

»Wir?« Sissi blieb misstrauisch. »Wer wir?«

»Ja, du und ich!«, erklärte der Kaiser ein wenig ungeduldig. »Es geht darum, den Menschen dort für ihre Treue und ihre Hilfe zu danken. Ich freue mich auf Olmütz, dort bin ich Kaiser geworden!«

Sissi hatte ihre Geschichtslektionen natürlich gelernt. In Olmütz hatte Kaiser Ferdinand auf den Thron verzichtet und seinem 18-jährigen Neffen die Krone übergeben. Mit Hilfe der Böhmen und Mähren hatte der junge Kaiser seine Position gefestigt, und deswegen nahmen diese Länder auch einen besonderen Rang ein.

Sie hatte es selbst schmerzlich erfahren müssen, denn die Erzherzogin bestand darauf, dass Sissi auch Böhmisch lernte. Sissi, die gedacht hatte, dass sie den Sprachlektionen endlich entronnen war, verwendete keine besondere Mühe auf die zungenbrecherische, neue Sprache.

Bis auf ein paar Grundbegriffe hatte sie nicht viel behalten. Wozu auch? Genügte es nicht, dass sie gut Englisch, leidlich Französisch und ein bisschen Italienisch sprach?

Aber so unglaublich es war, Franz Joseph hatte nicht zu viel versprochen. Sie traten diese Reise allein an. Was man allerdings bei einem Kaiser so unter »allein« verstand … Das Gefolge blieb trotzdem stattlich: Militär, Geistlichkeit, der Leibarzt des Kaisers und seine persönliche Dienerschaft.

Sissi durfte natürlich nicht ohne die verhasste Gräfin Esterházy reisen. Zwei Hofdamen, ein persönlicher Sekretär, Diener, Friseure, Badefrauen und jede Menge Personal kamen auch mit. Aber all das störte sie nicht, denn: Die Erzherzogin blieb in Wien! Ohnehin die treibende Kraft hinter Franz Josephs Regierungspolitik hielt sie es nicht für ratsam, dass sie beide das Zentrum der Macht verließen. Wenn der Kaiser auf Reisen ging, musste wenigstens die »heimliche Kaiserin« zum Regieren zu Hause bleiben. Sissi hatte allerdings bis zum letzten Moment der Abreise Zweifel, ob Sophie nicht doch noch mitkommen würde.

Dann freilich lebte sie förmlich auf mit jedem Kilometer, der sich zwischen sie und die Mutter Franz Josephs legte. Was der Kaiser für übertriebene Empfindlichkeit eines jungen Mädchens hielt, hatte sich in den vergangenen Wochen von Sissis Seite zu echter Feindseligkeit gewandelt. Sie hasste ihre Schwiegermutter ohne Wenn und Aber. Sie verzieh ihr weder die kleinen Sticheleien noch die größeren Rüffel, die sie von ihr erhielt.

Sie hätte sich jedoch gewundert, wenn sie gewusst hätte, dass Sophie sie im Grunde ihres Herzens sogar ganz gern hatte. Die Tochter ihrer Schwester stand ihr näher als die Verwandtschaft ihres Mannes. Aber da sie gleichzeitig eine so hohe und unverrückbare Meinung vom Gottesgnadentum ihres Sohnes und Kaisers hatte, hielt sie es für ihre Pflicht, Sissi genau in die Frau zu verwandeln, die ihrer Meinung nach an seine Seite gehörte. Die Kleine würde schon noch einsehen, dass es das Beste für sie war.

Die »Kleine« atmete erst einmal auf und stürzte sich dann mit Begeisterung in ihre Pflichten als »Landesmutter«. Ihre Besuche in Waisenhäusern, Schulen und Spitalen waren nicht nur lästige Pflichtübung, sondern eine Gelegenheit, die Menschen und ihre Probleme besser kennen zu lernen. Obwohl von Natur aus schüchtern, überwand sie sich bei diesem Anlass und bezauberte alle mit ihrer liebenswürdigen Art.

In Prag jedoch artete der Besuch wieder in jene stundenlangen Audienzen aus, die Sissi in der Hofburg fürchten gelernt hatte. Die Vorstellung der »hoffähigen Damen« des Adels, der städtischen Honoratioren und des Militärs lief nach demselben umständlichen Zeremoniell ab wie in Wien. Es kostete Sissi Kraft und Nerven. Die böhmischen Adeligen waren sich ihrer Wichtigkeit und Bedeutung voll bewusst. Sie scheuten keine Mühen, das auch zu demonstrieren. So wurde im Palais Waldstein für das Kaiserpaar ein Pferdekarussell eingerichtet und ein bombastisches mittelalterliches Festturnier aufgeführt. Obwohl Sissi das prächtige Spektakel sehr gefiel, fühlte sie sich im Kreise der einfachen Menschen wohler als unter den hochnäsigen Edelleuten.

Möglicherweise lag es aber auch daran, dass die meisten dieser böhmischen Familien im Wiener Gesellschaftsleben ebenfalls den Ton angaben. Sissi war zwar jung, aber sie hatte ein feines Gespür dafür, wenn man ihr mit jener arroganten Eleganz entgegentrat, unter der eigentlich Verachtung lauerte.

Freilich hatte sie in Prag wenig Gelegenheit, mit einfachen Bauern und Handwerkern in Berührung zu kommen. In Prag dominierten der Adel und das Militär. Im offenen Wagen sitzend, nahm sie zum ersten Mal in ihrem Leben an Militärparaden, Exerzierübungen und sogar an einem Feldmanöver teil. Es blieb ihr dabei nicht verborgen, dass Franz Joseph bei solchen Veranstaltungen förmlich auflebte. Zum ersten Male vermochte sie zu erkennen, warum er am liebsten Uniformen trug. Im Grunde seines Herzens war ihr Mann ein Soldat. Er hätte einen fabelhaften, gehorsamen Offizier abgegeben.

Es wurden zwei anstrengende Wochen, die Sissi trotz allem genoss, denn es waren vierzehn Tage ohne ihre Schwiegermutter. Sobald das kaiserliche Paar jedoch wieder in Wien eintraf, stand von neuem unweigerlich fest, wer die wahre Befehlsgewalt besaß.

Am Tag nach der Rückkehr des Kaiserpaares war Fronleichnam. Sissi hatte nicht geahnt, dass dieses Fest von höchster Bedeutung für das kaiserliche Haus war. Zu ihrer Verblüffung erfuhr sie, dass sie mit dem Kaiser in der feierlichen Prozession mitgehen sollte, die durch die Wiener Innenstadt führte. Offensichtlich ein stundenlanges, höchst anstrengendes und frommes Unternehmen.

»Die Mama hat alle Vorbereitungen für dich getroffen«, erklärte Franz Joseph sonnig, als wären damit auch alle Probleme gelöst.

»Genügt es denn nicht, wenn ich in der Kirche erscheine?«, wandte Sissi zaghaft ein.

Weshalb sollte sie ihre Religion vor aller Welt zur Schau tragen? Sie war katholisch, aber nicht von jener flammenden Religiosität, die sie zu Bittgängen oder Wallfahrten getrieben hätte. Bei ihr zu Hause waren die Dinge tolerant und großzügig gesehen worden, und dass sich Politik und Religion derart mischten, war ihr fremd. Es ging doch die Menschen nichts an, wann und wie sie betete!

Die Erzherzogin fiel einmal mehr aus allen Wolken, als sie von Sissis Weigerung hörte. Umgehend erschien sie bei der jungen Kaiserin, um die Dinge klarzustellen. Sissi zuckte bei ihrem Anblick förmlich zusammen, sie war der Gardinenpredigten zwei Wochen entwöhnt.

»Du wirst deinen Platz in der Prozession einnehmen, wie es sich für die Kaiserin gehört!«, verkündete Sophie herrisch.

»Ich kann nicht!«, protestierte Sissi trotzig. »Ich bin todmüde, wir sind doch eben erst von der Reise nach Haus gekommen!«

»Extra deswegen!«, entgegnete die Erzherzogin. »Der Kaiser muss an der Prozession teilnehmen. Seine Gemahlin wird es ebenfalls tun, darüber gibt's keine Diskussion! Muss ich dir erst sagen, was deine Pflicht ist?«

Sissi presste einmal mehr stumm die Lippen aufeinander. Pflicht. Gehorchen. Repräsentieren. Worte, die wie Mühlsteine um ihren zarten Hals hingen und das Pochen hinter ihren Schläfen verstärkten. Auch davon war in Ischl nie die Rede gewesen. Niemand hatte es für nötig gehalten, ihr zu sagen, dass sie mit der Heirat das Recht auf eigene Entscheidungen aufgegeben hatte. Ja, sogar das Recht an ihrer eigenen Person.

Die Fronleichnamsprozession bedeutete frühes Aufstehen für die Kaiserin. Das Anlegen der Staatstoilette dauerte noch länger als das normale Ankleiden. Bis alle Unterröcke befestigt waren, welche das cremefarbene Staatsgewand auf seine vorgeschriebene, modische Fülle brachten, verging seine Zeit.

Über langen Beinkleidern mit Spitzenbesatz trug eine Dame zu dieser Zeit als Erstes einen so genannten »Anstandsrock« aus Flanell. Danach folgte ein erster, weiter Unterrock. Dann ein Rock, der bis zum Knie wattiert oder mit Rosshaar eingelegt war und mit Fischbeinstäben verstärkt wurde. In Handbreite in den Stoff genäht, täuschten diese Stäbe die Fülle der voluminösen Röcke vor. Darüber zog man den nächsten Unterrock aus steif gestärktem Leinen und schließlich zwei weitere, elegantere Unterröcke aus dünnem Musselin.

All das wurde kunstvoll unterhalb von Sissis zierlicher Taille befestigt. Teilweise befanden sich sogar mehrere Unterröcke an einem Bund, damit es um die Taille nicht zu sehr auftrug. Alles zusammen ergab ein beträchtliches kiloschweres Gewicht, das noch erhöht wurde, als zum Schluss das elfenbeinfarbene, prächtige Schleppkleid aus feinster Seide in gefälligem Faltenwurf darüber gebreitet wurde.

Auf Sissis hochgesteckten Haaren befestigte die Friseurin ein glitzerndes Brillantdiadem, danach folgten Kollier, Ohrringe und Armbänder. Bis sie in die Galakutsche stieg, die sie zum Stefansdom bringen sollte, wo die Prozession ihren Anfang nahm, waren Stunden vergangen. Die gewaltige Last von Schmuck, Kleid und Korsett drückte die zierliche Sechzehnjährige fast zu Boden.

Franz Joseph in seiner üblichen Marschallsuniform machte sich keine Vorstellung davon, was seine feingliedrige Gemahlin an diesem heißen Frühsommertag schwitzend durch Wien trug. Wie viel Kraft und Mühe sie jeder einzelne Schritt in den dünnen Seidenschuhen kostete.

Viele zehntausend Menschen bewunderten die Kaiserin an diesem Festtag, während diese mit demütig und andächtig gesenktem Kopf dem Kaiser folgte. Dabei war es weniger die Frömmigkeit, welche die Wiener auf die Straße trieb, als der Wunsch, die jugendliche Monarchin zu sehen, deren Schönheit überall gerühmt wurde. Ihr Anblick enttäuschte sie nicht. Die Sonne funkelte auf ihren Juwelen und die Pracht ihrer jugendlichen Erscheinung erregte allenthalben die größte Bewunderung.

Der Kaiser selbst, der mit seiner Teilnahme an der Prozession gegen die antikirchlichen Tendenzen der liberalen Politiker demonstrieren wollte, war fast unwichtig. Mit seinem majestätisch abweisenden Gesichtsausdruck und seiner nüchternen, militärischen Art sich zu bewegen gelang es ihm nicht, die Herzen zu rühren, so wie es seine junge Frau tat.

Bis Sissi endlich das drückende Diadem loswurde, hatte sie schreckliche Kopfschmerzen. Sie begab sich zu Bett und weigerte sich, an der Familientafel teilzunehmen, an der sie erwartet wurde. Dieses Mal bat Franz Joseph umsonst. Es war ihr egal, ob seine Mutter sie erwartete. Wenn Sophie den Krieg zwischen ihnen haben wollte, dann sollte sie ihn bekommen.

Seltsamerweise eroberte sich Sissi in den folgenden Tagen die Anerkennung und Freundschaft eines Mannes, von dem sie eigentlich gedacht hatte, dass er sie nicht leiden konnte. Der Generaladjutant des Kaisers, Graf Carl Grünne, brachte als Einziger bei Hofe das Kunststück fertig, sowohl das Wohlwollen der strengen Erzherzogin als auch jenes der jungen Kaiserin zu erobern.

Auf Sissis Seite stand als Erstes die Bewunderung für Graf Grünnes unbestreitbares Pferdewissen. In den Fünfzigerjahren des neunzehnten Jahrhunderts gab es kaum einen zweiten Mann im Kaiserreich, der so viel von Pferden verstand. Dem Grafen unterstanden die kaiserlichen Stallungen, und er war es, mit dem Sissi ausritt, wenn Franz Joseph keine Zeit für sie hatte. Da der Kaiser sehr oft beschäftigt war, dauerte es nicht lange, bis sich die Klatschweiber über das Paar hermachten. Es war nur eine Frage der Zeit, bis die Erzherzogin Sissi auch das harmlose Vergnügen ihres Lieblingssports untersagen würde.

Aber dann war es der kaiserliche Leibarzt, der das tat. Er untersuchte Sissi, die sich seit geraumer Zeit ständig müde fühlte und immer blasser wurde. Danach verkündete er die frohe Botschaft mit der Miene eines Mannes, der sich seiner Wichtigkeit voll bewusst ist.

»Eure Kaiserliche Majestät befinden sich in der Erwartung!«

Im ersten Moment begriff Sissi nicht, was er damit sagen wollte. Verwirrt sah sie den Mediziner an, der unverzüglich die

Stirn runzelte, weil die junge Frau nicht in Jubel über diese Nachricht ausbrach.

»Kaiserliche Hoheit werden den Erben des Thrones zur Welt bringen!«, wurde er deutlicher.

Sissi gab einen Laut zwischen Seufzer und Stöhnen von sich und wurde noch eine Nuance blasser. Also hatte sie doch richtig verstanden. Einen Moment hatte sie noch gehofft, es handle sich um einen Irrtum.

»Wie kann das sein?«, murmelte sie fassungslos.

»Es ist das Ziel einer jeden Ehe, Kaiserliche Hoheit«, entgegnete der kaiserliche Leibarzt hochtrabend und faltete die Hände so zufrieden vor der Wölbung seines Bauches, als habe er ebenfalls seinen Teil zu dieser hochwichtigen Sache beigetragen.

Die Kaiserin ertappte sich bei dem kindischen Wunsch, ihn vor das Schienbein zu treten. Sie tat es natürlich nicht, sondern entließ den aufgeblasenen Wichtigmacher, um ihre Gedanken zu sortieren.

Schwanger? Sie war schwanger nach nur drei Monaten Ehe? Mit sechzehn Jahren? Gütiger Himmel, wie war das möglich? Eine Frage, die sie Doktor Seeburger nicht stellen konnte, weil er sie ohnehin nicht beantwortet hätte. Und wenn, dann höchstens im Sinne der vermaledeiten Etikette unter Hinweis darauf, dass es ihre Aufgabe war, dem Kaiserreich einen Erben zu schenken.

Aber doch nicht jetzt! Nicht so bald und nicht so schnell! Wie hatte das nur passieren können? Sie hatte doch noch gar nicht richtig gelebt! Wie sollte sie schon Mutter werden? Ein Kind bekommen? Zum Kuckuck mit dem Kaiserreich, hier ging es um sie! Um ihre eigene Zukunft, ihren Körper, ihr Herz!

»Das ist wunderbar!«, freute sich Franz Joseph, als er davon erfuhr. Er zerdrückte Sissi fast in seiner überschwänglichen

Umarmung. Sie machte sich frei und stemmte ihre Hände gegen seine Uniformbrust.

»Ich werd hässlich werden und dick!«, warnte sie erstickt. Sie hatte bei ihrer Mutter genügend Schwangerschaften erlebt, um über die unausweichlichen Folgen Bescheid zu wissen. Sie hatte Angst davor. Sie wollte nicht so aussehen wie Ludovika! Wenn man so aussah, war man alt und das Leben war vorbei!

»Geh, was red'st!«, bekam sie zu hören. »Du wirst nie hässlich sein! In meinen Augen wirst du immer die Schönste bleiben!« Der Kaiser begriff am allerwenigsten, was in seiner empfindsamen, verängstigten jungen Frau vorging. Er platzte fast vor Stolz, als er die Nachricht seiner Mutter überbrachte. Sissi würde einen Thronfolger zur Welt bringen, gar keine Frage!

Sissi hatte sich geweigert, ihn zu seiner Mutter zu begleiten. Sie wusste, was sie dort erwartete und wie es weitergehen würde. So viel hatte sie schon gelernt. Ratschläge, Vorschriften, Kontrolle. Sicher gab es einen neuerlichen Packen Zeremonienvorschriften für eine Kaiserin in der Erwartung. Vielleicht durfte sie jetzt nicht einmal ihre Kleider zweimal tragen und ganz sicher durfte sie nicht mehr aus dem Fenster schauen, geschweige denn eins öffnen.

Sissi spürte, wie ihr die Tränen kamen. Sie sehnte sich nach einem Menschen, der sie in die Arme nahm und tröstete. Nach ihrer Mutter, Nené oder der kleinen Marie. Nach jemandem, dem sie wichtig war und nicht dieser »Erbe«, von dem jetzt alle sprachen.

Gütiger Himmel, was würden sie tun, wenn sie ein Mädchen zur Welt brachte?

Warten auf den Erben

In der Hofburg, in Wien, ja im ganzen Kaiserreich verursachte die Nachricht, dass die junge Kaiserin schwanger war, größten Jubel. Sissi hingegen zog sich nach Laxenburg zurück. Zwar war sie auch dort nicht allein, aber sie entkam wenigstens der drückenden, prunkvollen und feindlichen Atmosphäre der kaiserlichen Appartements.

Bildete sie sich das ein, oder starrte seit neuestem jeder erst einmal auf ihren Bauch, ehe er ihr ins Gesicht sah? Was war sie für die Menschen? Eine Glucke, die gefälligst auszubrüten hatte, was sie alle erwarteten? Hin- und hergerissen von den widersprüchlichsten Gefühlen, wurde sie wieder einmal allein gelassen.

Weder Doktor Seeburger noch die Erzherzogin kamen auf den nahe liegenden Gedanken, einer Sechzehnjährigen erst einmal zu erklären, was in ihrem Körper vorging. Sissi hatte sich gefälligst nach ihren Vorschriften zu richten und erfreut zu sein, dass sie den künftigen Kaiser in sich trug.

Die junge Kaiserin verspürte freilich wenig Freude. Im Gegenteil, es kam ihr so vor, als hätte sich das »Fremde«, das die Ehe für sie bereitgehalten hatte, jetzt in Form einer winzigen Person in ihr eingenistet. Sie war nicht einmal mehr in ihrem Körper mit sich allein. Hinzu kam, dass sie heftig unter den Beschwerden der ersten Schwangerschaftswochen litt. Sie fühlte sich ständig matt. Morgens war ihr schrecklich übel und vor den meisten Speisen ekelte ihr. Der königliche Leibarzt hielt das für völlig normal und verweigerte ihr jede Art von Hilfe.

»Es geht vorüber, Kaiserliche Hoheit«, versicherte er der blassen, jungen Kaiserin in einem Ton, als müsse sie sich auch noch geehrt fühlen, dass ihr so schrecklich schlecht war. Die gönnerhafte Art dieses Mediziners erweckte in Sissi jedes Mal den heftigen Wunsch, ihm die Porzellanschüssel mitsamt ihrem morgendlichen Inhalt an den Kopf zu werfen. Er mochte sie nicht, das spürte sie sehr genau. Unter seiner schleimigen Art verbarg sich Verachtung. Vermutlich lief er nach jeder Untersuchung stehenden Fußes zur Erzherzogin, um sich darüber zu beschweren, dass sie kein Vergnügen daran fand, wenn sich ihr Magen jeden Morgen umstülpte, weil sie schwanger war.

»Wann geht es vorüber?«, murmelte sie matt und hob gleichzeitig die Hand. »Nein, ich weiß schon. Nach neun Monaten.«

Doktor Seeburger verabschiedete sich mit einer knappen Verneigung und überließ die leidende Kaiserin der Obersthofmeisterin und ihren Damen. Sissi sank auf die Ottomane zurück und schloss die Augen. So musste sie niemand sehen, wenn man sie schon nicht allein ließ.

Franz Joseph war voll Mitgefühl für seine Frau, aber helfen konnte er ihr auch nicht. Er berichtete seiner Mutter genauestens, wie sich Sissi fühlte, ob sie den Tag im Bett zubringen musste oder wenigstens aufstehen konnte. Es tat ihm weh, sie so leiden zu sehen, aber er hielt es für eine Selbstverständlichkeit. Schon in der Bibel stand schließlich, dass es kein Vergnügen für die Frauen war, Kinder zu Welt zu bringen.

Die Erzherzogin zog das Maschennetz ihrer allgegenwärtigen Kontrolle um die junge Kaiserin noch enger zusammen. Seit sie wusste, dass Sissi ein Kind erwartete, mischte sie sich auch in jene Bereiche, die bisher vor ihr sicher gewesen waren. Dass sie nicht mehr reiten sollte, das konnte Sissi ja noch begreifen, aber weshalb sie auch den Umgang mit ihren Tieren einschränken sollte, verstand sie nun wirklich nicht.

»Mama meint, das Kleine könnte Ähnlichkeit mit einem Papagei bekommen«, versuchte Franz Joseph das Verbot zu erklären. »Es ist nicht gut, wenn du stundenlang nur mit diesem Tier oder den Hunden zusammen bist. Du musst an unser Kinderl denken, Sissi!« Seine Mutter hatte bereits bemerkt, dass Sissi ihren eigenen Kopf hatte und dass es besser war, solche Beschneidungen ihrer persönlichen Freiheit über den Sohn verkünden zu lassen. In letzter Zeit wagte Sissi es immer öfter, Sophie zu widersprechen.

»Was für ein Blödsinn«, murrte sie auch jetzt böse. »Wer hat denn jemals so etwas gehört? Dann müssten ja die Kinder von Bäuerinnen alle mit Kalbsgesichtern auf die Welt kommen, findest du nicht auch? Aber jetzt weiß ich wenigstens, weshalb der Seeburger so ausschaut. Seine Mutter muss ständig ein Rindvieh betrachtet haben, als sie mit ihm schwanger ging!«

Der Kaiser, der sich ohnehin nicht wohl in seiner Haut fühlte, wenn er zwischen die Fronten geriet, rettete sich in Zorn.

»Das gehört sich nicht, wie du über den guten Seeburger redest, nur weil du böse bist, dass du den Papagei aus dem Zimmer tun sollst!«, rief er entrüstet.

Sissi glaubte, ihre Schwiegermutter sprechen zu hören. »Wenn ihr euch nur alle einig darin seid, mich zu kritisieren«, schnappte sie beleidigt zurück. »Warum hast eigentlich nicht deine Mutter geheiratet, wenn sie dir in allem so recht ist?«

»Sissi! Ich bitt dich, du bist ungerecht«, schüttelte der Kaiser den Kopf. »Aber das liegt daran, dass du schwanger bist. Ich bin dir nicht böse deswegen, ich kann's eh nicht mit ansehen, wie du leidest. Aber du darfst Mama keinen Vorwurf machen, sie kümmert sich aus purer Sorge um dich!«

»Wenn du das wirklich meinst, Franzi!«, resignierte Sissi in dem Wissen, dass sie ihn ernsthaft verärgern würde, wenn sie jetzt auf ihrer Meinung beharrte. Er war schließlich der Einzige in ihrer Umgebung, der sie wirklich liebte, ihn wollte sie am allerwenigsten gegen sich aufbringen.

Nach demselben Muster verliefen noch viele Streitigkeiten, und all das trug nicht dazu bei, dass Sissi sich wohler fühlte. Sosehr sie ihren Mann liebte, aber das Leben an seiner Seite, das hatte sie sich anders vorgestellt. Der Alltag in Wien machte alles kaputt, was sie für ihn fühlte. Merkte er das nicht selbst? Überempfindlich und gekränkt geriet Sissi in einen Teufelskreis zwischen körperlichen und seelischen Beschwerden. Doktor Seeburger, ein höchst altmodischer Mediziner, hielt sie schlicht für hysterisch und überempfindlich. Das medizinische Wissen über die Wechselwirkung von Seele und Körper befand sich noch in den Kinderschuhen und der kaiserliche Leibarzt war ohnehin kein Doktor, der sich um die neuesten Forschungen kümmerte. Er tat die Beschwerden der Kaiserin als »eingebildet« ab und begnügte sich damit, zu kontrollieren, dass sie kräftig genug blieb, um dem Kind nicht zu schaden.

Sissi mit ihrer nervösen Sensibilität begriff sehr wohl, dass sich alles um das Kind und nichts um sie drehte. Sie war der Boden, den man zum Wachsen dieses Kindes benötigte, und nur aus diesem Grund kümmerte man sich um sie. So litt sie, immer stiller werdend, vor sich hin.

Umso fester riss nun die Erzherzogin die Zügel der kaiserlichen Ehe an sich. Sie machte sich nicht einmal mehr die Mühe, ihre Ratschläge an Sissi höflich zu formulieren. Sissi bekam Anweisungen. Befehle, gegen die sich ihr empfindlicher Stolz aufbäumte und die wie winzige, ständige Nadelstiche schmerzten.

Es ging um eine Kleinigkeit nach der anderen. Die Konflikte fanden allerdings immer hinter dem Rücken des Kaisers statt. Beide Frauen liebten Franz Joseph und keine wollte ihn unnötig kränken. Der Kaiser, ohnehin nicht besonders feinfühlig, merkte nichts davon. Er hielt Sissis Melancholie für ein Zeichen der Schwangerschaft und bedauerte sie von ganzem Herzen. Das war sein einziger Anteil an ihrem täglichen Leben.

Die fügsame Schwiegertochter, die sich Sophie erwünscht und erhofft hatte, entpuppte sich jedoch nach und nach als Gegnerin, die man nicht unterschätzen durfte. Sissi wurde in diesen Wochen und Monaten auf bestürzend harte Weise erwachsen. Sie begriff instinktiv, dass es keinen Sinn hatte, von Franz Joseph eine Lösung des Problems zu erwarten. Sie musste sich selbst kümmern.

Der Kaiser stand sowohl persönlich wie politisch unter dem Einfluss seiner Mutter, und wenn er einmal auf Sissis Seite stand, dann ging es ohnehin nur um unwichtige Kleinigkeiten. Sissi hatte begriffen, dass ihr Mann sie zwar über alles liebte, dass er jedoch immer der Sohn seiner Mutter bleiben würde. Der brave Bub, der seiner Mama auch die persönlichsten Einzelheiten seiner Ehe verriet. So zum Beispiel, dass Sissi nicht mehr in den Park von Laxenburg hinausgehen wollte, weil sie es verabscheute, wenn die Leute sie anstarrten und nach äußeren Anzeichen für die Schwangerschaft suchten. Was ging es diese Gaffer an, welchen Umfang ihre Taille hatte und ob sie blass oder rosig aussah? Wie zum Trotz schnürte sie sich die umfangreicher werdende Taille so eng wie möglich und setzte sich über die Ratschläge ihre Kammerfrauen hinweg.

Logisch, dass die Erzherzogin danach sofort ihren Wagen vorfahren ließ und sich nach Laxenburg hinausbegab. Man meldete Sissi ihre Ankunft bereits am nächsten Vormittag, als sie mit der Obersthofmeisterin und ihren Damen im Salon saß.

Die Spitzenhaube unter dem energischen Kinn gebunden und in der Fülle der Röcke, rauschte ihre Schwiegermutter herein. Ganz Fürstin, ganz Würde, ganz rechtschaffener Tadel.

Sissi las in ihrem Gesicht, ehe sie in die übliche zeremonielle Reverenz vor der »Frau Schwiegermutter« versank.

»Was hör ich da?«, legte Sophie in ihrer unverhohlenen Art sofort los. »Du willst nicht mehr nach draußen? Was ist das wieder für eine neue Marotte! Willst du nur noch drinnen sitzen und lesen?«

Sie warf einen Blick auf den Gedichtband, den Sissi hastig zur Seite gelegt hatte.

»Heinrich Heine! Auch das noch! Musst du als Kaiserin das Geschreibsel eines solchen Mannes lesen? Er ist ein Aufrührer, ein Atheist! Du solltest die Finger von solchen Büchern lassen.«

»Heinrich Heine ist ein großer Dichter!«, entgegnete Sissi sanft, aber nachdrücklich. »Dass man seine Qualitäten in der Burg nicht schätzt, hat wohl eher etwas damit zu tun, dass die Damen dort lieber klatschen als etwas Vernünftiges denken.«

»Pah!«

Die Erzherzogin schritt mit rauschenden Röcken durch das Zimmer und blieb vor ihrer blassen Schwiegertochter stehen. Der Rest des Hofstaats versuchte, sich unsichtbar zu machen, aber Sissi wusste, dass sie zuhörten und jedes Wort weitertratschen würden.

»Du siehst miserabel aus!«, stellte Sophie unverblümt fest. »Das kommt davon, weil du dich zu eng schnüren lässt. Der Unfug hört jetzt auf.«

»Es geht mir gut«, trotzte Sissi, obwohl sie tatsächlich viel zu blass aussah und sich alles andere als wohl fühlte.

»Dann kannst du ja mit mir an die ·frische Luft gehen«, schlug die Erzherzogin zu. »Komm, wir machen einen Spaziergang durch den Park. Gräfin, bringen Sie der Kaiserin ein Schultertuch, wir wollen ja nicht, dass sie sich in ihrem Zustand erkältet!«

Die Fürstin Esterházy gab den Befehl flüsternd an eine Hofdame weiter, die hinauseilte. Sissi aber weigerte sich halsstarrig, aufzustehen.

»Ich möcht meinen Zustand nicht vor aller Welt präsentieren«, sagte sie trotzig. »Es ist mir zuwider, dass alle Leute auf meinen Bauch starren. Es geht niemand etwas an, dass ich ein Kind krieg.«

»Gütiger Himmel, schenk mir Geduld!«, rief die Erzherzogin schockiert und baute sich vor Sissi auf. »Was sind denn das für Spinnereien? Die Leute haben ein Recht darauf, zu sehen, dass es ihrer Kaiserin gut geht. Dass sie ein Kind bekommt, gibt ihnen Vertrauen in die Zukunft, Vertrauen in das Kaiserreich! Du hast deine Pflicht zu tun und jetzt kommst mit mir nach draußen. Oder willst du dem Franzi mit deinen dummen Grillen absichtlich schaden?«

Sie vermittelte Sissi den handfesten Eindruck, dass sie ihre Schwiegertochter mit Gewalt nach draußen zerren würde, wenn sie sich weiter weigerte. Nur aus diesem Grund gab jene schließlich nach. Sie wollte nicht, dass man dem Kaiser zutrug, dass es zu Handgreiflichkeiten zwischen Mutter und Frau gekommen war. Es war schon schlimm genug, wie es war! Als ob sie Franz Joseph schaden wollte! Die Erzherzogin hatte seinen Namen ganz bewusst in die Schlacht geworfen. Unfair war das, höchst unsportlich. Aber von englischen Sportbegriffen hatte man in Wien eben noch nichts vernommen.

Sissi legte das Schultertuch um und ging mit niedergeschlagenen Augen neben der Erzherzogin über die Wege des Parks. Seit die Wiener davon gehört hatten, dass Sissi ein Kind erwartete, war die Fahrt nach Laxenburg zu einem beliebten Ausflug geworden. Jeder, der es sich leisten konnte, wollte einen Blick auf die junge Mutter werfen. Sissi kam sich wie eine Zirkusattraktion vor, nur dass es in Laxenburg keinen Eintritt kostete, das schwangere Weibchen zu begaffen.

Kaum war die Mutter des Kaisers wieder fort, lief sie in ihr Schlafzimmer und drehte den Schlüssel hinter sich um. Sie wollte allein sein. Allein sein und weinen! Als der Kaiser nach Hause kam, hatte sie sich immerhin so weit beruhigt, dass sie ihm die Türe wieder öffnete.

Franz Joseph mochte seine Fehler und Schwächen haben, aber er liebte seine Sissi über alles. Sie so traurig und deprimiert zu sehen, machte auch ihn unglücklich. Immerhin hatte er wenigstens eine Neuigkeit für sie, die sie vielleicht aufmuntern würde.

»Nächste Woche fahren wir nach Ischl und bleiben den ganzen Sommer über dort. Du kannst deine Mutter und ein paar von deinen Geschwistern einladen! Na, was sagst du dazu? Freust du dich?«

Sissi war sogar überglücklich. Noch am selben Abend setzte sie sich an den Schreibtisch, um ihre Mutter und ihre Geschwister nach Ischl einzuladen. Sie sehnte sich unendlich nach ihrer Familie und sie zählte die Tage und Stunden bis zum Wiedersehen. In Ischl, dort wo sie vor einem Jahr ihre stürmische Verlobung mit Franz Joseph gefeiert hatte, musste alles wieder gut werden.

Als die kaiserliche Familie in Ischl eintraf, war die bayerische Verwandtschaft noch auf der Reise. Die Herzogin wollte dieses Mal mit dem Zug kommen und schickte ein Telegramm, damit man sie, die Kinder und das Gepäck an der Bahnstation von Ischl in Empfang nehmen konnte. Ein Telegramm, das in der Telegrafenstation von Ischl Ratlosigkeit auslöste. Wem sollte man es zustellen?

Die Nachricht lautete: »Kaiserin Elisabeth, Ischl. Eintreffe mit Spatz und Gackel. Mimi.« Hinzugefügt war lediglich die Ankunftszeit des Zuges, damit der Wagen rechtzeitig an der Station stand.

Mimi war der zärtliche Kosename, mit dem Sissi ihre Mutter bedachte, mit Spatz war die kleine Mathilde gemeint und Gackel war Karl Theodor, der Lieblingsbruder. Alle drei standen ziemlich ratlos auf dem Bahnsteig, als der Zug weiterdampfte. Umgeben von Dienerschaft und Gepäck, aber weit und breit kein kaiserlicher Wagen, der sie abholte. Was sollte man tun?

In diesem Moment nahm sich der wartende Diener des Hotels »Elisabeth« endlich ein Herz und trat mit seinen beiden Vogelkäfigen näher. Nur diese Gruppe hatte in Ischl die Eisenbahn verlassen, und sie wussten vielleicht, wen er abholen sollte. Die Post hatte das Telegramm im Hotel abgeliefert, und dort war man der Meinung gewesen, die reisende »Mimi« sei ein exzentrischer Feriengast und komme vermutlich mit zwei Vögeln in Ischl an.

Immerhin konnte die Kutsche vom »Hotel Elisabeth« die Reisegesellschaft wenigstens zur Kaiservilla bringen, wo sie große Verblüffung auslöste. Niemand hatte schließlich von der Ankunft etwas geahnt, aber die Geschichte mit den Vogelkäfigen entlockte Sissi das erste herzhafte Lachen seit vielen Wochen.

Herzogin Ludovika jedoch war die Angelegenheit entsetzlich peinlich. Sie wusste, wie sehr ihre ältere Schwester auf korrekte Einhaltung der Formen Wert legte. Die Ankunft in einem Hotelwagen und die Geschichte mit dem Telegramm fand sie überhaupt nicht zum Lachen. Sissi entdeckte zu ihrem grenzenlosen Erstaunen, dass ihre liebe, gutmütige Mutter mindestens ebenso unter Sophies Fuchtel stand wie der Kaiser!

»Du täuschst dich in ihr«, behauptete sie auch prompt, als Sissi ihr das Herz ausschüttete und sich wortreich über ihre Tante und Schwiegermutter beschwerte. »Sie spricht nur auf das Freundlichste von dir in allen Briefen. Sie liebt dich und sie ist glücklich, dass der Franzi mit dir glücklich ist.«

»Davon merk ich nichts«, murrte Sissi entrüstet. »Sie will keine Frau für den Franzi, sondern eine Marionette, von der sie die Fäden bewegt. In alles mischt sie sich ein. Ständig muss man damit rechnen, dass sie in der Tür steht!«

Aber sie hatte keinen Erfolg mit ihrer Klage. Ludovika war so eingeschüchtert von ihrer Schwester, dass sie nur gehorsam wiederholte, was jene ihr zuvor eingetrichtert hatte. Dass eine Ehe nicht der Himmel auf Erden war, hatte sie schließlich am eigenen Leib erfahren. Es tat ihr Leid, dass ihre Tochter ebenfalls diese Erfahrung machen musste, aber wie sollte man es ihr ersparen?

Sissi war eben noch zu verwöhnt, zu jung. Man musste ihr Zeit geben, Zeit, zu begreifen, und Zeit, reifer zu werden. Dass es nicht leicht für sie sein würde, hatte man ja gewusst.

»Du bist undankbar, Kind«, rügte Ludovika sanft. »Der Kaiser liebt seine Mutter so sehr. Das ist wunderbar, und du hast keinen Grund, ihm deswegen Vorwürfe zu machen. Im Gegenteil, du musst auch lernen, sie zu lieben. Es gehört sich so.«

»Eher könnt ich noch meine ermüdende Obersthofmeisterin lieben«, platzte Sissi respektlos heraus und verdrehte die Augen. »Die ist schon schlimm genug, das darfst du mir glauben!«

Aber sie sah ein, dass sie in Ludovika keine Verbündete finden würde. Ihre Mutter würde der Schwester ein Leben lang für die ehrenvolle Ehe dankbar sein, die jene zwischen einer ihrer Töchter und ihrem Sohn eingefädelt hatte. Denn auch sie hatte, ebenso wie Sophie, immer davon geträumt, eine Krone zu tragen. Beide hielten dieses viel zu schwere Diadem für wichtig genug, um ein wenig Kummer und Tränen zu rechtfertigen.

»Du denkst und liest zu viel«, vermutete die Herzogin und hieb unbewusst in dieselbe Kerbe wie die strenge Sophie. »Es ist nicht gut, wenn du dir den Kopf mit so viel Zeug belastest! Du solltest deine Nase nicht ständig in irgendwelche Bücher stecken.«

»Der Papa liest auch!«, verteidigte sich Sissi trotzig, die einmal mehr die Gedichte von Heinrich Heine mit auf die Reise genommen hatte. »Man kann gar nicht genug für seine Bildung tun.«

»Der Papa ist ein Mann!«

Schon wieder diese Bemerkung, die alles entschuldigen sollte und einen Unterschied betonte, der Sissi mehr denn je ärgerte. Weshalb hatten es die Männer eigentlich immer viel leichter und besser?

»Wie schad, dass ich nicht auch ein Mann geworden bin«, platzte sie wütend mit ihren Gedanken heraus. »Wie es scheint, können nur die Männer ihr Leben einrichten, wie's ihnen passt.«

»Du versündigst dich!«, rief ihre Mutter völlig schockiert.

Es blieb nicht bei dem einen Mal, dass ihre Tochter Entrüstung verursachte in diesen Ischler Wochen. Aus der verträumten, scheuen Prinzessin, die nach Wien gefahren war, um den Kaiser zu heiraten, war eine junge Frau geworden, die ihre eigenen Kräfte erprobte. Besonders als die Erzherzogin Ischl verließ, um einen Verwandtenbesuch in Dresden bei ihrer Schwester Marie zu machen.

Sissi atmete auf, als sie von ihrer übermächtigen Gegenwart befreit wurde. Es machte ihr auch nicht viel aus, dass Franz Joseph nach Wien an seinen Schreibtisch zurückkehrte. Sie hatte ja ihre Mama und die Geschwister zur Gesellschaft. Sie genoss diese Tage uneingeschränkt, egal was die ungehaltene Gräfin Esterházy und ihre Hofdamen dazu sagten.

Der Sommer in Ischl brachte Farbe auf Sissis Wangen zurück und ihre Beschwerden ließen glücklicherweise nach. Sie fühlte sich so wohl, dass sie dem Herbst und dem Winter in Wien mit einer neuen Gelassenheit entgegensah. Sie würde es schon schaffen, sich mit dem Drachen in der Hofburg zu arrangieren – und wenn sie sich mit Gewalt gegen ihn durchsetzte.

Sissi fuhr in der sicheren Gewissheit zurück nach Wien, dass sich alles ändern würde.

Kampf um Freiheit

Die Räume in der Hofburg, die Sissi mit dem Kaiser bewohnte, waren prunkvoll eingerichtet, aber die Kaiserin kam sich stets wie in einem schlecht belüfteten Museum vor. Alles glänzte vor Gold, aber durch die Fenster zog es grässlich, und bis man erst einmal die Tür hinter sich zumachen konnte, um allein zu bleiben, musste man eine endlose Reihe von Treppen und kalten Gängen hinter sich bringen.

Trotz des riesigen Gemäuers schien es nirgendwo bequemere und hellere Zimmer für den Kaiser und seine Gemahlin zu geben. Sissi ahnte es, denn die Erzherzogin selbst wohnte in einem ganz ähnlichen Mausoleum. Aber wenn sich schon an der Lage dieser Wohnung nichts ändern ließ, so wünschte sie sich wenigstens ein vernünftiges, modernes Badezimmer für ihre Körperpflege.

Sie hatte das »Gepritschel« mit den Wasserkannen und Schalen satt. Bis die Kammermädchen endlich die nötige Menge für ein Bad herbeigeschleppt hatten, war das Wasser meist schon kalt und ohnehin nicht ausreichend für die Art von Reinigung, an die Sissi gewöhnt war. Kurzum, die Kaiserin wollte sich ein modernes Badekabinett neben ihrem Schlafzimmer einbauen lassen.

»Mit einer dieser Badewannen? Was ist das wieder für ein neumodischer Firlefanz?« Die Erzherzogin brachte das Thema vor versammelter Familie an der Abendtafel zur Sprache.

»Die Mitglieder der kaiserlichen Familie sind nicht schmutzig! Basta!«

Sissi warf ihrer Schwiegermutter einen fassungslosen Blick zu. Meinte sie das im Ernst, was sie da sagte? Sophie war doch eigentlich eine kluge Frau!

»Ich glaub nicht, dass sich der Schmutz um Rang und Namen kümmert. Wenn ich durch die Pfützen laufe, werd ich ebenso bespritzt wie jeder Kaminfeger«, entgegnete Sissi so offen provozierend, dass Sophie ihr Besteck sinken ließ und verblüfft die Brauen hob.

»Es gibt andere Möglichkeiten, sich sauber zu halten«, entgegnete sie schließlich kühl.

Sissi wusste, was sie meinte. Kleiderwechsel. Möglichst viermal am Tag, als ob das etwas daran ändern würde, dass man sich waschen musste. Abgesehen von der Sauberkeit und Frische liebte sie es, Wasser über ihren Körper rinnen zu lassen und den Schmutz von sich abzuspülen. Hatte man in der Hofburg noch nie etwas von Hygiene gehört? Besaß die Erzherzogin keine Nase?

»Außerdem ist es unpraktisch, das Wasser über endlose Gänge und Treppen zu schleppen«, beharrte Sissi auf ihrem extravaganten Wunsch.

»Es gibt genügend Kammerfrauen und Lakaien, die das machen können!«, erhielt sie zur Antwort.

»Aber es ist kalt, bis man sich endlich damit waschen kann!«, widersprach Sissi so energisch, dass sogar Franz Josephs Vater, der normalerweise kaum einen Ton sagte, aufschaute.

»Unsinn!«, knurrte die Erzherzogin und begann wieder zu essen.

Ein deutliches Zeichen. Sissi hatte gelernt, diese stumme Sprache zu verstehen. Wag es nicht, mir noch einmal zu widersprechen, sollte das heißen.

Sissi begegnete dem Blick von Franz Josephs zwölfjährigem Bruder, dem Erzherzog Ludwig Viktor. Sie mochten einander nicht besonders. Ludwig Viktor verpetzte sie regelmäßig bei der Erzherzogin, und jetzt stand so viel Schadenfreude in seinem Blick, dass es Sissi förmlich in den Fingerspitzen juckte. Am liebsten hätte sie ihm eine Ohrfeige gegeben. Aber das kam erstens nicht in Frage und zweitens saß er zu weit weg.

Trotzdem duckte sich der Junge unter den drohenden Blicken der empörten Kaiserin. Es kam ihm plötzlich so vor, als wäre sie in den vergangenen Wochen in Ischl gewachsen. Man sah ihr die Schwangerschaft noch nicht sehr an, aber irgendwie hatte man das Gefühl, dass sie sich verändert hatte. Sie wirkte nicht mehr so zart, als könne sie der nächste Windstoß gleich umwehen.

Auch Franz Joseph hatte diesen Wandel empfunden, als er Sissi nach der langen Trennung wieder in seine Arme schloss. Der Sommer hatte ihr gut getan. Aber er hatte auch ihren Eigenwillen gestärkt, ihren Hang zur Dickköpfigkeit und ihre Missachtung von Protokoll und Zwang. Die Obersthofmeisterin bekam es gleich am ehesten zu spüren.

So streifte die Kaiserin bei einem der nächsten Galadiners völlig gelassen die Handschuhe ab, ehe sie zu essen begann. Die Gräfin tuschelte sofort ihre übliche Mahnung ins kaiserliche Ohr.

»Euer Majestät dürfen das nicht tun!«

»Warum nicht?«, erkundigte sich Sissi ruhig.

»Die Regel verlangt, dass die Kaiserin von Österreich nur mit Handschuhen speist«, wisperte die entsetzte Dame entrüstet. Als ob sie der jungen Kaiserin das nicht bereits hunderte von Malen gesagt hätte! Sissi erinnerte sich ebenfalls daran. Sie lächelte die Gräfin sonnig an und ließ die Handschuhe da, wo sie waren.

»Von nun an wird eben *dies* die Regel sein«, erklärte sie gelassen und begann zu essen.

Bei der nächsten Auseinandersetzung drehte es sich um eine so simple Sache wie das bayerische Bier, das Sissi auch in Wien gerne zum Essen trank. Als sie sich eines Tages an der Tafel niederließ, fehlte plötzlich das gewohnte Bierglas, und als Sissi nach ihrem Getränk fragte, erfolgte die übliche Antwort: »Die Etikette schreibt vor, dass die Kaiserin von Österreich Wein zum Essen trinkt.«

»Die Kaiserin von Österreich möchte aber lieber Bier trinken«, blieb Sissi hart.

»Aber …«

Sissi erprobte an der Obersthofmeisterin einen Blick, den sie Sophie abgeschaut hatte. Es funktionierte. Die Dame zuckte zusammen und gab den Befehl, das Bier für die Kaiserin zu servieren. Na bitte. Es war an der Zeit, den eigenen Kopf durchzusetzen und sich nicht nur von den Vorschriften tyrannisieren zu lassen.

Als Nächstes bekam die kaiserliche Polizei Schwierigkeiten mit Sissis Dickkopf. Die junge Monarchin bestand darauf, alleine spazieren zu gehen. Gegen eine Hofdame als Begleitung war ja nichts einzuwenden, aber den Rattenschwanz aus Sicherheitsbeamten und Polizisten wollte sie loswerden.

Sie lebte nun seit über einem halben Jahr in Wien und sie kannte nicht mehr davon, als das, was sie aus dem Kutschenfenster zu sehen bekam. Sie wollte die Stadt erkunden. Also ließ sie eines Tages die Kutsche anhalten und ging nur in Begleitung einer Hofdame durch die Innenstadt.

Sissi liebte es, die hübsch dekorierten Schaufenster der Geschäfte zu betrachten und sich – wie sie es in München auch getan hatte – ihre Schals oder Parfüms nach langem Auswählen selbst zu kaufen. Zum ersten Mal kam sie sich wie eine echte Wienerin vor und nicht wie ein lebendiges Denkmal, das man zum allgemeinen Bestaunen aus Bayern importiert hatte. Natürlich erregte sie damit die Neugierde der einfachen Leute, die sich vor Begeisterung nicht zu fassen wussten. Sie wurde nicht belästigt, aber Männer und Frauen blieben stehen, um ihr nachzusehen.

Die Polizei wurde aufmerksam, und in ihrem übereifrigen Bemühen, die Menge zu zerstreuen, ging sie nicht besonders höflich vor. Es gab Geschrei und Verhaftungen, die Empörung schlug Wellen. Das Ereignis stand am nächsten Tag natürlich in allen Wiener Zeitungen und brachte die entrüstete Erzherzogin in Sissis Gemächer.

»Sperenzchen« waren das in ihren strengen Augen, die Sissi gefälligst unterlassen sollte. Ob sie noch nie etwas von Attentätern gehört hatte, die der kaiserlichen Familie drohten? Wollte sie etwa das Leben des Thronfolgers gefährden?

»Franz Joseph leidet heute noch manchmal unter der Verletzung, die ihm ein ungarischer Attentäter mit dem Messer bei einem Spaziergang beigebracht hat. Meinst du, es ist umsonst, dass der Kaiser stets von den tapfersten Männern der Polizei geschützt wird, wenn er sich in der Öffentlichkeit zeigt?«, warf sie der entsetzten Sissi vor, die von diesem Unfall ihres Mannes zum ersten Male hörte. »Wie kannst du so leichtsinnig sein, noch dazu, wo du ein Kind erwartest?«

Was hatte das nun wieder zu bedeuten? Dass es um sie nicht schade wäre? Sissi ersparte sich die Antwort, aber die Wiener warteten umsonst darauf, dass sie ihren Ausflug wiederholte.

Sie versuchte, sich die Zeit anders zu vertreiben. Sie wollte die Wiener Museen besuchen, mehr ins Theater gehen und besser über das kulturelle Leben der kaiserlichen Hauptstadt Bescheid wissen.

»Ein Museum besuchen?« Die Erzherzogin schob auch da

sofort einen Riegel vor. »Was willst denn in einem Museum? Eine Kaiserin hat dort nichts zu suchen, und ins Theater kannst gehen, wenn der Franzi geht. Alles andere ist gegen die Etikette!«

Die Etikette! Das Wort wurde für Sissi zu einer Fessel, die mit jedem Male, wenn die Erzherzogin es aussprach, enger, quälender und schwerer wurde. Anfangs waren es nur goldene Ketten gewesen, aber jetzt hatten sie die Gewalt von rostigen Fußeisen. Durfte sie denn gar nichts anderes tun, als in der Hofburg oder in Laxenburg sitzen, mit der Gräfin Esterházy und ihren steifen Damen klatschen und sich langweilen? Sah so ihr künftiges Leben aus?

»Dann geh öfter im Park spazieren!«, forderte ihre Schwiegermutter barsch, als ihr die Frage herausrutschte. »Die Untertanen des Kaisers müssen sehen, dass du gesund bist, dass es dir gut geht und dass dein Kind wächst und gedeiht!«

»Ich bin doch kein prämiertes Muttertier, das ausgestellt werden muss!«, beschwerte sich Sissi daraufhin gekränkt.

»Du bist die Kaiserin! Der Thronfolger ist die Garantie für die Stabilität der Macht, das muss doch sogar in deinen Kopf hineingehen!«

Auch die Erzherzogin hatte sich inzwischen der herrschenden Meinung angeschlossen, dass die »Perle von Possenhofen«, wie der Adel die junge Kaiserin spöttisch nannte, vielleicht sehr hübsch, aber nicht besonders intelligent war. Wie sonst hätte sie die einfachen Regeln des Hofzeremoniells so wenig begreifen können?

Sissi reagierte empfindlich auf die Kränkung. In der für sie typischen Mischung aus Empfindsamkeit und Stolz verzichtete sie darauf, die Dinge richtig zu stellen. Wenn Sophie sie für dumm hielt, war das ihr Problem und nicht das der Schwiegertochter. Sie hatte es nicht nötig, etwas unter Beweis zu stellen.

In den nächsten Wochen sah man ihr die Schwangerschaft immer deutlicher an. Obwohl sie keine besonderen Beschwerden mehr hatte, weigerte sie sich jedoch von diesem Moment an hartnäckig, ihren Zustand in der Öffentlichkeit »zur Schau zu stellen«. Es war ihr schrecklich peinlich, dass sich jedermann fast auf den Tag genau ausrechnen konnte, wann sie schwanger geworden sein musste. Es kam ihr vor, als dränge sich das halbe Kaiserreich in ihr Schlafzimmer. Sie hatte Franz Joseph geheiratet und nicht seine Untertanen! Was scherte sich alle Welt um ihr Privatleben? Was ging es sie an, ob sie ein Kind bekam oder nicht?

Während der Herbst in den Winter überging und die festliche Saison der Bälle, Theater- und Opernaufführungen begann, vergrub sich die Kaiserin menschenscheu in ihren Gemächern. Sie weigerte sich, eines dieser Feste zu besuchen. Die Erzherzogin übte erstaunlicherweise keinen Zwang aus, denn derlei Vergnügungen waren in ihren Augen ohnehin überflüssig. Wenn Sissi sich für das Kind schonte, dann war das schon in Ordnung.

Aber sie nahm keinerlei Rücksicht, wenn es um offizielle Anlässe ging. Da hatte Sissi neben dem Kaiser zu repräsentieren, schwanger oder nicht. Die junge Frau tat es zähneknirschend, aber sie verwendete keine sonderliche Mühe darauf, die Menschen für sich einzunehmen. Sophie konnte sie in den Thronsaal zwingen, aber sie hatte keine Macht über das Lächeln, mit dem die Kaiserin alle Herzen um sich herum gewinnen konnte. Sissi hatte das Lächeln verlernt.

Viele, die sie während ihrer Hochzeit und der darauf folgenden Feiern kennen gelernt hatten, fanden, dass die Schwangerschaft ihrem Charme geschadet hatte. Dass die strahlende Braut jenes ganz besondere, fast schon zauberhafte Flair verloren hatte, das sie von allen anderen Frauen unterschied.

So schrieb zum Beispiel Prinz Alexander von Hessen, einer von Sissis zahllosen Verwandten, von einem Besuch in Wien nach Hause, dass die Kaiserin trotz ihrer fortgeschrittenen Schwangerschaft noch sehr schön sei, dass es ihr aber offensichtlich an Geistesschärfe fehle. Neben den immer gleichen Fragen: »Sind Sie schon lange hier? Wie lange werden Sie in Wien bleiben?«, beherrsche sie offensichtlich kein weiteres Thema, mit dem sich eine höfische Konversation führen ließe.

Er reihte sich damit nahtlos unter Sissis zunehmende Kritikerschar ein, die in diesem Winter die reinsten Listen darüber führte, was die Kaiserin alles nicht konnte. Das Protokoll beherrsche sie nicht, ihren Gewändern fehle es angeblich an Eleganz, und mit dem Tanzen hapere es auch. Es waren, wie Sissi traurig feststellte, alles höchst oberflächliche Dinge, die da festgestellt wurden.

Niemand kam auf die Idee, mit ihr über ein Theaterstück oder ein Buch zu sprechen. Intelligenz bemaß sich zu dieser Zeit in Wien nach gesellschaftlichem Schliff und nicht nach echter Klugheit. Sissi war keineswegs allein mit dieser kritischen Einschätzung, denn der amerikanische Gesandte schrieb zur selben Zeit nach Hause, dass seiner Meinung nach Wien eine Stadt sei, in der fast nur getanzt und nicht gelesen werde. Wenn man sich in Wien unterhielt, dann ging es ausschließlich darum, andere Menschen zu kritisieren oder mit einem so genannten »Bonmot«, einem passend spöttischen Wort, gesellschaftlich zu vernichten. Und wen die Gesellschaft nicht akzeptierte, der konnte sich gleich in die Donau stürzen.

Die Gräfin Esterházy hatte ihr Möglichstes getan, Sissi mit dieser Art von höfischem Tratsch bekannt zu machen. In den ersten Wochen ihrer Ehe hatte sie die junge Frau zu Tode gelangweilt, indem sie ihr im Schnellverfahren den gesammelten Klatsch des ganzen kaiserlichen Hofes einzutrichtern versuchte.

Sissi hatte damals nicht zugehört und sie hörte heute nicht zu. Ein Grund mehr, warum man sie für eine zwar hübsche, aber höchst langweilige Person hielt. Nie hatte sie etwas zu berichten oder trug zur amüsanten Unterhaltung bei. Das Mitleid mit dem jungen Kaiser nahm zu. Wenigstens hatte sie ihre Pflicht getan und war in der vorgeschriebenen Zeit schwanger geworden.

Das Weihnachtsfest in der Hofburg war im Vergleich zu dem fröhlichen Familienfest vom vergangenen Jahr in München eine höchst formelle Angelegenheit. Das größte Ereignis war Kardinal »Plauschers« endlose Weihnachtspredigt. Franz Joseph hatte ohnehin keine Zeit zu feiern. Die Ereignisse auf der Schwarzmeerhalbinsel Krim, die zunehmende Entfremdung zwischen Österreich und Russland, all das war wichtiger als Weihnachten und erforderte ständige Entscheidungen des Monarchen.

Politische Probleme beriet der Kaiser ausschließlich mit seiner Mutter und nie mit seiner Frau. Er kam gar nicht auf den Einfall, Sissi um ihre Meinung zu bitten, und sie war zu schüchtern und auch zu stolz, um ihren Rat aufzudrängen. Dabei hätte sie durchaus einen gehabt. Möglicherweise aber einen, der Franz Joseph nicht gefallen hätte. Von ihrem ungewöhnlichen und freiheitsliebenden Vater beeinflusst, war sie im Grunde ihres Herzens nämlich keine Anhängerin der Monarchie.

Graf Majlath hatte sie mit den Grundregeln der Republik bekannt gemacht, und die Idee, dass das Volk selbst mitreden sollte, wenn es um sein Schicksal ging, fand Sissi längst nicht so abwegig wie die Erzherzogin oder der Kaiser. Wieso sollte nur ein einziger Mensch über Millionen bestimmen dürfen? Weil er in einer bestimmten Familie geboren war? Sissi kam das absurd vor.

Lediglich wenn es um Menschenleben ging, wagte sie ab

und zu ihr Veto einzulegen. Viele der Begnadigungen, die Franz Joseph überraschend gegenüber verurteilten Revolutionären aussprach, gingen auf ihr Konto. Ihre Beliebtheit bei den einfachen Leuten wurde immer größer. Auf der anderen Seite betrachtete sie die Aristokratie mit immer größerem Misstrauen. Speziell die böhmischen Familien glaubten zu entdecken, dass sich die Gnadenerweise des Kaisers plötzlich eindeutig zu Gunsten der ungarischen Revolutionäre häuften. War da etwa die Kaiserin daran schuld? Beeinflusste sie Franz Joseph proungarisch? Das musste geprüft und sofort geändert werden.

Mit Argwohn beobachtete die Erzherzogin, dass mit den Bildern ihrer Schwiegertochter der reinste Kult betrieben wurde. In allen europäischen Städten führten die Kunsthandlungen jene neumodischen Fotografien, die einen Menschen in voller Lebendigkeit ablichteten, ohne dass man dafür einen Maler benötigte.

Sissi war ein perfektes Modell für diese aufkommende Kunst. Eine sechzehnjährige, leicht melancholische Schönheit und gleichzeitig die mächtigste Kaiserin Europas! Eine junge Frau, die sich mit Haltung und Grazie vor der Kamera präsentierte. Sie brachte die jungen Männer zum Träumen, und die Frauen versuchten, sie in Haltung, Kleidung und Gesten nachzuahmen.

Doch während die Erzherzogin in einer eigenartigen Mischung aus Zufriedenheit und Eifersucht diese Entwicklung betrachtete, haderte die ungeduldige Schönheit in Laxenburg mit ihrem Schicksal. Schon der Gedanke, den Winter über in die Hofburg zurückkehren zu müssen, deprimierte sie. Was erwartete sie denn schon in Wien, wenn nicht Missgunst und Kritik?

In der Zeit ihrer Schwangerschaft, in der sie eine mütterliche

Freundin benötigt hätte, die ihre Ängste zerstreute und sie aufmunterte, fand sie niemanden, der für sie eintrat. Es fiel ihr deswegen auch immer schwerer, die guten Vorsätze des vergangenen Ischler Sommers aufrechtzuerhalten. Sie fühlte sich verlassen, und der Blick in den Spiegel zeigte ihr eine fremde, blasse Frau mit einem befremdlichen Körperumfang. Gleichwohl versuchte sie tapfer, ihren hilflosen Zustand vor Franz Joseph zu verbergen. Sie wollte ihn nicht zusätzlich belasten.

Sie hatte inzwischen begriffen, dass er litt, wenn er zwischen Mutter und Frau aufgerieben wurde. Ihre erste ahnungslose Schwärmerei für den schneidigen jungen Kaiser war einem anderen, neuen Gefühl gewichen. Es gab noch keine Worte dafür, aber es trieb sie, Franz Joseph Kummer zu ersparen. Er hatte es ohnehin schwer genug.

Die Geburt

Doktor Seeburger wusste sich nicht recht zu fassen. Die Kaiserin, die eine ganze Schwangerschaft hindurch geklagt hatte, schien plötzlich wie auf wundersame Weise von allen ihren Beschwerden geheilt. Sie bestellte ihn nicht mehr zu sich und wies ihn ab, wenn er kam, um nach ihr zu sehen.

»Es ist nicht nötig, dass Sie mir diesen Stärkungstrunk dalassen«, verkündete sie mit unerwarteter Energie, als er ihr eine neue Arznei verschreiben wollte.

»Aber die Erzherzogin sagt …«

»Ich kann mir vorstellen, dass meine liebe Schwiegermutter eine ganze Menge sagt«, fiel ihm die Kaiserin ein wenig unhöflich ins Wort. »Aber darüber, wie's mir geht, kann ich wohl selbst am besten Auskunft geben! Ich benötige keine Stärkungsmittel.«

Doktor Seeburger, der zum engsten Freundes- und Beraterkreis der Kaisermutter zählte, zuckte überrascht. Sissi ahnte, dass er ihre Worte innerlich bereits notierte. Sie hatte keine Lust, seine grässlich schmeckenden Säfte zu schlucken, und fühlte sich so gut wie noch nie seit Beginn dieser Schwangerschaft.

»Trotzdem solltet Ihr …«, versuchte er erneut zu widersprechen, aber Sissi hatte ihm bereits den Rücken zugedreht und winkte hoheitsvoll der Gräfin Bellegarde.

»Ich denke, der gute Doktor möchte uns wieder verlassen!«

Ein Rausschmiss! Ein regelrechter Rausschmiss! Mit hochrotem Kopf machte der Mediziner seine Reverenz und eilte hinaus. Vermutlich so schnell es ging durch die Gänge der Hofburg zur Erzherzogin.

»Man könnte meinen, *sie* bekommt das Kind und nicht ich«, murmelte Sissi, und die Gräfin Bellegarde wusste natürlich sofort, wer hinter dem betonten »sie« steckte.

Der Konflikt zwischen Sissi und ihrer Schwiegermutter hatte sich an der Lage der künftigen »Kinderkammer« zu neuer Schärfe entzündet. Schon Monate vor der Geburt hatte Sophie ein Kinderzimmer neben ihren eigenen Räumen einrichten lassen, meilenweit entfernt von den Kaiserappartements und so eng neben ihrer persönlichen Wohnung, dass die Eltern den Säugling nicht ein einziges Mal besuchen könnten, ohne dass sie davon Kenntnis hätte.

Auch eine Kinderfrau hatte sie über Sissis Kopf hinweg bestimmt. Eine gewisse Baronin Welden, die Witwe eines Feldzeugmeisters, der sich in Ungarn recht unbeliebt gemacht hatte, weil er beim Aufstand von 1848/49 mit besonderer Brutalität vorgegangen war. Sissi hatte erst im Nachhinein davon erfahren. Sie wusste auch, dass die Dame selbst nie Kinder gehabt hatte und vermutlich als Kinderfrau noch ungeeigneter war als jeder Stallknecht. Der konnte ja wenigstens noch mit neu geborenen Fohlen umgehen.

»Du verstehst das nicht!« Der Kaiser hatte mit seinem Lieblingssatz reagiert, als sie ihm empört davon berichtete.

»Das ist eine politische Entscheidung. Man muss bei solchen Anlässen auch politisch denken. Man kann nicht einfach jeden nehmen. Die Baronin wird für die Verdienste ihres Mannes belohnt!«

»Verdienste? Welche Verdienste? Das Totschlagen von ungarischen Rebellen?«, fauchte Sissi, die von Graf Majlath besser über die Rebellion unterrichtet war, als dem Kaiser lieb sein konnte.

»Ich bitt dich, Sissi!«, war Franz Joseph zusammengezuckt. »Davon verstehst du nun wirklich nichts. Sei froh, dass Mama dir diese Entscheidungen abnimmt. Du sagst doch selbst, dass dich alles im Augenblick schrecklich anstrengt. Ruh dich aus und lass sie nur machen. Sie weiß, was sie tut.«

Und ob sie das wusste. Daran zweifelte Sissi keinen einzigen Augenblick. Sie kam sich vor wie in einem Stahlkorsett, dessen Bänder die Erzherzogin hinter ihrem Rücken immer enger zusammenzog. Die eisernen Bänder hießen »Pflicht«, »Disziplin«, »Gehorsam«, »Kinder kriegen« und »Mund halten«.

Ausgerechnet ihr Mann fand das völlig in Ordnung. Der liebenswürdige, unbeschwerte und temperamentvolle Junge, der er einmal gewesen sein musste und den sie manchmal entdeckt hatte, wenn er in Possi mit ihren Geschwistern spielte, war von seiner Mutter systematisch diszipliniert und zu einem nüchternen, pflichtbewussten, gehorsamen Kaiser dressiert worden. Armer Franz Joseph! Kein Wunder, dass er auch mit fünfundzwanzig Jahren noch erschrak, wenn seine Mutter den Mund aufmachte. Sissi machte aus der Kinderfrau kein Politikum, aber sie schwor sich, dass die Baronin nicht viel zu sagen haben würde. Schließlich war sie die Mutter! Für das winzige Wesen, dessen Bewegungen sie manchmal wie einen kleinen zarten Schmetterlingsflügel in sich spürte, für das würde sie kämpfen, so viel stand fest! Das gehörte ihr und Franz Joseph und nicht dieser besitzergreifenden Großmutter, die sich in alles einmischte.

»Es wird nicht nötig sein, dass wir der armen Louise eine anstrengende Reise nach Wien zumuten«, sagte Sophie zum Beispiel, als Sissi ihre Mutter einladen wollte. Sie war die Einzige in der Familie, die Ludovika hartnäckig bei ihrem französischen Taufnamen nannte und so tat, als kenne sie den anderen Namen gar nicht.

»Ich will aber, dass sie bei mir ist, wenn das Kind auf die Welt kommt«, widersprach Sissi. »Es ist doch üblich, dass die Mutter …«

»Üblich!« Das strenge Gesicht unter der Rüschenhaube bekam noch ein paar Falten mehr. »Du bist die Kaiserin, da gibt es keine Üblichkeiten. Louise würde sich nur unnötig aufregen. Du musst mir schon zugestehen, dass ich meine kleine Schwester ein bissel länger und gründlicher kenne als du …«

An diesem Abend weinte sich Sissi in den Schlaf. Tagsüber brachte sie es tapfer fertig, ihre Sehnsucht nach ein wenig Anteilnahme und einem freundlichen, vertrauten Gesicht zu verbergen, aber nachts fiel das schwer. Besonders, wenn sie allein blieb, weil Franz Joseph noch arbeiten musste. Da hatte sie das Gefühl, dass sich die geschnitzten Balken der prächtigen Decke quer über ihre Brust legten und sie erstickten.

Franz Joseph hatte weniger Zeit denn je, sich um ihre Probleme zu kümmern. Das Verteidigungsbündnis, das Österreich mit Russland geschlossen hatte, wurde zum Politikum. Die Mobilisierung des Militärs sorgte für Unruhe unter dem Volk und die Staatsfinanzen standen kurz vor dem Zusammenbruch. Stundenlang beriet sich der Kaiser mit seinen Ministern, mit seiner Mutter, mit seinen Gesandten. Für seine Sissi blieb da keine Zeit.

Sie versuchte, sich mit ihren Hunden und ihrem Papagei zu trösten, was die Erzherzogin wieder einmal gegen sie aufbrachte. Hatte sie ihr nicht befohlen, die Tiere zu meiden? Jedes Verbot, das Sissi umging, empfand sie als persönliche Kriegserklärung. Sie konnte es nicht begreifen, dass ihr ein so eiserner, unbeugsamer Wille entgegengesetzt wurde. Sissi war einer der wenigen Menschen, die es wagten, ihr zu widersprechen und ihr nicht blind zu gehorchen. Sie schob es auf Sissis Vater, denn die Abneigung der beiden war durchaus gegenseitig. Ein Mann, der seine Familie im Stich ließ und monatelang in der Welt herumvagabundierte, konnte ja keinen guten Einfluss auf seine Kinder ausüben. Louise selbst war zu schwach, um dieses unheilvolle Erbe zu neutralisieren. Aber trotzdem war Sophie frohen Mutes. Wenn erst der Thronfolger geboren war, dann würden sich Sissis Marotten schon legen.

Die junge Kaiserin wusste, dass alle Welt in diesen ersten Märztagen des Jahres 1855 nur darauf lauerte, dass es endlich »begann«! In ihrer Empfindlichkeit kam es ihr so vor, als ob jeder Tag, an dem sie sich erhob und wieder zu Bett ging, ohne dass »es« geschah, ihr von allen als persönliches Versagen angekreidet wurde. Wieso mussten sie alle warten?

»Es ist fürchterlich«, vertraute sie sich Franz Joseph an. »Am liebsten würd ich mich in einer Höhle verstecken und erst wieder herauskommen, wenn das Kind bereits ein paar Jahre alt ist.«

»Bist narrisch?« Franz Joseph nahm seine ängstliche Frau beschützend in die Arme. »Ich könnt nicht leben ohne dich, das weißt du doch! Ich würd mit in die Höhle gehen, und was gäb's für ein Durcheinander im Kaiserreich. Sie brauchen uns doch beide!«

Sissi lächelte. Trotz allem, was sich in diesem ersten Jahr ihrer Ehe ereignet hatte, trotz aller zerbrochenen Träume und falscher Illusionen waren sie ein Paar geworden. Nicht das romantische Märchenpaar von Ischl, sondern zwei junge Menschen, die entdeckt hatten, dass ein jeder beim anderen den größten Halt fand.

Sissi hatte zwar entdeckt, dass der Alltag in Liebesgedichten nicht vorkam, aber sie hatte auch begriffen, dass ihre Gefühle für den Kaiser das einzig Sichere und Beständige in ihrem Leben waren. Dass sie die wenigen glücklichen Stunden, die sie unbeschwert erlebte, mit ihm verbracht hatte und verbrachte.

Und so erging es auch Franz Joseph, der in der Nacht zum fünften März 1855 an ihrer Seite blieb. Er wachte darüber, dass sie wenigstens ein bisschen Schlaf fand, obwohl sie sich unruhig von einer Seite auf die andere wälzte und immer wieder aufschrak. So nötig er selbst diese Nachtstunden zum Ausruhen gebraucht hätte, irgendetwas hielt ihn davon ab, in tiefen Schlummer zu fallen. Deswegen war er auch sofort hellwach, als Sissi ihn in der Morgendämmerung am Arm packte.

»Was ist los?«

»Ich weiß nicht«, wisperte sie ängstlich und versuchte sich aufzurichten. »Da war was. Es hat so wehgetan, aber jetzt ist es wieder weg …«

Franz Joseph versuchte Sissi zu beruhigen. Sie hatte schlecht geträumt, das kam in letzter Zeit öfter vor. Es war ihm gerade gelungen, sie davon zu überzeugen, als Sissi erneut erstarrte und aufkeuchte.

»Es geht los!«, sagte sie heiser.

So etwas hatte sie noch nie gefühlt. Es tat furchtbar weh.

»Was machen wir jetzt?«, keuchte sie.

»Ich hol die Mama!«

»Nicht! Ich …«

Aber Franz Joseph war schon auf und davon. Dass der Kaiser im Schlafrock durch die Hofburg lief, war ungewöhnlich genug, aber dass er persönlich in das Schlafzimmer der Erzherzogin polterte und sie weckte, war einfach noch nie vorgekommen.

»Ich glaub, es geht los!«, rief er völlig aufgelöst.

»Aber das ist doch kein Grund, derart in Panik zu geraten«, entgegnete seine Mutter ruhig. »Guten Morgen, Franzi!«

Die Erzherzogin bewies einmal mehr ihr Talent zum General. Innerhalb kürzester Zeit hatte sie für alle Notwendigkeiten gesorgt und saß wie ein Wachposten vor dem kaiserlichen Schlafzimmer. Mit einer Handarbeit gerüstet, damit die Zeit nicht unnütz verging, behielt sie alle Fäden des bedeutsamen Ereignisses in der Hand.

Der Kaiser war ihr zutiefst dankbar dafür. Er lief ständig zwischen Sissis Bett und dem mütterlichen Kommandostand hin und her, um die hohe Frau über alles zu informieren. Sissi begriff gar nicht, weshalb er immer wieder verschwand. Sie war gänzlich mit den ungewohnten Dingen beschäftigt, die sich mit ihr ereigneten.

Zwar kamen die Wehen erst in längeren Abständen, aber der ungewohnte Schmerz und die Aufregung setzten ihr zu. Sie hätte etwas darum gegeben, ihre Mutter in diesem Moment an ihrer Seite zu haben. Ludovika hatte acht gesunden Kindern das Leben geschenkt. Es gab auf diesem Gebiet sicher nichts, was sie nicht wusste. Aber Ludovika war in Possi. Sie hatte solche Sehnsucht nach ihr.

»Mama!«

Sissis unterdrückter Schrei erreichte auch die Ohren der Erzherzogin. Im Nu ließ sie die Handarbeit sinken und eilte an das Bett, in dem ihre Schwiegertochter mit schweißfeuchten Haaren lag. In den schönen, braunen Augen standen Panik und Schmerz.

»Schscht!« Vorsichtig beugte sich die Erzherzogin über sie und wischte ihr mit einem feuchten Tuch die Stirn ab. Dann fasste sie nach Sissis zweiter Hand. Die andere umklammerte die Finger ihres Mannes, der nicht von ihrer Seite wich.

»Musst keine Angst haben, Kinderl«, hörte Sissi ihre Schwiegermutter sanft sagen. »Es wird schon alles gut. Wirst sehen, bald hast du's überstanden. Wir sind alle bei dir, keiner lässt dich allein …«

Sissi erkannte die tröstende, liebevolle Stimme im ersten Moment gar nicht. Sie wandte den Kopf und starrte in das Gesicht ihrer Schwiegermutter. Ein vertrautes, ovales Gesicht, von den Rüschen einer matronenhaften Haube umgeben. Auch das aufmunternde Lächeln kannte sie nicht, die Wärme in den dunklen Augen.

»Denk nicht immer dran, lass es einfach passieren, es ist ganz natürlich. Je weniger du dich wehrst, umso leichter ist es …«

»Es tut so weh …«, keuchte Sissi hilflos.

»Bald ist's vorbei«, versprach Sophie und drückte die schmale Hand.

Eine neuerliche Welle von Schmerz überrollte Sissi, ehe sie antworten konnte. Wie sollte sie das nur aushalten, es würde noch Stunden dauern. Sie wusste es. Ihre zahlreiche Geschwisterschar hatte schon dafür gesorgt, dass sich keine der Töchter des Herzogs in Bayern Illusionen über die Dauer einer Geburt machte.

Der Vormittag verging und die Menschen in der Hofburg vermochten sich nicht auf ihre normale Arbeit zu konzentrieren. Die Neuigkeit machte über die Mauern hinaus die Runde in der Stadt, und bis zum Mittag wusste jeder Bescheid, dass die Kaiserin in den Wehen lag.

Die einfachen Leute auf der Straße bekreuzigten sich fromm. Manch eine Kerze wurde im Stephansdom und den anderen Wiener Kirchen für die Prinzessin aus Bayern angezündet, die der Kaiser geheiratet hatte. Die Mitglieder der Aristokratie brachten nicht so viel Mitgefühl auf. Sie kümmerten sich lediglich darum, dass sie so schnell wie möglich informiert wurden, wenn es soweit war. Man wollte ja wissen, ob es den ersehnten Erben gab!

Es wurde früher Nachmittag, bis Sissi endlich, gegen drei Uhr, ihr erstes Kind zur Welt brachte. Es war eine komplikationslose, einfache Geburt, und das Kind krähte aus voller Brust, sobald es mit hochrotem Kopf nach Luft ringen konnte.

»Es ist da!«, triumphierte die kaiserliche Hebamme und Sissi sank mit einem tiefen Seufzer in die verknitterten feuchten Kissen zurück. Die unerträglichen Schmerzen waren einem dumpfen Pochen gewichen. Sie hörte Stimmen aus der Ferne. Franz Joseph, die Erzherzogin, Doktor Seeburger, die Hebamme. Ein Gewirr, dessen Einzelheiten sie nicht richtig unterscheiden konnte. Am liebsten wäre sie einfach eingeschlafen. Aber da war noch etwas. Etwas Dringendes, das sie unbedingt vorher wissen musste.

Sie schlug die Augen auf und schaute direkt in das unerwartet freundliche Gesicht von Franz Josephs gerührter Mutter. Eine Sophie mit Tränen in den Augen, die ihrer Schwiegertochter zulächelte.

»Was ist's?«

»Ein Mädchen, Sissi! Ein wunderschönes, gesundes Mädchen!«

»Ein Mädchen …« Sissi wartete darauf, dass das Lächeln von Sophies Zügen verschwand. Sie musste doch enttäuscht sein, dass es kein Junge war.

»Mein erstes Enkelkind!« Sophie beugte sich über die Kaiserin und küsste ihre Stirn. »Ich dank dir, Sissi. Du kannst dir nicht vorstellen, wie glücklich ich über das Kinderl bin!«

Sissi hörte die Worte. Sie spürte den Kuss, aber sie konnte weder das eine noch das andere für Wirklichkeit halten. Vielleicht war sie bei der Geburt gestorben und befand sich bereits im Paradies?

Ihre Augen fielen zu …

Noch eine Sophie

»Jetzt ist alles gut!«

Immer wieder kam dieser Gedanke, wenn Sissi sich über ihr Kind beugte, das in ihrem Arm lag. Wie winzig es war und doch schon so vollkommen. Ein rührendes, kleines Menschlein, das so ganz auf sie angewiesen war und das sie mit der ganzen Kraft ihres Herzens lieben konnte.

Im Vorzimmer nahm Franz Joseph die Glückwünsche der Familie und des versammelten Hofes entgegen. Sissi war erstaunt darüber, dass die Erzherzogin sich nicht an seiner Seite befand. Sie saß mit im Schoß gefalteten Händen neben ihrem Bett und ließ den Blick nicht von dem Neugeborenen. Sie hatte auch die Hebamme nicht einen Augenblick aus den Augen gelassen, als jene das winzige Kind wusch und ankleidete, ehe sie es sorgsam auf ein spitzenbesetztes Kissen bettete und es seiner wartenden Großmutter in die ausgebreiteten Arme legte.

Die Helferinnen und der königliche Leibarzt hatten sich währenddessen um die erschöpfte junge Mutter gekümmert. Jetzt lag Sissi ebenfalls gewaschen und frisch angekleidet in einem neu bezogenen Bett. Blass, aber fast noch schöner als je zuvor, konnte sie sich nicht satt sehen an dem winzigen Persönchen, das mit fest geballten Fäusten und geschlossenen Augen eingeschlafen war. Ihr Kind! Sie hatte ein Kind zur Welt gebracht!

»Bist du mir böse, dass es nur ein Mädchen ist?«, murmelte Sissi kaum hörbar, aber die Erzherzogin wusste, dass die Frage ihr galt. »Ich weiß, dass es ein Junge hätt sein sollen.«

»Dummerl!«, lächelte Sophie und berührte sanft eine zarte, geballte Kinderfaust. »Wir sind alle Frauen. Du, ich und dieses neue, kleine Wesen. Wir gehören zusammen. Ich bin froh darüber, dass es dir gut geht und dass die Kleine gesund ist. Etwas anderes zählt nicht.«

Sprachlos starrte Sissi die strenge Schwiegermutter an, die sich plötzlich in eine freundliche Großmutter verwandelt hatte.

»Ich hätt gern, dass sie Sophie heißt«, sagte diese fast ein wenig verlegen. »Willst du mir den Gefallen tun?«

Sissi nickte, ohne zu zögern. Ihr Blick wanderte von ihrer Tochter zu Franz Josephs Mutter und zum ersten Mal sahen sie sich offen und ohne Hintergedanken an. Die Tatsache, dass Sissi ein Kind geboren hatte, schien etwas zwischen ihnen geändert zu haben.

»Sie soll Sophie heißen«, flüsterte sie und küsste das winzige Mädchen.

Von der Erzherzogin kam ein gerührtes Schniefen und die kleine Hauptperson schlief ungerührt weiter. Konnte es sein, dass dieses Kind das Bindeglied zwischen ihr, Sophie und Franz Joseph wurde? Dass sie endlich eine Familie wurden?

Die Böllerschüsse hatten den Wienern die Geburt der Kaisertochter verkündet und in allen Kirchen wurden Dankgottesdienste abgehalten. Die einfachen Leute ließen die Kaiserin und die neue Prinzessin hochleben.

Sissi bekam von der ganzen Aufregung nichts mehr mit. Sie wollte noch etwas sagen, aber sie fühlte sich plötzlich entsetzlich müde. Die Anstrengungen der Geburt forderten ihren Tribut. Die Augen fielen ihr zu, und der letzte Gedanke war, dass sie nun gemeinsam schliefen. Sie und ihre wunderhübsche, kleine Tochter. Sie würden alle beide die Kraft für ein neues Leben benötigen.

In Possenhofen wurde die Nachricht mit Erleichterung aufgenommen. Sissis Briefe erzählten von der Freude, die sie und den Kaiser über die kleine Tochter erfüllte. Es kam ihr sonderbar vor, ein eigenes Kind zu haben, aber sie war glücklich darüber. Ludovika entdeckte sogar ein paar Sätze über ihre Schwester, die plötzlich keine Kritik enthielten. Sie vermochte es kaum zu glauben.

Für die hochnäsige Wiener Aristokratie hingegen war die Geburt der kleinen Habsburger-Prinzessin ein neuerlicher Beweis dafür, dass die Kaiserin für ihre Rolle ungeeignet war. Nicht einmal einen Thronfolger hatte sie zu Stande gebracht, die Possenhofenerin. Na, was hatte man auch anderes erwartet von ihr?

Die Erzherzogin hingegen sonnte sich in ihrer Rolle als Patin des kleinen Mädchens. Sie verbrachte Stunden um Stunden an der Wiege in Sissis Schlafzimmer. Sissi ließ ihr die Freude. Vielleicht würden sie sich ja jetzt, wo sie beide Mütter waren, in Zukunft besser verstehen.

In einer Zukunft, die plötzlich verheißungsvoll vor ihr lag! Sie hatte endlich eine richtige Aufgabe! Sie musste sich um ihre kleine Tochter kümmern! Vorbei die Zeit der endlos langen Tage, des sinnlosen Repräsentierens und der dummen Klatschereien. Ab sofort würde es keine öden, unausgefüllten Tage mehr für sie geben. Als Sissi sich aus dem Kindbett erhob und sich um ihre Tochter zu kümmern begann, tat sie es mit den besten Vorsätzen und mit einem Elan, der ihre Umgebung verblüffte.

Auch Franz Joseph wusste sich vor Glück nicht zu fassen. Wie Sophie war er nicht im Geringsten enttäuscht, dass Sissi keinen Sohn zur Welt gebracht hatte. Er liebte seine Frau so sehr, dass er in einer Tochter nur das Ebenbild von ihr sah.

Und außerdem: »Dann wird's eben beim nächsten Mal ein Junge!«, verkündete er in männlicher Unbeschwertheit, als Sissi ihn danach fragte.

»Beim nächsten Mal …«, murmelte sie nicht sonderlich begeistert.

»Natürlich, du willst doch nicht, dass Sophie allein bleibt!«

»Und wenn's wieder ein Mädchen wird?«, erkundigte sich Sissi hartnäckig.

»Dann werd ich der Kaiser mit den schönsten Töchtern sein«, lachte Franz Joseph. »Wart nur, in fünfzehn Jahren werden uns die Prinzen und Fürsten das Haus einlaufen, um Sophie und ihre Schwestern zu umwerben!«

»In fünfzehn Jahren«, murmelte Sissi nachdenklich. »Das ist zu früh, viel zu früh. Das sollt man ihnen nicht antun …«

Aber Franz Joseph war schon wieder aus dem Zimmer geeilt. Fort an seinen Schreibtisch, zu seinen Ministern und Generälen. Er hatte Sissis Worte nicht mehr gehört und er hätte sie vermutlich auch nicht verstanden. Für ihn war alles richtig so, wie es sich ereignet hatte.

Sie war ihm nicht böse deswegen. Sie hatte begriffen, dass sie ihn liebte, auch wenn er seine Fehler hatte. Sie war erwachsen geworden, die schönste Kaiserin Europas. Sophies Mutter. Franz Josephs geliebte Gattin. Das romantische Märchen, das in Ischl begonnen hatte, war zu einem guten Ende gekommen.

ENDE

Anhang

Jeder Versuch, das Leben von Kaiserin Elisabeth zu schildern, die alle Welt unter dem Namen »Sissi« viel besser kennt, ist immer auch der ganz persönliche Wunsch, eine höchst ungewöhnliche Frau besser verstehen zu wollen.

Eine Frau, die in ihrem Drang nach Unabhängigkeit und persönlicher Freiheit so gar nicht in die fortschrittsfeindliche, steife und sittenstrenge Epoche gepasst hat, in der sie leben musste. Alle Erläuterungen können nur versuchen, ihr Leben zu beleuchten. Eine Reihe von Historikern und Schriftstellern hat sich ihrer Person bereits angenommen und versucht, sie von Legenden, falschen Gerüchten und Verleumdungen zu befreien.

Stellvertretend für alle anderen möchte ich mich bei Brigitte Hamann (»Elisabeth – Kaiserin wider Willen«, Wien 1982), bei Johannes Thiele (»Elisabeth – Das Buch ihres Lebens«, München 1997) und bei E. C. Conte Corti (»Elisabeth von Österreich – Tragik einer Unpolitischen«, München 1975) bedanken. Ihre Arbeiten haben maßgeblich dazu beigetragen, aus der Kitsch-und-Kino-Sissi eine lebendige, junge Frau zu machen. Sie haben mir die Basis geliefert, auf der dieser Roman entstanden ist, der sich zwar einige erzählerische Freiheiten herausnimmt, aber das Leben Sissis so schildert, wie es sich in Wirklichkeit und nicht auf der Leinwand ereignet hat. Und diese Lebensgeschichte von Sissi ist so spannend und ungewöhnlich, dass man nichts dazuerfinden müsste.

Gaby Schuster

„*Zeppelin marsch!*"

Es ist der dritte Mai 1937. Das Luftschiff Hindenburg ist auf dem Weg nach Amerika. Thea schaut aus dem Fenster. Sie lässt Deutschland hinter sich, das Land, aus dem sie vertrieben wurde. Doch es soll noch drei lange Tage dauern, bis der Zeppelin New York erreicht hat. Tage, die von

einer Bombendrohung überschattet werden. Für Thea und die anderen Passagiere beginnt ein Wettlauf gegen die Zeit. Endlich erreicht das Luftschiff die amerikanische Küste und nähert sich dem Landeplatz Lakehurst. Die Motoren verstummen. Ein leiser Knall zerreißt die Stille ...

Loewe

Catherine Ponder

Bete
und werde reich

Verlag PETER ERD · München

PRAY AND GROW RICH
by Catherine Ponder
Original English language edition published by PARKER PUBLISHING CO., Inc.
Copyright © 1972 by PARKER PUBLISHING CO., Inc.

Aus dem Amerikanischen übertragen und bearbeitet von Cornelia Menzel
Copyright © Verlag PETER ERD, 1981
Alle Rechte, auch die des auszugsweisen Nachdrucks, der Übersetzung und
jeglicher Wiedergabe, vorbehalten.
Printed in West-Germany
ISBN 3-8138-0010-5

**Bisher sind von Dr. Catherine Ponder folgende
Werke in unserem Verlag erschienen:**

Stand 1. 1. 1983

- Die dynamischen Gesetze des Reichtums
- Bete und werde reich
- Das Wohlstandsgeheimnis aller Zeiten
- Die Heilungsgeheimnisse der Jahrhunderte

Inhalt

5

Was dieses Buch für Sie tun kann

Ein junger Mann in einer ernsten Schwierigkeit wurde von seinem Berater gefragt: „Haben Sie schon deshalb gebetet?" „*Gebetet?*" entgegnete der junge Mann. „Jetzt ist keine Zeit, zu beten. Jetzt ist es Zeit, etwas zu *tun!*"

Beten ist *tun*, und zwar das Wichtigste, was man in einer Schwierigkeit zuerst tun kann.

Warum?

Weil Beten eine echte, wirkende Aktivität ist! Beten ist die einzige Aktivität, die die Dinge wahrhaft ändert – von innen nach außen.

Das ist deshalb so, weil durch physische Aktivität die schwächste Form der Energie frei wird, seelische und geistige Aktivität dagegen läßt Energie in ihrer höchsten, stärksten Form frei werden.

Das Gebet befaßt sich in erster Linie mit der geistigen Beschaffenheit und den Gesetzen der geistigen Aktivität, die unsere Welt regieren. Beten ändert unsere Denkweise; zunächst dadurch, daß es uns beruhigt, ermutigt und belebt. Das ist eine der praktischen Wirkungen des Gebets – es ändert unser Denken, das dann seinerseits unsere Welt ändert.

Aber das Gebet reicht noch weiter. Es gibt noch einen Grund für all den „Lärm" um die „Macht des Gebets".

Beten löst die stärkste Energie des Universums aus, indem es uns mit der Gott-Energie verbindet, die unsere Quelle, unser Ursprung ist. Wenn das geschieht, dann schaltet das Gebet uns ein!

Wie?

Wenn wir beten, setzen wir eine atomare Kraft in Bewegung. Wir machen eine potente geistige Schwingung frei, die auf keine andere Weise in Bewegung gebracht werden kann. Im Gebet befreien wir eine Gott-

Energie in uns und um uns, die nun für uns und durch uns wirkt, um richtige Einstellungen, Reaktionen und Ergebnisse hervorzurufen. Es sind unsere Gebete, die diese Gott-Kraft erkennen und auslösen.

Wir fühlen vielleicht die Kraft des Gebets nicht, denn es operiert auf einer Schwingung, die höher liegt als diejenigen, die gewöhnlich vom Menschen wahrgenommen werden. Tatsächlich setzt das Gebet eine Energie frei, die normalerweise zu fein ist, um physikalisch aufgezeichnet zu werden.

Nichtsdestoweniger erweitert sich im Gebet unser Denken und Fühlen, so als sollte unser Bewußtsein sich ausdehnen, um den stärkeren Einstrom von Gott-Energie aufnehmen zu können, der durch Beten entsteht. Gebet ist mehr als Bitten oder mit sich zu Rate gehen. *Beten ist auch empfangen.*

Ein Skeptiker erklärte einmal, er glaube nicht daran, daß Gebete irgendeine Wirkung hätten. Auf die Frage, ob er denn schon mal gebetet hätte, sagte er, ja, einmal. Er habe sich damals in den Wäldern verirrt, tagelang sei er umhergelaufen und habe schon den Hungertod vor Augen gehabt. In seiner Schwäche, sagte er, habe er damals gebetet.

„Dann hat Gott also Ihr Gebet beantwortet", rief sein Bekannter aus, „sonst säßen Sie ja jetzt nicht hier!" „Unsinn", erwiderte der Skeptiker. „Gott hat mein Gebet nicht beantwortet. Bald darauf kamen zufällig ein paar Jäger vorbei und beschrieben mir den Weg."

Der Mann hatte nicht begriffen, daß sein Gebet sehr wohl beantwortet wurde, und daß die Jäger sozusagen die Mittler waren, durch die Gottes Werk geschah. Trotzdem hatte er durch die Aktion des Betens für einen Augenblick die Gott-Kraft in sich und um sich erkannt, dadurch einen Kontakt geschlossen und sie freigesetzt, so daß sie für ihn tätig werden konnte. Er hatte nicht nur gebetet, es wurde ihm auch gegeben, um was er bat.

Man betet mit dem Denken

In letzter Zeit hört man viel von der „Macht der Gedanken" wie auch von der „Macht des Gebets". Beide Begriffe sind miteinander verbunden. Es sind Zwillingskräfte. Die Denkfähigkeit ist das Bindeglied zwischen Gott und Mensch. Beten ist ein Denkprozeß, der Gott und Mensch verbindet. Man betet mit dem Denken.

Es gibt Autoritäten, die behaupten, eine normalerweise sechs Stunden Zeit erfordernde Arbeit sei von einem Menschen, der sich zuvor durch Beten und Meditieren richtig programmiert, leicht in einer einzigen Stunde zu erledigen!

Ein Mann, der gewohnheitsmäßig täglich eine Stunde meditiert, hat es kürzlich erneut bewiesen. Es wurden ihm drei Themen gestellt, die er an einem einzigen Tag schriftlich ausarbeiten sollte. Zuerst war er versucht, in Panik zu geraten, denn diese Aufgabe hätte jeden Berufsjournalisten mehrere Tage lang in Atem gehalten.

Aber er beruhigte seine Gedanken und betete und meditierte eine Stunde. Während seiner Meditation strömten ihm Ideen für alle drei Themen zu. Er machte sich an die Arbeit und hatte nach einigen Stunden seine Aufgabe erfüllt – ganz ohne „Blut, Schweiß und Tränen!"

Ein Ingenieur mit hoher Verantwortung für ein bedeutendes Projekt verließ sich bei auftauchenden Schwierigkeiten nur auf eine Methode: er zog sich in sein Büro zurück, saß dort ruhig hinter dem Schreibtisch, meditierte und betete um Führung. Immer kam die Antwort: die rettende Idee oder die gesuchte Lösung.

Eines Tages fragte ihn ein junger Mitarbeiter, gerade frisch aus dem College gekommen, nach dem Geheimnis seiner sensationellen Erfolge. Er erhielt die gewünschte Erklärung. Ungläubig fragte er mit großen Augen: „Sie meinen, Sie beten und meditieren einfach, und dann ist die Antwort da?"

Die ursprüngliche Bedeutung des Wortes „Mensch" ist „der nach oben blickt". Manche Psychologen behaupten, daß der Mensch nur etwa ein Zehntel von einem Prozent seiner Energien und Kräfte nutzt, weil er nicht der eigentlichen Bedeutung seines Namens entsprechend lebt: er blickt nicht oft genug nach oben, noch schaut er in sich hinein. Es ist eine traurige Erkenntnis, daß vielleicht bis auf ein Zehntel Prozent alle unsere Fähigkeiten ungenutzt bleiben, weil sie äußerlich eingesetzt werden, statt innerlich. Aber dagegen können wir etwas tun!

Die Wissenschaft sagt, Wunder gibt es nicht – was als Wunder erscheint, ist eine Auswirkung höherer Gesetze, die nicht allgemein verstanden werden. Und tatsächlich scheint es eine Gruppe von Naturgesetzen in der physischen Welt zu geben, und eine andere Gruppe, die in der unsichtbaren Welt des Denkens und des Geistes arbeitet. Diese letzteren sind stärker und können daher angewandt werden, um die ersteren zu intensivieren, zu neutralisieren oder sogar umzukehren. *Das Gebet ist die einzige Kraft in der Welt, die diese höheren Gesetze einschalten kann.*

Beten löst das Problem – wenn nichts sonst es vermag.

Warum hat Beten solche Kraft? Warum kann das Gebet die physikalischen Gesetze intensivieren, neutralisieren oder gar umkehren?

Weil wir uns *im Gebet in das Wirken höherer Gesetze des höchsten Denkens und Geistes einschalten. Im Gebet lösen wir eine geistige Kraft aus, der den verhärteten Bewußtseinszustand, der soviel Verderben über unsere Welt gebracht hat, aufsprengt.* Unsere gefangenen Gedanken und aufgestauten negativen Gefühle werden frei und lösen sich auf, während eine höhere Energie in unser Wesen und unsere Welt einströmt.

Die im Gebet frei werdende Energie und Kraft ermöglicht Ihnen, die negativen Denkschichten, die Sie früher beständig in Schwierigkeiten gebracht haben, zu durchstoßen. Danach wird das Unmögliche möglich. Unsere Schiffe treffen ein. Sogenannte Wunder geschehen. Und dann wird uns klar: das Gebet *hat* die bekannten „Naturgesetze" überwunden und hat bewirkt, was in menschlicher Sicht nicht möglich war!

Würde das Gebet allgemein verstanden und von der ganzen Menschheit praktiziert, gehörten die gefürchteten Dinge unserer Welt – Verbrechen, Krankheit, Hunger und Krieg – längst der Vergangenheit an. Jeder einzelne von uns kann dazu beitragen, daß diese allgemeinen sowie eine große Anzahl persönlicher Übel ausgerottet werden, indem er entsprechend der Anleitung in diesem Buch seine Gebetskraft entwickelt.

Sie denken vielleicht, bis jetzt hat Beten weder Ihre Träume wahr gemacht, noch Ihre Goldschiffe in den Hafen gelockt. Kein Wunder – die Art oder Wissenschaft des Betens läßt sich nicht in einem Tag oder einem dramatischen Akt erlernen. Beten erfordert ständige Übung und sollte in kleinen Dingen ebenso angewandt werden wie in großen.

Klingt das langweilig? Ist es aber nicht! Falls Sie das gedacht haben sollten, haben Sie keine Ahnung, was Ihnen entgeht.

Einmal, während ich wegen der Zukunft meines halbwüchsigen Sohnes Führung suchte, dröhnten Militärflugzeuge so niedrig über uns weg, daß ich meine Zeit stiller Konzentration unterbrechen mußte. Als sich das zweimal wiederholte, begriff ich, daß darin offenbar die gesuchte Antwort lag. Innerhalb weniger Wochen hatte mein Sohn sich entschieden, seinen Eintritt ins College aufzuschieben, und hatte sich zur Luftwaffe gemeldet.

Bisweilen zeigt sich in der Antwort auf unsere Gebete ein unverkennbarer Sinn für Humor. So versuchte ich einmal, mir darüber klar zu werden, ob ich einer Einladung zu einem Vortrag im Bundesstaat Indiana folgen solle. Da intonierte in der Nähe plötzlich eine Schülerkapelle das Lied: „Back Home Again in Indiana", und zwar so laut, daß es mich aus meinen Gedanken riß. Das nahm ich als intuitive Führung, nach Indiana zu gehen und meinen Vortrag zu halten. Es wurde eins der bezauberndsten Erlebnisse, die ich je hatte.

Dr. Billy Graham hat einmal gesagt: „Wer nie im geistigen Sinn die Macht des Gebets erfahren hat, der hat niemals wirklich gelebt." Ich glaube das! Und Sie werden es auch noch glauben!

Wenn Sie erst einmal verstanden haben, wie es funktioniert, gewinnt es eine unglaubliche Faszination; einen unvergeßlichen, unwiderstehlichen Wert, begleitet von einem fast übermütigen Triumphgefühl, das einen immer wieder erneut in Bann schlägt. Während man sich immer häufiger auf diese innere Kraft konzentriert, entdeckt man, daß man ein Paradies in sich hat, mit dem man jederzeit Kontakt aufnehmen kann, was auch immer um einen herum geschieht.

Die Pennsylvania-Deutschen haben ein drolliges Sprichwort: „Je geeilter ich gehe, desto zurücker komme ich." Beten bremst einen ab, damit man festen Boden gewinnt. Beten bringt einen in die richtige Stimmung, Gutes zu empfangen. Es vermittelt einen Geschmack von Himmel, und der ist süß! (Das Wort „Himmel" bedeutet „Erweiterung", und die Übung des Betens erweitert uns und auch unser Gutes.) Franz von Assisi, der gern in einer Höhle betete, beschrieb das Gebet als „himmlische Süße".

Wenn wir uns mit dem Leben, den Menschen und den Umständen erbittert herumschlagen, wird unsere Seele völlig erdrückt und eingeschnürt. Beten befreit uns von unserer aufgeregten Betriebsamkeit und läßt uns die Dinge mit sanfter Gelassenheit meistern. Eins der deutlichen Erkennungszeichen für einen betenden Menschen ist seine ruhige Art, in widrigen Umständen das Gleichgewicht zu bewahren, bis die Umstände schließlich von ihm ablassen!

Ein Zyniker hat einmal gesagt, nichts sei so unattraktiv wie eine Frau, die nicht betet. Ich bin sogar noch zynischer: Nichts ist so wenig attraktiv wie ein Mensch, der nicht betet, denn sein Nichtbeten hat ihm die Anziehungskraft für die Segnungen des Lebens geraubt.

Wenn wir beten, beruhigen wir unsere Gedanken, unseren Körper, unser Empfinden, unsere Ausstrahlung. Beten gibt uns ein Gefühl von Ruhe und Frieden, die anziehende Kräfte sind. Auf irgendeine Weise macht das Gebet uns erst anziehend und bewirkt dann, daß wir Gutes zu uns ziehen – wir ziehen uns also das Gute regelrecht zu. *Beten macht uns für unser Gutes unwiderstehlich!* Und ganz gewiß auch für ein zuversichtliches Leben, einschließlich der entsprechenden finanziellen Versorgung.

Beten ist nicht langweilig

Eine Unmenge langweiliges Zeug ist über das Beten geschrieben worden, aber Sie werden nichts davon in diesem Buch finden!

Wenn Ihnen das Beten früher als eine langweilige Beschäftigung erschienen ist – eine Beschäftigung, die zwar lieben alten Damen und unschuldigen kleinen Kindern reizend zu Gesicht steht, für Sie aber einfach keinen Sinn hat – dann lag das höchstwahrscheinlich daran, daß Sie nicht wußten, wie man betet. Beten ist weit mehr als ein pflichtschuldiges Murmeln verlegener Worte, von denen man genau weiß, daß sie nicht mal bis an die Zimmerdecke reichen!

In seinem Buch *Beten kann dein Leben ändern** berichtet Dr. William R. Parker, daß von den Teilnehmern an seinen Gebetsexperimenten an der Redlands-Universität diejenigen, die von sich aus – ohne psychologisches Verständnis oder geistige Schulung – zu Hause beteten, keinerlei Ergebnisse erzielten. Ihre Gebete bewirkten keine Verbesserungen, weil die Betreffenden nicht wußten, wie man wirksam betet.

Wenn wir mit dem oberflächlichen Bewußtsein beten, ist nur ein Bruchteil unseres Bewußtseins tätig, und wir erhalten auch nur einen Bruchteil der eigentlich möglichen Ergebnisse.

Dieses Buch möchte Sie mit vielen faszinierenden Arten bekanntmachen, auf die man beten kann: durch Entspannung, Verneinungen, Bejahungen, Konzentration, Meditation, in der Stille, durch Erkenntnis, durch Danksagung. Sie werden sehen, es gibt für jede Lebenslage einen Weg, zu beten – der zu Stimmung und Umständen paßt – eine Methode, die unweigerlich funktioniert! Auf keine bessere Weise können Sie sich die Lebensqualität sichern, die Sie sich so sehnlich wünschen.

Nachdem er den günstigen Einfluß des Gebets auf seine Patienten beobachtet hatte, versicherte der bedeutende Arzt und Wissenschaftler Dr. Alexis Carrel: „Wenn Sie sich *ernsthaftes* Beten zur Gewohnheit machen, wird sich Ihr Leben in höchst bemerkenswerter und grundlegender Weise ändern." Aber Sie müssen das Gebet ernst nehmen. Sie sollten beten, wie ein werbender Verliebter: *mit allem, was Sie in sich haben!* Ein freimütiger Theologe nannte das „brünstiges Beten". Ernstlich, wenn Sie die im Folgenden beschriebenen Gesetze des Betens studieren, werden Sie in die Praxis – die Praxis des Gebets – immer tiefer eindringen, und Sie werden in jeder Beziehung zunehmend bereichert werden, ohne Verkrampfung, ohne jede Besorgnis.

Dann wird das Gebet die Einwirkung von Gottes Gutem auf Sie und Ihre Umgebung auslösen. Wenn Sie Ihre verschiedenen Gebetskräfte beharrlich weiterentwickeln, *werden Sie sehen, daß Beten eine wirksame Kraft ist;* das Gebet hat Sie „eingeschaltet", und zweifellos werden Sie Ergebnisse vorzeigen können, die das beweisen! Aber ob die sicheren Antworten bereits durchgekommen sind oder nicht, von der Notwendigkeit des Betens werden Sie schon allein durch die inzwischen gewonnene heitere Gelassenheit und innere Zufriedenheit überzeugt sein, die nun automatisch auch zu äußerem Segen führt. Und damit meine ich reichen Segen, und beständig mehr und mehr davon.

Wenn es soweit ist, werden Sie nicht mehr murren: „Was soll all der Lärm um die Macht des Gebets."

Sie werden selbst ein „bereicherter Lärmender" sein!

Catherine Ponder

Kapitel 1

Die schockierende Wahrheit über das Beten

Während ein heftiger Orkan über dem Ozean tobte, erschien eine verängstigte Passagierin beim Kapitän und fragte: „Ist das Unwetter sehr schlimm?"

„Es ist so schlimm, gnädige Frau, daß uns nur noch Beten retten kann."

„Du meine Güte", japste die Dame, „*So* weit ist es schon?"

Die schockierende Wahrheit über das Beten ist, daß die meisten Menschen Angst davor haben. Sie würden lieber in den Stürmen und Widrigkeiten des Lebens untergehen, als sich „herauszubeten".

Warum?

Vielleicht, weil sie von der faszinierendsten Kraft in unserer Welt einfach nichts wissen.

Beten ist derart faszinierend, daß jemand, der sich einmal ernstlich damit befaßt hat, nicht mehr davon loskommt. Wegen dieser Faszination läßt sich das Wesen des Gebets eher erfassen als lehren. Hat man diese Kraft erst einmal angewandt, fühlt man sich beständig gedrängt, sie zu beachten und praktisch zu gebrauchen.

Man kann geradezu „süchtig" werden, sobald man entdeckt, daß man das Gebet für wirkliche Erfolge einfach braucht. Beten stärkt, beschwingt und verjüngt, wie nichts sonst. Es macht uns ruhig, ausgeglichen und zufrieden.

Die schockierende Wahrheit über das Beten ist, daß wir als geistige Wesen, geschaffen im Bild und Gleichnis Gottes und wenig niedriger als die Engel, *dynamische Kräfte in uns haben!* Durch die Entwicklung dieser Kräfte stärken wir Seele und Körper, stillen die Stürme des täglichen Lebens, ja wir können sogar unser Dasein völlig verändern und unerwartetes Glück erfahren.

Eine weitere schockierende Wahrheit über das Beten ist, daß es überhaupt nicht kompliziert ist. Man kann diese Fähigkeit zunächst auf höchst einfache Weise entwickeln und genießen. Tatsächlich gibt es viel mehr verschiedene Formen des Gebets, als man sich träumen läßt, und jede einzelne von ihnen ist eine helle Freude.

Das Wort „dynamisch" kommt aus derelben Wurzel wie das Wort „Dynamit". Was dynamisch ist, ist stark, machtvoll, energiegeladen und bewirkt eine Umwandlung. Was dynamisch ist, zielt darauf ab, uns aus einem ausgefahrenen Gleis herauszusprengen!

Ein „Gesetz" ist ein wirkender Grundsatz. Der Begriff „Gesetz" suggeriert auch den Wunsch nach Ordnung in unserem Leben. Und das Wort „Gebet" bedeutet „Verbindung" mit dem Geist des Universums und seiner Güte.

So sind also *die dynamischen Gesetze des Gebets* dynamisch *wirkende* Prinzipien; mächtige, starke und energiegeladene Gesetze, die zu weitgreifender Verbesserung unseres Lebens führen, indem sie uns den Kontakt mit Gott und seinem Guten ermöglichen. Sie lassen sich übrigens weit leichter erfassen und vollziehen, als allgemein angenommen wird. Emerson ging so weit, zu sagen, wir sind bereits „umringt" von diesen Gesetzen, die *sich selbst vollziehen!* In seinem Essay „Geistige Gesetze" erklärt er:

> Die Lektion wird zwingend gelehrt . . .
> daß unser Leben viel leichter und einfacher sein könnte als wir es uns machen;
> daß die Welt erfreulicher sein könnte, als sie ist; daß Kampf, Auflehnung und Verzweiflung, Händeringen und Zähneknirschen nicht nötig sind; daß wir uns unser Unglück selbst schaffen. Wir stören den Optimismus der Natur . . . Wir sind umringt von Gesetzen, die sich selbst vollziehen.

Wie wundervoll ist es, zu wissen, daß Gutes mühelos zu uns kommt! Daß die mächtigen geistigen Gesetze, wenn wir sie kontaktieren, sich selbst vollziehen!

Wie eine Geschäftsfrau aus dem alten Trott herausfand

Eine Geschäftsfrau merkte, daß sie beruflich und gleichermaßen im Privatleben in ein ausgefahrenes Gleis geraten war. Zwar war sie vollauf beschäftigt, fand aber alles schal und langweilig. Schließlich sprach sie mit einer Freundin darüber, die erklärte: „Das einzige, was dich aus deinem Einerlei rausbringenkann, ist Beten", und schlug vor, sie solle für den Anfang täglich fünf Minuten lang bejahen: *„Von mir aus kann ich es nicht, aber der Christus in mir kann und wird in meinem Denken, meinem Körper und meinen Angelegenheiten Wunder vollbringen, hier und jetzt."*

Innerhalb einer Woche gingen elektrisierende Veränderungen vor. Alte Bedingungen und Beziehungen verblaßten rasch. Plötzlich öffneten sich in ihrer Laufbahn neue Türen, die bald auch zu einem neuen privaten Leben führten. Die Wunderkraft des Betens hatte gewirkt.

Wie diese geschäftige Karrierefrau werden auch Sie entdecken, daß die Entwicklung Ihrer Gebetskraft das Wichtigste in Ihrem Leben ist, ganz gleich, was sonst auf Ihrem Tagesplan steht. Ein gut entwickeltes Gebetsbewußtsein wird alles Weitere für Sie bewirken: Gemütsruhe, körperliche Gesundheit, Erfolg und Glück in jeder Beziehung.

Beten ist das „Kopplungsgeschäft" für ein neues und erfolgreiches Leben! Ein Lehrer erklärte einmal: „Seit ich meine Gebetskräfte entwickle, bin ich über den Berg, denn alles andere kommt dann von selbst." Mit dem Gebet hat Gott dem Menschen das wundervollste Werkzeug gegeben, das ihm die Erreichung aller seiner Ziele ermöglicht.

Dynamisches Beten ist weder langweilig noch kompliziert

Eine schockierende Wahrheit über das Beten ist, daß nichts daran kompliziert ist. Es ist auch nicht „öde". Ganz im Gegenteil: es ist die befriedigendste Erfahrung, die Ihnen je zuteil werden kann. Anstatt zu langweilen, entpuppt es sich als ein höchst aufregender Vorgang.

Die Geschichte des Gebets zeigt, daß der Mensch von jeher gebetet hat. Bereits die Urmenschen haben um Nahrung und Schutz gebetet. Sie erkannten die Notwendigkeit des Betens, das sie als ganz natürlich empfanden.

Erst als der Mensch sich „zivilisiert" fühlte, beschloß er, daß er nunmehr zu kulturell hochentwickelt sei, um zu beten, und so bezeichnete er das Beten als einen mysteriösen und komplizierten Vorgang. (Ganz im Gegensatz zur landläufigen Meinung beten die wirklich kultivierten Menschen unserer Welt. Sie bekommen sogar kultivierte Ergebnisse! Kürzlich war ich zu einem Essen eingeladen, das die Witwe eines texanischen Ölmagnaten in einem exklusiven Klub gab. Das Gespräch der Tafelrunde drehte sich hauptsächlich darum, daß die elegante und weitgereiste Gastgeberin kürzlich durch eine bestimmte Gebetstechnik eine wundervolle geistige Heilung erfahren hatte. Die Methode wurde im Verlauf des Essens von den „intellektuellen Snobs" in allen Einzelheiten diskutiert. Ich darf also wiederholen: die wirklich kultivierten Menschen unserer Welt beten, und sie erhalten sogar kultivierte Ergebnisse!)

Beten kann wieder zu einer einfachen, befriedigenden Erfahrung von Erneuerung und Erleuchtung für Sie werden, wenn Sie die verschiedenen Möglichkeiten kennenlernen, die Fülle des Lebens und alles, was dazugehört, zu erlangen.

Viele Menschen können sich nicht entschließen, zu beten, weil sie das Wesen Gottes nicht verstehen. Das Wort „Gebet" bedeutet „Verbindung", Zweck des Gebets ist also die Verbindung mit Gott, der höchstes Gutes ist. Beten ist somit die normale Herstellung einer Verbindung zu allem, was gut ist.

Wenn Sie sich unter Gott allerdings einen finsteren, boshaften und frömmelnden alten Mann vorstellen, der irgendwo im Himmel sitzt und streng mit Ihnen ins Gericht geht, warum dann beten? Warum sollte man die Dinge noch mehr komplizieren durch den müßigen Versuch, mit einem solchen Wesen in Kontakt zu kommen? Wenn Sie Gott immer noch als eine in Gut und Böse gespaltene Person sehen, dann ist es durchaus verständlich, daß Sie wenig Lust verspüren, mit so jemandem im Gebet Verbindung aufzunehmen.

Vor einer Kirche war kürzlich ein Schild aufgestellt: „Unser Gott ist nicht tot. Zu schade um Ihren!" Natürlich ist Gott nicht tot. Gott als Liebe, Gott als Geist, Gott als Leben, Gott als das höchste Gut kann nicht sterben. Aber wir wollen hoffen, daß die beschränkten Gottvorstellungen im Bewußtsein des Menschen endlich sterben.

Ihre universale Gott-Kraft ist in Ihrer Reichweite

Die Theologie lehrt schon seit langem, Gott ist sowohl immanent (innewohnend) wie transzendent (jenseitig), doch die Menschheit hat sich Gott immer nur transzendent vorgestellt: irgendwo da draußen, weit weg. Ein Theologe bezeichnete einmal die Menschen, die an den innewohnenden Gott glauben, als die „Innergöttlichen", und jene, die an den jenseitigen Gott glauben, als die „Außergöttlichen".

Der transzendente Gott ist die universelle Gottesgegenwart, die immer und überall ist. Der allumfassenden Gegenwart Gottes werden wir uns bewußt, wenn wir bejahen: *„Es gibt nur eine Gegenwart und Macht im Universum, Gott, das allmächtige Gute."* Diese weltumfassende Gegenwart können wir in unser Leben bringen, indem wir bestätigen: *„Es gibt nur eine Gegenwart und Macht in meinem Leben (oder in dieser Situation, Diagnose, Person oder Erscheinung), Gott, das allmächtige Gute."*

Kommt Ihnen ein solches Gebet zu hochgegriffen vor, um in Ihrem Leben praktische Ergebnisse zu bewirken? Nun, das ist es nicht, wie Sie aus den folgenden Fällen ersehen werden.

Ein Geschäftsmann überwand Krankheit, finanzielle Rückschläge und familiäre Schwierigkeiten dadurch, daß er beständig den Gedanken im Sinn behielt: *Es gibt nur eine Gegenwart und Macht in meinem Leben, Gott, das allmächtige Gute."* Als er mit dieser Bejahung begann, waren sowohl er wie auch seine Frau krank. Sie hatten viel Geld für alle möglichen Behandlungen ausgegeben, ohne daß sich Besserung einstellte. Der Mann hatte einen Job nach dem anderen versucht, ohne die Beschäftigung zu finden, die ihm entsprach. Der einzige Sohn der Beiden war von jeher schwierig gewesen.

Als dieser Mann nun anfing, die Güte Gottes zu bejahen, begannen die Dinge sich zu bessern. Es geschah nichts Sensationelles, aber er konnte sehen, daß sich Positives abzuzeichnen begann. Das bestärkte ihn, an seiner Bejahung festzuhalten.

Zuerst besserte sich die Gesundheit der Frau. Bald darauf konnten beide auf die kostspieligen Arzneien und Behandlungen verzichten, die sie so lange benötigt hatten. Schließlich wurde dem Mann genau die Beschäftigung angeboten, die er sich schon lange gewünscht hatte. Später ergab sich sogar eine Gelegenheit, das Geschäft, in dem er jetzt arbeitete, günstig zu erwerben. Es erwies sich in ganz unerwarteter Weise einträglich. Der Sohn wurde reifer und fand eine herausfordernde und befriedigende Arbeit. Er hat später geheiratet, sein Leben verlief harmonisch und erfolgreich.

Der Vater hat an einer Stelle, wo er sie täglich vor Augen hat, eine Karte befestigt, auf der steht: *„Es gibt nur eine Gegenwart und Macht in meinem Leben, Gott, das allmächtige Gute."*

Der verstorbene berühmte Metaphysiker F. L. Rawson, der während des Krieges mit solchem Erfolg Menschen beschützt hat, erreichte das durch Konzentration auf die innewohnende Gott-Gegenwart. Er pflegte häufig zu bejahen: *„Es gibt nichts außer Gott."* Seine Gebetserfolge erklärte er so: „Anstatt für die betreffenden Personen zu beten oder geistig auf sie einzuwirken, wirke ich auf mich selbst geistig ein. Das heißt, ich versuche, die falschen Ansichten über Gott und Menschen, die sich durch Jahre falscher Erziehung in mein Bewußtsein gegraben haben, zu beseitigen. Wenn meine Gottesvorstellung der Wahrheit entspricht, wird die Person augenblicklich geheilt (oder beschützt)."

Eine ähnliche Technik wandte der geistige Heiler H. B. Jeffery an, wie in seinem Buch *The Principles of Healing** nachzulesen ist. Die Bejahung, die er den Heilungssuchenden oft mitgab, lautete: *„Ich lebe, webe und bin in Gott, und er wirkt in mir, sein Wohlgefallen zu wollen und zu tun."* Intensives Nachdenken über das weltumspannende Wesen Gottes hat schon oft die Kranken und Bekümmerten geheilt.

Die Schriftstellerin Mary Austin erfuhr, daß sie Krebs hatte; man gab ihr noch ein Jahr zu leben. Sie beschloß, nach Rom zu gehen, um dort historische Dokumente aus der Zeit der frühen Christen zu studieren.

24

Ihre Studien nahmen sie derart gefangen, daß sie alle Angst vor ihrer Krankheit vergaß. Eines Tages merkte sie, daß der Krebs verschwunden war. Die intensive Beschäftigung mit dem Wesen Gottes und anderen religiösen Themen hatte sie geheilt. In einem anderen Fall wurde jemand dadurch wieder gesund, daß er immer und immer wieder den Satz sprach: „Es gibt nichts außer Gott."

Ihre innere Gott-Kraft

Gott ist auch innewohnend, oder in uns. Das ist das Wesen Gottes, das Jesus der Menschheit zu zeigen und zu erklären suchte. Diese innere geistige Natur war es, die Paulus „die Hoffnung der Herrlichkeit" nannte (Kol. 1,27). Hiob gebrauchte die Formulierung: „Der Geist in den Menschen" (Hiob 32,8).

Wenn Ihnen klar wird, daß Gott nicht nur der allumfassende Geist ist, der das Universum erfüllt – sondern daß Gott gleichzeitig in Ihnen ist, und daß es diese innewohnende Gott-Natur ist, mit der Sie Kontakt aufnehmen, die Sie entwickeln und im Gebet lebendig werden lassen –, dann verstehen Sie, daß es nicht nötig ist, sich anzustrengen oder in die Ferne zu konzentrieren.

Sie haben Ihren eigenen Gott in sich, der immer bereit ist, Ihnen zu helfen, Sie zu inspirieren und zu führen. Gott in Ihnen interessiert sich für jede Einzelheit Ihres Lebens. Sie können um alles beten, was Sie brauchen – von einem Parkplatz in einer belebten Straße bis zur Heilung von einer angeblich unheilbaren Krankheit.

Warum auf viele Gebete keine Antwort erfolgt

Die Gebete vieler Menschen bewirken kein Resultat, weil die Betreffenden nicht wissen, daß Gott in ihnen ist. Sie mühen sich ab, die Aufmerksamkeit einer weit entfernten Wesenheit zu erregen, die nach ihrer Meinung vielleicht gar nicht an ihren Problemen interessiert ist. Es kann frustrierend sein, zu einer solchen Art Gott zu beten, und es ist kein Wunder, daß viele Menschen es gar nicht erst versuchen.

Die schockierende Wahrheit über das Beten ist, daß wir im Gebet einen Kontakt mit der göttlichen Natur des höchsten Guten *in* uns herstellen. *Im wahren Gebet wendet man sich nach innen, nicht nach außen!*

Eine Großmutter erklärte ihrem Enkel, daß Gott in ihm sei. Der Kleine war zwar bereit, ihr zu glauben, aber die Sache war neu für ihn, und so fragte er grübelnd: „Wenn Gott in mir ist, was macht er da? Liegt er einfach rum?"

Es hat oft den Anschein, als ob unsere Gott-Natur in uns „rumgelegen" hätte, weil wir nicht wußten, wie wir mit dieser uns eingeborenen Güte in Verbindung kommen können. *Tatsächlich ist Gott weit mehr bereit, zu geben, als wir, zu empfangen. Ein liebevoller Vater möchte unsere Bitten erfüllt sehen. Er möchte, daß unsere Träume (die in Wahrheit seine Träume für uns sind!) wahr werden. Er kann sich auf keine höhere Weise zum Ausdruck bringen als durch sein eigenes Bild und Gleichnis – den Menschen. Das Problem war nie, daß Gott dem Menschen nicht mehr an Gutem geben wollte. Das Problem war, daß der Mensch nicht wußte, wie er es annehmen sollte. Die Zwischenstufe ist das Gebet. Durch Beten erweitert der Mensch sein Bewußtsein, um die Fülle von Gottes Segen aufzunehmen. Beten ist Empfangen.*

Die frühen Völker kannten das uralte Geheimnis, daß Gott innen ist. Im ursprünglichen Sanskrit war das Wort für Gebet „pal-al", was soviel bedeutet wie „sich als wunderbar gemacht betrachten". Das ist eine der höchsten Formen des Betens, sich als wunderbaren Ausdruck Gottes zu erkennen, um sich dann mit dieser inneren Gott-Natur zu beraten. (In späteren Kapiteln erfahren Sie, wie man das erreicht.)

Wie herrlich erregend ist die Erkenntnis, daß Gott in uns ist! Eine Sechsjährige ging zum erstenmal in die Kirche. Als der Vater, ein Arzt, sie nach der Sonntagsschule abholte, um sie in den Gottesdienst mitzunehmen, schien sie „auf Wolke neun" zu schweben. Auf die Frage des Vaters, wie es gewesen sei, sagte sie verträumt: „Wundervoll!"

„Was war denn so wundervoll, Schatz?"

„Denk nur, ich hab rausgefunden, wo Gott ist! Er ist da draußen in den Bäumen, im Gras, in den Tieren und überall in der Welt, wie ich immer gewußt hab. Aber, denk nur, Paps, er ist auch *in mir,* und da kann ich mit ihm reden, immer wenn ich will!"

Der Wendepunkt im Leben von George Fox im England des 17. Jahrhunderts kam, als er dieselbe Entdeckung machte: daß Gott eine lebendige geistige Gegenwart ist, die sich in der Seele offenbart. Nachdem er das erfahren hatte, entwickelte er eine solche geistige Kraft, daß seine Nähe seine Anhänger körperlich zittern machte. So begann die religiöse Gemeinschaft der Quäler (nach dem englischen Wort „quake" – zittern). George Fox bezeichnete Gott oft als den „inneren Lehrer".

Vor 1600 Jahren äußerte der römische Mönch Augustinus sein Erstaunen darüber, daß die Leute weite und beschwerliche Reisen unternehmen, um Wunderwerke zu betrachten, während sie doch am größten aller Wunder achtlos vorübergehen – ihrer eigenen eingeborenen Göttlichkeit, die er „die Krone der Wunder" nannte. Von Augustinus stammt der Rat: „Ziehe dich in dich selbst zurück, denn die Wahrheit wohnt inwendig im Menschen."

Bete zuerst statt zuletzt

Die schockierende Wahrheit über das Beten ist: haben Sie eine Not, kann Ihnen immer gezeigt werden, wie ihr zu begegnen ist, wenn Sie deshalb zuerst beten und nicht zuletzt; weil wir nämlich im Äußeren, auf der menschlichen Ebene, alles mögliche versuchen können, ohne daß das Problem gelöst wird, wenn wir deshalb zu beten versäumt haben.

Eine berufstätige Frau litt an einer hartnäckigen Halsentzündung, die allen Medikamenten widerstand. Eines Abends fand sie sich bei einer kleinen Gebetsgruppe ein und bat, man möge doch um Heilung für ihren Hals beten. Alle Anwesenden sprachen daraufhin gemeinsam: *„Du bist nicht zu schwach, dein Gutes zu beanspruchen. Nichts kann dich unter Zwang halten. Du bist frei durch die Freiheit des Geistes. Frei beanspruchst du jetzt dein Gutes."*

Auch die Frau sprach die Worte mit. Innerhalb von 24 Stunden war ihr Hals völlig geheilt. (Eine Erklärung zu Heilungsfragen finden Sie in meinem Buch *The Healing Secret of the Ages.*)

Beten ist die praktischste Sache von der Welt. Beten Sie zuerst statt zuletzt!

Die Macht des Gebets in Geldangelegenheiten

Während der Depression hatte ein Kaufmann, dem die Kraft positiven Denkens ebenso geläufig war wie die Macht des Gebets, in Los Angeles ein bankrottes Unternehmen erworben und damit ein Vermögen gemacht. Jahre später verkaufte er das Geschäft und ging in Pension. Aber der Mann, der das blühende Geschäft übernommen hatte, war weder ein positiv denkender noch ein betender Mensch, und nach wenigen Jahren waren die Ausgaben höher als die Einnahmen.

Einige der Verkäufer und Angestellten, die noch den vorigen Chef gekannt und zugesehen hatten, wie er aus dem Betrieb ein Millionen-Dollar-Unternehmen machte, baten schließlich den neuen Besitzer, seinen Vorgänger einzuladen und sich dessen spezielle Methoden erklären zu lassen. In seiner Verzweiflung willigte der Mann ein.

Der pensionierte Millionär machte sich ans Werk. Er kam in die Stadt und mietete ein Hotelzimmer zu dem einzigen Zweck, dort ungestört wegen der Angelegenheit beten zu können.

Er erfuhr bald, daß das Geschäft so schnell wie möglich mehrere hunderttausend Dollar brauchte, um den Bankrott abzuwenden. Jeden Morgen ließ er den Besitzer und die Verkäufer kommen und sprach mit ihnen über die Macht des positiven Denkens. (Siehe mein Buch *The Dynamic Laws of Prosperity* zur Entwicklung positiven Denkens.) Wenn die dringend benötigte größere Geldsumme erwähnt wurde, entgegnete er ruhig: „Das Geld wird kommen, und zur rechten Zeit."

Über eine Woche verbrachte er so in seinem Hotelzimmer, betete um Führung, bejahte Aufschwung und Wohlstand, unterwies die Angestellten in positivem Denken und schuf auf diese Weise *ein allgemeines geistiges Bewußtsein, durch das seine Gebete für das Unternehmen beantwortet werden konnten.*

Am neunten Tag schließlich, als er in den Speisesaal ging und dort an einem benachbarten Tisch einen Mann allein sitzen sah, verspürte er plötzlich den starken Drang, mit ihm zu sprechen. Im Lauf der Unterhaltung stellte sich bald heraus, daß man in New York und Los Angeles gemeinsame Freunde hatte. Auch hatten beide Herren viele derselben Bücher gelesen und wandten viele gleiche Ideen durch Beten und positives Denken an, um wirtschaftlich erfolgreich zu sein. Als sie sich an diesem Abend trennten, fragte der Mann aus dem Osten den Millionär, ob er nicht zufällig wüßte, wo man günstig investieren könne: sein Schwiegersohn wolle in den Westen, und deshalb sähe er sich hier für ihn ein wenig um.

In wenigen Tagen war alles perfekt. Der Mann aus dem Osten brachte nicht nur seinen Schwiegersohn und die benötigten Mittel in das Geschäft, sondern auch seinen Reichtum an Erfahrung und geistigem Wissen. Der Eigentümer, durch den das Unternehmen heruntergekommen war, verkaufte nur zu gern mit Gewinn und stieg aus. Die Angestellten behielten ihre Arbeit, und der Betrieb lag wieder in den Händen von positiv gesinnten, betenden Menschen. Überflüssig zu erwähnen, daß es wieder aufwärts ging.

Was die praktischen Ergebnisse des Gebets in der Angelegenheit betrifft: der Mann aus dem Osten hatte sich eigentlich in San Francisco umtun wollen, fühlte sich dann aber nach Los Angeles gezogen. Auch hatte er sich ganz gemütlich umschauen wollen, in welches Unternehmen er investieren könne; ein paar Monate wollte er sich damit Zeit lassen. Doch im Gebet kam ihm die Idee, sofort nach Los Angeles zu gehen. Dort hatte er ein bestimmtes Hotel im Sinn, im Flugzeug war er aber mit einem Mann ins Gespräch gekommen, der ihm höchst dringend das Hotel empfahl, in dem – was er nicht wissen konnte – der Millionär betete.

Und überdies hatte er alle diese Entscheidungen erst getroffen, nachdem der Millionär im Hotel neun Tage im Gebet verbracht hatte. Als er vertrauensvoll in dieser Zeit einen reichen und liebevollen Vater um Führung bat und Reichtum bejahte, erhielt er buchstäblich einen reichen Mann und reiche Ergebnisse.

Eine der Bejahungen, die er in jenen neun Tagen beharrlich gebrauchte, war: *„Der unendliche Geist ist meine wahre Hilfsquelle, und ich bin unbegrenzt, weil Gott unbegrenzt ist."* Ein ähnlich wirksames Gebet angesichts verzweifelter Umstände ist dieses: *„Ich bin Geist und arbeite mit starken, mächtigen geistigen Kräften. Den Forderungen des Geistes muß entsprochen werden und wird jetzt entsprochen."*

Dieser Mann hat bewiesen, daß Beten die praktischste Sache der Welt ist. Beten Sie also zuerst, nicht zuletzt! Was am Ende gut ist, ist am Anfang mindestens ebenso gut!

Der Weg zu sofortigem reichen Guten

Viele Leute glauben nicht daran, daß Gebete irgendwelche Kräfte haben, und so leben sie in der Vorstellung, Beten käme nur an die Reihe, wenn keine Hilfe mehr möglich scheint – das Gebet der Verzweiflung. Der Pilot einer Übungsmaschine funkte zur Kontrollstation: „Rechte Tragfläche abgebrochen, Fahrgestell verloren, Sicht 1500 m, Ladung Dynamit. Erbitte Anweisung."

Augenblicklich kam vom Kontrollturm die Antwort: „Bitte wiederholen Sie: Vater unser, der du bist im Himmel, geheiligt werde dein Name, dein Reich komme . . ."

Viele von uns gleichen dem Mann im Kontrollturm; sie meinen, Beten sei nur etwas für den Notfall.

Würden die Menschen jedoch mehr beten, gäbe es weniger Notfälle, und diesen wenigen würde erfolgreich begegnet.

Beten ist eine Kunst und eine Wissenschaft. Das Lexikon erklärt Kunst als „Fertigkeit", auch als „menschliche Fähigkeit, etwas geschehen zu lassen". Wissenschaft wird definiert als „durch systematische Studien und Übung erworbene Kenntnisse".

Also ist Beten eine Fertigkeit oder Fähigkeit, durch Kontakt mit Gott in uns Gutes in unserem Leben geschehen zu lassen, nachdem diese Fertigkeit zwecks Erfahrung eines reicheren Lebens studiert und geübt wurde.

Das erklärt, warum manche Menschen besondere Gebetskräfte zu haben scheinen und andere nicht. Letztere beten, wenn überhaupt, lediglich in Notfällen. Sie warten, bis sie vor einer Bruchlandung stehen, ehe es ihnen in den Sinn kommt, Gott um Hilfe zu bitten.

Es ist nützlich, die Gegenwart Gottes so zu üben, wie man Musik üben würde. Übung führt in der Kunst des Betens genauso zur Perfektion wie in jeder anderen Fertigkeit. Und das Üben ist hier leicht, denn je mehr man übt, desto mehr Freude macht es, und desto faszinierender empfindet man den intuitiven und praktischen Wert seiner Bemühungen. Schon bald können wir uns jederzeit und an jedem Ort „nach innen wenden" und uns mit dem Vater in uns verbinden, wodurch wir Frieden, neuen Mut und praktische Ergebnisse gewinnen.

Beten ist der Weg zu sofortigem reichen Guten! Zu guter Gesundheit, Gutem in der Familie und allem Guten, das man sich vorstellen kann – zu einem reicheren Leben.

Beten erweitert die Seele

Sind Sie durch Beten schon einmal in eine Sackgasse geraten, statt auf den Weg zu unverzüglichem Guten?

Wenn Ihr Gebet ohne Antwort blieb, war vielleicht Ihre Seele nicht genügend erweitert, um die Antwort aufnehmen zu können.

Kennen Sie die Geschichte von dem jungen Geistlichen, der einige Zeit nach Übernahme seiner ersten Pfarrei seine Eltern besuchte? Diese erwarteten natürlich einen begeisterten Bericht von seiner Arbeit. Als die Mutter fragte: „Nun, ist deine Gemeinde gewachsen, seit du dort bist?" antwortete er ehrlich: „Nein, aber ich! Ich mußte erst wachsen, damit sie wachsen kann." Dieser junge Mann erweiterte seine Seele.

Wenn Ihre Gebete nichts zu bewirken scheinen, liegt das oft daran, daß das Ergebnis größer und besser sein wird, als Sie erwarten. Also bleiben Sie am Ball, beten Sie weiter, damit sich Ihr Bewußtsein, Ihr Vorstellungsvermögen, genügend ausdehnt, um die reichen Segnungen aufzunehmen, wenn sie kommen!

Jetzt ist der Augenblick, zu bejahen: *„Ich bin jetzt aufgeschlossen und für Gottes Gutes in jeder Phase meines Lebens empfänglich. Ich bin offen und bereit für das Gute Gottes, das sich jetzt in jeder Phase meines Lebens offenbart."* Tun Sie es gleich, bejahen Sie jetzt die Worte mit Zuversicht, und erwarten Sie, erstaunliche Bereicherungen zu erfahren!

Kürzlich fragte ich einen bedeutenden Kirchenmann, der mit allen Gütern reich gesegnet ist, nach dem Geheimnis seiner Erfolge. Er erzählte, gleich zu Anfang seiner Laufbahn habe er damit begonnen, täglich zu erklären: *„Ich bin aufgeschlossen und empfänglich für Gottes*

Segnungen in jeder Phase meines Lebens, jetzt." Diese Übung hat er all die Jahre über beibehalten, und das Ergebnis war Gesundheit, Reichtum und Weisheit in Hülle und Fülle.

Manchmal werden Sie vielleicht nicht das erhalten, um das Sie beten, doch Sie beten nicht umsonst. Wenn sich die Dinge auch nicht immer so ändern, wie Sie möchten, eins ist gewiß: *Sie selbst ändern sich!* Immer wird durch Beten im Unsichtbaren eine Veränderung bewirkt, die notwendig ist und zu den Antworten des Lebens führt.

Wenn Ihre Gebete nicht augenblicklich beantwortet werden, dann oft deshalb, weil Sie versucht haben, Gottes Gutes zu begrenzen.

Vielleicht haben Sie unbewußt gesagt: „Nicht dein Wille, sondern mein Wille geschehe. So sei es, Herr." Derartige Gebete bleiben solange ohne Wirkung, bis Sie bedingungslos nachgeben und erklären: „Vater, du weißt es am besten. Ich weiß, dein Wille für mich ist mehr Gutes, als ich mir vorstellen kann. Ich nehme jetzt dein unbegrenztes Gutes an."

Seien Sie versichert, daß ungeachtet Ihrer scheinbaren Nöte und Wünsche unter allen Umständen bleibendes Gutes kommen wird, sobald Sie einfach darum bitten, daß Gottes Fülle sich in Ihrem Leben offenbart. *Würden wir alle uns voll und ganz dem Willen Gottes überlassen, dann wäre die Welt ein Garten Eden.*

Die schockierende Wahrheit über das Beten ist, daß alle Gebete von unserem liebenden Vater beantwortet werden. Sollte ein Gebet scheinbar erfolglos bleiben, dann ist mit Sicherheit irgendwo zwischen Ihnen und dem unendlichen Geber eine geschlossene Tür. *Ein Herzenswunsch ist immer Gott, der an die Tür Ihres Bewußtseins klopft, damit Sie mehr Gutes entgegennehmen.* Anstatt Ihren Wunsch als unerfüllbar aufzugeben, erklären Sie: *„Ich nehme an. Ich nehme jetzt an. Ich nehme jetzt alles Gute an, das Gott für mich hat, und Gott hat unbegrenztes Gutes für mich!"*

Wenn Ihre Gebete kein Resultat bewirken, wenden Sie sich nach innen und bitten Sie, daß Ihnen gezeigt wird, wie Sie das Hindernis beseitigen können.

Oft fühlen sich Menschen entmutigt, weil sie sich krampfhaft abmühen, auf eine bestimmte Weise zu beten, für die sie noch nicht reif sind. Sie meinen, wenn sie nicht so wie ein Fortgeschrittener beten, könnten ihre Gebete nicht wirken.

Wie töricht. *Das simpelste Gebet kann beantwortet werden.* Ein kleines Mädchen von acht Jahren hörte einen meiner Vorträge über das Gebet und sagte hinterher: „Ich weiß alles über Beten, und es funktioniert! Letzte Woche ist mein Hund weggelaufen, ganze zwei Tage war er weg. Das hat er noch nie gemacht, und ich hab Angst gehabt, er würde gar nicht mehr wiederkommen, und da fiel mir das vom Beten ein. Ich ging raus, setzte mich auf die Schaukel und betete, mein Hund soll heimkommen. Nach ein paar Minuten kam er in den Garten gerannt und hat sich riesig gefreut, mich zu sehen."

Ihre Gebetskraft entfaltet sich nach und nach, ganz normal und natürlich entsprechend Ihrer geistigen Entwicklung. Sie brauchen sich dabei überhaupt nicht anzustrengen. Im Gegenteil, krampfhafte Anstrengung ist hinderlich. Auch wenn Sie manchmal das Gefühl haben, überhaupt nicht voranzukommen – das ist völlig normal. Jeder geistige Fortschritt geschieht in Etappen.

Gebetskraft ist weder seltsam noch wunderlich oder anormal. Sie können jederzeit Ergebnisse bewirken, wo Sie auch sind, auf der gegenwärtigen Ebene Ihres Verstehens. *Sie besitzen jetzt alle Gebetskraft, die Sie brauchen, um erfolgreich zu leben!*

Eine von Sorgen geplagte Hausfrau litt unter Nervosität und Schlaflosigkeit. Sie rief ihren Seelsorger an, der ihr zu bejahen riet: „*Der Friede Jesu Christi strömt jetzt in mich ein, und ich bin in Geist und Körper vollkommen entspannt.*" Bereits während er die Worte am Telefon sprach, wurde die Frau ruhig. Ein paar Stunden später aber kam die Angst wieder. Nun hatte die Frau nie daran geglaubt, daß Beten ernstlich helfen kann, trotzdem sah sie sich nun gezwungen, es wenigstens zu probieren. Eine Weile suchte sich nach einer geeigneten Form, schließlich gab sie auf und sagte einfach: „Nicht mein Wille, sondern dein Wille geschehe, Vater." Erneut überkam sie ein Gefühl tiefen Friedens, und sie fiel in einen ruhigen, erfrischenden Schlaf.

Sie lernte eine wesentliche Wahrheit aus diesem Erlebnis: *Wir besitzen bereits alle Gebetskraft, die wir brauchen, um unser Leben zu bewältigen, um welche Schwierigkeit es sich dabei auch handeln mag. Wir müssen uns nur entschließen, die Kraft, die wir heben, auch zu gebrauchen.*

Wenn Sie glauben, daß Ihre Gebete schal werden

Wenn Sie im Verlauf der Entwicklung Ihres Gebetsbewußtseins das Gefühl haben, ihre Gebete werden schal – wenn Sie sich manchmal unfähig fühlen, wirksam zu beten oder überhaupt zu beten – ist das kein Grund zur Entmutigung. Das geschieht oft während einer Zeitspanne, in der unser Gebetsbewußtsein sich wandelt oder erweitert. Eine Art Verdauungsprozeß, eine Bereinigung findet statt. Man fühlt sich unbehaglich, innerlich „vollgepfropft" und kann sich nur schwer konzentrieren. Durch diesen Reinigungsprozeß lösen sich alte negative Gefühle auf.

Wenn unsere inneren Gebetskräfte lebendig werden, reinigen sie die Tiefen des Unterbewußtseins. Kommen nun die alten Gedanken und Empfindungen an die Oberfläche, also in unser Bewußtsein, dann fühlen wir uns „vollgepfropft", weil eine tiefgreifende Reinigung, eine Heilung in uns stattfindet.

Ist dieser Reinigungsprozeß beendet, dann sind wir auch wieder imstande, wirksam zu beten, aber vielleicht auf eine andere Weise, auf einer tieferen Ebene. *Es gibt Grade und Ebenen des Betens, um unseren Nöten auf den verschiedenen Ebenen unseres Lebens zu begegnen.* Die spanische Mystikerin des 16. Jahrhunderts, Theresa von Jesus, verglich in ihrem Hauptwerk *El Castillo Interior o Las Moradas* die Entwicklungsstufen des Betens mit den verschiedenen Räumen im Haus der Seele. Das Wachsen der Seele durch das Gebet verglich sie mit den Entwicklungsstufen einer Raupe bis zum Schmetterling.

So erfahren wir im Lauf der Entwicklung unserer Gebetskraft verschiedene Stufen und Ebenen des Betens. Und das ist der Grund, weshalb uns eine bestimmte Form zu beten nicht mehr befriedigt, noch wird sie immer für uns wirken. Deshalb sollten wir die verschiedenen Methoden des Betens kennen, die in diesem Buch beschrieben sind.

Die schockierende Wahrheit ist, daß nicht zwei Menschen einander vollkommen gleichen. Beten ist individuell. Beten ist ganz persönlich. Sie sollten sich nie verunsichern lassen, wenn Ihre Methoden sich von denen Ihrer Angehörigen und Freunde grundlegend unterscheiden. Sogar Eheleute beten oft auf ganz verschiedene Weise, aber jeder ist zufrieden, jedem gelingt der geistige Kontakt.

Ein Unternehmer erzählte mir, er gebrauche ausschließlich wörtliche Verneinungen und Bejahungen, und er hat damit in Bezug auf Gesundheit und Wohlstand besten Erfolg. Seine Frau dagegen zieht Meditation und Stille vor, was sich für sie als gleichermaßen wirksam erwies.

Es gibt unzählige Ebenen und Grade des Gebets für die geistigen Bedürfnisse der vielen Menschentypen auf den verschiedensten Ebenen geistigen Verstehens. Die Heiligen und Mystiker alter Zeiten waren stark im Gebet, doch nicht zwei von ihnen beschrieben dieselbe Methode. Auch wir nicht!

Östliche und westliche Methoden gegenübergestellt

Die östliche Methode lehrt, daß Entspannung und Körperbeherrschung, Reinheit oder Reinigung des Denkens und Fühlens, tiefes Atmen, gefolgt von innerer Versenkung, Konzentration, Meditation und ekstatischer Verschmelzung mit dem göttlichen Selbst alles Vorstufen des Gebets sind. Und daß nur im fortgeschrittenen Grad der Entwicklung – wenn man alle Vorstufen beherrscht – die Fähigkeit vorhanden ist, Dinge zu manifestieren oder seine Wünsche augenblicklich zu verwirklichen.

Die Methode Jesu war das genaue Gegenteil davon: Bitte, suche, klopfe an, und die Resultate werden sich einstellen. Jesus betete beharrlich und manifestierte für seine Anhänger augenblickliche Ergebnisse in Heilung und Wohlstand, wenngleich er auch das Beten um geistige Segnungen nahelegte.

In gewissem Sinn sind beide Auffassungen richtig. Es scheint durchaus natürlich, wenn die Orientalen mit ihrer Gleichgültigkeit gegen Dinge und Körperlichkeit und ihrem gemächlichen Lebenstempo stärkeren Wert darauf legen, zuerst die tieferen Phasen des Gebets zu entwickeln. Doch bei uns würden die meisten Anfänger im Beten einen solchen Versuch reichlich verwirrend finden! Wenn mir vor Jahren, als ich die Macht des Gebets zu erforschen begann, jemand gesagt hätte, ich müsse lernen, meinen Körper zu entspannen und zu beherrschen, meine Gedanken zu reinigen, richtig zu atmen, mein Denken unter Kontrolle zu halten, dann mich zu konzentrieren, zu meditieren und die Stille zu üben, *bevor* ich Antwort auf meine Gebete bekäme, hätte ich gesagt: „Erledigt!"

Und so ist Jesu Weise, den Menschen zu zeigen, wie man betet und Dinge manifestiert oder augenblicklich andere äußere Ergebnisse bekommt, gewiß eine großartige Methode, jemanden für die Macht des Gebets zu interessieren und von der Wirkung des Betens zu überzeugen.

Vielleicht hat Jesus gewußt, wenn man durch Beten einmal etwas bekommen oder gemerkt hat, daß Gebete in Bezug auf Menschen und Dinge Macht haben, daß man dann hellwach wird für seine Gebetskräfte, daß die Faszination wächst, und man tiefer in Gebete der Konzentration, Meditation, der Stille und der Erkenntnis eindringen möchte. Aber unser materielles westliches Denken will irgendwie überzeugt werden und die Macht des Gebets zuerst an Dingen, Menschen und Geschehnissen vorgeführt bekommen.

Deshalb beginnen die in diesem Buch beschriebenen Gebetsformen mit der westlichen Methode: wie man sofort Resultate erzielt. Die ersten acht Kapitel zeigen Methoden, durch die Sie Gott erreichen und durch die Ihre Gebete auf Sie selbst wie auf Dinge, andere Menschen und auf Geschehnisse günstig einwirken. Sie lernen Gebete für Entspannung, Befreiung, Verfügung und Konzentration. Die letzten Kapitel schildern dann Gebetsmethoden, durch die Gott Sie erreicht – in den tieferen Phasen der Meditation, der Stille und der Erkenntnis.

Die schockierende Wahrheit über das Beten ist, daß es Sie seine erstaunlichen Geheimnisse lehren wird, während Sie seine verschiedenen Formen lernen. Die Übung der erstbeschriebenen Wege wird Sie für die späteren, tiefergehenden Methoden vorbereiten, die sich völlig natürlich in Ihnen entfalten werden.

Die Kenntnis dieser später erklärten Methoden wird Ihnen den Gegenstand in ganz neuem Licht zeigen. Sie werden erkennen, daß es doch Mittel und Wege gibt, durch die Ihre Gebete beantwortet werden können!

Sie werden entdecken, daß Sie mehr dynamische Gebetskräfte besitzen, als Sie je zu träumen gewagt hätten. Vielleicht ist dies die schockierendste Wahrheit von allen über das Beten – und über Sie!

Zusammenfassung

Die schockierende Wahrheit über das Beten ist, daß

1. Die meisten Menschen nicht so recht an die Macht des Gebets glauben, weil sie wegen ihrer Unkenntnis dieser faszinierendsten Kraft im Universum vor dem Beten Angst haben.

2. Sie dynamische Gebetskräfte in sich haben, denn Sie sind im Bild und Gleichnis Gottes geschaffen, und Beten ist einfach die Vereinigung mit Ihrer Gott-Natur.

3. Es überhaupt nicht kompliziert ist! Beten ist etwas ganz Natürliches.

4. Gott immanent oder innewohnend und gleichzeitig transzendent oder jenseitig ist. Im Gebet wenden wir uns nicht nach außen, sondern nach innen, um sowohl die immanente wie die transzendente Kraft zu erreichen, die im Gebet frei wird.

5. Sie im Gebet nach und nach Kraft entfalten, ganz natürlich und Ihrem Verständnisgrad entsprechend. Gebet ist nicht anstrengend.

6. Sie immer genügend Gebetskraft haben, um Ihr Leben zu bewältigen. Es gibt Stufen und Ebenen des Gebets für die Nöte auf den verschiedenen Ebenen des Lebens. Nicht zwei Menschen beten auf dieselbe Weise, und niemand betet immer auf dieselbe Weise.

7. Beten eine Kunst und eine Wissenschaft ist, die wie die Entwicklung jeder Fertigkeit Übung erfordert.

8. Gebet der Weg zu sofortigem Guten ist. Gebet ist der einfachste Weg, alle Probleme zu lösen. *Beten Sie zuerst statt zuletzt.* Das Gebet ist der Inbegriff von allem, das sowohl Reichtum in greifbarer Form wie finanzielle Unabhängigkeit und grenzenlose Freude bewirkt.

Kapitel 2

Was zu tun ist, wenn Ihre Gebete nicht beantwortet wurden

Es gibt Leute, die sagen: „Wozu beten? Beten ist Unsinn. Ich hab damit nie was erreicht." Aber es gibt andere, die eine lange Liste von Erfolgen vorzuweisen haben. Wenn Gott Gebete überhaupt beantwortet, dann beantwortet er Gebete immer, denn er ist immer derselbe Gott. Scheint also das Prinzip zu versagen, dann liegt es nicht an Gott, sondern es liegt an demjenigen, der betet.

Viele meinen auch, ihr Gebet sei erfolglos geblieben, weil Gott zu ihrer Bitte „nein" gesagt hat.

Beten ist kein Unsinn. Und Gott sagt niemals „nein".

Gott sagt immer „ja" – zu den wirklichen Wünschen unseres Herzens, nicht zu oberflächlichen und kurzsichtigen Wünschen. Die meisten von uns können sich erinnern, im Anfang gelegentlich unüberlegte, selbstsüchtige Bitten ausgesprochen zu haben, die nicht erfüllt wurden – und wie dankbar sind wir später dafür gewesen!

Wenn Gott also immer „ja" sagt – zu unseren echten Herzenswünschen – dann müssen wir ernstlich daran arbeiten, falsche Vorstellungen und negative Gefühle abzubauen, damit unsere Gebete Antwort finden können.

Wenn Ihr Beten anscheinend nichts bringt, dann wahrscheinlich deshalb, weil etwas in Ihnen die Antwort blockiert – irgendeine begrenzte Vorstellung oder ein negatives Gefühl.

Das Gebet muß oft erst erstaunliche Ergebnisse *in* Ihnen bewirken, bevor es erstaunliche Ergebnisse *durch* Sie und *für* Sie bewirken kann. Wie oft möchten wir am liebsten, wenn wir gebetet haben, mit den Fingern schnippen und schwupp! das Ergebnis vor uns sehen! Und haben wir ein augenblickliches Ergebnis bekommen, dann hielt es oft nicht an, weil wir uns nicht genügend geändert hatten, um die Antwort anzunehmen und zu bewahren.

Wenn wir uns dagegen sträuben, das Gebet in uns wirken und uns tief innerlich ändern zu lassen, dann hindern wir das Gebet daran, *für* uns zu wirken. *Es muß immer erst eine Einwirkung stattfinden, bevor eine Auswirkung möglich ist.*

Nachdem wir gebetet haben, müssen wir gewillt sein, uns zu ändern und zu ändern und zu ändern. Unser Denken und unser Empfinden müssen sich wandeln, damit sich unser Bewußtsein genügend erweitert, um das ersehnte Ergebnis aufzunehmen – das vielleicht weit größere Ausmaße hat, als wir uns vorgestellt hatten.

Die meisten Menschen, die über erfolglose Gebetsversuche klagen, weisen dieselben Merkmale auf: sie sind geistig und seelisch in ihrer Lebensauffassung zu wenig flexibel. Sie müßten anpassungsfähiger sein. Sie müßten sich seelisch entspannen; sie müßten sich gefühlsmäßig erweitern. Ihr Denken ist zu festgelegt. Sie sind nicht bereit, sich innerlich zu ändern, damit Gott die äußeren Phasen ihres Lebens ändern kann.

Sie gleichen jener Frau, die konzentriert um Heilung für ihre Augen betete. Aber jedesmal, wenn sie in die Kirche kam, sagte sie (fast triumphierend): „Mir ist aufgefallen, daß Herr und Frau Meier in der letzten Zeit gar nicht mehr im Gottesdienst waren. Was mag da wohl sein?" Oder Sie beklagte sich, daß es an diesem Tag in der Kirche wieder viel zu heiß oder viel zu kalt war. Immer war irgend etwas verkehrt. Die gute Dame suchte unbewußt überall nach dem, was falsch war, statt sich über das Gute und Richtige zu freuen; deshalb war sie nicht empfänglich und aufgeschlossen, und das Resultat ihrer Gebete um Heilung konnte nicht zu ihr durchdringen.

So wie bei dieser Frau können Unnachgiebigkeit in unserer Lebenseinstellung und innerer Widerstand gegen Menschen und Umstände oft das Ergebnis unserer Gebete blockieren. Wir müssen uns innerlich wandeln wollen, damit Gott unser äußeres Leben wandeln kann.

Wie man in die Antwort „hineinwächst"

Oft verfehlen wir das Ergebnis unserer Gebete, weil wir auf einer augenblicklichen Antwort bestehen, anstatt bereit zu sein, in die Antwort hineinzuwachsen. Wir möchten alles Gute gleich haben – „augenblickliches Gutes" – noch ehe wir uns genügend entwickelt haben, es zu empfangen, und so verfehlen wir die Antwort. Wir sind für die Antwort noch nicht reif.

Es wird Sie ermutigen, zu erfahren, daß selbst geistige Giganten wie Abraham und Isaak auf die Beantwortung bestimmter Gebete zwanzig bis fünfundzwanzig Jahre warten mußten. Abraham wartete fünfundzwanzig Jahre auf die Geburt seines Sohnes Isaak. Im Lauf dieser Zeitspanne erkannte er, daß Gottes Zögern nicht Ablehnung bedeutete, sondern daß Gott seine Verheißung zu seiner Zeit auf seine Weise erfüllen würde. Inzwischen mußte Abraham sein Denken von Angst, Zweifeln und Bitterkeit reinigen, um in die Antwort auf sein Gebet hineinzuwachsen. Diese Antwort war die Geburt Isaaks.

Isaak hatte später dieselbe geistige Lektion zu lernen. Nach zwanzig Jahren Ehe hatte ihm Rebekka noch immer kein Kind geboren. Die Töchter Kanaans schmähten sie ob ihrer Unfruchtbarkeit, die für Isaak überdies eine harte Glaubensprüfung war. Schließlich betete Isaak erneut, und Jakob wurde geboren. Jakob wiederum wartete später zwanzig Jahre auf den Segen des Herrn, obwohl er in dieser Zeit hart arbeitete, um seine Fehler wiedergutzumachen. So lernten Abraham, Isaak und Jakob die entscheidende geistige Lektion: Gott hat es nicht eilig mit der Erfüllung seines Plans, sondern er erfüllt die großen Wünsche der Menschen auf seine Weise und zu seiner Zeit.[1]

Deshalb sollten Sie, wenn Sie beten, nicht auf sofortigen Ergebnissen bestehen. *Die Ergebnisse werden kommen, wenn Sie reif sind, sie zu empfangen.* Der griechische Philosoph Epiktet sagte: „Nie wurde etwas Großes im Augenblick geschaffen. Wenn du zu mir sagst, du möchtest eine Feige, so antworte ich, daß dazu Zeit nötig ist. Laß sie erst blühen, dann Frucht tragen, dann reifen."

---

[1] Siehe das Buch „Das Wohlstandsgeheimnis aller Zeiten", Verlag DAS BESONDERE

Das Gebet, das wir beantwortet haben möchten, ist das Gebet des ganzen Menschen, Geist, Seele, Körper . . . das Gebet, das unser ganzes Wesen beglückt. Es kann oder kann auch nicht sein, wonach wir in einem Augenblick der Qual oder Lust schreien. Worauf wir achten müssen, ist einzig, daß wir unser Bewußtsein genügend erweitern, um die Antwort, wenn sie kommt, erhalten und bewahren zu können.

Dazu sind viele Menschen nicht bereit, so blockieren sie ihre Antworten und beklagen sich hinterher bitterlich, Gott habe sie im Stich gelassen.

In den Mythen des Altertums finden wir eine dreiteilige Formel für die Erfüllung von Gebeten. Die drei mystischen Schritte waren: Reinigung, Erleuchtung, Vereinigung.

Wie oft versuchen wir, den ersten Schritt, die innere Reinigung, zu überspringen, stürmen weiter auf erleuchtende Führung zu und versuchen, uns schon mit Ergebnissen zu vereinigen.

Der berühmte spanische Mystiker und Dichter Johannes vom Kreuz bezeichnete die Stufen der Läuterung, die zur Beantwortung unserer Gebete führen, als „die dunkle Nacht der Seele". In meinem Buch *Die dynamischen Gesetze der Heilung*[2] finden Sie dieses Reinigungserlebnis beschrieben als „Chemikalisierung, ein Heilungsprozeß". Die einzelnen Schritte der Chemikalisierung sind dort erklärt.

Wie man Blockierungen überwindet

Reinigung oder Läuterung, der erste Schritt zum beantworteten Gebet, wird durch Vergebung bewirkt. Wenn wir keine Antwort erhalten, dann gibt es in unserer Vergangenheit oder Gegenwart irgendeine Person oder Begebenheit, die unsere Vergebung braucht. Vergebung ist Reinigung, Bereinigung. Wenn wir vergeben, bereinigen wir eine Angelegenheit und löschen sie dadurch in unserem Bewußtsein. Vergebung löst die mentalen und emotionalen Behinderungen zwischen uns und der ersehnten Antwort auf. (Mehr darüber in Kapitel 4.)

[2] Catherine Ponder, The Dynamic Laws of Healing (West Nyack, N.Y.: Parker Publishing Company, 1966).

Die Qualen, die Sie leiden, die Unfähigkeit, in einer Angelegenheit zu demonstrieren, die zutiefst in Ihr Leben eingreift, können ihre Ursache in genau diesem Gefühl der Unversöhnlichkeit haben, das Sie gegenüber der Welt im allgemeinen oder einem Menschen im besonderen hegen. Sie müssen es loslassen, um für die Antwort auf Ihre Gebete aufnahmefähig zu werden: „Ich überlasse es jetzt einem liebenden Vater, der es vollkommen heilt, und bin nun für die Antwort auf meine Gebete bereit!"

Die Gedanken, mit denen wir uns am häufigsten schaden und den Erfolg unserer Gebete verhindern, sind Gedanken der Kritik und Verurteilung. Wenn wir einen anderen Menschen kritisieren oder verurteilen, blockieren wir die Antwort auf unsere Gebete. Wo unser Denken freie Bahn haben sollte, versperrt ein Haufen Groll und Bitterkeit den Weg.

Vergebung heilte eine Existenz

In meinem Buch *Die dynamischen Gesetze des Reichtums*[3] findet sich die Geschichte eines Mannes, der an einem kalten Wintertag bei mir Rat suchte. Er hatte Schmerzen, war arbeitslos, einsam, unglücklich – kurz, in jeder Beziehung „fix und fertig". Und einer der größten Nörgler, die mir je begegnet sind. Er haßte sämtliche Politiker in der Regierung und machte sie für alle seine Schwierigkeiten verantwortlich.

Nachdem er begriffen hatte, daß seine Kritiksucht und Unversöhnlichkeit die einzige Ursache seiner zahlreichen Probleme, einschließlich der finanziellen, sein könnte, erklärte sich der Kranke bereit, mit mir demütige Worte der Versöhnung zu sprechen und fortan mit seiner beständigen Schimpferei aufzuhören.

Als er mich nach ein paar Monaten wieder besuchte, hatte er sich derartig verändert, daß ich ihn nicht wiedererkannte. Sauber gekleidet und von seinen Schmerzen befreit, hatte er inzwischen einen großartigen Job und eine Braut erworben, die er mitbrachte, um sie mir

---

[3] „Die dynamischen Gesetze des Reichtums", Verlag DAS BESONDERE

vorzustellen. Die Beiden haben später geheiratet, und was sein Berufsleben betraf, so gab es wenig, das er sich wünschte und nicht schließlich auch bekam.

Dieser Mann war ein lebendiger Beweis dafür, daß zur Erfüllung von Gebeten Ärger und Zorn überwunden werden müssen. Es ist einfach nicht möglich, erwähnenswerte Resultate zu bekommen oder gar eine starke Heilungskraft zu entwickeln, wenn wir uns nicht von jedem Gefühl der Bitterkeit oder Verurteilung gegenüber unseren Mitmenschen freimachen. Ehe wir nicht bereit sind, unsere Kritiksucht abzulegen, wird unser Beten immer wieder erfolglos bleiben.

Wie man Negatives in sich auflösen kann

Um Abneigungen aufzulösen, bejahen Sie häufig:

Christus in mir befreit mich jetzt von aller Abneigung *gegen* Menschen, Orte oder Dinge der Vergangenheit oder Gegenwart. Christus in mir befreit mich jetzt von aller Abneigung *von* Menschen, Orten oder Dingen der Vergangenheit oder Gegenwart. Ich manifestiere jetzt meinen richtigen Platz mit den richtigen Menschen und der richtigen Umgebung.

Vergebung ist deshalb der erste Schritt zu erfolgreichem Beten, weil Vergebung unser Denken, unseren Körper und unsere Angelegenheiten läutert und uns darauf vorbereitet, unser Gutes entgegenzunehmen. Ein wirksames Gebet zu diesem Ziel ist die täglich angewandte Bejahung:

Christus in mir ist meine vergebende Kraft.

Für Menschen, denen Sie vergeben möchten und von denen Sie selbst Vergebung wünschen, bejahen Sie:

Christus in uns ist unsere vergebende Kraft. Christus in dieser Situation ist ihre vergebende Kraft. Der Christus in dieser Situation bewirkt jetzt vollkommene Vergebung.

Jeder Eheberater, Pfarrer, Gefängnisbeamte oder Psychiater hat Menschen gekannt, deren Leben durch Unversöhnlichkeit vergiftet und voller Schwierigkeiten war. Diese von Problemen gequälten Menschen pflegten ihren Groll, waren von Haß getrieben, schmiedeten Rachepläne, und all das schlug wie ein Bumerang auf sie zurück.

Wenn Sie merken, daß Sie sagen oder denken: „Das geschieht ihm recht", oder „Sie hat genau das gekriegt, was sie verdient hat", dann seien Sie wachsam! *Diese Einstellung kann die Erfüllung Ihrer Gebete verhindern. Einen derartigen Groll festzuhalten ist als hielte man ein glühendes Stück Kohle in der Hand. Es wird Sie solange brennen, bis Sie es fallenlassen.*

Angst, Zweifel und Sorge schließen ebenfalls ein Resultat Ihrer Gebete aus. *Ihre Kränkungen stehen der Antwort auf Ihre Gebete im Weg.* Grübeln Sie über erlittenes Unrecht oder üble Behandlung nach und halten derlei sorgsam in Ihrem Gedächtnis fest? Sie müssen den Mut aufbringen, diese Dinge zu vergessen. Ausreden, Selbstmitleid, andere für die eigenen Schwierigkeiten verantwortlich machen – alles das steht dem Erfolg unserer Gebete im Weg.

Gebete der Vergebung von und für Menschen, die Sie beleidigt oder gequält haben, ist die höchste Form des Betens, aber die schwerste. Doch es ist auch die lohnendste, und sie reinigt die Seele! Bejahen Sie deshalb oft:

Aus Vorurteil, Haß oder Verurteilung gelange ich jetzt zu freundlicher, vergebender Liebe.

Die Liebe Gottes kann einfach nicht in ein verhärtetes, verbittertes, unversöhnliches Herz eindringen, Gebete der Vergebung aber reißen die Mauern und Barrieren ein, die uns von unserem Guten trennen, oft augenblicklich; so sind sie die seelischen Anforderungen, die sie stellen, wahrlich wert. *Vergebung ist die Zauberformel für erfolgreiches Beten!*

Wie man sich für Antworten aufnahmebereit macht

Die Menschen, die sich beklagen, daß ihre Gebete nicht beantwortet werden, sind oft jene, die dabei nicht ihren Teil erfüllen: sie halten keine regelmäßigen Gebetszeiten ein. Sie möchten, daß ihre Gebete Erfolg haben, aber sie machen nicht einmal den Versuch, täglich den Kontakt herzustellen, durch den das geschehen kann. Das ist genauso inkonsequent, als würden sie von ihrem Arzt Heilung verlangen, ohne auch nur einen Termin mit ihm ausgemacht zu haben!

Da war einmal eine ältere Dame, deren Arthritis sich trotz bester

Medikamente beständig verschlimmerte. Auch gab es in ihrem Leben Unfrieden und finanzielle Schwierigkeiten. Eines Tages blätterte sie auf der Suche nach Frieden in ihrer Bibel, und dabei fiel ihr auf, daß fast in jedem Abschnitt, den sie las, vom Beten die Rede war. Und da kam ihr zu Bewußtsein, daß sie sich noch nie die Zeit für Gebet, Meditation oder geistige Studien genommen hatte. Sie hatte weder einen geistigen Kontakt herzustellen versucht noch war sie aufnahmebereit für Antworten auf Gebete.

Augenblicklich setzte sie Beten und Meditieren auf ihren Tagesplan. Zuerst harmonisierten sich die häuslichen Umstände. Betreffs ihrer finanziellen Sorgen erhielt sie alsbald einen Brief mit der Mitteilung, daß gewisse Versicherungs- und Gehaltszahlungen, die einbehalten worden waren, fortan auf monatlicher Basis ausgezahlt würden.

Während sie fortfuhr, ihre täglichen Gebetszeiten einzuhalten, ließen allmählich ihre Schmerzen nach, und sie begann, sich kräftiger und vitaler zu fühlen. Nach und nach, indem sie an der Gewohnheit regelmäßigen Betens festhielt, fand sie wieder Freude am Leben. Schließlich wurde sie von ihrem vermeintlich unheilbaren Leiden völlig befreit. Beten hatte sie geheilt.

Gott sagt immer „ja", aber wir müssen einen Kontakt zu ihm herstellen, bevor eine Antwort zu uns durchkommen kann. Tägliches Beten macht den Weg frei. Manche sagen, man könne jederzeit und überall beten, ohne jede Formalität – es sei nicht nötig, Gott gegenüber Formalitäten zu beachten. In gewissem Sinn ist das auch richtig. Aber wenn Sie eine bedeutende Persönlichkeit zu sprechen suchen, würden Sie dann nicht so höflich sein, eine Verabredung einzuhalten?

Der deutsche Mystiker des 13. Jahrhunderts, Meister Eckehart, sagte: „Gott ist gebunden, zu handeln, sich in dich zu ergießen, sobald er dich bereit findet."

In seiner Abhandlung *God Has the Solution* erklärt Emmet Fox: Gott vermag alles. Es ist nie zu spät. Immer gibt es eine Antwort, auch wenn wir sie nicht sehen können. Wenn Sie beten, dann fragen Sie sich ehrlich, ob Sie eine Antwort erwarten. Erwarten Sie tatsächlich, das zu bekommen, um das Sie beten? Könnten Sie es annehmen, wenn es käme?

46

Wenn Sie nicht absolut sicher sind, ist es besser, um Vertrauen zu bitten und das Problem Gott zu übergeben. Beten Sie um die göttliche Lösung und die richtige Erledigung Ihrer Angelegenheit. Dann überlassen Sie die Einzelheiten Gott. Wenn Sie das Gefühl haben, Ihre Gebete seien nicht beantwortet worden, dann beten Sie um Verständnis.

Wie Sie alles verneinen, das Ihre Gebetskraft untergräbt

Sehr oft werden Gebete nicht beantwortet, weil wir unsere Gebetskräfte verzetteln.

Wir müssen unbedingt lernen, unnötige Dinge, Menschen und Aktivitäten in unserem Leben abzuweisen. Konzentrieren Sie Ihre Zeit und Energie, damit Ihre Gebete Erfolg haben können. Wenn Sie gebetet haben, dann zersplittern Sie diese Kraft nicht hinterher in endloser Aktivität oder Rederei mit überflüssigen Leuten.

Mit das erste, was ein betender Mensch zu lernen hat, ist das Ausklammern von Aktivitäten und Menschen, die nutzlos seine Zeit vergeuden und dadurch die Antwort auf seine Gebete verhindern.

Erfolgreiches Beten verlangt eine gewisse innere Disziplin. Diese Disziplin kann uns niemand auferlegen als wir selbst. Ich habe viele potentiell wundervolle Menschen erlebt, die nie den geistigen Reifegrad erreichten, Antwort auf ihre Gebete zu bekommen, nur weil sie nicht gelernt hatten, überflüssige Leute und Tätigkeiten aus ihrem Leben fernzuhalten.

Während Sie daran arbeiten, Ihr Denken zu erweitern und zu erheben, ändern Sie sich. Auch die Menschen und Aktivitäten in Ihrem Leben sollten sich öfter ändern. Was innerhalb einer bestimmten Zeitspanne richtig war, gilt nun nicht mehr, weil etwas Größeres und Besseres sich Ihnen zu erschließen sucht. Sie sind dem, was früher gut war, entwachsen.

Aber wenn Sie nicht zuerst das Geringere aufgeben, kann das Größere nicht Platz greifen. Dann jammern Sie, daß Ihre Gebete nicht beantwortet werden. Doch Sie selbst haben die Antwort verhindert.

Lernen Sie also, im richtigen Moment „nein" zu sagen, wenn Sie möchten, daß Ihre Gebete Erfolg haben.

Solange Sie Ihre Kräfte verzetteln, Ihre Zeit und Ihre Gedanken an unnötige Leute und Geschäftigkeiten verschwenden, werden Sie für diese Torheit einen hohen Preis zahlen müssen. Dieser Preis ist ergebnisloses Beten.

Dr. Emilie Cady schreibt in ihrem großartigen Buch *Wahrheitslehre:* Jeder Mensch muß sich täglich zum Stillesein und Meditieren Zeit nehmen. Hierin liegt das Geheimnis der Kraft. Ohne dies kann niemand an geistiger Erkenntnis oder Kraft wachsen. Vielleicht sind Sie so damit beschäftigt, etwas für andere zu tun und ihnen Liebe zu geben, daß Sie keine Zeit finden, in die Stille zu gehen. Tun kommt erst nach Sein. Wenn wir uns voll der Wahrheit bewußt sind, wird sie von uns ausstrahlen und die Werke vollbringen, ohne daß wir hin- und herrennen müssen. Wenn Sie für stille Meditation keine Zeit haben, schaffen Sie sich die Zeit, nehmen Sie sich Zeit. Sie werden merken, daß es besser ist, manches ungetan zu lassen, als die regelmäßige Meditation zu vernachlässigen.

Sie werden entdecken, daß Sie täglich geraume Zeit im Gespräch mit Leuten verbringen, die nur für einen Augenblick reinschauen, um unterhalten zu werden. Wenn Sie diesen Menschen helfen können, gut. Wenn nicht, raffen Sie sich auf und verschwenden Sie keine Minute damit, sich nutzlos auszugeben und zu zersplittern, nur um ihre Müßigkeit zu befriedigen. Sie haben keine Ahnung, wieviel Sie dadurch verlieren.

Eine bis dahin unscheinbare Frau, in deren Leben sich mit einemmal bessere Gesundheit, ein inneres Strahlen und Schönheit offenbarten, sowie eine Gehaltsaufbesserung ihres Mannes, Erfolg für ihren Sohn und sogar von gänzlich unerwarteter Seite eine beachtliche Erbschaft, wurde mit Fragen nach dem Geheimnis ihres Erfolgs bestürmt. Es war einfach: „Ich habe gelernt, zu dem Geringeren ‚nein' zu sagen. Dadurch, daß ich mir mehr Zeit zum Beten und geistigen Studieren nahm, habe ich mich auf das größere Gute vorbereitet, das ich mir wünschte. Und es kam."

Wenn wir nicht lernen, zu dem Geringeren „nein" zu sagen, werden Ihre Gebete um Größeres nie beantwortet werden.

Beantwortetes Gebet läßt sich nicht überstürzen

Die schockierende Wahrheit über das Beten ist, daß manche Menschen zwar in der richtigen Weise beten, dann aber zu schnell Ergebnisse sehen wollen. Stellt sich die Antwort nicht augenblicklich ein, resignieren sie und jammern, daß all ihr Beten umsonst sei.

Wenn Sie heute etwas säen, könnten Sie es morgen noch nicht ernten, nicht wahr? Ganz sicher nicht. Eine bestimmte Zeit, *eine ordnungsgemäße Entfaltung* des Geschehens müßte erst abgewartet werden. Das trifft auch für das Beten zu. Gott hat es eben niemals eilig. Er kennt unsere Wünsche, ehe wir bitten.

Gott handelt nicht gegen den ordnungsgemäßen Ablauf des Geschehens. Er hält die Weiterentwicklung an, bis in der gegenwärtigen Situation Ordnung herrscht.

In meinem Buch *Das Heilungsgeheimnis der Zeitalter*[4] berichte ich von einer Lehrerin, die wieder und wieder um die Segnungen des täglichen Lebens gebetet hatte. Sie war kränklich, hatte beängstigendes Übergewicht, lebte mit ihrer Familie in Unfrieden und hielt sich in keinem Job.

Ein geistlicher Berater suchte sie schließlich zuhause auf und erkannte mit einem Blick die Ursache ihrer zahlreichen Schwierigkeiten: ihr Heim befand sich ebenso wie ihre Lebenseinstellung in einem Zustand unbeschreiblicher Verwirrung. Der Berater erklärte der unglücklichen Frau, daß Gott nie in den ordnungsgemäßen Ablauf der Dinge eingreift, sondern die nächste Entwicklungsstufe solange zurückhält, bis in der gegenwärtigen Lage Ordnung eingetreten ist.

Dankbar, endlich die Ursache ihrer Schwierigkeiten zu kennen, beeilte die Lehrerin sich, in ihren Gedanken und ihrer Umgebung Ordnung zu machen. Und sie bejahte von nun an täglich:

[4] Catherine Ponder, The Healing Secret of the Ages (West Nyack, N.Y.: Parker Publishing Company, 1967).

Durch die Macht des inneren Christus herrscht jetzt göttliche Ordnung.

Allmählich besserte sich ihre Gesundheit, das Familienleben harmonisierte sich, und im Beruf stellten sich ebenfalls Erfolge ein.

Diese Frau hatte verstanden, daß man so richtig und geordnet wie möglich leben muß, wenn man durch Beten etwas bewirken möchte. Tun Sie also den nächsten logischen Schritt, um in Ihrem Leben Ordnung zu machen. Dann behalten Sie den Kopf oben und machen Sie so weiter. Geben Sie Ihrem Problem keine Nahrung. Verschwenden Sie keine Zeit damit, sich den Kopf darüber zu zerbrechen, was „die Leute sagen" werden. Lassen Sie sie sagen oder denken, was sie wollen. Gehen Sie ruhig Ihren Weg und bejahen Sie bei jedem Schritt „göttliche Ordnung".

Warum man für Erfolge im Gebet sein Leben ordnen muß

Wenn Sie wirklich mit Erfolg beten wollen, müssen Sie Ihr Leben in Ordnung bringen. Das „Gespenst im Schrank", von dem Ihrer Ansicht nach niemand weiß, muß verschwinden!

Es ist sinnlos, um Gewinn, Schutz, finanzielle Versorgung, Führung und Unterweisung zu beten, wenn Sie gleichzeitig Dinge tun, von denen Sie genau wissen, daß sie in Gottes Sicht nicht in Ordnung sind.

Eine attraktive Geschäftsfrau wurde von einem mysteriösen Leiden in Beinen und Füßen befallen, das die besten Ärzte, einschließlich der Spezialisten der Mayo-Klinik, nicht heilen konnten. Sie fanden keine organische Ursache für die Symptome.

Inzwischen beteten zahlreiche Freunde für sie um Heilung – vergebens. Was die Ärzte und auch die betenden Freunde nicht wußten: sie hatte seit Jahren eine Affäre mit einem verheirateten Mann. Das daraus resultierende Schuldgefühl hatte ihre und auch seine Gesundheit angegriffen.

Sie mußte also den Mut aufbringen, in ihrem Leben reinen Tisch zu machen. Gott hielt die nächste Entwicklung zurück, bis im jetzigen Zustand Ordnung war. Viele Menschen machen es ähnlich wie diese attraktive Frau. Sie weigern sich, ihr Leben in Ordnung zu bringen. Sie sträuben sich dagegen, das Geringere loszulassen und Gott zu vertrauen, daß dadurch größeres Gutes in ihr Leben kommt. Inzwischen bleiben ihre Gebete ohne Antwort, und ihre Schwierigkeiten nehmen zu.

In einem anderen Fall sehnte sich eine materiell erfolgreiche aber einsame Frau danach, glücklich verheiratet zu sein. Lange Zeit hatte sie ertragen, daß ihr Leben ein Kompromiß war, der sie von einer Liebelei zur anderen trieb, weil diese vorübergehenden Erlebnisse ihr immer noch besser erschienen als gar keine.

Schließlich aber wurde ihr klar, daß dieses ungeordnete Leben jede Hoffnung auf Erfolg im Beten zunichte machte, und sie beschloß, eine Lebensweise zu korrigieren, die im günstigsten Fall nur unbefriedigend und frustrierend war.

Als sie die Tür zu ihren alten Beziehungen entschieden schloß, kehrten frühere nette Freunde zurück und machten sie eines Tages mit einem sympathischen Witwer bekannt. Bald darauf heiratete sie ihn, und er gab ihr ein freundliches Heim und das Leben in Harmonie, Zufriedenheit und seelischer Geborgenheit, das sie sich immer gewünscht hatte. Doch alle diese langersehnten Segnungen waren erst eingetroffen, nachdem sie mutig und entschlossen in ihrem Leben Ordnung gemacht hatte.

Diese Frau hatte, wie seinerzeit Josua (Jos. 7,20), entdeckt, daß erst alles Ungeordnete bereinigt werden muß, bevor Gebete Antwort finden können. Die Bibel ist voll von Berichten über die bitteren Erfahrungen, die über den Menschen kamen, wenn er im Ungehorsam gegen den göttlichen Willen beharrte. Oft mußte dann eine Reinigung oder Läuterung stattfinden, wie im Fall von Josuas unbotmäßigem Untergebenen Achan, ehe Josuas Gebete um den Sieg beantwortet wurden.

Das Ergebnis eines Gebets kann niemals, weder für Sie selbst noch für andere, eine Kränkung oder ein Unrecht enthalten. Fragen Sie sich also ehrlich: „Steht der Wunsch, um dessen Erfüllung ich bete, im Einklang mit dem göttichen Willen? Würde seine Erfüllung irgend jemanden verletzen? Stimmt er mit dem Willen Gottes für jeden, der davon betroffen werden könnte, überein?" Widmen Sie Ihre Gebete dem guten Willen Gottes und seinen hohen Plänen und Absichten, und Sie werden sehr viel häufiger Resultate erzielten, und zwar weit intensivere und bessere, als Sie erwarten!

Beharrlichkeit im Beten bringt immer Erfolg

Viele Menschen beten erfolglos, weil sie nicht beharrlich genug sind. Wahrhaftig, Hartnäckigkeit zahlt sich aus! Jene Hartnäckigkeit, sich wie Jakob „durchzubeten", als er sprach: „Ich lasse dich nicht, du segnest mich denn" (Gen. 32,27).

Vor einigen Jahren suchte ein Mann in New York einen geistigen Berater auf und bat um Hilfe wegen einer vorgeblich unheilbaren Hautkrankheit. Der Berater versicherte dem entmutigten Besucher, daß bei Gott nichts unheilbar ist. Der Kranke litt unter starken Rückenschmerzen, die Mundpartie und ein Ohrläppchen waren angefressen.

Der Berater empfahl dem Mann, nach Hause zu gehen und drei Tage in beharrlichem Gebet zu verbringen, und zwar in der festen Überzeugung, daß er geheilt würde. Während dieser Zeit sollte er weder Nahrung noch Medizin zu sich nehmen, sondern fasten und beten. Vier Stunden solle er jeweils über die Heilungsbejahungen meditieren, die er mitbekommen würde, und in der übrigen Zeit die Heilungen Jesu in den vier Evangelien studieren.

Die Bejahungen, über die er vier Stunden am Tag zu meditieren hatte, lauteten:

Ich weihe jetzt Gott meine Seele und meinen Körper. Ich bin jetzt bereit und gewillt, alle falschen Vorstellungen von mir selbst und anderen aufzugeben. Ich weiß, daß Gott mir alle meine Fehler vergeben hat. Ich sehe mich jetzt, wie Gott mich sieht: jede Zelle meines Körpers von strahlendem Licht erfüllt. Ich bin rein, lauter, gesund und frei. Ich danke Gott für heilende Kraft. Ich danke Gott für Erfüllung der Wünsche meines Herzens. Ich danke Gott, daß ich nun für immer heil, frei und gesund bin.

Dieser Mann war im Beten beharrlich. Als er nach den drei Tagen wieder zu dem Berater ging, war er gesund. Ohrläppchen und Lippen waren abgeheilt. Die Schmerzen im Rücken waren verschwunden. Wie Jesus bei der Heilung des Epileptikers hatte dieser Mann bewiesen: „Diese Art kann mit nichts ausfahren denn durch Beten und Fasten."

Wie Sie jeweils für diesen einen Tag beten können

Sollten Ihre Gebete kein Ergebnis bewirkt haben, dann beginnen Sie jetzt, Gott erneut zu bitten, aber auf eine andere Weise. Bitten Sie Gott um die Weisheit, die Kraft und den Mut für ausschließlich diesen Tag. Beten Sie darum, den heutigen Tag, das gegenwärtige Erleben, erfolgreich zu bestehen. Hören Sie auf, sich zu quälen, denken Sie nicht an morgen.

Bitten Sie Gott ohne Zögern um das, was Sie für die nächsten vierundzwanzig Stunden brauchen. Zerbrechen Sie sich nicht den Kopf über die nächste Woche, den nächsten Monat oder gar das nächste Jahr. Bitten Sie täglich um Gottes Hilfe, diesen einen Tag gut und richtig zu bewältigen. Auf diese Weise wird sich das Wunder des Gebets in Ihrem Leben entfalten wie nie zuvor.

Gott sagt immer „ja". Die Antwort *wird* kommen. Der Segen wird sich zeigen, wenn Sie beharrlich beten und gelassen in die Antwort hineinwachsen.

Lassen Sie Ihr Verstehen der Ewigkeit im Heute begründet sein.

Beten bringt zusätzlich reiche Segnungen mit

Wenn eine Antwort auf Ihr Beten ein wenig zu verziehen scheint, wird sie höchstwahrscheinlich eine Zugabe mitbringen. Gehen Ihre Gebete auf eine lange Reise, kommen sie mit reichem Segen beladen zurück. Es sieht so aus, als ob Gott dafür, daß er Sie warten ließ, großzügige Verzugszinsen gewährt.

Ein junger Mann wurde plötzlich sehr krank. Man brachte seiner Mutter schonend bei, daß es aus medizinischer Sicht keine Hoffnung gäbe. Überdies war der junge Mann Alkoholiker, was seinen Zustand noch verschlimmerte. Doch gute Freunde beteten weiter um seine Heilung.

Eines Tages ging der behandelnde Arzt in Urlaub. Sein Vertreter war einer jener Doktoren, die erst einmal grundsätzlich und in Massen Vitaminpillen verabreichen. Nachdem der junge Patient die Unmenge von Vitaminen absorbiert hatte, war er nicht nur von der als hoffnungslos angesehenen Krankheit geheilt, sondern auch der Wunsch, zu trinken, hatte ihn verlassen. Die Heilung vom Alkoholismus war die Zugabe zu der Antwort auf die Gebete seiner Mutter und seiner Freunde.

Scheinen Ihre Gebete erfolglos zu bleiben, dann ist es an der Zeit, „die göttliche Idee", den „göttlichen Plan" und den „richtigen Platz" im Leben zu bejahen:

Ich bin eine göttliche Idee im göttlichen Geist, und ich werde jetzt zu meinem richtigen Platz geführt. Ich lasse jeden Gegenstand und jeden Menschen los, der nicht mehr in den göttlichen Plan für mein Leben gehört. Ich passe mich jetzt schnell dem göttlichen Plan für mein Leben an, in welchem alle Bedingungen jederzeit vollkommen sind.

Ein Kaufmann, der sich dem Pensionsalter näherte, war schon seit Monaten ohne Arbeit, weil sich sein Chef ins Privatleben zurückgezogen hatte. Seine Gebete, ebenso wie die seiner Angehörigen und der Freunde aus der Gemeinde schienen nutzlos zu sein. Bis eine Gebetsgruppe für ihn zu erklären begann:

John Brown ist eine göttliche Idee im göttlichen Geist und wird jetzt zu seinem richtigen Platz geführt. John Brown läßt jetzt jeden Gegenstand und jeden Menschen los, der nicht mehr in den göttlichen Plan für sein Leben gehört. John Brown paßt sich jetzt schnell an den göttlichen Plan für sein Leben an, in welchem alle Bedingungen jederzeit vollkommen sind.

Daraufhin wurden ihm alsbald von mehreren Seiten Posten in der Geschäftsleitung angeboten – genau die Arbeit, die er sich gewünscht hatte – und einen davon erkannte er sofort als seinen richtigen Platz und nahm ihn an. Er erwies sich als die beste Stelle, die er je hatte.

Wenn Sie beten, müssen Sie gewillt sein, daß jeder Mitbetroffene davon ebensoviel Nutzen hat, wie Sie für sich wünschen. Sie müssen für Ihre Feinde genausoviel Segen wollen wie für Ihre Freunde. Sie müssen bereit sein, daß alle Beteiligten – wer sie auch sind und was sie Ihnen vielleicht getan haben mögen – einen Gewinn haben, nicht nur Sie allein. Es gibt keine Kränkung im beantworteten Gebet! Selbstlosigkeit ist der Schlüssel zu erfolgreichem Beten.

Überdies: *Beten für andere bewirkt die Beantwortung Ihrer eigenen Gebete!*

Eine Judo-Lehrerin hatte sich während des Unterrichts bös den Knöchel verrenkt. Ihr Arzt verordnete ihr Krücken und sagte, sie würde frühestens in zwei Wochen wieder richtig gehen können.

Da ihr Tagesplan durch berufliche und kirchliche Tätigkeit plus familiärer Pflichten voll ausgefüllt war, dachte die junge Dame gar nicht daran, diese wohlgemeinte Diagnose zu akzeptieren. Am Dienstagabend, einen Tag nach dem Mißgeschick, begab sie sich auf Krücken zu einer Gebetsgruppe, deren Mitglieder für ihre Heilung beteten. Am Abend des Donnerstag konnte sie nicht einschlafen, und so betete sie den größten Teil der Nacht – nicht um ihre Heilung, sondern einzeln für jeden, dessen Name auf ihrer langen Gebetsliste stand. Am Sonntag besuchte sie den Gottesdienst – ohne Krücken, und ohne zu hinken. Sie trug lediglich statt der gewohnten hochhackigen Pumps Schuhe mit flachen Absätzen. Sie war sicher, daß ihre vollständige Heilung in jener Nacht stattgefunden hatte, die sie im Gebet für andere verbracht hatte.

Haben Sie längere Zeit ergebnislos gebetet, dann ist der Moment gekommen, „göttliche Erfüllung" zu bejahen:

Jetzt ist die Zeit der göttlichen Erfüllung. Es ist getan. Es ist vollendet.

Es offenbart sich jetzt im Namen eines liebenden Gottes.

Dann, ob Ihre Gebete beantwortet scheinen oder nicht, fahren Sie fort, sie zu „versiegeln", indem Sie öfter erklären:

Gott, ich danke dir für das beantwortete Gebet.

Dann lassen Sie einfach los und vertrauen Sie. Haben Sie den Mut, einen „Sabbat", eine Ruhepause einzulegen. Sie werden dadurch erfahren, daß Gott niemals „nein" sagt.

Und wenn die Antwort schließlich kommt, werden Sie staunen!

Zusammenfassung

Wenn Ihre Gebete nicht beantwortet wurden, dann weil:

1. Etwas in Ihnen, eine begrenzte Vorstellung oder ein negatives Gefühl, die Antwort blockiert.

2. Das Gebet oft erst erstaunliche Ergebnisse in Ihnen bewirken muß, bevor es erstaunliche Ergebnisse durch Sie und für Sie bewirken kann. Erst ist eine Einwirkung nötig, dann ist eine Auswirkung möglich.

3. Ihre Lebenseinstellung vielleicht zu wenig flexibel ist. Vielleicht müßten Sie sich seelisch entspannen und gefühlsmäßig erweitern. Vielleicht hat sich Ihr Denken festgefahren. Sie müssen bereit sein, sich im Innern zu ändern, damit Gott die äußeren Phasen Ihres Lebens ändern kann.

4. Das Gebet, das Sie beantwortet haben möchten, das Gebet des ganzen Menschen ist: Geist, Seele, Körper. Diese Antwort wird Ihr ganzes Wesen befriedigen. Sie kann oder kann auch nicht sein, wonach Sie in einem Augenblick der Qual oder Lust schreien.

5. Erfolgreiches Beten verlangt, Ärger zu überwinden. Kränkungen stehen der Antwort im Weg. Die Liebe Gottes kann einfach nicht in ein verhärtetes, verbittertes, unversöhnliches Herz eindringen. Vergebung ist die Zauberformel für erfolgreiches Beten.

6. Erfolgreiches Beten eine gewisse Disziplin verlangt. Bevor Sie nicht lernen, unwichtige Menschen und Dinge aus Ihrem Leben herauszuhalten, werden Ihre Gebete nie beantwortet werden.

7. Gott es niemals eilig hat, noch in den ordnungsgemäßen Ablauf der Dinge eingreift. Oft hält ein liebender Vater die nächste Entwicklung auf, bis in der gegenwärtigen Situation Ordnung ist. In Ihrem Leben göttliche Ordnung zu schaffen, ist einer der ersten Schritte zu beantwortetem Gebet.

8. Sie Ihr Leben bereinigen müssen, damit Ihre Gebete zu Ergebnissen führen können.
9. Viele Menschen keine Resultate erzielen, weil sie nicht beharrlich sind. Erhalten sie nicht sofort Antwort, verlieren sie den Mut und klagen, daß sie umsonst beten. Eine Zeit beharrlichen Betens und Fastens kann die Antwort bringen.
10. Haben Sie kein Ergebnis erhalten, beten Sie auf andere Weise. Bitten Sie Gott um die Weisheit, die Kraft und den Mut für jeweils einen Tag.
11. Seien Sie im Gebet gewillt, daß jeder Mitbetroffene ebenso gesegnet wird, wie Sie es für sich wünschen. Dann lassen Sie vertrauensvoll los. Beten für andere bewirkt Antworten für Sie.
12. Denken Sie daran, daß Gott niemals „nein" sagt. Er sagt immer „ja" – zu den wirklichen Wünschen unseres Herzens, nicht zu einer begrenzten Antwort, die Sie vielleicht im Sinn hatten.

Kapitel 3

Das schöpferische Entspannungsgebet

Menschen, die Beten mühsam finden, haben noch nichts vom Entspannungsgebet gehört.

Wenn Sie das Gebet der Entspannung üben, lernen Sie, wie man „leicht" betet. Viele meinen, ein Gebet, das zu Ergebnissen führen soll, sei genau das Gegenteil – ein Gebet, das „anstrengt". Doch auch hier gilt der Satz: die „leichte Hand" schafft es.

Vielleicht kennen Sie die Geschichte von dem katholischen Mädchen, das sich in einen evangelischen Jüngling verliebt hatte und ihn heiraten wollte. Es besprach die Schwierigkeiten, die sich aus dem unterschiedlichen religiösen Bekenntnis ergaben, mit seiner Mutter, und beide beschlossen, wegen des Falles zu beten. Eine Woche später sah man den jungen Mann an der katholischen Kirche vorbeigehen. Das schien ermutigend. Nach der zweiten Woche ging er nicht nur an der Kirche vorbei, sondern blickte hinein. Nach der dritten Woche intensiven Betens von Mutter und Tochter betrat er die Kirche sogar und setzte sich. In der vierten Woche, als die Hoffnungen der beiden weiter stiegen, erwähnte er, daß er mit dem Pfarrer gesprochen habe, und in der fünften Woche gestand er, er habe beschlossen, zu konvertieren! Doch die sechste Woche brachte eine Überraschung. Schluchzend kam das Mädchen nach Hause: „O Mutti, wir haben zu angestrengt gebetet – jetzt wird er Priester!"

Das Entspannungsgebet hilft Ihnen, genau das Gegenteil zu tun: „leicht" zu beten. Das Gebet der Entspannung macht Sie für Ihr Gutes aufgeschlossen und empfänglich. Das wird ermöglicht dadurch, daß es nicht Ziel Ihres Betens ist, gegen die Umstände anzukämpfen, sondern sich mit dem Göttlichen zu verbinden in der Erwartung, das Gute, das

Sie sich wünschen, in Ihrem Leben zu erfahren. Das Gebet der Entspannung hat auch einen entschiedenen Einfluß auf den Körper. Versuche haben ergeben, daß die durch Spannung und Nervosität im Menschen meßbare Anstrengung um 75% sinkt, sobald er sich entspannt.

Ein angestrengt arbeitender Kaufmann sorgte sich wegen einer bedrohlichen geschäftlichen Schwierigkeit. Er schrieb an eine Gebetsberaterin unserer Organisation und bekam den Rat, sein Problem „mit leichter Hand" zu lösen, und zwar durch Anwendung von Entspannungsgebeten. Alsbald legte sich der Aufruhr in ihm und auch im Äußeren, und die Lösungen stellten sich ein.

Wenn es scheint, Ihre Gebete seien nicht beantwortet worden, werden Sie rückschauend wahrscheinlich entdecken, daß Sie sich beim Beten nicht entspannt haben; Sie haben die störende Schwierigkeit oder Bedingung nicht Gott überlassen. Sie haben unter innerer Anspannung zu beten versucht und dadurch das Problem festgehalten, statt es loszulassen und somit loszuwerden. Sie haben sich zu fest an das Problem geklammert.

Dr. Emmet Fox erklärt in seiner Broschüre *Das mentale Äquivalent:* Der größte Feind des Gebets ist innere Verkrampfung . . . Beten unter Spannung ist vielleicht die häufigste Ursache für Mißerfolg . . . Wenn Sie angespannt sind, arbeitet Ihr Denken immer wirkungslos.

Vielleicht nehmen Sie sich selbst, andere und das Leben im allgemeinen einfach zu ernst. Die Mystiker sprachen von „Verbindung in Lösung." *Im Gebet ist es gut, sich für eine Weile von Menschen, Orten und Dingen zu lösen.* Sonst werden Sie zu besorgt, zu verspannt, und dann richten sich Ihre Aufmerksamkeit und Ihre inneren Kräfte nach außen und zerstreuen sich. Dadurch können Sie starr und verkrampft werden und das innere Gleichgewicht verlieren. Diese Verspannung kann zur Gewohnheit werden. Wenn Sie aber Entspannung und Loslassen bewußt üben, kehren Ihre inneren Kräfte zu ihrer Quelle zurück. Dann arbeiten Sie auf einer höheren Schwingung, und die Segnungen des Universums strömen Ihnen entgegen, anstatt von Ihnen weg.

Ein Geistlicher, der dafür berühmt war, anderen bei der Entwicklung ihrer Gebetskräfte zu helfen, hat einmal gesagt: „Ich habe häufig Menschen mit starken, bedeutenden Verstandeskräften getroffen, die in ihrer geistigen Entwicklung an einen Punkt gelangt waren, von dem aus es ihnen unmöglich schien, auf ihre Gebete Antworten zu erhalten. Eine Untersuchung ihrer Vorstellungen und Gewohnheiten ergab, daß sie ihre seelische und geistige Arbeit unter Druck verrichteten. Sie waren beständig beunruhigt oder angespannt, schufen dadurch unharmonische Kräfte und bauten eine derartige Mauer von Disharmonie um sich auf, daß sie wie eingekapselt waren. Das hinderte sie daran, die Dinge zu demonstrieren, die sie sich wünschten und an deren Verwirklichung sie ebenfalls mit äußerster Anstrengung arbeiteten. Sobald diese Mauer aus Disharmonie und verkrampftem Denken aufgelöst und zum Verschwinden gebracht werden konnte, trafen die erwünschten Dinge und Bedingungen ein. Diese Menschen wurden gelehrt, zusammen mit Bejahungen der Entspannung und des inneren Friedens tief und ruhig zu atmen. Diese Übung führte immer zu positiven Ergebnissen."

Entspannen ist Loslassen, sich von einer Situation lösen

Das Wort „entspannen" bedeutet „lösen" und „loslassen". Wenn Sie das Gebet der Entspannung üben, lernen Sie, sich von Ihren Problemen zu „lösen" und sie „loszulassen", so daß sie behoben werden können.

Sie lernen auch, Ihr Denken und Ihren Körper zu lösen und die Aktivität des Heiligen Geistes – des allumfassenden Geistes von Gottes Gutem – in Ihnen, durch Sie, an Ihnen und um Sie wirken zu lassen. Wenn Sie entspannt sind, gewinnen Sie Kraft, weil Sie dann aufgeschlossen und empfänglich sind, so daß die Kraft des Universums Sie durchströmen kann.

Vielleicht denken Sie jetzt: „Aber gerade das ist ja das Problem – ich kann mich nicht entspannen. Ich kann nicht loslassen."

Sie haben nicht losgelassen, weil Sie nicht wußten, wie man das macht. Heutzutage wird viel über Entspannung gesprochen. Die Leute geben Hunderte, ja Tausende aus für Beruhigungstabletten, psychiatrische Behandlungen, Kuren und Ferienreisen in exotische Länder, einzig und allein auf der Suche nach Entspannung.

Doch eine der einfachsten Entspannungsmethoden kostet keinen

Pfennig, lediglich ein bißchen Zeit und ein bißchen Übung. Diese Methode ist den meisten Menschen unbekannt und würde von vielen auf den ersten Blick als „zu einfach, um wirken zu können" unterschätzt werden: das Gebet der Entspannung. Nichtsdestoweniger erweist sich diese Methode sogar als äußerst wirksam für die Gesundheit, Entspannung, Befreiung von Nervosität und gleichzeitig als beglückender Weg zu erfolgreichem Beten, wenn man sich nur erst ein wenig darin geübt hat.

Und so wiederhole ich: Sie haben nicht losgelassen, weil Sie nicht wußten, wie man das macht. Es gibt einen Weg! Wenn Sie das hier beschriebene Entspannungsgebet praktizieren, werden Sie spüren, wie Sie fortschreitend ruhiger werden. Die Entspannung *wird* sich einstellen, erst im Gemüt, dann im Körper. Sie werden sich von einer Kraft erfüllt fühlen, die stärker ist als Ihre eigene, so daß jedes krampfhafte Mühen aufhört. Ihre Probleme werden gelöst. „Die leichte Hand schafft es" wird zur Kennmelodie Ihres erfolgreichen Betens und erfolgreichen Lebens werden.

Das Gebet der Entspannung sollte die Gebetsmethode des Anfängers sein und auch der erste Schritt bei allen weiteren Gebetsmethoden.

Wie man sich in einen kosmischen Strom des Universums einschaltet

Das Entspannungsgebet ist wirklich die leichte Gebetsmethode, denn im Gebet der Entspannung tun Sie einfach das, „was von selbst kommt", indem Sie sich nach innen wenden und Geist und Körper entspannen. Auf diese Weise schalten Sie sich in den magnetischen oder kosmischen Strom des Universums ein, der Ihr ganzes Wesen ebenso unaufhörlich durchpulst wie das All. Doch bevor Sie nicht still, ruhig und entspannt sind, werden Sie sich dieses pulsierenden, magnetischen kosmischen Stroms und seiner gewaltigen Schwingungsenergie, die danach strebt, Sie und Ihre Welt mit Gutem zu erfüllen, nicht bewußt.

Dem, was Sie durch Entspannen und Einstimmen auf diesen magnetischen Strom, der in Ihnen und um Sie her vibriert, vollbringen können, ist keine Grenze gesetzt.

Buddha lehrte, durch Nutzung dieses Stroms könne der Mensch so ruhig werden, daß nichts ihm jemals wieder schaden könne. Konfuzius sagte, wer diese Gott-Kraft anwendet, würde seinem Nächsten kein liebloses Wort mehr sagen und niemals mehr lieblos handeln. Hiob nannte diesen magnetischen Strom „der Geist in den Leuten" (Hiob 3,28). Jesus beschrieb ihn als „das Reich Gottes inwendig in euch" (Luk 17,21). Paulus sah ihn als „Christus in euch, die Hoffnung der Herrlichkeit" (Kol. 1,27).

Moderne Wissenschaftler bezeichnen diese Kraft entweder als elektrische Energie, als eingeborene Intelligenz oder als eine atomare Lichtschwingung, die jede menschliche Zelle erfüllt. Okkultisten kennen sie seit langem als „das weiße Licht des Geistes im Menschen", und traditionelle Theologen sprechen vom Heiligen Geist.

Ich wurde mir dieses inneren magnetischen Stroms bewußt, als ich vor ungefähr zwanzig Jahren an einem geistigen Seminar teilnahm. In jener Atmosphäre friedvoller und andächtiger Entspannung wurde dieser weltumfassende Strom plötzlich in mir lebendig. Seine Aktivierung erschreckte mich fast zu Tode. Besonders stark schien er in meinen Händen zu sein, und ich erinnere mich, daß ich meinen rechten Arm seltsam nach oben gebogen hielt, so als hätte ich ihn tagelang in der Schlinge getragen, bis ein aufgeklärter Mitmensch mir erläuterte, was mir geschah. Seitdem dient dieser universale Strom, wie ich in meinem Buch *Das Heilungsgeheimnis der Zeitalter* berichtet habe, als Heilkraft, die durch mich in den Worten der Wahrheit auf den Seiten meiner Bücher zu meinen Lesern strömt.

Wie immer Sie ihn auch nennen mögen, dieser magnetische Strom kann durch Entspannen kontaktiert und freigesetzt werden. Durch tiefes Atmen und bewußtes Entspannen in Geist und Körper schalten Sie sich in diesen universalen Strom ein, der Sie durchfließt und umgibt. Sie können sich durch regelmäßiges Üben auf die magnetischen Kräfte des Alls einstimmen, die Ihnen geistig, seelisch, körperlich und für alle Ihre Belange neue Kraft, Inspiration und Auftrieb geben.

Wenn Sie das Gebet der Entspannung praktizieren, werden Sie merken, wie Sie sich mehr und mehr in eine innere Ruhe einfühlen, die Sie nie zuvor gekannt haben. In dieser innerlichen Ruhe ist alle Kraft,

Energie und Führung, die Sie je benötigen oder wünschen. In dieser Ruhe werden Sie geistiges Manna vom Himmel erhalten in jeder irdischen Form, die Ihrem Bedarf am besten entspricht. Haben Sie diese himmlische Ruhe und ihr Manna einmal „gekostet", werden Sie nie mehr darauf verzichten wollen. Sie werden immer wieder zum Gebet zurückkehren, um an dieser Verbindung teilzuhaben, ihren süßen Frieden und später ihre irdischen Vorteile zu genießen: bessere Gesundheit, Wohlstand und Glück in der äußeren Welt. Vielleicht werden Sie wie Franz von Assisi versucht sein, sich in eine Höhle zurückzuziehen und oft zu beten, um von der „himmlischen Süße des Gebets" überwältigt zu werden.

Beten Sie im Körper

Wie wichtig es ist, den Körper beim Beten einzubeziehen, kann gar nicht oft genug betont werden. Sie müssen im Körper beten, anstatt sich im Gebet von ihm ab nach außen zu konzentrieren. Der Körper ist der dritte Teil der Dreifaltigkeit von Geist, Seele und Leib. Der Körper ist der heilige Tempel des lebendigen Gottes und sollte immer in Ihre Gebetsübungen einbezogen werden.

Nur wenn der Mensch imstande ist, *im Körper* zu beten, wodurch dieser sich entspannt und zu einem Werkzeug im Lebensstrom des Universums wird, können seine Gebete Macht haben und beantwortet werden. *Jede Gebetsmethode, die am Körper vorbeigeht, geht auch an dem Weg vorbei, der zu beantwortetem Gebet führt.*

Nicht nur, wenn Sie bewußt beten, auch sonst sollten Sie im Lauf des Tages öfter zu Ihrem Körper sagen: „Entspanne dich, laß los, überlasse dich Gott." Doch sollten diese zwanglosen Gebete nicht den Platz der formellen einnehmen. Manche Menschen sagen: „Ich habe einfach keine Zeit, in aller Form zu beten. Und schließlich ist Gott allmächtig und allgegenwärtig, also kann ich auch im Stillen beten, während ich arbeite oder unterwegs bin." Wer so denkt, bringt sich selbst um eins der herrlichsten Erlebnisse: bewußtes, konzentriertes Beten.

Ihre erste Aufgabe im Gebet ist, Ihren Körper zu segnen und ihm zur

Entspannung zu verhelfen. Manchmal ist unser Denken so eifrig bestrebt, sich auszudrücken – besonders beim Beten –, daß der Körper vernachlässigt wird und leidet. *Schmerz und Leiden können ein Mittel sein, unser Denken wieder auf den Körper zurückzulenken.* Oft läßt der Schmerz nach oder verschwindet ganz, wenn man seine Gedanken nach innen wendet und jedem Teil des Körpers bedeutet, sich zu entspannen und loszulassen.

Der Körper ist wie ein Kind. Er braucht beständig Lob und Anerkennung. Wenn Sie Ihren Körper antreiben, ihn ·mit Gewalt zwingen wollen, Ihren Willen zu tun, führt das zu Verkrampfungen und Schmerzen. Wenn Sie ihn jedoch loben und segnen, entspannt er sich und arbeitet willig mit.

Ihr Körper braucht Ihre Liebe und Würdigung, und er wartet auf Ihre gedanklichen Anweisungen. Denken Sie mit liebevoller Dankbarkeit an Ihren Körpertempel. Er ist für Sie unschätzbar. Ihr Körper ist ein Instrument des Geistes, das Ihnen das Leben auf dieser Erde ermöglicht. Sie müssen Ihren Geist vom Geist Gottes ergreifen lassen, daß er in Ihrem Körper sein vollkommenes Werk tun kann.

Hören Sie auf, Ihren Körper zu kreuzigen, lassen Sie ihn als Werkzeug Ihrer Göttlichkeit auferstehen. Erklären Sie oft: „Ich bin ruhig, gelassen, entspannt."

Wenn Sie so Ihren Körper nach und nach gelockert haben, dann haben Sie ihn unter Kontrolle, brauchen sich nun im Gebet seiner nicht mehr so stark bewußt zu werden und können zu den höheren Gebetsformen der Meditation, der Stille und der Realisation fortschreiten. *Das Gebet der Entspannung führt in jede andere Gebetsmethode ein und muß immer zuerst kommen.* Es ist die Methode des Anfängers ebenso, wie die des im Gebet Fortgeschrittenen.

Der erste Schritt im Entspannungsgebet

Wenn Sie sich hinsetzen, hinknien oder hinlegen, um zu beten, sollten Sie zuerst wie mit einem Kind zu Ihrem Körper sprechen und ihn auffordern, sich zu entspannen. Ihr Körper besitzt Intelligenz, seine

Zellen hören effektiv Ihre Anordnung und werden sie befolgen. Sie werden staunen, wie genau Ihr Körper Ihre Instruktionen ausführt. Sagen Sie: „Du entspannst dich jetzt und läßt los. Du bist ganz locker, frei von Verkrampfung, frei von Druck, ohne Anstrengung. Du bist jetzt vollkommen entspannt. "

Dann bejahen Sie in mehr persönlicher Form: „Ich entspanne mich jetzt und lasse los. Ich bin ganz locker, ohne Verkrampfung, ohne Druck, ohne Anstrengung. Ich bin jetzt vollkommen entspannt. Ich entspanne und lasse los. "

Konzentrieren Sie Ihre Gedanken nach innen, direkt in Ihren Körper, während Sie ihm sanft befehlen, sich zu entspannen. Vielleicht werden Sie mehrmals sagen müssen: „Entspanne dich, laß los, überlasse dich Gott. " Sollten Sie sich danach nicht wirklich entspannt fühlen, haben Sie sich vielleicht noch nicht völlig gelockert. Entspannen Sie Glied um Glied. Lassen Sie noch mehr los. Gehen Sie in Gedanken Ihren Körper von Kopf bis Fuß durch und fordern Sie ihn auf, sich zu lockern. Wollen Ihre Gedanken ängstlich werden, sprechen Sie ruhig: *„Entspannt euch, laßt los, überlaßt euch Gott. "* Lassen Sie los, und lassen Sie noch etwas mehr los.

Wie Sie Ihre Gefühle entspannen

Nachdem Sie durch Entspannen des Körpers den ersten Schritt im Entspannungsgebet getan haben, beruhigen Sie nun Ihre Gedanken und Gefühle, indem Sie zu ihnen sagen: „Seid stille. Seid stille und erkennet, daß ich Gott bin. "

Zahllose vielbeschäftigte Menschen haben bestätigt, daß diese Worte des Psalmisten zur Beruhigung von Geist und Körper oder zur Herstellung einer entspannten Arbeitsatmosphäre äußerst wirksam sind. Sagen Sie oft zu Ihrem Geist, Ihrem Körper und Ihren Angelegenheiten: „Seid stille und erkennet, daß ich Gott bin, der in dieser Situation wirkt. Seid stille und erkennet, daß ich als höchstes Gutes in dieser Situation wirke. "

Ein Handelsmann berichtete mir, daß er diese Methode als Schlafmittel anwendet. Wenn er sich abends zur Ruhe legt und merkt, seine Gedanken sind noch hellwach und kreisen beständig um geschäftliche Probleme, dann sagt er zu ihnen: „Seid stille und erkennet, daß Gott in dieser Situation wirkt." Dieses Verfahren hat immer unfehlbar gewirkt. Er schlief ein und erwachte am nächsten Morgen mit dem Gefühl heiterer Gelassenheit und Zuversicht.

Stellen Sie sich im Entspannungsgebet vor, daß Sie Ihre gesamte Welt einem liebevollen Vater überlassen – Geist, Seele, Körper, menschliche Beziehungen, finanzielle Dinge, geistiges Verstehen. Sagen Sie zu sich: „Ich entspanne mich in Geist und Körper. Ich fühle Gottes Frieden. Ich ruhe in seiner liebevollen Gegenwart."

Dann „entblättern" Sie sich, seelisch wie körperlich, indem Sie alle Gedanken daran, daß Sie viel zu tun haben, daß Sie sich überlastet oder gehetzt fühlen, einfach fallenlassen. Denken Sie über die Worte des Propheten nach: „Nicht durch Macht und nicht durch Kraft, sondern durch meinen Geist, spricht der Herr."

Eine berufstätige Frau durch Entspannung geheilt

Eine berufstätige Frau stand wegen verschiedener Familienangelegenheiten unter Spannung und Erregung. Sie war ein Nervenbündel, dazu körperlich übermüdet und verkrampft, und litt unter unbestimmbaren aber deutlichen Schmerzen. Ihr Arbeitspensum ließ ihr zu einer gründlichen ärztlichen Untersuchung keine Zeit. Auch war ihr klar, daß ihr seelischer Zustand zweifellos die Ursache ihrer körperlichen Symptome war; wenn es ihr gelänge, sich von dem seelischen Druck zu befreien, würden die Schmerzen sicherlich verschwinden.

Also begann sie, täglich das Gebet der Entspannung anzuwenden. Während ihrer Gebetszeit atmete sie tief und erklärte: „Ich entspanne mich, lasse los und überlasse alles Gott." Dabei legte sie ihre Hände auf die schmerzende Körperstelle.

Häufig bejahte sie: „Ich bin frei von Spannung, Streß und Druck. Ich überlasse mich Gott ganz und gar. Ich empfinde Frieden in Geist und Körper. Ich fühle mich von Kopf bis Fuß entspannt. Ich bin ruhig, heiter, gelassen. Ich spüre, wie Gottes Frieden meinen Geist und meinen Körper erfüllt. Ich ruhe in der Güte Gottes."

Wenn im Lauf ihres betriebsamen Tages erneut Nervosität in ihr aufkommen wollte, sagte sie: „Laß los, laß los." Da sie viel an Entspannungsgebete dachte, begann ihr ganzes Wesen darauf zu reagieren. Sie fühlte sich nicht mehr so abgespannt, ihre Schmerzen ließen innerhalb weniger Tage merklich nach und verschwanden schließlich ganz. Das Berufsleben verlief reibungslos und harmonischer, der Alltag zeigte wieder freundlichere Aspekte. Während sie weiter regelmäßig Entspannungsgebete gebrauchte, setzten sich Harmonie, Ordnung und Frieden immer stärker durch.

Immer wieder kann man beobachten, wie sich körperliche Unpäßlichkeiten, Probleme in menschlichen Beziehungen und finanzielle Schwierigkeiten bei Menschen, die das Gebet der Entspannung praktizieren, schnell und reibungslos lösen. Sie erklären in solchen Fällen einfach: „Ich entspanne mich. Ich lasse dich los. Ich lasse Gott dich auf seine Weise heilen. Ich gebe dich für die vollkommene Lösung frei."

Manchmal ist es eine unangenehme Überraschung und ein ziemlicher Schlag für Ihr Ego, wenn Sie Ihre Probleme nicht loswerden, weil Sie sie so verbissen festhalten. Das Entspannungsgebet bringt Freiheit, wo immer Freiheit nötig ist, und dann kann die göttliche Lösung durchkommen!

Der zweite Schritt im Entspannungsgebet

Nachdem Sie Ihren Geist und Ihren Körper durch die entsprechenden Anweisungen entspannt haben, möchten Sie nun im Gebet Kontakt mit Ihrer inneren Gott-Natur herstellen. Das Stichwort dazu finden wir bei Hiob: „Aber der Geist ist es in den Menschen, und der Odem des Allmächtigen, der sie verständig macht" (Hiob 32,8).

Das Atmen ist beim Beten äußerst wichtig. Das Wort für „Atem" und das Wort für „Geist" kommen in allen Sprachen ursprünglich aus demselben Stamm. Durch atmen berühren wir den Geist. *Das Göttliche in uns (immanent) und das Göttliche außerhalb (transzendent) werden durch das Atmen vereint!*

Die Griechen glaubten an einen schöpferischen oder herrschenden Geist im Menschen, den sie „Odem" nannten. Sokrates war der bedeutendste Verfechter dieser Theorie. Die Griechen sahen den Menschen als „Atemgeschöpf", und jede Erkrankung betrachteten sie als eine Störung des Geistes in seinem Atem.

Die Menschen der Antike empfahlen auszuatmen, die Lungen dabei völlig zu entleeren und danach mit der Bejahung von etwas Gutem wieder einzuatmen. Wenn sie dann wieder ausatmeten, war der Atem, der nun ihren Körper und ihre Angelegenheiten durchströmte, heilsam. *Die Alten waren überzeugt, daß unser Atem entscheidend mit unserem Glücksgefühl zu tun hat! Alle Niedergeschlagenheit und Verzweiflung seien daher durch das Ein- und Ausatmen lobpreisender Worte zu überwinden.*

Wenn Sie zu Ihrem Geist und Ihrem Körper Worte der Entspannung sprechen und dann bewußt tief einatmen, vereinigen Sie Geist, Seele und Körper. Sie vereinigen Ihr Bewußtsein (Sitz hinter der vorderen Stirnpartie), Ihr Überbewußtsein (Sitz im Oberkopf) und Ihr Unterbewußtsein (Sitz in Brustpartie und Körpermitte).

Wenn Sie sich entspannen und einen tiefen Atemzug tun, werden alle drei Phasen Ihrer geistigen Kraft vereint und in Ihrer oberen Lungenpartie zusammengeführt, wo sich bewußte und unbewußte geistige Aktivität im Gebet treffen. Indem Sie diese geistige Aktivität im Atembereich nun der Kontrolle Ihrer Gedanken unterstellen, besitzen Sie echte Kraft für Gebet und Meditation, denn dies ist die Körpergegend, in der Sie die Aktivität des Geistes buchstäblich „fühlen", während sie Probleme im Unterbewußtsein auflöst und danach Frieden bewirkt. (Mehr darüber in Kapitel 8 über Meditation.)

Sie beten tatsächlich durch Ihren Atem. Wenn Ihr Geist gewirkt hat, merken Sie es an dem beruhigenden Gefühl im Atmungsbereich. Dieses gute Gefühl wirkt im gesamten Unterbewußtseinsgebiet weiter, bereinigt negative Empfindungen und bewirkt Frieden im ganzen Bereich von Herz und Lunge. Und dann wissen Sie, daß Ihre Gebete auf der inneren Ebene beantwortet sind, und daß die äußeren Ergebnisse sich zur rechten Zeit offenbaren werden. (Siehe Kapitel 10 über Realisation.)

Nach einer befriedigenden Gebetszeit werden Sie merken, daß Sie viel freier atmen. Der unterbewußte Atmungsbereich im Körper scheint von einer Last befreit. Sie fühlen sich beschwingt, erfrischt, heiter und von neuer Kraft erfüllt.

Während Sie das Gebet der Entspannung üben, werden Sie merken, daß Sie nicht mehr nur im oberen Teil der Lunge, sondern viel tiefer durchatmen. Durch weitere konsequente Übung atmen Sie schließlich bis in den Unterleibsbereich.

Sie werden entdecken, daß tiefes Atmen Ihren Körper entspannt und Ihnen mentale und spirituale Kräfte vermittelt, die Sie vorher nicht gekannt haben. Tiefes Atmen beim Beten scheint Ihre Intuition, Telepathie sowie tiefere Gebetskräfte wie die Meditation und die Stille zu wecken. Ihre Fähigkeit zu außersinnlicher Wahrnehmung belebt sich ebenfalls, ohne daß Sie sich darum bemühen müssen. Sie werden Dinge aus Vergangenheit, Gegenwart und Zukunft wissen, die Ihnen niemand gesagt hat.

Tiefes Atmen hilft Ihnen also, sich zu entspannen, so daß Ihr Gutes sichtbare Gestalt annehmen kann. Tiefes Atmen fördert Ihre Gesundheit, bessert Ihr Aussehen und macht Sie in jeder Weise erfolgsbereit.

Während Sie so Ihre Gebetskräfte immer mehr entfalten, werden Sie nicht nur feststellen, daß Sie ganz von selbst tiefer atmen als früher. Sie werden auch einen Hunger nach frischer Luft entwickeln, die Sie rasch innerlich und äußerlich neu belebt.

Wenn Ihre Gebete erfolglos geblieben sind und Sie versuchen, größeres Gutes zu verwirklichen, dann denken Sie daran, öfter bewußt tief zu atmen. Dann entspannen Sie sich, lassen Sie Ihre Wünsche los und erklären Sie: „Ich übergebe dies dem Vater. Ich lasse los und vertraue."

Heiliger Odem – was das bedeutet

Hiob sprach vom „Odem des Allmächtigen". Es ist manchmal gut, zu bejahen: *„Der Odem des Allmächtigen läßt mich das jetzt verstehen."* Oder: *„Der Odem des Allmächtigen gibt mir neues Leben."*

Dieser „heilige Odem" ist für den Intellekt, was die Luft für den Brennstoff ist; er enthebt die Seele der Last menschlicher Probleme und wärmt sie in den Flammen göttlicher Liebe, die das ganze Wesen des Menschen mit heilendem Frieden durchdringt.

Gott schuf den Menschen mit seinem „heiligen Odem". „Und er hauchte in seine Nase den Odem des Lebens; und der Mensch wurde eine lebendige Seele" (Gen 2,7).

Elisa hatte in diesem „heiligen Odem" offenbar ein Heilmittel erkannt, denn als er seinen Mund auf den Mund des toten Knaben legte, kehrte in diesen das Leben zurück (2. Kön. 4,34).

Jesus wollte das geistige Bewußtsein seiner Jünger voll erwecken, als er sie anblies und sprach: „Nehmet hin den heiligen Geist!" (Joh 20,22).

Der Jüngling Eutychus, der aus dem dritten Stock gestürzt war, wurde von Paulus offensichtlich durch den „heiligen Odem" wiederbelebt (Ap.-Gesch. 20,10).

Die frühen Mystiker sahen den „heiligen Odem" als den reinen Atem des Allmächtigen, der von allumfassender Lebenskraft erfüllt die unheilbaren Krankheiten und unheilbaren Situationen zu heilen vermag. Sie glaubten, daß dieser Atem von aufnahmefähigen Menschen angezogen wird und sie durchströmt. Doch die Erfahrung des „heiligen Odems" kann man nicht mechanisch oder bewußt bewirken. Sie geschieht einfach, geschieht Ihnen und durch Sie, sobald Ihre geistige Entwicklungsstufe es ermöglicht. Sie werden es in Zeiten stillen, entspannten meditativen Betens erleben.

Man könnte jedes Gebet als eine Form geistigen Atmens bezeichnen, das die Seele des Menschen neu beleben will, so wie körperliches Atmen, mechanisch ausgelöst, den Körper neu belebt.

Der dritte Schritt im Entspannungsgebet

Denken Sie daran, beim Beten Ihre Aufmerksamkeit nach innen zu konzentrieren, zu Ihrem Geist und Körper Worte der Entspannung zu sprechen und tief zu atmen. Unser Gutes ist in unserer inneren Gott-Natur, und durch das Gebet der Entspannung versuchen wir es freizusetzen. Nun sind Sie für den letzten Schritt im Entspannungsgebet bereit: Sie können das Wort des Friedens zu Ihrem Geist und Ihrem Körper sprechen.

Während Sie sich entspannen und tief und ruhig atmen, gewinnen Sie ein Gefühl inneren Friedens, indem Sie zu vielleicht noch störenden jagenden Gedanken oder erregten Gefühlen sagen: „Frieden, seid still." *Den Körper können Sie ebenso unter Kontrolle bringen wie den Geist, wenn Sie auch zu ihm Worte des Friedens sagen.* Bejahen Sie oft, ob es zutrifft oder nicht: „Ich empfinde Gottes Frieden. Ich ruhe völlig in Gottes Frieden."

Hilfreich ist es auch, sich ganz in die Worte der alten Hymne „Friede, süßer Friede" zu versenken. *Die Mystiker haben lange gewußt, daß das Bewußtsein des Friedens im Gebet der Vorläufer des Sieges ist: der Heilung und der Antwort auf unser Beten.* Der ruhige Geisteszustand ist der machtvolle Geisteszustand. In dem Wort „Frieden" sind alle Elemente des Guten enthalten.

Im Bewußtsein des Friedens werden alle Segnungen frei, die der Mensch ersehnt: Gesundheit, reiche Versorgung, ein erfülltes Leben, Begabungen, Kraft und Glück. Frieden schließt alles Gute ein, das der Mensch haben kann.

Wenn es Ihnen gelingt, eine friedvolle Grundstimmung zu erreichen und zu bewahren, werden Sie jeden weiteren Segen zu sich ziehen. Das geschieht, weil Frieden eine starke, vibrierende Kraft ausstrahlt, die voller Leben ist und sich beständig regeneriert. Es ist bekannt, daß ein Bewußtsein inneren Friedens Krankheiten heilen kann.

In meinem Buch *Das Heilungsgeheimnis der Zeitalter* erzähle ich das Erlebnis eines Geschäftsmanns, der jahrelang zum Schaden seiner Gesundheit stark geraucht hat, es aber nicht fertigbrachte, diese Gewohnheit aufzugeben. Eines Tages hörte er einen Vortrag über das Thema „Frieden". Auf dem Heimweg holte er eine Zigarre hervor und merkte plötzlich, daß durch die Realisation des Friedens, die er in dem Vortrag erfahren hatte, der Wunsch nach Rauchen verflogen war. Die alte Gewohnheit hatte ihn einfach verlassen. Nicht eine Minute fühlte er sich nervös oder angespannt – nur herrlich befreit und dankbar. Er hat nie wieder geraucht.

Der heilige Franz von Sales gibt in seinen Schriften den Rat:
Strebe überall und in allen Dingen nach Frieden. *Wenn Störungen auftauchen, sei es von außen oder von innen, so begegne ihnen*

friedlich, ohne Erregung. Wenn wir unbedingt vor dem Übel fliehen müssen, laßt es uns ruhig tun, ohne uns aufzuregen, wir könnten sonst in unserer Hast stolpern und stürzen.

Laßt uns Gutes friedvoll tun, damit nicht unsere Eile uns in allerlei Fehler führt. Selbst Bereuen ist ein Werk, das friedvoll getan werden sollte.

Letzte Punkte zum Entspannungsgebet

Nun kennen wir also die drei einfachen Schritte, die im Entspannungsgebet zu tun sind:

Erstens: Worte der Entspannung zu Geist und Körper sprechen; zweitens: tief atmen; drittens: über Worte des Friedens für Ihr ganzes Wesen nachdenken. Eine leichte Übung, die Freude macht.

Die letzten Punkte dazu: Dehnen Sie im Anfangsstadium das Gebet der Entspannung nicht zu lange aus. Halten Sie Ihre Gebetszeiten lieber kurz (und süß). Auch hier macht Übung den Meister.

Versuchen Sie nicht, Ihre Gebetskräfte gleich in der ersten Sitzung zu vervollkommnen. Versuchen Sie nicht, die Entwicklung einer dieser Gebetsmethoden zu erzwingen. Wenn Sie beim ersten Versuch nicht gleich so entspannt und ruhig werden, wie Sie es wünschen, sorgen Sie sich nicht. Beten ist eine Kunst und eine Wissenschaft und will wie jede Kunst und Wissenschaft geübt werden, bis man sie schließlich beherrscht. Sie sollten die Entfaltung Ihrer Gebetskräfte täglich üben, genauso wie man Musik oder jede andere Kunstfertigkeit übt.

Die Hauptsache ist, daß Sie sich jeden Tag eine kurze Zeit dem Entspannungsgebet widmen. Sie werden von der ruhigen Kraft in Ihrem Leben fasziniert sein; Sie werden sich sofort besser fühlen und allmählich merken, wie sich in Ihnen eine ausgeglichenere, positive Lebenseinstellung entwickelt, während sich gleichzeitig Ihre Gesundheit und Ihre Beziehungen zur Umwelt spürbar bessern.

Viele Anfänger im Beten werden entmutigt, weil sie längere Zeit zu beten versuchen, obwohl sie dafür noch nicht geistig geübt oder seelisch vorbereitet sind. Halten Sie Ihre Gebetszeiten also kurz, damit Ihre

Gedanken nicht abschweifen, und Sie nicht „dösig" werden. Das würde nur zu Spannungen führen – und Sie haben ja in erster Linie zu beten angefangen, um Spannungen loszuwerden!

Sagen Sie sich oft: „Ich bete nicht angestrengt, ängstlich oder verkrampft. Ich bete um alle Dinge vollkommen entspannt und mit heiterem Gemüt."

„Die leichte Hand schafft es", auch bei Ihren Gebetsübungen. Arbeiten Sie daran mit Leichtigkeit und ganz gelöst. Beten soll ein fröhliches, befriedigendes, beschwingendes Erlebnis sein. Wenn Sie es leicht nehmen und täglich nur kurze Zeit üben, werden Sie es bald richtig genießen und sich auf den Auftrieb freuen, den Sie dadurch erfahren. Je mehr Freude Sie bei Ihren täglichen Gebetsübungen empfinden, desto mehr Kraft gewinnen Sie daraus, und desto leichter werden Ihnen die ersehnten Segnungen zufließen.

Dann werden Sie verstehen, was Tennyson gemeint hat, als er versprach: „Durch Beten werden mehr Dinge bewirkt, als diese Welt sich träumen läßt." Die Entspannung, die Sie im Gebet kultivieren, wird Sie stark machen – und Reichtum zieht es immer zu den Starken im Geist.

Zusammenfassung

1. Wenn es scheint, Ihre Gebete seien nicht beantwortet worden, werden Sie rückschauend wahrscheinlich entdecken, daß Sie sich beim Beten nicht entspannt haben; Sie haben verkrampft gebetet und dadurch das Problem festgehalten, statt es loszulassen und somit loszuwerden.
2. Das Entspannungsgebet sollte die Methode des Anfängers, aber auch immer der erste Schritt bei allen weiteren Gebetsmethoden sein.
3. Das Wort „entspannen" bedeutet „lösen", „loslassen". Im Gebet ist es gut, sich für eine Weile von Menschen, Orten und Dingen zu lösen.

4. Dem, was Sie durch Entspannen und Einstimmen auf den magnetischen Strom, der in Ihnen und um Sie vibriert und göttlichen Ursprungs ist, vollbringen können, ist keine Grenze gesetzt.

5. Entspannung ist eine uralte Form des Betens, die hilft, den Körper als Tempel des lebendigen Gottes zu erkennen, sich nach innen zu wenden und *im Körper* zu beten.

6. Jede Gebetsmethode, die am Körper vorbeigeht, geht auch an dem Weg vorbei, der zu beantwortetem Gebet führt.

7. Der erste Schritt im Entspannungsgebet besteht darin, uns nach innen, in den Körper – den Tempel des lebendigen Gottes – zu konzentrieren und zu der Intelligenz im Körper zu sagen: „Entspanne dich, laß los."

8. Der zweite Schritt im Entspannungsgebet ist tiefes Atmen. Wenn wir zu Geist und Körper Worte der Entspannung sprechen und dann tief atmen, vereinen wir Geist, Seele und Körper. Das Göttliche in uns (immanent) und das Göttliche außerhalb (transzendent) werden durch Atmen vereint. Wir beten durch unseren Atem.

9. Wenn Ihre Gebete erfolglos geblieben sind und Sie versuchen, größeres Gutes zu verwirklichen, denken Sie daran, häufig tief zu atmen.

10. Der dritte Schritt im Entspannungsgebet besteht darin, zu Geist und Körper das Wort „Frieden" zu sprechen. Durch Bejahen des Friedens erhalten wir Kontrolle über Körper und Geist. Frieden im Gebet bringt Realisation und Heilung. Der ruhige Geisteszustand ist der machtvolle Geisteszustand, weil in dem Wort „Frieden" alle Elemente des Guten enthalten sind. In einer friedvollen Grundeinstellung ziehen wir alle Segnungen des Lebens an.

11. Wenn Sie anfangen, das Entspannungsgebet zu üben, halten Sie Ihre Gebetszeiten kurz. Vermeiden Sie, „dösig" und verkrampft zu werden. Beten Sie mit heiterem Gemüt und ganz entspannt, und Sie werden mühelos in die Praxis des erneuernden, erhebenden und erfrischenden Gebets hineinwachsen.

Kapitel 4

Das Läuterungsgebet für reichen Segen

In der letzten Zeit wird viel von der Macht positiven Denkens gesprochen, und in der Tat hat diese Philosophie Millionen Menschen zu einem besseren Leben verholfen. Sollte jedoch Ihr Beten – fast trotz Ihres positiven Denkens – ohne Erfolg geblieben sein, dann vielleicht deshalb, weil Sie zuvor keine Reinigungsgebete angewandt haben, um Animositäten und heimlichen Groll freizulegen. Erst wenn diese bereinigt sind, kann das positive Denken permanent wirksam werden. Schon die Bibel lehrt, man solle neuen Wein nicht in alte Schläuche (Ihre alten Einstellungen) füllen.

Würden alle Menschen in der Welt das Läuterungsgebet kennen und gewissenhaft anwenden, sie könnten innerhalb von Stunden ihr Leben auf allen Gebieten zum Guten wandeln!

Die Mystiker früherer Zeiten wußten, daß die Entfaltung von Gebetskräften immer mit einer Läuterung beginnen muß, die schließlich zu Erleuchtung und endlich zu Vereinigung führt. Bei den Weihen des Dionysos, dem mystischen Kult der Griechen, wurden sogar vorgeschriebene Reinigungsriten eingehalten.

Wie oft haben die meisten von uns versucht, diese erste Gebetsphase – die Läuterung – zu überspringen und über Erleuchtung auf die Vereinigung zuzueilen; und wie oft haben wir uns dann bitter beklagt, daß wir Erleuchtung und Vereinigung nicht erreicht haben.

In der Bibel werden zahllose Reinigungssymbole der Hebräer erwähnt. Entsagung, Enthaltsamkeit, Buße, ja selbst die „Klagemauer", sie alle waren Symbole innerer Läuterung, des Loslassens negativer Gefühle und der Reinigung des Denkens und Empfindens.

Das Leben ist ein ununterbrochener Läuterungsprozeß. Aber Läute-

rung ist nichts zum Fürchten. Wenn Sie diesen Reinigungsprozeß zu umgehen versuchen, unterbinden Sie Ihr Gutes, denn Sie haben Ihre Gedanken und Gefühle nicht gereinigt, um es erhalten zu können. Überdies ist das Läuterungsgebet ein Meister geistiger Reinigung. Es macht Sie aufnahmefähig für Ihr Gutes. Das Läuterungsgebet zu umgehen bedeutet, unser Gutes zu umgehen.

Der bedeutendste Laientheologe des 18. Jahrhunderts, Friedrich von Hügel, der eine Autorität auf dem Gebiet des Betens war, hat gesagt, es sei unsere eigene Schuld, wenn wir in diesem Leben nicht geläutert werden! Dante beschrieb die allmähliche Läuterung der Seele in seinem *Purgatorio*. Betende Menschen aller Zeiten nannten sie den „Weg der Reinigung".

Thomas von Aquin sprach von den sieben Todsünden der Seele und des Herzens, von denen der Mensch auf diesem „Weg der Reinigung" befreit werden müsse. Vielleicht kannte er die Vorstellung der Alten, daß es im menschlichen Geist sieben Schichten gäbe, die immer wieder gereinigt werden müßten. Die heutigen Metaphysiker sprechen von den „sieben Sinnen", die geläutert werden müssen, wenn der Mensch sich zum geistigen Leben entschlossen hat: die fünf körperlichen Sinne und die beiden geistigen Sinne Intuition und Telepathie.

Die Symbolik der Bibel deutet vielleicht die Reinigung der sieben Schichten des Geistes oder die Läuterung der sieben Sinne des Menschen an, wenn der aussätzige Feldhauptmann Naeman geheilt wird, nachdem er sich auf Elisas Gebot siebenmal im Jordan gewaschen hatte (2. Kön. 5). David rief nach schweren Verfehlungen aus: „Wasche mich . . . Schaffe in mir, Gott, ein reines Herz und gib mir einen neuen gewissen Geist." Dieser „Notschrei" wurde später das „Bußgebet Davids" genannt, bekannt als der 51. Psalm. Und Jesus hat möglicherweise die Erfahrungen des Menschen auf dem „Läuterungsweg" beschrieben, als er davon sprach, zuerst das Inwendige am Becher zu reinigen, auf daß auch das Auswendige rein werde (Matth 23,26).

Die meisten Menschen beginnen zu beten, wenn sie verzweifelt und in großer Not sind. Obwohl sie es nicht wissen, befinden sie sich in einem mystischen Läuterungsprozeß. Sie sind auf dem „Weg der Reinigung".

Mag er auch unangenehm erscheinen, dieser „Reinigungsweg" ist ein gesunder Vorgang seelischer Läuterung, durch den negative Gedanken, Gefühle und Erinnerungen aus dem Unterbewußtsein des Menschen zur Oberfläche seines Denkens, Fühlens, seines Körpers und seiner menschlichen Beziehungen emporsteigen und ihm Probleme des Übels vor Augen führen.

Indem er diesem Übel begegnet, lernt der Mensch Lektionen, die für sein Verständnis und seine weitere Entfaltung unerläßlich sind. Obwohl scheinbar mitten in einer bösen Erfahrung, kann er, wenn er erkennt, daß es sich um einen Reinigungsprozeß handelt und das Läuterungsgebet anwendet, diese böse Erfahrung in eine gute umwandeln.

Lassen Sie mich wiederholen: *Läuterung ist nichts zum Früchten. Sie ist ein Heilungsprozeß, und das Läuterungsgebet ist ein Meister der geistigen Reinigung! Läuterung ist ein erfreulicher Vorgang!* Und kann jederzeit reichen Segen für Sie bewirken!

Die „Lektion" des Übels

Übel ist kein „Problem", sondern eine „Lektion". Es ist eine Erfahrung in Läuterung. *Ein Verstehen dieses Reinigungsprozesses, den die Seele erfährt, ist für jemanden, der sich auf dem Gebetsweg befindet, erste Voraussetzung.*

Es genügt nicht, darum zu beten, daß alles Übel aus Ihrem Leben entfernt wird. Sie müssen herausfinden, *warum* ein Übel da ist, und *welche* Lektion Sie daraus zu lernen haben. Hören Sie auf, sich gegen das Übel aufzulehnen und es zu bekämpfen. Beten Sie um Demut und Geduld, die Lektionen zu lernen, die das Übel Sie zu lehren versucht.

Alles Üble ist korrigierend. Es wird zum Lehrer für jene, die zu lernen bereit sind. Böse Erfahrungen haben ihren Ursprung nicht irgendwo außerhalb Ihrer selbst, sondern in Ihren eigenen geheimen Gedanken und Gefühlen. Hier, in Ihnen, können sie ausgelöscht werden, wenn Sie das Läuterungsgebet anwenden. Dann, während Sie die Lektion lernen, die in jenen üblen Erlebnissen enthalten ist, werden diese Erfahrungen vergehen.

Vielleicht klagen Sie in Bezug auf Ihre üblen Erlebnisse: „Aber ich wußte es doch nicht besser!" Natürlich nicht. Es gibt kein Übel in der Welt, das nicht das Ergebnis von Unwissenheit wäre, und das nicht, wenn Sie bereit sind, seine Lektion zu lernen, Sie zu höherer Weisheit führen und dann verschwinden würde. Wenn Menschen in einem bösen Erleben gefangen bleiben, dann nur deshalb, weil sie die Lektion, die ihnen geboten wird, nicht lernen wollen.

Da Übel die direkte Folge von Unwissenheit ist, verschwindet die Unwissenheit, sobald die Lektionen gründlich erfaßt sind, und Weisheit stellt sich ein. Aber so, wie ein ungehorsames Schulkind sich sträubt, sein Pensum zu lernen, können auch wir uns sträuben, die Lektionen zu lernen, die das Übel uns lehren will, und dann bleiben wir ihm unterworfen, kämpfend, jammernd, uns selbst bemitleidend und seine Gegenwart in unserem Leben vervielfältigend.

Diese Haltung trägt uns beständig wiederkehrende Bestrafungen in Form von Krankheit, Enttäuschungen und Mangel ein. Wer sich von Übel befreien will, muß ernstlich gewillt sein, sich einem strengen Läuterungsprozeß zu unterziehen, durch den er Weisheit und neue Kraft gewinnt, die zu bleibendem Glück führen. Doch dieser erzieherische Läuterungsprozeß ist weder hart noch schwierig, sondern wird durch einfache Reinigungsgebete erreicht, wie sie in diesem Kapitel beschrieben sind. Wenn die „Lektion in Übel" uns gelehrt hat, was wir wissen müssen, hat sie ihren Zweck erfüllt und verschwindet. Folglich ist nicht böse, was Gutes hervorbringt.

Wie man die Kraft des Läuterungsgebets einsetzt

Das erste, was Sie sich mitten in einer „Lektion" des Übels wünschen, ist Befreiung von der Angst, die Sie davor empfinden. *Wenn Sie möchten, daß Ihre Gebete beantwortet werden, müssen Sie sich oft von einem üblen Anschein abwenden und Ihr Denken von aller Furcht reinigen, indem Sie zu dem Anschein „nein" sagen.*

Das tun Sie durch das Gebet der Verneinung, in welchem Sie erklären, daß das Problem keine Macht über Sie hat; Sie sagen einfach „nein" zu ihm. (Nähere Einzelheiten in meinem Buch *Die dynamischen Gesetze der Heilung.*)

Das gibt Ihnen ein Gefühl von Abstand oder „heiliger Gleichgültigkeit". Indem Sie zu einer unangenehmen Situation weiter konsequent „nein" sagen, verlieren Sie die Angst vor ihr. Mit der Befreiung von der Angst kommt die Befreiung von dem Problem, das Sie nicht mehr geistig oder seelisch festhalten; so kann es sich von selbst berichtigen. Auch Sie fühlen sich befreit, weil die „Nein-Kraft" die negativen Vorstellungen, die Ihre Probleme in erster Linie verursacht haben, ausmerzt. Dadurch, daß Sie zu den Situationen, die Sie gequält haben, „nein" sagen, räumen Sie nicht nur gefühlsbedingte Blockierungen fort, sondern Sie ermöglichen auch, daß die göttliche Intelligenz unbehindert zirkulieren und eine Lösung hervorbringen kann.

Ein Geschäftsmann, der von Arthritis geheilt wurde dadurch, daß er zu dem Anschein der Krankheit „nein" sagte, hat später erklärt:

„Von dem Tag an, als ich die Schmerzen verneinte, indem ich sprach: ‚Nein, ich akzeptiere das nicht als Dauerzustand. Mit Gottes Hilfe werde ich wieder gesund werden' – von diesem Tag an habe ich mir nicht mehr erlaubt, etwas anderes zu denken. Wenn die alten Ängste und Zweifel wieder aufkommen wollten, schlug ich ihnen mit ‚nein, nein, nein!' sofort die Tür vor der Nase zu. Die arthritischen Schmerzen haben aufgehört, ich könnte nicht mehr sagen, wann genau das gewesen ist. Sie haben oft versucht, wiederzukommen, aber ich dachte immer an Gottes Liebe und Gottes heilende Kraft und sagte zu den Schmerzen „nein". Seitdem sind mehr als fünfundzwanzig Jahre vergangen, in denen ich mich bester Gesundheit erfreut habe, weil ich es immer ablehnte, irgend etwas anderes zu akzeptieren."

Einem Immobilienhändler wurde eröffnet, er habe eine unheilbare Krankheit. Während er auf weitere klinische Untersuchungen wartete, reinigte er sein Denken von der Angst durch Anwendung von Verneinungen:

Nein, diese Diagnose nehme ich nicht an. In mir ist kein Mangel an Leben, Substanz oder Intelligenz. Ich preise meinen Körper als eine vollkommene Schöpfung göttlichen Lebens, göttlicher Substanz und göttlicher Intelligenz. Ich bin das vollkommene Kind von Gott, und diese Vollkommenheit offenbare ich jetzt!

Während er so fortfuhr, die „Nein-Kraft" des Betens anzuwenden, ergaben sich verschiedene Situationen, die weitere klinische Tests zunächst verhinderten. Als diese Tests einige Wochen später schließlich gemacht wurden, waren die Röntgenaufnahmen absolut sauber. Der unheilbare Anschein war verschwunden. Das ist nun fünf Jahre her. Der Mann ist vollkommen gesund.

Alle besseren Bedingungen in der Welt, vom ersten winzigen Fortschritt bis in unsere Gegenwart, sind daraus entstanden, daß jemand entlang des Weges zu einem begrenzten Anschein „nein" gesagt und sich dann daran gemacht hat, die Sache zu verbessern. *Wenn Sie möchten, daß Ihre Gebete Antwort finden, müssen Sie sich oft von einem üblem Anschein abwenden und Ihr Denken von aller Furcht reinigen, indem Sie zu dem Anschein „nein" sagen.*

Eine Verkaufsleiterin im Grundstückshandel bekam einen anderen Bezirk zugewiesen. Sie erklärte ihrem Chef: „Nein, dieses unzulängliche Territorium akzeptiere ich nicht als alles, was ich haben soll. Ich nehme es nicht als endgültige Zuteilung an." Ein paar Tage später bekam sie ein Schreiben vom Ministerium mit der Nachricht, daß ihr neues Territorium vergrößert wird!

Negative Bedingungen in Seele, Körper oder Angelegenheiten entstehen, wenn jemand in Bezug auf eine Bedingung ein negatives Gefühl hat. Dieses Gefühl schafft nicht nur den unangenehmen Zustand, sondern konserviert ihn auch. Wird das schlechte Gefühl dem negativen Anschein entzogen, hat die Störung keine Unterstützung mehr und muß vergehen.

Das ist wahr, weil negative Bedingungen von sich aus weder Leben noch Substanz oder Intelligenz besitzen. Sie werden durch die Ängste, Verstimmungen und andere negative Gedanken des Menschen geschaffen. Der beste Weg, sie in ihr ursprüngliches Nichts zurückzuverweisen besteht darin, zu ihnen „nein" zu sagen, weder beeindruckt noch gar ängstlich zu sein, sondern ihnen überhaupt keine Aufmerksamkeit zu schenken.

Wenn Sie zu irgendeiner augenscheinlichen Begrenzung in Seele,

Körper oder Angelegenheiten sagen: „Nein, diesen Anschein akzeptiere ich nicht, mein Leben (Gesundheit, Wohlstand, Glück) kann nicht begrenzt werden!" *lösen Sie die Angst auf.* Sie sagen „nein" zu dem negativen Anschein. *Sie nehmen ihn nicht an,* geben ihm also keine Macht, und so muß er vergehen. Das allgegenwärtige Gute, das die ganze Zeit über in Ihnen gewesen ist, ist nun frei, sich als erfreuliches Ergebnis zu offenbaren.

Folglich kann ein „nein" zu üblem Anschein ihnen helfen, Ihre härtesten Herausforderungen aufzulösen! Ein einfaches gläubiges „nein, nein, nein!" zu einer scheinbaren Begrenzung, oder ein „nein, nein, nein" im Stillen, wenn andere in Ihrer Gegenwart von etwas Negativem sprechen, ist eine wundervolle Form, das Läuterungsgebet anzuwenden.

Die Erfahrung eines Geschäftsführers mit dem Läuterungsgebet

Ein junger Geschäftsführer war ins Ausland versetzt worden. Seine Familie sollte nachfolgen, sobald eine Unterkunft beschafft werden konnte. Doch die Gegend war übervölkert, Wohngelegenheiten waren knapp.

Nachdem der junge Mann zwangsläufig mehrere Monate von seiner Familie getrennt gelebt hatte, wurde sein Heimweh so stark, daß er drohte, wenn seine Angehörigen nicht bald zu ihm kommen könnten, würde er seinen guten Posten aufgeben und in die Staaten zurückkehren.

Seine Frau war sich klar darüber, daß der Job im Ausland für ihren Mann die Chance seines Lebens war, und daß er seine Ungeduld später bereuen würde, wenn er jetzt aufgäbe. Doch auch mehrere Familien von Angestellten derselben Firma warteten auf eine Unterkunft in Übersee.

Die anderen Frauen sagten immer wieder, die Lage sei hoffnungslos, drüben wäre alles derart überfüllt, daß an eine Unterkunft überhaupt nicht zu denken sei. Aber unsere Frau hatte von der „Nein-Kraft" des Betens gehört, und so begann sie im Stillen zu erklären: „Nein, ich akzeptiere das für uns nicht." Und um ihren Glauben zu beweisen, fing sie an zu packen und Vorbereitungen für die Überfahrt zu treffen. Sie und die Kinder unterzogen sich den notwendigen Impfungen. Hörte sie fortan weitere ungünstige Berichte und Klagen über Wohnungsmangel, sagte sie in Gedanken unbeirrt „nein" dazu.

Plötzlich schrieb ihr Mann: „Diese Woche haben wir eine Versammlung wegen der Wohnungsfrage. Es steht allerdings nur ein Haus zur Verfügung und viele möchten es haben, darunter einige meiner Vorgesetzten. Unsere Aussichten sind trübe. Und wenn wir es nicht bekommen, kann es Monate dauern, bis wieder eins frei wird. Bitte, bete für die richtige Auswirkung dieser Situation. Gleich nach der Versammlung rufe ich an oder telegrafiere."

Doch am Abend nach der Versammlung kam keine Nachricht, und sie nahm an, jemand anders hätte das Haus bekommen. Der Mann der Frau, die immer soviel Negatives über die Wohnungslage geäußert hatte, hatte indes telefoniert, und zwar mit abschlägigem Bescheid. (Tatsächlich haben diese Leute nie ein Haus drüben bekommen, und – wie die Frau immer vorausgesagt hatte – wurde ihr Mann schließlich zurückgeschickt, um zu Hause wieder für ein wesentlich geringeres Gehalt zu arbeiten.)

Am übernächsten Abend kam dann der Anruf für die junge Frau, die die Wohnungsnot so beharrlich geistig verneint hatte. Ihr Mann sagte: „Ich kann es einfach nicht fassen. Von all den Leuten, die das Haus wollten, darunter einige Direktoren, die ein höheres Dienstalter und sicherlich auch mehr Einfluß haben, ist das Haus ausgerechnet mir zugesprochen worden! In drei Tagen bin ich bei euch, und eine Woche später fliegt ihr dann mit mir zurück."

Die „Nein-Kraft" des Gebets kann augenscheinliche Blockierungen Ihres Guten auflösen, weil sie Ihren Geist von negativen Vorstellungen reinigt, die Ihrem Guten im Weg stehen. Sie können mit dieser Kraft Übles augenblicklich stoppen, denn durch Ihr „nein" befreien Sie sich von dem Glauben an das Übel, der in Wirklichkeit die Ursache aller Ihrer Probleme ist. Wenn Sie das geschafft haben, kann nichts mehr Ihr Gutes aufhalten!

Das Kreuz als Symbol der Heilung

Schon in uralten Zeiten war das Kreuz ein Symbol des Lebens und der Heilung. Über die umwandelnde Kraft des Kreuzes gibt es unzählige Berichte und Geschichten. Die Bekehrung des Kaisers Konstantin, 300 Jahre nach Christus, wird seiner Kreuzesvision am Vorabend einer Schlacht zugeschrieben. Er erblickte am Himmel ein Kreuz und die Worte: „In diesem Zeichen wirst du siegen." Mit dieser Vision vor Augen gewann er die Schlacht.

Wir gewinnen unsere Kämpfe im Leben auf dieselbe Weise: indem wir unseren Blick auf das Kreuz gerichtet halten und jede Furcht auskreuzen. Dann siegen auch wir.

Es gibt eine Legende über die Mutter dieses Kaisers Konstantin, als sie im Jahre 326 Palästina besuchte. Ein alter Jude, der durch eine Überlieferung in seiner Familie die Stelle kannte, führte sie an den Ort, wo Jesus gekreuzigt worden war.

Die Mutter des Kaisers ließ dort nachgraben. Man grub ziemlich tief, um das Kreuz Jesu zu finden. Es wurden drei Kreuze gefunden, das richtige sei durch eine kranke Frau identifiziert worden, die geheilt war, nachdem sie auf dem Kreuz gelegen hatte. Das soll 362 Jahre nach der Kreuzigung geschehen sein. Eine weitere Legende berichtet, einer der Nägel von dem Kreuz Jesu, das die Mutter Konstantins gefunden hatte, sei während eines heftigen Sturms ins Meer geworfen worden, worauf der Sturm sich augenblicklich legte.

Die Symbolik in diesen Geschichten ist bedeutungsvoll. Auch wir stillen die Stürme des Lebens, indem wir unseren Glauben an ihre Macht, uns zu verletzen oder zu schaden, auskreuzen. Wir kreuzen die Stürme des Lebens aus, indem wir zu ihnen sagen: „Auch das geht vorüber. Es hat keine Macht. Mein Leben kann nicht eingeschränkt werden." Oder: „Im Namen Jesu Christi kreuze ich jetzt alle Begrenzungen in meinem Leben aus."

Wenn Sie zu Begrenzungen in Ihrem Leben „nein" sagen, kann Ihr Kreuz zur Krone werden.

Die frühen Christen haben das Kreuzeszeichen beständig angewandt. Das war das Geheimnis ihrer geistigen Kraft, durch die sie

Wunder bewirkten. Historiker berichten, daß sie auf jeder Reise, bei jedem Betreten oder Verlassen eines Hauses, beim Anlegen der Schuhe, vor dem Bad, bei den Mahlzeiten, beim Anzünden des Feuers, wenn sie sich setzten und auch bevor sie eine Arbeit anfingen, ihre Stirn mit dem Zeichen des Kreuzes berührten.

Franz von Assisi heilte einmal einen Gelähmten dadurch, daß er über ihm von Kopf bis Fuß ein Kreuz beschrieb. Daß dem Kreuz noch immer buchstäblich eine heilende Kraft innewohnt, wurde auch in unserer modernen Zeit verschiedentlich bewiesen. Eine Mutter heilte ihren Sohn von akuter Indigestion und später vom Keuchhusten, indem sie über ihm das Kreuz schlug und dabei sagte: „In diesem Zeichen siegen wir." Eine andere Frau überwand eine Zeit schwerer Krankheit und tiefer Depressionen, nachdem sie begonnen hatte, das Kreuzeszeichen anzuwenden und dabei häufig zu erklären: „In diesem Zeichen werde ich siegen."

Eine Kanadierin fühlte sich in ihrem Haus durch offenbar übersinnliche Besucher gestört, die geheimnisvolle Geräusche und seltsame Begebenheiten verursachten, sobald abends das Licht aus war. Am Morgen fand sie dann ein heilloses Durcheinander, Möbel waren umgestoßen und Gegenstände verlegt oder ganz verschwunden. Ihre Freunde rieten ihr, fortzuziehen, aber sie liebte ihr Zuhause und dachte nicht daran, es aus so eigentümlichen Gründen aufzugeben.

Schließlich empfahl ihr ein geistiger Berater, die „Nein-Kraft" des Betens anzuwenden und jegliche Macht der sonderbaren Vorkommnisse mit aller Entschiedenheit zu verneinen. Außerdem solle sie in jedem Raum des Hauses in Gedanken das Kreuz Christi aufrichten. Dieser Rat wurde wörtlich befolgt: die Dame schnitt aus Papier Kreuze aus und verteilte gleich mehrere davon in jedem Zimmer. Bald darauf verschwanden die nächtlichen Geräusche und kamen nie wieder.

Vollständige Befreiung: das zweite Läuterungsgebet

Das Gebet der Läuterung hat mehrere Formen. Auf die „Nein-Kraft" des Betens folgt das Gebet der Befreiung, das „losläßt und Gott wirken läßt".

Um geläutert und damit von vielen Schwierigkeiten befreit zu werden, ist es nötig, Verzicht oder Freigabe zu üben, besonders im Bereich menschlicher Beziehungen. Das erweist sich als durchaus angenehmer Prozeß, denn es befreit Sie von Menschen, deren Lasten Sie sowieso nicht tragen sollten!

Die meisten Schwierigkeiten in menschlichen Beziehungen würden sich von selbst lösen, wenn die Betroffenen Befreiungsgebete anwenden würden, anstatt zu versuchen, andere entsprechend ihrer eigenen Vorstellung umzumodeln und sie zu zwingen, nach *ihrem* Willen und auf *ihre* Weise zu leben.

Das Läuterungsgebet schließt die Reinigung unseres Denkens und unserer Welt von Besitzgier ein. Sie müssen sich davon freimachen, sich herrschsüchtig an andere zu klammern und ihnen im Namen der „Liebe" Vorschriften zu machen, oder Ihre Gebete werden nie beantwortet werden. Durch besitzergreifende Gefühlsbindungen lenken Sie die Substanz Ihres Denkens und Fühlens, die Sie für Ihr eigenes Leben gebrauchen sollten, in das Leben eines anderen; auf diese Weise erschöpfen Sie sich und sind für die Antwort auf Ihre Gebete nicht mehr aufnahmefähig.

Nach einem Vortrag über das Befreiungsgebet hatte fast jeder der Zuhörer interessante Erfahrungen mit beantworteten Gebeten zu berichten:

Eine berufstätige Frau gab in Gedanken ihre schwierige Tochter frei, indem sie im Stillen erklärte: „Ich befreie dich voll und ganz. Ich löse dich und lasse dich gehen. Ich lasse los und lasse Gott in deinem Leben seinen Willen tun." Bald darauf heiratete die Tochter und ging mit ihrem Mann ins Ausland.

Eine übermäßig besorgte Mutter überwand sich und befreite ihre Tochter auf dieselbe Weise, dann verließ sie das Haus der Tochter, ging in eine andere Stadt und begann wieder zu arbeiten, obwohl sie über das übliche Rentenalter hinaus war. Jetzt konnten Tochter und Schwiegersohn Kinder adoptieren, was sie schon mehrmals erfolglos versucht hatten. Mutter und Tochter wandten weiter das Befreiungsgebet an, und die Tochter und ihr Mann erbten Geld, mit dem sie ein größeres Haus und einen weiteren Wagen erwarben, und sehen nun einem frohen, behaglichen Leben mit ihren Adoptivkindern entgegen.

Der problematische Sohn eines Paares kam innerlich zur Ruhe, kehrte wieder aufs College zurück und hat sich schließlich glücklich verheiratet, nachdem seine Eltern ihn geistig freigegeben hatten. Als zwei sorgengequälte Mütter ihre halbwüchsigen Töchter geistig losließen, schrieben sich die Töchter an entfernten Schulen ein und erlangten einen akademischen Grad höherer Ordnung. *In allen diesen Familien wurde durch das gesprochene Wort der Befreiung der Frieden wiederhergestellt.*

Starker Besitzdrang bewirkt eine Blockierung in unserem Bewußtsein, so daß wir für die Führung und Erleuchtung des beantworteten Gebets unempfänglich werden. Das Befreiungsgebet erlöst Sie davon, das Gute eines anderen Menschen bestimmen, beherrschen oder erzwingen zu wollen. Es befreit nicht nur Ihr Denken und Ihre Welt, so daß Sie für die Antwort auf Ihre Gebete aufnahmebereit werden, es befreit auch die Menschen, die Ihnen nahestehen, ihrer eigenen inneren Führung zu folgen und den göttlichen Plan für ihr Leben auf ihre eigene, gottgewollte Weise zu entfalten.

Anstatt die Dinge und Menschen, die uns etwas bedeuten, an uns zu binden und ihnen unseren Willen und unsere Lebensweise aufzuzwingen, sollten wir sie zu ihrem Besten freigeben, indem wir erklären: „Ich habe dich liebevoll in die Hände des Vaters gegeben, und ich bin gewiß, dein Bestes wird zu deiner richtigen Zeit und auf deine dir gemäße Weise zu dir kommen."

Eine bekümmerte Mutter, die von psychiatrischer bis zu geistlicher Beratung alles versucht hatte, um ihre kriminelle Tochter auf den richtigen Weg zu bringen, mußte sehen, daß nichts half – bis sie ihr Kind in Gedanken freigab. Wenn sie fortan an die Tochter dachte, sagte sie: „Ich habe dich in Gottes Hand gegeben. Wo könntest du besser aufgehoben sein? Nicht mein Wille, sondern der Wille Gottes geschieht in deinem Leben." In kurzer Zeit wurde die Tochter ein reifer Mensch, und später eine großartige Frau und Mutter.

Ein Vater besuchte seinen Sohn, bevor dieser nach Vietnam zurück mußte, um weiter bei der Marine Dienst zu tun. Er reinigte sein Denken von Angst und Besorgnis und befreite sich von jedem Besitzgefühl durch das Gebet: „Ich überlasse dich dem Vater." Nach langen Monaten kehrte der Sohn aus dem Krieg heim, gesund und unversehrt.

Wenn Sie für Ihre Lieben das Gebet der Befreiung anwenden, dann denken Sie daran, daß nichts, was wir aufgeben, jemals verloren geht. Alle Dinge finden, wenn sie unbehindert sind, ihr angemessenes Gleichgewicht. Geben Sie jedem Menschen in Ihrem Lebenskreis die Freiheit, sich an den Lebensplatz zu schwingen, den er sich wünscht; lassen Sie ihm den Spielraum, dies zu seiner Zeit und auf seine Weise zu tun, ob seine Methoden Ihnen zusagen oder nicht. Wenn Sie vollkommen loslassen, wird jeder seinen richtigen Platz finden. Räumen Sie in Ihren Gedanken allen Menschen absolute Freiheit ein, wird Ihr geistiger Befreiungsakt sie veranlassen, das zu tun, was auf ihrer derzeitigen Entwicklungsstufe für sie am besten ist. Jeder muß im Leben seine Lektionen selbst lernen, Sie können nicht für einen anderen wachsen oder überwinden. Dadurch, daß Sie andere dem Göttlichen in ihnen überlassen, geben Sie nicht nur sie für ihr Gutes frei, Sie befreien auch sich selbst und werden somit aufnahmefähig für die Antworten auf Ihre Gebete.

Emerson hat vielleicht die dringende Notwendigkeit, unsere Lieben freizugeben, im Sinn gehabt, als er schrieb: „Legst du einem Sklaven die Kette um den Hals, schlingt sich das andere Ende um den deinen."

Das Gebet der Befreiung bringt Heirat

Eine Geschäftsfrau, seit Jahren verwitwet, hatte jeden ihr bekannten Kniff und Trick versucht, um sich wieder zu verheiraten. Doch durch ihren Übereifer hatte sie unbewußt jeden Mann, der ihr über den Weg lief, erschreckt und in die Flucht geschlagen. Schließlich begann sie, Befreiungsgebete zu sprechen: „Vater, ich lasse jetzt meinen Herzenswunsch vollkommen los. Ich lasse los und lasse in meinem Leben ganz deinen Willen geschehen. Ich hätte gern ein richtiges Zuhause, aber ich überlasse alles dir. Ich bin dein Kind, und du liebst mich. Du weißt, was am besten ist, also tue mit meinem Leben, was du willst." Dann seufzte sie erleichtert und wurde ganz ruhig.

Ein paar Wochen später begegnete sie bei Freunden einem sympathischen Witwer, den sie nach einiger Zeit heiratete. Wenn überraschte Bekannte sie später nach dem Geheimnis dieses Erfolgs fragten, lächelte sie: „Das war ganz einfach. Nichts hat genützt, bis ich auf den Gedanken kam, das Befreiungsgebet anzuwenden. Ich mußte vollkommen loslassen und Gott vertrauen, mein Leben in die rechte Ordnung zu bringen. Das war der Schlüssel zum Resultat."

Das Beichten im Befreiungsgebet

Zusammen mit Worten des Freigebens für und zu Menschen in unserer Welt und mit Worten, die bestätigen, daß wir selbst befreit sind, ist eine Beichte vor einem Priester, Pfarrer oder vertrauten Freund eine weitere nützliche Form der Befreiung. Die Bibel bezeichnet diesen Akt als Buße.

Ein unglücklich verheirateter Mann hatte eine Anzahl Affären mit anderen Frauen und landete durch die aufgestaute Frustration schließlich im Krankenhaus. Weder seine körperliche noch seine seelische Verfassung besserte sich. Endlich gestand er sein verzweifeltes Elend einem Geistlichen, der weise genug war, ihn von seinen Fehlern zu erlösen, indem er sagte: „Machen Sie sich keine Vorwürfe wegen Ihrer unglücklichen Ehe und Ihren Affären, und auch nicht wegen Ihrer gegenwärtigen Krankheit. Sie haben getan, was Sie damals für richtig hielten. Lassen Sie das Vergangene los, und lassen Sie sich von Gott den Weg aus Ihrem Dilemma zeigen." Dann beteten beide gemeinsam für alle, die in das familiäre Durcheinander verwickelt gewesen waren, und baten für sie um Vergebung. Der Mann weinte vor Erleichterung. Bald konnte er das Krankenhaus verlassen.

Später versöhnte er sich mit seiner Frau, die Ehe wurde glücklicher als sie je gewesen war, und auf dem beruflichen Sektor stellten sich ungeahnte Erfolge ein.

Es ist eine nachweisbare Tatsache, daß Menschen, die regelmäßig beichten, selten auf der Couch des Psychiaters oder in einer Nervenklinik landen, so stark wirkt Beichten befreiend und erlösend in Bezug auf die Probleme des Lebens.

Wenn kein Pfarrer, Priester oder enger Freund da ist, um Ihre Beichte anzuhören (und viele Geistliche haben dazu weder die Ausbildung noch das nötige Verständnis – also seien Sie vorsichtig, wem Sie Ihren Kummer anvertrauen), dann wenden Sie sich mit Ihrem Geständnis direkt an Gott. Sprechen Sie einfach so, wie man zu einem liebevollen Vater redet, der teilnahmsvoll zuhört und einen versteht.

Die Frau eines glänzenden Anwalts wurde zur Alkoholikerin, und kein Mittel, keine Behandlung schien zu helfen. Nach drei Jahren in Sanatorien und Heilanstalten kam der verzweifelten Frau plötzlich zu Bewußtsein, daß sie sich in dieser ganzen Zeit nicht ein einziges Mal zu Gott gewandt und um Hilfe gebeten hatte. Sie fiel auf die Knie und flehte: „O Gott, was kann ich nur tun? Hilf du mir, diese Sucht zu überwinden. Ich habe es versucht und versucht, aber nichts hat genützt. Vater, hier bringe ich dir diese Belastung. Nur du kannst mich retten. Nur du weißt, was am besten ist."

Plötzlich fühlte sie sich von der Gegenwart Gottes wie von einer unbeschreiblichen Wärme und Liebe umgeben. Sie wurde ganz ruhig, und von dem Augenblick an, als sie aufstand, war der Wunsch nach Alkohol verschwunden. Sie hat ihn nie wieder verspürt. Eine einfache Beichte direkt zu Gott hatte in einem Augenblick bewirkt, was keine kostspielige Kur oder Therapie in drei Jahren verzweifelten Suchens zuwege gebracht hatte. Diese Begebenheit bewies, was auch die Statistiken zeigen: Noch immer werden weit mehr Menschen durch Gebete und geistige Methoden geheilt, als durch sämtliche anderen Heilverfahren zusammen! Solche geistigen Heilungen werden indes nicht immer bekannt, weil die Betroffenen in dem Gefühl, was heilig ist, sollte oft auch heimlich bleiben, weise darüber schweigen.

Eine andere wirksame Form des Beichtens besteht darin, alles aufzuschreiben, was einen bedrückt, ehrlich und rückhaltlos, ohne etwas auszulassen. Dann legen Sie beide Hände auf das beschriebene Blatt und bitten um Gottes Hilfe und Vergebung. Schließlich sagen Sie Dank, daß Ihre Fehler nun getilgt sind: „Die vergebende Liebe Jesu Christi hat mich jetzt von den Fehlern der Vergangenheit und ihren Auswirkungen befreit. Ich blicke der Zukunft unbelastet und ohne Furcht entgegen." Eine echte seelische Läuterung wird stattfinden, und das Schuldgefühl, das Sie an die früheren Fehler gebunden hat, wird Sie verlassen. Danach zerreißen Sie Ihre Beichte, und freuen Sie sich über Ihre Freiheit.

Mit seinem berühmten Buch *Confessiones* hat sich Augustinus als Letzter der großen Metyphysiker der patristischen Periode und gleichzeitig Erster der modernen Psychologen ausgewiesen. In diesem Werk vermittelt er allen Frustrierten und Neurotikern Trost in einer Weise, die seither kein Psychotherapeut übertreffen konnte. Er bewies, daß innerer Frieden weniger auf der psychiatrischen Couch als auf dem gebeugten Knie gefunden wird, und daß dem Menschen Hilfe wird, sobald er erkennt, daß er sich nicht am eigenen Schopf aus dem Sumpf ziehen und dann Gott seine Not beichten kann. Kein Wunder, daß dieses Buch, die *Confessiones von Augustinus*, seit 1500 Jahren auf der Bestseller-Liste steht!

Wie man von anderen Befreiung erhält

Manchmal liegt die Schwierigkeit darin, von dem Besitzanspruch und der Bevormundung anderer frei zu werden. Das kann im Stillen geschehen, indem Sie Worte der Befreiung sprechen, die im Unterbewußtsein des betreffenden Menschen darauf hinwirken, Sie loszulassen. Erklären Sie einfach: „Soundso, du gibst mich jetzt vollkommen frei. Du läßt mich los und läßt mich meinen Weg gehen. Du läßt mich gehen und überläßt mich Gott." Wenn beide Parteien Freiheit brauchen, können Sie bejahen: „Christus in uns ist unsere befreiende Kraft." Für Situationen, in denen Freiheit von mehreren Menschen nötig ist, sprechen Sie: „Christus in uns ist in dieser Situation die befreiende Kraft." Wenn Sie täglich solche Befreiungsgebete anwenden, wird die Freiheit sich einstellen, manchmal fast augenblicklich, manchmal allmählich; oft bringt eine ernste Auseinandersetzung die ersehnte Befreiung mit einem Schlag. Aber ein solches Vorkommnis gleicht dem Schmerz, der eine körperliche Heilung ankündigt, es ist also ein Glück im Unglück.

Völliges Vergeben: das dritte Läuterungsgebet

Vergebung ist die dritte Form des Gebets der Läuterung.
Eine der Hauptursachen für erfolgloses Beten ist Unversöhnlichkeit.

Jesus hat wiederholt betont, daß wir nicht richtig beten können, solange wir an Groll, Vorurteilen, Verbitterung und einer unversöhnlichen Einstellung zu Gott, Menschen, uns selbst oder der Welt im allgemeinen festhalten. (Und wir alle hegen unversöhnliche Gedanken in Bezug auf eins oder mehrere dieser Gebiete.)

Wenn Sie Ihre Gebetskräfte entwickeln und Ihre Gebete beantwortet haben möchten, sollten Sie häufig das Gebet der Vergebung anwenden. *Was auch zwischen Ihnen und Ihrem Guten gestanden hat, Vergebung vermag alles aufzulösen, denn Vergebung reinigt Ihr Denken, Ihren Körper, Ihre Beziehungen zu anderen und macht den Weg zur Erfüllung Ihrer Träume frei.*

Durch vergebendes Beten können Sie mehr Probleme lösen als auf irgendeine andere Weise: gesundheitliche, finanzielle und Probleme in menschlichen Beziehungen reagieren schnell auf Vergebung. Wo es eine Schwierigkeit gibt, welcher Art auch immer, ist Vergebung nötig. Ein einziger Mensch, der für eine Situation Vergebungsgebete spricht, kann die gefühlsbedingten Blockierungen beseitigen und das Problem klären, ungeachtet dessen, was die anderen sagen oder tun. Das bewirkt die Kraft des Vergebens – was einfach „aufgeben" bedeutet.

Wenn ich irgendwelche Schwierigkeiten habe – gesundheitliche, finanzielle oder Probleme in menschlichen Beziehungen – verordne ich mir eine „generelle Vergebungskur". Ich spreche einfach das Wort allgemeiner Vergebung für die Situation, indem ich erkläre, daß jeder Beteiligte sich mir jetzt anschließt, um zu vergeben, wo immer Vergebung benötigt wird, damit sich die Ursache des Problems auflöst: „Christus ist in dieser Situation die vergebende Kraft. Der Christus in mir vergibt dem Christus in dir. Der Christus in dir vergibt dem Christus in mir. Uns allen ist vergeben, wir alle unterstehen dem inneren Christus, und die vollkommenen Ergebnisse offenbaren sich jetzt. – Sie tun es ausnahmslos!

Wie Vergebung heilt, segnet und harmonisiert

Ein sympathisches Ehepaar sah sich mit allen möglichen Schwierigkeiten konfrontiert. Beide verloren plötzlich ihre Arbeit. Ihre Schulden häuften sich, und die Gläubiger begannen zu drängen. Die Frau hatte eine schmerzhafte Schwellung in der einen Brust. Und zum Überfluß machte die geschiedene Frau des Mannes auch noch juristische und finanzielle Schwierigkeiten.

Das Paar hatte davon gehört, daß alle Probleme durch Vergebung zu lösen sind, und beschloß, es auf diese Weise zu versuchen. Während der Mann sich nach Arbeit umtat, blieb seine Frau zu Hause, sprach täglich Vergebungsgebete und schrieb nicht nur an Freunde, sondern auch an nicht Wohlgesinnte: „Ich vergebe dir voll und ganz. Ich löse dich und lasse dich gehen. Ich lasse los und überlasse dich Gott. Die vergebende Liebe Jesu Christi hat uns von allen früheren und gegenwärtigen Fehlern befreit."

Dieses bewußte und aktive Vergeben brachte zunächst einen wundervollen inneren Frieden. Nachdem in dieser Weise eine Woche vergangen war, merkte die Frau, daß die schmerzende Geschwulst in ihrer Brust nicht mehr existierte. (Man schätzt, daß etwa 70% aller Krankheiten durch verdrängte Gefühle verursacht werden. Vergebung befreit unterdrückte Gefühle und löst sie auf.)

Inzwischen waren dem Mann mehrere Arbeitsmöglichkeiten angeboten worden, doch keine davon hatte sich realisiert. Da seine Frau nun wieder ganz gesund war, ging auch sie auf Arbeitssuche. Dabei begegnete sie einem früheren Kollegen, dessen Anblick ihr die Zeit ins Gedächtnis rief, in der sie mit einem Mann in Geschäftsverbindung war, der sie durch Bankrott ruinierte. Spontan fragte sie den Kollegen: „Sehen Sie manchmal noch meinen früheren Geschäftspartner?"

„Ja", erwiderte er.

„Würden Sie ihm bitte etwas von mir ausrichten? Bitte sagen Sie ihm, daß ich ihm vergeben habe. Die Sache war ein Glück im Unglück für mich, ich brauchte diesen Job nicht, mit all der Verantwortung, der Sorge und den Schwierigkeiten, die damit verbunden waren."

Erleichtert setzte der gemeinsame Bekannte seinen Weg fort. Ob er die Botschaft je ausgerichtet hat, hat die Frau nie erfahren. Aber am nächsten Tag bekam sie die beste Stellung ihres Lebens! Durch ihr aufrichtiges und vollständiges Vergeben hatte sich das Blatt gewendet.

Ein paar Tage später sah sie auf der anderen Straßenseite einen Herrn, der ihrem Mann eine gute Stellung versprochen, sich dann aber nicht mehr gemeldet hatte. Im ersten Impuls wollte sie sich ärgern und ihn verurteilen. Aber da kam ihr der Gedanke: „Er ist mir in den Weg gelaufen, damit ich ihm vergebe." Also sagte sie im Stillen zu ihm: „Ich verzeihe dir, daß du meinem Mann den Job, den du ihm versprochen hattest, nicht gegeben hast. Ich lasse die Angelegenheit jetzt vollkommen los."

Am nächsten Tag rief der Betreffende ihren Mann an und offerierte ihm noch einmal den versprochenen Posten! Ihr Mann nahm an für die Zeit, bis er eine besser bezahlte Tätigkeit gefunden haben würde. Seine Frau fuhr fort, Gebete der Vergebung anzuwenden, und plötzlich wurden ihrem Mann nicht nur ein oder zwei, sondern ganze sechs Arbeitsmöglichkeiten auf einmal angeboten! Er suchte sich die beste davon aus und genießt nun den größten Erfolg seines Lebens.

Und was die geschiedene Frau des Mannes betrifft, die den Beiden soviel Ärger gemacht hatte, so brachten die Vergebungsgebete auch hier Frieden. Beide Gatten hatten oft bejaht: „Du vergibst uns voll und ganz. Du löst uns und läßt uns gehen. Du läßt uns los und überläßt uns Gott. Christus in dir ist deine vergebende Kraft. Die vergebende Liebe Jesu Christi hat uns alle von unseren Fehlern in der Vergangenheit und Gegenwart befreit. Wir sind alle frei, um glücklich zu sein."

Schließlich war die Harmonie sogar soweit wiederhergestellt, daß das Paar der geschiedenen Frau mein Buch *Die dynamischen Gesetze der Heilung* schenken und ihr darin das Kapitel über Vergebung besonders empfehlen konnte. Sie gestand den Beiden später, sie „lebe mit diesem Buch".

So wurden durch das Gebet der Vergebung für dieses Ehepaar Gesundheit, gute Arbeitsmöglichkeiten und Harmonie wiederhergestellt.

Wenn Sie sich jeden Tag nur eine halbe Stunde still hinsetzen und sich selbst und allen Freunden und Bekannten aus Vergangenheit und Gegenwart vergeben, sich auch Ihre falschen Vorstellungen von Gott vergeben (in dem Wissen, daß Gott keine ferne, feindselige Wesenheit, sondern ein naher und liebevoller Vater ist), werden Sie das Vergeben bald als „Wundergebet" bezeichnen. Erklären Sie oft: „Mir ist vergeben, und in mir ist nur Gottes Liebe. Gott liebt mich, Gott führt mich, Gott zeigt mir den Weg. "

Vakuum: das vierte Läuterungsgebet

Zum dem „Nein-Gebet", dem Befreiungsgebet und dem Gebet der Vergebung gehört noch ein weiteres Läuterungsgebet: das des Vakuums.

Tatsächlich zielen die drei anderen Läuterungsgebete darauf ab, ein Vakuum in Geist und Gemüt zu bewirken, sie von negativen Gefühlen zu befreien, die unsere Gebetskräfte blockiert haben. Nachdem wir das Reinigungsgebet angewandt haben, um zu beängstigendem Anschein „nein" zu sagen, nachdem wir unsere Lieben freigegeben und unseren Feinden verziehen haben, ist es nun an der Zeit, unseren Lebensbereich zu läutern, um auch in äußerer Weise ein Vakuum zu schaffen.

Die Reinigung unseres Lebensbereichs durch Schaffung eines Vakuums ist sowohl äußerlich wie innerlich von psychologischem Wert: wenn wir auch im Äußeren aktiv werden, ist das Unterbewußtsein schneller überzeugt, daß wir es mit all unserem Beten ernst meinen.

Dadurch, daß wir zu besorgniserregendem Anschein „nein" sagten, unsere Lieben freigegeben und den lieblosen Menschen in unserer Welt vergeben haben, haben wir bereits damit begonnen, ein inneres Vakuum auszubilden. Es ist nützlich, den Kreis zu vollenden, indem wir auch im Äußeren ein Vakuum schaffen.

Vor einiger Zeit hielt ich einen Vortrag vor einer Gruppe von Versicherungsagenten, die sich über dieses Vakuumgesetz sehr erregt zeigten und hinterher spornstreichs nach Hause eilten, um ein Vakuum zu bewirken. Einige von ihnen haben mir später von den erfreulichen Ergebnissen berichtet.

Das Vakuumgesetz wirkt folgendermaßen: Der Natur ist ein Vakuum ein Greuel. Wenn Sie also Antwort auf Ihre Gebete wünschen, dann bilden Sie ein Vakuum, damit es von der Antwort ausgefüllt wird! Werden Sie los, was Sie nicht wollen, so gewinnen Sie Raum für das, was Sie wollen.

Ein Facharzt für Chiropraktik erzählte mir, seine kleine Tochter hatte von der Vakuum-Methode gehört und sie augenblicklich mit höchst erfreulichen Konsequenzen angewandt: sie wünschte sich neue Sachen zum Anziehen, also schuf sie heimlich ein Vakuum, indem sie kurzerhand einige ihrer alten Kleider verschenkte. Sie war fest überzeugt, die leeren Plätze im Kleiderschrank würden jetzt neue Substanz dazu anregen, die Lücken wieder aufzufüllen. Noch am selben Nachmittag kam die Mutter mit ein paar neuen Kleidern nach Hause und sagte: „Eigentlich hatte ich gar nicht die Absicht, sie zu kaufen, aber es war ein so besonders günstiges Angebot." Da das Kind keinerlei Erstaunen zeigte, fragte sie nach dem Grund.

„Na, ich hab doch heut früh ein Vakuum gemacht, um sie zu kriegen", war die seelenruhige Antwort.

Ein Geschäftsmann betete seit geraumer Zeit für die Heilung einer Verwandten, die ein chronisches Herzleiden hatte. Beim Studieren meines Buches *Die dynamischen Gesetze des Wohlstands* kam ihm die Idee, daß die alte Dame das Vakuum-Gesetz als Phase der Läuterung anwenden sollte. Er schenkte ihr also kurz entschlossen das Buch und legte ihr nahe, sich in das entsprechende Kapitel zu vertiefen.

Sie las:

Sie können für neuen Frieden, neue Gesundheit und Fülle ein physisches Vakuum schaffen, indem Sie Dinge, die Sie nicht mehr mögen oder benötigen, einfach loslassen, sie fortgeben, verkaufen oder sich ihrer anderweitig entledigen. Bewahren Sie nichts auf, was Sie nicht mehr gebrauchen, weder Kleidung, noch Möbel, Bücher, Briefe, Ordner, Alben oder andere persönliche Sachen. Räumen Sie sie aus dem Weg, um für das Platz zu schaffen, was Sie haben möchten. Solange Sie diese Dinge aufheben, nehmen sie in Ihrer Welt Raum ein, der für Ihr Gutes benötigt wird. Erklären Sie, während Sie Ihre private Habe durchsehen: „Ich lasse vollkommen los. Ich lasse los und gebe frei. Ich mache freudig Raum für neues Gutes, das jetzt rasch und in zufriedenstellender, angemessener Form erscheint."

Die leidende Verwandte begab sich schnurstracks in die Dachkammer (wobei sie völlig vergaß, daß sie wegen ihres Herzleidens keine Treppen steigen sollte). In dem dortigen Wirrwarr fand sie einige antike

Möbelstücke, die sie früher einmal einer wohltätigen Institution als Geschenk angeboten hatte.

Darauf war damals keine Reaktion erfolgt. Nun setzte sie sich mit einem Altwarenhändler in Verbindung; der kam, kaufte die Sachen und zahlte mit einem Scheck in beachtlicher Höhe. Während sie weiter nachsann, auf welche Art sie noch freigeben, loslassen und aus ihrem alten negativen Bewußtseinszustand herauskommen könnte, fiel ihr ein, daß sie einer Tochter vergeben sollte, mit der sie sich auseinandergelebt hatte. Also begann sie, täglich für diese Tochter Worte der Vergebung zu sprechen. Nicht lange, und die Tochter reagierte unterbewußt mit einem überraschenden Besuch. Mehr noch, sie brachte ihren Eltern zwei Rundreisetickets für Europa mit. Dieses Geschenk, zusammen mit dem Geld für die Möbel, ermöglichte die Reise.

Die vorher leidend gewesene alte Dame sprach weiter Gebete der Vergebung und Befreiung und bewirkte Vakuumbildung im Äußeren, und bald fiel ihr auf, daß sie von ihrem Herzleiden nichts mehr spürte. Den endgültigen Beweis für ihre vollständige Heilung brachte die Reise nach Übersee, die ihr keinerlei Beschwerden verursachte. Sie hat Europa begeistert genossen.

Gebrauchen Sie das Vakuumgebet, indem Sie erklären:

Ich befreie mich jetzt von allem, was ich nicht länger in meinem Leben haben möchte, und schaffe Platz für das, was ich mir wünsche. Göttliche Intelligenz zeigt mir, in welchem Lebensbereich ich ein Vakuum bilden soll. Ich lasse jetzt das Geringere los, um dem größeren Guten in meinem Leben Raum zu bieten. Ich lasse los und vertraue.

Ein anderes wirksames Vakuumgebet zur Befreiung von Besitz und Besitzliebe ist dieses:

Christus in mir befreit mich jetzt von jeder Gebundenheit an Menschen, Orte oder Dinge der Vergangenheit. Ich manifestiere jetzt meinen rechtmäßigen Platz mit den richtigen Menschen und dem richtigen Hab und Gut.

Die Mystiker früherer Zeiten schufen durch das Gelöbnis der Armut ein Vakuum, nicht weil sie arm, sondern weil sie frei sein wollten. Dieses Gelöbnis erstreckte sich auch auf Freiheit von negativen Gefühlen und

Unabhängigkeit von Dingen. Wenn Sie ein Vakuum schaffen und sich von äußerem Besitz und negativen Gefühlen befreien, wie es dieses Kapitel beschreibt, lösen Sie sich aus den Fesseln des Besitzes und der Besitzgier, von denen sich so viele binden lassen. Abhängigkeit von äußeren Dingen hindert die Entfaltung unserer Gebetskräfte und somit die Entwicklung jener wertvollen und wahrhaft befriedigenden Eigenschaften, die das Leben erst wirklich lebenswert machen. *Freiheit ist eins der ersten Erfordernisse für erfolgreiches Beten. Das Gebet des Vakuums und die anderen Formen der Läuterung, die hier beschrieben sind, geben Ihnen diese innere und äußere Freiheit.* Nehmen Sie sie an!

Auch Fasten ist eine Form des Läuterungsgebets

Der Akt des Fastens ist eine weitere Methode, in Geist und Körper ein Vakuum zu bewirken und uns so von geistigen und körperlichen Giften zu reinigen. Fasten kann tatsächlich eine Art Läuterungsgebet sein. Mohammed sagte: „Beten geleitet uns den halben Weg zu Gott, Fasten führt uns an das Tor des Himmels."

Ich hörte erstmals von der Potenz des Fastens durch einen Arzt, der mir erklärte, daß der menschliche Körper ohne weiteres dreißig Tage ohne Nahrung bleiben kann, solange er Wasser bekommt; daß eine solche Kur den Körper nicht auszehrt, sondern reinigt und verjüngt; daß Fasten keine Qual, sondern für Geist und Körper eine Erholung ist; daß nach den ersten vierundzwanzig Stunden der Wunsch nach Essen allmählich schwindet, bis der Körper gereinigt und wieder bereit ist, Nahrung aufzunehmen. Zu diesem Zeitpunkt stellt sich dann der normale Hunger wieder ein.

Dieser Arzt empfahl während des Fastens viel frische Luft und Sonne, doch sei es keineswegs nötig, den normalen Tagesablauf zu ändern oder die gewohnten Beschäftigungen aufzugeben. Außerdem meinte er, Gebet und geistiges Studium sollten „die regelmäßige Diät" während der Zeit des Fastens sein.

Er selbst wandte Fasten häufig zur Lösung persönlicher Schwierigkeiten an. Ich weiß von einem Fall, in dem er wegen unangenehmer Personenkonflikte, die sich in seinem Privatleben ergeben hatten, eine

Fastenkur machte. Nachdem er, ohne darüber zu sprechen, eine Diät von Beten und Fasten eingehalten hatte, verließen die störenden Personen plötzlich die Stadt, um fortan in einem anderen Bundesstaat zu leben!

Bereits in den prähistorischen Kulturen war das Fasten üblich, wie auch bei den Völkern des Alten und Neuen Testaments. Wie in Edward Gibbons bekanntem Werk „Geschichte des Verfalls und Untergangs des Römischen Reiches" berichtet wird, vermochten die ersten Christen bis gegen Ende des zweiten Jahrhunderts ganz außerordentliche Heilerfolge zu erzielen. Sie waren buchstäblich imstande, Tote zu erwecken, die danach noch viele Jahre lebten. Das Geheimnis der Christen schien in der Weise ihres Betens begründet, und in „gewaltigem Fasten".

Jesus wies auf die Kraft des Fastens bei der Lösung ernster Schwierigkeiten hin, wie im Fall der Heilung des epileptischen Knaben: „Diese Art kann mit nichts ausfahren denn durch Beten und Fasten" (Mark 9,29). Jesu definitiver Rat bezüglich des Fastens war: „Wenn du aber fastest, so salbe dein Haupt und wasche dein Angesicht, auf daß du nicht scheinest vor den Leuten mit deinem Fasten, sondern vor deinem Vater, welcher verborgen ist; und dein Vater, der in das Verborgene sieht, wird dir's vergelten öffentlich" (Matth 6,17).

Die berühmte Geistliche von Pittsburgh, Kathryn Kuhlmann, deren Gebete so viele Menschen geheilt haben, hat den Heilungsuchenden oft geraten, nicht nur zu beten, sondern auch zu fasten. Die bemerkenswerten Ergebnisse dieses Betens und Fastens sind nachzulesen in dem Kuhlmann-Buch *Ich glaube an Wunder*.

Hippokrates, der Vater der Medizin, riet zu einem Fasten bis zu sieben Tagen. In unserer Zeit ist das Fasten wieder Mode geworden, manche Ärzte verordnen Fastenkuren zum Abnehmen. Dr. Herbert M. Shelton, der mehr als 300 Fastenkuren überwacht hat, fand heraus, was der Titel seines Buches besagt: *Fasting Can Save Your Life* – Fasten kann Ihr Leben retten. Es ist auch eine vorzügliche Methode, Probleme loszulassen, damit sie ihrer Lösung entgegentreiben können. Wer sich keiner ganz strengen Fastenkur unterziehen mag, bei der nur Wasser erlaubt ist, kann ein Fasten mit Gemüsesäften versuchen, das ebenfalls zu guten Ergebnissen führt.

Das scheint Geist und Körper zu reinigen und den Fastenden auf eine höhere Bewußtseinsebene zu bringen, auf der seine Gebetskräfte stärker sind und die Erleuchtung schneller geschieht. *Fasten ist besonders wirksam zur Überwindung ernster Pobleme, weil es unser Gebetsbewußtsein intensiviert.*

Eine Freundin von mir stand kürzlich vor einem verwirrenden Problem und wußte nicht, wie sie es angehen sollte; also beschloß sie, solange nur Getränke zu sich zu nehmen und nichts zu essen, bis das Problem gelöst sein würde. Dabei gebrauchte sie das folgende Gebet: „Jesus Christus hat diese Situation absolut unter Kontrolle, und Jesus Christus bewirkt jetzt in dieser Angelegenheit vollkommene Ergebnisse." Zu ihrer Verblüffung erschien „aus heiterem Himmel" bei ihr ein Mann, den sie nie gesehen hatte, und erklärte ihr genau, wie ihr Problem zu lösen war.

Es schien, als habe der Akt des Betens und Fastens eine besonders starke Schwingung erzeugt, die sich im Äther fortsetzte und einen völlig Außenstehenden erfaßte, der sich darauf der Mühe unterzog, meine Freundin aufzusuchen und ihr die Antwort auf ihre Gebete zu bringen. So wurde eine Woche, nachdem sie heimlich mit Fasten und besonderen Gebeten für die Lösung ihres Problems begonnen hatte, dieses durch einen Menschen gelöst, den sie dazu erst kennenlernen mußte!

Ich wiederhole also: Fasten ist besonders wirksam zur Überwindung ernster Probleme, weil es unser Gebetsbewußtsein intensiviert.

Es gibt ein Sprichwort: „Erst das Fasten, dann das Feiern."

Sicher waren die dramatischen Erfolge von Paulus und den Aposteln bei ihren Heilungen und den mühsamen Bekehrungsreisen zur Gründung der ersten christlichen Gemeinden von häufigem Fasten begleitet. Von den äußerst harten und anstrengenden Fastenübungen, wie sie besonders im dritten und vierten Jahrhundert praktiziert wurden, wandten sich die späteren Christen jedoch ab, weil sie dem Fastenden manchmal körperlichen Schaden brachten. In manchen religiösen Gruppen hat sich das Fasten indes als geistige Übung durch die Jahrhunderte erhalten und wird in Zeiten der Not oder zur geistigen Überwindung zusätzlich zum Gebet empfohlen.

Läuterung: ein beständiger Prozeß der Selbsterneuerung

Das Läuterungsgebet umfaßt 1. die „Nein-Kraft" des Betens, auch Verneinung genannt; 2. Gebete zum Loslassen von Besitzgier, besonders in menschlichen Beziehungen; 3. Gebete zur Vergebung für uns selbst, für unsere Mitmenschen, für unerfreuliche Erfahrungen in Vergangenheit und Gegenwart, selbst für falsche Gottesvorstellungen; und 4. das Vakuumgebet, das sowohl innere wie äußere Methoden beinhaltet, wertlos Gewordenes loszulassen, um Raum zu gewinnen für das Gute, um das wir beten. Läuterung und Reinigung von Denken und Leben ist ein beständiger Prozeß. Sie werden nie damit zuende kommen, diese verschiedenen Läuterungsgebete anzuwenden. Aber Sie werden erfreut feststellen, daß jedesmal, wenn Sie sie erneut gebrauchen, Sie damit das Gute in Ihrem Leben freisetzen und sich Ihnen neue Wege zu beantwortetem Gebet öffnen, durch die zusätzlicher Segen in Ihr Leben strömt.

Zusammenfassung

1. Die Entwicklung Ihrer Gebetskräfte beginnt *immer* mit einer Reinigung Ihres Denkens und Fühlens. Dadurch werden geistige und emotionelle Blockierungen beseitigt, und Sie werden für die Antwort auf Ihre Gebete empfänglich.
2. Läuterung ist nichts zum Fürchten, sondern ein Heilungsprozeß. Das Läuterungsgebet zu umgehen bedeutet, unser Gutes zu umgehen.
3. Übel ist kein Problem, sondern eine Lektion in Läuterung. Ein Verstehen dieses Reinigungsprozesses, den die Seele erfährt, ist für jemanden, der sich auf dem Weg des Gebets befindet, erste Voraussetzung. Alles Übel ist korrigierend und wird zum Lehrer für jene, die zu lernen bereit sind.
4. Das Läuterungsgebet schließt das „Nein-Gebet" der Reinigung ein. Wenn Sie möchten, daß Ihre Gebete Antwort finden, müssen Sie sich oft von einem üblen Anschein abwenden und Ihr Denken von aller Furcht reinigen, indem Sie zu dem Anschein „nein" sagen.

5. Das Wort „nein" hat die Kraft, auszulöschen. Das „Nein-Gebet" kann unerfreulichen Anschein in Geist, Körper, Angelegenheiten und Beziehungen auflösen. In dem Wort „nein" ist eine reinigende, befreiende, erlösende Kraft.

6. Das Läuterungsgebet wird symbolisiert durch das Kreuz, das älteste bekannte geistige Symbol. Sinnbild für Läuterung und Reinigung sind auch die biblischen Handlungen Opfer, Entsagung, Reue, selbst die „Klagemauer" in Jerusalem.

7. Das zweite Läuterungsgebet ist Befreien oder Loslassen und die Dinge Gott überlassen. Das schließt das Loslassen von Eigensinn und Besitzenwollen ein. Diese Einstellungen blockieren häufig die Antworten auf Gebete.

8. Der Akt der Beichte und das Sprechen von Worten des Freigebens sind wirkungsvolle Methoden, loszulassen und Gott wirken zu lassen.

9. Vergebung ist das dritte Läuterungsgebet. Wo ein Problem ist, ist immer Vergebung nötig. Ein Einziger, der Vergebungsgebete spricht, kann die gefühlsbedingten Blockierungen in einer Situation beseitigen, egal, was andere Beteiligte sagen oder tun. Das bewirkt die Kraft des Vergebens – was einfach „aufgeben" bedeutet.

10. Das vierte Läuterungsgebet ist das Vakuumgebet, in dem Sie sowohl im wörtlichen wie auch im figürlichen Sinn loswerden, was Sie nicht wollen, um Platz zu machen für das, was Sie wollen. Diese Handlung überzeugt Ihr Unterbewußtsein, daß Sie auf Ihre Gebete Antwort erwarten.

11. Freiheit ist ein weiteres Erfordernis für erfolgreiches Beten, und die Schaffung eines Vakuums gibt Ihnen diese Freiheit.

12. Das Fasten ist eine Form des Läuterungsgebets und ist besonders wirksam bei der Überwindung ernster Probleme, weil es unser Gebetsbewußtsein intensiviert.

Kapitel 5

Das Gebet für vollständigen Schutz

Eins der am wenigsten bekannten und zugleich wirksamsten Gebete ist das Gebet um Schutz. Durch Schutzgebete können Sie zu negativen Erfahrungen – eigenen und fremden – in Gedanken „nein" sagen und ihnen sogar Einhalt gebieten. Obwohl Beten an sich bereits schützt, sind gezielte Schutzgebete in ihrer Wirkung noch stärker und umfassender.

Mit Schutzgebeten können Sie unerfreuliche Erlebnisse, in die Sie verwickelt wurden, auflösen. Sie können auch dazu beitragen, die negativen Erlebnisse anderer aufzulösen.

In der Bibel finden wir eins der wundervollsten Schutzgebete, es ist der 91. Psalm. Sein Verfasser wußte um die Notwendigkeit schützenden Betens, während er seine wehrlosen Schafe vor wilden Tieren, Unwetter und zahllosen Krankheiten zu bewahren bemüht war. So erfüllte er seinen Psalm mit behütenden Gebeten.

Der berühmte Ingenieur F. L. Rawson, einer der bedeutendsten englischen Wissenschaftler, interessierte sich für geistige Heilung und wurde kurz nach der Jahrhundertwende ein anerkannter Arzt. Er war fest von der segensreichen Wirkung schützender Gebete für Menschen im Kriegseinsatz überzeugt.

Er wußte von einem britischen Regiment zu berichten, das unter dem Kommando eines Oberst Whittlesey im ersten Weltkrieg vier Jahre an der Front stand, ohne einen einzigen Mann zu verlieren. Als man ihn fragte, wie es möglich gewesen sei, vier Jahre härtesten Einsatz ohne Todesfall zu überstehen, erklärte der Oberst, Offiziere und Mannschaften hätten täglich gemeinsam den 91. Psalm gesprochen und häufig memoriert; sie nannten ihn „unser Schutzpsalm".

Als geistiges Wesen, wenig niedriger denn Gott (8. Psalm), können Sie die Herrschaft über Ihre Welt in die Hand nehmen und negative Erfahrungen auflösen oder völlig aus Ihrem Leben ausschalten.

Eine allgemein bewunderte Geschäftsfrau erwähnte oft, eins ihrer Erfolgsgeheimnisse bestünde darin, daß sie immer, wenn sie zur Arbeit geht, Schutzgebete vorausschickt. Als einmal ein neuer Chef kam, der die Mehrzahl der Angestellten entließ, was für diese Einkommensverluste von mehreren Tausend Dollar bedeutete, behielt diese Frau ihre Position und arbeitete mit dem neuen Direktor in Frieden und bestem Einvernehmen, indem sie täglich das Gebet gebrauchte: „Ich umgebe mich schützend mit unendlicher Liebe und Weisheit."

Wenn Sie bereits mitten in unerfreulichen Erlebnissen festgefahren sind, Schutzgebete können Sie herausholen! Im Jahr 1906, gleich nach der Brandkatastrophe in San Francisco, stand ein Geschäftsmann während der chaotischen ersten Monate jeden Morgen eine Stunde früher auf, um ungestört über göttlichen Schutz, göttliche Weisheit und göttlichen Frieden zu meditieren. Seine Freunde und Bekannten waren verblüfft über die Ergebnisse. Viele von ihnen fragten, wie er es fertiggebracht hätte, sein Büro wieder betriebsfähig zu machen, während bei allen Leuten in der Nachbarschaft noch ein einziges Tohuwabohu herrschte.

Dadurch, daß er jeden Tag Gottes Schutz, Weisheit und Frieden bejahte, konnte er mühelos Arbeiter finden, System in sein Tagewerk und Ordnung in seine Akten bringen. All das gelang ohne Hast, ohne Konfusion, ohne Anstrengung, und ohne jene Niedergeschlagenheit und Erschöpfung, die in jenen hektischen Tagen allgemein als selbstverständlich und unvermeidlich hingenommen wurde.

In unserer Zeit, in der man überall von Krieg, Verbrechen, Krankheit, Elend und unzähligen Störungen des Geistes und Körpers hört, sollten Sie beständig Schutzgebete anwenden, damit „es dich nicht treffen wird". *Sollten einige dieser Störungen bereits in Ihrem Leben existieren, können Gebete um Schutz Ihnen helfen, sie zu überwinden.*

Wie man sich vor Diebstahl schützen kann

Ein kleines Mädchen entdeckte, daß offenbar eine seiner Spielgefähr-tinnen aus seinem Zimmer eine Puppe samt Wiege mitgenommen hatte.

Das Kind war natürlich bitter enttäuscht, beschuldigte verschiedene Freundinnen und nahm sich vor, nächsten Morgen in der Schule den Vorfall der Lehrerin zu berichten.

Aber die Mutter machte der Kleinen klar, wie stark ein Gebet um Schutz wirkt, und dann bejahten beide: „Die Liebe neidet nicht" und erklärten, daß niemand Puppe und Wiege oder irgend etwas, das mit göttlichem Recht ihr gehört, gewollt haben kann. Noch am selben Abend wurden Puppe und Wiege in das Kinderzimmer zurückge-bracht.

Zu einer Zeit, in der überall in der Nachbarschaft Einbrüche verübt wurden, bewahrte eine Frau ihr Haus davor, indem sie ebenfalls die Worte anwandte: „Die Liebe neidet nicht."

In San Francisco stieg einmal eine Frau in einer dunklen Nacht aus der Straßenbahn und sah sich nach wenigen Schritten zwei maskierten Männern gegenüber. Einer sagte: „Wir haben kein Kleingeld. Geben Sie uns das Geld aus Ihrer Handtasche."

Sie antwortete mit einer Schutzbejahung: „Gott ist mein Schutz. Nichts im Sichtbaren oder Unsichtbaren könnte mir schaden oder mir Angst machen. Göttliche Liebe hält die Hand über mich."

Einer der beiden Maskierten sagte zu dem anderen: „Los, nimm die Tasche. Wir brauchen sie." Als man ihr die Tasche entriß, entgegnete die Frau freundlich: „Ich hoffe, es wird Ihnen helfen." Dann fügte sie hinzu: „Wir sind alle Gottes Kinder. Wir sind alle Brüder und Schwe-stern in der menschlichen Familie. Wenn einer etwas braucht, sollte der andere gern mit ihm teilen. Ich wünsche, daß euch das Geld zum Segen gereicht."

Die beiden Gauner schauten einander hilflos an und gaben ihr die Tasche zurück, worauf sie sagte: „Gute Nacht, Jungens." Und während sie ihren Weg fortsetzte, stellte sie fest, daß die Tasche nicht geöffnet worden war!

In einer Gegend, in der damals wiederholt eingebrochen wurde, meditierte eine Frau jeden Abend und errichtete im Geist einen Schutzwall um ihr Haus und das ihres nächsten Nachbarn. Sie stellte sich diesen Schutzwall deutlich vor, als eine etwa 30 Zentimeter dicke Mauer aus strahlend weißem Licht, und dabei bejahte sie: „Wir sind von dem reinen weißen Licht des Christus umgeben, in das nichts Negatives eindringen und von dem nur Gutes kommen kann." Ihr Besitztum und das ihres Nachbarn wurden niemals angetastet.

Vielleicht hat Paulus den Römern diese Schutzmethode erklärt, als er schrieb: „Lasset uns ablegen die Werke der Finsternis und anlegen die Waffen des Lichtes."

Schutzgebete für Gesundheit

Gebete um Schutz helfen in allen Lebensbereichen, für Gesundheit, Reichtum und Glück. Ein Angestellter sorgte sich wegen seiner Frau, die beim geringsten Anlaß die Nerven verlor. Kam er abends nicht auf die Minute pünktlich nach Hause, regte sie sich unbeschreiblich auf. Wegen dieses Leidens und der damit verbundenen Kosten hatten die beiden beachtliche Schulden, und der Mann hatte einen widerwärtigen Job als Rechnungseintreiber übernommen, damit sie einigermaßen auskommen konnten. Es war wirklich keine angenehme Arbeit, und das Leben erschien dem Paar als eine endlose Kette unerfreulicher Erfahrungen.

Eines Tages, als die Frau in der Stadt Besorgungen machte, fiel ihr Blick auf ein Plakat mit der Aufschrift: „Stille Stunde. Treten Sie ein. Sie sind willkommen." Das Wort „Stille" zog sie an, denn sie wünschte sich, von ihrer Angst loszukommen und innerlich ruhig zu werden. Voller Hoffnung trat sie ein und nahm an der mittäglichen Gebetsstunde teil. Der Sprecher am Pult sagte mit geschlossenen Augen immer wieder die Worte: „In mir ist eine unendliche Kraft, die mich vor jedem Schaden bewahrt."

Eine Stunde lang wiederholte der Sprecher diesen Satz, und die Anwesenden sprachen mit. Dazwischen gab es längere Pausen, in denen die Leute über diese Worte meditierten.

Am Ende der „Stillen Stunde" fühlte sich die vorher übernervöse und reizbare Frau wie neugeboren. Ihr war klar geworden, daß es für die meisten ihrer Probleme überhaupt keinen Grund gab; sie beschloß, nach Hause zu gehen, gründlich sauberzumachen, ihrem Mann ein gutes Essen zu bereiten und sich dann einfach zu entspannen und am Leben zu freuen. Sie nahm sich fest vor, sich nie mehr über irgendwelche belanglosen Kleinigkeiten aufzuregen.

Als der Mann nach einem anstrengenden Arbeitstag heimkam, konnte er die Veränderung, die mit seiner Frau vorgegangen war, kaum fassen. Anstatt ihn mit Vorwürfen zu überhäufen, weil er sich verspätet hatte, hatte sie das Essen in der Küche warmgestellt und saß friedlich mit einer Näharbeit am Kamin.

Auf seine ratlose Frage, was denn inzwischen vorgefallen sei, berichtete sie ihr Erlebnis und den Eindruck, den auf sie das Schutzgebet gemacht hatte: „In mir ist eine unendliche Kraft, die mich vor jedem Schaden bewahrt." Worauf er voller Staunen erzählte, einer seiner Kunden, der seit geraumer Zeit nicht zahlen konnte, habe ihm von derselben Gebetsversammlung gesprochen, in der er heute gewesen sei! Das dort gelernte Gebet gebrauche er jetzt in der festen Überzeugung, nun seine Schuld bald begleichen zu können.

Von da ab wandte das Ehepaar konsequent dieses Schutzgebet an, und bald merkten beide, wie sich ihnen der Weg zu einem völlig neuen Leben in Frieden, Gesundheit und Fülle öffnete.

Wir besitzen auch die Fähigkeit, durch unser Denken und Fühlen beständig *schützend für andere zu wirken, ebenso wie für uns selbst. Tatsächlich sind die besten Gebete, die wir anderen widmen können, Gebete um Schutz.*

Eine unglückliche Witwe sorgte sich wegen ihres eigensinnigen Teenagers, der sich in den Kopf gesetzt hatte, mit seinem neuen Wagen Rennen zu fahren. Er hatte schon mehrere Autounfälle gehabt, und die Mutter fürchtete für sein Leben, vermochte jedoch nicht, ihn von seiner Absicht abzubringen. In einer Gebetsgruppe, die sich einmal wöchentlich traf, sprachen alle gemeinsam mit ihr das bekannte Unity-Gebet um Schutz für ihn:

Das Licht Gottes umgibt dich,
Die Liebe Gottes umhüllt dich,
Die Macht Gottes beschützt dich,
Die Gegenwart Gottes wacht über dir –
Wo immer du bist, ist Gott.

Von da an erwähnte die Mutter mit keinem Wort mehr die bevorstehenden Rennen, sondern vertraute dem göttlichen Schutz. Die Ergebnisse waren höchst interessant: als der Wagen des Sohnes bei den „Zeitproben" getestet wurde, stellten sich Mängel heraus, und er wurde zum Rennen nicht zugelassen. Weitere stetige Schutzgebete halfen schließlich dem Jüngling, heranzureifen und andere Interessen zu entwickeln.

Ein junger Kaufmann fuhr beruflich hinunter nach Südkalifornien. Seine Mutter las in der Zeitung von starken Überflutungen in der Gegend, die er durchqueren mußte, und begann sofort zu bejahen, daß ihr Sohn unter göttlichem Schutz stand. Später erfuhr sie dann von ihm, eine geschäftliche Angelegenheit am Ort habe seine Abreise verzögert. Weil er abgehalten wurde, vermied er die überfluteten Landstriche; hätte er pünktlich starten können, wäre er mitten in das Überschwemmungsgebiet geraten.

Eine der amüsanten Geschichten, die Florence Shinn in ihrem Buch *The Power of the Spoken Word* berichtet, erzählt von der Dame, die sieben Kinder hatte. Statt sich die ganze Zeit um die muntere Schar zu sorgen, sprach sie gelegentlich für sie ein Schutzgebet, und alle sieben wuchsen gesund und ohne Schaden heran.

Eines Tages stürmte ein Nachbar aufgeregt ins Haus und rief: „Madam, Sie sollten lieber Ihre Kinder rufen. Die klettern in einer Tour die Bäume rauf und runter. Sie werden sich noch umbringen!" Aber die Mutter entgegnete gelassen: „Ach, die spielen nur Baumhaschen. Schauen Sie einfach nicht hin. Es wird nicht das Geringste passieren." Sie kam gar nicht auf die Idee, sich zu ängstigen, und es passierte auch nichts.

Würden besorgte Mütter von halbwüchsigen Kindern und Frauen von latenten Schürzenjägern sich weniger aufregen und statt dessen ihre Lieben mit mehr Schutzgebeten umgeben, dann gäbe es weniger

Unfälle, weniger ehebrecherisches Verhalten und weniger unerwünschte Schwangerschaften. Schon durch die Schutzgebete *eines* Angehörigen kann ein echt harmonisches Familienleben wiederhergestellt werden. *Ersetzen Sie Nörgeln, Gejammer und Schimpfen durch Gebete um Schutz. Über das Ergebnis werden Sie staunen!*

Menschen, die im öffentlichen Leben stehen, sollten beständig von Schutzgebeten umgeben sein, damit sie nicht ahnungslose Opfer der Eifersucht und Kritik anderer werden. Wie in meinem Buch *Das Heilungsgeheimnis der Zeitalter* erklärt wird, können die „bösen" Gedanken anderer Menschen Krankheit, ja sogar Tod verursachen, wenn sich der so Angegriffene nicht entsprechend geistig schützt. Lieblose, herabsetzende, neidvolle und eifersüchtige Gedanken können bei dem „Opfer" alles bewirken, von Übergewicht bis zu Krebs und psychischen Störungen.

Beten Sie zu Ihrem Schutz: „Mich umgibt das reine weiße Licht des Christus. Die negativen Gedanken anderer können mich nicht erreichen." Sprechen Sie für Ihre Mitmenschen: „Du bist vom reinen weißen Licht des Christus umgeben. Ich erkläre dich von den negativen Gedanken anderer unberührt."

Den Tag mit Schutzgebeten für sich und andere zu beginnen, ist eine gute Gewohnheit. Wenn Sie morgens erwachen, vertrauen Sie den Tag, sich selbst und Ihre Lieben der göttlichen Obhut an. Diese Einstellung gibt Ihnen Kraft und Gelassenheit. Haben Sie an diesem Tag eine besondere Herausforderung oder eine unangenehme Situation zu bewältigen, dann bejahen Sie für diese Gegebenheit: „Ich überantworte dich Gott. Gott hat die Herrschaft, und nur Gutes wird sich aus dieser Erfahrung ergeben. Jeder Beteiligte wird zufriedengestellt und gesegnet werden."

Machen Sie sich klar, daß Gott wirklich in seine Obhut nimmt, was Sie ihm überantworten. Er wird Ihnen die Gewißheit, Überzeugung und Erkenntnis geben, daß Sie, Ihr Leben und alle Menschen, die Ihnen nahestehen, in seiner Obhut sicher und geborgen sind, und Sie werden beruhigt und heiter in den neuen Tag gehen.

Falls Sie für sich oder Ihre Lieben irgendwelche Befürchtungen gehegt haben, oder wenn Sie Angst haben vor Gewittern, Unfällen,

Krankheit oder Krieg, werden Schutzgebete Ihnen helfen, solche unnötigen Befürchtungen loszulassen. Wenn Sie dann in Ihren Tag gehen, werden Sie merken, daß Sie die Angst verneinen, indem Sie beständig in jedem Erlebnis Gottes schützende Gegenwart bejahen. Regennasse Straßen, gewagte Überholmanöver und alle anderen scheinbaren Gefahren des modernen Lebens werden Ihnen keinerlei Unbehagen mehr verursachen. Durch Ihre geistige Lebenseinstellung werden Sie sich tagtäglich mit Weisheit und gutem Urteil gesegnet fühlen und in jeder Erfahrung behütet sein. *Die tägliche Anwendung von Schutzgebeten kann in unserem herausfordernden Zeitalter ein echtes Geheimnis erfolgreichen Lebens sein!*

Ernte und Wetterbedingungen im Schutz des Gebets

Da war einmal ein Farmer, der fest davon überzeugt war, daß ein „betender Mensch" unter göttlichem Schutz auf seine Felder kommt. Der Vater dieses Mannes war ein erfolgreicher Landwirt in England gewesen. In der Kartoffelerzeugung hatte er sich seinerzeit mit einigen Nachbarn zusammengetan, denen er einen großen Streifen Land verpachtete, das so aufgeteilt wurde, daß jeder von ihnen jeweils zwei Reihen Kartoffeln ziehen konnte. Die Männer kauften das Saatgut gemeinsam und pflügten und setzten alle zur selben Zeit. Nun glaubte dieses Mannes Vater, wie erwähnt, unbedingt an die Gegenwart und Macht göttlichen Schutzes in den Angelegenheiten der Menschen. Also bat er beim Setzen seiner Kartoffeln für ihr Wachsen um den Segen des Allmächtigen, denn es stand für ihn außer Frage, daß er seinen Wohlstand der Gewohnheit verdankte, in allen Geldangelegenheiten an Gott zu denken.

Als die Zeit der Ernte gekommen war, mußten die Farmer feststellen, daß alle Knollen von der Trockenfäule befallen waren. Das bedeutete einen totalen Verlust für jeden – bis auf diesen einen Mann. Als dieser seine beiden Reihen untersuchte, sah er, daß auch nicht eine einzige Kartoffel angegriffen war. Das machte in der ganzen Gegend großen Eindruck, besonders, weil der Landwirt dieses Ergebnis der Güte

Gottes zuschrieb; er erkannte darin die Antwort auf sein gläubiges Beten für den guten Ertrag seiner Saat.

Ein Schutzgebet, das von vielen Landleuten für eine gute Ernte angewandt wird, ist dieses:

Göttliche Ordnung bestimmt die atmosphärischen Bedingungen und bewirkt das Wetter, das die Erde nötig hat, um eine reiche Ernte hervorzubringen.

Im Süden von Kalifornien lebte einmal eine Frau, deren Haus mitten in einem ausgedehnten Orangenhain stand, der reichlich trug und eine ausgezeichnete Ernte und einen guten Verdienst versprach.

Diese Frau hatte eine Nachbarin, die ebenfalls einen Orangenhain besaß und ebenfalls einem guten Ertrag entgegensah. Aber diese Frau hielt nichts von der Macht göttlichen Schutzes.

Sie spöttelte darüber und nannte eine solche Vorstellung „albern und primitiv".

Eines Abends wurde in der Stadt die Nachricht verbreitet, daß mit großer Wahrscheinlichkeit vor dem Morgen ein Kälteeinbruch zu erwarten stand und jeder Orangenzüchter gut daran täte, seine Bäume zu „rußen". Dieses „Rußen" bestand darin, daß man in den Hainen überall riesige Feuer unterhielt, damit die Luft warm blieb und der Frost nicht an die Orangen kam.

Die Männer der beiden Frauen waren geschäftlich unterwegs, und niemand war zu erreichen, der das Geschäft des „Rußens" hätte übernehmen können. Die Frau, die nicht an göttlichen Schutz glaubte, lief die ganze Nacht händeringend im Flur hin und her. Aber die Frau, die von Gottes schützender Macht überzeugt war, blieb völlig ruhig und sprach die gläubigen Worte: „Gott kann meinen Orangenhain schützen. Die Gegenwart Gottes ist um ihn, umhüllt ihn jetzt und bewahrt ihn vor allem, was ihm schaden könnte." Dann erinnerte sie sich an den 91. Psalm, den sie wiederholt bejahte. Mit einemmal hatte sie den deutlichen Eindruck, ihr Orangenhain sei von einem riesigen unsichtbaren schützenden Tuch bedeckt. Bei dieser Vorstellung überkam sie ein starkes Gefühl inneren Friedens, und so legte sie sich zur Ruhe und schlief sofort ein.

Der Frosteinbruch kam tatsächlich kurz vor dem Morgengrauen, und die Ernte jedes Orangenhains, der nicht „gerußt" worden war, war vernichtet – ausgenommen der Hain unserer Freundin. Die Orangen ihrer ungläubigen Nachbarin waren sämtlich verdorben, doch bei ihr hatte nicht eine einzige Frucht Schaden genommen! Durch ihre Schutzgebete war ihre Ernte gerettet worden, und sie konnte mit einem Ertrag von mehreren Tausend Dollar rechnen. Überflüssig zu sagen, daß ihre zuvor so überlegen spottende Nachbarin sich nie wieder über den Glauben an Schutzgebete lustig gemacht hat.

Ein wirksames Gebet in Bezug auf Witterungsverhältnisse ist dieses: „Göttliche Ordnung segnet jetzt die Erde mit vollkommenem Wetter und der erforderlichen Menge Feuchtigkeit. Ordnung, Harmonie und sichere Bedingungen werden bewirkt und aufrechterhalten."

Schutzgebete löschen einen Großbrand

In Kanada, im nördlichen Teil der Provinz Ontario, geriet einmal ein Großfeuer außer Kontrolle. Drei Tage lang hatte sich ein wütendes Flammenmeer von starken Winden getrieben ausgebreitet, Hunderte von zerstörten Heimstätten hinter sich zurücklassend, als ein Hausbesitzer sich entschloß, eine geistliche Beraterin in Toronto anzurufen und um Schutzgebete zu bitten.

Innerhalb von fünfzehn Minuten, nachdem die Gebetsgruppe in Toronto mit ihrer geistigen Arbeit begonnen hatte, war das Feuer vollkommen gelöscht. Der Wind legte sich, und ein ausgiebiger Regen durchtränkte das gesamte Gebiet. Welche Methode war es, die in so kurzer Zeit ein dreitägiges Feuer zum Erliegen brachte?

Die geistige Beraterin hatte direkt zu dem Wind gesprochen: „Im Namen Jesu Christi, ich sage dir: Schweig und verstumme!"

Dann hatte sie zu den Flammen des Feuers gesagt: „Ihr habt keine Macht, irgendein wertvolles Ding zu beschädigen oder gar zu zerstören. Im Namen Jesu Christi, ihr seid jetzt am Ende. Ihr werdet getilgt."

Abschließend erklärte sie: „Die weiße Decke Jesu Christi senkt sich jetzt nieder, breitet sich über das Land, und das Feuer ist vergangen. Vater, ich danke dir, daß es getan ist."

Was die geistige Begründung für Beten bezüglich Ernte, Wetter und atmosphärischer Bedingungen betrifft, so rät der Prophet Sacharja: „Erbittet von Jehova Regen zur Zeit des Spätregens . . . und er wird euch Regengüsse geben, Kraut auf dem Felde einem jeden" (Sach. 10,1).

Gebetsschutz im Krieg

Ein interessanter Bericht aus dem ersten Weltkrieg über die Macht schützender Gebete kam aus Frankreich: Ein junger Leutnant und seine achtzehn Mann fanden sich von ihrer Truppe abgeschnitten, ohne Verbindung und ohne Versorgung. Der Feind zog den Ring um sie immer enger, ihre Lage schien aussichtslos. Plötzlich erinnerte sich der junge Offizier an einen Brief von seiner Schwester, den zu lesen er noch keine Zeit gefunden hatte. Einem Impuls folgend, holte er ihn heraus und riß ihn auf. Die Schwester schrieb, daß ihre Gebete ihn und seine Leute mit göttlichem Schutz umgeben, und daß noch weitere Freunde und Bekannte für seine und seiner Leute Sicherheit beteten.

Die Männer des kleinen Trupps waren verstört und verängstigt, überdies hungrig und erschöpft. In dem Brief zitierte die Schwester aus den Psalmen:

Ich sage von dem Herrn: Meine Zuversicht und meine Burg, mein Gott, auf den ich hoffe . . . Seine Wahrheit ist Schirm und Schild. Daß du nicht erschrecken müssest vor dem Grauen der Nacht, vor den Pfeilen, die des Tages fliegen. Vor der Pest, die im Finstern schleicht, vor der Seuche, die am Mittag verwüstet. Ob tausend fallen zu deiner Seite und zehntausend zu deiner Rechten, so wird es doch dich nicht treffen (Psalm 91,2, 4–7).

Der Leutnant las zuende, faltete den Brief zusammen und steckte ihn ein. Er spürte keinerlei Angst mehr. Er sagte zu seinen Leuten: „Haltet die Ohren steif. Uns passiert nichts, denn für uns wird gebetet. Wenn ihr Burschen ein Gebet in euch habt, schlage ich vor, ihr legt los und helft mit." Ein Soldat reagierte: „Der Herr sei mit uns." Die anderen antworteten feierlich im Chor: „Amen." Das Wort war kaum verklungen, da begannen die feindlichen Kanonen zu donnern. Fünf Stunden lang hielt das Feuer ununterbrochen an. Die Soldaten waren völlig hilflos, ihre Vernichtung schien nach menschlichem Ermessen unvermeidlich. Doch keiner der Männer wurde verletzt, nicht einmal das alte Haus, in dem sie Deckung genommen hatten, wurde beschädigt. Es war, als habe jemand um Haus und Scheune einen Bannkreis gezogen, indes das ganze übrige Dorf zerstört wurde.

Der junge Offizier sagte später: „Mich braucht keiner mehr von der Macht schützender Gebete zu überzeugen. Diese Methode ist zu gewaltig, zu dynamisch, um sie auf die leichte Schulter zu nehmen. Sie wirkt.“

Ihre beschützenden Engel

Vor alten Zeiten glaubten die Menschen, der Engel der Gegenwart Gottes sei eine wunderwirkende Anwesenheit, deren sich jedermann bedienen kann; daß wir überall und jederzeit von Engeln umgeben sind, die uns nur zu gern führen und behüten, wenn wir sie darum bitten. Man stellte sich damals vor, jedermann habe einen Engel oder ein höheres Selbst. (Lesen Sie über die Heilmethode, an den Engel eines Menschen zu schreiben, in meinem Buch *Die dynamischen Gesetze der Heilung*.)

Wenn sich eine Herausforderung anzeigt, sagen Sie sich: „Ich habe nichts zu fürchten. Mein Schutzengel geht vor mir her und ebnet mir den Weg.“ Auch für andere sollten Sie diesen Satz oft sprechen. Eine Geschäftsfrau bangte sich vor einer Einkaufsreise; sie hatte dabei über 300 km durch Regen und Nebel zu fahren und mußte ihren kranken Mann mitnehmen, den sie nicht allein zu Hause lassen konnte. Ihre Freundin sagte: „Mach dir keine Sorgen. Ich habe gebetet, daß dein Schutzengel dich begleitet.“

Nach ihrer Rückkehr berichtete die Frau: „Es war wirklich, als hätte mich ein Engel begleitet. Kaum waren wir aus der Stadt heraus, als der Nebel sich hob, es hörte auf zu regnen, und dann kam die Sonne. Auf der ganzen Fahrt hatten wir herrliches Wetter. Mein Mann hat die Reise richtig genossen, sie hat ihm überhaupt keine Beschwerden gemacht. Und finanziell gesehen war das der günstigste Einkaufstrip seit langer Zeit.“

116

Zwei Missionare durchquerten eine gefährliche Dschungelgegend, in der ihnen zwei Räuber auflauerten. Aber als die Räuber die beiden erblickten, sahen sie noch „éine dritte Person", die sie begleitete und überlebensgroß schützend über ihnen zu schweben schien. Die Anwesenheit dieses Dritten – oder Schutzengels – verwirrte und ängstigte die Räuber so, daß sie Reißaus nahmen, und die Missionare setzten ihren Weg unbeschadet fort.

Engel des Wohlstands und der Heilung

Den Israeliten galt Raphael als der Engel der Heilung. Vielleicht möchten Sie manchmal gern verfügen: „Engel der Heilung, erscheine, jetzt und hier." Oder Sie wünschen sich, in derselben Weise den Engel des Wohlstands oder den Engel der Liebe, Harmonie und Ehe herbeirufen zu können.

Vor einer Reise, oder wenn wir einer herausfordernden Situation zu begegnen haben, ist es nützlich, zu bejahen: „Der Engel der Ruhe geht vor mir her und bewahrt mich vor allen negativen Erfahrungen", oder „Der Engel der göttlichen Gegenwart geht vor mir her und bereitet mir den Weg." Der Prophet Maleachi könnte seinen Schutzengel gemeint haben, als er schrieb: „Siehe, ich will meinen Engel senden, der vor mir her den Weg bereiten soll" (Mal. 3,1).

Als ich einmal auf eine Vortragsreise ging, beschloß ich, die Idee mit dem Engel zu testen. Ich bejahte, daß der Engel des Wohlstands vor mir hergeht, um meinen Weg gedeihlich und erfolgreich zu machen. Wird man für einen Vortrag engagiert, dann wird ein festes Honorar vereinbart. Spricht man jedoch auf Einladung in Kirchen oder zu religiösen Gruppen, dann ist man auf die einkommenden Spenden angewiesen, und die sind oft so gering, daß sie nicht einmal die eigenen Unkosten decken – und um eine solche Vortragsreise zu verschiedenen Kirchen handelte es sich hier.

Doch diesmal, als ich den Engel des Wohlstands vor mir hergesandt hatte, begab sich etwas noch nie Dagewesenes. Woch ich auch hinkam, sagten Menschen zu mir: „Ich habe Ihre Bücher gelesen, und sie haben mir sehr geholfen. Ich möchte Ihnen gern durch einen persönlichen ‚Zehnten‘ meine Dankbarkeit zeigen." Das Ergebnis war, daß ich mit einer Handvoll privater Geschenksschecks nach Hause kam, die mir ermöglichten, Kosten zu begleichen, die ich sonst häufig aus eigener Tasche hatte zahlen müssen. Dieses Erlebnis hat mich davon überzeugt, daß es einen Engel des Wohlstands gibt – einen Engel unbegrenzten Reichtums!

Was den Engel der Heilung angeht, so trug sich vor vielen Jahren in England eine Geschichte zu, die damals im *London Daily Mirror* und in *The Central News Agency* berichtet wurde. Eine Frau hatte fünf Jahre an Tuberkulose gelitten und lag nun im Sterben. Die Ärzte hatten sie schon lange aufgegeben. Nun waren ihre Verwandten gekommen und standen um ihr Bett, als sie zu atmen aufhörte und das Leben sie verlassen zu haben schien.

Acht Minuten später tat die vermeintlich Tote plötzlich einen tiefen Atemzug, setzte sich auf und sagte im Gesprächston: „Ja, ich höre. Wer ist dort?" Wie sie später berichtete, sah sie in diesem Augenblick einen Engel, der sich über sie beugte und sprach: „Dein Leiden ist vorüber. Stehe auf und wandle."

Als sie um ihren Morgenrock bat, gerieten die Verwandten in helle Aufregung, denn sie hatte seit Monaten ihr Bett nicht mehr verlassen. Sie erhob sich, ging ins Wohnzimmer und bat um etwas zu essen, obwohl sie seit einem halben Jahr keine feste Nahrung mehr zu sich genommen hatte.

Rasch gewann sie ihre Gesundheit zurück, und ärztliche Untersuchungen ergaben, daß ihr Körper keinerlei Anzeichen mehr von ihrem Leiden aufwies, und das, nachdem sie fünf Jahre lungenkrank gewesen war. Danach aß sie normal, schlief gut und war vollkommen ruhig und zufrieden. Nichts schien sie zu ermüden oder gar aufzuregen. Der Engel hatte ihr gesagt, ihr Leben sei erhalten worden, damit sie helfen könne, andere zu heilen. So verbrachte sie viel Zeit in Gebetsfürsprache für die Kranken ihres Dorfes und bat den Engel der Heilung, diese gesund zu machen. Es geschahen viele Heilungen, und so bekam das Leben dieser Frau einen neuen Sinn und brachte ihr tiefe Freude und Befriedigung.

Der Psalmist scheint um die schützende Macht im Gebet angerufener

Engel gewußt zu haben, als er verhieß: „Es wird dir kein Übel begegnen, und keine Plage wird zu deiner Hütte sich nahen. Denn er hat seinen Engeln befohlen über dir, daß sie dich behüten auf allen deinen Wegen" (91. Psalm).

Zusammenfassung

1. Eine der wirksamsten, doch am wenigsten bekannten Gebetsformen ist das Gebet um Schutz. Durch Schutzgebete können Sie unerfreuliche Erfahrungen, in die Sie verwickelt wurden, auflösen, und Sie können auch helfen, negative Erfahrungen anderer aufzulösen.
2. Schutzgebete können Sie aus einer unangenehmen Erfahrung herausbringen, und Schutzgebete können Sie vor unerfreulichen Erlebnissen in der Zukunft bewahren.
3. Die wichtigsten und notwendigsten Gebete, die Sie je anwenden können, sind Gebete um Schutz.
4. Ersetzen Sie im häuslichen Kreis Nörgeln und Jammern durch Gebete um Schutz. Das Ergebnis wird Sie erstaunen.
5. Schutzgebete sind besonders wirksam zur Vermeidung von Krankheiten, Verhütung von Unfällen und für Ernten und Wetterbedingungen, sogar gegen Feuersbrunst. Im Krieg haben Schutzgebete oft Leben bewahrt.
6. Aufgabe der Engel ist es, Sie zu behüten, zu lenken und zu führen. Bejahen Sie oft, daß der Engel der Heilung, des Schutzes, des Wohlstands vor Ihnen hergeht, um Sie zu heilen, zu beschützen oder Ihren Weg erfolgreich zu machen.
7. Der Psalmist gebrauchte oft Schutzgebete, um wilde Tiere, Unwetter und andere Übel fernzuhalten. Ein starkes Schutzgebet ist der 91. Psalm. Wenden Sie ihn häufig an.

Kapitel 6

Das machtvolle Gebet der Bejahung

Ein Geschäftsmann scherzte: „Und ob ich an die Macht des Gebets glaube. Ich bete jeden Morgen, daß die Börsenkurse steigen!"

Mag es ihm nun bewußt gewesen sein oder nicht, dieser Mann gebrauchte das Gebet der Bejahung, wenn auch vielleicht mehr zufällig und nebenbei.

Man hat das Bejahungsgebet einen „Hebel der Kraft" genannt, und dem kann ich nur zustimmen. Wenn Sie positiv und ohne Angst durch Bejahungen beten können, dann wissen Sie, wie man den „Krafthebel" ergreift, der Sie sicher durch alle Lebenserfahrungen bringt.

Viele Segnungen, die das Leben für uns bereithält, entgehen uns, weil wir nicht affirmativ um sie gebetet haben. Das Bejahungsgebet sendet Kraftströme in unser Unterbewußtsein, wo sie frei werden und positive Ergebnisse bewirken können. Bejahende Gebete, besonders in der Form, die in Kapitel 7 erklärt wird, erreichen die tiefste Bewußtseinsschicht in uns und setzen oft wahre Wunderkräfte frei, die dort latent vorhanden sind.

Das Wissen um die Einfachheit und Macht bejahenden Betens gibt Ihnen ein Gefühl geistiger und seelischer Sicherheit wie sonst nichts in der Welt, denn haben Sie erst gelernt, Bejahungsgebete anzuwenden, werden Sie sich nie mehr allein oder wehrlos fühlen. Sie besitzen dann eine geistige Ausrüstung, die allen Herausforderungen des Lebens gewachsen ist.

Obwohl ich in einer religiösen Familie großgeworden bin, habe ich doch nie gewußt, wie man richtig betet, ehe ich das Gebet der Bejahung kennenlernte. Plötzlich war mir, als hätte ich den größten Schatz der Erde entdeckt, denn nun hatte ich endlich etwas, an das ich mich halten konnte, etwas, das mir in guten und schlechten Zeiten zur Seite stand. Seit nunmehr zwanzig Jahren wende ich für mich und andere bejahende Gebete an. Ich habe herausgefunden, daß man sich aus Beschränkungen buchstäblich seinen Weg „freisprengen" kann, wenn man das Wort der Wahrheit spricht und ungeachtet des Anscheins sein Gutes erklärt. Bejahungsgebete können unser „günstiges Dynamit" sein, mit dem wir eventuelle Blockierungen in allen Lebensbereichen mühelos beseitigen.

Als ich vor kurzem als Gast im Unity-Tempel von Country Club Plaza in Kansas sprach, hieß der allgemeine Kommentar: „Wahrhaftig, sie ist ein einziges Bündel von Bejahungen!"

Wie dem auch sei, *wenn der Glaube, den Sie bisher an das Üble verschwendet haben, nur für eine einzige Stunde in Glauben an das Gute verkehrt würde, würde das ausreichen, Ihr ganzes Leben zu revolutionieren! Durch Bejahungsgebete, die Ihnen helfen, sich auf das Gute zu konzentrieren und es hervorzubringen, können Sie die Umstände um 180 Grad wenden. Ihre Worte können Behinderungen auflösen und Barrieren beseitigen. Bejahung scheint die Gebetsform zu sein, die die ganze Macht Gottes in Bewegung setzt.*

Das Bejahungsgebet ist so einfach, daß es uns jedes Gefühl von Heiligenschein und Mysterium nimmt, das so oft mit dem Akt des Betens in Verbindung gebracht wird. Seine Unkompliziertheit schaltet alle üblichen psychologischen Hindernisse aus.

In der modernen Zeit bezeichnet man das Gebet der Bejahung als „wissenschaftliches Beten" oder „geistige Methode". Die Bibel ist voll von bejahenden Gebeten, die als „Affirmationen" bekannt sind. Hiob beschreibt die Einfachheit und Macht der Bejahung, wenn er konstatiert: „Beschließest du eine Sache, so wird sie zustande kommen, und Licht wird scheinen auf deinen Wegen" (Hiob 22,28). Jesus hat häufig die Macht der Bejahung angewandt, um jene, die ihm folgten, zu heilen und zu segnen. Das Vaterunser ist in manchen Übersetzungen eine Kette von Bejahungen. Die Psalmisten schätzten Bejahungsgebete und erfüllten ihre Psalmen mit ihnen. Der beliebte 23. Psalm ist ein gutes Beispiel dafür. Die Schöpfungsgeschichte im 1. Buch Mose betont immer wieder die kreative Macht der Bejahung in der Formel: „Es werde . . . und es ward."

Was immer Sie bejahend äußern, lösen Sie infolge der Schwingungs-
kraft der Worte in Ihrem Leben aus. Das Wort „äußern" und das Wort
„Äußeres" haben dieselbe Wurzel und Grundbedeutung. Was Sie also
„äußern", wird folgerichtig ein „äußerer" Teil Ihrer Welt!

Wie durch Bejahungen ein Buch entstand

Bei intensivem Studium wird deutlich, daß fast alle biblischen Gebete
laut gesprochen wurden. Die Historiker nehmen an, das war deshalb
üblich, weil gewöhnlich vor einer großen Menschenmenge gebetet
wurde. Das mag durchaus zutreffen, aber die biblischen Gebete wurden
auch deshalb laut gesprochen, weil die damaligen Menschen um die
Dynamik der Töne wußten: ihnen war bekannt, daß das gesprochene
Wort eine ungeheure Kraft besitzt, und daß durch eine bestimmte
Anordnung von Worten – wie beispielsweise in einer Bejahung – sich im
Unsichtbaren starke Vibrationskräfte zusammenballen und auf Sub-
stanz einwirken, die speziellen bejahten Ergebnisse zu manifestieren.
Die Kraft des gesprochenen Worts wurde schon lange vor der bibli-
schen Zeit genützt. Bejahungen in eintönigem Singsang zu sprechen,
um die Schwingungskräfte im Menschen zu harmonisieren, war bereits
Brauch in den Heilungstempeln von Atlantis, Ägypten, Persien, Indien
und Griechenland. Im Osten wird Mantra-Yoga, oder Erlösung durch
Bejahung, seit undenklichen Zeiten praktiziert.
Mein erstes Buch, *Die dynamischen Gesetze des Reichtums*, entstand
als Ergebnis von Bejahungen. Im Jahre 1958 unterrichtete ich auf
allgemeinen Wunsch in einem Kursus über die geistigen und mentalen
Gesetze des Wohlstands. Den Menschen in meiner Gemeinde wurde
dadurch so geholfen, daß sie mich baten, das Lehrmaterial in einem
Buch niederzulegen. Ich hatte noch nie ein Buch geschrieben und
meinte deshalb, für ein derartiges Projekt weder Zeit noch Talent zu
haben, was ich auch offen erklärte.
Aber ein freundlicher Geschäftsmann aus meinem Kursus war so
überzeugt, ich müsse das Buch schreiben, daß er mir anbot, sich jeden
Morgen im Gebetsraum der Kirche mit mir zu treffen, um mit mir

gemeinsam bejahend zu beten. Als wir damit anfingen, hatte ich weder ein Buch noch einen Titel, einen Verleger oder auch nur einen Schatten von Erfahrung für eine solche Aufgabe, und so schien unser Gebetsplan reichlich fantastisch.

Nichtsdestoweniger entfaltete sich, während wir täglich unsere Bejahungen anwandten, im Gebet das ganze Buch vor mir, sogar einschließlich der Kapitelüberschriften. Als wir dann wegen eines Titels beteten, schlug ein Börsenmakler aus dem Kursus vor: *Die dynamischen Gesetze des Reichtums.* Nun brauchten wir nur noch einen Verleger. Unter den gegebenen Umständen schien es absurd, anzunehmen, ein absoluter Neuling in der Branche wie ich könne so „mir nichts, dir nichts" gedruckt werden. Aber wir bejahten nichtsdestotrotz im Gebet, daß der von Gott vorgesehene Verleger sich zeigen werde. Und da geschah etwas völlig Unvorhergesehenes: in meinem Büro erschien ein Mann aus dem Public Relations-Geschäft und sagte: „Ihre Vorlesungen sind mir und meinen Unternehmungen derart von Nutzen gewesen, daß ich gern etwas für Sie tun möchte. Womit könnte ich helfen?"

Als ich sagte, ich plane ein Buch zu schreiben, rief er aus: „Ich habe eine gute Bekannte in New York, eine anerkannte Literatur-Agentin. Für gewöhnlich nimmt sie keine unbekannten Autoren an, aber ich werde sie bitten, Sie zu vertreten." So kam ich zu einer ausgezeichneten Agentin und einem vortrefflichen Verlag.

Buch, Titel und Verleger – alles ergab sich durch die Macht des bejahenden Gebets. Danach beteten wir, daß ich innerhalb meiner mit kirchlicher Arbeit ausgefüllten Tage die Zeit finden würde, ein Buch zu schreiben, und irgendwie wurde es geschrieben, teils mitten in der Nacht, teils zu den kuriosesten Zeiten.

Das Gebet der Bejahung hat beste Arbeit geleistet, um mich mit allem Notwendigen zu versorgen, damit meine Bücher veröffentlich werden konnten. Der einzige Kontakt oder Einfluß, über den ich als unbekannter Autor verfügte, waren der „Kontakt" und „Einfluß" des bejahenden Gebets!

Und das Gebet der Bejahung ist auch genau der Kontakt und Einfluß, den Sie brauchen, damit auch Ihre Gebete beantwortet werden.

Vielleicht fragen Sie: „Aber warum soll denn das laute Sprechen von Worten geistige Kraft haben? Ist Beten denn nicht mehr als nur Worte?" Gewiß, Beten ist mehr als Worte, aber *Beten beginnt und endet mit dem Wort.* Alle großen Religionen der Welt haben von jeher gewußt: das Wort ist Gott in Aktion. „Im Anfang war das Wort, und das Wort war bei Gott . . . und ohne dasselbe ist nichts gemacht, was gemacht ist", erklärte Johannes symbolisch (Joh 1,1.3).

Das Wort ist dynamisch, denn es erschafft. Sprache ist der Odem Gottes, denn sie erschafft. Nichts besitzt mehr lebendige Kraft, nichts besitzt mehr schöpferische Kraft, als bejahende Worte. Das ist wahr, weil Worten der Wahrheit Leben, Intelligenz und Substanz innewohnen, die durch Bejahung freigesetzt wird.

Der Grund, weshalb das bejahende Gebet seit undenklichen Zeiten in allen Kulturen und Zivilisationen angewendet wurde, liegt darin, daß die großen Geister aller Epochen gewußt haben, daß dem Wort eine schöpferische Kraft innewohnt. Worte der Wahrheit sind schärfer als ein zweischneidiges Schwert (Hebr. 4,12), durchschneiden blitzschnell Verneinungen und legen so das allgegenwärtige Gute frei.

Die Schriften der Hindus erklären es so: „Spricht oder handelt ein Mensch aus einem bösen Gedanken, so folgt ihm Pein. Spricht oder handelt ein Mensch aus einem reinen, bejahenden Gedanken, so folgt ihm Glück" Die Schöpfungsgeschichte der Ägypter unterstreicht genau wie unsere Schöpfungsgeschichte die erschaffende Macht bejahender Worte: „Es war der Gott Ägyptens, der die Welt erschuf, indem er sie ins Leben sprach. Was ausgeht von seinem Munde, das geschieht, und was er spricht, das entsteht." Die Griechen sagten, das Wort ist von kosmischer Kraft erfüllt. In Indien sieht man in dem gesprochenen Wort der Bejahung die größte Macht in der Welt. Die Chinesen waren von jeher überzeugt, Worte sind so mächtig, daß ein beschriebenes Blatt nie zerstört werden sollte, auch dann nicht, wenn es nicht mehr von Nutzen ist.

Einer der frühchristlichen Päpste beschloß, als er noch ein kleiner Junge war und auf dem Feld arbeitete, einmal Papst von Rom zu werden. Durch diese Bejahung löste er die größte dynamische und schöpferische Macht aus, die es gibt; sie bewirkte die Bedingungen und Geschehnisse, die den Bauernjungen Papst werden ließen, wie er es vorhergesagt hatte.

Ein Griechenjunge, Sohn eines Obsthändlers, erklärte als Kind, er würde es im Leben zu etwas bringen, und so wurde aus dem kleinen Obstverkäufer der Freund des Sokrates.

Einer der alten römischen Dichter wurde als Sohn eines Bäckers geboren. In der Bejahung des Guten erhob er seine Vorstellung so hoch, daß er ein Dichter und Stückeschreiber wurde, dem das römische Volk dieselben Ehren erwies wie seinen Cäsaren. Und ein griechischer Sklave, krank und mißgestaltet, entkam dem Dienst bei einem grausamen Herrn und wurde ein allseits geehrter Begleiter von Fürsten und Adligen.

Der schottische Philosoph Thomas Carlyle, der selbst aus ärmlichen Verhältnissen stammte, hat gesagt, wenn wir unsere Freiheit erklären, wird die Knechtschaft schwinden, und wir können jeden Augenblick etwas Gutes ergreifen. Er war fest überzeugt, daß Bejahung uns auch von Krankheit befreit. Wenn wir in der Bejahung unseres Guten beharren, werden wir merken, wieviel besser wir mit Menschen auskommen, die uns früher schwierig erschienen. Und schließlich wird uns klar werden, daß unsere Sinnesart und unsere Grundeinstellung sich gewandelt hat. Wir werden bald weitere Segnungen erfahren. Vieles, was uns früher belastet hat, wird sich zu unseren Gunsten wandeln. *Bejahendes Beten ist eine der einfachsten und gleichzeitig wirksamsten Methoden zur Änderung und Verbesserung unseres Lebens, die dem Menschen zur Verfügung stehen!* Deshalb haben die Menschen auch zu allen Zeiten das Gebet der Bejahung gekannt und angewandt.

Warum verbales Beten unerläßlich ist

Viele Menschen werden im Beten frustriert, weil sie wortlos zu beten versuchen, in Stille und Meditation, ohne daß sie sich zuvor entspannt, ihre Ängste durch Läuterungsgebete gelöst und danach Bejahungen gesprochen haben. Es ist unerläßlich, zuerst die Gebete der Entspannung, Läuterung und Bejahung anzuwenden. Sie können diese unmöglich überspringen und ohne Vorbereitung in die tieferen geistigen Formen wie Meditation, Stille und Realisation eindringen.

Selbst ernsthaft Suchende auf dem Weg des Gebets werden manchmal entmutigt, weil sie die tieferen Gebetsphasen anstreben, ehe sie die Grundformen gelernt haben, die das gesprochene Wort der Bejahung einschließen. Sie versuchen sozusagen, ihren Doktor im Beten zu machen, während sie noch nicht einmal das Vorschulpensum intus haben!

Unterschätzen Sie das Gebet der Entspannung, das Läuterungsgebet und das Gebet der Bejahung nicht. Die verbalen Stadien müssen am Anfang Ihrer Gebetsentfaltung stehen. Wörtliches Beten löst alle negativen Gedankenbilder in Ihrem Bewußtsein und Unterbewußtsein. Diese alten verneinenden Vorstellungsmuster von Disharmonie, Unversöhnlichkeit, Groll, Furcht, Eifersucht, Neid und Kritik sind es, die Ihr Gutes von Ihnen ferngehalten haben und Sie daran hindern, in tieferer Weise beten zu können.

Gesprochene Worte beseitigen solche negativen Denkmuster, die sich in Ihrer Vorstellung festgesetzt hatten. Sobald sie ausgeräumt und Ihr Gemüt und Empfinden gereinigt sind, können Sie in tieferer Weise beten, durch Meditation, Stille, Realisation.

Aber in Ihrem Denken und Fühlen gibt es unzählige Schichten, die zuerst geläutert werden müssen, bevor dies möglich ist. Die Alten glaubten an sieben Schichten oder Ebenen im menschlichen Geist, die beständig von negativen Bildern gereinigt werden müssen, damit die Gebete des Menschen beantwortet werden können.

Gesprochene Worte, verbale Gebete, die oft eher mental als geistig scheinen, sind das Einzige, das diese Lagen um Lagen negativer Gedanken aus der menschlichen Vorstellung ausräumen kann. Nur nach einer solchen mentalen und emotionalen Befreiung können Gebete Erfüllung finden.

Verbales Gebet ist von psychologischem Wert

Die Psychologie vertritt ebenso wie die Religion die Meinung, man sollte häufig verbale Gebete sprechen. Die Psychologie betont, daß das gesprochene Wort größere Suggestivkraft besitzt als der wortlose Gedanke. Es ist weit besser geeignet, die tieferen Ebenen des Gemüts zu erreichen und zu vervollkommnen. Deshalb unterstreicht die Psychologie das verbale Gebet und seine positive Wirkung auf unser Denken und Fühlen; man hat nämlich herausgefunden, daß *unser Sprachzentrum eng mit unserem mentalen Leben verbunden ist. Wenn wir positive Worte sprechen, verbessern wir unser mentales Leben.*

Die frühen Christen, und ebenso die christlichen Mystiker des Mittelalters, die solche Experten im Beten waren, bestanden darauf, daß ein gewisser Anteil an verbalem Gebet selbst in das Leben der stillsten, besinnlichsten Seelen Eingang finden sollte. Sie waren überzeugt, die Anwendung höherer Gebetsformen dürfe niemals dazu führen, geringere Stufen wie verbales Beten außer acht zu lassen oder gar völlig aufzugeben.

Wiederholt haben die früheren Christen aus ihren fundierten Gebetserfahrungen heraus darauf hingewiesen, daß Gesundheit – in unserem geistigen ebenso wie in unserem körperlichen Leben – in hohem Maß von dem Formenreichtum unserer Gebetsübungen abhängt.

Deshalb sollten Sie sich nie scheuen, Ihr Beten abwechslungsreich zu gestalten. Niemals sollten Sie das Gefühl aufkommen lassen, geistig an Boden zu verlieren, wenn Sie merken, daß Sie verbal beten, obwohl Sie bereits gelernt haben, Meditation und Stille zu praktizieren.

Teresa von Jesus, Johannes vom Kreuz und andere erklärten, um unserer geistigen Ausgeglichenheit willen müssen wir immer wieder auf das Gebet der Bejahung zurückgreifen. Es gibt „Gebetsneurotiker“, die behaupten, dem verbalen Gebet „entwachsen“ zu sein; sie erachten das Bejahungsgebet als für sie zu „primitiv“. Solche verschrobenen Zeitgenossen geraten ausnahmslos in Verwirrung, da sie krampfhaft bemüht sind, „fortgeschritten" zu sein und sich ausnahmslos mit Meditation und Stille befassen. Oft enden sie in seelischen Zwangsvorstellungen und anderen psychologischen Schwierigkeiten, weil es in ihrem Gebetsleben keinen gesunden Ausgleich gibt.

Abwechslung im Beten schließt Ihre Seele für neue Gebiete geistiger Entwicklung auf. Die bedeutenden christlichen Gebetsfachleute begannen immer mit laut gesprochenen Gebeten, dem direkten und starken Anregungsmittel, das die seelischen Ebenen in uns aufnahmebereit macht. Dann erst gingen sie über zur Meditation, zur Stille und tieferen Gebetsformen. Verbales Gebet ist allwirksam im Anfang Ihrer Gebetsentwicklung, und später ebenfalls! Dem gesprochenen Bejahungsgebet entwachsen Sie niemals.

Es gibt eine Theorie, daß auf je fünfzehn Minuten geistigen Studierens zum Ausgleich fünf Minuten Bejahungen folgen sollten. Das Studieren hilft Ihnen, die Wahrheit zu erkennen. Bejahung hilft Ihnen, sie auszulösen.

Verbales Gebet bringt schnell finanzielle Hilfe

Jeder kann beten, jeder kann mit Erfolg beten, der den Mut hat, das Bejahungsgebet anzuwenden! Das ist wahr, weil die Gebetskraft in der Zungenwurzel zentralisiert ist. „Tod und Leben sind in der Zunge Gewalt" erklärt Salomon in den Sprüchen (Spr. 18,21).

Weil die Gebetskraft in der Zungenwurzel sitzt, glaubten die Alten, das Wort müsse probiert und geschmeckt werden, bevor es wirken könne; es genüge nicht, eine Bejahung einfach zu sprechen, sondern man müsse sie „essen". Nehmen Sie einen Bissen – ein paar Worte – kauen Sie, nehmen Sie sie auf, denken Sie darüber nach. Schlucken, verdauen und meditieren Sie. Dann wird das Wort Fleisch und wohnt als Ergebnis in Ihnen (Joh 1,14).

Wiederholtes Sprechen von Worten des Lebens, der Gesundheit, des Wohlstands, des Erfolgs und des Friedens bewirkt eine atomare Vibration. Durch sie bewegen sich die Worte in den Äther, um die im Gebet beschriebenen Bedingungen direkt aus der allgegenwärtigen Intelligenz

des Universums zu formen! Bejahung ist eine einfache, leichte Gebetsmethode, ein Hebel der Kraft, den jeder ergreifen kann, um befriedigende Resultate zu bewirken.

Eine Ladenbesitzerin in England fand sich plötzlich in einer finanziell
äußerst prekären Lage. Sie hatte auf Geschäft und Warenbestand eine
beträchtliche Summe aufgenommen. Nun war der Geldgeber gestorben, und die Erben bestanden auf sofortiger Rückzahlung, andernfalls
drohten sie mit Zwangsversteigerung. Die Frau wollte ihr Eigentum
gern behalten, sah aber keinen Weg, der Forderung nachzukommen.

Also begann sie zu bejahen: „Alle finanziellen Türen stehen jetzt für
mich offen. Alle finanziellen Kanäle sind jetzt für mich frei. Göttliche
Substanz manifestiert sich jetzt für mich in angemessener Form. "

Während Sie fortfuhr, „in zwölfter Stunde" affirmativ zu beten,
betrat ein Fremder ihr Geschäft. Er sah sich um, betrachtete die Waren,
und es ergab sich ein Gespräch, in dessen Verlauf sich herausstellte, daß
er Bankdirektor war. Obwohl das Geldinstitut der Ladeninhaberin ihr
ein Darlehen verweigert hatte, bot der Fremde ihr zur Deckung ihrer
Verbindlichkeiten die Dienste seiner Bank an. Genau die richtige
finanzielle Tür hatte sich geöffnet – aber erst, nachdem sie es bejaht
hatte, wörtlich und definitiv.

Sprechen Sie Ihre Bejahungsgebete täglich in regelmäßigen Abständen laut in den Äther. Ihre affirmativen Worte rühren an die Substanz
des Universums, bewirken eine atomare Schwingung, formen Ihr Gutes
zu endgültigen Ergebnissen und offenbaren es für Sie in sichtbarer
Gestalt. *Durch Bejahen des Guten setzen Sie effektiv atomare Energien
frei.*

Phillips Brooks hat einmal gesagt: „Beten heißt nicht, einen unwilli-
gen Gott anflehen, sondern sich selbst der Bereitwilligkeit Gottes
aufschließen. " Und genau dazu verhilft Ihnen das affirmative Gebet:
der Bereitschaft Gottes, Sie mit unendlichem Segen zu überschütten,
Herz und Sinn zu öffnen!

Emerson beschrieb Gott als „unermeßliche Bejahung", und das
Gebet nannte er „Gott im Menschen, seine Werke gut erklärend". Eine
wirkungsvolle Gebetstechnik besteht darin, zu allem im Leben – Positivem wie Negativem – zu sagen: „Ich erkläre es als gut. "

130

Die stärksten Formen der Bejahung

Obwohl in allen meinen Büchern viele Bejahungsgebete zu finden sind (siehe *Die dynamischen Gesetze des Reichtums* für spezielle Wohlstandsbejahungen, und *Die dynamischen Gesetze der Heilung* für spezielle Heilungsbejahungen), habe ich im Lauf der Jahre beobachtet, daß bestimmte Bejahungsformen eine besondere Erfolgskraft zu haben scheinen.

Erstens: Direktes Sprechen zu Gott

Sie werden staunen, wie schnell Ihre Gebete beantwortet werden, wenn Sie Gott als liebevollen Vater sehen und direkt zu ihm sprechen. Reden Sie mit ihm zum Beispiel über die guten Dinge, die Sie sich im Leben wünschen. Robert Collier beschreibt diesen einfachen Vorgang in seinem Buch *Riches Within Your Reach:*
Beginnen Sie das Gespräch mit dem, was Sie bereits haben, und regen Sie an, daß Sie täglich stärker, gesünder, reicher und glücklicher werden. Sprechen Sie, wie man zu einem reichen und liebevollen Vater spricht; beschreiben Sie die Verbesserungen, die Sie in Ihren Angelegenheiten sehen möchten, den schöneren Körper, den Sie sich wünschen, die interessantere Arbeit, das hübschere Heim, den besseren Verdienst. Reden Sie über all das etwa zehn Minuten, während Sie mit Gott allein sind. Sie werden überrascht sein, wie bereitwillig er Ihnen helfen wird, Ihre Vorschläge zu verwirklichen. Zerbrechen Sie sich nicht den Kopf, wie die von Ihnen gewünschten Bedingungen zustande kommen sollen. Sprechen Sie nur vertrauensvoll, gelöst und fröhlich, und überlassen Sie ihm alles Weitere.

Wer voller Vertrauen auf diese Weise betet, kann des Erfolgs sicher sein, weil er sich mit der erfolgreichsten Kraft des Universums in Einklang bringt. Diese Gebetsmethode ist ein einfacher Weg, Jesu Verheißung zu erfüllen: „Alles, was ihr bittet im Gebet, so ihr glaubet, werdet ihr's empfangen" (Matth 21,22).

Viele Menschen haben die Kraft des Betens nicht eingesetzt, weil sie der irrigen Ansicht sind, es sei unrecht, um *Dinge* zu bitten. Jesus meinte nicht, daß Beten um Dinge die einzige oder gar höchste Form des Betens sei, als er dieses Versprechen gab. Doch er wußte, wenn man erst einmal um Dinge betet, wird man die Kraft des Gebets als Mittel einer engen Verbundenheit mit Gott erkennen lernen.

Es ist gut und richtig, wenn Sie um Dinge bitten, die Sie benötigen. Sie leben in einem reichen, von Gott erschaffenen Universum, das den Drang hat, Sie mit allem zu versorgen, was Sie brauchen. Unter den Persönlichkeiten der Bibel, die um Dinge gebetet und sie erhalten haben, finden sich Gestalten wie Abraham, Daniel, David, Elias, Jeremias, Jonas, Josua, Moses und Salomo. Auch Jesus betete bei zahlreichen Anlässen um Dinge, und sie manifestierten sich.

Wenn Sie im Zweifel sind, ob Sie um Dinge beten sollen oder nicht, dann stellen Sie sich drei Fragen:

Erstens: Ist es geistig legal? Würde die Erfüllung jemanden kränken? Wäre die Erfüllung für alle Beteiligten gut? Es gibt ein Sprichwort: „Das Wohl des einzelnen ist das Wohl aller."

Zweitens: Wollen Sie das, um das Sie bitten möchten, wirklich haben – so sehr, daß Sie bereit sind, die Verantwortung auf sich zu nehmen, die es mit sich bringt? Neues Gutes bringt immer auch neue Herausforderung und neue Verantwortung.

Drittens: Sind Sie gewillt, notfalls etwas aufzugeben, um Platz zu schaffen für das erwünschte Gute, das es ersetzen soll? Emerson hatte recht, als er sagte, daß wir für alles, was wir verlieren, etwas gewinnen.

Wenn Sie um Dinge beten, können Sie nie fehlgehen, wenn Sie um „göttliche Ergebnisse" bitten.

Zweitens: Das Bittgebet

Der Mensch ist zuweilen geneigt, aus seiner Sicht zu entscheiden, was er will; er formuliert eine Bejahung, um es zu bekommen, und versucht durch ihre Anwendung nun Gott zur Erfüllung seines Wunsches zu zwingen. Daraus resultiert oft verbissenes Ringen und

Hadern. Enttäuschung, Blockierungen und Barrieren können die Antwort unterbinden.

Im „Bittgebet" aber bitten Sie einfach Gott um das, was Sie möchten; Sie wissen, Sie brauchen Gott nicht zu zwingen, es Ihnen zu geben, denn *er* in Ihnen war es, der Ihnen zuerst den Wunsch danach eingab! Sie können um nichts bitten, was Ihnen im Unsichtbaren nicht bereits gegeben ist. Das einfache Bittgebet löscht Zeit und Raum zwischen Ihnen und der Erfüllung Ihres Wunsches aus. „Das oder etwas Besseres, Vater. Laß dein unbegrenztes Gutes sich offenbaren" ist oft alles, was wir sagen müssen, um Ergebnisse zu bekommen – entweder das, was wir im Sinn hatten, oder etwas weit Besseres.

Halten Sie sich immer vor Augen: Wäre es nicht Gottes Wille, daß Ihre Herzenswünsche Erfüllung finden, dann wären diese Wünsche nicht derart intensiv. Oberflächliche, selbstsüchtige und menschlich begrenzte Wünsche haben keinen Bestand. Sie vergehen nach einiger Zeit, während die echten Wünsche der Seele bestehen und Erfüllung suchen.

Das englische Wort für Wunsch und wünschen, „desire", bedeutet „vom Vater". Wenn es nicht Gottes Wille wäre, daß Sie glücklich und erfolgreich sind, könnten Sie unmöglich Glück und Erfolg erreichen, und wenn Sie es noch so sehr versuchten. Alles Mühen und Plagen wäre umsonst, wenn Gott nicht wollte, daß Sie Erfolg haben!

Eine Hausfrau erzählte, wie einmal nach einer einfachen Bitte an Gott ihren Nöten in schier unwahrscheinlicher Weise begegnet wurde:

An einem Sommertag mußte ich von unserem Wohnort Graham nach Tyler in Texas fahren. Ich hatte nur 15 Dollar flüssig, was aber ausreichte, da ich am selben Tag wieder zurück wollte. Ich startete um vier Uhr früh, um gegen neun dort zu sein. Mein Mann hatte in Tyler zu tun gehabt und wollte mit mir zurückfahren. Er hatte übrigens so gut wie gar kein Bargeld bei sich. Unser Wagen war verhältnismäßig neu und hatte uns bisher noch keinen Ärger gemacht, aber auf der Rückfahrt, noch ehe wir zu Mittag gegessen hatten, stand plötzlich der Motor. Wir gaben einem Mann einen Dollar, damit er ihn wieder in Gang bringt. Er schob uns zur nahen Tankstelle, hantierte ein bißchen herum, und als der Motor ansprang, verlangte er weitere zwei Dollar fünfzig. Wir hatten am Morgen einiges ausgegeben und besaßen jetzt nur noch neun Dollar, um zu tanken und 220 Meilen nach Hause zu fahren.

Nach etwa zehn Meilen saßen wir erneut fest. Glücklicherweise war in der Nähe eine Tankstelle, wo man den Motor wieder zum Laufen brachte. Inzwischen war es sechs Uhr nachmittags, und wir waren erst 30 Meilen von dem Punkt entfernt, an dem wir vor vier Stunden losgefahren waren. Wir waren müde und hungrig, wollten aber noch eine Weile fahren und dann eine Kaffeepause machen, denn für eine Mahlzeit reichte unser Geld nicht mehr.

Ungefähr fünf Meilen später streikte wieder der Motor, diesmal in einer völlig verlassenen Gegend. Wir schoben den Wagen von der Straße und beschlossen, in ihm zu übernachten. Mein Mann machte sich auf den Weg, um etwas Wasser zu besorgen.

Ich hatte den ganzen Tag über gebetet, aber unsere Lage schien hoffnungslos. Das schlimmste war, daß ich mich um meinen Sohn sorgte, der krank zu Hause lag. Der Himmel verdunkelte sich, es sah nach Regen aus, und ein heftiger Wind kam auf. Während ich auf meinen Mann wartete, fragte ich mich, warum meine Gebete an diesem Tag erfolglos geblieben waren. Dabei fiel mir plötzlich eine unglaubliche Geschichte ein, die ich irgendwo gelesen hatte: Zwei Damen hatten unterwegs einen Reifenschaden und keinen Ersatzreifen dabei. *Also schlossen sie die Augen, baten Gott um einen neuen Reifen und bejahten anhaltend, daß Gott einen Reifen für ihren Wagen bereit hat.* Plötzlich hörten sie ein lautes Geräusch, rissen die Augen auf und sahen einen Autoreifen die Straße herabrollen, bis er gegen ihren Wagen stieß und dort liegenblieb. Er hatte genau die richtige Größe, und sie montierten ihn auf! Wo er hergekommen war, blieb ein Rätsel, sie haben es niemals herausbekommen.

Ich kam zu der Überzeugung, wenn Gott so etwas für die beiden Damen tun konnte, dann konnte er auch unseren Wagen reparieren. *So machte ich mich eifrig ans Beten und bat Gott, unseren Wagen wieder heil zu machen und uns sicher nach Hause zu bringen.* Mit einemmal hielt ein Ehepaar neben mir an, und die Frau fragte:

„Können wir helfen?" Bevor ich antworten konnte, war der Mann ausgestiegen, hatte die Haube unseres Wagens hochgeklappt und leuchtete den Motor mit einer Taschenlampe ab. Seine Frau beruhigte mich: „Keine Sorge, mein Mann ist ein guter Mechaniker, er weiß bestimmt, was zu tun ist."

Als mein Mann mit Wasser zurückkam, hatte der Fremde den Motor wieder zum Laufen gebracht. Dann lud er uns ein, mit nach Hause zu kommen, wo er Ersatzteile und Werkzeug hatte, um weiter zu reparieren.

Auf dem Weg fragten wir uns, wie wir die Ersatzteile bezahlen sollten, aber ich berichtete meinem Mann, wie ich um Hilfe gebetet hatte, als die Fremden kamen, und schlug vor, einfach vertrauensvoll mitzugehen und sicher zu sein, daß unser Gebet schon irgendwie beantwortet werden würde. Als wir anlangten, machte die Frau Kaffee und belegte Brote und forderte mich auf, meinen Sohn zu Hause anzurufen. Dadurch erfuhr ich, daß inzwischen Verwandte zu Besuch gekommen waren, die sich um ihn kümmerten, es war also alles in bester Ordnung.

Nachdem unser Wagen repariert war, verbrachten wir eine erholsame Nacht und noch einen wunderschönen Vormittag mit diesen lieben Menschen. Sie erklärten uns, daß wir für die Ersatzteile nichts zu bezahlen hätten, denn sie hatten es sich zur Gewohnheit gemacht, Autofahrern in Schwierigkeiten zu helfen. Es schien, sie baten Gott immer, sie zu Menschen zu führen, die Hilfe brauchten, offenbar hatte dieser Automechaniker schon oft den Wagen eines gestrandeten Fahrers wieder flottgemacht. Er betete oft: „Gott, du weißt alles. Soll ich diesen Leuten helfen?" Er hatte das Gefühl, auf diese Weise konnte er am besten von seiner Zeit und seiner Begabung den Zehnten geben. Kein Wunder, daß dieses Paar so glücklich und gesegnet war. *Dieses Erlebnis hat mir bewiesen, welche Macht darin liegt, Gott unmittelbar um das zu bitten, was man braucht und wünscht. Als ich endlich darauf gekommen war, wurde mein Gebet augenblicklich beantwortet!*

Wenn Sie nicht wissen, worum Sie im einzelnen bitten sollen, beten Sie einfach um Führung. Sagen Sie: „Vater, was ist die Wahrheit über dieses? Mache mir die Wahrheit so klar, daß ich sie nicht mißverstehen kann." Die Menschen der Bibel nannten das „um ein Zeichen beten". Sie baten Gott oft, ihnen ein Zeichen zu geben, daß ihr Gebet erhört war. Das können Sie auch tun!

Vor über zehn Jahren, als ich von Missouri in meinen Heimatstaat Nord-Carolina fuhr, hatte ich in den Bergen von Tennessee an einem ländlichen Restaurant haltgemacht. Während ich dort müde und erschöpft saß und auf mein Essen wartete, überlegte ich, ob ich ein Angebot annehmen sollte, in Birmingham/Alabama zu arbeiten.

Eine Zeitlang betrachtete ich die Frage von allen Seiten. Die Umstände verlangten eine schnelle Entscheidung. Es waren ernsthafte Überlegungen finanzieller Art nötig, die sowohl mich als auch meinen kleinen Sohn betrafen. Vom Verstand her schien das Projekt nicht das Richtige zu sein, aber intuitiv hatte ich das Gefühl, es könnte sich als ein großer Schritt in die rechte Richtung erweisen.

Schließlich kam mir der Gedanke: „Du brauchst das nicht auszuknobeln oder aus menschlicher Sicht durchzurechnen. Bete einfach um deutliche Führung, bitte um ein Zeichen, und dann laß die ganze Angelegenheit los. Dir wird schon gezeigt werden, was du tun sollst." Und so sagte ich im Stillen: „Vater, was ist die Wahrheit über dieses Angebot? Soll ich es annehmen oder nicht? Mach deine Führung so klar, daß ich sie nicht mißdeuten kann." Als ich mich danach entspannte und mir allmählich wieder meiner Umgebung bewußt wurde, fiel mir auf, daß im Hintergrund Musik spielte, und zwar die Weise: „Stars Fell on Alabama". Dieses Lied führte mich in den geistlichen Beruf und zu meiner ersten Kirche – in Alabama.

Vor einem Jahr etwa beteten meine Gruppe und ich wegen der Zukunft meines Sohnes. Es ging dabei um die Frage, ob er aufs College gehen sollte oder zur Armee. An zwei Dienstagabenden saßen wir still beisammen und bejahten für ihn: „Du bist eine göttliche Idee im göttlichen Geist, und du wirst jetzt zu deinem richtigen Platz geführt."

Plötzlich dröhnten Militärflugzeuge so tief über uns weg, daß ihr Motorengeräusch unser Beten übertönte. Als sich das beim zweitenmal, am nächsten Dienstag, wiederholte, erkannte ich, daß dies das „Zeichen" war. Wenige Wochen später hatte sich mein Sohn zur Luftwaffe gemeldet.

Mehrmals am Tag bete ich laut: „Vater, hilf mir", oder „Vater, was ist hier die Wahrheit?" oder „Vater, was soll ich in diesem Fall tun?" oder „Vater, was ist die Antwort, was ist deine Führung, was ist dein Gutes in dieser Situation?" oder „Vater, wenn du mich lieb hast, zeige mir den Weg." Und wie oft bringen diese spontanen Gebete schnelle Ergebnisse.

Sie sollten sich angewöhnen, Gott im täglichen Leben um alles zu bitten, was Sie brauchen – vom Parkplatz in einer überfüllten Straße bis zur Verabredung mit einem vielbeschäftigten Menschen, den Sie plötzlich sprechen müssen. Bruder Laurentius, der französische Mystiker des 17. Jahrhunderts, nannte das „die Gegenwart Gottes praktizieren". Eine Methode, die mit Sicherheit das Leben angenehmer und leichter macht.

Als Salomo um die Weisheit bat, zwischen Gutem und Bösem zu unterscheiden, bat er damit um Führung, und diese Führung brachte ihm alle Segnungen des Lebens im Überfluß. Jakobus wies auf unser Recht hin, in allen Lebensfragen um Führung zu bitten, als er schrieb: „Wenn aber jemand von euch Weisheit mangelt, der bitte Gott... und sie wird ihm gegeben werden" (Jak 1,5).

Agnes Sandford unterstreicht in ihrem Buch *The Healing Gifts of the Spirit*, wie wichtig die Bitte um Weisheit und Führung ist. Sie erzählt, wie sie einmal unfähig war, jemandem Heilung zu übermitteln, weil sie vorher nicht um die Weisheit gebeten hatte, zu wissen, was zu tun war. Die Bejahung von Führung oder Weisheit bringt immer Antwort auf Ihr Gebet, sobald Sie der erhaltenen Führung folgen. George Fox, Gründer der Quäker, hat in seinem *Journal* berichtet, daß er blind wurde, wenn er eine deutliche Führung erhielt und nicht danach handelte. Wenn er später seinen Fehler erkannte und bemüht war, der Führung zu folgen, kehrte sein Augenlicht zurück.

In Verbindung mit der Bitte um Weisheit und Führung von einem allumfassenden Vater ist es manchmal klug, die „göttliche Intelligenz" in uns anzurufen. Der Psychologe William James erklärt, daß der Mensch außer Bewußtsein und Unterbewußtsein eine weitere Bewußtseinsebene besitzt, der unendliche Intelligenz innewohnt. Diese Intelligenz ist beständig bereit, durch uns und für uns zu arbeiten. Indem wir sie erkennen, sie bejahen und uns auf sie konzentrieren, setzen wir das dort gespeicherte Super-Wissen frei. Die Bejahung „göttlicher Intelligenz" erschließt es.

Wenn Sie diese göttliche Intelligenz auffordern, irgendein Problem für Sie zu lösen, wird sie es tun. „Es gibt eine Antwort. Göttliche Intelligenz zeigt mir jetzt die vollkommene Antwort auf dieses Problem. Ich entspanne mich, ich lasse los und überlasse das Weitere der göttlichen Intelligenz."

Eine Lehrerin bejahte, daß die göttliche Intelligenz ihr eingibt, was sie in einem Wettbewerb schreiben muß, um eine Reise nach Europa zu gewinnen. Die Ideen stürmten förmlich auf sie ein, sie meldete ihre Teilnahme an und gewann prompt den ersehnten Preis. Später konnte sie sich nicht mehr erinnern, was sie geschrieben hatte, sie wußte nur noch, daß ihr die Gedanken gleich kamen, nachdem sie gebetet hatte. Die unendliche Intelligenz in uns wimmelt förmlich von richtigen Lösungen und Antworten und wartet nur auf unsere Fragen. Unsere Bejahung ebnet den Weg, diese Intelligenz ebenso leicht zu empfangen wie jene Lehrerin.

Scheint in Ihrem Leben etwas falsch zu laufen, bejahen Sie, daß „göttliche Intelligenz" Ihnen den Weg zeigt. Wenn geschäftliche oder private Dinge scheinbar an einen toten Punkt gelangt sind, bejahen Sie, daß göttliche Intelligenz eine Lösung bewirkt. Haben Sie das Gefühl, vor einer Mauer zu stehen und sehen keinen Ausweg, dann bejahen Sie, daß göttliche Intelligenz vollkommene Ergebnisse hervorbringt. Bei gesundheitlichen, finanziellen oder zwischenmenschlichen Schwierigkeiten bejahen Sie: „Ich überlasse das jetzt der vollkommenen Auswirkung göttlicher Intelligenz." Nehmen Sie sich jeden Tag Zeit, über göttliche Intelligenz zu meditieren, die in jedem Bereich Ihres Lebens wirkt. Das ist der Weg, auf allen Gebieten eine rasche Besserung zu erreichen!

Fünftens: Die Bejahung göttlicher Liebe

Nach den mehr besinnlichen Stufen der Bejahung, wie das Bitten um Führung und die Anpassungsfähigkeit, sie zu empfangen, kommen wir nun zur eigentlichen Bejahung oder Verfügung, deren positive Anwendung der Behauptung Walt Whitman in die Worte faßte: „Ich bitte nicht mehr um Glück, ich *bin* Glück.“

Eins der machtvollsten Bejahungsgebete ist jenes, das die göttliche Liebe bejaht. Die Bejahung „göttliche Liebe“ löst jene allmächtige „Liebes-Schwingung“ aus, die sich durch Menschen und Gegebenheiten bewegend fortsetzt und harmonische Ergebnisse bewirkt.

Warum sind Bejahungen der göttlichen Liebe so mächtig? Bestimmte Worte setzen bei beharrlicher Anwendung geistige Kräfte frei, die die Bedingungen in Geist, Körper und Angelegenheiten des Menschen formen und wandeln. Die Worte „göttliche Liebe“ lassen Haß, Zorn, Widerstand und andere Verkrampfungen, die in Geist, Körper und Beziehungen Schmerz verursachen, abklingen und vergehen. *Durch die Bejahung göttlicher Liebe können Sie sich aus allen erdenklichen Schwierigkeiten befreien!*

Oft habe ich eine Bekannte von mir sagen hören: „Göttliche Liebe konnte immer und wird immer jedes erforderliche Wunder auf die Beine bringen!“ Und sie hat es „auf die Beine gebracht!“ Für jede Schwierigkeit – körperlich, seelisch, familiär oder finanziell – gebraucht sie Bejahungen göttlicher Liebe. Mit dieser Bejahung bringt sie einen Sohn durchs College. Wenn Sie Extrageld braucht, bekommt sie durch Bejahen göttlicher Liebe eine Teilzeitarbeit. Neulich schneite ihr nach der Bejahung „göttlicher Liebe“ eine nicht unbeträchtliche Erbschaft ins Haus. Und sie hat mit ihrer Lieblingsbejahung eine beachtliche Anzahl Kankheiten geheilt, eigene und die von anderen. Einige ihrer bevorzugten Formulierungen sind: „Göttliche Liebe wirkt in vollkommener Weise zum Besten aller Beteiligten." „Göttliche Liebe geht vor mir her und bereitet mir den Weg." „Ich fordere die göttliche Liebe auf, jedes Wunder zu bewirken, das in diesem Erlebnis gebraucht wird."

Einem Geschäftsmann machte seine Arbeit, nachdem er die oberste Sprosse der Leiter erreicht hatte, keine rechte Freude mehr. Er suchte nach etwas Besserem, wußte aber nicht, wohin er sich wenden sollte, da er beruflich „an der Spitze" angelangt war. Eingedenk der Macht der Liebe, die Wunder bewirkt, fing er an zu bejahen: „Ich rufe jetzt das mächtige, liebevolle Wirken Gottes in mein Leben. Ich fordere die Liebe Gottes auf, mir meinen richtigen Arbeitsplatz zu beschaffen."

Kurz darauf hatte der Direktor einer großen Handelsgesellschaft den „spontanen Einfall", unseren Mann per Flugzeug aufzusuchen und ihm die Leitung seiner Gesellschaft anzutragen, da der bisherige Chef in den Ruhestand getreten war. Dieser Wechsel von Szene, Tempo und Tätigkeit erwies sich für den gelangweilten Kaufmann als die vollkommene Antwort auf sein Problem. Die Liebe hatte ihr Wunder vollbracht!

Einem Witwer mit sechs Kindern versicherten alle seine Verwandten und Freunde, er würde nie eine Frau finden, die ihn genug liebt, um ihn samt seinen sechs „lebendigen Quirlen" zu heiraten. Ein paar Jahre schien sich das zu bestätigen – bis er auf die Idee kam, die göttliche Liebe anzurufen. Er bejahte: „Die unwiderstehliche Liebe Jesu Christi bringt jetzt die Frau in mein Leben, die zu mir gehört." Nicht lange, und er begegnet einer bidlhübschen Witwe, die nur zu glücklich war, wieder eine Familie zu haben, für die sie sorgen konnte. Die Beiden heirateten, und die Verbindung erwies sich als goldrichtig.

Sechstens: Die Bejahung, daß Gottes Wille geschieht

Entgegen der landläufigen Meinung ist die Erklärung, daß Gottes Wille geschieht, eine der höchsten Gebetsformen, die immer für alle Beteiligten eine vollkommene, beglückende und zufriedenstellende Antwort bringt. Das trifft zu, weil Gott ein Gott der Liebe und somit sein Wille für seine Kinder immer das Höchste und Beste ist. Ein himmlischer Vater würde für seine Kinder wohl kaum weniger wollen als ein irdischer Vater.

Zu den wirkungsvollsten Gebeten – solchen, die fast sofort herrliche Überraschungen bringen – gehören: „Nicht mein Wille, sondern dein Wille geschehe, Vater." „Ich tute in dieser Situation bereitwillig den Willen Gottes." „Gott wirkt in mir, daß ich will und tue, was er von mir erwartet, und Gottes guter Wille kann nicht fehlgehen!" „Ich fordere den Willen Gottes auf, jetzt zum Wohl aller Beteiligten sein vollkommenes Werk zu tun."

Jesus sagte: „Mein Vater wirket. . . und ich wirke" (Joh 5,17). Wenn Sie bejahen, daß Gottes Wille geschieht, überantworten Sie unbewußt die Last Ihres Problems der höchsten Macht im Universum, die dann frei wird, es in bester und vollkommenster Weise zu lösen. Wenn wir den Mut haben, den Willen Gottes in unserem Leben zu bejahen, geschehen Wunder.

Vor mehreren Jahren besuchte ich Hollywood mit der Film- und Fernsehschauspielerin Mala Powers, deren Mutter Geistliche und eine Freundin von mir ist. Die schöne Miß Powers erzählte, wie sie 1951 auf der Heimreise von einer Weihnachts-Show für die Soldaten in Korea mit einer Grippe in Hawaii eintraf. Man gab ihr Antibiotika, gegen die sie sich allergisch erwies. Zu Hause in Californien stellte sich heraus, daß das Mittel das Knochenmark angegriffen hatte, es produzierte keine Blutzellen mehr; auch die Blutzellen, die Krankheiten bekämpfen, wurden zerstört. Malas Zustand mündete in eine vollständige Anämie, die beim damaligen Stand der Medizin nicht heilbar war. Die meisten Anämiepatienten starben an inneren Blutungen.

Schließlich, als sie mit ihrer Mutter in einem Hospital in Los Angeles war und Silent Unity und ihr Geistlicher, Dr. Ernest C. Wilson, mit ihr beteten, begriff sie, daß das Todesurteil über ihr schwebte. So betete sie: „Vater, wenn du willst, daß ich am Leben bleibe, zeige mir, was ich tun soll. Ist es dein Wille, daß ich sterbe, dann sage mir, was ich tun soll, bevor ich gehe. Nicht mein Wille, sondern dein Wille geschehe." Mit diesem Gebet überkam sie augenblicklich das deutliche und intensive Gefühl, daß sie leben würde, aber sie hatte durch innere Heiterkeit und seelischen Frieden dazu beizutragen, daß sie geheilt wurde, egal ob es danach aussah oder nicht.

In den folgenden Wochen und Monaten ihrer allmählichen Genesung

gebrauchte sie häufig die Bejahung, die Dr. Wilson ihr gegeben hatte:
„Ohne Hast und ohne Verzug, in vollkommener Weise und in göttlicher Gnade offenbart sich jetzt meine Heilung." Obgleich sie während neun langen Monaten bald aufstehen durfte, bald wieder bettlägerig war, kam schließlich der Tag, an dem die Ärzte ihr versicherten, sie würde wieder gesund werden. Eine Zeitlang brauchte sie noch Behandlungen und Medikamente, und als sie wieder im Filmgeschäft arbeitete, ermüdete sie in den ersten Jahren leicht, doch inzwischen führt sie wieder ein völlig normales Leben. Die Wende vom Tod zum Leben trat ein, nachdem Sie gebetet hatte: „Nicht mein, sondern dein Wille geschehe." Gottes Wille ist immer das Höchste und Beste für seine geliebten Kinder. Wenn Sie diesen Willen anrufen, rufen Sie damit seine wundervolle Güte in Ihr Leben!

Siebtens: Bejahung des göttlichen Plans

Es gibt für Ihr Leben einen göttlichen Plan. Der göttliche Plan ist der hohe Plan, der Gesundheit, Reichtum und unbehinderten Selbstausdruck einschließt. Wenn Sie den „göttlichen Plan" bejahen, beginnen Sie, die Ideen, Chancen, Geschehnisse und Personen anzuziehen, die innerhalb des göttlichen Plans für Sie vorgesehen sind.

Ich kenne einen Mann, der unter der Qual einer unglücklichen Ehe litt; Scheidungskomplikationen, Schulden, Unordnung und unzureichendes Einkommen kamen noch dazu; doch aus allen diesen negativen Bedingungen gelangte er zu einem Job mit doppelt so hohem Verdienst, einer neuen Frau, einer glücklichen Ehe, besserer Gesundheit und einem völlig neuen Leben, als er in einer offenbar hoffnungslosen Phase begann, den göttlichen Plan zu bejahen. Und diese Umwandlung vollzog sich innerhalb von knapp sechs Monaten! Dies waren einige der von ihm angewandten Gebete:

Ich lasse jetzt alle Menschen und alle Dinge los, die nicht zum göttlichen Plan für mein Leben gehören. Jede Sache und jede Person, die nicht in den göttlichen Plan für mein Leben gehört, läßt jetzt mich los. Ich lasse jetzt los und lasse Gott seinen Plan für mein Leben entfalten. Ich bin jetzt im Einklang mit meinem göttlichen Plan. Christus in mir offenbart jetzt in Liebe und Frieden den göttlichen Plan für mein Leben. Ich erkenne, akzeptiere und befolge jetzt den göttlichen Plan für mein Leben, wie er sich mir Schritt um Schritt enthüllt. Ich freue mich über den göttlichen Plan, den hohen Plan, der Gesundheit, Reichtum, Glück und unbehinderten Selbstausdruck für mich einschließt.

Achtens: Die Bejahung göttlicher Ordnung

Ordnung ist des Himmels erstes Gesetz, und durch Bejahung göttlicher Ordnung lösen wir irgendwie eine himmlische Form von Ordnung aus, die sich in unserem Denken, unserem Körper und unseren Angelegenheiten offenbart. *Wenn die Dinge in göttliche Ordnung kommen, offenbaren sich unvermeidlich die Antworten auf unser Gebet.*

Eine der stärksten und populärsten Bejahungen, die schon Tausende angewandt haben, um Gesundheit, Reichtum und persönliches Glück zu erfahren, lautet: „Göttliche Ordnung in meinem Geist, meinem Körper und meinen Angelegenheiten wird jetzt bewirkt und aufrechterhalten." Ich habe die Entdeckung gemacht, wenn ich diese Bejahung neben mein Telefon lege, kommen nur wichtige Anrufe durch. Der Apparat wird dann höflich still.

Kürzlich schrieb eine Hausfrau, sie mußte einiges besorgen, aber das Gaswerk hatte mitgeteilt, wegen Reparaturarbeiten in der Nachbarschaft würde das Gas eine Zeitlang abgedreht, es müsse also jemand in der Wohnung sein, während es ab- und dann wieder angestellt wird. Statt sich aufzuregen, weil nun wahrscheinlich ihr Zeitplan durcheinander geriet, setzte sie sich ruhig ins Wohnzimmer und bejahte „göttliche Ordnung". In diesem Augenblick erschien der Gasmann, erledigte rasch seine Arbeit und stellte das Gas wieder an. So ging keine Zeit mit unnötigem Ärger verloren.

Eine andere Frau kommt mit der Bejahung „göttliche Ordnung" oft erstaunlich schnell durch eine lange Warteschlange vor dem Luftwaffenverpflegungsamt, wo sie einkauft; die Frauen in den anderen Reihen murren derweil über das lange Anstehen. Einmal hat sie durch Bejahen göttlicher Ordnung buchstäblich einen Güterzug angehalten, als sie, um einen Termin nicht zu verpassen, durch die rangierenden Wagen durchmußte.

In Situationen, wo es um Zeit und Termine geht, kann man auch „göttliche Zeiteinteilung" oder „richtige Zeitplanung" bejahen.

Neuntens: Die Bejahung des Segens

Die Menschen der biblischen Zeit waren überzeugt, daß dem Akt des Segnens eine starke Kraft innewohnt, Gutes anzuziehen. Segnen bedeutet soviel wie „durch gesprochene Worte heilig oder heil machen", „für eine Situation oder Person göttliche Gnade erbitten", „für einen Menschen oder eine Situation Gutes wünschen", „glücklich oder reich machen", „erfreuen, verherrlichen, preisen". Wenn wir eine lästige Person, eine finanzielle Schwierigkeit oder körperliche Unpäßlichkeit segnen, preisen wir das Gute in ihr. Wir rufen göttliche Gnade an, die dadurch frei wird, erfreuliche Ergebnisse für uns hervorzubringen.

Segnen Sie ein Ding, und es wird Sie segnen. Verfluchen Sie es, und es wird Sie verfluchen. Segnen bedeutet, in einem Menschen oder einer Situation Gutes bewirken, ganz egal, ob das möglich oder unmöglich zu sein scheint! Wie oft haben Sie eine Situation beschimpft, kritisiert oder verdammt und damit nur noch mehr Schwierigkeiten und unerfreuliche Erfahrungen verursacht; hätten Sie jedoch den Mut gehabt, die Situation zu segnen, hätte sich etwas Gutes aus ihr ergeben.

Die Frau eines Arztes schrieb mir ihre traurige Lebensgeschichte: Sie hatte hart gearbeitet, um ihrem Mann das Studium zu ermöglichen, und später noch härter, um ihm eine Praxis aufzubauen. Beständige Überarbeitung und Sorge griffen schließlich ihre Gesundheit an, worauf ihr Mann ein Verhältnis mit einer Patientin anfing.

Später wurde er wiederholt ernstlich krank und mußte schließlich die Praxis aufgeben. Obwohl sie gesundheitlich kaum dazu in der Lage war, begann sie erneut zu arbeiten. Doch ihr Brief schloß mit den Worten: „Trotz aller unserer Schwierigkeiten und einem Leben voller Enttäuschungen, Kränkungen und Qualen habe ich angefangen, unsere Situation zu segnen statt zu verfluchen. Als ich begann, meinen Mann, alle diese Erlebnisse und unser gemeinsames Leben wegen des Guten darin zu segnen, stellten sich neue Segnungen ein. Das Bejahen des Segens begann zu wirken! Zum erstenmal nach Jahren hoffe ich auf ein besseres Leben für uns."

Zehntens: Das Gebet des Glaubens

Die Bejahung des Glaubens ist eine der wirkungsvollsten Formen affirmativen Betens. Jesus verhieß: „Alles, was ihr bittet im Gebet, so ihr glaubet, werdet ihr's empfangen" (Matth. 9,29).

Der Psychologe William James erwähnt die Macht des Glaubens, Dinge richtigzustellen: „Unser Glaube zu Beginn eines zweifelhaften Unternehmens ist das *einzige*, was unserem Wagnis den Erfolg sichert." Der bekannte Psychiater Dr. Smiley Blanton fand heraus, daß bei der Behandlung von Menschen, die zur Bewältigung ihrer Probleme Hilfe brauchen, *alles von ihrem Glauben abhängt.* Jene, die an nichts glaubten – weder an Gott noch an sich selbst, ihre Arbeit, ihre Familie oder die Welt – kamen keinen Schritt vorwärts, bis sie ihre Einstellung änderten und erklärten, daß sie Glauben besäßen.

Wenn Ihr Leben schwer und enttäuschend gewesen ist, wie können Sie beginnen, an die Güte Gottes, der Menschen und der Welt zu glauben? Indem sie sie trotzdem bejahen! *Glaube kann mittels unermüdlicher Bejahungen entwickelt werden* (siehe das Kapitel über Glauben in meinem Buch *Das Heilungsgeheimnis der Zeitalter*). Charles Fillmore hat die Kraft des Glaubens, in unserem Leben praktische Ergebnisse zu bewirken, wissenschaftlich erklärt: „Wie der elektrische Strom bestimmte Metalle in einer Säurelösung beschleunigt, so setzt der Glaube die Elektronen des menschlichen Gehirns in Bewegung, die nun in Zusammenwirkung mit dem geistigen Äther die Natur beschleunigen und in kürzester Zeit hervorbringen, was normalerweise Monate des Säens und Erntens erfordert!"

Anstatt zu klagen, daß Ihr Glaube nicht ausreicht, um Ihr Leben zu verbessern, fangen Sie einfach an, unermüdlich Ihren Glauben zu bejahen; dieses Verfahren wird die Kraft des Glaubens in Menschen und Ereignissen beschleunigen und für Sie hervorbringen, was normalerweise Monate und Jahre dauert!

Eine liebe alte Dame, die eine Pension unterhielt, hatte beständig Scherereien, bis ihre Gäste die Miete bezahlten. Als sie von der erstaunlichen Wirkung glaubensvoller Bejahungen hörte, begann sie zu bejahen: „Ich vertraue Gott. Ich vertraue den Menschen. Ich vertraue den Dingen." Alsbald reagierten die Pensionäre und zahlten pünktlich, manche sogar vor der Zeit, da ihnen erfreuliche Dinge passierten. Nicht nur ihre Einstellung und ihre finanzielle Lage besserte sich, das Wort des Glaubens schien sogar auf die Köchin, das Zimmermädchen und den Pförtner eingewirkt zu haben. Sie alle wurden beschenkt und gesegnet, während die Pensionsinhaberin weiter im Stillen ihr Vertrauen in Gott, Menschen und Dinge erklärte. Sie lieferte damit den Beweis: bejaht man für andere, was man sich selbst wünscht, werden beide Teile gesegnet!

Sie können das wunderwirkende Gebet des Glaubens einsetzen, indem Sie oft bejahen:

Ich habe den Mut, zu glauben, daß alles in meinem Leben zu meinem Besten gedient hat. Ich habe den Mut, zu glauben, daß jetzt in meinem Leben alle Dinge zu meinem Besten dienen. Ich habe den Mut, zu glauben, daß alle Dinge zu meinem Besten dienen in meinem Leben (oder in dieser Situation oder in diesem Menschen).

Elftens: Das Gebet der göttlichen Rückerstattung

Ein kaum bekanntes Bejahungsgebet, doch eins der wichtigsten zur Beantwortung unserer Gebete ist die Bejahung göttlicher Rückerstattung. Wenn Sie die Ursachen der unerfreulichen Erfahrungen in Ihrem Leben zurückverfolgen könnten, würden Sie zweifellos entdecken, daß die meisten davon, wie Krankheit, finanzielle Schwierigkeiten, Probleme in menschlichen Beziehungen, in Verbindung mit dem Glauben an „Verlust" auftraten. Der Glaube an „Verlust", der im bewußten und im unbewußten Denken wohnt, verursacht viele – vielleicht die meisten

– Schwierigkeiten im Leben. Der Begriff „Verlust" bedeutet buchstäblich „Zerstörung", und die Vorstellung von Verlust, die wir im Denken festhalten, wirkt zerstörerisch.

Ein Glaube an gegenwärtige und zukünftige Erfüllung jedoch löscht den Glauben an Schaden aus, wie der Prophet Joel verheißt: „Ich will euch die Jahre erstatten, welche die Heuschrecken gefressen haben" (Joel 2,25). Sie können den Glauben an gegenwärtige und zukünftige Erfüllung erlangen, indem Sie konsequent „göttliche Rückerstattung" bejahen. Durch die Bejahung göttlicher Rückerstattung Ihres Guten kann der Gegenwart soviel hinzugefügt werden, daß es selbst die Leere der Vergangenheit auszufüllen scheint. In diesem Prozeß wird alles, was Ihnen genommen wurde, göttlich wiedererstattet. Eine ausgleichende und wiederherstellende Kraft wirkt beständig in jedem Menschen und in jeder Erfahrung augenscheinlichen Verlusts zum Guten. Versuchen Sie Ihr Gutes nicht zu erzwingen, bejahen Sie aber zuversichtlich, daß es jetzt göttlich wiedererstattet wird, zu Gottes Zeit und in Gottes Weise, und es wird erscheinen. Bejahen Sie oft:

Ich rufe jetzt die Macht der göttlichen Rückerstattung an. Mein Gutes aus Vergangenheit und Gegenwart wird mir jetzt göttlich erstattet. Jetzt ist die Zeit göttlicher Erfüllung. Ich sage Dank für göttliche Rückerstattung in Geist, Körper, finanziellen Belangen und in allen meinen Beziehungen.

(Mehr darüber in meinem Buch *Das Wohlstandsgeheimnis der Zeitalter*, Kapitel 5.)

Schreiben Sie Ihre Gebete auf

Während Sie Ihre Bejahungen täglich mindestens fünf, oder besser fünfzehn Minuten lang sprechen, gibt es noch eine weitere dynamische Methode, erfolgreich zu beten: indem Sie Ihre Gebete schriftlich niederlegen. Ich habe dafür ein besonderes Notizbuch, in das ich jeden Tag die Bejahungen für alles, was mich betrifft oder was ich an diesem Tag erreichen will, eintrage. Wenn ich dann später nachprüfe, ist es erstaunlich zu sehen, wie oft meine Gebete beantwortet wurden (nachdem ich die Bejahungen aufgeschrieben hatte).

Dadurch, daß Sie Ihre Gebete notieren und in Abständen nachlesen, in Gedanken und auch laut, konzentriert sich Ihr Unterbewußtsein auf das, was Sie wünschen. Wie eine Bekannte kürzlich schrieb: „Wenn ich merke, daß ich deprimiert werde, setze ich mich hin und schreibe Bejahungen, solange, bis ich mich wieder ruhig und zufrieden fühle. Das ist dann offenbar der Wendepunkt vom negativen Gefühl zu neuem Glauben und neuer Hoffnung, daß Gutes geschehen wird."

Eine andere gläubige Dame, die mit Bejahungen wundervolle Ergebnisse erzielt hat, formuliert ihre Bejahungen in Briefen an Gott, etwa: „Lieber Gott, gewähre mir dies, oder schenke mir das." Eine uralte Methode ist es, Bejahungen für Heilung, Wohlstand, Glück auf einen Zettel zu schreiben und ihn am Körper oder in der Handtasche bei sich zu tragen, bis sich die gewünschte Antwort offenbart hat. Auch kleine Kärtchen mit Bejahungen in die Bibel zu legen ist eins dieser schriftlichen Verfahren.

Wenden Sie oft die verschiedenen hier beschriebenen Bejahungsformeln an: 1) direktes Sprechen zu Gott; 2) das Bittgebet; 3) die Bejahung der Führung; 4) die Bejahung göttlicher Intelligenz; 5) die Bejahung göttlicher Liebe; 6) die Bejahung, daß Gottes Wille geschieht; 7) die Bejahung des göttlichen Plans; 8) die Bejahung göttlicher Ordnung; 9) die Bejahung des Segens; 10) die Bejahung des Glaubens; 11) die Bejahung göttlicher Rückerstattung.

Und nun gehen Sie rasch über zu Kapitel 7 und lernen Sie das Bejahungsgebet, das Wunder für Sie vollbringen kann.

Zusammenfassung

1. Durch Bejahungen, die Ihnen helfen, das Gute im Sinn zu halten und dadurch hervorzurufen, können Sie Ihr Leben völlig umgestalten.
2. Das Wort „äußern" und das Wort „Äußeres" haben dieselbe Grundbedeutung. Was sie äußern, nimmt in Ihrer äußeren Welt Gestalt an.
3. Beten beginnt und endet mit dem Wort. Das Wort ist dynamisch, schöpferisch. Gesprochene Bejahungen des Guten bewirken effektiv atomare Schwingungen.

4. Verbale Worte und Gebete, die oft eher mental als geistig scheinen, können die negativen Gedankenschichten in Geist und Gefühl des Menschen auflösen. Erst nach einer derartigen Reinigung können Ihre Gebete beantwortet werden.

5. Ihr Sprachzentrum ist eng mit ihrem Seelenleben verbunden. Wenn Sie gute, positive Worte sprechen, harmonisieren Sie Ihr seelisches Leben.

6. Bestimmte Formen des Bejahungsgebets scheinen besonders wirksam. Zu Ihnen gehören:

   1) das direkte Sprechen zu Gott;
   2) das Bittgebet;
   3) das Gebet um direkte Führung;
   4) die Bejahung göttlicher Intelligenz;
   5) die Bejahung göttlicher Liebe;
   6) die Bejahung, daß Gottes Wille geschieht;
   7) die Bejahung des göttlichen Plans;
   8) die Bejahung göttlicher Ordnung;
   9) die Bejahung des Segens;
   10) das Gebet des Glaubens;
   11) das Gebet göttlicher Rückerstattung.

7. Zusätzlich dazu, daß Sie Ihre Bejahungsgebete sprechen, schreiben Sie sie auf und lesen Sie sie in Abständen nach. Auf diese Weise konzentrieren Sie sich auf das erwünschte Gute und nicht auf das Problem.

Kapitel 7

Das Gebet für Wunder

Sie können wirkliche Wunder erfahren, wenn Sie die hier beschriebenen Wunderbejahungen anzuwenden lernen! Das ist wahr, denn dem Christusbewußtsein sind alle Dinge möglich.

In den bisherigen Kapiteln haben Sie das Entspannungsgebet, das Läuterungsgebet und verschiedene Formen des Bejahungsgebets gelernt. Diese Gebete wirken vorwiegend in den bewußten und unterbewußten Schichten Ihres Geistes und machen den Weg für die Antwort auf Ihr Beten frei.

Manchmal aber wird es scheinen, als ob keine dieser Gebetsformen Ihrer Not gewachsen ist. Vielleicht, weil Sie soweit sind, tiefer in Ihr Gebetsbewußtsein einzudringen und eine weitere Kraftquelle zu erschließen, oder weil die Angelegenheit, wegen der Sie beten, einfach ein Wunder braucht! Eine weit dynamischere Kraft und Energie ist nötig, als die gebräuchlichen Gebetsmethoden zu aktivieren scheinen. Möglicherweise brauchen Sie dringend Gebete, die die negative Gedankenschicht, die Sie eingeengt hat, eruptiv durchbrechen und Sie sofort auf eine höhere Denkebene bringen, wo Sie automatisch mit göttlicher Energie durchflutet werden. Geringeres wird hier nicht ausreichen.

Es gibt ein Bejahungsgebet, das Ihnen in solchen Fällen hilft! Es ist die Wunderbejahung – das Gebet, das das Christusbewußtsein auslöst. Die alten Völker, die aufgrund ihrer Naturverbundenheit die erhabenen Geheimnisse des Universums kannten, waren sicher, daß es ein solches Wunderbewußtsein gibt, das – wenn es entdeckt und erschlossen war – in einem Augenblick Wunder vollbringen kann. Ich glaube daran!

Tatsächlich weiß ich sogar, es *gibt* dieses Wunderbewußtsein, und Sie können es erschließen und freisetzen. Als ich es erstmals entdeckte, geschah es fast zufällig, und ich hatte keine Ahnung, auf was ich da gestoßen war. Nachdem ich wegen einer unmöglichen Situation, mit der ich eine Zeitlang rang und mich vergeblich zu befreien suchte, gebetet hatte, erhielt ich die Antwort in dem Brief eines Unbekannten, der sich sozusagen im Äther in meinen Hilfeschrei eingeschaltet zu haben schien und reagierte, indem er mir eine Bejahung schickte. Als ich diese Bejahung treulich anwandte, setzte sie buchstäblich Wunderkräfte frei. Hätte ich nicht dieses Gebet erhalten, das ich dann gebrauchte, um aus einem negativen Denkschema auszubrechen, in das ich durch das begrenzte Denken anderer hilflos verstrickt schien, ich hätte nicht mehr lange auf dieser schönen Erde bleiben können. Das Bejahungsgebet, das mir buchstäblich das Leben gerettet hat, lautete: „Die wunderwirkende Kraft Jesu Christi strömt jetzt zum Besten aller Beteiligten in diese Situation."

In einem anderen „Tief" meines Lebens, als ich wiederum in die Negationen anderer verstrickt war, aus denen ich mich nicht befreien zu können schien, betete ich ständig um die richtigen Gedanken und Bejahungen, die mich befreien würden. Das Gebet, das diesmal aus innerer Erkenntnis kam und das ich dann aufschrieb und immer wieder mit lauter Stimme sprach, während ich im Zimmer auf und ab schritt, lautete: „Von mir aus vermag ich es nicht, aber Jesus Christus kann und wird in meinem Geist, meinem Körper und meinen Angelegenheiten Wunder vollbringen, hier und jetzt!" Ich hörte förmlich die Himmel bersten, als ich diese Wunderbejahung anwandte, und ich konnte fühlen, wie mein Bewußtsein einer disharmonischen Gedankenschicht enthoben wurde, die mich bisher fast erstickt hatte. Mein äußeres Leben änderte sich schnell, und alsbald fand ich mich Hunderte von Meilen entfernt und unter neuen Menschen und angemessenen Bedingungen mitten in einer erfüllenden Tätigkeit. Ich hatte mein Wunder bekommen!

Manchmal versuchen wir im Gebet, die Menschen oder Situationen, für die wir beten, zu ändern, und wir sind frustriert, wenn sie auf unsere Gebete nicht zu reagieren scheinen. Gott hat dem geistigen Menschen die freie Wahl gegeben, sich weiter und höher zu entwickeln oder es bleiben zu lassen, ganz wie er wünscht. Im Wundergebet überantworten wir, statt andere ändern oder bessern zu wollen, die ganze Last der höheren Macht des Christusbewußtseins. *Wenn die Menschen, für die Sie beten, nicht auf Ihre Gebete reagieren mögen, verhindert dieser Mangel an Mitarbeit jedoch nicht, daß Ihre Gebete beantwortet werden!* Das Christusbewußtsein hilft Ihnen einfach, diese schwierigen Zeitgenossen zu überwinden, über sie „wegzukommen" und von ihnen befreit zu werden, indem Sie auf eine höhere Ebene des Verstehens gelangen, die Sie ausnahmslos auch auf eine höhere Ebene des Lebens bringt.

Die Psychologie kennt das Wunderbewußtsein

Zwei bedeutende Psychologen waren der Schweizer Arzt Carl G. Jung und William James, der Vater der amerikanischen Psychologie. Beide waren überzeugt, daß der Mensch nicht nur ein Bewußtsein besitzt, mit dem er denkt, und ein Unterbewußtsein, das sein Gedächtnis und sein Gefühlsleben enthält, sondern daß er noch eine dritte, tiefere Geistesebene hat – eine überbewußte Ebene – der unendliche Intelligenz innewohnt, die danach verlangt, für und durch die bewußten und unterbewußten Geistesebenen zu wirken, um im Leben des Menschen fast augenblicklich unvorstellbares Gutes zu offenbaren.

Was die Psychologen als Superbewußtsein, göttliche Intelligenz oder göttlichen Geist im Menschen bezeichnen, wird von ausübenden Christen „Christusgeist" oder „Christusbewußtsein" genannt. Ursache dieser Bezeichnung ist, daß Jesus Christus diese wunderbare Bewußtseinsebene gekannt und entwickelt zu haben scheint, wie sich aus seinem Leben, seiner geistigen Aufgabe und seinen Lehren erkennen läßt.

Er wußte, daß alle Menschen diesen Christusgeist in sich haben, der, sobald er aktiviert wird, augenblickliche Wunder für sie bewirken kann. Er verhieß seinen Jüngern (und diese Verheißung gilt gleichermaßen für seine heutigen Nachfolger): „Wer an mich glaubt, der wird die Werke auch tun, die ich tue, und wird größere als diese tun; denn ich gehe zum Vater" (Joh. 14,12).

Jesus Christus durchbrach die Schicht negativer Gedanken, in die sich die Menschheit verstrickt hatte. Dieser Durchbruch machte den Weg frei für alle, die sich auf seine Kraft einstimmen, ein Gleiches zu tun. Mit dem Bewußtsein, das Jesus durch sein Leben, seine Kreuzigung und seine Auferstehung entwickelt hat, zielte er darauf ab, diese überbewußte Wunderkraft im Menschen zu wecken und die Menschheit wieder mit ihr zu verbinden, sie in den paradiesischen Geisteszustand zurückzuführen, in dem alle Dinge möglich sind, so wie damals, als dem Menschen die Herrschaft gegeben wurde über die Erde und über sich selbst.

Daß Jesus dieses Wunderbewußtsein, in das der Mensch sich einschalten kann, wiedererweckt hat, ist klar erwiesen durch die Wunderkraft, die den frühen Christen eigen war. Sie wußten, wie sie sich in das von Jesus aktivierte Christusbewußtsein einschalten konnten, und einige Jahrhunderte hindurch waren sie imstande, tatsächlich die Werke zu tun, die Jesus getan hatte. Schließlich wurde dieses Wunderbewußtsein unterdrückt durch die menschliche Persönlichkeit, die die Kirche an sich brachte und lange Zeit beherrscht und bestimmt hat. Dennoch gibt es im Lauf der Jahrhunderte zahlreiche Einzelbeispiele großer Seelen, die des von Jesus erweckten Wunderbewußtseins gewahr wurden, es in der Stille entwickelten und gebrauchten.

Dann, im Jahr 1894, sagte der englische Arzt Dr. Richard M. Bucke voraus, dieses Bewußtsein, von ihm „Kosmisches Bewußtsein" genannt und in seinem Buch gleichen Titels erläutert, würde in Kürze wieder zu unserem Alltag gehören. Als Dr. Bucke 1894 in Montreal vor der British Medical Association sprach, erklärte er den anwesenden Ärzten, diese göttliche Ebene, das „Superbewußtsein", werde gerade jetzt „zunehmend populär" und würde schließlich „Allgemeingut" werden. Dr. Bucke prophezeite, das geistige Bewußtsein des Menschen würde nicht nur immer stärker genützt und endlich allgemein bekannt werden, sondern diese Entwicklung der kosmischen oder geistigen Denkebene würde bald das ganze menschliche Leben auf eine höhere Stufe heben.

Dr. Bucke hatte eine geistige Erweckung erfahren und war mutig genug, der Welt davon zu berichten; er wagte sogar, die geistige Evolution der Menschheit vorauszusagen. Er behauptete, der Mensch befände sich zur Zeit in dem Prozeß, eine neue Art von Bewußtsein zu entwickeln, die dem derzeitigen menschlichen Selbst weit voraus ist, und dieses neue Bewußtsein würde schließlich die Menschheit aller sie bisher bedrohenden Ängste, aller Unwissenheit und Brutalität entheben.

Offensichtlich hat sich in diesem Jahrhundert die Voraussage von Dr. Bucke bestätigt, denn immer mehr Menschen wenden sich im Stillen der geistigen Forschung zu und beginnen privat, ihr Gebetsbewußtsein und ihre geistigen Kräfte zu entfalten.

In den alten Völkern war die Entwicklung des geistigen Bewußtseins bekannt

Zu allen Zeiten haben die Menschen ihr Überbewußtsein zu erkennen versucht und nach Methoden geforscht, es zu aktivieren. Lange vor der Zeit von Jesus hatten sie viele spezielle Namen, die sie intonierten, um diese Bewußtseinsebene anzuregen – jene dritte, tiefere geistige Schicht im Menschen, die von Wunderkraft erfüllt ist. Man glaubte, wenn man in Zeiten der Herausforderung an einem solchen geheimen Wort oder Motto festhält, würde die Ordnung zurückkehren, würde sich Not in Sieg wandeln.

Die Priester des Alten Testaments aktivierten diese überbewußte Ebene göttlicher Kraft im Menschen, indem sie unermüdlich meditierend die Worte „Ich bin" oder „Ich bin der ich bin" bejahten. Moses hatte diesen verborgenen Text von den Ägyptern erfahren, die ihn auf die Mauern ihrer Tempel schrieben.

Die Hebräer der alten Zeit setzten die überbewußte innere Kraft frei durch Meditieren über den Namen „Jehova", den sie als so kräftig erachteten, daß sie ihn niemals aussprachen. Um spezielle Ergebnisse zu erhalten, meditierten sie über Variationen dieses Namens: „Jehova-Jireh" für Wohlstand; „Jehova-Rapha" für Heilung; „Jehova-Schalom" für inneren Frieden; „Jehova-Nissi" für Schutz; „Jehova-Tsidkenu" um das Gute Gottes zu fordern, und „Jehova-Ra-A" für Liebe und Führung.

Das Wort „Jehova" im Alten Testament ist das hebräische Wort, dem im Neuen Testament das Wort „Christus" entspricht. *Wenn Sie über das Wort „Jehova" meditieren und es bejahen, können Sie seine belebende Kraft durch und durch spüren. Das Wort „Jehova" (Christus) ist weit stärker mit geistiger Kraft geladen als jedes andere Wort der menschlichen Sprache.*

Wie Sie Ihr Wunderbewußtsein aktivieren

Die Wissenschaft erklärt, daß es keine Wunder gibt – nur das Wirken höherer Gesetze, die nicht allgemein verstanden werden. Tatsächlich scheint es eine Gruppe von Gesetzen für die physische Welt zu geben, und eine weitere Gruppe von Gesetzen für die unsichtbare Welt der Seele und des Geistes. Diese letzteren Gesetze sind in ihrer Wirkung soviel stärker, daß sie angewandt werden können, um die Gesetze der physischen Welt zu neutralisieren, zu unterstützen oder notfalls sogar umzukehren. Jesus kannte die höheren Gesetze des seelischen und geistigen Bereichs und bediente sich ihrer, um augenscheinliche Wunder zu bewirken. Durch die Entwicklung des Christusbewußtseins haben auch Sie Zugang zu dieser Wunderkraft!

Das Christusbewußtsein ist der erhabene Geisteszustand, dem die Kraft innewohnt, ein Wunder auszulösen, wo es nur quälende Schwierigkeiten zu geben schien. Das Christusbewußtsein – oder Überbewußtsein – in Ihnen ist von Frieden, Macht und Überfluß erfüllt. Indem Sie es aktivieren, erwecken Sie Ihre geistige Natur zum Leben, Ihre Göttlichkeit, die hohe Geistesebene, auf der alle Dinge möglich sind. Wenn in der ganzen Welt die Menschen um dieses innere Christusbewußtsein wüßten und sich die Mühe machten, es zu entwickeln, könnten durch diesen friedvollen und mächtigen inneren Christusgeist alle Probleme der Menschheit mühelos gelöst werden.

Wenn Sie das Christusbewußtsein hervorrufen, intensivieren Sie Ihre Gebetskraft. Sie beschleunigen Ihre Ergebnisse!

Wie nun entwickeln Sie Ihr wunderwirkendes Christusbewußtsein, die göttliche Intelligenz, den göttlichen Geist in Ihnen? Dadurch, daß Sie zunächst erkennen, daß Sie diese dritte, überbewußte Ebene in sich haben. Dann akzeptieren Sie dieses Christusbewußtsein, meditieren darüber, bejahen seine Gegenwart und Macht, die in Ihnen und durch Sie wirkt. Affirmationen über „den Christusgeist", den „inneren Christus" und „Christus Jesus" helfen Ihnen dabei. Auch schriftliches Niederlegen und bildliches Vorstellen sind förderlich. Die folgenden einfachen Techniken werden Ihnen ermöglichen, das Chistusbewußtsein zu entwickeln, hervorzurufen und seine Wunderkraft in Ihrem Leben freizusetzen!

Der Christusgeist

Ihre dritte Bewußtseinsebene, das Superbewußtsein, können Sie dadurch entfalten, daß Sie über den Christusgeist in Ihnen nachdenken. Die Psychologie erklärt, daß wir alles entwickeln, worauf wir uns konzentrieren. Wenn Sie sich intensiv auf Ihre innere Göttlichkeit, den Christusgeist in Ihnen, konzentrieren, sind Sie im Begriff, diese Kraft in derselben Weise zu entwickeln und zu entfalten, wie es Paulus und die Apostel taten.

Paulus wußte um den Christusgeist, der auf der Straße nach Damaskus aus dem Licht zu ihm gesprochen hatte, und der ihn von einem unermüdlichen Christenverfolger in einen ebenso unermüdlichen Streiter für das Christentum verwandelt hatte. Paulus hat den Christusgeist in einem solchen Ausmaß entwickelt, daß man ihn allgemein als das „vielseitige Genie" der frühchristlichen Kirche bezeichnet hat – lehrend, predigend, reisend, schreibend und überall in der alten Welt Gemeinden gründend. In seinen Briefen sprach er zu den ersten Christen immer wieder von dem Christusgeist. Einmal erklärte er: „Ich lebe aber; doch nun nicht ich, sondern Christus lebt in mir" (Gal. 2,20).

In meinem Buch *Das Heilungsgeheimnis der Zeitalter* habe ich die alte Geheimlehre beschrieben, die den inneren Christusgeist im Oberkopf des Menschen lokalisiert sah, während das Bewußtsein des Menschen metaphysisch gesehen von der Stirn ausgeht, und das Unterbewußtsein vom Herzen und dem Unterleibsbereich aus arbeitet. Das Interessante daran, daß das Christusbewußtsein seinen Sitz im Oberkopf hat, ist, daß es nicht nur das überbewußte Wissen anregt, das in diesem Bereich gespeichert ist, sondern sich bei Aktivation „öffnet" oder Zugang hat zu dem universalen Wissen oder universalen Guten, das durch den Oberkopf in Geist und Körper des Menschen einströmt.

Sie können die Erweckung des Christusgeistes in Ihnen unvorstellbar beschleunigen, wenn Sie Bejahungen anwenden, die Sie mit dem Christusgeist identifizieren, wie zum Beispiel die Aussage des Paulus: „Christus lebt in mir."

Den inneren Christusgeist durch den Gebrauch von Bejahungen zu erkennen und anzurufen scheint besonders wirksam angesichts von Situationen, die nahelegen, „unmöglich" oder „nicht zu machen" zu sagen. Offenbar setzt die Anrufung des Christusgeistes eine Superweisheit frei, eine ungeheure Kraft, die geradezu durch die Menschen und Situationen „fegt", um zu vollbringen, was „nicht zu machen" ist, um das „Unmögliche" möglich zu machen.

Vielleicht haben Sie den Film nach dem Buch von Lloyd C. Douglas „Das Gewand" gesehen. Die Handlung bewegt sich um den „ungenähten Rock", den Jesus trug. Für diesen Film bekamen eine Frau und ihre Tochter den Auftrag, ein Gewand zu weben, das eine historisch getreue Reproduktion des Gewandes Jesu darstellt. Sie brauchten Monate, um die besonderen Garne, Farben und Materialien zu beschaffen. Als alle Vorbereitungen getroffen waren, benötigten sie für das Weben selbst weitere 36 Stunden. Danach mußte das Gewand innerhalb von 16 Stunden im Studio abgeliefert werden, damit der Zeitplan des Regisseurs eingehalten werden konnte. Da entdeckten die beiden plötzlich, daß der dreijährige Sohn der Tochter von dem wundervollen ungenähten Gewand ein Stück herausgeschnitten hatte.

In der noch verbleibenden Zeit ein neues Gewand zu weben, schien unmöglich, da sie für das erste 36 Stunden gebraucht hatten. Doch nachdem sie sich beruhigt und im Gebet bejaht hatten, daß der Christusgeist ihnen zeigen würde, was zu tun war, lautete die Führung eindeutig, ein neues Gewand zu weben. Also bejahten sie, daß der Christus durch sie vollkommenen Ausdruck findet, machten sich an die Arbeit und vollendeten das zweite Gewand innerhalb von neun Stunden – einem Viertel der Zeit, die sie für das erste benötigt hatten!

Nun könnte man zunächst den logischen Schluß ziehen, daß die beiden natürlich diesmal schneller arbeiten konnten, da sie ja durch Herstellung des ersten Gewandes die entsprechende Übung erlangt hatten. Indessen, Mutter und Tochter haben als Experiment später noch zweimal ein gleiches Gewand gewebt und dabei so schnell gearbeitet, wie sie nur konnten. Und jedesmal haben sie dazu volle 36 Stunden gebraucht. Also hatte der Christusgeist ihnen in der Stunde der Not geholfen, das Unmögliche möglich zu machen: in neun Stunden ein Gewand zu weben, das unter normalen Bedingungen 36 Stunden erfordert!

Wenn Sie mit „unmöglichen" Situationen konfrontiert werden, dann rufen Sie den Christusgeist zu Hilfe, indem Sie bejahen: „Der Christusgeist bewirkt hier und jetzt vollkommene Ergebnisse", oder: „Ich lasse den Christusgeist durch mich denken. Ich weiß. Ich erinnere mich. Ich verstehe. Ich bringe in dieser Lage jetzt die vollkommene Wahrheit zum Ausdruck." Das Blatt wird sich wenden.

Zu Anfang meiner schriftstellerischen Tätigkeit verbrachte ich täglich einige Zeit mit der Bejahung: „Ich bin der Christusgeist. Ich bin. Ich bin. Ich bin." Dann war es, als würde eine Superweisheit in mir eingeschaltet, und von da an habe ich immer produktiv geschrieben! Rufen Sie also für größeres Wissen, für Weisheit, Verständnis und fruchtbare Ergebnisse immer den Christusgeist an.

Durch wiederholte Bejahungen bewußtes Konzentrieren auf den Christusgeist öffnet den Weg zu den tief in Ihnen ruhenden Kräften, aus denen neue Gedanken, Worte und Weisheiten strömen, die völlig neue Kraftquellen in Ihnen entwickeln.

Die Macht der Worte „Jesus Christus"

Die frühen Christen glaubten, daß die Worte „Jesus Christus" das verlorengegangene Wort der Kraft sind, nach dem die Priester jahrhundertelang gesucht haben, und das dieses „verschollene Machtwort" im Augenblick Wunder bewirken könne.

Man braucht nur im Gebet mit dem Namen „Jesus Christus" zu

experimentieren, um zu entdecken, daß wiederholtes Sprechen dieser Wote eine intensive Schwingung auslöst. Diese Schwingung aktiviert Kräfte, die Resultate bewirken! *Keines Menschen Name hat jemals für eine so unvorstellbare Leistung und Vollendung gestanden, wie der Name "Jesus Christus".* In diesen Worten ist Macht für Triumph auf der ganzen Linie – für Heilung, Wohlstand, menschliche Beziehungen – verfügbar für alle, die heute diesen Namen anrufen.

Bejahen Sie wieder und wieder: "Jesus Christus bewirkt jetzt in jeder Phase meines Lebens vollkommene Lösungen", und Sie werden Staunen über das Gute, das Ihnen geschieht! Die Worte "Jesus Christus" sind mit die stärksten, auf die Sie sich überhaupt konzentrieren können! Häufiges Meditieren und Bejahen der Worte "Jesus Christus" kann den Zustand Ihres Geistes, Ihres Körpers, Ihrer Angelegenheiten und Ihrer Beziehungen – jede Situation, die Sie konfrontiert oder beunruhigt – zum Besseren wandeln.

Wenn Sie Probleme überwinden möchten, die weder auf intensives Beten und geistiges Studieren, noch auf medizinische Behandlung, psychische Therapie oder einfach harte Arbeit reagiert haben, dann beginnen Sie, über den Namen "Jesus Christus" nachzudenken und seine Hilfe zu erbitten. Wenn Sie täglich, seinen Namen bejahend, seine Macht anrufen, werden Sie aus der negativen Gedankenschicht, die Sie gefangenhielt, einen "Meisterdurchbruch" in höhere Bewußtseinsebenen machen. Dort werden Sie frei sein, Ihr Gutes zu beanspruchen.

Jesus lehrte seine Jünger "in seinem Namen" zu beten, denn er war ihr mächtiger Fürsprecher bei Gott. Die frühen Christen vollbrachten gewaltige Taten durch beten "in seinem Namen". Jesu Versprechen lautete: "Was ihr bitten werdet in meinem Namen, das will ich tun" (Joh. 14,14), und diese Worte gelten bis auf den heutigen Tag.

Sie können auf vielerlei Weise "in seinem Namen" beten.

Den Namen Jesus Christus anrufen

Das Anrufen des Namens "Jesus Christus" beschwört ein Wunderbewußtsein.

Eine Lehrerin stieg auf eine hohe Leiter, um in ihrer Klasse Festtagsdekorationen herunterzunehmen. Plötzlich verlor sie das Gleichgewicht und stürzte kopfüber dem harten Zementboden entgegen. Während des Falls dachte sie noch „Jesus Christus, Jesus Christus!" Dann verlor sie das Bewußtsein. Die herbeigerufenen Ärzte standen vor einem Rätsel. Nach der Lage der Gestürzten hätte sie einen dauernden Hirnschaden davontragen müssen, doch sie wies lediglich äußere Verletzungen auf und litt an Gleichgewichtsstörungen, die indes rasch vergingen, als sie täglich bejahte, daß Jesus Christus sie heilt. Damit bewies sie die Heilkraft, die diesem Namen innewohnt.

Obwohl wir oft fühlen, in dem Namen „Jesus Christus" müsse ein geistiger und mystischer Sinn verborgen sein, zweifeln wir gewöhnlich, daß er in unserem täglichen Leben eine effektive, praktische Bedeutung haben könne. Diese irrige Vorstellung hat in unserem Alltag manchen Segen verhindert.

Eine der stärksten Bejahungen, die wir inmitten alltäglicher Situationen von Disharmonie, Reiberei, Spannung und Belästigung anwenden können, ist der Satz: „Jesus Christus ist hier und bringt vollkommene Ergebnisse hervor." Tatsächlich ist es besser, die Christusgegenwart erst in den kleinen banalen Lebensfragen zu beweisen, bevor wir „promovieren", die Macht dieses Namens auf ernste, tiefere Weise zu demonstrieren.

Jesus-Christus-Gebete aufschreiben

Ich erinne mich, wie ich einmal am frühen Morgen in meinem Arbeitszimmer in der Kirche saß, meinen Tagesplan überdachte und feststellte, daß ich nicht genug Leute zur Hilfe hatte. Vor allem brauchte ich für eine unvorhergesehene Arbeit dringend eine versierte Schreibkraft. Ich griff nach einem Zettel und schrieb darauf: „Jesus Christus schickt mir jetzt die richtige Schreibkraft, die diese Arbeit rasch erledigt."

Noch war keine Stunde vergangen, da kam eine Dame in die Kirche – nicht gegangen, sondern gerannt. Atemlos erklärte sie: „Da bin ich.

Beim Frühstück hatte ich plötzlich das Gefühl, daß Sie mich brauchen. Was soll ich tun?"

In bemüht beiläufigem Ton fragte ich: „Können Sie maschineschreiben?"

„Kann ich! Bevor ich meinen Mann heiratete, war ich seine Sekretärin. Ich bin eine der schnellsten Schreiberinnen in der ganzen Stadt." In wenigen Stunden hatte sie ein Pensum hinter sich gebracht, für das eine durchschnittliche Schreibkraft einige Tage gebraucht hätte, und das ohne Bezahlung, als Geschenk.

Ein anderes Erlebnis. Wochenlang hatte ich versucht, einen Handwerker dazu zu bringen, in meiner Wohnung einige Reparaturen auszuführen. Er hatte zwar versprochen, zu kommen, war aber nicht erschienen. Eines Abends, als ich wieder deswegen betete, hörte ich mich sagen: „Jesus Christus ist hier und macht jetzt die nötigen Reparaturen." Später schrieb ich diesen Satz in mein Bejahungsbuch. Ich fühlte mich wunderbar beruhigt und löschte die Angelegenheit aus meinem Gedächtnis. Am nächsten Morgen klopfte es an der Tür: der Handwerker war gekommen und erledigte schnell die notwendigen Reparaturen, wie er es Wochen vorher versprochen hatte!

Jesus Christus bildlich vorstellen

Nicht nur durch mündliches Anrufen oder durch Aufschreiben des Namens „Jesus Christus" können Sie ein Wunderbewußtsein beschwören, sondern auch dadurch, daß Sie sich in irgendeiner Situation, die Sie quält, Jesus Christus arbeitend und vollkommene Ergebnisse schaffend vorstellen. Es liegt eine ungeheure Kraft darin, in Gedanken Jesus Christus mit uns und für uns wirken zu sehen.

Ein erfahrener Kaufmann wurde einmal, als sein Betrieb einen plötzlichen Aufschwung erfuhr, nach dem Geheimnis seines Erfolgs gefragt. Bereitwillig berichtete er, daß er vor einer geschäftlichen Verabredung regelmäßig einige Minuten still über das Treffen nachdachte und bejahte, daß Jesus Christus die Leitung hat und für alle Beteiligten vollkommene Resultate bewirkt. Dann sah er den Christus in den

Betreffenden, mit denen er über das Geschäft verhandelte. Er versuchte dabei, in den Gesichtern der Leute buchstäblich den Christus zu sehen.

Dieser Mann bekannte, daß durch dieses Verfahren zwischen ihm und seinen Kunden immer eine wundervolle Harmonie, fast so etwas wie eine Geistesverwandtschaft herrsche. Durch die Vorstellung des in ihrer Gemeinschaft wirkenden Christus entwickelten sich echte Freundschaften, und selbst wenn neue Klienten in den Kreis traten, hatte man schon bei der ersten Begegnung ein Gefühl, als hätte man einander lange Zeit gekannt.

Wenn Sie sich jeden Tag nur zehn Minuten lang bildlich vorstellen, wie der Christus in Ihren beruflichen, familiären und sonstigen Angelegenheiten oder in den Menschen und Situationen, für die Sie beten, wirkt, wird das Ergebnis Sie überraschen und begeistern!

In meinem Buch *Die dynamischen Gesetze des Reichtums* findet sich die Geschichte einer Frau, die ihre Ehe dadurch in Ordnung brachte, daß sie sich Jesus Christus darin vorstellte:

Zwanzig Jahre war ich mit einem Mann verheiratet, den ich schließlich hassen lernte. Jetzt bin ich mit demselben Mann verheiratet, einem Mann, der von Tag zu Tag umgänglicher und liebevoller wird. So sehr ich mir auch Mühe gab, ich konnte es nicht fertigbringen, jenen ersten Mann zu lieben. Er schien seelisch tot zu sein, war selbstsüchtig, roh, hart, gleichgültig und lieblos. Die Situation schien aussichtslos, und ich sehnte mich unsagbar nach Freiheit. Aber ich hatte kleine Kinder und konnte nicht arbeiten, um sie zu ernähren, also mußte ich bei meinem Mann aushalten. Schließlich fing ich an, über die Gegenwart und Macht von Jesus Christus nachzudenken und nahm mir vor, mir Jesus Christus deutlich vorzustellen, wie er in meinem Leben wirkt und was er tut.

Jeden Tag sah ich in Gedanken Jesus Christus mit meinem Mann zur Arbeit gehen. Ich sah Christus mit ihm und durch ihn wirken, mit ihm gemeinsam arbeiten, sogar mit ihm zu Mittag essen. Am Abend stellte ich mir vor, wie mein Mann und Christus zusammen zu Frau und Kindern und einem guten Essen nach Hause kamen, glücklich und zufrieden.

Jetzt, als Ergebnis von alldem, bin ich zwar noch immer mit demselben Mann verheiratet, aber er ist wahrhaftig ein ganz anderer Mensch, einer, der gütig, rücksichtsvoll, zufrieden und voller Liebe ist. In diesem Augenblick sitzt er auf der hinteren Veranda und pfeift vergnügt vor sich hin, während er für die Arbeit morgen seine Lederjacke flickt. *Dadurch, daß ich vertrauensvoll Jesus Christus in unsere Situation geholt habe, habe ich endlich die Gemeinsamkeit gefunden, nach der ich mich so lange gesehnt habe.* Wahrhaftig, ich liebe meinen Mann. Am liebsten würde ich allen Frauen, die immer mit ihren Männern streiten und schimpfen, den Rat geben, einfach mal mein Rezept zu versuchen.

Sollte es Ihnen schwer fallen, sich den Christus in einer Alltagssituation vorzustellen, dann nehmen Sie irgendein Bild von Jesus Christus und schauen Sie es an. Jedesmal, wenn Sie aufgeregt, verwirrt oder unglücklich sind, betrachten Sie ein Christusbild, und Sie werden sich bald wieder ruhig und stark fühlen.

Genevieve Parkhurst, Frau eines Geistlichen, erzählt in ihrem Buch *Healing and Wholeness Are Yours*, wie sie auf diese Weise von Brustkrebs geheilt wurde. Eines Nachmittags las sie, aufrecht im Bett sitzend, ein Buch von Dr. Frank Laubach, das wundervolle Christusbilder enthielt. Sie betrachtete diese Bilder eingehend, als plötzlich die physische Gegenwart Jesu Christi vor ihr im Zimmer erschien. Er stand im Profil mit erhobenem Gesicht – genau wie auf dem Bild, das sie eben studiert hatte. Sie hielt den Atem an, als die sichtbare Gestalt Jesu Christi sich ihr langsam zuwandte und sie direkt ansah. Während sie wie gebannt diese Gestalt betrachtete, spürte sie plötzlich in ihrer kranken Brust einen scharfen, stechenden Schmerz, der rasch ihren Arm bis in den Ellenbogen durchlief. Kurz darauf entdeckte sie, daß die Krebsgeschwulst verschwunden war.

Den Christus in anderen sehen

Das ist eine wundervolle Weise, für andere zu beten. Statt über ihre Probleme und Fehlschläge nachzugrübeln, sehen Sie den Christus in anderen und ihren Schwierigkeiten wirken. Ein pensionierter Geschäftsmann litt unter schweren Depressionen. Seine Frau war gestorben, und er fühlte sich verlassen und allein und krank an Seele und Körper. Er besaß ein kleines Haus in Florida und ein Mangowäldchen, das sein ganzer Lebensunterhalt war. In seiner Lethargie hatte er sich nicht mehr um die Mangobäume gekümmert, sie waren verkommen, und so hatte er zusätzlich auch noch finanzielle Schwierigkeiten.

Schließlich konnte er nicht mehr. Er schleppte sich bis dorthin, wo die Pier aufhörte, und ließ sich ins Wasser fallen, um „mit allem ein Ende zu machen". Aber es war nicht das Ende, sondern der Weg in einen wunderbaren neuen Anfang: ein morgendlicher Schwimmer rettete ihn und blies ihm neues Leben und neue Hoffnung in die Lungen. Sein Nachbar brachte das Haus und den Mangowald in Ordnung und lehrte ihn, sein Haus, seine Mangofrüchte, seine Gesundheit und sein Leben zu lieben, zu loben und zu segnen.

Später, als der zuvor so mutlose Mann sich erholt und wieder ein gedeihliches, gesundes und zufriedenes Leben gefunden hatte, erklärte er: „Für das alles ist mein Nachbar verantwortlich, denn er wußte den Christus in mir zu sehen, als ich an meinem tiefsten Punkt angelangt war, und weil er den Christus in mir gesehen hat, hat er ein Wunder vollbracht."

Wann immer Sie in einer Person oder Situation den Christus sehen, können Sie sich darauf freuen, daß etwas Wundervolles geschehen wird. Sie können sogar das „Unmögliche" erwarten!

Ich nehme gern kleine Christusbilder und lege sie rund um das Foto eines Menschen, für den ich bete. Auch schreibe ich oft irgend etwas, das mir Sorgen macht, auf und klebe Bilder des Christus rings um das Blatt. Das hilft mir, in den Menschen und Situationen, die ich in mein Gebet einschließe, den Christus zu sehen, und es nützt.

Falls irgend jemand Sie „auf die Palme bringt", kleben Sie sein Bild oder schreiben Sie seinen Namen auf ein Stück Papier inmitten einiger Christusbilder. Sie werden staunen, was dabei herauskommt – manchmal langsam aber sicher, manchmal sehr schnell.

Sehen Sie den Christus in sich selbst

Vergessen Sie nicht, auch in sich selbst den Christus zu sehen! Als ich einmal wegen einer schwierigen Sachlage offensichtlich ohne jeden Erfolg gebetet und gebetet hatte, sagte die „kleine stille Stimme" in mir: „Warum siehst du den Christus nicht ebenso wie in der Situation auch in dir? Bete zur Abwechslung mal für dich!" Was ich dann tat. Ich sagte oft meinen Namen und bejahte: „Catherine Ponder, ich sehe den Christus in dir. Ich sehe den Christus in deinem Leben wirken und vollkommene Ergebnisse hervorbringen." Auch stellte ich ein Christusbild neben das meine und sah beide zusammmen häufig an. Diese Aktion wurde zum Wendepunkt: mein Gebet wurde beantwortet.

Haben Sie scheinbar umsonst für sich selbst gebetet, ist es auch nützlich, sich einfach dem inneren Christus zu überlassen und die ganze Last des Problems ihm zu übergeben. Das führt oft sehr schnell zu den richtigen Resultaten. Eine Reihe von Bejahungen wie die folgenden können Sie dabei wirkungsvoll unterstützen:

„Mein Leben kann nicht eingeschränkt werden! Christus in mir ist meine befreiende Kraft!"

„Christus in mir ist meine Kraft, zu vergeben. Christus in mir ist meine Kraft, loszulassen."

„Christus in mir befreit mich jetzt von jeder unerwünschten Bindung an Menschen, Orte oder Dinge."

„Christus in mir ist meine heilende Kraft. Christus in mir erhebt mich jetzt in vollkommene Gesundheit."

„Christus in mir ist meine Kraft zum Erfolg. Durch Christus in mir werde ich es schaffen."

„Durch den inneren Christus gebe ich mein Bestes, und nur das Beste erhalte ich dafür."

„Christus in mir zeigt mir jetzt jedes geistige oder emotionelle Hindernis, das beseitigt werden muß, damit Gesundheit, Wohlstand und Glück mich erreichen können."

„Christus in mir führt mich jetzt an meinen richtigen Platz mit den richtigen Menschen, und ich freue mich darauf."

„Christus in mir bewirkt jetzt überall in meinem Leben richtige

Ergebnisse, und alles ist gut. Ich entspanne mich, lasse los und überlasse alles ihm."

„Ich vertraue mein Leben (diese Situation, diesen Menschen) jetzt der vollkommenen Auswirkung des Christusbewußtseins an."

Heilung durch Anrufen des inneren Christus

Paulus hat erklärt, daß der „Christus in euch" unsere „Hoffnung der Herrlichkeit" ist (Kol. 1,27). Er sagte, dies sei das Geheimnis, das verborgen gewesen ist von der Welt her und von den Zeiten her. Das Wort „Christus" bedeutet „der Gesalbte". Es bezeichnet Ihre geistige Natur. Wenn Sie Worte oder Bejahungen gebrauchen, durch die Sie sich mit dem Christus identifizieren, dann bringen Sie das Christuskind wieder zum Leben, Sie erwecken den Christus in Ihnen.

Manchmal ist es gut und nützlich, direkt zu unserer Christusnatur zu sprechen. Es ist weise, wenn Sie den inneren Christus auffordern, Sie zu heilen, zu harmonisieren, zu führen und zu segnen. *Der Christus in Ihnen erwartet Ihr Erkennen. Der Christus in Ihnen ist sehr höflich. Er wartet, bis er gefragt, aufgefordert oder bemerkt wird. Aber wenn das geschieht, wie rasch reagiert er dann! Genauso, wie Sie ein Kind wecken, indem Sie es beim Namen rufen, so wecken Sie den inneren Christus durch Anrufung seines Namens.*

Ein Soldat im ersten Weltkrieg hatte eine schwere Gasvergiftung erlitten, man erwartete, daß er sterben würde. Auf seinem Lager im Lazarett erinnerte er sich, daß er im Alter von zwölf Jahren einem geistigen Heiler begegnet war, der sich als Essener bezeichnete. (Jesus hat möglicherweise bei den Essenern studiert.) Der jetzige Soldat hatte seinerzeit von diesem Mann einige Weisheiten und Verhaltensregeln gelernt, nach denen er viele Entwicklungsstufen der Wahrheit durchgearbeitet hatte.

Jetzt, im Angesicht des Todes, fiel ihm ein wichtiges Geheimnis wieder ein, das er als Zwölfjähriger gelernt hatte: daß jeder Mensch den Christus in sich hat. Und er sagte sich: in mir wohnt einer, der den Tod überwunden hat – was habe ich da zu fürchten?

Dann begann er, zu dieser lebendigen Gegenwart und Kraft in ihm zu sprechen: „Vergib mir, Freund und Liebender meiner Seele, daß ich mir deiner Gegenwart in mir so lange nicht bewußt gewesen bin. Ich überantworte die ganze Last dieses Körpers deiner Liebe und gehe jetzt befreit meiner Genesung entgegen." Der anscheinend Sterbende hat sich nicht nur völlig erholt, er wude später einer der bedeutendsten geistigen Heiler der zwanziger und dreißiger Jahre.

Unter anderem hat er gesagt: „Für Ihr persönliches Geschäftsleben ist die Methode, den Christus als Partner anzurufen, ebenso potent und wirksam wie bei der Heilung des Körpers. Ein großes Abenteuer erwartet Sie – das größte und wundervollste, das ein Mensch überhaupt erleben kann! Nämlich das Suchen, Finden, Erwecken und Aktivieren des verborgen gewesenen inneren Christus!

Wie man den Frieden Jesu Christi beschwört

Einer der wirksamsten Wege, das Wunderbewußtsein hervorzurufen, besteht darin, „den Frieden Jesu Christi" zu erbitten. Ein Mensch, der nicht betet, stößt durch seine abweisenden Schwingungen gewöhnlich sein Gutes zurück. Er verscheucht sozusagen sein Gutes, weil von ihm Hast, Sorge, Rücksichtslosigkeit oder Nervosität ausstrahlt, während ein religiöser Mensch durch seine ruhigen, friedvollen und starken Schwingungen sein Gutes zu sich zieht. Ein gläubiger Mensch wirkt auf sein Gutes wie ein Magnet, er zieht es unbewußt an. Bei Personen, deren Seelenleben durch Beten bereichert wird, kann man fast immer eine ruhige Einstellung, ein entspanntes Gesicht und eine gelöste Körperhaltung beobachten. Beten beruhigt unseren Geist, unseren Körper, unser Gefühlsleben, unsere Schwingungen. In diesem friedlichen Zustand innerer Heiterkeit kommt unser Gutes ganz von selbst zu uns.

Wenn das Gebet auf Sie nicht diese Wirkung ausübt, sollten Sie sie vielleicht bewußt verlangen, indem Sie „den Frieden Jesu Christi" bejahen.

Wenn Sie gegen das Leben und die Umstände anrennen, verzerrt sich Ihre Seele. Bejahungen des Friedens bremsen Sie zu Ihrem Besten ab und bringen Sie in ein sanftes Tempo innerer Ausgeglichenheit. Wenn es ein Anzeichen für echtes Gebet gibt, dann ist es der tiefe Frieden, den es der

Seele bringt. Diese heitere Gelassenheit führt zu wirklicher Lebensbewältigung. Friedensbejahungen helfen Ihnen, die Dinge lieber durchzubeten als durchzusetzen. Frieden ist der Vorläufer des Sieges, und Gebete, die „den Frieden Jesu Christi" bejahen, schenken Ihnen diesen Frieden und diesen Sieg.

Sie werden bald merken, daß eine tiefe Ruhe über Sie kommt, wenn Sie an Jesus Christus denken. Sie fühlen sich augenblicklich in jeder Beziehung besser. Ich kenne jemanden, der Nächte und Nächte schlaflos lag und sofort geheilt wurde, als man ihm zu bejahen riet: „Der Frieden Jesu Christi ist jetzt um mich, und alles ist gut."

Eine ernste Schwierigkeit in menschlichen Beziehungen, voller Verwirrung, Disharmonie und Streit, wurde gelöst, nachdem jemand bejaht hatte: „Der Frieden Jesu Christi strömt jetzt in diese Situation und bewirkt vollkommene Ergebnisse."

Eine dunkelhäutige Lehrerin wurde erstmals an eine integrierte Schule versetzt. Anfangs gab es ziemliche Schwierigkeiten. Die meisten Kinder hatte noch nie eine schwarze Lehrerin gehabt, und besonders die spanischen Kinder waren empört und aufsässig. Die Lehrerin war über diese Herausforderung bestürzt und schockiert. Doch dann begann sie still zu bejahen: „Jesus Christus unterrichtet diese Klasse. In dieser Klasse herrscht der Frieden Jesu Christi. Ich segne diese Klasse mit dem Frieden Jesu Christi, und alles ist in Ordnung."

Alsbald beruhigte sich die Lage, und die Harmonie war wiederhergestellt. Das Endergebnis war eine glückliche Lehrerin mit einer Klasse fröhlicher und zufriedener Schüler.

Man hat herausgefunden, daß schätzungsweise 80 Prozent aller Erkrankungen das Resultat verdrängter Gefühle sind. Wir können es immer wieder beobachten: nach einem seelischen Konflikt stellen sich Kopfschmerzen, Erkältungen, Magenbeschwerden und viele andere alltägliche Leiden ein. Das Christusbewußtsein hat eine starke Heilfähigkeit, weil es zuerst einmal seelischen Frieden gibt. Seelischer Frieden bringt Heilung bei Angstgefühlen, Kränkungen, Ärger, Eifersucht und anderen psychischen Belastungen, die in dem friedvollen Christusbewußtsein einfach abklingen und verschwinden.

Deshalb ist die Bejahung des „Friedens Jesu Christi" ein wundervolles Gebet, das in allen Lebensbereichen Erfüllung bringt – für Sie und für andere. Das Herrliche an der Bejahung des „Friedens Jesu Christi" ist, daß jeder in Ihrer Umgebung unbewußt auf dieses Gebet reagiert, sein Tempo verlangsamt, seine Umwelt freundlicher sieht und glücklicher und leistungsfähiger wird. Spannung, Streß und Druck lösen sich in diesem Friedensbewußtsein einfach auf. Ein einziger, der in einer prekären Situation „den Frieden Jesu Christi" bejaht, kann die ganze Atmosphäre beruhigen und harmonisieren.

Die Bejahung der vollendeten Werke Jesu Christi

Manchmal geschieht so etwas wie ein Wunder, wenn Sie „die vollendeten Werke Jesu Christi" bejahen oder erklären, daß sich in einer Situation oder Bedingung jetzt „die vollendeten Werke Jesu Christi" offenbaren. Wenn ich mehr zu tun habe, als ich anscheinend schaffen kann, werde ich mit der Arbeit oft in der halben Zeit fertig durch die Bejahung: „Die vollendeten Werke Jesu Christi manifestieren sich jetzt." Die Ideen fliegen mir zu, hilfreiche Hände bieten sich an, Unerwartetes geschieht. Das Pensum wird erledigt.

Oft kommt es vor, daß Sie beten, und die Dinge beginnen sich in Richtung auf die Antwort zu entwickeln, aber die Sache kommt nicht ganz ans Ziel, und Sie fragen sich, woran das liegen mag. Dann ist der Moment gekommen, zu bejahen: „Die vollendeten Werke Jesu Christi offenbaren sich jetzt in dieser Situation zum Vorteil aller Beteiligten. Jetzt ist die Zeit der göttlichen Vollendung."

Sehr häufig werden Gebete *fast*, aber nicht völlig beantwortet, einfach deshalb, weil niemand das Wort der Vollendung gesprochen hat. Versäumen Sie Ihr Gutes nicht dadurch, daß Sie eine Angelegenheit bis beinahe zur Antwort durchbeten, dann aber aufgeben, weil Ihr Wunsch sich nicht völlig erfüllt. Er wartet lediglich darauf, daß Sie das Ergebnis durch Bejahung der „vollendeten Werke Jesu Christi" besiegeln. Das ist das Wundergebet, das Dinge, die zur Abfertigung bereitliegen, schnell „einpacken" kann. *Oft ist es nur die Bejahung der Vollendung, die noch zwischen Ihnen und der ersehnten Antwort steht!*

Außer dem inneren Christusgeist – der Christusnatur oder dem Christusbewußtsein in uns – gibt es auch noch die auferstandene, universale Christusgegenwart, die Ihnen zugänglich ist!

Nachdem die Jünger die auferstandene Christusgegenwart leibhaftig in ihrer Mitte gesehen hatte, fanden sich diese niedergeschlagenen, unterdrückten und hilflosen Männer in die furchtlosen, begeisterten und unerschrockenen Apostel verwandelt, die dann Tausende von Menschen aufrichteten und zur Christusbotschaft bekehrten, und zwar mit einer Intensität und Nachhaltigkeit, die später nie wieder erreicht werden konnte. Durch ihre plötzliche Transformation hat diese kleine, verwirrte und unbedeutende Gruppe bei ihrer ersten öffentlichen Versammlung dreitausend Seelen bekehrt und den Grundstein gelegt, daß sich das Christentum in der alten Welt sprunghaft ausbreitete und immer mehr zunahm, zwanzig Jahrhunderte hindurch bis auf den heutigen Tag.

Diese auferstandene Christusgegenwart, die von den Jüngern nach der Kreuzigung gesehen wurde und sie und ihre Nachfolger so grundlegend verwandelte, wohnt in den Sphären dieses Planeten und verlangt danach, Ihnen zu helfen und auch in unserem Zeitalter Ihre Probleme zu lösen! „Siehe, ich bin bei euch alle Tage" (Matth 28,20) war die Zusicherung, die für immer und für uns alle gilt. Viele Menschen haben in unserer Zeit die strahlende auferstandene Gegenwart Christi gesehen, als sie ihnen liebevoll behilflich war. Jesus Christus ist noch immer der Herr unseres Planeten!

Ebenso wie der innere Christus bedrängt uns auch dieser allumfassende Christus nicht, sondern wartet auf unsere Aufmerksamkeit und unser Erkennen. Nach Jesu Erdenzeit haben seine Anhänger seine auferstandene Gegenwart oft durch die Worte herbeigerufen: „Komm, Jesu Christ!" Sie wußten, daß dem geistigen Menschen die Macht der Entscheidung und die Herrschaft über seine Welt gegeben ist, so daß es ihm überlassen ist, die Christusgegenwart zu sich zu rufen, wenn er den Segen dieser geistigen Macht wünscht.

Als ich kürzlich im Ballsaal eines Hotels eine Vorlesung hielt, erwähnte ich, daß ich demnächst eine Vortragsfolge über das Christus-bewußtsein beginnen würde. Gegen Ende meiner Ausführungen, während ich den Segen sprach, spürte eine Dame eine Gegenwart an ihrer rechten Schulter, blickte auf und sah deutlich die Gestalt Jesu Christi mitten im Saal stehen.

Ein andermal hatte ich ein gesundheitliches Problem, daß ich durch Beten nicht überwinden konnte. Eines abends saß ich still da, während eine andere Geistliche mit mir für meine Gesundung betete. In ihren Worten bat sie die heilende Gegenwart Jesu Christi für mich um Heilung. Danach fühlte ich mich gelöst und ruhig und nickte ein. Als ich erwachte, war mir bewußt, daß die durchscheinende Gestalt Jesu Christi mit segnend erhobenen Händen über mir gestanden hatte. Ich sah sie nur für einen Augenblick, aber ich wußte sofort, daß unser Gebet beantwortet war. Mein Gesundheitsproblem löste sich zur rechten Zeit wie von selbst.

Die lebendige Gegenwart Jesu Christi in unser Leben, unseren Kör-per, unsere Angelegenheiten zu bitten, schafft es! Wenn wir sie auffor-dern, wird uns zugleich ihre stille, friedvolle Wunderkraft zuteil.

Eine Frau, die an Gürtelrose litt, konnte eines Sonntags nicht zum Gottesdienst gehen. Also hörte sie sich die Rundfunkübertragung aus der Christuskirche in Los Angeles an. Der Geistliche, John Hinkle, sprach über die heilende Macht Jesu Christi. Plötzlich, während er eine der Heilungen Jesu beschrieb, erblickte die Frau in ihrem Zimmer die buchstäbliche Gegenwart des Christus.

Als sie ihn, dessen Blick mit inniger Liebe auf ihr ruhte, ansah, bemerkte sie, daß er ein wunderschönes Gewand trug, zu herrlich, um es beschreiben zu können. Dann sprach er. Er sagte: „Ich danke dir, daß du mich liebst. Geh und berichte John (der Geistliche)."

Als sie am nächsten Tag Reverend Hinkle ihr Erlebnis schilderte, erklärte er, daß er um ein Erscheinen des lebendigen Christus gebetet hatte, weil er fühlte, es würde seinen Glauben und den Glauben seiner Gemeinde stärken. Ihr Erlebnis war die Antwort auf sein Gebet. Während die Frau dasaß und berichtete, was sie gesehen und empfunden hatte, merkte sie mit einemmal, daß die schmerzhafte Gürtelrose, an der sie gelitten hatte, verschwunden war – geheilt von dem auferstandenen

172

Christus selbst!

Wer immer Sie sind, wo immer Sie sind, Jesus in seinem geistigen Bewußtsein wartet darauf, daß Sie ihn erkennen. Was auch Ihr Ziel sein mag, er wird Ihnen zeigen, wie Sie es erreichen können, sobald Sie nur seine Hilfe und Gegenwart in Ihr Leben bitten.

Die ersten Christen haben es bewiesen. Wenn Sie die Apostelge-schichte der Bibel lesen, werden Sie sehen, daß dieses Buch weniger die Aufzeichnung der Taten einiger Apostel ist, als vielmehr eine Aufzeich-nung der Taten des Heiligen Geistes *durch* die Apostel. Dementspre-chend haben die Historiker die Apostelgeschichte „Das Evangelium des auferstandenen Christus" *durch* die Apostel wirkend genannt.

Es ist höchst interessant, daß der Arzt Lukas sowohl das Lukas-Evangelium wie auch die Apostelgeschichte geschrieben hat. Sein erstes Buch (Das Evangelium des Lukas) berichtet die Ergebnisse der geistigen Kraft Jesu, während dieser auf Erden weilte. Sein zweites Buch (Die Apostelgeschichte des Lukas) berichtet von der geistigen Macht des auferstandenen Christus, da die Christusgegenwart ihre Kraft auf den Sphären verströmte und *durch* die Apostel wirken ließ.

Ist es ein Wunder, daß jene ersten Apostel von einer unbeschreibli-chen, elektrisierenden, berauschenden Kraft erfüllt schienen, die sich wie ein Lauffeuer in der gesamten antiken Welt fortsetzte?

Ist es nicht herrlich aufregend, zu wissen, daß diese unbeschreibliche, elektrisierende, berauschende Kraft heute für Sie und mich verfügbar ist? Daß sie nur unser geistiges Erkennen erwartet, um sich heilend durch uns zu verströmen und uns und unsere Welt zu harmonisieren?

Wie eine intellektuelle Frau geheilt wurde

Eine sehr gebildete, kluge Frau – kaum der Typ, bei dem man einen Kontakt mit dem auferstandenen Christus erwarten würde – erzählte mir, wie sie vor einigen Monaten geheilt wurde. Während sie mit heftigen Schmerzen daniederlag, rief sie aus: „O Christus, du hast versprochen uns zu helfen, wenn wir irgend etwas in deinem Namen erbitten. Bitte befreie mich jetzt von dieser Pein!"

Zuerst breitete sich ein tiefer Frieden in ihrer gequälten Seele aus.

Dann erblickte sie die Hand des Erlösers, die sich ihr aus dem Unsichtbaren entgegenstreckte. Sie ergriff die Hand ohne Zögern, und so etwas wie ein elektrischer Schock durchlief ihren Körper und nahm allen Schmerz fort. So schnell und einfach wurde sie geheilt.

Wie man den Segen der Vergebungskraft Christi erlangt

Haben Bejahungen des „Friedens Jesu Christi" und der „vollendeten Werke Jesu Christi" Ihnen nicht den Frieden und die Erfüllung gebracht, die sie Ihrer Meinung nach bringen sollten, dann liegt es vielleicht daran, daß es auf Ihrer Vergebungsliste noch einige unbeglichene Posten gibt.

Meist wird die einfache Bejahung „Die vergebende Liebe Jesu Christi befreit mich jetzt von allen Fehlern der Vergangenheit und Gegenwart in Geist, Körper und menschlichen Beziehungen" Sie reinwaschen und erlösen. Oder: „Die vergebende Liebe Jesu Christi befreit mich jetzt von allen finanziellen Fehlern der Vergangenheit und Gegenwart" beendet Ihre finanziellen Schwierigkeiten. Oder eine allgemeine Vergebungsbejahung wie: „Christus in mir ist meine vergebende Kraft. Der Christus in mir vergibt dem Christus in dir. Der Christus in dieser Gegebenheit (Situation, Beziehung) ist ihre befreiende, vergebende Kraft" und wird Frieden und Erlösung bringen.

Sollte das nicht helfen, dann vielleicht, weil Sie die lebendige Gegenwart Jesu Christi um Unterstützung bitten sollten. Agnes Sandford, Frau eines Geistlichen der Episkopalkirche, hat in ihren großartigen Büchern *The Healing Gifts of The Spirit* und *Behold Your God* berichtet, wie sie einer Anzahl Menschen zur Heilung verhalf, indem sie ihnen riet, die lebendige Gegenwart Jesu Christi in ihre Erinnerung an Vergangenes zu bitten. Als die Betreffenden den Rat befolgten, heilte Jesus Christus die unerfreulichen Erinnerungen an Kränkungen, Enttäuschungen und Frustrationen, die sie in der Vergangenheit erfahren hatten. Doch er tat es in der Gegenwart. Sie fühlten deutlich, wie seine heilende Kraft in ihrem Unterbewußtsein wirkte und die Erinnerungen löschte – oft mit einer blitzartigen Empfindung – und danach Frieden eintrat. Wenn diese Erinnerungen später in ihrem Bewußtsein auftauchten, merkten die Betreffenden, daß die quälende Bitterkeit verschwunden war.

Ich stimme mit Mrs. Sandford überein, daß Jesus Christus nicht nur kam, um das bewußte, sondern auch das unterbewußte Denken zu heilen, das die Erinnerungen und Gefühlsblockierungen speichert, die die Antwort auf unsere Gebete hindern. Da es auf der geistigen Ebene keine Zeit im menschlichen Sinn gibt, können Sie Jesus Christus in Ihre Kindheit, sogar in die Zeit vor Ihrer Geburt, in Ihre Jugend, Ihre ersten Jahre des Erwachsenseins usw. bitten, um alle schmerzvollen Erinnerungen zu heilen: „Jesus Christus, komm in mein Leben. Ich bitte dich in mein unterbewußtes Gedächtnis, damit du dort alles heilst, was vergeben, losgelassen und erlöst werden muß. Reinige und befreie mich jetzt davon!"

Dann stellen Sie sich deutlich vor, wie die lebendige Gegenwart Jesu Christi in Ihre Kindheit zurückgeht, Sie bei der Hand nimmt. Sie liebevoll tröstet und alle Qual und Bitternis heilt. Wenn Sie dann später wieder an das denken, was jetzt geschieht, dann sagen Sie jedesmal einfach: „Danke, Jesus Christus. Deine vergebende Liebe hat mich von den unglücklichen Erlebnissen der Vergangenheit und Gegenwart (oder um es zu präzisieren: meiner schweren Kindheit, meiner unglücklichen Ehe, diesem Gesundheitsproblem, finanziellen Verlust usw.) befreit. Jetzt kann ich unbeschwert glücklich sein."

Sie werden staunen, wie die geistigen, seelischen und körperlichen Blockierungen verschwinden, und wie froh und frei und erlöst Sie sich dann fühlen. Ihre Gebete werden danach wahrscheinlich mit einem förmlichen Ansturm herrlicher Ereignisse beantwortet werden!

Die wunderbare Macht der Worte Christus Jesus

Die frühen Christen riefen das Wunderbewußtsein an, indem sie den Namen „Christus Jesus" intonierten. Wenn Sie die Apostelgeschichte und die Briefe von Paulus und seinen Mitarbeitern lesen, werden Sie feststellen, daß die auferstandene Christusgegenwart nur selten „Jesus

Christus" genannt wird, denn dies war der Mann aus Nazareth; häufiger findet sich der Name „Christus Jesus" als Bezeichnung für die universale auferstandene Christusgegenwart (die auf Erden der Mann aus Nazareth war, der jedoch Herr unseres Planeten wurde, als er gen Himmel fuhr).

Als die ersten Christen erkannten, daß Jesus nicht tot war, sondern erhoben zu einer machtvollen universalen Gegenwart, die erscheinen und verschwinden konnte, wie es zu ihrer Hilfe nötig war, versammelten sie sich auf einem Söller in Jerusalem, blieben dort einige Tage, riefen seine Gegenwart an und intonierten immer wieder seinen Namen. Nachdem sie sich so auf seine Gegenwart und Macht eingestimmt hatten, zogen sie aus, um überall in der damaligen Welt das Christentum zu predigen und christliche Gemeinden zu gründen – in jeder Hinsicht eine ungeheure Leistung.

Jene ersten Christen haben durch Anrufen des Namens „Christus Jesus" Wunder bewirkt. In gleicher Weise – zusammen mit der Bejahung des Namens „Jesus Christus", der in Ihnen dieselbe heilende und segnende Kraft weckt, die der Mann Jesus von Nazareth besaß – können Sie die universale Christusgegenwart, die unseren Planeten erfüllt und umgibt, ebenso zu sich rufen, wie es Paulus und die frühen Christen getan haben. Dabei werden Sie bemerken, daß die Anrufung dieser beiden Namen jeweils eine völlig andere Schwingung freisetzt.

Wenn Sie wiederholt bejahen: „Jesus Christus, Jesus Christus, Jesus Christus", wird in Ihnen und Ihren Belangen ein warm vibrierendes, elektrisierendes Gefühl lebendig und bewirkt fast augenblicklich positive Ergebnisse. Die mehrmalige Bejahung des Namens „Christus Jesus" indessen ruft eine weit weniger persönliche Reaktion hervor, die stiller, allmählicher und mehr algemein wirkt. Auf manchen Ebenen Ihrer geistigen Entwicklung werden Sie durch Bejahen des einen Namens Erfüllung finden; in anderen Wachstumsphasen gewinnen Sie nur in der Anrufung des anderen Namens geistige Nahrung und Sättigung. Beiden Namen wohnt Wunderkraft inne, beide bewirken inneren Frieden, und beide führen auf den Weg zu einer hohen geistigen Entfaltung.

Emma Curtis Hopkins beschreibt die Kraft, die durch Bejahen der

Worte „Christus Jesus" frei wird, in ihrem Buch *Resume:* „Der Name Christus Jesus ist ein verkörpernder Name, der uns die Verkörperung von Schönheit, Reichtum, Kraft, neuem Leben sehen läßt." Das Wort „verkörpern", das Mrs. Hopkins hervorhebt, indem sie es in diesem kurzen Satz zweimal gebraucht, bedeutet „konkrete Form geben", „bestimmte sichtbare oder greifbare Gestalt verleihen", „einverleiben". Durch wiederholtes Bejahen des Namens „Christus Jesus" können Sie Ihren Gebeten sichtbare, greifbare Form geben! Sie können sich Ihr Gutes einverleiben!

Ich kenne einen kleinen Gebetskreis, dessen Mitglieder über Jahre bei dem Namen „Jesus Christus" verweilten, bis sie eines Tages das Gefühl hatten, nun sei es an der Zeit, über den Namen „Christus Jesus" zu meditieren. Als sie das taten, sahen sie buchstäblich die Verkörperung von Schönheit, Reichtum und neuem Leben. In ihren Angelegenheiten und Beziehungen traten zahlreiche Veränderungen ein: neue Arbeitsplätze, neue Wohnorte, neue Wagen, neue Kleider, neue Appartements. Auch schienen sie durch Intonieren des Namens Christus Jesus in Bezug auf die Herausforderungen des Lebens und ihre positive Überwindung eine wesentlich tiefere geistige Einsicht gewonnen zu haben. Ihr Gebetsbewußtsein hatte sich sichtlich verstärkt und vertieft. Dasselbe kann sich auch für Sie erweisen!

Das wunderbare weiße Licht des Christus

Gleichzeitig mit der Anrufung der verschiedenen Namen für das Christusbewußtsein können wir uns auch das „weiße Licht" des Christus vorstellen und darüber meditieren. Die Mystiker des Christentums haben Jahrhunderte hindurch dieses „weiße Licht des Christus" gesehen und beschrieben. Wie Dr. Burke in seinem Buch *Cosmic Consciousness"* erklärt, wußten Moses, Jesus, Paulus und viele der bedeutenden Heiligen und Mystiker der frühen Christenheit um dieses innere Licht. Unter den Mystikern der Moderne wurde vor allem Dr. Albert Schweitzer durch seine Schriften über das innere Licht bekannt.

Ob es nun ein inneres Licht gibt oder nicht, Sie können das reine weiße

Licht des Christus und seine schützende, wunderwirkende Kraft beschwören, indem Sie sich deutlich vorstellen, daß Menschen und Situationen, für die Sie beten, von diesem Licht umgeben sind. Bejahen Sie, daß dieses Licht da ist, ob Sie es nun sehen oder nicht.

In seinem Buch *You Try It* schreibt Dr. Robert Russell von diesem Licht:

Wir leben im Zeitalter des Lichts. Elektrisches Licht, grelles Licht, Neonlicht, infrarotes Licht, Röntgenstrahlen und Licht in zahllosen anderen Formen dient der Menscheit. Aber es gibt ein weiteres Licht, dessen Kraft jede Form des materiellen Lichts übertrifft. Das ist die segnende und schützende Kraft der strahlenden Energie, die uns direkt von Gott zuströmt und das Leben jener erhellt, die die Verheißung annehmen: „Christus wird dich erleuchten."

„Ihr seid das Licht der Welt", sagte Jesus. Das mystische Licht ist in Ihnen; es ist jetzt im Kern Ihres Wesens. Es ist dasselbe Licht, das Moses und sein Volk durch die Wüste geführt hat, dasselbe Licht, das Paulus auf dem Weg nach Damaskus blendete . . . Gott schuf Ordnung aus dem Chaos durch das Wort: „Es werde Licht." Die „Kinder des Lichts", die die Bibel erwähnt, sind jene, die das persönliche Bewußtsein dem Christusbewußtsein untergeordnet haben. Das Christusbewußtsein repräsentiert den Geist in Aktion. Wer im geistigen Bewußtsein lebt (mit der inneren Gegenwart geht), ist sicher. Der geistige Mensch unterscheidet sich also von den anderen durch ein bestimmtes Licht, das durch ihn leuchtet und von ihm ausstrahlt.

Wenn Sie auf die Quelle des Lichts blicken, werden sich Ihr Leben und Ihre Angelegenheiten wesentlich wandeln. Alles in Ihrer Welt ändert sich zum Besseren. Eine der erstaunlichsten Folgen des Wandelns im Licht ist, daß wir immer wieder zu den Dingen geführt werden, die wir unterbewußt unser ganzes Leben lang zu tun gewünscht haben.

Versagen Sie in den praktischen Dingen des Lebens? Dann treten Sie in dieses Licht, und es wird Sie mit neuer Lebendigkeit, neuer Hoffnung, neuen Interessen und neuen Ideen hinaussenden. Wie nun verherrlichen wir das Licht? Dadurch, daß wir es bewußt erkennen. Wenn wir uns mit dem Licht identifizieren, eilen unsere Gebete dahin wie der Blitz und machen uns den Weg frei. Eine Demonstration folgt der anderen, so schnell, daß wir sie nicht zählen können. Das Licht arbeitet in unseren Angelegenheiten mit verblüffender Geschwindigkeit.

Ich habe ein äußerst verwickeltes Problem in menschlichen Beziehungen gekannt, voller Spannungen und Konfusion, das sich rasch löste, als ein betender Zuschauer sich im Stillen die Situation und alle in ihr verstrickten Personen von dem reinen weißen Licht des Christus umgeben vorstellte. Obwohl Streit und Kränkungen seit Jahren an der Tagesordnung gewesen waren, klärte sich die Lage innerhalb weniger Wochen, weil das weiße Licht des Christus freigesetzt wurde, sie zu durchdringen.

In einem anderen Fall sah es so aus, als würde es einer dominierenden Person gelingen, eine kleine Gemeinschaft ihrem Einfluß zu unterwerfen, um sich aus selbstsüchtigen Gründen einen festen Stand zu schaffen. Aber ein Mitglied der Gruppe begann zu bejahen, daß alle Beteiligten von dem weißen Licht des Christus umgeben sind, in das nichts Negatives eindringen, sondern aus dem nur Gutes kommen kann. Alsbald verlor die despotische Person das Interesse an der Gruppe und trennte sich von ihr – zur großen Erleichterung der Zurückbleibenden.

Anstatt sich selbst und andere problembeladen, niedergeschlagen, begrenzt und durch unerfreuliche Bedingungen gebunden zu sehen, beginnen Sie, sich in Ihren Zeiten der Besinnung und Meditation von dem reinen weißen Licht des Christus umhüllt zu sehen. Fühlen Sie sich ganz in Licht getaucht. Bejahen Sie: „Es werde Licht", oder: „Ich bin ein Kind des Lichts und wandle im Licht." Diese Bejahung hat schon Menschen geheilt, die anscheinend im Sterben lagen. Erfüllen Sie sich und Ihre Welt mit „dem Licht", und, wie Dr. Russell verheißt: Das Wunder des beantworteten Gebets wird den Weg zu Ihnen finden!

Hervorrufen des Christusbewußtseins durch Worte von Jesus

Eine andere Methode zur Hervorrufung des Christusbewußtseins ist das Meditieren über die Worte Jesu aus den Evangelien. Wenn Gesundheit Ihr Problem ist, meditieren Sie über Jesu Heilungen, und Sie werden sich auf dasselbe Heilungsbewußtsein einstimmen.

Warum? *Weil die Worte Jesu Christi wie keine anderen, die je auf diesem Planeten geäußert wurden, den Menschen seit fast 2000 Jahren den Mut gegeben haben, zu demonstrieren!*

Wer über Jesu Worte nachdenkt, sie in seinen Gedanken bewegt, sie von allen Seiten betrachtet und ihren Sinn und Geist studiert, gewinnt tagtäglich neue Einsichten, neue Offenbarungen und Inspirationen von unschätzbarem Wert. Diese Methode führt zu einem Leben tiefer Befriedigung und geistiger Sättigung. Essen und trinken Sie die Worte Jesu!

Ich kenne eine Dame, die einst von einer chronischen quälenden Krankheit dadurch geheilt wurde, daß sie eine der Heilungsverheißungen Jesu aufschrieb und das Papier direkt auf der Haut über der erkrankten Körperstelle trug. Schläft man mit einer der Verheißungen Jesu unter dem Kopfkissen, werden andere geheilt; das ist allgemein bekannt. Den Worten und Versprechen Jesu wohnt eine unvorstellbare Kraft und Vitalität inne, heute noch genauso wie zur Zeit seiner Erdentage.

Etwa um das Jahr 40 wurde in Jerusalem eine Schule gegründet, deren einzige Aufgabe es war, die Aussprüche Jesu verstehen zu lehren. Die ersten Christen, die diese Schule besuchten und durch das Studium der Worte Jesu das Christusbewußtsein hervorriefen, sprachen seine Worte und Gleichnisse mit solcher Intensität nach, daß sie verwandelt wurden, und sie verwandelten auch das Leben jener, denen sie halfen. Man brauchte sie nur zu berühren, und man wurde geheilt.

Woher hatten sie diese unvorstellbare Kraft? Weil sie außer anderen speziellen Techniken, die sie anwandten, immer und immer wieder das Vaterunser beteten. H. B. Jeffery erklärt in seinem Buch *Mystical Teachings:*

Das Vaterunser ist durch und durch Verfügung. Autoritatives Sprechen belebt und stärkt unseren Mut. Durch wiederholtes Sprechen des Vaterunser lernen wir, autoritativ zu sprechen. Sprechen Sie das ganze Gebet immer wieder. *Häufige Wiederholung des Vaterunser sättigt und stärkt wie Essen und Trinken. Lassen Sie dieses Gebet Ihr ganzes Wesen mit Energie durchflammen.*

Anstatt das Vaterunser einfach so hinzunehmen und es in 20 Sekunden herunterzuleiern, beginnen Sie damit, es wieder und wieder zu sprechen, langsam, bewußt, autoritativ (am besten laut), und Sie werden seine elektrisierende, stärkende und umwandelnde Wirkung in Ihrem Leben spüren. Eine solche Anwendung des Vaterunser ist ein Weg mehr, das Christusbewußtsein hervorzurufen. Auf diese Weise kann das Vaterunser Sie in größeres Gutes buchstäblich hineinschleudern. Jesus war in den großen Forderungen, die er an Gott stellte, absolut positiv und bestimmt. Das Vaterunser ist eine Kette entschiedenster Bejahungen.

Die frühen Christen entdeckten, daß durch ständiges Wiederholen des stärksten Gebets, das Jesus hinterließ – das Vaterunser – in jedem einzelnen von ihnen der verborgene Christus zur Tat aufgerufen wurde. Und sie fanden heraus, daß durch mindestens fünfzehnmalige Wiederholung dieses Gebets sich schwierige Bedingungen, Krankheit und Trübsal einfach auflösten. Diese Gebetstechnik sollte sich Jahrhunderte später auch in Lourdes bewähren.

Häufiges Beten des Vaterunser ist ein wirksames Erfolgsprinzip, wenn es um Heilung, seelischen Frieden, Vitalität, richtiges Verhalten in bestimmten Situationen, Wohlstand und Führung geht, oder um die Kraft, harte – selbst „unheilbare" – Bedingungen schnell zu durchbrechen und aufzulösen. Wenden Sie es oft als weitere Methode an, das wunderbare Christusbewußtsein hervorzurufen.

Wie Sie Ihre wunderbare Energiekraft freisetzen

Welche der bisher beschriebenen Gebetsformen Sie auch zur Beschwörung des Wunderbewußtseins entwickeln, Sie sollten auf jeden Fall das Christusbewußtsein häufig anrufen. Sie setzen dadurch in Geist, Körper, Angelegenheiten und Beziehungen eine geistige Kraft, eine geistige Energie, eine atomare Schwingung frei, die verhärtete Denkvorstellungen einfach aufbricht. *Wenn Sie das Christusbewußtsein anrufen, Ihnen in irgendeiner Weise zu helfen, setzen Sie eine ungeheure Kraft in Bewegung, die für Sie bewirkt, was Sie selbst nicht vermögen!*

Falls Sie anfangs keine Ergebnisse zu erzielen scheinen, quälen Sie sich nicht. Bleiben Sie einfach am Ball. Übung macht den Meister, und Wiederholung ist die Mutter der Weisheit. Erst durch wiederholtes Bejahen des Christusbewußtseins wird Wunderkraft frei. Wenn Sie das Christusbewußtsein beharrlich um Hilfe anrufen, beginnt die Christuskraft für Sie zu arbeiten, hilft Ihnen, negative Gedankenschichten, die Sie gebunden hielten, aufzubrechen. Mit froher Befriedigung können Sie den Beweis erbringen, daß die Macht des inneren Christus keine Begrenzung Ihres Lebens zuläßt, und daß Christus in Ihnen Ihre stets verfügbare Wunderkraft ist!

Zusammenfassung

1. Das Gebet für Wunder ist das Gebet, das das Christusbewußtsein für Sie erschließt.

2. Die bisher beschriebenen Gebetsformen wirken gewöhnlich in den bewußten und unterbewußten Schichten Ihres Geistes, um den Weg zur Antwort auf Ihre Gebete freizumachen. Die Wunderbejahungen, die das *Christusbewußtsein* erschließen, dringen tiefer in Ihr Denken und Fühlen ein, durchbrechen negative Gedankenschichten, in denen Sie gefangen waren, und heben Sie rasch auf höhere Bewußtseinsebenen, wo Sie von göttlicher Energie mit Kraft durchflutet werden.

3. Wenn die Menschen und Situationen, für die Sie beten, nicht reagieren, braucht diese mangelnde Mitarbeit die Antwort auf Ihre Gebete nicht zu verhindern. Das Christusbewußtsein hilft Ihnen, diese Personen und Gegebenheiten zu überwinden und von ihnen frei zu werden, indem es Sie auf eine höhere Stufe des Lebens und Verstehens trägt.

4. Der Mensch besitzt nicht nur ein Bewußtsein, mit dem er denkt, und ein Unterbewußtsein, das seine Erinnerungen und Empfindungen enthält, sondern noch eine dritte geistige Ebene – die überbewußte –, die nur darauf wartet, durch die bewußten und unbewußten geistigen Schichten zu wirken, um im Leben des Menschen rasch unvorstellbares Gutes hervorzubringen.

5. Diese dritte Geistesebene, von den Psychologen „Überbewußtsein", „unendliche Intelligenz" oder „göttlicher Geist" genannt, wird von praktizierenden Christen als „Christusgeist" oder „Christusbewußtsein" bezeichnet.

6. Jesus Christus hat diese Wunderebene des Geistes anscheinend gekannt und entwickelt, wie aus seinem Leben, seiner Aufgabe und seinen Lehren zu ersehen ist. Er wußte, daß alle Menschen diesen selben Christusgeist in sich haben, der, wenn aktiviert, rasch für sie augenscheinliche Wunder vollbringen kann.

7. Daß Jesus dieses Wunderbewußtsein, auf das der Mensch sich einstimmen kann, wiederentdeckt hat, wird bewiesen durch die Wunderkraft, die die ersten Christen besaßen. Mehrere Jahrhunderte hindurch vermochten Sie die Werke Jesu zu tun. Deshalb sollten Sie und ich ebenso imstande sein, diese Werke zu vollbringen.

Kapitel 8

Das Gebet der Konzentration und Meditation

Immer wenn ich an Konzentration denke, fällt mir die berühmte „Longhorn Band" der Universität Texas ein. Fünf Jahre hindurch habe ich dort praktisch jede Probe mitbekommen, denn mein Zimmer lag ganz in der Nähe des Probensaals.

In allen diesen Jahren liefen die Proben nach demselben Schema ab. Wenn die Musiker zusammenkamen, um die Stücke für das nächste Fußballspiel einzuüben, begannen sie unweigerlich mit dem Lied: „Ganz Texas blickt auf euch" und warfen sich hinein, als ob sie es noch nie gespielt hätten.

Und zum Abschluß jeder Probe ertönte ebenfalls „Ganz Texas blickt auf euch", ebenfalls, als ob sie es noch nie gespielt hätten. Tagein, tagaus, Woche für Woche, Monat um Monat, die ganze Fußballsaison über probierten sie unermüdlich dieses Lied. Diese Burschen konzentrierten sich!

Man hat geschätzt, daß eine Tätigkeit, die normalerweise sechs Stunden Zeit erfordert, von einem Menschen, der sich zu konzentrieren versteht, leicht in einer Stunde erledigt wird; daß jemandem, der die Kraft der Konzentration kennt, absolut nichts unmöglich ist. Ich bin davon überzeugt!

Psychologen sind der Ansicht, daß wir nur etwa ein Zehntel Prozent unserer Kräfte und Fähigkeiten nutzen. Die restlichen Kräfte gehen verloren; sie werden mit sinnlosem Denken und Tun im Äußeren verzettelt, statt daß wir sie in bewußter innerer Konzentration einsetzen.

Sie wenden Ihre Kräfte äußerlich an statt innerlich, weil Sie die fantastische Macht innerer Konzentration nicht kennen – die Ihnen helfen könnte, alle wesentlichen Dinge des Lebens im Sinn zu halten und dadurch Ihre Kräfte nach innen und oben zu lenken, damit sie für Sie und durch Sie unvorstellbar Gutes bewirken können.

„Aber", wenden Sie vielleicht ein, „ich habe einfach keine Zeit und auch nicht die nötige Energie, um mich derart zu konzentrieren." Oder Sie fürchten im Stillen, Sie seien für Konzentration nicht klug oder begabt genug.

Unsinn!

Konzentration ist weder schwierig noch anstrengend oder kompliziert. Um sich zu konzentrieren, müssen Sie weder die Zähne zusammenbeißen, noch eine verzwickte Körperstellung einnehmen oder gar irgendeine Art von seelischem Eiertanz vollführen. *Wirkliche Konzentration hat nichts mit Verbissenheit oder geistiger Anstrengung zu tun.* Der Akt des Konzentrierens soll für den Geist eine völlig normale und angenehme Tätigkeit sein.

Das Wort „konzentrieren" bedeutet „auf einen Kernpunkt zusammenziehen". Konzentrieren heißt, daß man seine Gedanken auf einer bestimmten Idee ruhen läßt und sie beim Abschweifen immer wieder auf diese Idee zurücklenkt. *Sie konzentrieren sich praktisch immerfort!*

Die normale Tätigkeit unseres Denkens ist nichts anderes als ein Konzentrieren: das Denken verweilt bei Ideen, von denen es sich nährt. Jedesmal, wenn Sie an alles denken, was in Ihrem Leben nicht stimmt und über Ihren Schwierigkeiten brüten, konzentrieren Sie sich. Jedesmal, wenn Sie an alles denken, was in Ihrem Leben gut und erfreulich ist, konzentrieren Sie sich ebenfalls.

Sie haben sich oft konzentriert, indem Sie Ihr Denken bei einer bestimmten Idee verweilen ließen, es immer wieder zurückriefen auf Dinge, die Sie interessierten. Aber gewöhnlich haben Sie sich in zerstreuter Weise konzentriert, sie haben Ihre Gedanken von einem Thema zum anderen gleiten lassen. Da Sie mit dem, worauf Sie sich konzentriert haben, eins geworden sind – denn das ist eine Gesetzmäßigkeit –, sind Sie einfach eins geworden mit einer Menge von zerstreuten Zufallsergebnissen. In vorsätzlicher, konstruktiver Konzentration dagegen lenken Sie Ihre Gedanken auf einen gemeinsamen Mittelpunkt und gewinnen damit die Kraft, wohlerwogene Resultate in Ihrem Leben zu bewirken.

Es gibt ein Sprichwort: „Was du beachtest, beachtet dich." Das ist Konzentration.

Die Geschichte der Konzentration

Alle großen Weltreligionen haben ihre speziellen Konzentrationsmethoden. Was der Hindu als „Yoga" oder das Gebet der Konzentration bezeichnet, nennt der Christ schlicht und einfach „Beten".

Die Bedeutung der Konzentration wurde seit altersher gelehrt. Die Römer, Griechen, Ägypter, Inder, Perser, sie alle wußten, wenn sie irgend etwas von Wert in ihrem Leben erfahren wollten, mußten sie sich darauf konzentrieren.

Die großen Lehrer der Bibel betonten die Bedeutung von Konzentrationsgebeten. Jesus wies auf das Gebet der Konzentration in Bezug auf Heilung hin, als er sagte: „So dein Auge einfältig ist, wird dein ganzer Leib licht sein" (Matth. 6,22). Die Konzentration spielte bei vielen seiner Heilungen eine wichtige Rolle, ebenso wie in seinen Wohlstandswundern. Die Konzentrationskraft von Paulus hat wesentlich zur erfolgreichen Gründung frühchristlicher Gemeinden in einer feindlichen Umwelt beigetragen.

Unter den geistigen Giganten des Alten Testaments ragt unter anderen der Prophet Elias durch den Einsatz seiner Konzentrationsfähigkeit hervor; mit seiner konzentrierten Gedankenkraft durchdrang er die Atome und bewirkte „einen großen Regen". Auf dieselbe Weise vermehrte er auch das Öl und Mehl der Witwe.

Madame Guyon, eine französische Mystikerin des 17. Jahrhunderts, war eine Meisterin der Konzentration und bezeichnet sie in ihrer Monographie als „eine einfache Gebetsmethode".

Die Hindus sahen Konzentration als „einstrahlig". Sie galt als Grundlage jeglichen Erfolgs im Leben. Lange waren die Meister des Ostens überzeugt, ein Mensch, der wahrhaft „einstrahlig" ist, sei zum Erfolg bestimmt und ein Liebling des Schicksals.

Die indischen Philosophen, die sich besonders intensiv mit dem Studium der Psychologie befaßten, nannten die Übung der Konzentration „Yoga", das bedeutet „Vereinigung". Im „Raja-Yoga" oder dem Yoga der geistigen Entfaltung ist der zweite Schritt die Konzentration. Die Hindus glauben, daß sich der Mensch im Konzentrationsgebet mit seiner inneren geistigen Natur vereint und buchstäblich „eingeschaltet" wird, so daß ihm alle Dinge möglich sind.

Viele fromme Hindus haben ihr ganzes Leben mit dem Studieren und Üben der Konzentration verbracht, weil sie überzeugt waren, konstruktives Konzentrieren würde ihnen alles Gute im Leben bringen: Kraft, Weisheit, Glückseligkeit. Sie glaubten auch, daß die Übung der Konzentration jedes Übel fernhält.

Die unglaubliche Kraft der Konzentration

„Einstrahliges" Konzentrieren setzt außerordentliche Kräfte in Ihnen frei, da es die bewußten, unterbewußten und überbewußten Denkschichten in Ihnen vereinigt und ungeahnte Energien für Sie mobilisiert.

In dem einfachen Akt der Konzentration holen Sie Ihre Gedanken immer wieder zu einer Idee zurück, die tiefere, potente Geisteskräfte befreit, die gewöhnlich nicht erreicht werden. Jene tieferen, feineren und stärker durchdringenden Ströme vermögen außerordentliche Resultate zu erzielen, denn sie sind es, die dem Geist ermöglichen, alle Aktionen und Kräfte in der geistigen Welt vollkommen zu kontrollieren.

Überdies, *die emotionellen Blockierungen, die im Bewußtsein der meisten Menschen existieren und verhindern, daß sie erhalten, was sie sich wünschen, werden im Geist jener, die sich konzentrieren können, aufgelöst. Gedanken von Zweifel, Angst, Müdigkeit oder Mutlosigkeit können durch Konzentration vollkommen getilgt werden.*

Das beweist: *Konzentration ist mehr als ein mentaler Vorgang. Sie ist auch ein emotionaler Prozeß, da sie aufwallende Gefühle klärt, beruhigt und stillt.* Nach der Philosophie der Hindus helfen Konzentrationsgebete, unsere Gefühle unter Kontrolle zu halten. Im Osten war man sogar überzeugt, daß die drei verschiedenen Menschentypen jeweils ihren besonderen Nutzen aus Konzentrationsgebeten ziehen. Diese Typen sind der Reihe nach folgende:

Der erste Typ umfaßt jene, die an Unwissenheit, Stumpfsinn, Trägheit und Faulheit leiden. Dieser Typ macht keinerlei Anstrengungen, weiterzukommen.

Der zweite Typ umfaßt jene, deren Temperament sich in Hast, Kampf, Streit, Sorge, Erregung und ähnlichen emotionalen Störungen ausdrückt. Dieser Typ ist leicht erregbar und reagiert übertrieben.

Der dritte Typ umfaßt die Stolzen, Überheblichen, Selbstgerechten, die sich oft zurückgesetzt und mißverstanden fühlen und egoistisch, egozentrisch und von ihren persönlichen Rechten überzeugt sind. Dieser Typ neigt dazu, gegen das Leben anzukämpfen.

Die Erfahrung einer Hausfrau

Eine Hausfrau wandte die Kraft bewußter Konzentration an, um Beruhigung zu bewirken und aus einer unangenehmen Lage befreit zu werden. Sie erzählte:

Mein Mann und ich waren auf der Heimfahrt von einem Weihnachtstrip. Wir hatten unser sieben Monate altes Baby mitgenommen. Da blieb plötzlich mitten in der meilenweiten Einsamkeit der Pennsylvania-Berge unser Wagen stehen. Es fing schon an dunkel zu werden, das Baby schrie, und mein Mann war sauer. Er stieg aus und guckte unter die Motorhaube, aber er konnte die Ursache der Panne nicht finden.

Wie ich so dasaß, fiel mir eine Bejahung aus einem Ihrer Bücher ein, und ich fing an, darüber nachzudenken: „Göttliche Substanz offenbart sich in für uns angemessener Form, hier und jetzt." Ich verstand nicht ganz, was das bedeutet, gebrauchte es aber für alle Fälle trotzdem.

Nach einer kleinen Weile beruhigte sich das Baby, und mein Mann ebenfalls. Er kam zurück ins Auto, probierte den Anlasser, und der

Motor sprang an. Danach ist nichts mehr passiert. Den ganzen Weg bis nach Hause brummelte mein Mann in einer Tour vor sich hin: „Ich versteh's nicht. Ich versteh's einfach nicht."

Durch Konzentration bekommen Sie zuerst, was Sie sich in Gedanken wünschen. Durch weiteres Konzentrieren bringen Sie die unglaubliche Macht Ihrer bewußten, unterbewußten und überbewußten Kräfte ins Spiel. Dann bekommen Sie diese Kräfte unter Kontrolle und lassen sie in konstruktiver und produktiver Weise für sich wirken. Durch diesen Prozeß werden Sie vom Sklaven zum Herrn, vom Opfer zum Überwinder.

Ehe Sie nicht bewußte, konstruktive Konzentration üben, sind alle Ihre anderen Gebetsbemühungen nur wahllos verstreute Samenkörner, von denen nur wenige aufgehen können.

Die Notwendigkeit der Konzentration in der Gebetsentwicklung

Es gibt fehlgeleitete Seelen, die erklären: „Ich brauche diese vorbereitenden Gebetstypen wie Entspannung, Loslassen, Vergebung, Bejahung oder Konzentration nicht. Ich bete in ,fortgeschrittener Weise.' Ich befasse mich nur mit Meditation und Stille." Solche verwirrten Menschenkinder lassen es dann oft dabei bewenden, daß ihre Gebete ohne Antwort bleiben.

Für die tieferen Gebetsformen wie Meditation und Stille müssen wir uns erst durch die notwendigen Anfangsschritte vorbereiten. Die Gebete der Entspannung, des Loslassens, der Vergebung und der Bejahung führen in die Gebete der Konzentration und Meditation ein.

Zwischen dem Gebet der Konzentration und dem Gebet der Meditation ist ein großer Unterschied. In der Konzentration halten Sie Ihr Denken auf einer Grundidee des Guten fest. Sie rufen Ihre Gedanken immer wieder zu dieser Idee zurück; während Sie in der Meditation Ihre Gedanken wandern und viele Ideen erwägen lassen. Meditation ist eine geistige Analyse, in der Sie über viele Vorstellungen nachdenken. Aber bevor Sie die Kunst der Meditation, in der Sie Ihre Gedanken in aufbauender Weise frei für Sie schweifen lassen, mit Erfolg üben können, *müssen Sie Ihr Denken unter Kontrolle haben.* Diese Kontrolle gewinnen Sie nur durch Entwicklung der vorbereitenden Gebetstypen: Entspannung, Loslassen, Vergebung, Bejahung und Konzentration.

Es gibt zwei Grundformen der Konzentration; die erste bereitet auf die zweite, höhere, innere Methode vor; die zweite, fortgeschrittenere führt dann in die Meditation.

Ehe Sie versuchen, Ihre angeborenen geistigen Kräfte im formellen Gebet der Konzentration und Meditation anzuregen, das später in diesem Kapitel beschrieben wird, ist es klug, zunächst mit der Entwicklung der ersten Methode zu beginnen: indem Sie sich in der Kunst üben, sich auf die Dinge zu konzentrieren, die Sie in Ihrem Leben durch die definitiven physikalisch-mentalen Mittel des Listenaufstellens, der Vorstellungskraft und der Bejahung offenbaren möchten. Wenn Sie diese physikalisch-mentalen Methoden üben, werden Sie auf ganz natürliche Weise in das formelle Gebet der Meditation geführt.

Listenaufstellen fördert die Konzentration

Ein anderes Wort für Konzentration ist „Aufmerksamkeit". Was *Ihre Aufmerksamkeit erhält, erhalten Sie!* Es ist eine allgemein bekannte Tatsache: *Dinge, auf die wir uns konzentrieren, ziehen wir uns zu.*

Zu den vergnüglichen Methoden, die zur Konzentration führen, indem sie Ihre Gedanken bündeln, auf einen Kernpunkt richten und ihnen so Kraft geben, Resultate zu bewirken, gehört die Methode des Listenaufstellens.

Ihre erste Liste

Ihre erste Liste sollte die Dinge oder Bedingungen enthalten, die Sie aus Ihrem Leben *streichen möchten. Mit diesen Problemen haben Sie sich oft derart intensiv beschäftigt, daß Sie unwissentlich Ihre ganze Energie darauf verwandt haben, sie noch zu stärken und zu vermehren. Und die Schwierigkeiten haben entsprechend reagiert!*

Nehmen Sie Papier und Stift, setzen Sie sich hin und schreiben Sie alles auf, was Sie nicht mehr in Ihrem Leben haben möchten. Bezeichnen Sie es genau und deutlich. Wenn Sie fertig sind, schreiben Sie darunter: „Ich lasse diese alten Bedingungen und Beziehungen jetzt los. Ich segne sie und entlasse sie dorthin, wohin sie gehören. Sie lassen mich jetzt los und segnen mich, daß ich gehen kann, wohin ich gehöre. Ich lasse mich von Gott in mein neues Gutes führen, das jetzt mein wahres Gutes ist!"

Und in Zukunft, anstatt an diese Dinge zu denken, sich innerlich mit ihnen herumzuschlagen, sich zu ärgern und zu bedauern – sich dabei auf sie konzentrierend und sie dadurch festhaltend – rufen Sie Ihre Gedanken immer wieder auf die obigen Worte der Befreiung und des Segens zurück.

Die Liste des Geschäftsmanns

Ein mir bekannter Geschäftsmann hatte wiederholt versucht, in seinem Leben mehr Wohlstand zu demonstrieren. Er hatte Bejahungen gesprochen, gebetet und eine Liste der Segnungen zusammengestellt, die er sich wünschte. *Doch nichts geschah, bis er eine Liste jener Dinge machte, von denen er befreit sein wollte.*

Innerhalb von ein paar Wochen verkaufte er mit Gewinn ein Geschäft, das ihn nicht mehr interessierte. Mehrere Grundstücke wurden günstig veräußert. Und ihm wurde eine Tätigkeit in einem neuen Wirkungsfeld angetragen, obwohl er als „zu alt" galt, um sich zu qualifizieren. Dieser Mann ist heute glücklich und erfolgreich, weil er schließlich eine Liste von allem aufstellte, was er aus seinem Leben entfernt haben wollte und erklärte, überholte Bedingungen und Beziehungen loszulassen, anstatt über ihnen zu brüten und sich in Gedanken mit ihnen herumzuschlagen.

Das Aufstellen einer solchen Tilgungsliste, mit der Sie überlebte Situationen segnend entlassen, hilft Ihnen, Ihre Aufmerksamkeit von den Dingen abzuziehen, die nicht mehr in Ihr Leben gehören. Wenn Sie an diese Dinge nicht mehr denken, erhalten sie keine Nahrung und verkümmern schließlich aus „Mangel an Zuwendung".

Ihre Liste der Wahl – die zweite Liste

Ihre zweite Liste sollte die Dinge und Bedingungen aufführen, die Sie in Ihrem Leben zu manifestieren *wünschen*. Bedenken Sie, daß für den Geist das Wort „Wahl" ein magisches Wort ist. Wahl bringt Ergebnisse. Ihr Geist wirkt beständig durch das, was Sie wählen.

Wenn Sie sich zur Verbesserung Ihres Lebens keine bestimmten Ziele setzen, sondern sich einfach treiben lassen, werden Sie ein hilfloses Opfer der Umstände. Und wenn Ihre Wünsche nur passiv und nicht klar umrissen sind, erliegen Sie den dominierenden Mentalitäten Ihrer Umgebung und manifestieren häufig, was *diese* in Ihrem Leben beabsichtigen. Haben Sie nicht schon einmal das Auto, das Haus, das Kleidungsstück gekauft oder die Urlaubsreise gebucht, die ein anderer ihnen aufgeredet hat? Sie wurden das Opfer seiner konzentrierten Wünsche, weil Sie selbst keine Wünsche hatten.

Um Schwierigkeiten im Leben zu überwinden, muß man sich ein Ziel setzen. Wenn Sie nicht wissen, was Sie wollen und keine festen Vorstellungen haben, produziert Ihr Unterbewußtsein einfach einen Mischmasch aus beliebigen Gegebenheiten.

Durch Anlegen einer Liste lösen Ihre deutlichen Worte alle Behinderungen und Barrieren in den sichtbaren und unsichtbaren Ebenen des Lebens auf. Ihre geschriebenen Worte durchdringen die Atmosphäre, wirken durch Menschen, Umstände und Geschehnisse und machen den Weg zur Verwirklichung der Posten auf Ihrer Liste frei.

Die Psychologie erklärt, daß alle Dinge durch unsere Wahl geschehen. Wahl bringt Ergebnisse, aber Sie müssen Ihre Wahl treffen!

Das heimliche Erfolgsrezept eines Arztes

Ein bedeutender Chiropraktiker erzählte mir eines Tages von seinem Erfolgsrezept, an das er sich bereits seit zwanzig Jahren hielt. Als er damals die Universität verließ, besaß er nichts. Aber er und seine Frau glaubten fest, wenn sie sich auf das konzentrierten, was sie sich wünschten, würden sie es bekommen.

Am Anfang jedes Jahres, anstatt sich den üblichen Neujahrsplänen, Träumen und Vermutungen hinzugeben, stellten sie eine Liste der Dinge auf, die sie brauchten und fest erwarteten. Im ersten Jahr waren es günstig zu mietende Arbeitsräume und eine blühende Praxis. Im Jahr darauf notierten sie den Kauf eines Grundstücks, auf dem eigene Arbeitsräume erstehen sollten. Später kamen der Kauf eines Hauses und die Geburt des ersten Kindes auf die Liste. In einem anderen Jahr enthielt die Liste den Erwerb von Aktien, Wertpapieren und anderen Kapitalanlagen. Noch später schrieben sie eine größere Praxis auf. Danach enthielt die Liste den Kauf eines privaten Flugzeugs, mehrerer Wagen und eines Bootes.

Von der ersten Liste an, die die beiden aufstellten, begann die Methode zu wirken! Nachdem sie ihre Wünsche für das betreffende Jahr eingetragen hatten, legten sie das Blatt in ihre Bibel und sagten einfach das ganze Jahr hindurch Dank für die vollkommenen Ergebnisse. In mehreren Fällen hatten sich die Hauptwünsche ihrer Liste bereits um die Mitte des Jahres offenbart. Manchmal wieder wurde es Dezember, ehe die Liste ein Resultat erbrachte. In dem Jahr, in dem sie den Wunsch nach dem ersten Kind eintrugen, wurde dieses im Oktober geboren. Kein Zweifel, die Liste hat funktioniert!

Heute besitzt das Paar sämtliche Segnungen, die es im Lauf der Jahre auf seine Wunschliste gesetzt hatte: eine gutgehende Praxis und ein eigenes Grundstück mit großen modernen Arbeitsräumen, ein schönes Haus, mehrere Wagen, ein Flugzeug, zusätzliche finanzielle Werte wie Aktien und Papiere – und mehrere gesunde Kinder, die ebenfalls vorher auf der Liste gestanden hatten! Resultat: eine glückliche, gesegnete, geistig orientierte Familie.

„Listenmachen ist die einfachste Erfolgsrechnik von der Welt, wenn die Leute es nur tun wollten!" meinte der Arzt.

Topmanager beweisen den Wert des Listenschreibens

Nachdem ich in meinen Büchern *Das Wohlstandsgeheimnis der Zeitalter* und *Die dynamischen Gesetze des Reichtums* die Auswirkung von Wunschlisten beschrieben hatte, kam von einem Geschäftsmann aus Philadelphia eine Bestätigung der Kraft dieser Methode. Er hatte kürzlich vor 92 Topmanagern einen Erfolgskurs gehalten, für den ihre Firma ihm ein beachtliches Honorar gezahlt hatte.

In diesem Kursus wurden die Teilnehmer aufgefordert, die Dinge aufzuschreiben, die sie in ihrem Leben zu erfahren wünschten, sowie die Probleme, von denen sie befreit sein wollten. Der Absender berichtet:

„Wunder geschahen. So gut wie jeder wurde von gesundheitlichen Schwierigkeiten geheilt, sogar von „unheilbaren" Leiden. Von den 92 Teilnehmern erklärten alle bis auf zwei, sie hätten unermeßliches Gutes gewonnen. Alle bekamen Gehaltserhöhungen durch diese Methode, zwischen 2000 und 20 000 Dollar im Jahr. Einer der Teilnehmer war Atheist, ein anderer Agnostiker. Ihre Kollegen sagten, es sei ihnen unmöglich gewesen, mit ihnen zu arbeiten. Nach dem Kursus erklärten sie, diese Leute seien jetzt wesentlich umgänglicher. Durch die Methode des Listenschreibens wurden alle Probleme bezüglich Gesundheit, Wohlstand und Privatleben gelöst. Von den 92 Kursteilnehmern erklärten 90, Resultate erhalten zu haben."

Ein Geschäftsführer aus Illinois schickte eines Tages einen langen begeisterten Brief, in dem es unter anderem hieß:

„Diese Sache mit der Liste von dem, was man im Leben vermißt, funktioniert! Ich habe es ausprobiert, und der Erfolg stellte sich fast augenblicklich ein. Seitdem ist fast alles eingetroffen, was ich aufgeschrieben hatte. Darunter ganz große Dinge, zum Beispiel die Möglichkeit, mich frühzeitig aus dem Berufsleben zurückzuziehen, um öffentlicher Sprecher zu werden. Auch ein angemessenes Einkommen hatte ich notiert, damit ich weiter so leben könnte wie bisher. Jetzt halte ich Vorträge für verschiedene Berufsgruppen und bekomme für jeden Vortrag mehrere hundert Dollar.

Selbst so kostspielige Dinge wie einen Reiseanhänger, eine erstklassige Filmkamera und ähnliches kann ich mir ohne weiteres leisten. Das Experiment hat über allen Zweifel bewiesen, daß Gott will, daß wir alles haben, was wir uns wünschen und was sein Werk auf unserer Erde vorantreibt. Aber es liegt bei uns, diese Segnungen zu beanspruchen.

Das Aufstellen von Listen macht uns aufnahmebereit für die guten Dinge, die wir haben wollen, und das ist viel sinnvoller, als uns über die Schwierigkeiten aufzuregen und zu grämen, die wir nicht haben wollen."

Ihre dritte Liste

Ihre dritte Liste sollte die Dinge enthalten, die Sie bereits haben und für die Sie *dankbar* sind:

Notieren Sie Ihre Begabungen, Fähigkeiten, Freunde, Angehörigen, Besitzgegenstände, Glücksfälle, Fortschritte, Ihr Wissen, Ihr Verständnis . . . alle materiellen und immateriellen Segnungen. Führen Sie alles an. Nichts ist zu gering, um dafür zu danken. In dem einfachen Akt des Dankens liegt Wunderkfaft, denn *Worte, die Dank zum Ausdruck bringen, setzen bestimmte potente Energien frei, die auf andere Weise nicht erschlossen werden können. Dankbarkeit bewirkt die Auslösung dynamischer Kräfte für Gutes.*

Außer dem Guten, dessen Sie sich bereits erfreuen und für das Sie dankbar sind, ist es auch nützlich, die Dinge aufzuschreiben, die sich noch nicht manifestiert haben. Danken Sie Gott trotzdem dafür. Ihre Danksagung bereitet diesen Segnungen den Weg.

Ein Geschäftsmann war nach auswärts versetzt worden und hatte monatelang versucht, sein Haus zu verkaufen. Seine Gebete blieben erfolglos. Schließlich meinte ein Freund: „Versuch doch mal, dafür zu danken, daß es bereits verkauft ist." Also trug der Mann den Verkauf in seine Danksagungsliste ein. Wenige Tage später hatte das Haus, wegen dem er über Monate gebetet hatte, seinen neuen Besitzer gefunden! (Mehr über die Wunderkraft der Danksagung im Nachwort dieses Buches.)

Nachdem Sie nun Ihre drei Listen aufgestellt haben – 1) was Sie aus Ihrem Leben *ausmerzen* wollen; 2) was Sie in Ihrem Leben *wünschen;* 3) alles, wofür Sie *dankbar* sind – gehen Sie Ihre Listen täglich durch und nehmen Sie Korrekturen vor, wo Sie dazu geführt werden.

Denken Sie an das, was Sie wirklich wollen und nicht, was jemand anders für Sie haben will. Versuchen Sie, nur den Christus in Ihnen zu erfreuen, wenn Sie an Ihrer Liste arbeiten. „Das Höchste ist das Nächste." Wenn Sie Kompromisse machen, behindern Sie Ihr Gutes und schaffen Verwirrung.

Dieses tägliche Konzentrieren klärt Ihre Vorstellung von dem, was Sie in Ihrem Leben wollen und nicht wollen. Dann macht die Konzentration sich an die Arbeit, Ihre Wünsche für Sie zu manifestieren.

Schützen Sie Ihre Liste und Ihre Wünsche, indem Sie erklären: „Das oder etwas Besseres, Vater. Dein grenzenlos guter Wille geschehe." Oder: „Ich überlasse meine Wünsche jetzt der volkommenen Auswirkung des Christusbewußtseins." Oder: „Ich umgebe meine Wünsche mit dem reinen weißen Licht des Christus, in das nichts Negatives eindringen und aus dem nur Gutes kommen kann."

Indem Sie Dank sagen für „göttliche Ergebnisse", die herrliche Ergebnisse sind, werden sich diese im rechten Augenblick offenbaren – so, wie Sie es sich vorgestellt haben, oder in Form von etwas, das noch schöner oder noch geeigneter ist.

Konzentration mittels geistiger Bildkraft

Sie können Ihre Konzentrationsfähigkeit durch gezielte Anwendung der geistigen Bildkraft schulen.

Diese einfache, reizvolle Form der Konzentration, die oft rasch die erwünschten Resultate bringt, ist keineswegs neu. Der prähistorische Mensch ritzte bereits Bilder der Tiere, die ihm zur Nahrung dienten, in die Wände seiner Höhle. Er glaubte, wenn er diese Bilder oft genug ansah, würde eine unsichtbare Macht das Wild in seine Nähe treiben. Was wiederholt geschah.

Später bedienten sich die Ägypter, die in allen okkulten Erfolgslehren bewandert waren, der Bildkraft des Geistes in ihren Gräbern. Sobald ein königlicher Sohn geboren war, begann man für ihn ein Grab zu bauen. Die Wände dieses Grabes wurden mit Bildern geschmückt, die sein Leben bis zu seinem Tod und alle erwünschten Erlebnisse darstellten, die er innerhalb dieser Spanne erfahren sollte: Sieg im Kampf, Erbeutung zahlloser Gefangener, Feste, Huldigungen und ein glückliches Leben wurden kunstreich abgebildet. Man erwartete, daß sich diese Bilder im Leben des königlichen Kindes verwirklichen würden.

Vor nur 2400 Jahren, während des Goldenen Zeitalters in Griechenland, bedienten sich die Gebildeten dieses geistigen Gesetzes, indem sie werdende Mütter mit schönen Bildern und Skulpturen umgaben, damit das ungeborene Kind durch die Seele der Mutter Bilder der Gesundheit und Schönheit aufnehmen sollte.

Die Buddhisten in Tibet kombinierten Bejahungen mit geistiger Bildkraft und wandten sie über Jahrhunderte in Form von „Gebetsmühlen" an.

Diese Gebetsmühlen sehen sie als geschickte geistige Erfindung, von deren unermüdlicher Rezitation religiöser Formeln oder Bejahungen der Mensch wunderbaren Gewinn erwarten könne. Man dreht zylinderförmige Gehäuse mit Gebeten oder heiligen Texten in den Händen, und in den Tempeln hängen Gebetsmühlen, die von den Besuchern in Bewegung gesetzt werden können. Jede Umdrehung der Gebetsmühle, so glaubt man, spendet ebensoviel Nutzen, wie man durch Lesen oder Sprechen der Gebete gewinnen würde, und regt daher durch Erwartung des Guten die geistige Vorstellungskraft an.

Die Bildkraft des Geistes ist eins der ältesten dem Menschen bekannten Mittel, sich auf Gutes zu konzentrieren und es dadurch zur Offenbarung zu bringen!

Konzentration arbeitet am besten mittels Vorstellungskraft. Durch bewußte, konstruktive Anwendung Ihrer Vorstellungskraft vereinigen Sie die vielen schöpferischen Energien des Geistes. Bildhaftes Denken ist eine unschätzbare Hilfe für Ihre Imagination. Mit Hilfe der Imagination vermag die Konzentration die besten Ideen des Geistes und alle verfügbaren schöpferischen Ideen auf eine Linie zu bringen. Eine lebhafte, gut geschulte Vorstellungskraft hat die Tendenz, Ihre gesamte innere Welt „aufzuhellen".

Wieviel besser können Sie sich konzentrieren, wenn Sie ein deutliches Bild vor Augen haben! Die Vorstellungskraft besitzt die Macht, in der Welt der Gedanken die Führung zu übernehmen. Immer wenn Sie sich bildlich vor Augen führen, daß und wie eine bestimmte Sache getan

198

wird, setzen Sie geistige Energien frei, diese Sache zu tun! Zur Unterstützung Ihrer Absichten und Pläne machen Sie sich eine „Gebetsmühle".

Fantastische Ergebnisse moderner Gebetsmühlen

In Verbindung mit dem Gebet der Konzentration schlage ich vor, daß Sie sich eine moderne Gebetsmühle machen. Sie soll nicht nur Worte enthalten, die das erwünschte Gute beschreiben, sondern auch Bilder, die Ihnen helfen, sich auf Ihre Ziele zu konzentrieren.

Eine solche Gebetsmühle ist also ein „Gebet in Bildern" und ein leichter Weg, zu beten und dann in Gedanken durch die Kunst der Konzentration die Antwort auf Ihr Gebet entgegenzunehmen.

Als geistiges Wesen, im Bild und Gleichnis Gottes geschaffen und selbst Göttlichkeit in sich tragend, ist *der Mensch das einzige Geschöpf der Erde, das nach oben blickt. Wenn sich durch die Vorstellungskraft des Gebets die Kräfte der Natur nach oben bewegen, geschieht dies immer mit starker Energie und Macht. Sobald Ihre Zweifel schwinden, werden Ihre Wünsche wahr. Eine Gebetsmühle löscht Ihre Zweifel aus!*

Eine alte These lautet: „Wenn du nach oben blickst, wird immer für dich gesorgt." Wenn Sie sich Ihre Gebete als bereits beantwortet vorstellen, beschwören Sie die höchste Form des Glaubens, weil Sie damit sagen: „Es ist bereits vollbracht und manifestiert sich nun in Form von befriedigenden, greifbaren Resultaten in meinem Leben." *Sich Gebetswünsche als bereits erfüllt vorzustellen* (was Sie mit einer Gebetsmühle automatisch tun), *ist oft der Wendepunkt zu beantwortetem Gebet.*

Wie eine Geschäftsfrau ein erfüllteres Leben ausarbeitete

Eine Geschäftsfrau fühlte sich einsam und wünschte sich ein mehr erfüllendes, ausgeglicheneres Leben. Jeden Abend, bevor sie zur Ruhe ging, betrachtete sie ihre Gebetsmühle und ließ ihren Blick entspannt auf den Bildern des Guten ruhen, die sie dort sah. Wieder und wieder konzentrierte sie ihre Gedanken auf ein gemeinsames Ziel. So gewannen sie die Kraft, Ergebnisse für sie zu bewirken.

Eines Tages wurde sie überraschend auf eine Geschäftsreise geschickt. Bei dieser Gelegenheit lernte sie ihren späteren Mann kennen und befand sich bald in der befriedigenden Lebensform, die sie auf ihrer Gebetsmühle dargestellt hatte. Doch die dazu erforderlichen Gegebenheiten und Umstände traten erst ein, nachdem sie sich eine Zeitlang täglich konzentriert hatte, ihr Denken intensiv bei den ersehnten Ergebnissen verweilen ließ und auf diese Weise ihre Vorstellung beständig mit diesen Ideen nährte.

Das Gesetz der Konzentration fordert: *Stelle dir ein Ding vor und laß es sich erbringen, versuche nicht, es zu erzwingen.* Oft haben Sie Ihr Gutes dadurch ausgeschlossen, daß Sie mit verzweifelter Sehnsucht oder verbissenem Habenwollen daran gedacht haben. Durch die Vorstellungskraft des Geistes beginnen Sie in Begriffen von Haben, Sein und gegenwärtiger Erfüllung zu denken. Dieser gedankliche Vorgang macht Sie für die Ergebnisse, die Sie sich ausgemalt haben, aufnahmebereit. Das ist ein mentales Gesetz.

Meine eigene Erfahrung bei der Bewältigung einer Aufgabe

Als ich einmal wegen Zeitmangels und ständiger Unterbrechungen mit einem Schreibauftrag nicht zu Rande kam und schier in Verzweiflung geriet, fiel mir die Vorstellungskraft des Geistes ein und wie sie arbeitet. Nämlich, *daß Unbestimmtheit keine Ergebnisse bringt, weil ihr Kraft und Substanz mangelt. Vage Hoffnungen und verschwommene Ziele können das Denken nicht überzeugen, wohingegen ein klares Bild des Guten, das wir erfahren möchten, Menschen, Orte und Gegebenheiten motiviert, mit den Wünschen unserer bildlichen Vorstellung zusammenzuarbeiten und unbewußt die ersehnten Resultate für uns hervorbringt.*

Schnell machte ich eine Gebetsmühle, auf der das bereits vollendete Buch zu sehen war, und darunter schrieb ich in großen Buchstaben:

„Fertigmachen! Inspiriertes Manuskript. Müheloses Schreiben. Gute Arbeit geht schnell. Verleger freut sich." Es half! Plötzlich änderte sich das Tempo, in kurzer Zeit war mein Manuskript vollendet, und alle waren zufrieden.

Gebetsmühle half einem Universitätsprofessor

Ein Universitätsprofessor wollte gern ein anderes Fach unterrichten, dazu mußte er jedoch einen weiteren akademischen Grad erwerben. Drei Jahre hindurch sehnte er sich nach diesem Ziel, ohne mehr zu tun als davon zu träumen, sich zu grämen und zu bedauern. So geschah nichts, bis er eines Tages von der fantastischen Macht der Vorstellungskraft hörte und sich eine Gebetsmühle machte, die ihn mit dem zusätzlichen Magistergrad zeigte, wie er auf seinem neuen Arbeitsgebiet unterrichtete.

Von diesem Augenblick an schien alles und jedes sich seinem bildlichen Gebet einzuordnen, um zu seiner Erfüllung beizutragen. Der Stundenplan für das nächste Jahr ließ ihm genügend Zeit; seine Schüler waren reifer und beanspruchten ihn weniger; auch die Aktivitäten der Schule stellten weniger Anforderungen als gewöhnlich; und er entdeckte, daß er bereits einige Punkte besaß, die bei Erwerbung des ersehnten Grades mitzählen würden. Thema und Forschungsarbeit für seine Dissertation flogen ihm förmlich zu.

Innerhalb eines Jahres besaß der Professor den zusätzlichen Grad, um den er sich drei Jahre lang innerlich zerquält hatte! Alles löste sich schnell, sobald er aufhörte, sich tatenlos den Kopf zu zermartern, *wie* er es schaffen könnte, und einfach mutig beschloß, sich die Erfüllung seines Wunsches bildlich vorzustellen. Das Bild bewirkte die Bedingungen, aber erst, nachdem er das Bild gemacht hatte.

Salomo sagte über die Kraft der Vorstellung: „Ein großzügiges Auge wird gesegnet" (Spr. 22,9).

Die geistige Vorstellungskraft lenkt Ihre Gedanken von müßigem „Das kann ich nicht bekommen" oder „Das wird nie geschehen" ab und konzentriert sie auf die Idee der Hoffnung, des Glaubens und schließlich auf die mentale Entgegennahme.

Sie gebrauchen Ihre geistige Vorstellungskraft sowieso ununterbro-
chen; also fangen Sie an, sich bewußt auszumalen, was Sie haben oder
erreichen möchten, oder Sie werden unbewußt dazu beitragen, daß Sie
weiter bekommen, was Sie nicht möchten.

In meinem Buch *Die dynamischen Gesetze des Reichtums* steht die
Geschichte des Ingenieurs, der bedeutenden beruflichen Erfolg demonstrierte, nachdem er ihn sich bildlich vorgestellt hatte. In meinem Buch
Das Wohlstandsgeheimnis der Zeitalter finden sich zahllose Berichte
von Leuten, die zu Wohlstand und Erfolg gelangten, nachdem sie ihren
größten Wunschplan festgelegt und sich seine Erfüllung bildlich vorgestellt hatten. In meinem Buch *Die dynamischen Gesetze der Heilung*
gibt es unzählige Berichte von Menschen, die alle möglichen körperlichen Probleme durch die bildliche Vorstellung ihrer Gesundheit überwunden haben. Und in meinem Buch *Das Heilungsgeheimnis der
Zeitalter* finden Sie genaue Anweisungen zur Herstellung einer „Gebetsmühle" einschließlich der okkulten Lehre von der Bedeutung der
Farbe und ihres Einflusses auf die Ergebnisse Ihrer Gebetsmühle.

Der „Aufstieg" einer Mietshausfamilie

Eine überlastete Hausfrau und Mutter von neun Kindern war mutlos
und verzweifelt, weil der Verdienst ihres Mannes als Tagelöhner hinten
und vorn nicht reichte. Die Familie fristete ihr Dasein in einer überfüllten Mietskaserne im Elendsviertel der Stadt. Nachdem die Frau von der
Wirkung einer Gebetsmühle gehört hatte, beschloß sie, so ein Ding
auszuprobieren. Zuerst stellte sie ihren Mann in einem gutbezahlten Job
dar. Weitere Bilder zeigten die Familie in einem komfortablen Haus mit
Schlafräumen für sämtliche Kinder, und vor dem Haus stand ein
wunderschönes Auto. Auf anderen Bildern konnte man rings um das
Haus ein weites Gelände sehen, das den Kindern reichlich Raum zum
Spielen und Umhertollen bot.

Ein für Slumbewohner unerfüllbarer Wunschtraum? So schien es, bis
die Gebetsmühle zu arbeiten begann. Eines Tages wurde dem Mann ein
Job als Aufseher einer großen Ranch angeboten. Er bekam dort ein

geräumiges Haus und einen erstklassigen Wagen gestellt, und es gab riesige Weideflächen, auf denen sich die Kinder nach Herzenslust austoben konnten!

Kreatives Vorstellen und Konzentrieren treibt Wünsche zur Erfüllung

Nachdem Sie Ihre Gebetsmühle gemacht haben, sollten Sie täglich mindestens eine halbe Stunde still Ihre Bildwünsche studieren. Betrachten Sie sie konzentriert und intensiv und freuen Sie sich daran, als ob Sie alles Dargestellte tatsächlich erlebten. Je schneller Ihr Empfinden reagiert und die Wunschbilder annimmt, desto eher werden sie sich in Ihrem Leben als Realität manifestieren.

Gesteigerte Konzentration durch Bejahung

In den vorangegangenen Kapiteln haben Sie zahlreiche Bejahungen gefunden, die sich als einfache Gebetsmethode gebrauchen lassen.

Bejahungen lassen sich auch als Mittel zur Konzentration anwenden. Die tibetanische Gebetsmühle der Buddhisten enthielt heilige Texte oder Gebete, die gesungen wurden. Durch die Bejahung beanspruchte man, was einem auf der unsichtbaren Ebene bereits gehörte, und machte es sich zu eigen. Das können Sie auch!

Sie können durch Aufstellen von Listen und durch die bildliche Darstellung Ihrer Wünsche auf Ihrer Gebetsmühle zur Konzentration gelangen. Darüber hinaus können Sie *die Resultate Ihrer Listen und Ihrer Gebetsmühle bis zu 80 Prozent beschleunigen, wenn Sie definitive Bejahungen Ihrer Wünsche sprechen.* „Beschließest du eine Sache, so wird sie zustande kommen, und Licht wird strahlen über deinen Wegen" versprach Hiob, der durch die Macht der Bejahung aus seinem Elend erlöst wurde und größeren Reichtum erhielt als je zuvor (Hiob 22,28).

Gebete als „Mantras der Macht"

Wissend um die Kraft des gesprochenen Worts, kennen die Yogis verbale Gebete, die sie als „Mantras der Macht" bezeichnen. Es handelt sich dabei um nichts anderes als Affirmationen. Die Menschen des versunkenen Kontinents Atlantis haben offenbar die schöpferische Kraft von Bejahungen gekannt und sie in selbstsüchtiger Weise angewandt, wodurch sie ihren eigenen Untergang herbeiführten. Viele Jahrhunderte hindurch war die Macht der Bejahung eine streng gehütete Geheimlehre, die nur wenigen Auserwählten weitergegeben wurde. Erst in unserer Zeit ist sie wiederentdeckt und allgemein bekannt geworden.

Zu alt um Arbeit zu finden?

Vor ungefähr einem Jahr rief mich ein Mann aus Süd-Californien an und bat um Gebete für Arbeit. Er war vier Jahre arbeitslos gewesen, und man hatte ihm erklärt, er sei „zu alt", um einen Job zu bekommen. Er befaßte sich seit 30 Jahren mit Metaphysik, war aber in der Anwendung des Gelernten auf sein Problem erfolglos geblieben.

Auf meine Frage, welche affirmative Verfügung er gebrauche, entgegnete er: „Ich habe viele inspirative Bücher gelesen, aber ein bestimmtes Bejahungsgebet habe ich nicht angewandt."

Wir unterhielten uns eine Weile, und ich riet ihm, für jeweils fünfzehn Minuten geistigen Studierens wenigstens fünf Minuten lang definitive Arbeitsbejahungen zu sprechen. Er folgte diesem Schema und erklärte jeden Tag mindestens fünf Minuten lang laut: „Ich bin eine göttliche Idee im göttlichen Geist, und ich werde jetzt an meinen richtigen Arbeitsplatz geführt, mit den richtigen Menschen und dem richtigen Verdienst."

Dann hörte ich nichts mehr von ihm, bis vor etwa einem halben Jahr ein Brief aus Südamerika eintraf, in dem er mitteilte, er sei jetzt Geschäftsführer der dortigen Niederlassung einer amerikanischen Firma, sei glücklich und zufrieden und verdiente gut. Er schrieb:

„Ich kann nur bestätigen, daß gesprochene Verfügungen Antwort auf unsere Gebete bewirken. Als ich seit vier Jahren ohne Arbeit und schwer verschuldet war und das bloße Lesen inspirativer Bücher nichts half, brachten laut gesprochene Bejahungen für mich die Wende vom Fehlschlag zum Erfolg. "

Wahre Geschichten „vom Bettelstab zum Überfluß"

Eine Witwe, die innerhalb von zwanzig Jahren sozusagen vom Bettelstab zum Überfluß gelangte, schrieb diesen Erfolg der täglichen Anwendung einer Wohlstandsbejahung zu: „Gott ist jetzt meine Versorgung und mein unbegrenzter Reichtum an allen guten Dingen." Nachdem sie angefangen hatte, diese Bejahung regelmäßig zu gebrauchen, eröffnete sie mit praktisch nicht mehr als einer Handvoll Geld ein Geschäft und mußte eine Zeitlang um ihr tägliches Brot beten. Einmal brauchte sie dringend 100 Dollar und lief im Büro auf und ab und sagte dabei laut ihre Wohlstandsbejahung her. Ihre Sekretärin öffnete unterdessen einen Aktenschrank und fand in einem Bestellscheinblock fünf alte Zwanzigdollarnoten!

Ein andermal, als sie Gott als ihre unfehlbare Versorgungsquelle bejahte, weil sie ihren Angestellten den Lohn zahlen mußte, kam ein Fremder in den Laden und bot an, ihr ein Grundstück abzukaufen, das weiter unten in der Straße lag und, wie er sagte, ihr gehöre. Sie rief aus, sie wünschte, sie besäße dieses Grundstück! Doch als der Fremde erklärte, ihr verstorbener Vater habe es vor vielen Jahren erworben, wurde ihr dies von ihrem Anwalt bestätigt. Die Frau verkaufte den Besitz, von dessen Existenz sie vor wenigen Stunden nicht einmal geträumt hätte, zahlte ihren Leuten den fälligen Lohn aus und behielt noch einen beachtlichen Betrag übrig.

Während der Depressionsjahre versammelte eine Dame jeden Tag ihre kleinen Töchter um den Küchentisch, und alle sprachen Wohlstandsbejahungen für den arbeitslosen Hausherrn: „Du hast einen wundervollen Job mit wundervoller Bezahlung. Du leistest in wundervoller Weise einen wundervollen Dienst." Es wirkte:

Auf dem Höhepunkt der Depression wurde diesem Mann ein Job im Börsengeschäft angeboten, wenn er 25 Dollar zusammenbringen könnte, um einzusteigen. Er plünderte die Zuckerdose und nahm an. Seine Frau meinte kürzlich, jetzt seien sie 250 000 Dollar wert! Sie erklärte: „Diese 25 wurden zu einer Viertelmillion, weil ich weiter Wohlstandsgebete gesprochen habe, jeden Tag, all diese Jahre lang!" Übrigens, die Töchter, die ihr damals bei ihren Bejahungen geholfen hatten, sind inzwischen alle mit wohlhabenden Männern verheiratet und führen ein glückliches, ungetrübtes Leben.

Konzentration durch Verschwiegenheit unterstützen

Wenn Sie Ihre Liste schreiben, Ihre Gebetsmühle anlegen und Ihre täglichen Bejahungen des Guten sprechen, das Sie in Ihrem Leben manifestieren möchten, dann üben Sie die Kunst der Konzentration, und bemerkenswerte Dinge werden geschehen!

Bedenken Sie aber, daß Konzentration als „einstrahlig" bezeichnet worden ist. Ihre Konzentrationsarbeit verlangt absolute Verschwiegenheit, sprechen Sie also niemals über das, worauf Sie sich konzentrieren.

Viele Menschen versagen in der Konzentration, obwohl sie ihre Gedanken auf einen gemeinsamen Mittelpunkt richten: sie zersplittern diese Gedankenkraft dadurch, daß sie über ihr erwünschtes Gutes reden, und so erhalten sie keine Ergebnisse. Wenn Sie über den Inhalt Ihrer Listen sprechen, anderen Ihre Gebetsmühlen zeigen oder die von Ihnen angewandten Bejahungen diskutieren, können Sie damit Ihre Resultate blockieren. „Durch Stillesein und Hoffen würdet ihr stark sein", warnt der Prophet Jesaja (Jes. 30,15).

Das Wort „heilig" und das Wort „heimlich" haben denselben Stamm und dieselbe Grundbedeutung. Das Gute, das Sie sich wünschen, kommt von Gott und ist daher heilig. Ihr Wunsch danach sollte deshalb auch heimlich bleiben.

Statt Konzentration könnte man auch „liebevolle Aufmerksamkeit" sagen. Bleiben Sie also beharrlich! *Listenschreiben, bildliches Darstellen und Bejahung des Guten vereint dieses auf der unsichtbaren Ebene, aber die Konzentration, mit der Sie wiederholt intensiv daran denken, drängt Ihr Gutes zur Offenbarung.*

Durch gelegentliches oberflächliches Konzentrieren können Sie durchaus vorübergehend unbedeutende Erfolge erzielen, aber erst jene tieferen, feineren, stärker durchdringenden Gedankenströme sind es, die beständige Ergebnisse bewirken und die Kraft haben, außerordentliches Gutes für Sie zu offenbaren.

Wie sich eine Frau durch Konzentration heilte

Die Anwendung der Konzentration, um in irgendeiner Form eine Besserung zu erreichen, kann ein höchst erfreulicher Prozeß sein. Wie in meinem Buch *Die dynamischen Gesetze der Heilung* berichtet, hatte eine Frau jahrelang an quälenden gesundheitlichen Schwierigkeiten gelitten, die selbst beste ärztliche Behandlung nicht zu beseitigen vermochte. Schließlich begann sie sich mit geistiger Literatur zu befassen, und so wurde ihr klar, daß sie ihre Gesundheit nur zurückgewinnen konnte, wenn sie sich ganz auf das Bild der Gesundheit konzentrierte. Sie beschloß, das Sprichwort auf die Probe zu stellen: „Ein Bild der Gesundheit verlangt einen heiteren Gemütsrahmen."

Auf vielerlei Arten beschwor sie Konzentration:

Zuerst hörte sie auf, über ihre Schmerzen zu sprechen und fing an, diverse Bücher über Heilung zu lesen. Sie machte regelmäßig körperliche Übungen, probierte eine neue Diät und nahm wieder die Vitamintabletten, die ihr der Arzt früher einmal verschrieben hatte. Dabei befolgte sie gewissenhaft die Anweisungen eines kompetenten Ernährungswissenschaftlers.

Dann suchte sie Heilung, konzentrierte sich sogar darauf, indem sie ganz bewußt ein ausgeglichenes Leben mit Perioden der Arbeit, der Unterhaltung und der Ruhe führte. Jeden Tag werkelte sie in ihrem Blumengarten, nahm Sonnenbäder und genoß die frische Luft.

Als nächstes machte sie eine Gebetsmühle, deren Bilder ein gesundes und aktives Leben zeigten. Jeden Tag, wenn sie sie betrachtete, bejahte sie: „Ich bin das strahlende Kind Gottes. Mein Geist, mein Körper und meine Angelegenheiten offenbaren jetzt seine strahlende Vollkommenheit."

Sie begann ihren Körper zu loben. Sie machte es sich zur Gewohnheit, andere Menschen zu loben, statt sich über ihre Fehler aufzuregen. Sie hielt sich an jene ihrer Freunde und Verwandten, die gesund waren und über Gesundheit redeten. Aus einer Organisation, deren Mitglieder die meiste Zeit ihrer Zusammenkünfte damit verbrachten, sich über ihre jeweiligen Wehwehchen zu verbreiten, trat sie aus.

Sie gewöhnte sich an, besondere Ereignisse, auf die sich sich freuen konnte, vorauszuplanen: Theater, Filme, Konzerte, Kunstausstellungen, Diners, kirchliche Veranstaltungen. Das half ihr, sich gesund und stark genug zu fühlen, um an solchen Geschehnissen teilzunehmen.

Immer wieder segnete sie ihren Körper mit Gesundheit und bejahte für ihr Leben „göttliche Aktivität". Täglich sagte sie Dank, daß sie durch und durch heil und gesund war.

Während sie auf alle diese Weisen bewußt daran arbeitete, ein Leben der Gesundheit, Kraft und Betriebsamkeit aufzubauen, das an die Stelle ihres früheren Glaubens an Mattigkeit, schwache Gesundheit, Alter und Lustlosigkeit treten sollte – begannen ihre geistigen Bilder die Herrschaft über ihre Gedanken, Gefühle, ihren Körper und ihr Leben zu übernehmen. Sie „ging schwanger" mit dem Bild der Gesundheit.

Bereits nach wenigen Wochen begann ihr Leben, die herrlichen Darstellungen von Gesundheit und Glück widerzuspiegeln, die auf ihrer Gebetsmühle zu sehen waren. Später begann sie sogar eine neue Karriere. Obgleich diese Dame mehr als 70 Jahre „jung" war, als sie sich auf ein gesundes Leben zu konzentrieren begann, hat sie eindeutig bewiesen, daß man durch Konzentration fast unglaubliche Veränderung in Körper und Lebenseinstellung erreichen kann.

Innere Konzentration und Meditation

In den bisher erwähnten Konzentrationsmethoden handelte es sich darum, durch kombinieren geistiger und physischer Kräfte eine Konzentration gewissermaßen für den Alltagsgebrauch zu bewirken.

208

Darüber hinaus gibt es jedoch das definitive, formelle Gebet der Konzentration, welches innere geistige Kräfte freisetzt. Und es lohnt sich, innerhalb Ihrer Gebetsentfaltung diese Methode zu entwickeln. Dieses Konzentrationsgebet ermöglicht Ihnen nämlich, ihre lebhaft tätigen Gedanken so zu beruhigen, daß nur noch ein einziger Grundgedanke in Ihrem Gemüt verharrt. Dieser Grundgedanke gräbt sich in Ihr Denken und Fühlen, durchdringt es und erfüllt es und wirkt tiefer und tiefer nach innen, bis Ihr ganzes Wesen reagiert und zu arbeiten beginnt, um Ihre Idee zu verwirklichen. Wenn das geschieht, erfahren Sie die Kunst der Meditation.

Das Gebet der Konzentration wirkt derart machtvoll, weil es nicht nur die Gedanken Ihres Bewußtseins durchdringt, sondern auch die ungeheure Empfindungswelt Ihres Unterbewußtseins. Da der Vorrat latenter Energie im Unterbewußtsein enorm ist, nehmen auch die Möglichkeiten der Konzentration enorme Proportionen an.

Wenn die Konzentration das Unterbewußtsein durchdringt, setzt sie latente Energien frei, unvorstellbare Kräfte, potente Kräfte aus Stadien der mentalen Welt, und mit einem Schlag wird das Unmögliche möglich und geschieht!

Während die Konzentration die immensen latenten Energien des Unterbewußtseins durchdringt, hat sie die Kraft, unter die Oberfläche zu gehen und alle Blockierungen und Behinderungen aufzulösen, die in dieser Kraft einfach schmelzen. Wegen dieser Fähigkeit der Konzentration, Blockierungen aufzulösen, pflegten die alten Völker zu sagen: „Die durchdringende Kraft des Geistes ist die befreiende Kraft des Geistes."

Sie werden entdecken, daß die Zeiten, in denen Sie diese innere Konzentration praktizieren, die Zeiten Ihrer größten Erfolge sind!

Formale Konzentrationsgebete berühren auch Kräfte des menschlichen Überbewußtseins und setzen sie frei.

Wie die Konzentration in die Meditation führt

Wie gesagt, lenkt die Konzentration das Denken auf eine einzige Idee und führt die Gedanken immer wieder auf diese Idee zurück. Dieser

Konzentrierungsprozeß führt zur Meditation, die mehr eine mentale Analyse ist. Im Verlauf der Meditation erwägt man Ideen und läßt diese Ideen im Denken ihre Wahrheiten enthüllen.

In der Konzentration füttern Sie den Geist mit Ideen. Dieser Vorgang weckt die tieferen Ebenen der unterbewußten und überbewußten Schichten des Geistes. Diese tieferen Phasen werden lebendig und senden einen Strom von Gedanken oder Gefühlseindrücken in Ihr Bewußtsein. Das ist Meditation.

Ziel der Konzentration ist, das Denken lange genug bei einem Gedanken festzuhalten, um das Bewußtsein zu beruhigen und in die tieferen geistigen Schichten einzudringen. Geschieht dies, wird in einem Strom von Ideen, der von tief innen emporquillt, die Konzentration zur Meditation.

Ziel der Meditation ist, den Menschen seinem inneren Licht zuzuwenden und es lebendig werden zu lassen, so daß es wie eine Lampe nach und nach sein ganzes Wesen erhellt. In der Meditation geschieht es, daß der Mensch allmählich den Kontakt zu seinem innewohnenden Gott herstellt, dessen einziges Anliegen es ist, für ihn zu sorgen. *Während die bisher beschriebenen Gebete Mittel sind, etwas zu bekommen, ist die Meditation ein Mittel, völlig loszulassen.*

In der Meditation versuchen Sie nicht, irgend etwas zu bewirken. Es gibt keine Eile, keinen Druck, keinen Zwang. In der Meditation ist Ihre Aufmerksamkeit nicht nach „oben" oder nach „außen" gerichtet, sondern nach „innen". Sie versuchen lediglich, Kontakt mit Ihrem persönlichen inneren Gott zu finden und dann dem göttlichen Mittelpunkt in Ihnen göttliche Ideen und Energie entströmen zu lassen.

Jedoch sämtliche bisher erklärten Gebetsmethoden müssen zuvor entwickelt werden, denn *die Kunst der Meditation ist allein dem absolut beherrschten Geist und dem völlig entspannten Körper möglich.* Wenn Sie geistig und gefühlsmäßig für die Meditation bereit sind, ist sie eine mühelose, natürliche Gebetsstufe. Etwas in Ihnen scheint dann Ihre Aufmerksamkeit nach innen zu ziehen und sie dort festzuhalten und versorgt Sie mit neuer Energie und Ideen. Wegen der enormen Energie, die in der Meditation erzeugt wird, kann es für einen Menschen gefährlich sein, starke Meditationskräfte zu besitzen, die er nicht nach und nach bewußt entwickelt hat. Geist und Körper wären dann auf sie nicht vorbereitet.

Beten ist allen Menschen möglich. Meditation ist nur dem geistig polarisierten Menschen möglich. Das Gebet der Konzentration bereitet Sie ganz natürlich auf seine Zwillingskraft, die Meditation, vor. Konzentration führt direkt in die Meditation. Zuerst führen Sie dem Geist Ideen zu (Konzentration). Dann führt der Geist Ihnen Ideen und Energie zu (Meditation). Während Sie allmählich Ihre Konzentrations-Meditationskräfte entfalten, werden Sie mehr meditieren und weniger herumhetzen. Sie werden entdecken, daß mehr Meditation zu weniger Medikation führt – in allen Lebensbereichen!

Die Entwicklung Ihrer Konzentrations- und Meditationskräfte

Um diese ungeheure Kraft innerer Konzentration und Meditation zu entwickeln und freizusetzen, bestimmen Sie zunächst einen ruhigen Platz und setzen Sie eine Zeit fest, zu der Sie nicht gestört werden. Setzen Sie sich bequem oder legen Sie sich hin, lockern Sie Ihre Kleidung oder ziehen Sie alles aus, was Sie beengt.

Dann sprechen Sie zu Ihrem Körper Worte der Entspannung: „Entspanne dich und laß los."

Sobald Sie anfangen, sich gelöst und bequem zu fühlen, nehmen Sie eine bestimmte Bejahung und lassen Sie Ihren Geist ganz entspannt auf diesen Worten verweilen. Wenn Ihre Gedanken abgleiten, rufen Sie sie immer wieder geduldig auf diese Bejahung zurück. Vielleicht möchten Sie gern ein bestimmtes Gebet aufschreiben, es ansehen und so in sich aufnehmen. Vielleicht möchten Sie es laut sprechen, um sich auf die Worte einzustimmen. Danach lassen Sie Ihr Denken still auf dieser Idee ausruhen.

Konfuzius sagte: „Ich spreche nicht von Gott, sondern von Güte." Das Wort „gut" könnte Gegenstand Ihres Konzentrationsgebets sein: „Nur das Gute ist in dieser Situation. Nur Gutes wird aus diesem Erlebnis kommen. Möge das Gute jetzt erscheinen. Möge sich das Gute jetzt als vollkommenes Ergebnis offenbaren."

Die Bejahung, auf die Sie sich konzentrieren, könnte lauten: „Gott ist Liebe". Für eine beunruhigende Situation könnte sie auch „Frieden" heißen, oder „Friede, sei still". Jede Eigenschaft der Güte Gottes kann Thema Ihres Konzentrationsgebets sein: „Leben" für Gesundheit; „Liebe" für glückliche Beziehungen; „Weisheit" für Führung, richtiges Handeln, richtige Ergebnisse; „Macht" für Herrschaft und Autorität; „Substanz" für Wohlstand und Erfolg. (Die Völker der Antike erachteten das Wort „Substanz" als eins der stärksten Wörter in der Konzentration, weil in ihm alle Elemente des Guten vereint sind. Ein Konzentrieren auf dieses Wort scheint das Gute in allen Bereichen zu aktivieren.)

Sie möchten vielleicht an eine biblische Verheißung denken, oder an einen Satz aus einem Buch, das Ihnen viel gegeben hat. Am besten nehmen Sie sich das bestimmte Wort vor und wiederholen es solange, bis Ihr ganzes Wesen es „fühlt" und darauf reagiert. Wiederholtes Sprechen des Vaterunser, des Namens „Jesus Christus" oder „Jehova" löst oft diese Empfindung aus. Bei dem Begriff „Ich bin" zu verweilen und sich dabei ganz in sich selbst zu konzentrieren, bündelt die geistigen Energien, so daß sie nicht abgleiten und wirkungslos bleiben. Das ist eine wirkame alte Gebetstechnik, die ich in meinem Buch *Die dynamischen Gesetze der Heilung* erörtert habe. Der Begriff „Ich bin" regt den Geist in uns an und setzt seine überbewußte Kraft frei, so daß sie durch uns wirken kann.

Hat Ihr ganzes Sein mit einem Gefühl der Begeisterung reagiert, dann entspannen Sie Ihr Denken, verweilen Sie still bei Ihrer Grundidee und leiten Sie ihre Gedanken immer wieder auf sie zurück. Wenn der Strom der Ideen und Energie abklingt, ist Ihre Meditation beendet. Sie empfinden dann Frieden und Befreiung, Ihr Denken hat sich auf Ihre Vorstellung des Guten konzentriert und eingependelt; Ihr Geist hat sie angenommen und aufgenommen und wird ein vollkommenes Ergebnis für Sie bewirken.

Wenn Sie etwas wissen möchten oder in einer bestimmten Sache Führung brauchen, dann wenden Sie das Konzentrationsgebet an, halten Sie Ihr Denken fest auf die Angelegenheit gerichtet, und sprechen Sie: „Was ist die Wahrheit über diese Situation? Möge sich diese Wahrheit mir jetzt enthüllen."

212

Alsbald wird sich die Sache für Sie klären. Sie werden die Antwort wissen oder „fühlen", ohne sich der üblichen Mühe des Einholens von Informationen unterziehen zu müssen. Das Wort „lassen" ist wesentlich stärker als das Wort „bekommen". In der Meditation „lassen" Sie den Geist Ihnen seine Wahrheiten enthüllen. Der Geist vermag das, weil er von der allgegenwärtigen Intelligenz des Universums erfüllt ist. Alle außersinnlichen Kräfte und Fähigkeiten: Telepathie, Hellsehen, Hellhören usw. beginnen sich in einem Menschen zu entfalten, der Konzentration und Meditation praktiziert.

Die Gebete der Konzentration und Meditation sind allmächtig, denn sie verlangsamen das Denken bis zu dem Punkt der Offenbarung. Viele Menschen verfehlen ihr Gutes dadurch, daß sie nach den Gebeten der Verneinung, der Läuterung und der Verfügung davonlaufen, um sich irgendwelchen äußeren Aktivitäten zu widmen. Sie nehmen sich nicht die Zeit, ihr Denken bis zu dem Punkt der Offenbarung ausklingen zu lassen und dann zu warten und zu hören. Durch den Prozeß der Konzentration und Meditation werden Sie sich Zeit nehmen, heilig zu sein – in Geist, Körper und Angelegenheiten und in jeder Etappe Ihres Lebens heil zu werden.

Charles Fillmore schreibt in seinem Buch *Teach Us to Pray:*

Wir haben die Erfahrung gemacht, daß in unserem Denken und in unserem Körper äußerst deutliche Veränderungen eintreten, wenn wir die Konzentration in der Stille praktizieren.

Selbst wenn Sie täglich nur eine Viertelstunde an das Gebet der inneren Konzentration und Meditation wenden, würden sich in Ihrem Leben innerhalb weniger Wochen durchgreifende Veränderungen vollziehen. Wer Konzentration und Meditation übt, entfaltet sich schnell! (Sie finden die Beschreibung meiner Meditationsmethode in Kapitel 10.)

Konzentration in Bezug auf lästige Zeitgenossen

Wenn Ihnen jemand lästig fällt, konzentrieren Sie sich auf diese Wahrheit:

Jede Sache und jede Person, die in Ihrem Leben auftaucht, ist aus ein oder zwei Gründen da: entweder um Sie zu heilen oder um selbst geheilt zu werden von irgendeiner falschen Einstellung in Bezug auf Geist, Körper oder Angelegenheiten. Jeder und alles in Ihrem Leben dient entweder dazu, Sie zu mehr Gutem zu drängen oder aus ihm mehr Gutes zu ziehen. Wie Emerson es ausdrückte: „Ein Unkraut ist eine Blume, deren Nutzen noch nicht entdeckt ist."

Wenn Sie das Gebet der Konzentration und Meditation praktizieren, werden Sie lernen, vor lästigen Situationen oder Leuten nicht wegzurennen, sondern das Gute in ihnen hervorzurufen. Wenn Sie so verfahren, wirken Sie zum Segen aller Beteiligten, und das Bild wandelt sich. Bejahen Sie oft: „In diesem Erlebnis ist nur Gutes. Ich stimme mit dem Guten in dieser Situation überein, und das Gute stimmt überein mit mir."

Derartige Konzentrationsgebete über die Idee des Guten geben Ihnen innere Sicherheit und Kontrolle über Ihre Welt. Diese innere Sicherheit und seelische Stabilität bewirkt Segen in jeder Form, denn die meisten unserer Probleme basieren auf Gefühlen.

Die Kunst der Konzentration entwickelt sich nach und nach

Die Konzentration ist eine Brücke zwischen den inneren und den äußeren Gebetsstufen. Konzentration führt Sie in die mystischen Etappen des Gebets: Meditation, Stille, erleuchtende Realisation. *Aber die Konzentration muß an erster Stelle stehen, denn sie ist es, die Ihnen die unerläßliche Gedankenkontrolle ermöglicht, ohne die eine Meditation nicht tief und befriedigend sein kann.*

Tatsächlich ist die Konzentration der erste Schritt zur Meditation.

Das Objekt, auf das Sie sich konzentrieren, ist das Objekt, das Sie zu sich ziehen. Ihre Gebete werden soweit beantwortet, wie Sie einen Gedanken in der Stille festhalten können. Die Entwicklung dieser Fähigkeit braucht Zeit. Lassen Sie sich nicht entmutigen, wenn Sie nicht sofort Erfolg haben. Übung macht den Meister.

Die Kunst der Konzentration läßt sich nicht in kurzer Zeit beherrschen, sie muß allmählich entwickelt werden und erfordert Übung. Doch diese Mühe lohnt sich, denn regelmäßiges Üben der Konzentration belebt im starken Maß Ihre Kräfte und befähigt Sie, alles, was Sie unternehmen, rasch und wirksam zu erledigen. Das haben sowohl Isaac Newton wie Thomas Edison bewiesen.

Sie gewinnen diese innere Macht über die tieferen Kräfte des Geistes tatsächlich einzig und allein durch kontinuierliches Üben. Wenn Sie darin beharren, wecken Sie latente Kräfte, entwickeln neue Talente und gewinnen für jede Fähigkeit und Begabung, die Sie bereits besitzen, neue Energien.

Konzentration vermag den Geist in jeder Richtung weiter und tiefer zu führen. Konzentration geleitet Sie in die Meditation und auch in die mehr innerliche Gebetsphase, die im folgenden Kapitel als das Gebet der Stille beschrieben wird.

Zusammenfassung

1. Man schätzt, daß eine Arbeit, die normalerweise sechs Stunden fordert, von einem Menschen, der sich konzentrieren kann, in einer Stunde erledigt wird; daß dem, der die Kraft der Konzentration kennt, absolut nichts unmöglich ist.

2. Die meisten unserer Kräfte gehen verloren, weil sie durch sinnloses Denken und Tun im Äußeren verzettelt werden, statt daß wir sie in bewußter innerer Konzentration einsetzen. Bewußte Konzentration, die Ihre Kräfte nach innen und oben lenkt, hat ungeheure Macht, da Ihre gebündelten Kräfte gezielt für Sie und durch Sie Gutes bewirken können.

3. Mit echter Konzentration ist keinerlei körperliche Anstrengung oder geistige Mühe verbunden. Konzentrieren bedeutet einfach, den Geist auf einen Gedanken richten und ihn immer wieder auf diese Idee zurückzuführen. Sie konzentrieren sich praktisch unununterbrochen.

4. „Einstrahlige" Konzentration setzt in Ihnen außerordentliche Kräfte frei, denn sie vereint die bewußten, unterbewußten und überbewußten Ebenen Ihres Geistes und mobilisiert dadurch unvorstellbare Energien für Sie.

5. Die gefühlsmäßigen Blockierungen, die wir fast alle in uns haben und die die Erfüllung unserer Wünsche verhindern, werden beseitigt in Menschen, die sich konzentrieren können. Konzentration ist mehr als ein mentaler Prozeß. Sie ist auch ein emotionaler Prozeß, der aufwallende Gefühle klärt und stillt.

6. Bevor Sie nicht die Konzentration praktizieren, sind alle Ihre anderen Gebetsbemühungen nur wahllos verstreute Samenkörner, deren nur wenige aufgehen können.

7. Durch Konzentration schaffen Sie zuerst gefühlsmäßig, was Sie sich wünschen. In fortgesetztem Konzentrieren wecken Sie die unglaublichen Kräfte Ihres Bewußtseins, Unterbewußtseins und Überbewußtseins; dann gewinnen Sie Kontrolle über sie und lassen sie in aufbauender Weise für sich arbeiten. An diesem Punkt wird die Konzentration zur Meditation, indem jene Kräfte Sie mit Ideen und Energie füttern. Und das ist der Zweck der Meditation – Ihnen Ideen und Energie zu geben.

8. Es gibt zwei Grundmethoden der Konzentration – die äußere und die innere. Die erste Methode präpariert Sie für die zweite, die die Meditation einschließt.

Kapitel 9

Die mächtige Kraft des Gebets der Stille

Ein Bankier in einer kleineren Stadt war gewohnt, das Gebet der Stille zu praktizieren. Da er für sein Bankgeschäft eine erhebliche Summe benötigte, fuhr er nach New York, um sich wegen eines Darlehens umzusehen, hatte aber keinen Erfolg. Während er noch mit dem Geschäftsführer verhandelte, rückte seine „stille Minute" näher, und er fragte sich, was er tun solle. Schließlich beschloß er, einfach die Wahrheit zu sagen. Mitten hinein in die offensichtlich ungünstige Diskussion erklärte er ruhig, es sei seine Gewohnheit, um diese Zeit einige Augenblicke in stillem Gebet zu verbringen, und bat, ihn zu entschuldigen.

Die Haltung seines Gesprächspartners wandelte sich schlagartig. Er bemerkte an seinem Klienten etwas, das er selbst nicht besaß: Gelassenheit, Ruhe und Zuversicht angesichts einer Niederlage. Zögernd äußerte er, auch er schätze es, tägliche Gebetszeiten zu beachten, und er würde sich gern anschließen.

Gemeinsam gingen beide in die Stille und erfuhren eine starke Realisation von Gottes Gegenwart und Macht. Als die Gebetszeit vorüber war, eröffnete der Bankmann aus der Großstadt seinem Kollegen vom Land, die angebotenen Sicherheiten seien zufriedenstellend, und die Anleihe würde ohne Aufschub gewährt.

Eine magische Erfolgsformel lautet: *Denken. Handeln. Warten.*

Viele gläubige Menschen zersplittern ihre Gebetskräfte dadurch, daß sie zwar denken und handeln, aber die dritte Forderung der Formel, nämlich danach zu *warten*, nicht erfüllen.

In meinem Buch *Das Wohlstandsgeheimnis der Zeitalter* wird die Bedeutung dieser Wartezeit im Zusammenhang mit dem Sabbat oder siebten Schöpfungstag erörtert, an dem Gott sein Werk vollendet hatte und ruhte. Erst danach offenbarte sich das Werk in sichtbarer Gestalt. Die Erfolgssymbolik besagt, wir sollen alles tun, was wir geistig und sichtbar zu tun vermögen, um eine Situation in Ordnung zu bringen. Danch sollen wir „loslassen", damit sie sich auf Gottes Weise vollkommen ausarbeiten kann. Während dies geschieht, beobachten wir eine Zeit der Stille. Wenn wir diese Stille nicht einhalten, kann sich die Situation nicht ausarbeiten, denn wir haben sie nicht dazu freigegeben!

Warum ist Stille so mächtig? Warum ist Warten so notwendig für unsere Gebete? Warum hat sich für den Bankier vom Land alles gewandelt, nachdem er in die Stille gegangen war?

Alles änderte sich, weil die Stille schöpferisch ist. Und die Stille ist schöpferisch, weil wir in ihr unser Oberflächendenken stillen, so daß die tieferen Schichten des Geistes unbehindert arbeiten können. In der Stille, wenn unser Bewußtsein ruhig wird, kann die unterbewußte Ebene des Geistes, in der Gedächtnis und Gefühl ihren Sitz haben, unbehindert wirken. In der Stille, da wir ruhig sind, beginnt die höchst sensible überbewußte Phase des Geistes zu arbeiten und setzt neue Inspiration und neue Ideen frei. *Obwohl die Stille ein „untätiges" Gebetsstadium zu sein scheint, geht in diesem Stadium sehr viel vor, so daß es eins der stärksten und schöpferischsten ist. Tatsächlich kommt alles aus der Stille!*

Die Stille ist die einfachste Arbeitsweise, deren der Geist fähig ist. Es gibt kein Geheimnis dabei. *In der Stille sammeln Sie Ihre geistigen Kräfte und schöpferischen Energien, die für den Ausdruck Ihres Guten nötig sind.* In Ihnen ist dann eine machtvolle Ruhe, in der alle Kraft liegt. Wenn Sie in die Stille gehen, erschließen Sie diese Kraft.

Die Stille ist die Werkstatt Gottes. „Stille ist das Element, in dem sich große Dinge herausbilden", erklärt der schottische Schriftsteller Thomas Carlyle.

Die Stille ist der Schlüssel zu größerer Macht, Herrschaft, Harmonie, Gesundheit, zur Vollkommenheit in jeder Phase Ihres Lebens. *Was immer Ihr Herz ersehnt, was immer Ihr Leben braucht, in der Stille kann es berührt werden. Das Üben der Stille ist das Geheimnis aller Vollendung, denn es ist das Geheimnis aller schöpferischen Kraft.*

Die meisten Menschen sind der Ansicht, wenn man nicht jede Minute beschäftigt ist, sei man nicht normal. Doch genau das Gegenteil ist richtig: nur wenn wir in jeder Minute *betriebsam* sind, ist mit uns etwas nicht in Ordnung! Gewöhnlich suchen die Menschen außerhalb ihrer selbst nach der Ruhe, dem Frieden und der schöpferischen Kraft, die sie nur in sich, in der Stille finden können.

Menschen, die das Abschalten, die Stille und die Ruhe verpönen, sehen nicht, daß die Stille „die Macht hinter dem Thron" aller Resultate ist. Meister Eckart, der deutsche Mystiker des 13. Jahrhunderts, nannte die Stille „jene Unbeweglichkeit, durch die alle Dinge bewegt werden". Leute, die still dasitzen, die Hände im Schoß gefaltet haben und offensichtlich nichts tun, sind möglicherweise durchaus nicht faul oder müßig, sondern im Begriff, eine große wundervolle Stille zu schaffen, aus der neues Gutes geboren wird. Der Unterschied zwischen Muße und Betrachtung liegt darin, daß der Nachsinnende sich bewußt Zeit nimmt, heilig oder heil zu werden.

Eine Vielzahl unserer sinnlosen Beschäftigungen entsteht unseligerweise aus der irrigen Meinung, wir müßten beständig irgend etwas tun, denn wenn wir nicht fleißig sind, stimmt etwas nicht mit uns. Doch die Praktik der Stille ist eine weit stärkere und reichere Quelle von Resultaten, als die meisten unserer Beflissenheiten, die beständig ohne Zweck und Ziel um uns herum geschehen.

In seinem großartigen Buch *Commonsense About Prayer* erklärt Lewis Maclachlan:

Viele Menschen glauben, sie dienen Gott, wenn sie viel zuviel tun und viel zu hart arbeiten . . . Wer sich Gott zuliebe zu Tode oder fast zu Tode schuftet, hat mit Sicherheit mißverstanden, was Gott von uns fordert. Diese Besessenheit, sich zu überarbeiten – falls sie nicht durch einen Zustand bedingt ist, der die Hilfe eines Psychiaters verlangt – wurzelt gewöhnlich in einem unbewußten Wunsch, Unwürdigkeit abzubüßen und Verdienst und Auszeichnung zu erwerben . . . Überanstrengung ist deshalb so weit verbreitet und richtet soviel Schaden an, weil sie als Zeichen eines frommen und aufopfernden Charakters gilt . . . Überanstrengung ist gewöhnlich ein Mangel an Glauben und ein Mangel an Selbstdisziplin. Sie verdient eher Tadel als Lob. Weit davon entfernt, heroisch zu sein, ist sie zumeist durchaus selbstsüchtig und sollte nicht als Tugend gefördert, sondern vielmehr als Fehler verurteilt werden.

Das schlimmste Charakteristikum übertriebener Geschäftigkeit ist, daß sie uns des ruhigen und gelassenen Harrens auf Gott beraubt, welches eins der Mittel ist, durch die er geistig mit uns Verbindung sucht. Die Menschen sind sich oft in ihren Gebeten und in ihrer ganzen Lebenseinstellung viel stärker dessen bewußt, was sie für Gott tun, als dessen, was Gott für sie tut . . . Beten ist weniger etwas, das von uns getan wird, sondern etwas, das Gott in uns tut. Bevor Gott uns gebrauchen kann, muß erst unsere übertriebene Überheblichkeit nachlassen. Es ist nicht so, als ob wir im Gebet arbeiten, um irgendwelche Ergebnisse hervorzubringen. Sondern wir legen eine Sache still in Gottes Hand und überlassen ihm, was wir selbst nicht vollbringen können. *Nur im Zustand der Ruhe können wir viel von Gottes Antwort auf unsere Gebete empfangen.*

Es heißt, eine Person, die die Stille übt, könne in einer halben Stunde mehr zuwege bringen, als ein Durchschnittsmensch in acht oder neun Stunden. Das mag zu hoch gegriffen sein, aber soviel ist sicher:

Zuviel Reden und zuviel Tun verschwendet Ihre Energie und zersplittert Ihre Kräfte, während durch Konzentration und Meditation über erhabene Dinge Ihr Geist klar wird und nicht mehr durch plan- und nutzlose Gedanken blockiert wird. Dann kann der Geist aufmerken, hören und der Führung folgen, die er in der Stille erhält. So wie der winzige Schößling in der Stille Kraft sammelt, um eine mächtige Eiche zu werden, so sammeln Sie in der Stille immense Kräfte, die Sie dann in Ihren Alltag mitnehmen. Carlyle rät:

Hüte deine Zunge für einen Tag; am nächsten sieh, wieviel klarer deine Ziele und Aufgaben sind. Was für ein Kehricht in dir ausgeräumt wurde.

Erfolg ist nicht immer das Ergebnis von Ringen und Kämpfen. Oft erhält der den größten Lohn, der gelassen abwartet. Kampf erringt nur vorübergehende Siege. Wer warten kann, dessen Resultate sind immer umfassender und beständiger.

Was in der Andacht der Stille geschieht

In der Andacht der Stille versuchen Sie nicht, wie im Gebet der Konzentration, den Geist bei einem Gedanken festzuhalten. Sie versuchen auch nicht, wie in der Meditation, mehrere Ideen zu erwägen und ihre Bedeutung zu erfassen. Im Gebet der Stille hören Sie völlig auf, irgend etwas zu denken, zu sein, zu tun, zu haben oder zu bekommen.

Sie werden einfach seelisch und körperlich ruhig und still und verbinden sich mit Ihrem inneren Gott. Das Gebet ist als Kommunikation mit Gott bezeichnet worden. In der Übung der Stille schließen Sie einen Kontakt, der Sie mit Gott in Ihnen verbindet.

In der Stille können Sie Führung oder neue Ideen erhalten, oder auch nicht. Es ist durchaus möglich, daß in der Stille scheinbar gar nichts geschieht. Trotzdem ist die Stille für Sie immer nutzbringend, denn Sie ist Nahrung für Ihr inneres Wesen.

In der Stille versuchen Sie nichts zu erreichen. Sie wenden sich nach innen; dann ruhen Sie, Sie horchen, Sie warten, Sie vertrauen. In diesem Zustand geistiger „Untätigkeit" werden Sie vollkommen aufgeschlossen und für den Strom göttlicher Kraft empfänglich, der von tief innen hervorquillt. Sie sind wie ein leeres Gefäß, das der Heilige Geist dann erneut zu füllen vermag.

Wenn Sie zum erstenmal versuchen, die Stille zu üben, werden Sie sich vielleicht ein wenig wie George Bernard Shaw fühlen, als man ihn nach seiner Meinung über das Beten fragte. Er entgegnete: „Viele Leute haben für mich gebetet, und ich bin kein bißchen schlechter dadurch geworden."

Sie werden vielleicht nicht merken, daß irgend etwas geschieht, wenn Sie zum erstenmal in die Stille gehen, aber Sie werden feststellen, daß Sie davon kein bißchen schlechter geworden sind! Und während Sie in der Übung der Stille fortfahren, werden Sie anfangen, diese Übung zu mögen und werden sich vielleicht bald auf Ihren „süßen Frieden" freuen.

Ein kleiner Junge lernte „in der Stille zu sitzen"

Es war einmal ein kleiner Junge, der seine Eltern zum Mittwochsgottesdienst begleitete, obwohl er das eigentlich als Zeitverschwendung ansah. Denn so, wie er die Dinge sah, passierte überhaupt nichts bei diesen Zusammenkünften: es würde gebetet werden, man würde ein paar Lieder singen, und der Pfarrer würde ein bißchen was über Beten und Heilung sagen. Aber die meiste Zeit würden Pfarrer und Gemeinde einfach bloß „in der Stille sitzen".

Der kleine Junge fand es eigentlich dumm von seinen Eltern, daß sie einen so weiten Weg machten, nur um eine ganze Stunde lang mit all diesen Leuten dazusitzen und nichts zu tun. Eines Abends, als die Gemeinde wieder eine lange Zeit in stillem Gebet verharrte, sprang das Kind plötzlich auf und rief laut durch die Kirche: „He, ihr alle, aufwachen! Es ist Zeit, nach Hause zu gehen!"

Jahre später wurde dann in diesem Menschen die große Kraft frei, die sich in jenen Gebetsperioden seiner Kindheit in ihm gesammelt hatte, und er begann, sich ernsthaft der Übung andächtiger Stille zu widmen. Diese Kraftquelle faszinierte ihn derart, daß er schließlich Geistlicher wurde. Und es kam sogar der Tag, an dem auch er in seiner Gemeinde Gebetszusammenkünfte leitete, die darin bestanden, „in der Stille zu sitzen" – wo niemand irgendwas zu tun schien!

Wie man geistig für die Stille bereit wird

Beten ist erst Bemühen, dann wird es Mühelosigkeit. Die Stille ist die mühelose Phase des Betens.

Diese Gebetszeiten des „Nichtstuns" können mit die fruchtbarsten und einträglichsten Ihres Lebens sein, sobald Sie für sie bereit sind.

Zu viele Menschen versuchen, „fortgeschritten" zu beten, sie spötteln über die Gebete der Entspannung, Verneinung, Bejahung, Konzentration und fühlen sich sogar über die Meditation erhaben.

Sie behaupten, diesen Gebetsformen „entwachsen" zu sein und daher einzig und allein nur noch die Stille zu praktizieren. *Das Gebet der Stille ist jedoch nur dann kreativ, befriedigend und produktiv, wenn der Betende geistig reif dafür ist, wenn er sich bereits seinen Weg durch die anderen Phasen des Gebets erarbeitet hat und diese Gebetsformen leicht und bequem handhaben kann.*

Der Durchschnittsmensch trägt viele negative Erinnerungen und psychologische Blockierungen mit sich herum, die durch Gebete der Entspannung, Verneinung und Bejahung ausgeräumt werden müssen, bevor es ihm möglich ist, Konzentration, Meditation und die Stille zu üben. *Wenn jemand in die Stille zu gehen versucht, ohne zuvor die anderen Gebetstypen beherrschen gelernt zu haben, wird er nur Frustration ernten.* Denn er hat den Weg nicht freigemacht, sich mit seinem innersten Wesen zu verbinden, aus dem die Stille kommt.

Zur richtigen Zeit, während Sie die anderen Gebetsformen anwenden, gelangen Sie in das Stadium, in dem Sie für die Stille reif sind. Sie werden es fühlen, wenn Sie in Ihrer geistigen Entwicklung diesen Punkt erreichen, denn andere Gebetsformen befriedigen Sie dann nicht mehr oder entsprechen nicht mehr Ihrem geistigen Bedarf. Sie spüren ein inneres Sehnen, das Ihr Bewußtsein in einer erwartungsvollen und aufnahmebereiten Weise sanft nach innen zieht.

An diesem Punkt Ihrer Gebetsentfaltung werden Sie vielleicht bemerken, daß Ihre Gebete nicht mehr beantwortet werden. Keine geringere Gebetsmethode als die Stille kann befriedigen. Nun sind Sie für die Stille bereit.

E. V. Ingraham schreibt in seinem Buch *The Silence* über den Lohn dieses Gebets:

In der Stille bringt sich der Mensch zu einer Realisation des Guten, nach dem er lange vergeblich gesucht hat.

Alle wahrhaft großen Menschen üben die andächtige Stille

Die Übung der Stille beseitigt nichtige Gedanken und schließt unser Inneres auf, so daß uns aus dem unendlichen Geist in uns Ergebnisse zuströmen können. Zu allen Zeiten haben die bedeutenden Geister, Erfinder und Philosophen diese Methode angewandt: Buddha, Moses, Jesus, Mohammed, St. Benedikt, Spinoza, Thoreau, Carlyle, Emerson

- sie alle wußten, daß der Kraftgewinn aus der Einsamkeit zu den wichtigsten Übungen für ein erfülltes Leben gehört.

Die Mystiker von ehedem bezeichneten sie als „die Kunst heiliger Untätigkeit".

Plotinus, der bedeutendste Philosoph der Neuplatonischen Schule, schrieb im 13. Jahrhundert: „Wir können nur beten, wenn wir allein zu dem Einzigen kommen." Johannes von Damaskus nannte die Stille „die Mutter des Gebets". Die individuelle Natur des Gebets großer Seelen brachte sich in dieser Einsamkeit zum Ausdruck.

Eine Theorie besagt, daß sich im Leben überragender Persönlichkeiten häufig eine Periode findet, die „im Dunkel" liegt, und daß diese „verlorenen Jahre" Zeiten sind, in denen die Betreffenden die Weisheit, Stärke und seelische Widerstandskraft für die vor ihnen liegende Periode intensivster Aktivität und großer Aufgaben gewinnen.

Jesus zog sich offensichtlich für achtzehn Jahre in die Stille und das „Dunkel" zurück, ehe er in der Öffentlichkeit zu wirken begann. Und seine größten Werke vollbrachte er stets, nachdem er eine Zeitlang in der Einsamkeit der Berge schöpferische Perioden der Stille beobachtet hatte.

Moses blieb vierzig Jahre in der midianischen Wüste, hütete Schafe und bereitet sich kreativ darauf vor, zwei Millionen Menschen aus der Knechtschaft zu führen. Sowohl David wie Paulus gingen eine Zeitlang in das „Dunkel", nachdem sie erkannt hatten, daß eine göttliche Mission sie erwartete – David in die Wüste des südlichen Judäa, Paulus nach Arabien. In diesen Zeiten der Zurückgezogenheit bereiteten sie sich auf ihren Auftrag vor. Beide schrieben später über die Notwendigkeit der Stille. David in den Worten: „Nur auf Gott vertraue still meine Seele! denn von ihm kommt meine Erwartung" (Psalm 62,5). Und Paulus, als er die frühen Christen ermahnte: „Ringet darnach, daß ihr stille seid" (1. Thess. 4,11).

In der Stille des Tempels geschah es, daß der Knabe Samuel zum erstenmal den Ruf Jehovas vernahm. Er antwortete: „Rede, denn dein Knecht hört" (1. Sam. 3,10). Aus der Stille erhob sich Samuel und wurde der Erste seiner Zeit.

Viele der Propheten und Lenker Israels wurden in der Disziplin des

Schweigens für ihr Werk vorbereitet. Die Stimme in der Wüste war für den Propheten Elia eine deutlichere Offenbarung Gottes als Sturm, Erdbeben und Feuer; er beschrieb sie als "ein stilles, sanftes Sausen" (1. Kön. 19,12).

In fast allen Perioden der religiösen Geschichte unserer Welt wurde die Stille zur Vorbereitung der Seele auf geistigen Kontakt empfohlen. Ein chinesischer Philosoph des 14. Jahrhunderts formulierte kurz und bündig: „Wenn der Mensch seinen Mund geschlossen hält, werden seine Worte mächtig." Der griechische Geschichtsschreiber und Philosoph Plutarch schrieb: „Bei Opferhandlungen, religiösen Mysterien und Zeremonien heiliger Wissenschaft ist das Gebot, still zu bleiben, Tradition. Stille ist ein mystisches Geheimnis und eine erhabene Tugend."

Das unausgesprochene Wort war das A und O der alten Religionen und Philosophien der Hindus, und ebenso auch im Buddhismus. *Persische, arabische, griechische und hebräische Mystiker lehrten die Stille als Weg, Gott zu finden.* Die ägyptischen Priester nannten Gott „der Herr der Stille".

Die Hebräer setzten die Vokale von „Adonai" (Herr) und „Elohim" (Gott) für jene des heiligen Namens Jahwe (Jehova), um zu vermeiden, daß der Name des Allmächtigen achtlos ausgesprochen würde. Bei den Druiden von Wales, die als „die Allwissenden" bekannt waren, verlangte die Tradition, in Stille zu bewahren, was sie über ihren Gott gelernt hatten, der „auf ewig heilig und verborgen" war.

Sokrates übte die Stille als Mittel innerer Disziplin und Kultur, und der griechische Philosoph Pythagoras verlangte von seinen Schülern ein absolutes Schweigen für einen Zeitraum von einem bis zu fünf Jahren.

Viele frühchristliche Mystiker verbrachten mehrere Jahre in Einsamkeit und Stille, ehe sie mit den so gewonnenen Kräften den Menschen ihrer Zeit dienten. Unter den Vätern des Christentums forderte besonders Augustinus Einsamkeit und Stille von einem Menschen, der Gott finden wollte, und viele Mönchsorden nahmen diese Disziplin in ihre Statuten auf. Katharina von Siena lebte drei Jahre lang in Einsamkeit und Stille in ihrem Haus, dann ging sie in die Welt, um ihre geistige Kraft einzusetzen. Sie übte einen starken Einfluß auf die Häupter des Staates sowie auf die führenden Priester, Militärs, Künstler, Kaufleute, Anwälte und Politiker ihrer Zeit aus. Sie alle waren von der geistigen Heiterkeit und Weisheit fasziniert, die sie in den Jahren der Stille gewonnen hatte.

Eine wohlbekannte Sekte in unserer Zeit, deren Anhänger die Stille praktizieren, ist die der Quäker. Für sie ist Gott ein „inneres Licht". Es ist interessant, daß während der zweihundert Jahre der amerikanischen Kolonialgeschichte, in deren Verlauf Tausende unserer Siedler von den Indianern angegriffen und getötet wurden, die Quäker immer unbehelligt blieben. Sie waren an Zahl größer als jede andere Gruppe, und sie suchten entlegenere Gebiete für ihre Niederlassungen auf. Von den anderen Siedlern unterschieden sie sich nur dadurch, daß sie ihre Türen nachts nicht verriegelten und am Tag niemals ein Gewehr trugen. Kein Kind, kein Mann und keine Frau der Quäker ist jemals von den Indianer verletzt worden! Natürlich: ihre Geheimwaffe war ihre Kenntnis und Übung der Stille.

In seiner Broschüre *The Lord's Prayer* mahnt uns Glenn Clark, die Religion des 20. Jahrhunderts müsse unbedingt die Kraft der Stille wiederentdecken:

Wenn jemand ein Erlebnis hat, so spricht er nicht darüber. Er bleibt still und ruht in dem, was er erfahren hat. Der Fluch unserer modernen Kirchen ist ihr vieles Reden. Ein chinesischer Philosoph wurde einmal nach seiner Meinung über die christliche Religion gefragt. „Nun", entgegnete er nachdenklich, „es ist eine sehr redselige Religion".

Um ein tieferes geistiges Verständnis zu erlangen, wäre die erste Forderung, *still zu werden*. Zunächst in unserem persönlichen Leben, dann im Alltag und in der Öffentlichkeit. Die amerikanischen Kirchen können die Welt nicht vom Christentum überzeugen, ehe sie nicht gelernt haben, still zu sein.

Stille ist in jedem dynamischen Element

In jedem Element der Natur sehen wir das Prinzip der Stille wirken: in der Ruhe der Nacht nach dem Tag; in der Ruhe der Ebbe nach dem lauten Hereinbrechen der Flut; in dem stillen und leeren Winter nach der üppigen und geschäftigen Ernte, die sich bis in den Herbst erstreckt; und schließlich und vor allem in der Schöpfungsgeschichte, in der auf sechs Tage der Aktivität die geistige Stille des Sabbat folgt.

Die Fischer haben ein Sprichwort: „Es gibt eine Zeit, zu fischen, und es gibt eine Zeit, die Netze zu trocknen." Wir alle brauchen gelegentlich eine Zeit, „unsere Netze zu trocknen". Perioden der Stille sind Zeiten des „Netzetrocknens".

Haben Sie einmal zugeschaut, wie ein Schiff eine Schleuse passiert? Nachdem es in die Schleusenkammer eingefahren ist, schaltet es die Motoren ab, es ruht, es steht still. Ist sein Kurs stromauf, dann steigt allmählich das Wasser in der Schleuse, und sowie die Tore sich öffnen, setzt es seine Fahrt auf einer höheren Ebene fort. Genauso der Mensch, nachdem er „seinen Motor abgestellt" hat und den Mut aufbringt, still zu sein.

Der Landmann weiß, was Stille für das Erdreich bedeutet. Er sagt dazu „Bodenkonservierung" oder „Fruchtwechsel". Ein guter Farmer wird nie auf einem Acker Jahr um Jahr dieselbe Frucht anbauen. Er weiß, daß dies den Boden auslaugt. Deshalb sät er dazwischen Lolch, den er unterpflügt, um die Erde anzureichern. Er ist sich darüber klar, erst muß eine „Einwirkung" stattfinden, bevor eine „Auswirkung" möglich ist.

Zu allen Zeiten haben die Philosophen gelehrt, daß ein Mensch ohne Stille einem Baum ohne Wurzeln gleicht, der nur Zweige und Blätter hat und schließlich verdorren und absterben muß. Die Chinesen sagen: „In der Rückkehr zur Wurzel ist Ruhe."

Die Heilkraft der Stille

Die Stille ist für die Seele, was für den Körper die Nahrung ist. Pausenloses Reden und pausenloses Tun lassen der Seele keine Chance zu normalem Ausdruck und ersticken sie, während Stille und Ruhe heilender Balsam für sie sind. Carlyle sagt: „Die erhabenste Melodie wohnt nur in der Stille – die Melodie der Gesundheit."

227

Fortgesetztes Sprechen und fortgesetzte Tätigkeit bringen den wundervollsten aller Mechanismen, den Körper, aus dem Gleichgewicht, bringen seinen Rhyhtmus durcheinander und bewirken, daß alle seine empfindlichen Organe sich gegenseitig bekämpfen. In der Ruhe dagegen hat die Seele Gelegenheit, sich zu erholen und ihre vitalen, regenerierenden Ströme durch das komplizierte System der Nerven, Arterien und Venen zu senden.

Wenn Sie sich der Stille überlassen, kommt die Seele wieder auf ihre Rechnung, und ihre rhythmischen Schwingungen können die gequälten Nerven beruhigen, so daß sie ihre normale Tätigkeit wieder aufzunehmen imstande sind.

Und dann bestätigt sich der kleine Vers:

> Freude, Mäßigkeit und Ruh'
> schlägt dem Arzt
> die Tür vor der Nase zu!

Die Stille heilte im Krankenhaus

Eine überlastete Frau landete im Krankenhaus. Innerlich rebellierte sie dagegen und dachte: „Was habe ich denn getan, daß mir das passiert! Ich habe viel zuviel Arbeit, um hier herumzuliegen. Ich kann es mir einfach nicht leisten, soviel Zeit zu verlieren."

Weil sie sich derart sorgte, quälte und aufregte, wollte sich ihr Zustand nicht bessern. Dann bekam sie Besuch von einem Geistlichen. In einer Gesprächspause bemerkte er: „Es ist so erholsam, hier zu sitzen. Einfach still dazusitzen, ganz entspannt, und zu wissen, daß Gott da ist und heilt."

Nachdem der Pfarrer gegangen war, begann die Patientin, über die Stille nachzudenken. Sie übte die Stille, indem sie ihre Gedanken mit den Worten des Psalmisten beruhigte: „Seid stille und erkennet, daß ich Gott bin" (Psalm 46, 11). Wollte die Aufregung sie erneut überkommen, sagte sie: „Friede, sei still."

In dieser Stille begannen sich ihr Geist und ihr Körper zu entspannen, und schließlich bemächtigte sich ihrer ein tiefes Gefühl des Friedens, aus dem allmählich eine große, ruhige Freude aufstieg. Sie „ließ los" – alle innere Auflehnung, alles Sorgen. In dieser Nacht schlief sie ohne Medikament tief und ruhig. Als sie zwei Tage später das Krankenhaus verließ, war ihr klar, daß nur Ruhe und Stille sie geheilt hatten.

Ein orientalisches Sprichwort sagt: „Die Blume der Wahrheit blüht in der Stille, nach dem Sturm und der Mühe Last."

Eine andere Frau ging einmal aus genau dem entgegengesetzten Grund ins Krankenhaus – nicht weil sie krank war, sondern um zu vermeiden, daß ihre hektische Familie sie krank macht!

Sie entging auf diese Weise einer quengeligen Verwandten, die eine unglückliche Liebesaffaire hatte. Diese Verwandte hatte an der Frau ihre ganze Verbitterung ausgelassen, worauf diese ins Krankenhaus flüchtete, wo sie vor den Tiraden der unglücklichen Person sicher war. Während sie sich dort entspannte, körperlich Ruhe fand und auch ihr Denken wieder frei wurde, so daß sie geistige Bücher las und lange Zeiten in Meditation und Stille verbrachte, ging ihr der Sinn von Longfellows Heilungsformel auf:

> Bemühen wir uns um eine innere Stille,
> Eine innere Stille und eine innere Heilung.

Zwanglose Methoden zur Übung der Stille

Es gibt verschiedene einfache Wege, mit unbegrenztem Gewinn die Stille zu praktizieren:

Erstens: indem Sie still sind, ruhig werden und im Gebet horchen.

Zweitens: durch Selbstbeherrschung, indem Sie im täglichen Leben ruhig bleiben.

Drittens: indem Sie sich aller Kritik, Mißbilligung und Verurteilung anderer enthalten.

Viertens: indem Sie leeres Gerede und müßiges Geschwätz vermeiden.

Fünftens: indem Sie im Gebet erklären „es ist getan", nachdem Sie eine Zeitlang gebetet und vielleicht keine sichtbaren Ergebnisse erhalten haben. Danach sollten Sie loslassen und alles Gott überlassen.

Die folgenden Begebenheiten zeigen, wie andere diese Methoden der Stille im täglichen Leben mit Erfolg angewandt haben.

Ein Werbetexter erntet den Lohn der Stille

Sie können die Stille in zwangloser Form üben, indem sie es sich zur Gewohnheit machen, ruhig zu werden und in stiller Andacht zu hören.

Ein Mann aus der Werbebranche berichtet, daß er sich jeden Morgen nach dem Frühstück an die Maschine setzt mit dem Vorsatz, in soundsoviel Stunden soundsoviel Texte zu produzieren. Oft gelang ihm dies nur mit Anstrengung, und oft war er mit den mühsam errungenen Ideen nicht zufrieden.

Bis er lernte, morgens immer erst eine Viertelstunde ruhig und entspannt dazusitzen und in der Stille zu verharren, bevor er an die Arbeit ging. Er sah in Gedanken Gott als die Quelle aller Ideen und den Schöpfer von allem und jedem, und er bat um den Ausdruck göttlicher Ideen in seiner Arbeit. Während er so entspannt wartete, kamen aus der Stille Empfindungen, Gedanken und Sätze, die er wie automatisch eifrig zu Papier brachte. Die Übung der Stille jeden Morgen vor Arbeitsbeginn wurde für ihn der Weg zum Erfolg.

Wenn Sie täglich die Stille praktizieren, werden Sie merken, daß Sie nicht mehr zerstreut sind; sie werden sich innerlich ruhig und stark fühlen, und Sie werden vielleicht sogar wie Elia das „stille, sanfte Sausen" der Stimme Gottes vernehmen.

Ich habe festgestellt, daß meine wesentlichsten Inspirationen und meine deutlichste Führung in privaten wie in beruflichen Angelegenheiten immer dann kommen, wenn ich zeitweise einfach still bin – ruhig, aufgeschlossen, empfänglich, horchend.

Zuerst überkommt mich dann ein Gefühl von Frieden, dann ein Gefühl der Kraft. Dann geschieht ein Einströmen von Ideen, häufig begleitet von einem Energiestrom, der von tief innen emporquillt. Jesaja hatte zweifellos dieselbe Erfahrung gemacht, als er schrieb: „Die auf den Herrn harren, kriegen neue Kraft" (Jes. 40,31).

Edward Everett Hale berichtet von einem kleinen Mädchen, das die

Gewohnheit hatte, mitten im Spiel plötzlich aufzuspringen und in die nahe Kirche zu rennen, um mit Gott zu sprechen. Nachdem die Kleine eine Zeitlang geredet hatte, blieb sie ein paar Minuten ganz still, um, wie sie erklärte, „zu warten, ob Gott ihr etwas sagen will". Und obgleich sie keine wirklichen Worte hörte, hatte sie oft ein intensives Glücksgefühl, und nach diesen Warteperioden schien sie jedesmal zufriedener und reicher zu sein.

Die Übung der Stille brachte neue Freunde

Die zweite Methode, in zwangloser Weise die Stille zu üben, besteht in Selbstbeherrschung und bewußtem Schweigen im täglichen Leben: Eine Hausfrau erzählte:
Ich bin immer stolz darauf gewesen, das zu sein, was ich gern „ehrlich" nannte. Aber ich trat bei meinen Freunden und Verwandten beständig ins „Fettnäpfchen", denn ich zögerte nie, ihnen meine aufrichtige Meinung zu sagen, und die war natürlich nicht immer schmeichelhaft. Diese Art von Offenheit wird selten geschätzt, weil sie gewöhnlich mit Mißbilligung oder Kritik verbunden ist. Also habe ich schließlich gelernt, wenn ich nicht etwas Nettes oder Positives sagen kann, lieber meinen Mund zu halten. Seitdem komme ich mit meinen Mitmenschen viel besser zurecht und habe mehr Freunde als früher.
Von James Watt, dem schottischen Ingenieur und Erfinder sagt man, die Idee, die Kraft des Dampfes nutzbar zu machen, sei ihm gekommen, während er am kochenden Wasserkessel seiner Mutter das Heben und Senken des Deckels beobachtete. *Unkontrollierter Dampf bewirkt nichts als Lärm.* Unter Kontrolle gebracht aber kann er Eisenbahnen durch Kontinente ziehen, riesige Schiffe über den Ozean treiben und Elektrizität erzeugen, um Häuser und ganze Städte zu beleuchten und die Industrie in Betrieb zu halten.
Wenn Sie versucht sind, dem nutzlosen Geplapper um Sie her zu lauschen oder Ihre seelischen und geistigen Kräfte in müßigem Geschwätz zu zersplittern, denken Sie an den Spruch: „Wer seinen Mund und seine Zunge bewahrt, bewahrt seine Seele vor Drangsal."

231

Die dritte erwähnte Methode, wie Sie zwanglos die Stille üben können, besteht darin, sich jeglicher Kritik, Verurteilung oder Mißbilligung anderer zu enthalten.

Da war einmal eine Hausfrau, die für ihre scharfe Zunge und ihr beständiges Nörgeln und Schelten bekannt war. Ihr Mann flüchtete sich in den Alkohol, und ihre Kinder konterten durch übelstes Betragen. Es gab in dieser Familie weder Harmonie noch Zusammenarbeit.

Schließlich wurde die Frau krank und suchte medizinische Hilfe, doch ohne Erfolg. Verzweifelt ging sie zu ihrem Geistlichen, der ihr sofort erklärte, daß die Ursache aller ihrer Schwierigkeiten, sowohl der gesundheitlichen wie der familiären Probleme, ihre böse Zunge sei. Weiter erklärte er, sie könne nur dann Hilfe finden, wenn sie ihre Zunge im Zaum hielte, sich ehrlich Mühe gab, harmonisch zu denken und sich angewöhnte, ruhiger und sanfter zu sprechen.

Mit größter Anstrengung gelang es der Frau, allmählich ruhiger zu werden und auch ruhig zu bleiben. Wenn ihr Mann abends betrunken nach Hause kam, reagierte sie nur mit Schweigen. Als sie ihn und die Kinder nicht mehr mit endlosen Ermahnungen und Vorwürfen überschüttete, begannen erstaunliche Dinge zu geschehen. Der Mann betrank sich immer seltener und hörte schließlich ganz mit dem Trinken auf. Die Kinder wurden eins nach dem anderen friedlicher und kooperativer. Schließlich waren Ordnung und Harmonie in der Familie wiederhergestellt. Frieden und Freude belebten die Atmosphäre, und auch die gesundheitlichen Beschwerden verschwanden.

Eines Tages, als sie endlich wieder ruhig miteinander reden konnten, fragte der Mann, woher denn alle diese erfreulichen Veränderungen gekommen seien. Die ehemalige „Nörglerin" entgegnete ruhig: „Die Übung der Stille hat mich und unser aller Leben verwandelt."

In seinem Buch *Honey and Salt* schreibt Carl Sandberg:
Du lebst nach dem Gongschlag der Zeit.
Lausche, und du hörst die Zeit dir sagen, du warst lange
    still, ehe du ins Leben kamst, und du wirst wieder
    lange still sein, nachdem du es verlassen hast.

Warum nicht jetzt ein wenig still sein?
Beruhige dich, lärmender kleiner Mensch.

Die unendlich bereichernde Kraft der Stille

Die vierte Methode, im täglichen Leben zwanglos die Stille zu üben, besteht im Vermeiden von leerem Gerede und müßigem Geschwätz.

„Gekämpft hab ich und mich abgezappelt wie verrückt, bin im Kreis gelaufen und hab mir Fusseln an den Mund geredet, alles, damit mein Transportunternehmen ein Erfolg wird" berichtete ein junger Mann, „solange, bis meine Nerven fertig waren und ich einen Unfall hatte. Da lag ich dann flach und hatte für eine Weile genug. Ich hatte Zeit, nachzudenken, und so kam ich auf den richtigen Kurs. Seitdem kämpfe ich nicht mehr."

„Ich habe gelernt, ruhig zu sein und auf die Stimme Gottes in mir zu hören. Nie hätte ich gedacht, daß in der Stille eine solche Kraft sein könnte! *Ich habe herausgefunden, daß nur, wenn ich still bin, Gott mir die Antwort auf meine Probleme gibt und mir zeigt, was ich tun muß.* Er lenkt das Universum ohne viel Dampf und Radau, und er weiß, wie ich mein Geschäft besser führen kann, als es mir allein je gelungen wäre. Ich habe einen Bankauszug, der das beweist. Aber ich habe noch etwas Besseres: zufriedene Kunden, Angestellte, die mich schätzen, und inneren Frieden."

Dieser Mann hatte herausgefunden, was im Sport unter „pressen" zu verstehen ist. Wenn Sportler sich zu verbissen anstrengen, nennen sie das „pressen". Sie kommen aus dem Rhythmus und können ihre Spitzenleistung nicht erreichen.

Er entdeckte auch, wenn man nicht freiwillig ruhig werden und die Stille üben will, kann es einem passieren, daß man durch negative Umstände, die aus Mangel an Ruhe und Gelassenheit resultieren, dazu gezwungen wird. Geschieht das, kann es ein Glück im Unglück sein. Es gibt da ein altes Wort: „Dunkelheit ist der Mantel, der alles rundherum abschließt, um der Seele Frieden zu bringen."

Die fünfte Methode, zwanglos im Alltag die Stille zu üben, besteht darin, „loszulassen und Gott zu lassen", nachdem Sie in innerer und äußerer Weise versucht haben, die Dinge in Ihrem Leben in Ordnung zu bringen. Schweigen Sie sich einfach aus mit Gott und Menschen. *Lassen Sie los und lassen Sie Gott wirken.*

Diese Methode der Stille erinnert an das Verfahren des Rechtsanwalts, der seinen Fall „ruhen" läßt, nachdem er ihn dem Gericht vorgetragen hat. Während der Fall „ruht", wartet er auf die Entscheidung des Richters. *Erst wenn der Anwalt „seinen Fall ruhen" läßt, kommt das Gerichtsverfahren in Bewegung.* An diesem Punkt stellen alle Beteiligten ihre Bemühungen ein und warten, wie das Gesetz entscheiden wird.

Wie lassen Sie an diesem Punkt los, um das Weitere Gott zu überlassen? Wie lassen Sie Ihren Fall ruhen?

Eine Frau erhielt erst dann bemerkenswerte Antworten auf ihre Gebete, nachdem sie ihre Probleme Gott mit den Worten überließ: „Vater, ich vertraue!" Jedesmal, wenn später Besorgnis oder Zweifel in ihr aufkommen wollten, bejahte sie wieder: „Vater, ich vertraue!" Ihre Gebete hatten immer Erfolg.

Eine überlastete und entmutigte Frau hatte fünf Jahre lang eine Pension geführt, eine Aufgabe, die täglich viele Stunden harter und anstrengender Arbeit verlangte, und zu der sie sich nach dem Tod ihres Mannes hatte entschließen müssen.

Eines Tages jedoch fühlte sie, nun könne sie dieses Leben nicht länger aushalten. Sie suchte einen geistlichen Berater auf und schüttete ihm ihr Herz aus. Der Berater antwortete ruhig: „Durch Kämpfen ist noch nie etwas gewonnen worden. Eine Sache, gegen die Sie ankämpfen, kämpft immer gegen Sie. Bevor Sie von Ihrer unangenehmen Arbeit befreit werden können, müssen Sie erst lernen, den Platz, an dem Sie jetzt sind, zu lieben und zu wissen, daß es Gottes Arbeit ist, die Sie tun, selbst wenn es sich dabei nur darum handelt, in einer Pension Töpfe und Pfannen zu spülen. Danach müssen Sie beten und Gott bitten, Sie zu etwas Besserem zu führen."

234

Das Gebet, das Sie mit auf den Weg bekam, hieß: „Ich gebe mich und alle meine Angelegenheiten mit kindlichem Vertrauen liebend in die Hände des Vaters. Was für mich das Beste ist, wird zu mir kommen."

Während der langen Tage und Nächte, die nun folgten, erklärte die vorher so verzweifelte Frau immer wieder zuversichtlich über ihren Pfannen und Töpfen, Bestecken und Wischlappen: „Liebend in die Hände des Vaters."

Zunächst geschah nichts. Nichts wandelte sich im Äußeren, obwohl sich vieles in den Gedanken und Gefühlen der Frau wandelte. Dann erschienen eines Tages zwei Grundstücksmakler und erklärten, sie suchten jemanden, der imstande sei, ein großes, in der Nähe liegendes Luxushotel zu führen.

Das Herz der Frau jubelte, denn das war immer ihr Traum gewesen – in einer schönen Umgebung zu arbeiten und dabei interessante Leute kennenzulernen. Während sie weiter bejahte: „Liebend in die Hände des Vaters", wurde ihr der Posten angeboten, und sie nahm an.

In der neuen Stellung wurden die Worte ihrer Bejahung so etwas wie ihr geheimer Zauberspruch. Immer wieder, während sie ihre Arbeit verrichtete, erklärte sie: „Liebend in die Hände des Vaters." Eines Tages sagte der Hotelbesitzer zu ihr: „Seit Sie den Betrieb leiten, hat sich die ganze Atmosphäre hier verwandelt. So, wie es jetzt ist, hatte ich es mir immer gewünscht. Wir sind ständig voll belegt, und die Gäste, die sich hierhergezogen fühlen, sind genau die Art Menschen, die ich schon immer hier haben wollte." Sie dankte ihm beglückt, und im Hinausgehen sagte sie wieder leise: „Liebend in die Hände des Vaters."

Wenn es in Ihrem Leben eine Herausforderung gibt, die sich trotz intensiven Betens nicht lösen will, dann müssen Sie vielleicht ebenso wie diese Frau „den Fall ruhen lassen". Versuchen Sie, die Stille zu üben. *Sprechen Sie nicht über das Problem.* Legen Sie es „Liebend in die Hände des Vaters". Erklären Sie: „Vater, ich vertraue." Und dann tun Sie es auch! Lassen Sie es los und überlassen Sie es Gott.

Viele Menschen beten erfolglos, weil sie nicht die Stille beobachten. Haben Sie schon einmal bemerkt, wie absolut unmöglich es ist, einem Menschen zu helfen, der seine Schwierigkeiten unentwegt wiederkäut? Er kann die Antworten auf seine Gebete nicht aufnehmen, weil er unentwegt redet statt zu hören; sein Geist ist viel zu sehr mit dem Problem beschäftigt, um aufnahmebereit zu sein. Das Hören in der Stille ist der einzig sichere Weg, Antworten zu erhalten.

Wie man die Stille formell praktiziert

Um aus der Stille vollen Nutzen zu gewinnen, ist es zu gegebener Zeit angebracht, in täglichen Perioden die Stille in einer mehr formellen Weise zu üben, als bisher beschrieben.

Tatsächlich gelangen Sie in Ihrer Gebetsentwicklung an einen Punkt, an dem Sie lernen müssen, die rationale, argumentierende Seite Ihres Wesens außer acht zu lassen. Sie müssen lernen, still zu werden und auf das zu achten, was ein liebender Vater Ihnen durch die intuitive Seite Ihres Wesens sagen will. Die Führung, die Sie ersehnen, wird aus der tiefen Stille in Ihnen kommen, sobald Sie ruhig werden und darauf achten.

Die meisten Menschen wissen gar nicht, daß sie diesen starken, ruhigen Bezirk in sich haben, daß diese Stille nichts Neues oder Fremdes ist, sondern ein Teil von ihnen. Wenn Sie sich nach innen wenden und sich auf sie eintimmen, finden sie ihre stärkste Kraft.

Die einzelnen Schritte in der Übung der Stille sind:

1. Entspannen Sie Geist und Körper. „Ich lasse los und überlasse alles Gott.

2. Konzentrieren Sie sich nach innen, schließen Sie die Augen und beruhigen Sie Ihre Gedanken. „Ich bin entspannt in Geist und Körper. "

3. Denken Sie an das Wesen und die Gegenwart Gottes, während Sie Kontakt aufnehmen: „Es gibt nur eine Gegenwart und eine Macht, Gott, das Gute. Gottes Güte ist jetzt hier, in mir und um mich. "

4. Fahren Sie fort, Ihre schweifenden Gedanken zu beruhigen, indem Sie zu ihnen sagen: „Friede, sei still. "

5. Dann horchen Sie. Wenn Sie sich keines Eindrucks, keiner Offenbarung bewußt werden, sagen Sie Dank für vollkommene Ergebnisse, und wenn Sie Ruhe, Zufriedenheit, seelische Entspannung erfahren und sich wohlgefühlt haben, beenden Sie Ihre Zeit der Stille. Erfüllung und

Inspiration können sich später einstellen, da Sie einen Kontakt bewirkt haben.

6. Beschließen Sie Ihre Übung der Stille mit einem Wort des Dankes für göttliche Erfüllung: „Vater, ich danke dir, daß du mich erhört hast; doch ich weiß, daß du mich allezeit hörst." Oder: „Es ist getan. Die vollendeten Ergebnisse offenbaren sich nun." Oder: „Es soll nicht durch Macht und nicht durch Kraft geschehen, sondern durch meinen Geist." „Jetzt ist die Zeit göttlicher Erfüllung."

Tun Sie dann etwas im Äußeren, gehen Sie an Ihr Tagewerk. Sie werden die in der Stille gewonnene Energie, Inspiration und innere Gelassenheit in Ihr Tun mitnehmen und haben so Ihren Zweck erreicht. Das praktische Ergebnis wird folgen.

7. Im Anfang sollten Ihre Zeiten der Stille kurz sein – nicht länger als etwa zwei bis drei Minuten.

Üben Sie die Stille nach und nach immer häufiger: früh am Morgen, zuletzt am Abend, und dann und wann zwischendurch. Die Stille ist keine spektakuläre Zeit, um Lichter zu sehen, Stimmen zu hören und ungewöhnliche Eindrücke zu haben. Sie ist ganz einfach eine Zeit ruhiger, friedvoller innerer Erneuerung.

8. Lassen Sie sich nicht entmutigen, wenn Ihre Zeiten der Stille zunächst nichts Greifbares erbringen. Nur durch Übung können Sie jenes Bewußtsein geistiger Kraft entwickeln, das Sie in der Stille suchen. Übung macht den Meister.

Oft werden Sie merken, daß Sie nach den Zeiten der Stille Ihre wesentlichsten Offenbarungen haben – durch Gedanken, die in Ihren Geist strömen, durch Worte, die Sie in einem Buch lesen, durch etwas, das jemand sagt, und das für Sie eine spezielle Bedeutung zu haben scheint, oder vielleicht durch Träume. Die Früchte der Stille werden sich Ihnen auf zahllose Weisen offenbaren.

Die Früchte der Stille

Obgleich in Ihren Zeiten der Stille vielleicht nichts Bestimmtes geschieht, werden Sie in sich selbst einige lohnende Resultate entstehen fühlen, nachdem Sie die Stille praktiziert haben.

Sie werden ein seltsam neues Bewußtsein ruhiger Heiterkeit entwik-keln, ein Gefühl, daß etwas getan ist, daß Sie eine neue Überwindungs-kraft besitzen. Die schweren Dinge des Lebens werden leichter, die berunruhigenden Dinge haben nicht mehr die Kraft, Sie besorgt zu machen, die aufreibenden Menschen und Geschehnisse in der Welt werden Sie nicht mehr ärgern oder belasten.

Wenn Sie gelernt haben, wie Sie sich dem unendlichen Geist überlas-sen können, und das Gelernte täglich anwenden, werden Sie überrascht sein von der wunderbaren Veränderung, die ohne jede bewußte Anstrengung Ihrerseits in Ihnen vorgeht. Sie wird tief in Ihr innerstes Wesen eindringen und dort Dinge ausroden, deren Sie sich kaum je bewußt geworden sind.

Wenn Sie weiter täglich die Stille üben, werden Sie bald nicht mehr so menschlich betriebsam sein. (Ein arabisches Sprichwort sagt: „Eile ist der Teufel.) Das quälende Gefühl, soviel Verantwortung zu tragen und soviel zu tun zu haben, wird sich legen.

Alle unwesentlichen privaten Belastungen werden von Ihnen abfal-len: Ärger, Angst, Eifersucht Ungeduld, Depression. Banale Dinge, Tätigkeiten und Menschen werden Sie loslassen. Sie werden lernen, zu Geringerem „nein" zu sagen. Sie werden für alles einen klaren Blick und den Mut haben, entsprechend zu reagieren. Sie werden die Unordnung in Ihrem Leben beseitigen.

Vorher haben Sie durch verkrampfte Intensität und beständige Eile Ihre innere göttliche Kraft blockiert. Durch das Üben der Stille werden Sie sich aus diesem Spannungszustand befreien und fortan aus einem lebendigen Vertrauen heraus leben. In diesem Zustand ruhigen Ver-trauens wird im Gebet das Höchste erreicht. *Manches müssen Sie im Gebet selbst tun, von anderem jedoch erwartet Gott nicht, daß Sie es tun!*

Zum Beispiel müssen Sie mit Ihrem ganzen Bewußtsein das Wort des Lebens, der Wahrheit, der Fülle, der Gesundheit und des Friedens sprechen, und Sie müssen so leben und handeln, als ob diese Worte bereits Wahrheit sind. Doch das Hervorbringen dieser Wahrheit ist das Werk einer höheren Macht. *Ihre Möglichkeit, zu wirken, hängt von Ihrem Vertrauen ab, während Sie innerlich still werden. Wenn Sie den*

Drang, alles selbst zu tun, überwunden haben und Gott sein Teil tun lassen, dann werden Die Wünsche Ihres Herzens erfüllt.

In der Bibel finden wir zehn deutliche Anweisungen, angesichts herausfordernder Umstände „still zu stehen". Sie beginnen mit Mose, der den Kindern Israel erklärt, wie sie der ägyptischen Knechtschaft entkommen werden:

Fürchtet euch nicht, steht still und sehet zu, was für ein Heil der Herr heute an euch tun wird. Denn diese Ägypter, die ihr heute sehet, werdet ihr nimmermehr sehen ewiglich. Der Herr wird für euch streiten, und ihr werdet sill sein (2. Mose 14,13.14).

Kurz bevor Saul zum König gesalbt wurde, gebot ihm Samuel: „Du aber stehe jetzt still, daß ich dich das Wort Gottes hören lasse" (1. Sam. 9,27).

Der Wendepunkt von der Tilgung zur Wiederherstellung aller Segnungen Gottes kam im Leben Hiobs erst, als er der Anweisung folgte: „Nimm dieses zu Ohren, Hiob; stehe still und betrachte die Wunder Gottes."

Diese Verheißungen zeigen deutlich, daß in der Stille Gott in Ihrem Leben vollkommene Ergebnisse bewirken kann, doch erst dann, wenn Sie gelernt haben, Ihre Ruhe zu bewahren.

Der unbekannte Mystiker des 14. Jahrhunderts, der *Das Dunkel des Unwissens* geschrieben hat, erklärt, daß es zwei Formen des „Lebens im Geist" gibt: einerseits das aktive Leben, andrerseits das kontemplative Leben. Das aktive Leben sei niedriger, das kontemplative höher zu bewerten.

Dr. Robert Russell sagt in seinem Buch *God Works Through the Silence:* „Der Weg, der uns gegen die geringeren Dinge des Lebens immun macht und für die größeren Dinge aufschließt, ist der Weg der Stille."

Ich hoffe zuversichtlich, einiges in diesem Kapitel wird Ihnen helfen, die wunderbaren Möglichkeiten und den Lohn des Gebets der Stille zu erkennen, dessen häufige Anwendung zu jenem kontemplativen Leben führt, welches die höchste Stufe des geistigen Lebens ist und in den inneren wie in den äußeren Phasen Ihrer Welt die befriedigendsten Ergebnisse bringt.

1. Das Gebet der Stille verbessert und bereichert unser Leben unermeßlich, weil die Stille schöpferisch und beglückend ist.

2. Was immer Ihr Herz ersehnt oder Sie im Leben benötigen, kann erreicht werden in der Stille, die die Quelle aller Segenskraft ist.

3. Erfolg ist nicht immer das Ergebnis von Kämpfen und Ringen. Oft wird dem tatenlos Wartenden der größte Lohn. Wartenkönnen macht sich auf die Dauer bezahlt.

4. Die Gebete der Stille können, sobald Sie geistig für sie reif sind, Ihre fruchtbarsten und einträglichsten sein. Die Stille ist nur für jene schöpferisch, befriedigend, produktiv und finanziell lohnend, die sich innerlich darauf vorbereitet haben und die anderen Gebetsformen beherrschen und mühelos anwenden.

5. Die Übung der Stille reinigt von belanglosen Gedanken und macht uns aufnahmefähig für die reichen Ergebnisse, die uns aus dem unendlichen Geist in uns zuströmen.

6. Zwanglose Methoden zur Übung der Stille sind:
   1) Still und ruhig zu sein und im Gebet zu horchen.
   2) Durch Stillsein im täglichen Leben Selbstbeherrschung zu üben.
   3) Sich jeder Kritik, Mißbilligung oder Verurteilung anderer zu enthalten.
   4) Auf müßiges Geschwätz und sinnloses Gerede zu verzichten.
   5) Erklären: „Es ist getan", wenn Sie gebetet, aber kein Ergebnis erhalten.

7. Die Schritte in der formellen Übung der Stille sind:
   1) Geist und Körper entspannen.
   2) Ihre Aufmerksamkeit nach innen richten.
   3) Über das Wesen Gottes nachdenken, einen heiligen Namen, einen heiligen Text oder eine Bejahung sprechen.
   4) Ziellos schweifende Gedanken durch das Wort „Frieden" beruhigen.
   5) Nach innen hören.
   6) Die Zeit der Stille mit Dankworten beenden.
   7) Ihre Aufmerksamkeit wieder dem Äußeren zuwenden.

8) Halten Sie im Anfang Ihre Zeiten der Stille kurz.
8. Zu den Ergebnissen der Stille gehören: ein ungewohntes Gefühl heiterer Ruhe und Gelassenheit, und reicher Segen in geistiger und materieller Form.

Kapitel 10

Das Ergebnisse bringende Gebet um Realisation

Das Gebet um Realisation ist das Gebet, das Resultate bringt. Das Wort „Realisation" bedeutet „eine Empfindung". Realisieren ist Fühlen, Verwirklichen, Vollbringen, als Ergebnis erhalten, sich eine Sache oder Begebenheit lebhaft als real vorstellen.

Und eben das versuchen Sie zu erreichen, wenn Sie die verschiedenen Gebetsphasen studieren, die in diesem Buch beschrieben sind. Sie haben das Gefühl eines inneren Kontakts angestrebt, haben versucht, ein Gefühl von erreichten Ergebnissen zu bekommen, oder einfach ein Gefühl von Frieden, gelassener Heiterkeit und allem, was gut ist.

Viele Menschen beten erfolglos, weil sie nie zu einer solchen inneren Realisation gelangen. *Sie arbeiten im Gebet nicht lange genug oder nicht oft genug, um das Gefühl zu gewinnen, daß ihr Beten beantwortet ist.*

Sie widmen sich einige Augenblicke lang dem gesprochenen Gebet oder der Stille, dann springen sie auf, stürzen sich wieder in den Alltag und wundern sich, daß ihr Beten keine Resultate erbringt.

Lösung eines komplizierten Problems in menschlichen Beziehungen

Ein Geschäftsmann sah sich mit einem schwierigen personellen Problem konfrontiert. Allem Anschein nach war er machtlos. Die Macht, zufriedenstellende Ergebnisse zu bewirken, schien völlig in der Hand von Leuten zu sein, die ihm feindlich gesinnt waren. Trotz dieser Tatsache war er überzeugt, wenn es ihm gelänge, eine Realisation beantworteten Gebets zu erreichen, würde sich das Gute offenbaren ungeachtet dessen, was andere tun oder sagen könnten.

243

Er begann, mit Autorität zu erklären: „Bei Gott gibt es immer einen Weg. Gott macht jetzt in dieser Situation den Weg für vollkommene Ergebnisse frei. Ich habe jetzt die richtige Beziehung zu allen Menschen und allen Situationen. Das Gute siegt jetzt!"

An dieser Erklärung hielt er solange fest, bis er eine innere Realisation und das lebhafte Gefühl gewann, daß alles in Ordnung war. Dann sagte er Dank für vollkommene Ergebnisse und strich die Angelegenheit aus seinem Denken. Jedesmal, wenn sie ihm wieder zu Bewußtsein kam, ließ er sie erneut los.

Mit einemmal wandelte sich das Bild, und durch die Menschen, die ihm feindlich gesinnt schienen, begann sein Gutes zu wirken. Ohne seine Wünsche in dieser Sache zu kennen oder sich darum zu kümmern, fingen diese Leute unbewußt an, sie zu erfüllen! Seine im Gebet gewonnene lebhafte Realisation hatte der Lösung den Weg geebnet.

Wie man sich mit dem Realisationsgebet identifiziert

Das Gebet um Realisation ist das Gebet, das Ihnen ein gutes Gefühl gibt. Das kann ein Gefühl innerer Ruhe oder eine elektrisierende Erregung sein. In jedem Fall vermittelt Ihnen dieses Gebet den lebhaften Eindruck, daß alles gut und in Ordnung ist.

Charles Fillmore sagt über das Gebet um Realisation in seinem Buch *Atom Smashing Power of the Mind:*

Geistige Realisation wandelt die Dinge. Im wissenschaftlichen Gebet ist die Realisation der Gipfel des Gelingens.

Heilung durch Realisation im Gebet

Wesentlich mehr Menschen würden Antworten auf ihre Gebete bekommen, wenn sie nur lange genug durchhalten wollten, um jenes lebhafte Gefühl der Realisation erfahren zu können. Das Gebet kann nur das für Sie vollbringen, was es zuvor in Ihren Gedanken und Gefühlen vollbracht hat. Erfolgreiches Beten wirkt von innen nach außen.

Sie müssen keine geistige Realisation erlebt haben, damit Ihre Gebete Resultate erbringen, aber die Realisation ist ein sicheres Zeichen, daß Sie einen inneren Kontakt hergestellt haben, und daß Ihre Gebete beantwortet *werden*. Doch obwohl Sie Erfolg haben können – die Dinge können sich auch ohne Ihre Realisation bessern – ist die Angelegenheit gewöhnlich erst dann völlig erledigt, wenn Sie diesbezüglich ein lebhaftes positives Gefühl gewinnen konnten. *Es lohnt sich also, im Gebet eine Realisation zu erarbeiten, denn sie bewirkt vollständige Ergebnisse.*

Eine junge Frau befürchtete, Brustkrebs zu haben. Sie war deshalb eine Zeitlang in ärztlicher Behandlung, doch die verordneten Medikamente hatten zu keiner Besserung geführt. Schließlich riet ihr der Doktor, nächste Woche ins Krankenhaus zu gehen, um eine Biopsie und weitere Tests vornehmen zu lassen. Vorsichtig versuchte er, sie auf das Schlimmste vorzubereiten.

Als sie von dem Arztbesuch nach Hause kam, schrieb die junge Frau zwei Briefe: den ersten an *Silent Unity*, in dem sie um Gebete für ihre Heilung bat. Der zweite ging an eine Freundin, die sich in der Vergangenheit als starke und zuverlässige Gebetspartnerin bewährt hatte.

Bis zu dem Tag vor der Untersuchung im Krankenhaus zeigte sich keine Veränderung. Dann hatte die junge Frau das Gefühl, daß in dem gestörten Körperbereich irgend etwas vorging. Am nächsten Morgen war die Geschwulst, die etwa die Größe einer Pekan-Nuß gehabt hatte, auf Erbsengröße zurückgegangen. Als der Arzt sie untersuchte, meinte er, dieser Rest sei lediglich eine harmlose Gewebsnarbe, die wahrscheinlich noch eine Zeitlang bleiben würde. (Sie verschwand später ebenfalls.)

Kurz darauf schrieb die Gebetsfreundin:

„Gewöhnlich sitze ich jeden Abend vor dem Schlafengehen noch eine Viertelstunde in meinem großen Sessel und bete. Letzten Donnerstag (der Abend vor Deinem Krankenhaustermin) fing ich damit an, aber ich konnte an nichts anderes denken als an Deine Heilung: daß sie begonnen hatte und weiter fortschreiten würde. Zu diesem Zeitpunkt wußte ich, daß unsere Gebete für Deine Gesundheit beantwortet wurden."

Vielleicht denken Sie, derartige Geschehnisse seien „ungewöhnlich" in unserer modernen Zeit, in der soviel von Armut, Krieg, Verbrechen und Krankheit die Rede ist. Doch sie sind ganz und gar nicht ungewöhnlich, wie in meinem Buch *Die dynamischen Gesetze der Heilung* deutlich wird. Nur werden solche guten Nachrichten nicht von den Dächern gepfiffen, noch findet man sie in den Schlagzeilen der Zeitungen.

In den späten achtziger Jahren des vorigen Jahrhunderts sagte der englische Arzt Dr. Richard Bucke voraus, das geistige Bewußtsein des Menschen, das er „das kosmische Bewußtsein" nannte (so auch der Titel seines Buchs), würde bald für alle Menschen eine Selbstverständlichkeit sein.

Als Dr. Bucke 1894 in Montreal vor der British Medical Association sprach, erklärte er seinen Zuhörern, daß die göttliche Phase des Menschen – eben dieses „kosmische Bewußtsein" – bereits zunehmend an Interesse gewinne und schließlich Allgemeingut werden würde. Er prophezeite auch, diese Entwicklung des geistigen Denkens werde das gesamte menschliche Dasein bald auf eine höhere Ebene führen.

Dr. Bucke hatte eine geistige Erweckung erfahren und war mutig genug, öffentlich darüber zu sprechen. Er wagte sogar, die geistige Evolution der Menschheit vorauszusagen: seiner Ansicht nach sei der Mensch zur Zeit im Begriff, eine Bewußtseinsform zu entwickeln, die weit über seinen derzeitigen Bewußtseinszustand hinausreicht und die gesamte menschliche Rasse der sie heute noch bedrohenden Ängste, Unwissenheiten und Brutalitäten entheben wird.

Zweifellos beginnen sich die Voraussagen von Dr. Bucke in diesem Jahrhundert zu bestätigen. Immer mehr Menschen befassen sich zunehmend mit geistigen Fragen und fangen an, ihre geistigen Kräfte und Fähigkeiten zu entwickeln.

Man hört nicht viel davon. Was man hört, ist das genaue Gegenteil – daß die Menschheit „vor die Hunde geht". Doch allen Unkenrufen zum Trotz gibt es in unserem Jahrhundert mehr geistig Suchende als zu irgendeiner Zeit nach dem ersten oder zweiten Jahrhundert nach Christus! Sie betreiben ihre Forschungen in der Stille und sprechen nicht darüber. Doch die innere Welt des Geistes wird entdeckt, erforscht und kontaktiert – wie es Dr. Bucke vorausgesagt hat.

Das ist jedoch durchaus nicht ungewöhnlich, sondern diese Entwicklung folgt einem Schema:

Die Geschichte lehrt, daß die großen Perioden mystischer Aktivität stets im Gefolge künstlerischer, intellektueller und materieller Blütezeiten auftreten. In der Regel folgen diese Perioden direkt auf musische und erfinderische Höhepunkte und scheinen sie zu vervollständigen. Wenn Wissenschaft, Politik, Literatur und Kunst ihren Gipfel erreicht und ihre Höchstleistungen erfüllt hatten, dann traten jeweils die Mystiker auf den Plan, wie um durch das geistige Gegengewicht die Ausgewogenheit der Dinge zu bewahren!

Zwischen dem 1. und dem 19. Jahrhundert weist diese Kurve neben mehreren kleineren Schwankungen drei große Wellen mystischer Aktivität auf. Sie erscheinen am Ende der Klassik, des Mittelalters und der Renaissance und erreichen jeweils ihren Höhepunkt im 3., 14. und 17. Jahrhundert.

Wir sehen also, warum in unserem Jahrhundert, das ebenfalls eine Epoche bedeutender wissenschaftlicher und intellektueller Entdeckungen gewesen ist, ein so starkes Interesse für geistige Forschung besteht. Dr. Buckes ermutigende Voraussage der geistigen Evolution der Menschheit ist auf dem Weg, sich in aller Stille zu erfüllen!

Heilige Telepathie – echte Realisation durch Gebet

Man hat das Beten als „heilige Telepathie" bezeichnet. *Mit Sicherheit ist das Gebet um Realisation das Gebet heiliger Gedankenübertragung.* In den letzten Jahren war viel die Rede von einer „mentalen Telepathie", durch die man gedanklich mit einer anderen Person verbunden werden kann. Heilige Telepathie aber ist eine sogar noch höhere Aktivität, denn in ihr werden Sie gedanklich mit einer göttlichen Macht und ihrer Ihnen innewohnenden Gegenwart verbunden.

Das ist ohnehin der Hauptzweck des Betens. Nicht etwas zu bekommen, sondern etwas zu sein, die eigene, innewohnende Göttlichkeit zu finden und zum Ausdruck zu bringen. Im Gebet der Realisation stellen Sie den Kontakt zu der göttlichen Kraft in Ihnen her. Das Ergebnis ist „heilige Telepathie", die immer angemessene Resultate erbringt.

Wie erreicht man im Gebet eine Realisation, die Ergebnisse zusichert? Manchmal 1) einfach durch Bitten um die innere Gewißheit, daß das Gebet beantwortet ist. 2) Manchmal einfach durch konzentriertes Verweilen bei der Sache, in der man Führung braucht. 3) Manchmal einfach durch Bejahen von Führung und einer Realisation beantworteten Gebets. Jedes dieser Verfahren kann zu einem Aufblitzen „heiliger Telepathie" führen, das Ihnen die Antwort zeigt. Im Folgenden erfahren Sie, wie Sie diese drei Methoden entwickeln können.

Bitten um innere Gewißheit beantworteten Gebets

Vor zehn Jahren, in meinem ersten geistlichen Amt, war ich überlastet, unterbezahlt und nahezu erschöpft, ohne daß eine Arbeitserleichterung möglich zu sein schien. Eines Abends, als ich noch spät in meinem Amtszimmer beschäftigt war, legte ich müde den Kopf auf den Tisch und dachte: „Wenn das alles ist in der geistlichen Arbeit, werde ich mich dabei nicht lange halten. Ich kann nicht glauben, daß es der Wille eines liebenden Vaters ist, für so geringen Lohn soviel zu arbeiten und dabei so wenige Menschen zu erreichen. Bestimmt gibt es für mein Leben eine erfüllendere Aufgabe, als das hier."

Schließlich trieb es mich, zu fragen: „Vater, was ist hier die Wahrheit? Was ist dein Plan für mein Leben? Was soll ich im geistlichen Beruf tun?"

Wie in einem inneren Blitzstrahl sah ich plötzlich einen Stapel von Büchern, achtlos aufeinandergeschichtet. Der Stapel war hoch. Die Bücher waren dick. So rasch die Vision verschwand, kann ich doch das Bild im Geist noch immer vor mir sehen.

Zu jener Zeit schrieb ich zwar Artikel für Magazine, hatte aber niemals an Bücher gedacht, noch hatte ich eine Vorstellung, worüber ich schreiben sollte. Zuerst war ich verwirrt, dann überwältigt, fast erschreckt, denn ich wußte, was für eine Arbeit Schreiben ist. Nichtsdestoweniger habe ich in geordneten Zeitabschnitten die Möglichkeit bekommen, innerhalb eines Jahres mein erstes Buch zu schreiben. Mit derselben planmäßigen Ordnung entwickelte sich nach und nach eine Änderung im Amt, die mehr Zeit zum Schreiben gab. Auch war mein Leben nun wesentlich ausgeglichener und ließ Raum für Ruhe und Entspannung.

Jenes erste Buch und weitere beginnen nun, sich auf meinem Kaffeetisch zu stapeln, genau wie ich es in jenem Lichtblitz vor zehn Jahren gesehen hatte. Doch in mir ist noch ein weiterer Stapel von Büchern. Ich sehe sie oft. Sie sind wie unbändige Kinder, heischen energisch meine Aufmerksamkeit und warten ungeduldig darauf, „geboren" zu werden.

Unsere Gebete werden oft so, wie es mir geschah, in einem Aufblitzen von Realisation beantwortet, nachdem wir um Führung gebeten haben.

Wie man durch Festhalten am Gegenstand Führung erhält

Manchmal kommt eine Realisation beantworteten Gebets einfach dadurch, daß man gelegentlich über die Sache, in der man Führung braucht, nachdenkt und dann die Angelegenheit wieder losläßt.

Im letzten Frühling, als ich plante, zu einer Vortragsreise nach Kanada zu fliegen, fiel mir eines Abends spät ein, daß ich meine Notizen dazu in den nächsten Tagen fertig haben mußte. An diesem Abend, nachdem ich das Licht ausgeschaltet und mich entspannt hatte, kam mir die Idee für den Hauptvortrag: ein Tischgespräch in drei Abschnitten. Die Gedanken für den ersten Teil strömten derart auf mich ein, daß ich das Licht wieder anmachte und mehrere Blockseiten mit Notizen füllte. Dann knipste ich die Lampe aus und wollte einschlafen. Wieder kam eine Flut von Ideen, die den zweiten Teil des Tischgesprächs lieferten. Und der dritte meldete sich eine Stunde später, nachdem ich erneut vergeblich zu schlafen versucht hatte. Nun war das Tischgespräch komplett – wenigstens im Rohbau. Die endgültige Fassung war danach nur noch ein Kinderspiel.

Einmal, während eines Redaktionsschlusses für ein Jahrbuch, betete eine Redakteurin um Führung, wie sie in ihrem privaten und beruflichen

Leben mehr Zeit finden könne. Sie hatte sich schon einige Tage lang die Wahrheit vor Augen gehalten, daß es für alle Dinge genügend Zeit geben sollte. Zwei Tage nach ihrem Gebet wachte sie um fünf Uhr morgens auf, und ein kompletter und ausführbarer Plan für das kommende Jahrbuch entfaltete sich so schnell, daß sie kaum mitschreiben konnte. Jedes Thema für jeden Buchabschnitt wurde aufgezeigt. Das Endergebnis war eine beachtliche Ersparnis an Zeit, Energie und Material, und überdies schien das Buch wesentlich besser als das vorangegangene zu werden, was sich später auch bestätigte.

Wie man am wirkungsvollsten Führung bejaht

Bisweilen braucht man Führung und Realisation nur zu bejahen, und sie kommt.

Es ist sinnvoll, Führung und Realisation zu behaupten, zu bejahen und zu erklären. Danach sollten sie an der intensiven Überzeugung festhalten, daß es für jedes Problem eine richtige Lösung, für jedes Gebet eine richtige Antwort gibt.

Eine Dame erhielt oft erstaunliche Antworten auf ihre Gebete dadurch, daß sie angesichts herausfordernder Erfahrung einfach unermüdlich behauptete: „Beten funktioniert!"

Wenn Sie anfangen, das zu erklären, zu bestätigen und zu bejahen, werden Sie sehen, daß es sich erfüllt. Sagen Sie von jetzt an in jeder Situation, die Ihnen Sorgen macht: „Es gibt eine richtige Lösung für diese Situation. Es gibt eine richtige Antwort für dieses Gebet."

Wiederholtes Bejahen wirkt beruhigend, und das ist genau das, was Sie brauchen. Wenn Sie innerlich ruhig sind, ist die Lösung des Problems schon auf dem Weg.

Häufiges Wiederholen der Wahrheit hat die Tendenz, die Tiefen Ihres Geistes der unendlichen Kraft zu erschließen, die dann in Form vollkommener, vollständiger Ergebnisse hervorströmen kann.

Ihr inneres Fühlen bestimmt den Erfolg Ihrer Gebete

In der Geschichte der Religion hat es eine Periode gegeben, da man bezüglich der Anwendung verbaler Gebete geteilter Meinung war. Einige erklärten, man solle schweigend beten, und im 17. Jahrhundert bildeten sich jene Gruppen, die als Pietisten und Quietisten bezeichnet wurden und in der stillen Verbindung mit Gott die einzig richtige Gebetsmethode sahen. Doch die frühere Ideenrichtung bestand darauf, Gebet sei nur dann wirklich Gebet, wenn es in Worte gefaßt und wirklich gesprochen wurde. Die Mehrheit der Menschen wurde gelehrt, daß Gebete in festgelegter Form laut gesprochen werden sollen und müssen. Es wurden bestimmte Gebete formuliert, und die Gläubigen wurden angehalten, sie laut zu sprechen. Man brachte ihnen bei, ihre Gebete „aufzusagen".

Die Folge war, daß der Akt des Betens etwas Mechanisches wurde, das man ohne echtes Gefühl absolvierte.

Gebete, die nicht vom Gefühl getragen sind, haben auch keine Macht, denn nur ein Gebet aus innerstem Empfinden und echtem Gefühl besitzt die nötige Kraft, dauernde und befriedigende Ergebnisse hervorzubringen.

Beide Denkweisen waren richtig. Sowohl das stille wie das laut gesprochene Gebet hat seine Berechtigung. *Diejenige Gebetsmethode, die Ihnen zu echtem Fühlen und Empfinden verhilft, ist die für Sie richtige. Das auf Gefühl basierende Gebet ist das Gebet, das Realisation bewirkt, und Realisation bringt Resultate.*

Oft haben Sie versucht, Ihre Probleme zu lösen, ohne zuvor den richtigen Gedanken und das richtige Gefühl bezüglich dieser Probleme gefunden zu haben. Das Gute wirkt aus dem Innern Ihrer Gott-Natur nach außen. Die Antworten kommen aus dem Innern.

Wenn Sie Ihre Schwierigkeiten zu meistern versuchen, ohne zuerst Ihre persönlichen Gedanken und Gefühle über sie zu beherrschen, kann nicht viel dabei herauskommen, und Sie werden frustriert.

Die schöpferische Aktivität muß erst in Ihnen selbst Platz greifen, ehe sie für Sie, durch Sie oder in Ihrer Umgebung wirken kann.

Sobald Sie das wissen, werden Sie nicht mehr versuchen, die Dinge auf

*äußeren Wegen in Ordnung zu bringen. Sie gehen statt dessen geistig ans
Werk, in Ihren eigenen Gedanken und Gefühlen. Sie beginnen, in sich
selbst zu arbeiten, bis Sie eine Realisation erhalten, ein Gefühl, daß innen
alles gut ist. Und wenn Sie das Problem hier gemeistert haben, offenbart
sich das Gute.*

*Wenn Sie die Macht der Realisation kennen, quälen Sie sich nicht mehr
mit Ihren Schwierigkeiten. Sie versuchen Ihr Gutes nicht mehr zu
erzwingen. Sie wissen, daß der einzige Ort, an dem Sie je etwas
auszuarbeiten haben, die innere Ebene Ihres Denkens und Fühlens ist.
Haben Sie es dort getan, ist es vollbracht. Sie können es loslassen und
zusehen, wie es sich im Äußeren entfaltet.*

*Diese Form der Realisation im Gebet wandelt die Dinge. Dieses
lebhafte Gefühl angenehmer Erleichterung im Gebet zieht den Erfolg
nach sich. Solche Realisationen sind Höhepunkte der Erfüllung.* Der
berühmte Vortragende und Autor, der nur unter dem Namen „Neville"
bekannt ist, schreibt: „Das Geheimnis ist Fühlen", und erklärt, daß ein
gutes Gefühl, das beim Beten entsteht, die innere Gewißheit äußerer
Ergebnisse ist.

Auf welche Weise auch immer Ihre Realisation kommt, sie ist
unschätzbar. Im 17. Jahrhundert erfuhr George Fox, der Gründer der
Quäker, im Alter von 24 Jahren eine gewaltige Realisation. Er nannte sie
„eine Eröffnung" und erklärte: „Im Verlauf einer Viertelstunde sah und
wußte ich mehr, als hätte ich viele Jahre an einer Universität zuge-
bracht."

Viele Gebetsmethoden können zur Realisation führen

Jede der Gebetsmethoden, die in diesem Buch beschrieben sind, kann
Ihnen eine Realisation oder das lebhafte Gefühl vermitteln, daß Ihr
Gebet beantwortet ist. Manchmal wird es diese, manchmal jene
Methode sein, die Ihnen zu diesem Gefühl verhilft.

Erstens: Das Gebet der Entspannung, in dem Sie Ihren Geist und
Ihren Körper zur Ruhe bringen und sich nach innen konzentrieren,
bringt oft eine Realisation der inneren Gegenwart und Macht Gottes.

Oft kommt es zur Realisation, wenn Sie tief atmen und im Gebet alles loslassen: „Ich bin an Geist und Körper entspannt. Ich bin jetzt offen und empfänglich für mein Bestes, im Inneren und im Äußeren."

Bisweilen ist es die gelassene Einstellung zu einem Problem, die eine Realisation beantworteten Gebets bringt.

Ein Engländer schrieb kürzlich: „Vor einiger Zeit suchte ich eine Wohnung zu vermieten. Darin hatte lange ein reizendes Ehepaar gewohnt, und aus Sorge, wir könnten Mieter bekommen, die uns vielleicht enttäuschen würden, zögerten wir, zu inserieren. So beschlossen wir, abzuwarten und die Sache „liebend in die Hände des Vaters" zu legen, damit er die richtigen Mieter an unsere Tür klopfen läßt.

Etwa eine Woche später läutete das Telefon. Es war ein falscher Anruf, doch bevor ich auflegen konnte, sagte die Stimme am anderen Ende: ‚Ich suche nämlich eine Wohnung.' So lud ich den Anrufer ein, uns zu besuchen, und er erwies sich als genau der Mieter, den wir uns gewünscht hatten. In welch scheinbar ‚indirekter' Weise ist unser Gebet beantwortet worden!"

Zweitens: Das Gebet der Läuterung kann zu einer Realisation beantworteten Gebets führen, indem Sie einen negativen Anschein durch ein „Nein, nein, nein, das glaube ich nicht" oder „Nein, nein, nein, ich akzeptiere das nicht" auflösen, oder dadurch, daß Sie rundweg erklären: „Mein Gutes kann nicht begrenzt werden!" Auch die Gebete der Vergebung und des Loslassens beseitigen Ängste und bringen eine Realisation von Frieden und Kraft.

Eine Frau hatte so viele Sorgen und Kümmernisse, daß sie fürchtete, den Verstand zu verlieren. Schließlich fing sie in ihrer Verzweiflung an, wieder und wieder zu erklären: „Ich glaube nicht daran, daß es Gottes Wille ist, daß ich mich so quälen soll. Deshalb betrachte ich jede Art von Sorge in meinem Leben als unnötig und nicht wirklich." Immer wenn quälende Gedanken oder Situationen auftauchten, bejahte sie die Verheißung Jesajas: „Den festen Sinn bewahrst du in Frieden, denn er vertraut auf dich" (Jes. 26,3). Sie wurde von ihren Belastungen erlöst, nicht nur seelisch, sondern buchstäblich: die äußeren Umstände normalisierten sich.

Drittens: Das Gebet der Bejahung führt bei vielen Menschen zur

Realisation. Positiv gesprochene Worte der Wahrheit setzen gewaltige geistige Kräfte frei.

Eine Frau, die am Krankenbett ihres Mannes saß, begriff plötzlich, daß er sterben würde. In der festen Überzeugung, daß er auf diesem Erdenplan noch gebraucht wurde und dringend erwünscht war, begann sie unermüdlich zu bejahen: „Gott ist Liebe, Gott ist Liebe, Gott ist Liebe!" Es war das einzige Gebet, das ihr in diesem Augenblick einfallen wollte. Es wirkte, denn es gab ihr ein Gefühl von Frieden und Harmonie. Bald darauf kam ihr Mann wieder zu Kräften und hat sich später vollkommen erholt.

Eine andere Frau und ihre Angehörigen befanden sich in großen Schwierigkeiten. Die Frau fühlte, daß sie weiteren Belastungen nicht mehr gewachsen wäre. Sie konnte an kein Gebet, keine Bejahung mehr denken außer an den Namen „Jesus Christus". Dieser Name wurde ihr heimliches Leitmotiv. Mit großer Innigkeit sprach sie ihn wieder und wieder, und ihre Familie wurde von allen Schwierigkeiten befreit.

Diese beiden Frauen haben bewiesen, was E. V. Ingraham in seiner Abhandlung „Die Stille" schreibt:

In der Treue zu der Wahrheit, daß es nur eine Gegenwart und eine Macht gibt, besitzen wir den Schlüssel zur richtigen Lösung sämtlicher Lebensfragen.

Viertens: Bisweilen ist es *das Gebet der Konzentration,* das uns das Gefühl beantworteten Gebets vermittelt. In der Konzentration lassen wir unseren Geist bei einer Idee verweilen; während wir an einer einzigen Idee festhalten, enthüllt sie uns oft ihre Geheimnisse, und Sie erfassen plötzlich die Wahrheit in dieser Idee, die Sie vorher nicht erkennen konnten. Das ist die stille Kraft der Konzentration. Ein wunderbares Gebet zu diesem Zweck ist: „Wahrheit, Wahrheit, Wahrheit, offenbare dich jetzt in dieser Situation. Was verborgen war, werde klar."

Wie die Autorin Realisation im Gebet der Konzentration und Meditation gewann

Einmal, als ich wegen eines unangenehmen Problems zwischenmenschlicher Beziehungen wochenlang umsonst versucht hatte, eine Realisation beantworteten Gebets zu erhalten, dämmerte mir schließlich, daß ich das Gebet der Konzentration anwenden mußte, und dies äußerst intensiv, denn alle einfachen Methoden hatten versagt. Ich bat eine Freundin, die von der unerfreulichen Angelegenheit wußte, mich nach dem Essen zu gemeinsamem Gebet in dem dafür vorgesehenen Raum in der Kirche zu treffen. Wir verbrachten den ganzen Nachmittag mit dem Versuch, eine Realisation zu bekommen. Schließlich, nachdem kein Gebet uns das ersehnte Gefühl des Friedens und Wohlbefindens gebracht hatte, baten wir in stiller Konzentration: „Wahrheit, Wahrheit, Wahrheit, zeige dich jetzt in dieser Situation. Was verborgen ist, werde offenbar."

Während wir an dieser Idee festhielten, wurde uns eingegeben, wiederholt das Vaterunser zu beten. Wir verstanden, daß dieses Gebet mit besonderer Kraft erfüllt ist, da es uns von Jesus als Frucht seiner eigenen starken geistigen Realisationen gegeben wurde. Wir erkannten auch, daß dieses Gebet vielleicht über alle anderen allmächtig war, weil es fast zwanzig Jahrhunderte hindurch von gläubigen Menschen in aller Welt angewandt worden ist.

Wir beschlossen, mutig und mit lauter Stimme unentwegt das Vaterunser zu sprechen, um angesichts des unerfreulichen Problems eine Realisation des Sieges zu gewinnen. Früher sprachen viele Menschen ihre Gebete oft fünfzehnmal; sie glaubten, der Zahl 15 wohne die Kraft inne, harte Bedingungen zu brechen. Jesus hatte mit wunderbarem Ergebnis laut die Verfügung gerufen: „Lazarus, komm heraus!" (Joh. 11,43)

Während wir langsam aber mit Autorität und tönender Stimme Satz um Satz des Vaterunsers bejahten, begann unsere innere Unruhe sich allmählich zu legen. Und als wir das Gebet zum neuntenmal sprachen, hielten wir beide mitten drin plötzlich inne und sahen uns an: mit Macht ergriff uns das Gefühl, daß das Problem in unserem Denken und

Empfinden soeben „gebrochen worden" war! Unbeschreiblich erleichtert und von innigem Dank erfüllt setzten wir das Sprechen des Vaterunsers fort und beendeten es mit dem fünfzehnten Mal.

Unsere Realisation erwies sich als richtig. Als die Behinderung innerlich aufgelöst war, verschwand auch die äußere Blockierung. Alle Beteiligten reagierten rasch in der richtigen Weise, die harte Bedingung hatte zu existieren aufgehört. Der Wendepunkt jedoch war erst dann eingetreten, als wir bezüglich der Angelegenheit eine lebhafte Realisation von Frieden erreicht hatten. In diesem besonders hartnäckigen Fall hatte es dazu einer besonders starken und eindringlichen Gebetsmethode bedurft.

Das Gebet, das zur Realisation führt, ist nicht ein Gebet, das Gott bittet oder anfleht, etwas zu tun. Das Gebet, das Ergebnisse bringt, ist das Gebet, das positiv, beharrlich und zuversichtlich die Wahrheit bejaht.

Fünftens: Das Gebet der Meditation kann Ihnen eine Realisation beantworteten Gebets vermitteln, indem Sie eine Grundidee wählen, sie im Sinn behalten, sie allmählich lebendig werden und Ihnen weitere Ideen oder Gefühle geben lassen, die mit der ersten Idee verbunden sind.

Besonders wirkungsvoll habe ich es gefunden, über den Namen „Jesus Christus" zu meditieren, wenn ich eine Realisation zu erhalten suchte. Wenn Sie den Namen „Jesus Christus" mit geschlossenen Augen mehrmals gewissermaßen ein- und ausatmen und dann über diesen Namen zu meditieren beginnen, wird er in Ihnen lebendig werden und in jeder Situation oder Bedingung, die Sie betrifft, für Sie zu arbeiten beginnen. Häufig können Sie sogar fühlen, wann das Christusbewußtsein seine Arbeit in Ihrem Denken und Empfinden beendet hat, weil es dann abklingt und die innere Aktivität beendet ist. Jedes Gefühl von Kränkung, Verwirrung und Sorge löst sich und klingt ebenfalls ab, und der Frieden kehrt zurück. Sie wissen dann, daß das Werk vollbracht ist, Sie fühlen sich vollkommen ruhig, und alles ist gut.

Bei einer Gelegenheit traf ich auf eine problematische Situation, die sich nicht klären zu wollen schien. Ein Störenfried war beteiligt, der sich selbst und zahllosen anderen viele unnötige Schwierigkeiten machte. Ich hatte gebetet und die Situation und den Betreffenden gesegnet, indem ich erklärte: „Dieser Mensch ist eine göttliche Idee im göttlichen Geist und wird jetzt zu seinem wahren Platz geführt", aber es war mir nicht gelungen, ein deutliches Gefühl darüber zu bekommen, daß dies auch tatsächlich geschah. Die Dinge blieben verworren, der Mann verschwand nicht aus der Szenerie, noch ordnete er sich ihr ein.

Eines Abends, als mir die Sache wieder zu Bewußtsein kam und offensichtlich etwas geschehen mußte, dachte ich: „Wenn ich nur das richtige Gefühl bezüglich der Situation bekommen könnte, dann würde sie sich zu lösen beginnen. Das Gefühl ist der Angelpunkt. Bis jetzt hat niemand in dieser Hinsicht das richtige Gefühl."

Ich ging in den Gebetsraum der Kirche und saß dort lange Zeit im Dunkeln und versuchte, in eine friedliche, andächtige Stimmung zu kommen. Schließlich erklärte ich laut: „Jesus Christus hat die Kontrolle über diese Situation. Nicht Menschen und nicht Umstände, sondern Jesus Christus." Und: „Jesus Christus bringt die Angelegenheit auf seine Weise in Ordnung." Dann entspannte ich mich und meditierte über den Namen „Jesus Christus", ihn immer wieder ein- und ausatmend. Nach kurzer Zeit gab es in mir einen Klick, und es war, als sei das Christusbewußtsein in mir lebendig geworden. Während ich weiter über diesen Namen meditierte, hatte ich das Gefühl einer vibrierenden, arbeitenden Kraft.

Vorher hatte ich mich durch das Problem belastet gefühlt; ich spürte es wie einen schmerzenden Klumpen Unruhe und Besorgnis. Doch jetzt, da ich über den Namen „Jesus Christus" meditierte, den ich im Bereich von Lunge und Atemzentrum lebendig werden spürte, war es, als ob Schmerz, Unruhe und Besorgnis und die pulsierende Kraft des Christusbewußtseins dort plötzlich aufeinandertrafen. Später in meiner Meditation hatte ich eine Empfindung, als ob das Christusbewußtsein das drückende Problem zu umgeben, einzuschließen und aufzulösen begonnen hatte, mitten in mir.

Endlich schien die Schwierigkeit durch die ungeheure Schwingung des während der Meditation tief in mir wirkenden Christusbewußtseins vollkommen aufgelöst zu sein. Danach klang die Meditation allmählich ab, und nur das Gefühl von Ruhe und Frieden blieb zurück. Nun war ich sicher, daß das Werk im Bewußtsein getan war.

Das äußere Bild änderte sich sehr schnell. Der Störenfried fand seinen wahren Platz im Leben, und alle waren erleichtert und zufrieden.

Sechstens: es kann sein, daß Ihre Realisation durch das *Gebet der Stille* kommt, wenn Sie sich dem Propheten anschließen und wissen: „Durch Stillesein und Hoffen würdet ihr stark sein" (Jes. 30,15). Im Gebet der Stille tun Sie nichts außer Schauen und Horchen.

Einige der größten geistigen Realisationen der Welt wurden jenen zuteil, die in die Einsamkeit der Stille gingen. Jede Neuschöpfung auf religiösem Gebiet hatte ihren Ursprung im Gebet der Stille. Die Stille war der Ursprung der meisten Weltreligionen und auch die Quelle bedeutender religiöser Reformationen.

Es war in der Einsamkeit des Berges Sinai, daß Jehova sich Mose offenbarte. Es war in der Stille des Gebets während der Taufe im Jordan, daß derselbe Geist sich auf Jesus von Nazareth senkte und ihm das Geheimnis seiner Göttlichkeit und seiner messianischen Aufgabe enthüllte. Es war in der Stille der Wüste, daß Paulus, den Christus bei Damaskus zu seinem Dienst bestimmt hatte, erkannte, er würde ein Apostel der Heiden werden – etwas Unerhörtes in jenen Tagen.

Es war auf einem einsamen Berg nahe Mekka, daß Mohammed den Ruf empfing, der Verkünder Allahs zu werden. Es war auf den entlegenen Felsen der Höhen von Alverno, daß der auferstandene Christus zu Franz von Assisi kam, während dieser in der Einsamkeit betete. Es war in der Stille des Ringens mit sich selbst, daß Luther in Worms jene unerschütterliche Kraft und Sicherheit empfing, die ihn zum großen Reformator werden ließ. Auch der sanfte, selbstlose Weise von Indien, dessen Erlösungbotschaft an Asien zu einer Weltreligion wurde, begründete eine Religion durch das Gebet der Stille.

Alles, was in der Geschichte der Religion groß, neu und schöpferisch gewesen ist, kam aus den Tiefen des stillen Gebets. Und alles, was im Leben des Menschen groß, neu und schöpferisch gewesen ist, hat irgendwo und irgendwann in der Stille begonnen. Auf solche schöpferischen Perioden der Stille mag Paulus hingewiesen haben, als er nahelegte: „Verändert euch durch Erneuerung eures Sinnes, auf daß ihr prüfen möget, welches da sei der gute, wohlgefällige Gotteswille" (Röm. 12,2).

Realisation durch Gruppenbeteiligunge

Realisation verlangt nicht unbedingt formelles Beten.
Bisweilen können Sie auf eher zufällige Weise – auf dem Golfplatz, oder beim Autofahren, oder kurz vor dem Einschlafen, oder wenn Sie morgens erwachen und ausgeruht und empfänglich sind – eine Realisation erfahren. Dennoch führt der formelle Akt des Betens gewöhnlich die Realisation herbei und bringt sie Ihnen zu Bewußtsein, so daß Sie sie erkennen können.

Eine Realisation kann kommen, während Sie ein Buch lesen, die Bibel studieren, einen inspirierenden Vortrag hören, oder während eines Gottesdienstes oder eines Gesprächs über geistige Fragen. Es liegt eine gewisse Kraft darin, sich in einer Gruppe gleichgesinnter Menschen zu befinden, wenn man eine Realisation von beantwortetem Gebet zu gewinnen sucht.

Gebete wurden wissenschaftlich getestet

Vor einigen Jahren leitete der Direktor der Sprachklinik an der University of Redlands in California, Dr. William R. Parker, ein wissenschaftliches Gebetsexperiment, über das er später in seinem Buch *Prayer Can Change Your Life* berichtete.

Psychologen führten diesen Versuch durch, um festzustellen, welche Rolle das Gebet in der Verbesserung und Vervollkommnung des menschlichen Lebens spielen könnte. Zunächst wurden die üblichen psychologischen Tests gegeben und ausgewertet. Danach teilte man die Testpersonen in drei Gruppen:

Gruppe I erhielt eine individuelle Psychotherapie ohne Erwähnung von Gebet und Religion.

Gruppe II bestand aus Leuten, die aus Gewohnheit allein für sich jeden Abend ein Gebet sprachen, ohne daß sie an Verständnis zunahmen, und ohne Unterstützung durch eine Gebetsgruppe.

In Gruppe III wurden jene zusammengefaßt, die sich einmal in der Woche für zwei Stunden psychologischer Therapie und gemeinsamen Gebets trafen.

Diese Experimente brachten zwei wesentliche Erkenntnisse:

Die erste Gruppe, die individuelle Psychotherapie ohne Erwähnung von Gebet oder Religion erhielt, machte gewisse Fortschritte.

Die zweite Gruppe, die aus Leuten bestand, die gewohnheitsmäßig zu Hause und allein beteten, machte keine Fortschritte.

Die dritte Gruppe, die Gebetstherapiegruppe, erzielte die größten Fortschritte!

Dr. Parker zog aus diesen Experimenten folgenden Schluß: *für die Wiederherstellung der Individualität des Menschen und seiner persönlichen Lebensform ist das Gebet das wichtigste Werkzeug.*

Was mich selbst in den Experimenten von Dr. Parker vor allem interessierte war die starke Wirkung der Gruppentherapie im Gebet.

Jedesmal, wenn Sie an einem Gottesdienst teilnehmen oder einem inspirierenden Vortrag beiwohnen, sind Sie Teil einer ähnlichen Methode. Sie beten gemeinsam und sitzen zusammen und teilen erhebende Gedanken. In dieser Gemeinschaft, dieser Verbundenheit im Denken, werden starke Kräfte frei, weil hier *zwei übereinkommen, sich auf eine dritte Kraft einzustimmen.* In einer Gruppentherapie auf geistiger Basis wird die Kraft sozusagen multipliziert. Die Psychologie mißt dieser Methode großen Wert bei.

Beispiele von Realisation durch Gebetstherapie

Oft erfahren Sie eine Realisation, während Sie sich in einer Gruppe befinden, die sich mit erhebenden Gedanken befaßt, wenn zuvor nichts diese Realisation herbeiführen konnte. Da sich in der Gruppe das geistige Bewußtsein vervielfacht, werden Sie in diese Bewußtseinskraft hineingezogen und erhalten die Realisation.

Eine Bankangestellte, die regelmäßig an den Mittwochsgottesdiensten ihrer Kirche teilzunehmen pflegte, geriet in Schwierigkeiten, als eines Mittwochs der Buchhalter einen Betrag von mehreren Tausend Dollar nicht finden konnte, der offensichtlich falsch eingetragen worden war. Den ganzen Nachmittag über suchten beide nach dem Fehler. Als die Zeit für den Kirchenbesuch näherrückte, erwog die junge Frau, diesmal von ihrer Gewohnheit abzusehen, entschied sich dann aber doch wieder anders.

Als sie die Kirche betrat und sich zum erstenmal an diesem Tag entspannte, fühlte sie sich wundervoll ruhig und erleichtert und überließ sich einer tiefen Meditation, die sie geistig und körperlich erfrischte. Und plötzlich „sah" sie blitzartig die gesuchte Eintragung vor sich und auch die Seite, auf der sie stand. In einem „Augenblick" war ihr Problem gelöst; doch erst nachdem sie in die Kirche gegangen war, sich dem über den Alltag erhobenen Gemeinschaftsbewußtsein, das sie dort fand, eingefügt hatte und dadurch still und aufnahmefähig wurde.

Ein junger Ehemann besuchte seiner Frau zuliebe einen Vortrag über Heilung, den sein Schwiegervater, ein prominenter geistig interessierter Laie, an jenem Abend hielt. Der junge Mann, der sich bisher nie für geistige Dinge interessiert hatte, war fasziniert. Auf dem Heimweg noch zu keinem Schluß gekommen, lag er die ganze Nacht wach und überdachte, was er gehört hatte. Kurze Zeit danach flog er in einen entfernten Staat, um mit einem Geistlichen zu sprechen, den er einmal getroffen und bewundert hatte. Von diesem Moment an war er auf dem geistigen Weg. Die Erweckung selbst wurde jedoch durch den Vortrag seines Schwiegervaters ausgelöst.

Eine Frau litt unter starken Schmerzen. Ärztliche Hilfe hatte die Schmerzen zwar lindern, aber nicht heilen können. Eines Tages nahm sie an dem mittäglichen Heilungsgottesdienst ihrer Kirhce teil. Allerdings fragte sie sich, ob sie trotz ihrer Schmerzen bis zum Ende würde bleiben können. Als die Veranstaltung vorüber war, waren ihre Schmerzen verschwunden und kamen niemals wieder. Während sie die Gemeinde ein Lied über dieses Thema singen hörte, hatte sie eine Realisation der Heilung erhalten.

Nach der Realisation, was dann?

Auf welche Weise auch immer Sie Ihre Realisation gewonnen haben, beachten Sie folgendes:
Erstens: Sprechen Sie nicht darüber, damit Sie sie nicht zerreden.

Zweitens: Bedenken Sie, daß Sie eine Realisation erfahren können, lange bevor sie sich als sichtbares Ergebnis auswirkt. (Manchmal habe ich Jahre gewartet, bis sich meine Realisationen beantworteten Gebets im Äußeren offenbarten, doch es geschah immer zur richtigen Zeit und in der richtigen Weise, sobald alle Teilchen des Puzzles soweit waren, sich zum Guten aller Betroffenen zu ordnen.)

Sowie Sie dieses innere Gefühl, diese blitzartige Gewißheit beantworteten Gebets erfahren, nehmen Sie es an und halten Sie es in Ihren Gedanken fest. Beunruhigen Sie sich nicht, wenn es lange dauert, bis es im Äußeren sichtbar wird. Ihre Realisation ist gekommen, um Sie zu ermutigen, zu inspirieren und Ihnen künftiges Gutes zuzusichern. Sie wird sich zur rechten Zeit als greifbares Ergebnis offenbaren, wenn Sie nicht darüber sprechen.

Stella Terrill Mann erklärt in ihrem Buch *How to Live in the Circle of Prayer:*

Es gibt ein geistiges Gesetz, das gebietet: „Sage es niemandem, wenn du im Gebet für irgend etwas arbeitest."

Am schwersten mag es sein, dieser Anweisung zu folgen, wenn Sie weit im voraus eine Realisation darüber erhalten haben, wie die Dinge sein werden. Die Realisation, daß ich in das geistliche Amt eintreten würde, erhielt ich Jahre bevor es tatsächlich geschah. Sie wurde mir eines Tages, als ich um Führung bat, meine Bibel aufschlug und mein Blick auf die Worte fiel: „Denn dazu bin ich dir erschienen, daß ich dich ordne zum Diener und Zeugen" (Ap.-Gesch. 26,16). Mehrere Jahre später schlug ich wieder die Bibel auf, sah wieder diesen Satz und machte sie rasch wieder zu. Es war die Berufung in das geistliche Amt, die von dem Christus selbst an Paulus erging. Mit Paulus entdeckte ich später, daß auch ich „nicht ungehorsam war dem himmlischen Gesicht" (Ap.-Gesch. 26,19).

Drittens: Erkennen Sie Ihre Realisation, wenn sie kommt:

Sie kann sich als erregendes, elektrisierendes, erhebendes Gefühl zeigen; oder sie kann sich als ruhiges Empfinden von Stärke, Harmonie und Seligkeit äußern. Sie kann ein Aufblitzen von Ideen sein, oder Sie „sehen" plötzlich das Ergebnis, das Sie sich vorgestellt hatten. Gewöhnlich ist das Empfangen einer Realisation ein tiefgreifendes, befriedigendes Erlebnis. Aber nachher, wenn die Lebendigkeit und das sichere Gefühl von Resultaten, das gewöhnlich mit einer Realisation verbunden ist, verblaßt, zweifeln Sie vielleicht daran, diese Kraft erlebt zu haben.

Einmal, als ich eine Realisation meines Wunsches zu empfangen versuchte, in meiner ersten Kirche mehr Menschen dienen zu können, sah ich blitzartig Hunderte von Leuten und nahm an, daß mein Gebet beantwortet sei. Alle diese Menschen sind nie in meiner Gemeinde aufgetaucht, aber ich befand mich bald darauf auf einer Vortragsrundfahrt, auf der ich in Kirchen und vor Tagungsgruppen zu Hunderten von Leuten sprach.

Eine Realisation realisiert. Sie bewirkt Ergebnisse zuerst auf der geistigen und seelischen Ebene. In lebhafter Weise empfangen Sie als wirklich ein Gefühl oder ein blitzartiges geistiges Bild. Das ist Ihre Realisation, die realisiert. Sie ist die höchste Form des Gebets.

Eine derartige Realisation bannt jedes Übel. Sie ist wie das Licht, das das Dunkel zum Nichts reduziert. Beten erweitert den Geist, daß er empfangen kann. Realisation ist Empfangen. Realisation ist beantwortetes Gebet. Sie können mehr Realisationen hervorbringen helfen, wenn Sie häufig erklären:

„Es gibt eine richtige Lösung für jede Situation. Es gibt eine richtige Antwort für jedes Problem. Ich glaube daran, daß jede Not jetzt erfüllt wird. Es gibt göttliche Erfüllung für jede Not. Ich sage jetzt Dank für göttliche Realisation!"

Realisation wandelt Dinge, Menschen, Situationen und Geschehnisse zum Besseren. Das Gebet um Realisation ist das Gebet, an dem zu arbeiten sich lohnt, denn seine Gewißheit beantworteten Gebets ist allmächtig.

Zusammenfassung

1. Das Gebet, das Ergebnisse bringt, ist das Gebet um Realisation.
2. Geistige Realisation wandelt die Dinge. Im wissenschaftlichen Gebet ist Realisation der Höhepunkt des Gelingens. Realisation ist wert, im Gebet erarbeitet zu werden, denn sie bewirkt vollständige Resultate.

3. Realisation kann man erreichen durch:
   1) Bitten um eine innere Gewißheit beantworteten Gebets.
   2) Nachdenken über die Sache, in der man Führung braucht.
   3) Bejahen von Führung und einer Realisation beantworteten Gebets.
4. Das auf Gefühl basierende Gebet bringt Realisation und bringt Ergebnisse.
5. Jede der in diesem Buch beschriebenen Gebetsmethoden kann Ihnen eine Realisation oder ein Gefühl beantworteten Gebets vermitteln.
6. Realisation kann nicht nur durch formelles Beten, sondern auch in zwangloser Weise kommen. Sie kann auch in geistigen Gemeinschaften wie Gebetsgruppen und Gottesdiensten ausgelöst werden.
7. Nachdem Sie eine Realisation erfahren haben:
   1) Sprechen Sie nicht darüber, damit sie sie nicht vertreiben.
   2) Bedenken Sie, daß eine Realisation auftreten kann, lange bevor sie sich als sichtbares Ergebnis offenbart. Geduld und Schweigen führen ihre Verwirklichung herbei.
8. Realisation wandelt Dinge, Menschen und Situationen zum Besseren. Das Gebet um Realisation lohnt sich, denn es versichert uns, daß unsere Gebete beantwortet sind.

Nachwort – Nach dem Gebet, was dann?

Ein Weiser hat einmal gesagt: „Wer sich nach dem Beten als besserer Mensch erhebt, dessen Gebet ist erhört."

Zwanzig Jahre habe ich die geheimnisvollen Gesetze des Betens erforscht. Je tiefer ich in die Macht des Gebets eindrang, desto mehr faszinierte mich seine Kraft, in den kleinen wie den großen Dingen des Lebens Bereicherung zu bewirken, einschließlich unbegrenzter finanzieller Versorgung.

Aber bald fand ich etwas heraus:

Man beginnt damit, weil man für eine Lebensfrage eine Lösung sucht. Das ist gewöhnlich die Art, wie man vom Gebet „eingefangen" wird. Und wenn man dann dabeibleibt, merkt man, daß Gebetskraft tatsächlich eine problemlösende Kraft ist, zu ihrer Zeit und auf ihre Weise. Manchmal wirkt sie augenblicklich. Manchmal kommen die Antworten nur träge – sehr träge.

Doch in dieser aufreizenden Trägheit geschieht noch etwas anderes.

Man entdeckt, daß man auf eine innere Welt gestoßen ist, von deren Existenz man keine Ahnung hatte. Selbst wenn man ihre geheimnisvolle Macht nur gelegentlich und kurz berührt, reicht die Kraft dieses übernatürlichen Kontakts aus, einen immer wieder zu ihr zurückzuziehen, um mehr zu erfahren.

Erst nachdem die Frische der neuen Erfahrung zu verblassen beginnt, wird einem ruckartig klar, daß man vom Gipfel des Betens wieder in das Tal des Ausarbeitens niedersteigen muß. Erst muß durch den Akt des Betens die Einwirkung stattfinden. Dann muß durch die Zeit nach dem Gebet, wenn seine Süße geschwunden sein mag und nichts zu geschehen scheint, die Ausarbeitung erfolgen.

Dr. Evelyn Underhill erklärt in einer Abhandlung über den Gebetsvorgang im Menschen, daß die Mystiker früherer Zeiten nicht in köstliche Gebete gehüllt abseits standen und sich rein und Gott wohlgefällig fühlten. Sondern sie gingen „mitten hinein in den Schlamassel, und dort, mitten im Schlamassel, waren sie fähig, Gott auszustrahlen."

Fühlen Sie sich also nicht unglücklich, wenn Ihnen dasselbe passiert und Sie sich nach dem Beten wieder unten im Schlamassel des Lebens finden und versuchen, Gott auszustrahlen. Betrachten Sie sich einfach als einen modernen Mystiker – einen, der den Geheimschlüssel des Gebets besitzt, welcher die Fülle des Lebens erschließt, wie es in diesem Buch beschrieben wird.

Vorbereiten statt Verzweifeln

Ein Schulprofessor bemerkte neulich: „Ich bekomme immer das, worum ich bete, aber es macht immer mehr Arbeit, als ich erwartet hatte."

Also nehmen Sie es auf sich, nach dem Beten zu arbeiten und sich auf die Antwort vorzubereiten.

Vorbereiten statt *Verzweifeln*.

Wie?

Denken Sie daran, daß Gott mit dem nächsten Schritt wartet, bis in der gegenwärtigen Situation Ordnung geschaffen ist. Üben Sie Reinigungsriten wie die alten Griechen: machen Sie „Hausputz" und räumen Sie das Alte aus, damit das Neue Platz findet.

Sie können das ohne Mühe tun, wenn Sie einige der in diesem Buch vorgeschlagenen Techniken anwenden. Versuchen Sie, Menschen und Situationen aus der Vergangenheit zu vergeben und sie loszulassen, indem Sie bejahen:

„Christus in mir befreit mich jetzt von allem Groll und allem Gebundensein in Bezug auf Menschen, Orte oder Dinge der Vergangenheit oder Gegenwart. Ich manifestiere jetzt meinen wahren Platz mit den richtigen Menschen und der richtigen Lebensform."

Als nächstes schaffen Sie buchstäblich ein Vakuum. Befreien Sie sich von allem, was Sie nicht mehr haben wollen, und machen Sie dadurch Raum für das, was sie in Ihrem Leben wünschen. Werfen Sie alte Besitztümer, an denen alte Erinnerungen hängen, über Bord oder geben Sie sie weiter. Diese Gefühlsbindungen an die Vergangenheit haben keinen Wert mehr.

Dann schließen Sie einen Erfolgsvertrag mit Gott.

In Teil I dieses Vertrages erklären Sie Gott, was Sie von ihm getan haben möchten:

1) Führen Sie an, was Sie mit seiner Hilfe aus Ihrem Leben *ausmerzen* möchten.

2) Führen Sie an, was Sie mit seiner Hilfe in Ihrem Leben *offenbaren* möchten.

3) Führen Sie an, was Sie jetzt haben, um dafür *dankbar* zu sein.

In Teil II des Vertrags schreiben Sie auf, was Sie für Gott tun werden, zum Beispiel:

1) Eine halbe Stunde oder eine Stunde täglich mit Beten, Meditieren oder geistigem Studium zu verbringen.

2) Gott finanziell den ersten Platz einzuräumen, indem Sie für sein Werk den Zehnten Ihres Einkommens an Organisationen geben, von denen Sie geistige Hilfe und Inspiration erhalten.

3) Notieren Sie weitere Dinge, die Sie für Gott tun wollen.

Und nun machen Sie sich ans Werk, Teil II dieses Erfolgsvertrags zu erfüllen. Da Danksagung der Preis für beantwortetes Gebet ist, zahlen Sie ebenso, wie Sie beten! Folgen Sie der im Alten Testament erwähnten Sitte, eine „Glaubensspende" *vor* beantwortetem Gebet zu geben und ein „Dankopfer" *nach* beantwortetem Gebet zu bringen. Der Dank im voraus verbindet Sie mit der Quelle der Kraft. Durch den Dank danach bleiben Sie mit der Kraftquelle verbunden.

Es ist etwas um den seelischen Akt der Danksagung, das den menschlichen Geist weit über den Bereich des Zweifels hinausträgt in die reine Atmosphäre des Glaubens und Vertrauens, in der alle Dinge möglich sind. Loben und Danksagen, bevor ein Grund zur Dankbarkeit vorhanden ist, öffnet unweigerlich die Tür zu beantwortetem Gebet. In der Tat, Dank zuvor bringt die Antwort auf Ihre Gebete. Dank im nachhinein hält sie beantwortet!

Wie in meinem Buch *Das Wohlstandsgeheimnis der Zeitalter* erwähnt, schloß Jakob einen Erfolgsbund mit Gott am Tiefpunkt seines Lebens, als er bei Gott und Menschen in Ungnade gefallen war. Er ging dann daran, sein Teil dieses Bundes zu erfüllen, Gott vertrauend, das übrige zu tun. Alles, worum er gebeten hatte – Reichtum, seelischer Frieden, Versöhnung mit den Seinen und größeres geistiges Verständnis – wurde ihm zuteil. Jehova gab ihm schließlich den Namen „Israel", das bedeutet „Fürst Gottes" (1. Mose 32,28).

Es gibt eine innere Disziplin, die bewirkt, daß Gebete beantwortet werden, und diese Disziplin kann Ihnen niemand auferlegen als Sie selbst.

Sind Sie gewillt, konsequent zu sein und eine Gebetsmühle anzulegen, die in Bildern bereits die Antwort auf Ihr Beten zeigt? Denken Sie an das Versprechen, das Jehova Abraham, dem ersten Millionär der Bibel, gab: „Alles das Land, das du siehst, will ich dir geben" (1. Mose 13,15). Dieses Versprechen gilt für Sie, wenn Sie mittels Ihrer Gebetsmühle die Bildkraft des Geistes einsetzen.

Sie können Ihr Gutes beanspruchen und Ihrem Anspruch Nachdruck verleihen, indem Sie Ihre Gebete als bereits beantwortet darstellen. Erklären Sie oft, während Sie Ihre Gebetsmühle betrachten: „Vater, ich vertraue. Ich danke dir für beantwortetes Gebet. Dieses oder etwas Besseres. Dein grenzenlos guter Wille geschehe in meinem Leben, hier und jetzt."

Dann sagen Sie Dank für „herrliche Ergebnisse", die sich nach „göttlichem Zeitplan" offenbaren werden. Legen Sie Ihre Wünsche „liebend in die Hände des Vaters" und verfolgen Sie weiter Ihren Weg.

Wie weit wollen Sie gehen, damit Ihre Gebete beantwortet werden? Sind Sie bereit, in der Vorbereitung auf Ihre Antwort Ihre Gefühlsschulden zu begleichen?

Sicher gibt es in Ihrem Leben Menschen, die Ihnen geholfen haben. Vielleicht war Ihnen das seinerzeit selbstverständlich, oder Sie hatten keine Möglichkeit, sich erkenntlich zu zeigen. Das können Sie jetzt nachholen, indem Sie für diese Menschen etwas Besonderes tun. Zeigen Sie ihnen, wie dankbar Sie ihnen sind. Tun Sie es in materieller und ideeller Form und so deutlich, daß die Betreffenden Ihre Dankbarkeit nicht übersehen können. Ob sie dann darauf reagieren oder nicht, ist völlig unwichtig. Wichtig ist allein, daß Sie Ihrer Dankbarkeit Ausdruck geben, freiwillig und entschieden, und lassen Sie die Ergebnisse sein, wie sie wollen.

Sollten diese Menschen nicht mehr erreichbar sein, weil sie entweder völlig aus Ihrem Leben verschwunden oder inzwischen aus dieser Welt gegangen sind, dann tun Sie im Gedenken an sie irgend etwas für jemand anderen, der es nötig hat. Wo immer sie jetzt sind, in dieser oder einer anderen Sphäre, werden sie es fühlen und sich darüber freuen.

Während Sie darauf warten, daß Ihre eigenen Gebete beantwortet werden, bereiten Sie durch Unterstützung der Gebete anderer der Antwort den Weg. Lassen Sie dies Ihre „herrliche Besessenheit" sein.

Nach dem Beten, während Sie sich damit beschäftigen, für andere zu tun, was Sie für sich von Gott erhoffen und erbitten, bereinigt dieses Tun alte karmische Schulden, beseitigt alte Gefühlsblockierungen und setzt Sie auf die Empfangsliste des beantworteten Gebets.

Mahnen Sie sich bei alledem oft: „Ich setze mein Vertrauen in Gott und erwarte Antwort auf meine Gebete. Ich bin nicht abhängig von Personen oder Bedingungen."

Seien Sie auf Überraschungen gefaßt!

Wenn Sie gebetet haben, machen Sie sich auf Überraschungen gefaßt. Das Gebet kann sowohl Ihre Antworten wie auch Ihr Leben ändern, damit die richtigen Antworten erscheinen können. Das Gebet kann sogar Ihre Antworten umkehren. Sollte das geschehen, können Sie es ertragen? Wenn die höchste und beste Antwort auf Ihr Gebet im Widerspruch zu der Antwort steht, die Sie erwarten, werden Sie sie dann als Antwort erkennen und akzeptieren?

Die zweite Hälfte dieses Buches konnte ich erst nach sechs Monaten schreiben, weil innerhalb dieser Zeit ein besonderes Gebetsprojekt auftauchte, das mich voll und ganz in Anspruch nahm. Eine Zeitlang sah es aus, als würden meine Gebete so beantwortet werden, wie ich es mir damals zu wünschen glaubte. Gott schien fantastisch mit mir zusammenzuarbeiten. Doch während ich weiter betete, stellte sich allmählich ein unbehagliches, beunruhigendes Gefühl ein, als ob die Dinge nicht so wären, wie sie aussahen. Schnell betete ich um Führung: „Vater, was ist die Wahrheit in dieser Situation? Mache sie mir so klar und deutlich, daß ich dein Gutes für mich nicht mißverstehen kann."

Auch meine Gebetspartner sprachen Schutzgebete für mich: „Dein Leben ist von dem reinen weißen Licht des Christus umgeben, in das nichts Negatives eindringen und aus dem nur Gutes kommen kann."

Ganz allmählich begann das, was anfangs wie die Antwort auf mein Gebet ausgesehen hatte, sich umzukehren.

Als sich die Wahrheit über die Situation offenbarte und verborgene Faktoren sichtbar wurden, erkannte ich, daß meine aus menschlicher Sicht gewünschte Antwort eine Katastrophe gewesen wäre. Danach wurde bejaht: „Ich überlasse jetzt die Situation der vollkommenen Auswirkung des Christusbewußtseins." Alles wandelte sich. Und bald erkannten sämtliche Beteiligten, welche Tragödie es gewesen wäre, hätten wir bekommen, was wir ursprünglich gewollt hatten.

Gebete um Führung, Schutz und Befreiung brachten die für alle Betroffenen richtige Antwort, obwohl das Ergebnis das genaue Gegenteil von dem war, was mir ursprünglich vorgeschwebt hatte.

Und so kommt es aus neuester Erfahrung, wenn ich Ihnen rate:

„Während Sie beten und nachdem Sie gebetet haben, seien Sie für Gottes Antwort (die die vollendete Antwort ist) bereit, statt für die Antwort, die Sie aus menschlicher Sicht erhoffen – selbst wenn Gottes Antwort das Gegenteil von dem ist, was Sie wollten. Sie wird sich später als Gottes Führung erweisen, auch wenn er damit sagt: „Nein, nein, nein. Das ist es nicht. Warte ein wenig, mein Liebes!"

Wenn Sie sich entspannen, loslassen und ohne Widerstand seinem Willen und seinem Weg in die Antwort auf Ihr Gebet folgen, dann werden Sie auf den „lieblichen Wegen des Friedens" wandeln, von denen Salomo schrieb (Spr. 3,17).

Nach dem Beten kommt unfehlbar das Licht

Mittlerweile bin ich sicher, Sie haben herausgefunden, *Beten ist nicht nur etwas für Leute mit Problemen. Beten macht auch glückliche Menschen noch glücklicher und gesunde Menschen gesünder. Es macht sogar reiche Leute reicher!*

Die wichtigste Zeit ist vielleicht die Zeit, nachdem Sie gebetet haben, denn das ist die Zeit, Gott zu vertrauen und der ersten Führung, die sich zeigt, zu folgen. Manchmal werden Ihre Gebete in kleinen Stückchen und Abschnitten beantwortet.

Ob Sie reich oder arm sind, alt oder jung, glücklich oder einsam, es ist notwendig, daß Sie Ihr Gebetsbewußtsein entwickeln. Und ein Gebetsbewußtsein entwickeln Sie wie jede andere Fähigkeit oder Begabung: Übung macht auch hier den Meister. Jedesmal, wenn Sie es erneut versuchen, wird es leichter, und die Ergebnisse werden erfreulicher.

Manche meiner Gebete sind erst nach fünfzehn oder gar zwanzig Jahren beantwortet worden, und dann kamen die Antworten auch noch bröckchenweise. Einige Gebete sind bis heute noch nicht beantwortet. Ich habe erfahren, was David empfunden haben muß, bis er endlich König wurde, obwohl er den geistigen Auftrag dazu bereits als Knabe mit der Salbung durch Samuel empfing. Ich habe aus dem, was er erkannt haben mußte, während er auf das ihm gewisse Gute wartete, gelernt: Daß ich wachsen und reif werden mußte, um bestimmte

Antworten auf meine Gebete erhalten zu können; daß unser Gutes zu uns kommt, sobald wir imstande sind, es anzunehmen und zu bewahren.

Dieses Wachsen geschieht gewöhnlich im Verborgenen, im Dunkel; vor allem der Kampf, der damit verbunden ist. Dieses Dunkel ist gut. Lernen Sie, dankbar zu sein für die Dunkelheit, die das Wachstum begleitet, und ruhen Sie in ihr, damit sich neue Kräfte der Seele sammeln und aus dem Dunkel emporsteigen.

Nach dem Dunkel erscheint schließlich das Licht. In diesem Licht werden Sie dem Mann zustimmen, der gesagt hat: „Ich glaube, wir bekommen immer Antwort. Wir bekommen im Gebet das, worum wir bitten, oder etwas Besseres."

Nach dem Gebet fahren Sie also fort, zu beten, und fahren Sie fort, in die Antwort hineinzuwachsen, auch wenn dieses Wachsen mit Dunkelheit verbunden ist. Inzwischen *tun Sie, was es in Ihren gegenwärtigen Umständen zu tun gibt, statt daß Sie versuchen, ein Gutes zu erzwingen, für das Sie noch nicht reif sind. Was leicht gewonnen ist, wird auch leicht verloren.* Seien Sie gewillt, zu wachsen, und dann noch etwas mehr zu wachsen. Seien Sie bereit, sich zu ändern und sich dann noch ein wenig mehr zu ändern. Lassen Sie sich zuerst durch das Gebet ändern, damit das Gebet später die Situationen ändern kann, für die Sie gebetet haben. Setzen Sie sich und die Kraft Ihrer Gebetszeit ein, bis der Sauerteig jeden Winkel Ihres Wesens mit seiner sich ausbreitenden, ausgleichenden Kraft durchdringen kann.

Erklären Sie für die Menschen und Bedingungen Ihrer Umgebung: „Ich liebe dich, ich segne dich, ich habe Vertrauen zu dir." Oder: „Ich stehe jetzt in der richtigen Beziehung zu allen Menschen und allen Situationen." Für Ihre persönlichen Gebetspläne erklären Sie: „Ich sende dieses Gebet zur Beantwortung aus in dem Vertrauen, daß mir die Antwort zugesendet wird."

Bedenken Sie – Sie waren göttlich, bevor Sie Mensch wurden, und zu dieser Göttlichkeit müssen Sie zurückkehren. Ich bete dafür, daß etwas in diesem Buch Ihnen helfen wird, diese „Rückreise" im Triumph zu vollziehen und auf dem Weg alle die reichen Segnungen des Lebens einzusammeln.

Seien Sie gewiß, daß meine Liebe und mein Segen Sie begleiten. Tatsächlich bin ich nur einer der vielen Mitreisenden, die Sie still begleiten auf der Fahrt in ein von Gesundheit, Reichtum und Glück erfülltes Schicksal. Beten erleichtert unsere Reise auf jedem Schritt unseres Weges.

Und nun, am Ende des Buches, während Sie Ihre Reise fortsetzen, möchte ich Sie auffordern, das großzügige Versprechen mitzunehmen, das der Prophet Maleachi am Ende eines anderen Buches – dem Alten Testament – gegeben hat:

„Prüfet mich hierin, spricht der Herr, ob ich euch nicht die Fenster des Himmels auftun und euch Segen ausgießen werde im Übermaß (Mal. 3,10).

Mit anderen Worten: Bete und werde reich!

IHR PROGRAMM ZUR SELBSTHILFE

Frederick Bailes **ICH LEBE GLÜCKLICH**

In sieben Tagen ein neues Leben! Glauben Sie es nicht – versuchen Sie es! Dieses Buch ist in zwei Teile gegliedert. Im ersten Teil schildert der Autor, wie ihm das Gesetz der Schöpferkraft vor über 30 Jahren das Leben rettete. Er erklärt dieses Gesetz in einer, auch für den Laien, leicht verständlichen Weise. Der zweite Teil des Buches wird Sie mit allen notwendigen Methoden zum Gebrauch dieses schöpferischen Gesetzes vertraut machen. Diese Methoden wirken nicht wie ein Zauberstab, mit dem man eigenartige und undurchschaubare Bewegungen ausführt. Vielmehr entspringen sie einer klaren Schau der menschlichen Natur. Der Mensch denkt in Bildern. Worte und Begriffe dagegen sind Werkzeuge, die uns dabei helfen, uns mit anderen über diese Bilder zu verständigen. Die hier angesprochenen Methoden sind so aufgebaut, daß Sie das Wirken des schöpferischen Prozesses bildhaft vorstellen können. Auf diese Weise wird Ihr eigenes Vertrauen und Ihr Einsatz gestärkt, wodurch höhere Wirksamkeit entsteht.
Der Autor hat diesen Methoden folgende Bezeichnungen gegeben:
1. Die »Nebel-Methode«
2. Die »Methode der unsichtbaren Welle«
3. Die »Methode des Ausdehnens und Zusammenziehens«
4. Die »gebietende Methode«
5. Die »Methode der räumlichen Konzentration«

Sie erfahren etwas über die Wurzeln Ihres unheilsamen Denkens, die Möglichkeiten, dieses zu überwinden und hierfür hilfreiche kurze meditative Gebete. 258 Seiten.

John Randolph Price **DEINE ZUKUNFT IST JETZT**

Aufruf zur Rettung der Erde. Dieses Buch ist der Heilung und Harmonisierung unseres Planeten und allen darauf bestehenden Lebensformen in Liebe gewidmet. Es ist gleichzeitig ein Aufruf der planetarischen Kommission, sich mit all jenen Menschen gedanklich zu verbinden, die diese Idee, deren Zeit gekommen ist, kraftvoll unterstützen. Denn: Jeder Gedanke – auch der von unauffällig lebenden Menschen ohne Einfluß und Position – ist beteiligt an den Ursachen weltbewegender Wirkungen. Sind wir uns dieser ungeheuren Verantwortung, der sich niemand entziehen kann, bewußt? Wir stehen am Anfang eines neuen Zeitalters. Eine kollektive Bewußtseinsveränderung des Menschen würde bedeuten, daß wir endlich Krieg und Vernichtung, Haß und Unversöhnlichkeit hinter uns lassen und zu neuen, friedlichen Ufern aufbrechen. Und wie, so mögen Sie fragen, kommen wir von hier nach dort? Wenn ein jeder von uns die Entscheidung trifft, seine Gedanken von der materiellen Ebene auf die spirituelle umzulenken. Das bedeutet durchaus nicht, sich von materiellen Gütern loszusagen. Im Gegenteil. Aber wir müssen aufhören, ihnen nachzulaufen, ihnen eine falsche Bedeutung beizumessen und sie anzubeten wie einen falschen Gott. Dadurch wird das kollektive Bewußtsein mit negativer Energie genährt, das alles Übel verursacht, denn: **Was oder wen wir vergöttern, dem geben wir Macht über uns.** 191 Seiten.

David B. Goodstein **SUPERLIVING**
LIEBER REICH UND GLÜCKLICH...

Erfolg, Reichtum, Glück und Liebe – all das kann Teil Ihres Lebens sein. Bevor er diese Erfahrungen machte, sagte der Autor von sich: »Ich war hoffnungslos, mein Leben grau in grau, ich war ein Einzelgänger, nicht beliebt und nicht sehr liebevoll. Ich hamsterte mein Geld und meine Zeit. Und ich war überzeugt, daß so ziemlich jeder an meiner Misere schuld hatte, ausgenommen ich selbst. Dann verlor ich auch noch meinen Job.« Die Wende im Leben eines Menschen wird so gut wie nie durch einen Glücksfall ausgelöst. Der Autor befand sich in einer Situation, als käme ihn auf der Autobahn geradewegs jemand entgegengerast, um ihn zu vernichten. Erst als er begriff, daß er der Geisterfahrer war – ständig auf der falschen Spur –, das heißt, daß er seinen Kurs ändern mußte, kam die Wandlung. Dies ist ein ehrlicher, schonungsloser Lebensbericht, in dem der Autor gleichzeitig ein praktisches neues Programm enthüllt, das Ihnen hilft, emotionale und psychologische Barrieren zu durchbrechen, die Sie bisher daran gehindert haben, ein reiches und volles Leben zu erfahren. 227 Seiten.

Verlangen Sie das Gesamtprogramm beim
Verlag Peter Erd, Gaißacherstraße 18, Postfach 75 09 80,
8000 München 75; Telefon (0 89) 7 25 01 26

IHR PROGRAMM ZUR SELBSTHILFE

Dr. Evarts G. Loomis
J. Sig Paulson **HEILEN DURCH LIEBE UND ERKENNTNIS**

Ein neues Leben im Ganzheitsbewußtsein. Dieses Buch wurde von zwei außergewöhnlichen Männern geschrieben, die – und es liegt nahe so zu denken – auf ganz verschiedenen Bereichen wirken. Um so überraschender ist ihre Erkenntnis von ihrer gemeinsamen, nicht zu trennenden Verantwortlichkeit: den Menschen gesund zu machen, ihn »ganz« zu erhalten, ihm zu helfen, mit dem Universum in natürlicher Harmonie zu leben. Der eine dieser Männer, Dr. Evarts G. Loomis, ist Mediziner, der andere, J. Sig Paulson, ein Geistlicher. Wir haben die Zuständigkeiten von Arzt und Priester längst getrennt. Für uns tritt der Seelsorger in Aktion, wenn der Mediziner mit seiner Kunst am Ende ist. So wird es in unserer Zeit praktiziert, und es ist längst in Vergessenheit geraten, daß Hippokrates, der Vater der Medizin, ein Geistlicher war. Er behandelte Körper **und** Seele seiner Patienten, erfragte ihre Ängste und Nöte, denn meistens sind es unausgeprochene seelische Belastungen, die sich als Krankheit manifestieren. Erst wenn der Mensch angstfrei und voll Vertrauen in die Schöpfung seinen Weg geht und sich als Ganzheit von Körper und Geist begreift, kann er gesund bleiben und werden. Wem es gelingt, dieses universelle Bewußtsein zu entwickeln, für den ist auch das Alter kein Schreckgespenst mehr, weiß er doch, daß er diese Lebensphase der Reife und die ihr innewohnende Schönheit gesund erleben und genießen kann. Und so sind sich denn beide Autoren darüber einig, daß es gilt, in diesem Ganzheitsbewußtsein zu leben, um seelische Ausgeglichenheit und körperliche Gesundheit zu erreichen. Das von Dr. Loomis gegründete Zentrum für Ganzheitsmedizin in Meadowlark/Kalifornien basiert auf diesen Erfahrungen und erfreut sich aufgrund des enormen Erfolgs größter Beliebtheit weit über die Grenzen der USA hinaus. 287 Seiten.

Dr. Ainslie Meares **ÄNGSTIGE DICH NICHT –**
LEBE UND GEWINNE!

Wie man Ängste abbaut, um glücklich zu leben. Es ist eine Tatsache, daß nichts unser Leben so sehr beeinflußt wie die Angst. Ihr verdanken wir das flaue Gefühl im Magen, die Schweißausbrüche oder die Herzbeklemmungen, wenn wir in einer schwierigen Situation stecken. Es ist die Angst, die alle psychosomatischen Leiden, alle Hemmungen verursacht. Aber das ist nicht alles. Das schlimmste, was sie uns antut, ist, daß sie uns in Abwehrhaltungen hineinzwingt, die sich äußern in Aggressivität, Mißtrauen, Selbstsucht und vieles mehr. Diese uns durch Angst aufgezwungenen Eigenschaften lassen es nicht zu, daß wir zu jenen Menschen werden, die wir sein könnten. Mit anderen Worten: Wir können noch so sehr an uns arbeiten, noch so sehr bestrebt sein, eine störende Eigenschaft abzulegen, es wird nicht eher gelingen, bis wir die Angst abgebaut haben, die als Ursache für diese Fehlhaltung in Frage kommt. Mental-Ataraxie ist ein schwieriges Wort für eine unkomplizierte Methode, zu einem Abbau der Ängste zu gelangen. Ihre Auswirkung wird sofort spürbar im täglichen Leben, sei es in der Arbeitswelt, in Freizeit und Familie oder im sexuellen Bereich. Der Autor dieses Buches praktiziert, und es ist längst in Vergessenheit geraten, und er ist immer mehr von den konventionellen Behandlungsweisen abgerückt zugunsten einer Methode, die durch Entspannung und meditative Erfahrungen im Zustand der Stille leidvolle innere Zustände, durch Angst hervorgerufen, beseitigt. 233 Seiten.

Claude M. Bristol **TNT – EINE KRAFT IN DIR WIE DYNAMIT**
Harold Sherman

Die meisten Menschen blockieren sich ständig selbst und behindern damit ihr natürliches Vorwärtskommen. Sie halten es für vermessen, sich in einer Position zu sehen, die ihnen nach der sozialen Stufenleiter „nicht zukommt". Und das ist das grundlegende Übel. Nur derjenige, der eine solche Idee zuläßt, der sie ständig im Auge behält, d. h. sie innerlich verbildlicht, wird sie unweigerlich durchsetzen. Die Kraft in uns, die ihr zum Durchbruch verhilft, ist bei jedem Menschen in der gleichen Stärke vorhanden. Es ist ein schier grenzenloses Potential, über das wir verfügen. Aber nur wenige Menschen wissen davon und nutzen es für ihre Ziele. Diejenigen, die es tun, sind die Planer und Vollbringer auf dieser Welt. Die große Masse gedankenloser menschlicher Wesen folgt nur ihrem Kielwasser. 216 Seiten, Leinen.

Verlangen Sie das Gesamtprogramm beim
Verlag Peter Erd, Gaißacherstraße 18, Postfach 75 09 80,
8000 München 75; Telefon (0 89) 7 25 01 26

IHR PROGRAMM ZUR SELBSTHILFE

Sidney Petrie und
Dr. Robert Stone

SELBSTHILFE DURCH AUTOGENIC

Nichts ist so anhänglich wie schlechte Gewohnheiten! Was wollen wir uns nicht alles abgewöhnen: das Rauchen, übermäßigen Alkoholgenuß, das ewige Naschen, in unerwarteten Situationen sofort Versagerängste zu entwickeln, und überhaupt immer gleich emotional zu reagieren, u.v.a.m. Es ist so schwer, wenn nicht gar unmöglich, denken Sie. Wenn es Ihnen bisher nicht gelungen ist – **mit Autogenic schaffen Sie es!** Die Autogenic-Methode orientiert sich zwar am Autogenen Training, ist aber eine durch neue Erkenntnisse wesentlich verbesserte Methode und führt in der Praxis zu außerordentlichen Erfolgen. 256 Seiten.

Alle wichtigen Autogenic-Formeln dieses Buches haben wir auch als **Kassetten** verfügbar. Damit können Sie Ihren Erfolg mühelos steigern.

Petrie / Stone

**DAS AUTOGENIC-
KASSETTEN-PROGRAMM**

Was ist Autogenic? Autogenic ist eine in Amerika entwickelte Selbsthilfemethode, die sich zusammensetzt aus Autogenem Training (Selbstentspannung von Körper und Geist) und bestimmten Konditionierungsformeln. Eine mit Erfolg praktizierte Therapie, von der heute Menschen in allen Lebensbereichen profitieren. Und das ohne Willensanstrengung! Die erwünschte Wirkung wird erreicht durch Entspannung und Imagination (geändertes Vorstellungsbild). **Die Resonanz ist überwältigend.** Was man häufig weder mit guten Vorsätzen, Diäten noch Medikamenten erreichte, wird möglich durch Selbstsuggestion.

Mit folgenden Kassetten:

- Mühelos schlank auf Dauer
- Erfolg beim anderen Geschlecht
- Andere für seine Ziele gewinnen
- Ab sofort Nichtraucher
- Frei von Schlafstörungen
- Frei von Migräne
- Mühelos lernen
- Nicht mehr alkoholabhängig
- Gesund und vital
- Finanzielle Sicherheit
- Glücklich und selbstsicher
- Depressionen überwinden
- Angst überwinden
- Streß und Nervosität überwinden

LEXIKON DER TRAUMDEUTUNG

Wir alle träumen pro Nacht eineinhalb Stunden. Durch die Träume versucht unser Unterbewußtsein Kontakt mit unserem Verstand herzustellen und ihm eine Botschaft zu übermitteln. Doch meistens können wir die vielen Symbole und okkulten Sinnbilder, die es dabei anwendet, nicht entschlüsseln. Wir können die Botschaft nicht aufnehmen. Dieses Lexikon lüftet den Schleier der Geheimnisse. Es deutet 2500 Träume. Es enthüllt Ihnen, was die seltsamen Begebenheiten, Gegenstände, Menschen, Orte und Gefühle Ihrer Traumwelt in Wirklichkeit für Sie bedeuten. 432 Seiten, kartoniert.

Marianne Streuer

GESUNDHEIT FÜR EIN GANZES LEBEN

Dieses Buch unterscheidet sich von den im Übermaß angebotenen, mehr oder weniger einseitig ausgerichteten, Fitneß-, Ernährungs- und Schönheitsfahrplänen durch Einbeziehung einer Lebensbejahenden Grundeinstellung und macht es so wertvoll. 152 Seiten.

Verlangen Sie das Gesamtprogramm beim
**Verlag Peter Erd, Gaißacherstraße 18, Postfach 75 09 80,
8000 München 75; Telefon (0 89) 7 25 01 26**

IHR PROGRAMM ZUR SELBSTHILFE

Dr. Joseph Murphy

LASS LOS UND LASS GOTT WIRKEN
103 Meditationen für Gesundheit, Wohlstand, Erfolg und Harmonie

Meditieren heißt loslassen und gleichzeitig neue Kraft schöpfen. Schmerzliche Erfahrungen werden aufgelöst, es wächst das Urvertrauen in die Schöpfung und ihre Wege. Das Leben gewinnt an Intensität und erfährt eine Wandlung zum Positiven.
Dies ist eine exklusive Sonderausgabe als Geschenkkassette.
Darin sind enthalten: 1 Broschüre Murphy Meditationen I „Stille Momente mit Gott", 1 Broschüre Murphy Meditationen II „für Gesundheit, Wohlstand, Liebe und Selbstausdruck" und 3 Kassetten dieser Meditationen.

DAS GROSSE BUCH VON DR. JOSEPH MURPHY

Mehr als dreiviertel der gesamten Bevölkerung glauben an außersinnliche Kräfte wie Telepathie, Hellsehen, Kontakte mit Verstorbenen. Denn es ist inzwischen bewiesen, daß es diese Kräfte tatsächlich gibt, und daß wir von diesen unsichtbaren Kräften in vielen Entscheidungen gelenkt und geleitet werden. Ob wir dies nun wollen oder nicht! Dr. Joseph Murphy zeigt Ihnen in diesem Buch, wie Sie sich diese Kräfte zunutze machen können, um Ihr Leben erfolgreich zu gestalten. (ASW und TELE-PSI in einem Sonderband.) 500 Seiten.

DAS SUPERBEWUSSTSEIN
WIE SIE UNMÖGLICHES MÖGLICH MACHEN

Jeder Mensch kann sich erheben, wachsen und sich entfalten, unabhängig von Geburt und Herkunft, wenn er es versteht, das SUPERBEWUSSTSEIN im Innern zu berühren. Ihre Aktionen gehen vom wachbewußten Verstand aus, Ihre Reaktionen sind Sache des Superbewußtseins. 252 Seiten.

ASW
IHRE AUSSERSINNLICHE KRAFT

Jeder Mensch besitzt übersinnliche Kräfte und kann diese Tatsache jederzeit an sich erfahren. Sie können ohne Schwierigkeiten lernen, diese außerordentlichen Kräfte wie Hellsichtigkeit, Telepathie, Präkognition und Retrokognition im täglichen Leben sinnvoll einzusetzen und das mit Ergebnissen, die Sie nicht für möglich gehalten haben. 244 Seiten.

TELE-PSI
DIE MACHT IHRER GEDANKEN

TELE-PSI ist eine einfache, praktische, logische und wissenschaftliche Methode, durch deren Anwendung Sie Ihre sehnlichsten Wünsche erfüllen können. Dr. Murphy stellt hier ganz entschieden und unmißverständlich fest: wenn Sie den Instruktionen des Buches folgen, werden Wunder in Ihrem Leben geschehen. 256 Seiten.

MEHR GLÜCK UND ERFOLG DURCH DIE RICHTIGE ANWENDUNG DER GEISTIGEN GESETZE

Dieses Buch zeigt Ihnen, wie wichtig es ist, die geistigen Gesetze im Leben zu beachten und danach zu handeln. Denn diese Gesetze sind ebenso gültig wie die aus Mathematik und Physik. Dieses Buch bietet eine Vielzahl von Suggestionshilfen und Techniken, die von jedermann anwendbar sind, um unser Leben bewußt durch konstruktives Denken positiv zu verändern. 255 Seiten.

GROSSE BIBELWAHRHEITEN
FÜR EIN PERFEKTES LEBEN

Der weltberühmte Autor hat eine Vielzahl von interessanten Bibelstellen auf ihre wahre, innere Bedeutung hin untersucht. Seine Interpretationen und Erkenntnisse weichen absolut von der „Buchstäblichkeit" der Gleichnisse und Allegorien ab. Er zeigt Ihnen, daß diese Bibelwahrheiten der Schlüssel für ein perfektes Leben in Glück und Freiheit sind. 242 Seiten.

Verlangen Sie das Gesamtprogramm beim
**Verlag Peter Erd, Gaißacherstraße 18, Postfach 75 09 80,
8000 München 75; Telefon (0 89) 7 25 01 26**

IHR PROGRAMM ZUR SELBSTHILFE

MEDITATIONEN I + II

Diese Meditationen sind Musterprogrammierungen, die schon Zigtausenden von Menschen geholfen haben ihr Leben zu ihren Gunsten zu verändern. Sie sind absolut gezielt und sicher anwendbar. 54 Seiten, 70 Seiten.

KASSETTEN

Endlich sind sie da, die Kassetten mit den Murphy Meditationen I (2 Kassetten: 1. Teil und 2. Teil) sowie die Murphy Meditationen II (1 Kassette) – zur Freude aller Murphy-Fans. Überlassen Sie sich ganz diesen geübten Stimmen, mit deren Hilfe Sie an sinnvolles meditatives Arbeiten herangeführt werden. Damit verstärken Sie Ihren Erfolg bei der Selbstprogrammierung durch die Meditations-Broschüren ganz wesentlich!

AUTOGENES KASSETTENPROGRAMM
DR. JOSEPH MURPHY

■ Das Gesetz des Erfolgs
■ Wunscherfüllung

Catherine Ponder

DIE HEILUNGSGEHEIMNISSE
DER JAHRHUNDERTE

Die Heilungsgeheimnisse der Jahrhunderte bestehen darin, daß jeder Mensch zwölf dynamische Geisteskräfte besitzt, die in zwölf beherrschenden Nervenzentren im Gehirn und mitten im Körper liegen. Das Buch zeigt Ihnen weiterhin, wie dieses Wissen angewendet werden muß, um jedes Leiden Ihres Körpers zu heilen. 282 Seiten.

DIE DYNAMISCHEN GESETZE
DES REICHTUMS

Sie können durch DIE DYNAMISCHEN GESETZE DES REICHTUMS einen goldenen Strom von Reichtümern in Ihr Leben leiten. Dieses Buch enthüllt Ihnen, wie bestimmte geistige Einstellungen in Ihrem Leben Wohlstand hervorrufen, warum die stärkste Kraft der Welt zu Ihren Gunsten wirkt und wie man die geheimen „Gesetze für Wohlbefinden" zur Erlangung des eigenen Glücks anwendet. 349 Seiten.

IHR WEG IN EIN BEGLÜCKENDES LEBEN
(bisher erschienen unter dem Titel:
Das Wohlstandsgeheimnis aller Zeiten)

Sie können alles haben, sobald Sie das Wohlstandsgeheimnis aller Zeiten kennen- und anzuwenden gelernt haben. Dieses Buch zeigt Ihnen Seite für Seite, was es mit diesem verblüffenden Geheimnis auf sich hat, wie es angewendet wird und wie es den Weg in Ihr Leben finden kann. 265 Seiten.

BETE UND WERDE REICH

Dieses Buch möchte Sie mit vielen faszinierenden Arten bekannt machen, auf die man beten kann: durch Entspannung, Verneinung, Bejahung, Konzentration, Meditation, in der Stille, durch Erkenntnis, durch Danksagung. Sie werden sehen, es gibt für jede Lebenslage einen Weg, zu beten – der zu Stimmung und Umständen paßt – eine Methode, die unweigerlich funktioniert! Auf keine bessere Weise können Sie sich die Lebensqualität sichern, die Sie sich so sehnlich wünschen. 272 Seiten.

Dr. Kurt E. Schweighardt   **FEUERLAUFEN**

Feuerlaufen hat eine alte, spirituelle Tradition. Bis zu 900 Grad Hitze strahlt die glühende Holzkohle bei diesem Ritual aus. Jeder kann die Macht des Geistes der Teilnehmer erahnen, wenn diese sie mit bloßen Füßen unverletzt überqueren. Dieses Ritual ist bei verschiedenen Völkern, so auch bei den mazedonischen »Anastenariden« ein Teil eines ganzheitlichen Heilkults. In ihm wird die Heilung des Menschen immer im Rahmen des Einswerdens mit der Schöpfung gesehen. 120 Seiten.

Verlangen Sie das Gesamtprogramm beim
**Verlag Peter Erd, Gaißacherstraße 18, Postfach 75 09 80,
8000 München 75; Telefon (0 89) 7 25 01 26**

IHR PROGRAMM ZUR SELBSTHILFE

Brunhild Börner-Kray   **DER GEISTIGE WEG – DER WEG ZUM ÜBERLEBEN**

Daß es eine höhere Wirklichkeit gibt, jenseits der Physik, davon war selbst Einstein zutiefst überzeugt. Mit dem Intellekt meistern wir die physische Welt. Unsere Daseinsberechtigung aber liegt begründet in unserer geistig-seelischen Existenz, die viele Leben durchwandert und unsterblich ist. Für jeden wahrhaft Suchenden ist das Werk dieser Autorin ein kostbares Geschenk. Nein, mehr noch: eine Offenbarung.

Hier wird klar, eindringlich und überzeugend dem Menschen sein geistiger Weg zum Überleben aufgezeigt. Der Leser wird das Buch nicht mehr aus der Hand legen, bevor er die letzte Zeile gelesen hat. 363 Seiten, Leinen.

Dan Custer   **ICH BIN – ICH KANN – ICH WERDE**

Das Wunder Ihrer Geisteskraft! Welche Aussage machen Sie häufiger: „Ich kann" oder „Ich kann nicht"? Seien Sie ehrlich, meistens bringen Sie eine negative Einstellung zum Ausdruck. Zugegeben, da spielen Frustrationen aus der Kindheit eine Rolle. Man hat uns häufig eine falsche Bescheidenheit beigebracht, Erwartungen und Wunschvorstellungen lächerlich gemacht. Dabei ist nichts so notwendig, als sich selbst zu akzeptieren als selbstbewußten Mittelpunkt, als einmalige Schöpfung, die alles ist, sein kann und sein wird. Ihre Möglichkeiten sind unbegrenzt, ob Sie nun Ihr Bewußtsein für körperliche Gesundheit und Jugendlichkeit, finanzielle Sicherheit, Entscheidungskraft oder Persönlichkeitsentfaltung einsetzen. 344 Seiten, Leinen.

MEDITATIONSPROGRAMM DAN CUSTER
■ Ich liebe den heutigen Tag:
2 Kassetten (1 Morgenmeditation und 1 Abendmeditation)

Dr. Ian Gawler   **KREBS – EIN SIGNAL DER SEELE?**
                VORBEUGEN UND HEILEN IST MÖGLICH

Der Autor dieses Buches kennt die Gefühle eines Krebskranken. Er war Krebspatient, und sein Arzt nannte ihm eine Lebenserwartung von 3 bis 6 Monaten. Jetzt ist er geheilt.

Wie er mit dieser Krankheit fertig geworden ist, welche Therapie angewandt wurde und warum er jetzt weiß, daß Vorbeugen und Heilen möglich ist, lesen Sie in diesem Buch, das alle angeht, nicht nur die direkt Betroffenen. Es ist Warnung und Hilfe zugleich, und was das allerwichtigste ist: es macht die Zusammenhänge transparent und verhilft uns zu einer neuen, versachlichten Einstellung gegenüber dieser gefürchteten Krankheit. 283 Seiten, Leinen.

Vernon Howard   **DURCH MYSTISCHE WEISHEIT ZU KOSMISCHER**
                KRAFT

Hier ist endlich ein Buch, das es wagt, das Geheimnis der Ewigkeit zu enthüllen! Ja, es ist wahr. Sie werden herausfinden, wie Sie sich „in Berührung" mit der Mystischen Gemeinschaft bringen, um die goldene Ernte von Weisheit, Verstehen, Kraft und Liebe einzubringen. Sie werden sehen, wie Ihnen das ungeheure Wissen hinter jahrhundertealten Symbolen nutzen kann, wie Sie die „versteckten Kräfte", die in Ihrem Bewußtsein schlummern, wecken und wie Sie damit umgehen können. Wer die wunderbaren Möglichkeiten des Menschenlebens nutzen möchte, wer mit seiner gegenwärtigen Lage unzufrieden ist, kann in diesem praxisbezogenen Buch eine unerschöpfliche Quelle für die Arbeit an sich selbst finden. 283 Seiten, Leinen.

D. Scott Rogo   **REISEN IN DIE UNSTERBLICHE DIMENSION**

Ein 8-Schritte-Führer für Astralreisen!
Die Astralreise, d. h. die Fähigkeit, den Körper zu verlassen, ist ein Phänomen, das schon seit langem sowohl die Wissenschaft als auch die breite Öffentlichkeit fasziniert. Wenn diese seltsame Kraft immer schon Ihre Neugier erregt hat und Sie bereit sind, diese Neugier einen Schritt weiter zu verfolgen, dann finden Sie in dem vorliegenden Buch eine vollständige Einführung in acht authentische Methoden, die nachweislich Erlebnisse der Loslösung vom Körper bewirkt haben. Ein Buch, das Ihr Denken, aber auch Ihr Leben verändern kann. 279 Seiten, Leinen.

Verlangen Sie das Gesamtprogramm beim
Verlag Peter Erd, Gaißacherstraße 18, Postfach 75 09 80,
8000 München 75; Telefon (0 89) 7 25 01 26